Steuerberater-Jahrbuch 2009/2010

Steuerberater-Jahrbuch 2009/2010

zugleich Bericht
über den 61. Fachkongress der Steuerberater
Köln, 6. und 7. Oktober 2009

Herausgegeben
im Auftrag des Fachinstituts der Steuerberater von

Prof. Dr. Detlev J. Piltz
Rechtsanwalt, Fachanwalt für Steuerrecht

Dipl.-Kfm. Manfred Günkel
Steuerberater u. Wirtschaftsprüfer

Dr. Dr. Ursula Niemann
Steuerberater

Zitierempfehlung:
Verfasser, StbJb. 2009/2010, Seite …

Bibliografische Information der Deutschen Nationalbibliothek

Die Deutsche Nationalbibliothek verzeichnet diese Publikation in der Deutschen Nationalbibliografie; detaillierte bibliografische Daten sind im Internet über http://dnb.d-nb.de abrufbar.

Verlag Dr. Otto Schmidt KG
Gustav-Heinemann-Ufer 58, 50968 Köln
Tel. 02 21/9 37 38-01, Fax 02 21/9 37 38-943
info@otto-schmidt.de
www.otto-schmidt.de

ISSN 0081-5519
ISBN 978-3-504-62655-6

Das verwendete Papier ist aus chlorfrei gebleichten Rohstoffen hergestellt, holz- und säurefrei, alterungsbeständig und umweltfreundlich.

Satz: C. Wild, Konstanz
Druck und Verarbeitung: Bercker, Kevelaer
Printed in Germany

Vorwort

Der 61. Fachkongress der Steuerberater, der am 6. und 7. Oktober 2009 traditionell in der Industrie- und Handelskammer zu Köln stattfand, eröffnete das Leitthema Steuerpolitik in der neuen Legislaturperiode mit einem Vortrag von Prof. Dr. Clemens Fuest, Finanzwissenschaftler an der Universität Oxford (früher Universität Köln) und Vorsitzender des Wissenschaftlichen Beirats beim Bundesfinanzministerium. Trotz großer Fortschritte wurde erkennbar, dass die Reaktionen der Steuerpflichtigen und der Wirtschaft im Ganzen auf Steuerrechtsänderungen nicht berechenbar sind. Es scheint die Feststellung leichter, was steuerpolitisch falsch ist als die Prognose, was richtig sein wird.

De lege lata ausgerichtet war die Analyse zur Neuorientierung der Steuerrechtsprechung des EuGH zu der Frage: Gibt der EuGH den isolierten Fiskalinteressen der EU-Mitglieder wieder mehr Gewicht als der Vereinheitlichung des europäischen Steuerrechts?

Unter dem Leitthema Mittelstand ging es um Steuerklauseln und Gesellschaftsverträge, doppelstöckige Personengesellschaften und weitere Probleme bei dieser Rechtsform sowie um Problempunkte der Erbschaftsteuererlasse, die das bekanntlich extrem schwer zu verstehende ErbStG 2009 aus der Sicht der Finanzverwaltung handhabbar zu machen versuchen.

Das Leitthema Internationale Besteuerung widmete sich dem überbordenden gesetzgeberischen Phänomen des Treaty Override, sodann den Steuerproblemen bei Immobilieninvestitionen in Deutschland durch Steuerausländer sowie dem Wegzug und Zuzug von Kapitalgesellschaften, welcher Bereich sich nach wie vor sowohl zivilrechtlich als auch steuerrechtlich in Gesetzgebung und Rechtsprechung in Bewegung befindet.

Das Leitthema Bilanzen und Steuern verfolgte die Steuerfolgen des Bilanzrechtsmodernisierungsgesetzes, das praktisch hochrelevante Problem steuerlicher Fallstricke bei Pensionszusagen und – wie jedes Jahr – aktuelle Probleme aus dem Bilanzsteuerrecht.

Unter dem Leitthema Beratungspraxis ging es um praktisches Sanierungssteuerrecht in der Wirtschaftskrise, aktuell und mit Blick auf die Zukunft von hoher Relevanz, und um den aus guten Gründen modisch gewordenen Bereich des Steuercontrolling, der Tax Compliance und Haftungsvorsorge.

Der Gerhard-Thoma-Ehrenpreis 2009 wurde zuerkannt den Herren Dr. Rolf Eicke für seine Arbeit „Repatriierungsstrategien für US-Investoren in Deutschland" und Dr. Carsten Meinert „Die Bildung objektübergreifender Bewertungseinheiten nach Handels- und Steuerrecht". Die Laudatio hat Prof. Dr. Wolfgang Kessler gehalten.

Köln, im April 2010

Detlev J. Piltz Manfred Günkel Ursula Niemann

Inhalt*

Seite

Professor Dr. Wolfgang Kessler
Steuerberater, Albert-Ludwigs-Universität, Freiburg i. Br.

Verleihung des „Gerhard-Thoma-Ehrenpreises 2009“ des Fachinstituts der Steuerberater 1

I. Laudatio Dr. Carsten Meinert 2
II. Laudatio Dr. Rolf Eicke 3

1. Leitthema: Steuerpolitik in der neuen Legislaturperiode

Prof. Dr. Clemens Fuest
Universität Oxford

Steuerpolitik in der neuen Legislaturperiode 9

I. Einleitung 9
II. Das gesamtwirtschaftliche Umfeld und die Perspektiven für die Staatsfinanzen 9
III. Konsequenzen für die Steuerpolitik 15
IV. Schlussfolgerungen 22

Leitung: Prof. Dr. Detlev J. Piltz

Diskussion zum Leitthema: „Steuerpolitik in der neuen Legislaturperiode“ 23

2. Leitthema: Neuorientierung der Steuerrechtsprechung des EuGH

Prof. Dr. habil. Heinrich Weber-Grellet
VRBFH

Neuorientierung der Steuerrechtsprechung des EuGH Der EuGH im Rahmen einer europäischen Gesamtrechtsordnung . . 43

I. Einleitung 44
II. Chronologie der Rechtsprechung 46
III. Entwicklungen in der Rechtsprechung 60

* Ausführliche Inhaltsübersichten zu Beginn der jeweiligen Beiträge.

Seite

IV. Neuorientierung – Ausweitung des Europarechts 79
V. Fazit 83

3. Leitthema: Mittelstand

Claus Eßers
Rechtsanwalt, Fachanwalt für Steuerrecht
Patricia Sirchich von Kis-Sira
Rechtsreferendarin, Düsseldorf

Gesellschaftsverträge und Steuerklauseln 89

I. Einleitung 89
II. Regelungen zur Thesaurierungsbegünstigung, § 34 a EStG ... 90
III. Steuerfallen bei der Umstrukturierung von Unternehmen (fremdbestimmte Steuerwirkungen I) 98
IV. Untergang steuerlicher Verlustvorträge nach § 8 c KStG (fremdbestimmte Steuerwirkungen II) 100
V. Fazit 106

Werner Seitz
Ministerialrat, Finanzministerium Baden-Württemberg, Stuttgart

Doppel- und mehrstöckige Personengesellschaften und ihre steuerliche Behandlung 107

1. Einleitung 107
2. Einkünfteermittlung und -zurechnung bei mittelbaren Beteiligungen an Personengesellschaften (§ 15 Abs. 1 Satz 1 Nr. 2 EStG) 109
3. Betriebsbezogene Betrachtungsweise bei § 4 Abs. 4a EStG ... 111
4. Anwendung des § 15 a EStG bei doppelstöckigen Personengesellschaften 112
5. Ermittlung des Veräußerungsgewinns bei Anteilen an mehrstöckigen Personengesellschaften 114
6. Ermäßigungshöchstbetrag und Steuerermäßigung im Sinne des § 35 EStG bei doppelstöckigen Strukturen 116
7. Anwendungsprobleme bei der Thesaurierungsbegünstigung des § 34 a EStG bei gestuften Mitunternehmerschaften 119

Seite

Dr. Jochen Lüdicke
Rechtsanwalt, Fachanwalt für StR und Steuerberater, Düsseldorf

Problempunkte der Erbschaftsteuererlasse 123

I. Übersicht über die neuen Erlasse 124
II. Problemfelder im Anwendungserlass 128
III. Problemfelder im Bewertungserlass (1.7) 141

4. Leitthema: Internationales Steuerrecht

Professor Dr. Gerrit Frotscher
Hamburg

Treaty Override ohne Grenzen? 151

1. Zum Begriff des „Treaty Overrides" 151
2. Rechtliche Grundlagen des „Treaty Overrides" 154
3. Die Bedeutung des § 2 AO 157
4. Zwischenergebnis und rechtspolitische Würdigung 160
5. Verletzung subjektiver öffentlicher Rechte des Steuerpflichtigen 161
6. Grenzen des „Treaty Overrides" am Beispiel des § 50 d Abs. 10 EStG 167
7. Zusammenfassung 178

Dr. Florian Schultz
Steuerberater und Wirtschaftsprüfer, Frankfurt

Immobilieninvestitionen durch Steuerausländer
Inbound Real Estate Investments 179

I. Investitionsmöglichkeiten 179
II. Besteuerung der verschiedenen Investitionsmöglichkeiten . . 187
III. Zusammenfassung 216

Prof. Dr. Otmar Thömmes
Rechtsanwalt, München

Wegzug und Zuzug von Kapitalgesellschaften 219

I. Einleitung 219
II. Der Begriff des Wegzugs und des Zuzugs 221
III. Die bisherige Rechtsprechung des EuGH auf dem Gebiet des Gesellschaftsrechts 224

Seite

IV. Die gesetzlichen Neuregelungen im MoMiG sowie im Referentenentwurf für ein Gesetz zum Internationalen Privatrecht der Gesellschaften, Vereine und juristischen Personen 231
V. Der Wegzug von Kapitalgesellschaften im geltenden deutschen Steuerrecht 234
VI. Die steuerliche Behandlung des Wegzugs natürlicher Personen nach Umsetzung der Vorgaben der EuGH-Urteile in den Rechtssachen Hughes de Lasteyrie du Saillant und N . 239
VII. Die steuerliche Behandlung des Wegzugs in Betriebsvermögensfällen nach Aufgabe der Theorie von der finalen Entnahme durch die Rechtsprechung des BFH 241
VIII. Künftige steuerliche Behandlung des Wegzugs bzw. Zuzugs von Kapitalgesellschaften 248

5. Leitthema: Bilanzen und Steuern

Prof. Dr. Joachim Hennrichs
Köln

Bilanzrechtsmodernisierungsgesetz und Besteuerung 261

I. Einführung 261
II. Abschaffung der sog. umgekehrten Maßgeblichkeit; Übergangsvorschriften 262
III. Reichweite der materiellen Maßgeblichkeit und des neuen Wahlrechtsvorbehalts (§ 5 I 1 EStG) 267
IV. Ausgewählte sonstige steuerrechtliche Nebenwirkungen des BilMoG 273
V. Tabelle: Gegenüberstellung der Auswirkungen des BilMoG auf Handels- und Steuerbilanz 278

Dr. Claas Fuhrmann, LL. M.
Rechtsanwalt/Steuerberater, Köln

Steuerliche Fallstricke bei Pensionszusagen 291

I. Grundlegung: Voraussetzungen der Anerkennung einer Pensionszusage an Gesellschafter-Geschäftsführer 291
II. Gestaltungsaufgabe Entpflichtung: Wege aus der Pensionszusage 302

Seite

Dipl. Kfm. Manfred Günkel
Steuerberater und Wirtschaftsprüfer, Düsseldorf

Aktuelle Probleme aus dem Bilanzsteuerrecht 331

I. Aufhebung der umgekehrten Maßgeblichkeit durch das BilMoG 331
II. Bilanzberichtigung: Bindung der Finanzverwaltung an subjektiv richtige Bilanzansätze des Steuerpflichtigen 337
III. Maßgeblichkeit einer nichtigen Handelsbilanz? 341
IV. Rückstellung für künftige Betreuungsleistungen nach Geschäftsabschluss 345
V. Bilanzierung von übernommenen nicht abzugsfähigen Rückstellungen durch den Unternehmenskäufer 350
VI. Bilanzierung von Ansprüchen auf Rückübertragung 353

6. Leitthema: Beratungspraxis

Dipl.-Kfm. StB Dr. Thomas Töben
Berlin

Praktisches Sanierungssteuerrecht – Wunsch und Wirklichkeit ... 363

I. Praktisches Sanierungssteuerrecht: Was ist das aktuell? 365
II. Restrukturierungsbeiträge und Sanierungsmaßnahmen 365
III. Aktuell geltendes Steuerrecht erschwert Sanierungen 366
IV. Sanierungsmaßnahmen in der Praxis mit problematischen Steuerfolgen 370
V. Ursachen für Fehlentwicklungen und Reformstau 377
VI. Praktikables/krisentaugliches Sanierungssteuerecht: Wie könnte/sollte es aussehen? 400
VII. Fazit 414

Dr. Michael Streck
Rechtsanwalt, Fachanwalt für Steuerrecht, Köln

Steuercontrolling, Tax Compliance und Haftungsvorsorge 415

I. Begriff Tax Compliance 415
II. Abgrenzungen 418
III. Tax Compliance aus der Sicht der Finanzverwaltung 422
IV. Implementierung der Tax Compliance in die Corporate Compliance Organisation 424
V. Pflicht zur Einrichtung eines Compliance- und Tax Compliance-Systems 424

Verleihung des „Gerhard-Thoma-Ehrenpreises 2009“ des Fachinstituts der Steuerberater

Professor Dr. Wolfgang Kessler
Steuerberater, Albert-Ludwigs-Universität, Freiburg i. Br.

Ich freue mich, dass wir den Gerhard-Thoma-Ehrenpreis – nach einer einjährigen Pause – in diesem Jahr wieder vergeben können. Die Zahl und die Qualität der Bewerbungen waren erfreulich hoch und wir konnten zwischen mehreren sehr guten und guten Arbeiten wählen.

Nicht zuletzt deshalb hat sich die Jury dazu entschlossen, den Ehrenpreis in diesem Jahr zu gleichen Teilen an zwei Nachwuchswissenschaftler zu vergeben.

Träger des Gerhard-Thoma-Ehrenpreises 2009 sind:

Herr Rechtsreferendar Dr. Carsten Meinert mit seiner Arbeit

„Die Bildung objektübergreifender Bewertungseinheiten nach Handels- und Steuerrecht"

und

Herr Rechtsreferendar Dr. Rolf Eicke mit seiner Arbeit „Repatriierungsstrategien für U. S.-Investoren – Steuerplanung mit Holdinggesellschaften".

Als Vorsitzender der Jury habe ich die angenehme Aufgabe, dem Kongress die Arbeiten und die Preisträger vorzustellen und anschließend die Urkunden zu überreichen.

Beide Arbeiten sind im besten Sinne „interdisziplinär". Dieses häufig verwendete Schlagwort, das heute in keinem Drittmittelantrag, keinem Struktur und Entwicklungsplan einer Fakultät fehlen darf, wird in den prämierten Doktorarbeiten mit Leben gefüllt. Beide Arbeiten beschäftigen sich mit komplexen Fragestellungen aus rechtlicher, steuerlicher und betriebswirtschaftlicher Perspektive und integrieren die Erkenntnisse dieser Einzeldisziplinen zu einem harmonischen Gesamtbild. Das jeweilige Forschungsinteresse zieht sich wie ein roter Faden durch die Arbeiten und beide Autoren kommen zu schlüssigen und überzeugenden Lösungen. Der einzige Kritikpunkt – der übrigens für fast alle der eingereichten Arbeiten gilt – betrifft den viel zu großen Umfang – deutlich weniger Seiten hätten es auch getan.

Beide Arbeiten unterscheiden sich deutlich in der Breite des Untersuchungsgegenstands. Während Herr Meinert die steuer- und handelsrechtliche Behandlung von „Hedge Geschäften" sehr tief – bis hin zu den verfassungsrechtlichen Aspekten untersucht, hat sich Herr Eicke zum Ziel gesetzt, die ganze Fülle möglicher Repatriierungsstrategien und Holdingstandorte unter Einschluss DBA-rechtlicher und EG-rechtlicher Überlegungen aus der Sicht von U. S. Investoren zu analysieren.

I. Laudatio Dr. Carsten Meinert

Die Monographie von Herrn Dr. Carsten Meinert, die von meinem verehrten akademischen Kollegen, Herrn Rainer Hüttemann angeregt und betreut wurde, entstand als rechtswissenschaftliche Dissertation am Institut für Steuerecht an der Rheinischen Friedrich-Wilhelm-Universität Bonn. Sie wird in Kürze in der Reihe „Rechtsordnung und Steuerwesen" im Dr. Otto Schmidt Verlag erscheinen. Die Arbeit wurde mit der Note „summa cum laude" bewertet und umfasst insgesamt 416 inhaltsreiche Textseiten.

Im Mittelpunkt des Werks stehen zunächst die klassischen Bilanzierungsgrundsätze des Realisations- und Imparitätsprinzips, des Einzelbewertungsgrundsatzes sowie des Stichtagsprinzips und des Saldierungsverbots. Anhand konkreter Beispielfälle zeigt der Verfasser, wie sich aus der puristischen Anwendung dieser Prinzipien auf „Hedge Geschäfte" zwangsläufig rechnerische Verluste ergeben könnten, die wirtschaftlich nicht drohen.

In diesem Sinne hat denn auch der BFH im Verfahren I R 87/00 für alle Fallgruppen entschieden, die über einen reinen Mikro-Hedge hinausgehen, insbesondere also für die Fälle einer fehlenden Fristenkongruenz. Der Steuergesetzgeber hat hierauf mit der Einfügung eines neuen Abs. 1a in den § 5 EStG reagiert, der wie folgt lautet:

„Die Ergebnisse der in der handelsrechtlichen Rechnungslegung zur Absicherung finanzwirtschaftlicher Risiken gebildeter Bewertungseinheiten sind auch für die steuerliche Gewinnermittlung maßgeblich."

Bei näherer Betrachtung wirft diese „Klarstellung" mehr Fragen auf, als sie beantwortet:

Was meint der Gesetzgeber damit, dass die in der Handelsbilanz gebildeten Bewertungseinheiten auch für die steuerliche Gewinnermittlung „maßgeblich" sind?

Kommt es insoweit allein auf die tatsächliche Bildung von Bewertungseinheiten an oder ist zusätzlich auch zu fordern, dass die Bewertungseinheit handelsrechtlich zulässig gebildet worden ist?

Gibt es überhaupt allgemeine Grundsätze über die Bildung von Bewertungseinheiten in der Handelsbilanz?

Welche Arten von Bewertungseinheiten dienen der „Absicherung finanzwirtschaftlicher Risiken"?

Nach der handelsrechtlichen Kodifikation in § 254 HGB n. F. stellen sich diese Fragen verstärkt und es sind weitere Fragen hinzugekommen, weil der Wortlaut des § 254 HGB nicht auf § 5 Abs. 1a EStG abgestimmt ist. Die Arbeit ist also höchst aktuell und praktisch relevant.

Besonders interessant für die Praxis ist dabei sicher die klare Antwort des Verfassers auf die Frage, ob hinsichtlich der Bildung objektübergreifender Bewertungseinheiten ein Wahlrecht oder Gebot besteht. Nach der stringent abgeleiteten Auffassung Meinerts besteht sowohl handels- als auch steuerrechtlich ein faktisches Wahlrecht. Sowohl für Mikro-Hedges und einzelne Fälle des Makro-Hedges ergibt sich zwar handels- und steuerrechtlich ein Gebot zur Bildung von Bewertungseinheiten, schon wegen der Dokumentationsanforderungen bestehen aber tatsächlich so große Spielräume, dass es sich faktisch um Wahlrecht handelt.

Das Werk von Herrn Meinert ist die erste steuerrechtliche Monographie zu § 5 Abs. 1a EStG. Die Arbeit wurde vor der Verabschiedung des BilMoG eingereicht, berücksichtigt allerdings bereits § 254 HGB in der Fassung des Regierungsentwurfs. Die Änderungen des § 254 HGB durch den Rechtsausschuss arbeitet der Verfasser gerade ein.

Herr Dr. Meinert wurde am 3.12.1977 hier, in Köln geboren. Von 1998 bis 2001 absolvierte er eine Ausbildung im gehobenen Dienst der Finanzverwaltung NRW beim Finanzamt Oberhausen-Nord und schloss diese als Diplom-Finanzwirt ab.

Sodann nahm er das Studium der Rechtswissenschaften an der Universität Osnabrück auf, welches er mit dem 1. juristischen Staatsexamen abschloss.

Während des Promotionsstudiums war er wissenschaftlicher Mitarbeiter am Institut für Steuerrecht an der Rheinischen Friedrich-Wilhelms-Universität in Bonn.

Momentan ist Herr Dr. Meinert als Rechtsreferendar in der Anwaltsstation bei einer renommierten deutschen Sozietät in Bonn-Bad Godesberg tätig und bereitet sich auf sein 2. Staatsexamen vor.

II. Laudatio Dr. Rolf Eicke

Die 387 informative Textseiten umfassende Arbeit von Herrn Dr. Rolf Eicke mit dem Titel „Repatriierungsstrategien für U. S.-Investoren in Deutschland – Steuerplanung mit Holdinggesellschaften" wurde im Sommersemester 2008 als rechtswissenschaftliche Dissertation an der

Albert-Ludwigs-Universität Freiburg mit der Note „summa cum laude" angenommen. Die Impulse für diese Arbeit hat Herr Eicke aus der Lektüre meiner Habilitationsschrift entwickelt und ich habe mich natürlich sehr darüber gefreut, dass die dort entwickelten Gedanken aufgegriffen und weiterentwickelt werden. Das Werk wurde im Januar 2009 als Band 14 in der Reihe „Steuerwissenschaftliche Schriften" der Verlage Nomos und Beck veröffentlicht. Wenn Sie die Arbeit lieber in englischer Sprache lesen wollen, dann finden Sie sie in der Eucotax Reihe von Kluwer Law International unter dem Titel „Tax Planning with Holding Companies".

Ausgangspunkt der Überlegungen von Herrn Rolf Eicke ist, dass das U. S. amerikanische Steuerrecht repatriierungsfeindlich ist. Der vergleichsweise hohe U. S.-Steuersatz von 35 % auf Bundesebene und die Anrechnungsmethode machen eine Vollausschüttung in der Regel unattraktiv. U. S. Muttergesellschaften dosieren ihre Ausschüttungen daher sehr genau. Die Ausschüttungen erfolgen gezielt aus bestimmten Ländern und nur begrenzt auf das unbedingt Notwendige. Empirische Untersuchungen ergeben, dass lediglich rd. 42 % der Gewinne repatriiert werden.

Der U. S. Steuergesetzgeber versucht diesem Trend bekanntlich mit Zuckerbrot und Peitsche entgegenzuwirken. Abschreckungswirkung entfalten sollen dabei neben den Beschränkungen des underlying tax credits vor allem die CFC-Regelungen in subpart F – zumindest in der Theorie. Praktisch funktioniert das derzeit allerdings (noch) nicht so recht, weil sich dieses Steuerregime derzeit (noch) relativ leicht aushebeln lässt. Zur Kategorie Zuckerbrot gehörte vor allem die zeitlich begrenzte 85 %ige Dividendenfreistellung nach sec. 965 IRC im American Jobs Creation Act.

Die unter Präsident Obama geplante Steuerreform wird dem mit einer nur bei Vollausschüttung gewährten vollen Abzugsfähigkeit von Aufwand eine neue Facette hinzufügen. Hinzu kommt die geplante Scharfschaltung von subpart F durch die Einschränkung des check-the-box Verfahrens. Man wird zwar abwarten müssen, ob und in welcher Form diese Pläne umgesetzt werden. Sicher dürfte aber sein, dass der Anreiz oder besser Zwang zur Repatriierung steigen wird.

Welche Routen eine besonders steuerschonende Repatriierung ermöglichen, hat Herr Eicke in seiner Arbeit systematisch und umfassend untersucht. Nachlesen können Sie dort auch, wo die bislang nicht ausgeschütteten etwa 60 % der Auslandsgewinne zwischengeparkt werden. Nach den frei zugänglichen Daten des U. S. Bureau of Economic Analysis stehen auf der Beliebtheitsskala ganz oben die Niederlande, die Schweiz, Irland, Singapur und teilweise auch Hongkong sowie – insbesondere für den Finanzsektor (Banken, Versicherungen sowie Hedge Funds und Private Equity Funds) – das karibische Bassin mit den Bermudas und den

Cayman Islands an der Spitze. Aufbauend auf einer konzisen Analyse des Steuerrechts von insgesamt 27 potentiellen Holdingstandorten diskutiert der Verfasser ausführlich die einzelwirtschaftlichen Funktionen und den gesamtwirtschaftlichen Schaden und Nutzen von On- und Offshore-Holdingstandorten.

Die wesentlichen Erkenntnisse dabei sind, die seriösen und deutlich größeren Holdingstandorte werden überwiegend als Investitionsvehikel genutzt, fördern die lokale Wirtschaft und haben global eine wichtige Korrektivfunktion, insbesondere zur Vermeidung bzw. Verringerung der Mehrfachbelastung mit Quellensteuer.

Die Bedeutung der exotischen Holdingstandorte liegt dagegen eher darin, Einkünfte abzuschirmen. Dies mag zwar lokal durchaus positive Effekte haben, ist aber per Saldo für die Weltwirtschaft schädlich und dürfte auch angesichts der jüngeren steuerpolitischen Entwicklungen keine große Zukunft mehr haben.

Dr. Eicke wurde am 28. März 1979 in Kassel geboren. Von 1999 bis 2005 studierte er an der Albert-Ludwigs-Universität Freiburg Rechtswissenschaften und Volkswirtschaftslehre und absolvierte ein Zusatzstudium im „Europäischen, Internationalen und Ausländischen Recht". Seit dem Abschluss des Jura-Studiums mit dem 1. juristischen Staatsexamen arbeitet er als wissenschaftlicher Mitarbeiter an meinem Lehrstuhl, wo er auch seine Dissertationsschrift anfertigte. In dieser Zeit verfasste der Preisträger über 40 Artikel für deutsch- und englischsprachige Steuerfachzeitschriften. Derzeit bereitet er sich – genau wie Herr Meinert – auf sein 2. Staatsexamen vor.

Mit ihren Arbeiten haben beide Preisträger bewiesen, dass sie in der Lage sind, ein wissenschaftlich anspruchsvolles und praktisch relevantes Thema konsequent mit Expertise, Scharfsinn und Kreativität zu bearbeiten. Mit der Preisverleihung möchte das Fachinstitut beide Preisträger anspornen, den eingeschlagenen Weg fortzusetzen und das steuerliche Schrifttum durch weitere wissenschaftliche Arbeiten zu bereichern.

1. Leitthema:
Steuerpolitik in der neuen Legislaturperiode

Steuerpolitik in der neuen Legislaturperiode

Prof. Dr. Clemens Fuest
Universität Oxford

Inhaltsübersicht

I. Einleitung

Die Parteien der Regierungskoalition haben die Steuerpolitik in den Mittelpunkt ihres Wahlkampfes gestellt. Entsprechend erwarten die Wähler nun, dass es in diesem Bereich zu Reformen kommt. Die Versprechen, die im Wahlkampf gemacht wurden, reichen von hohen Steuerentlastungen über eine durchgreifende Vereinfachung des Steuerrechts, insbesondere der Einkommensbesteuerung, bis hin zu speziellen Vergünstigungen, beispielsweise einer Entlastung des Hotelgewerbes bei der Umsatzsteuer. Die nahe liegende Frage, ob diese Versprechungen unter den herrschenden, schwierigen gesamtwirtschaftlichen Bedingungen eingehalten werden können, hat im Wahlkampf keine zentrale Rolle gespielt, ist aber in der finanzpolitischen Debatte der letzten Wochen um so deutlicher in den Vordergrund gerückt.

II. Das gesamtwirtschaftliche Umfeld und die Perspektiven für die Staatsfinanzen

Im Jahr 2009 ist es in Deutschland wegen der globalen Finanz- und Wirtschaftskrise zu einem Wachstumseinbruch historischen Ausmaßes gekommen. Voraussichtlich wird das Bruttoinlandsprodukt gegenüber 2008 um rund 5 Prozent schrumpfen. Diese Krise hat weit reichende Auswirkungen auf die deutsche Volkswirtschaft, die noch viele Jahre lang zu spüren sein werden. Zum einen werden die verfügbaren Einkommen in den nächsten Jahren deutlich niedriger sein, als noch zu Begin des Jahres 2008 zu erwarten war. Zum anderen sind die öffentlichen Haushalte stark belastet. Die Konjunkturprogramme, die Stützungsmaßnahmen für Banken und die krisenbedingt automatisch fallenden Steuereinnahmen und steigenden Ausgaben für Sozialtransfers reißen tiefe Löcher in die öffentlichen Haushalte.

Derzeit mehren sich die Anzeichen, dass die Konjunktur sich stabilisiert. Unklar ist allerdings, ob es sich um einen vorübergehenden Lichtblick oder eine dauerhafte Trendumkehr handelt. In dieser Lage muss die Finanzpolitik eine schwierige Gratwanderung bestehen. Einerseits besteht die Gefahr, dass die wachsenden Staatsschulden die Handlungsfähigkeit des Staates in der Zukunft in Frage stellen oder die Kapitalmärkte gar das Vertrauen in die Zahlungsfähigkeit des Staates verlieren könnten. Das spricht dafür, schnell Maßnahmen zur Haushaltssanierung zu ergreifen. Gegen einen schnellen Abbau der Defizite spricht andererseits, dass der mit Ausgabenkürzungen oder Steuererhöhungen verbundene Nachfrageausfall die wirtschaftliche Erholung gefährden könnte. Es besteht weit reichender Konsens darüber, dass die Konsolidierung der öffentlichen Haushalte erst dann beginnen sollte, wenn die Konjunktur sich nachhaltig stabilisiert hat.

Die noch von der Großen Koalition verabschiedete mittelfristige Finanzplanung für den Bund beruht auf der Annahme, dass es nach dem wirtschaftlichen Einbruch 2009 im Jahr 2010 ungefähr zu einem realen Wachstum von Null kommt und ab 2011 zu positiven Wachstumsraten. Aus aktueller Sicht erscheint dieses Szenario, zumindest was 2010 angeht, eher zu pessimistisch als zu optimistisch. Abbildung 1 illustriert die erwarteten Wachstumsraten, die der Finanzplanung zu Grunde liegen. Dabei ist zu beachten, dass es sich um nominale Wachstumsraten handelt.

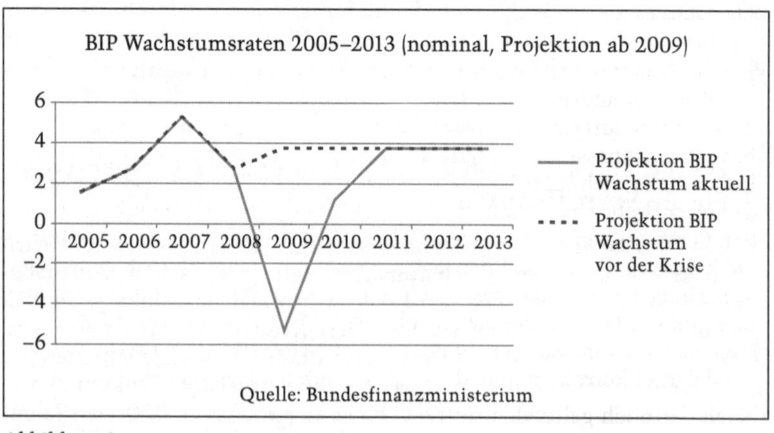

Abbildung 1

Wie aus Abbildung 3 ersichtlich ist, liegt der Finanzplanung also, was die Konjunkturentwicklung angeht, ein ‚V-Szenario' zu Grunde. Die Meptapher des ‚V-Szenarios' suggeriert, dass die Rezession schnell überwunden wird. Das ist insofern mißverständlich, als die Rückkehr zu Wachstumsraten wie vor der Krise keineswegs bedeutet, dass auch das Wohlstands*niveau* vor der Krise schnell wieder erreicht wird. Das Niveau des Bruttoinlandsprodukts ist auch in diesem Szenario dauerhaft niedriger, als vor der Krise zu erwarten war. Abbildung 2 illustriert dies.

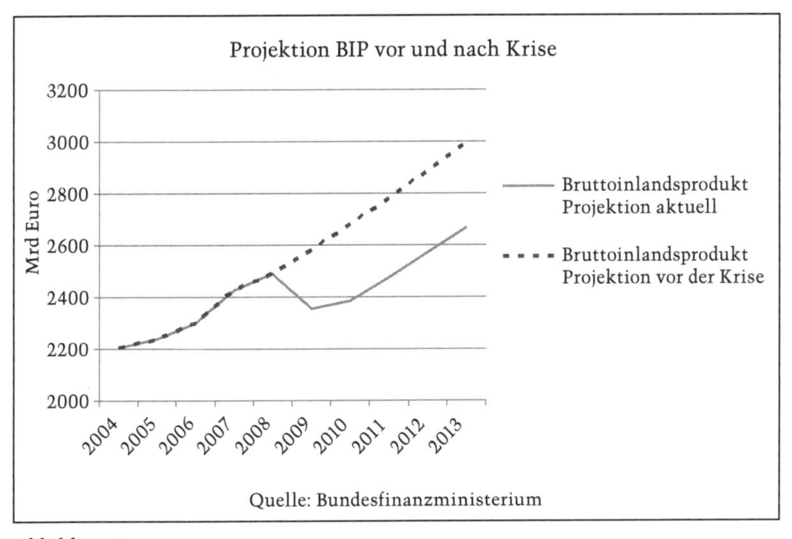

Abbildung 2

Für die Finanzpolitik ergeben sich aus dem dauerhaft niedrigeren Niveau des Bruttoinlandsprodukts große Herausforderungen. Grundsätzlich bedeutet ein niedrigeres Wohlstandsniveau, dass die Staatsausgaben diesem Niveau angepasst und folglich entsprechend gesenkt werden müssen. Dabei stellt sich allerdings das Problem, dass viele Ausgabenposten in den öffentlichen Haushalten entweder überhaupt nicht oder nur mit großen Schwierigkeiten gekürzt werden können. Ersteres gilt vor allem für die Zinsausgaben, die in den nächsten Jahren wegen der steigenden Verschuldung sogar zunehmen werden. Letzteres gilt für andere, noch deutlich größere Posten wie die Zuschüsse zur Rentenversicherung oder die Gehälter im öffentlichen Dienst. In diesen Bereichen muss man sich wohl darauf konzentrieren, die Zuwachsraten zu begrenzen.

Nach der noch geltenden mittelfristigen Finanzplanung des Bundes und einer darauf aufbauenden Projektion, die Länder und Gemeinden einschließt, wird das gesamtstaatliche Budgetdefizit von 7,4 Mrd. Euro im Jahr 2008 in den Jahren 2009 und 2010 drastisch zunehmen und erst ab 2011 langsam sinken. Die Planzahlen sind in Tabelle 1 zusammengefasst.

Tabelle 1: Ausgaben, Einnahmen und Budgetdefizite von Bund, Ländern und Gemeinden 2008–2013

	2008	2009	2010	2011	2012	2013
Ausgaben	675,4	739,5	740	733,5	738	742,5
Einnahmen	667.5	626	606,5	624	651,5	672,5
Budgetdefizit	7,4	112,5	132.5	109	85,5	69,5

Quelle: Bundesfinanzministerium, 1. Juli 2009

Der Abbau der Defizite ab 2011 ergibt sich vor allem durch die Annahme, dass die Steuereinnahmen wieder steigen und die Ausgaben – nach einem drastischen Anstieg im Jahr 2009, vor allem in Folge der Konjunkturprogramme – bis 2013 nominal ungefähr konstant gehalten werden, inflationsbereinigt also zurückgehen. Dieses Szenario bedeutet zwar einen drastischen Anstieg der Staatsverschuldung, der mit steigenden Zinslasten einhergeht – die jährlichen Zinsausgaben steigen in den nächsten Jahren von 64 Mrd Euro pro Jahr (2008) auf 84 Mrd Euro im Jahr 2013. Gleichwohl handelt es sich, was die Konsolidierung der Staatsfinanzen angeht, um eine recht ehrgeizige Planung. Das hat folgende Gründe:

Erstens beinhaltet diese Planung bereits eine noch zu konkretisierende Konsolidierung im Bundeshaushalt in Höhe von insgesamt rund

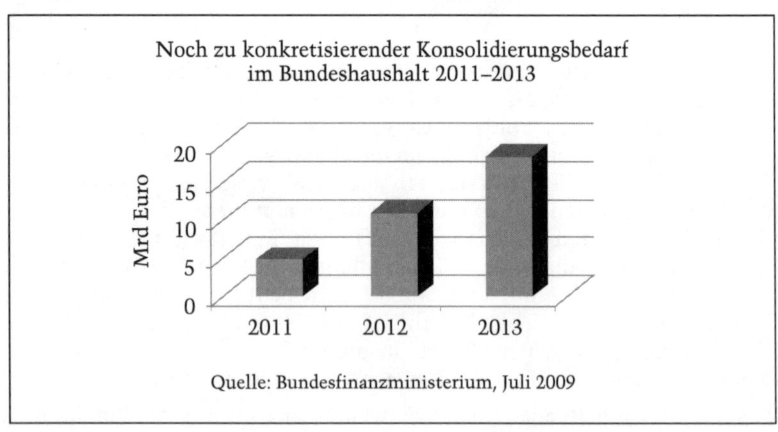

Abbildung 3

34 Mrd. Euro im Laufe der Legislaturperiode (Abbildung 3). Es ist zu beachten, dass in diesen Zahlen die von der neuen Koalition beschlossenen Steuerentlastungen einschließlich der Kindergelderhöhung noch nicht enthalten sind.

Da derzeit eher über Mehrausgaben und Steuersenkungen diskutiert wird und einige Entlastungen im Rahmen des so genannten ‚Wachstumsbeschleunigungsgesetzes' bereits beschlossen sind, ist es fraglich, ob diese Konsolidierung erreicht werden kann.

Zweitens bedeuten nominal konstante Staatsausgaben bei steigenden Zinsausgaben, dass die Primärausgaben, also die Gesamtausgaben abzüglich der Zinsausgaben, mehrere Jahre lang sinken müssen (siehe Abbildung 4). Die Primärausgaben zu betrachten ist deshalb wichtig, weil sie den Spielraum für die Versorgung mit staatlichen Leistungen abstecken – Zinsausgaben stehen dafür nicht zur Verfügung.

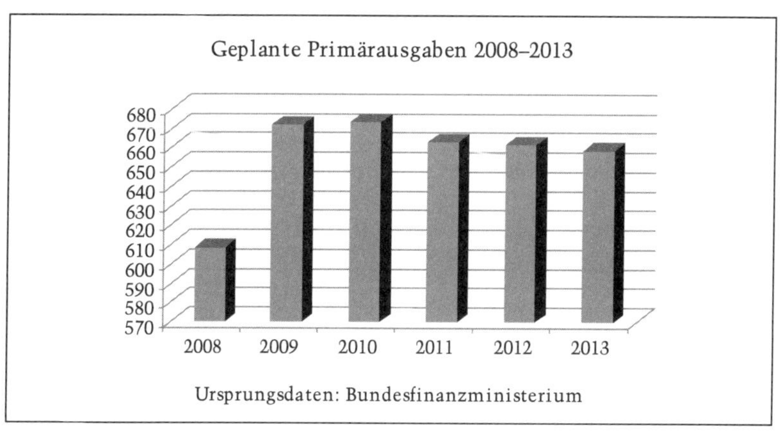

Abbildung 4

Ist ein solcher Konsolidierungspfad auf der Ausgabenseite realistisch? Zunächst stellt sich die Frage, ob einer Senkung der (nominalen) Primärausgaben über mehrere Jahre politisch durchsetzbar ist. Abbildung 5 illustriert das Wachstum der Primärausgaben in Deutschland seit 1979. Eine mehrere Jahre anhaltende Phase sinkender Primärausgaben hat es in den vergangenen drei Jahrzehnten in Deutschland nicht gegeben, obwohl verschiedenen Regierungen das Ziel der Haushaltskonsolidierung durchaus ernsthaft verfolgt haben.[1]

1 In der Grafik fehlen die Werte 90–92, weil das Primärausgabenwachstum in den Jahren der deutschen Wiedervereinigung stark nach oben verzerrt war.

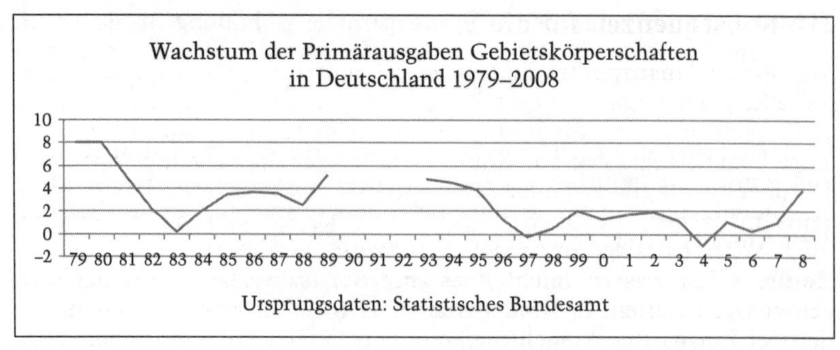

Abbildung 5

Diese Erfahrung lässt Zweifel daran aufkommen, dass der für die kommende Legislaturperiode geplante Ausgabenpfad umsetzbar ist. Gegen diese pessimistische Einschätzung kann man allerdings anführen, dass die Staatsausgaben und damit auch die Primärausgaben in Deutschland im Jahr 2009 vor allem wegen der Konjunkturprogramme außerordentlich hoch sind. Ein Abbau von diesem erhöhten Niveau erscheint eher möglich als ein Abbau von einem Normalniveau. Abbildung 6 zeigt, dass der Anteil der Primärausgaben am Bruttoinlandsprodukt bis zum Jahr 2013 ungefähr auf das Niveau des Jahres 2008 zurückgeführt werden müsste. Das ist ein ehrgeiziges Ziel. Unerreichbar ist es jedoch nicht.

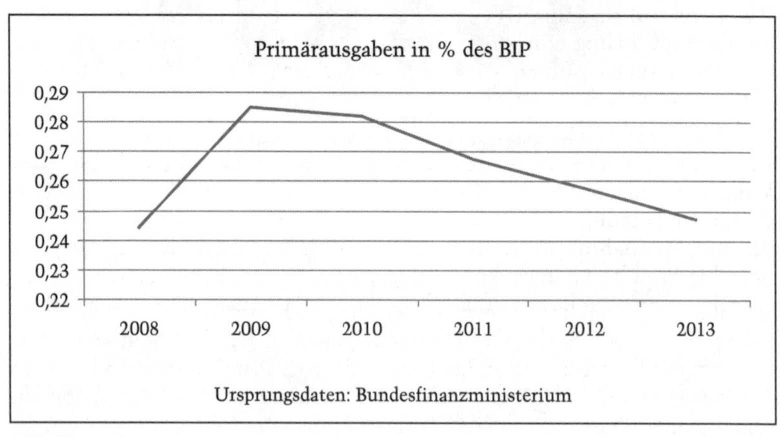

Abbildung 6

III. Konsequenzen für die Steuerpolitik

Wie für die Finanzpolitik insgesamt gilt auch für die Steuerpolitik, dass sie einen schwierigen Spagat zwischen widersprüchlich erscheinenden Zielen leisten muss. Kurzfristig soll sie zur Krisenbekämpfung beitragen, mittel- und langfristig zur Konsolidierung der öffentlichen Haushalte. Darüber hinaus gilt es, einige Strukturprobleme des deutschen Steuersystems anzugehen, die langfristiger Natur sind. Sie hängen mit der aktuellen Wirtschaftslage nur insofern zusammen als Strukturreformen in Zeiten voller Kassen leichter umzusetzen sind als in wirtschaftlich schwierigen Zeiten. Speziell in der Unternehmensbesteuerung stehen darüber hinaus Regelungen im Vordergrund, die in der aktuellen Wirtschaftslage krisenverschärfend wirken. Unter den vielfältigen Fragen, die sich in diesem Kontext stellen, sollen im Folgenden jeweils einige ausgewählte Aspekte der Reform der Einkommensbesteuerung und des Kindergeldes, der Unternehmensbesteuerung sowie der Erbschaftsteuer angesprochen werden.

1. Einkommensteuer und Kindergeld

Im Bereich der Einkommensbesteuerung einschließlich des Kindergeldes hat die neue Bundesregierung bislang zwei wichtige Entscheidungen gefällt. Erstens hat sie im Rahmen des bereits erwähnten ‚Wachstumsbeschleunigungsgesetzes' beschlossen, das Kindergeld um 20 Euro pro Monat zu steigern und den Kinderfreibetrag entsprechend zu erhöhen. Zweitens soll im Jahr 2011 eine Einkommensteuerreform kommen, bei der die Einführung eines Stufentarifes im Mittelpunkt stehen soll. Über das Entlastungsvolumen wird derzeit rege diskutiert, rund 20 Mrd Euro sind im Gespräch.

Bei alldem besteht Konsens darüber, dass das zentrale Ziel der Finanzpolitik darin bestehen sollte, zur Überwindung der aktuellen Wirtschaftskrise beizutragen und das Wirtschaftswachstum zu stärken. Angesichts dieser Zielsetzung ist es überraschend, dass die bislang fiskalisch bedeutendste Maßnahme der neuen Regierung in einer Kindergelderhöhung besteht. Welche Gründe könnten derzeit für eine Kindergelderhöhung sprechen? Erstens könnte man diese Maßnahme mit dem Ziel rechtfertigen, dass die gesamtwirtschaftliche Nachfrage stimuliert werden soll, um die aktuelle Wirtschaftskrise zu überwinden. Wie bereits erwähnt wurde, kann man, was die Wirksamkeit solcher Maßnahmen angeht, geteilter Meinung sein. Aber wenn man sie ergreift, dann sollten sie vor allem befristet sein. Das ist die Kindergelderhöhung nicht. Es mag sein, dass mehr Kindergeld vor allem bei Familien mit niedrigen Einkommen auch zu mehr Konsumausgaben führt und insofern die Konsumnachfrage stabilisiert. Dieser Konjunkturimpuls wird jedoch überflüssigerweise mit einer dauerhaften Belastung der öffentlichen Haushalte erkauft. Das Verhältnis aus Nutzen und Kosten ist also sehr ungünstig. Wenn es wirklich um Impulse für die Konjunkturentwicklung ginge, dann wäre es effektiver, das Kindergeld vielleicht deutlicher, aber nur für ein oder zwei Jahre zu erhöhen.

Zweitens könnten steuerliche Entlastungen damit gerechtfertigt werden, dass die Steuersenkung die Leistungsbereitschaft steigern soll. Was dieses Ziel angeht, sind Kindergeld und Kinderfreibetrag jedoch nicht der richtige Ansatzpunkt. Wenn man die Leistungsbereitschaft von Arbeitnehmern oder auch Unternehmern steigern will, dann sollte man eher die Einkommensteuersätze senken.

Drittens könnte die Kindergelderhöhung Ausdruck einer familienpolitischen Strategie sein. Dabei stellt sich allerdings die Frage, ob die richtigen Prioritäten gesetzt werden. Im internationalen Vergleich ist das deutsche Kindergeld durchaus recht hoch. Es spricht viel dafür, dass die Prioritäten eher in anderen Bereichen gesetzt werden sollten, beispielsweise in der Versorgung mit Krippen- und Kindergartenplätzen oder in Maßnahmen zur besseren Betreuung von Kindern aus bildungsfernen Millieus.

Darüber hinaus ist zu bedenken, dass die Kindergelderhöhung mit zusätzlichen Staatschulden finanziert wird. Die Kinder der Familien, die das Kindergeld erhalten, müssen die Lasten der Staatschulden später tragen.

Insgesamt entsteht der Eindruck, dass es kaum einen weniger geeigneten Zeitpunkt für die Erhöhung des Kindergeldes und des Kinderfreibetrages geben könnte als die aktuelle Krisensituation. Es drängt sich die Vermutung auf, dass es eher politische Gründe sind, eventuell die anstehende Landtagswahl in Nordrhein-Westfalen, die das Verhalten der Bundesregierung in diesem Punkt erklären.

Ähnlich problematisch ist das Projekt einer Einkommensteuerreform im Jahr 2011. Nach den derzeitigen Plänen sollen die Hauptelemente dieser Reform in der Einführung eines Stufentarifs und in einer steuerlichen Entlastung liegen. Die Einführung eines Stufentarifs würde dazu führen, dass das Einkommensteuersystem zumindest auf den ersten Blick einfacher aussieht. Tatsächlich resultiert die Komplexität des Steuersystems aber in erster Linie aus den Regelungen zur Bestimmung der steuerlichen Bemessungsgrundlage. Wenn das zu versteuernde Einkommen einmal feststeht, ist ein Großteil des administrativen Aufwands, den die Besteuerung verursacht, bereits erledigt. Die Einführung eines Stufentarifs allein wird die Probleme des deutschen Einkommensteuersystems nicht lösen.

Die steuerliche Entlastung, die mit der Reform einhergehen soll, erscheint angesichts der Haushaltslage ebenfalls fragwürdig. Nun wird verschiedentlich argumentiert, Einkommensteuersenkungen und Haushaltskonsolidierung seien kein Widerspruch, denn Steuersenkungen würden das Wachstum anregen. Diese Argumentation hat zu einer Debatte über die ‚Selbstfinanzierung' von Steuersenkungen geführt. Das Steuersenkungen positive Auswirkungen auf das Wirtschaftswachstum haben können, ist unumstritten. Damit eine Steuersenkung letztlich einen Beitrag zur Haushaltskonsolidierung leistet, müssen die positiven Wirkungen allerdings so groß sein, dass die durch das zusätzliche Wachstum erzeugten Steuereinnahmen mindestens so hoch sind wie die anfängliche Steuersenkung.

Die Frage, welche Auswirkungen Steuersenkungen auf das Wirtschaftswachstum haben, ist empirisch ausführlich untersucht worden. Verschiedene Untersuchungen kommen hier zu unterschiedlichen Ergebnissen, je nachdem, welcher Zeitraum und welches Land betrachtet wird und welche Untersuchungsmethode zum Einsatz kommt. Insgesamt liegen die Ergebnisse für Deutschland aber im Bereich eines Multiplikators zwischen Null und Eins. Ein Multiplikator von Eins würde immerhin bedeuten, dass eine Steuersenkung um beispielsweise ein Prozent des Bruttoinlandsprodukts zu einer Steigerung des Bruttoinlandsprodukts um den Betrag der Steuersenkung, also ebenfalls um ein Prozent führt. Selbst dieses eher optimistische Szenario würde für eine Selbstfinanzierung der Steuersenkung aber nicht reichen. Dazu wäre erforderlich, dass das Bruttoinlandsprodukt um zwei Prozent zunimmt. Selbstfinanzierend sind breite Einkommensteuersenkungen sicherlich nicht.

Statt einer Reform des Tarifs oder einer breiten Steuerentlastung wäre es dringlich, zu einer Vereinfachung der Bemessungsgrundlage zu kommen. In diesem Bereich sind viele Ansatzpunkte denkbar. Im wesentlichen würde das darauf hinauslaufen, einige ungerechtfertigte Ausnahmen im Steuerrecht zu streichen – beispielsweise die Steuerfreiheit für Feiertags- und Nachtzuschläge – und ansonsten den Perfektionismus bei der Ermittlung der individuellen steuerlichen Leistungsfähigkeit ein wenig zu zügeln. Zum Beispiel wäre ein neuer Anlauf zur Abschaffung der Pendlerpauschale denkbar. Das Bundesverfassungsgericht hat dem Gesetzgeber grundsätzlich die Möglichkeit belassen, hier zu vereinfachen, bis hin zu einer Abschaffung der Pendlerpauschale.

Sicherlich zeigt die bisherige Erfahrung mit Versuchen, die Bemessungsgrundlage der Einkommensteuer zu verbreitern und das System zu vereinfachen, dass dabei erhebliche Widerstände zu überwinden sind. Das ist leichter, wenn die Vereinfachung mit einer Tarifsenkung verbunden werden kann, so dass sich insgesamt für eine breite Mehrheit der Steuerzahler eine Steuerentlastung ergibt. Dafür besteht derzeit aus den angeführten Gründen kaum Spielraum. Aus diesem Grund sind die Bedingungen für Strukturreformen in der Einkommensteuer derzeit wohl eher schlecht.

2. Die Unternehmensbesteuerung

Im Bereich der Unternehmensbesteuerung konzentriert die aktuelle Debatte sich auf die Frage, ob die Gegenfinanzierungsmaßnahmen, die im Rahmen der Unternehmensteuerreform 2008 ergriffen wurden, in die richtige Richtung weisen und ob es eventuell Nachbesserungsbedarf oder gar grundlegenden Reformbedarf gibt. Besonders kontrovers sind hier sicherlich die Zinsschranke und die Beschränkung der Verlustverrechnung, vor allem die Mantelkaufregelung (§ 8 c KStG).

Im Folgenden möchte ich mich auf das Thema der Verlustverrechnung beschränken. In einem Steuersystem, in dem Besteuerung nach der wirtschaftlichen Leistungsfähigkeit als Leitlinie gelten soll, besteht für eine Beschränkung der Verlustverrechnung eigentlich kein Raum. Allerdings eröffnen Asymmetrien und Inkonsistenzen im nationalen und internationalen Steuersystem Möglichkeiten der Steuerarbitrage und Steuergestaltung, auf die der Gesetzgeber reagieren muss, um das Steueraufkommen zu schützen.

Eine Reaktion in Form der Einschränkung der Verlustverrechnung sollte allerdings sorgfältig abwägen zwischen den Wirkungen auf das Steueraufkommen und dem wirtschaftlichen Schaden, der angerichtet wird. Die aktuelle Mantelkaufregelung erschwert beispielsweise erheblich die Umstrukturierung von Unternehmen und die Finanzierung junger Unternehmen und innovativer und forschungsintensiver Projekte. Die Politik hat durchaus versucht, hier gezielte Verschonungen zu schaffen, aber ob das zu dauerhaft tragfähigen Lösungen geführt hat, ist umstritten.

Über die Frage, ob die Abwägung zwischen dem Schutz des Steueraufkommens und den wirtschaftlichen Belastungen im Fall des Mantelkaufs sachgerecht ist, kann man sicherlich unterschiedlicher Auffassung sein. In der Debatte über die wirtschaftlichen Belastungen werden allerdings teilweise Argumente vorgebracht, die fragwürdig sind. So wird beispielsweise argumentiert, dass Verlustvorträge gescheiterter Unternehmen, die nur noch durch Mantelkauf zu heben sind, aus gesamtwirtschaftlicher Perspektive keine sinnvolle Funktion hätten. Ich zitiere aus einem Aufsatz des ehemaligen für Steuern zuständigen Staatssekretärs Axel Nawrath, erschienen in der Zeitschrift „Deutsches Steuerrecht":

„Aus der Sicht des Gesetzgebers ist z. B. die steuerliche Begünstigung der Übertragung von Verlusten, d. h. auch des Handels mit Verlustvorträgen, für eine Volkswirtschaft nicht erforderlich." (*Nawrath*, DStR 2009, 4)

Diese Einschätzung der gesamtwirtschaftlichen Funktion von Verlustvorträgen vernachlässigt grundlegende ökonomische Zusammenhänge. Jeder rationale Investor wird bei seiner Entscheidung, eine Investition durchzuführen oder zu unterlassen, die Möglichkeit des Misserfolgs berücksichtigen. Nehmen wir als einfaches Beispiel eine Investition, die mit einer Wahrscheinlichkeit von 0,5 einen Gewinn von 100 und andernfalls einen Verlust von 60 verursacht. Im Misserfolgsfall führt der Unternehmer sein Unternehmen nicht weiter. Der Erwartungswert des Gewinns vor Steuern beträgt dann 20. Man nehme an, der Steuersatz betrage 50 %. Aus gesamtwirtschaftlicher Perspektive ist es wünschenswert, die Investition durchzuführen. Wenn der Unternehmer im Verlustfall aber den Verlustvortrag nicht veräußern kann und er folglich keinen Verlustausgleich erhält, wird er die Investition nicht durchführen, denn sie ist von Anfang an unattraktiv: Im Erfolgsfall beträgt der Nettogewinn 50, im schlechten Fall beträgt der Verlust 60, so dass der Erwartungswert des Gewinns negativ ist (er beträgt – 5). Bei Handelbarkeit des Verlustvortrags würde der Erwartungswert des Gewinns 10 betragen, die Besteuerung würde die Durchführung der Investition nicht verhindern.

Der Grund für die Verzerrung der Investitionsentscheidung im Fall ohne Verlustnutzungsmöglichkeit für den Unternehmer liegt darin, dass der Staat sich an Gewinnen beteiligt, aber nicht an Verlusten. Es wird deutlich, dass die These, der Handel mit Verlustvorträgen habe keine sinnvolle volkswirtschaftliche Funktion, nicht haltbar ist. Das Steuersystem sollte hinsichtlich der Wahl zwischen riskanten und weniger riskanten Investitionen neutral sein. Das ist nur dann gewährleistet, wenn Gewinne und Verluste grundsätzlich symmetrisch behandelt werden und ein Investor im Misserfolgsfall wenigstens die Verluste steuerlich nutzen kann. Gerade wenn es nicht Großunternehmen, sondern Einzelunternehmer oder neu gegründete Firmen sind, die riskante Investitionen erwägen, ist eine Handelbarkeit des Verlustvortrags entscheidend dafür, dass es tatsächlich zu Neutralität kommt.

Die Verlustverrechnung hat darüber hinaus erhebliche Auswirkungen auf die Krisenanfälligkeit einer Volkswirtschaft. Das betrifft nicht nur die Lage eines einzelnen Unternehmens und seine Chancen, eine Rezession zu überstehen. Im Laufe der Krise ist viel über die automatischen Stabilisatoren im Steuersystem gesprochen worden. Automatische Stabilisierung bedeutet, dass dann, wenn ein plötzlicher Abschwung die Wirtschaft trifft, die Steuerzahlungen der Haushalte und Unternehmen automatisch sinken. Dadurch wird ein Teil der Wirkung des Abschwungs auf die laufenden Einnahmen von Haushalten und Unternehmen abgefedert. Sofern Haushalte und Unternehmen in ihrem Zugang zu Krediten beschränkt sind – das ist vor allem in Krisenzeiten verbreitet – stabilisiert diese Abfederung auch ihre Nachfrage nach Konsum- und Investitionsgütern.

Die Wirksamkeit der automatischen Stabilisatoren im Unternehmensbereich hängt entscheidend von der steuerlichen Behandlung von Verlusten ab. Ich habe die automatischen Stabilisierungswirkungen der Unternehmensbesteuerung in Deutschland gemeinsam mit Thiess Büttner in einer empirischen Studie untersucht.[2] Dabei hat sich gezeigt, dass bei einem Einbruch des Cash Flow pro Euro durchschnittlich nur knapp 8 Eurocent der Folgen für die Investitionsnachfrage durch das Steuersystem abgefedert werden. Bei voller Verlustrücktragsmöglichkeit würde sich die Stabilisierungswirkung fast verdoppeln. Gerade bei nicht voll funktionsfähigen Kapitalmärkten ist diese Wirkung besonders wichtig.

Was folgt daraus für die Steuerpolitik der nächsten Jahre? Bedauerlicherweise nicht, dass Beschränkungen der Verlustverrechnung bedenkenlos zurückgenommen werden können. Es ist durchaus richtig, dass es beispielsweise bei grenzüberschreitenden Transaktionen Möglichkeiten der steuerlichen Verlustnutzung gibt, die durch sinnvolle steuerpolitische Ziele wie Neutralität und Fairness nicht zu rechtfertigen sind. Die wirtschaftlichen Kosten der Verlustausgleichsbeschränkung müssen jedoch angemessen berücksichtigt werden. Eine fiskalisch verträgliche Möglichkeit, negative Auswirkungen der Besteuerung auf riskante Investitionen in Deutschland zurückzudrängen, würde beispielsweise darin bestehen, für Verluste, die ab dem Jahr 2010 entstehen, erweiterte Verlustverrechnungsmöglichkeiten zu schaffen, während für vorher entstandene Verluste die alten Regelungen weiter gelten.

3. Erbschaftsteuer

Für den Bereich der Erbschaftsbesteuerung hat die neue Bundesregierung sich vorgenommen, eine Reihe von Anpassungen im geltenden Recht vorzunehmen. Dazu gehört die Besserstellung von Geschwistern und die Entschärfung der Regelungen zur Betriebsfortführung. Aus meiner Sicht sind diese Änderungen, wenn die Erbschaftsteuer in der geltenden Form im Grundsatz beibehalten wird, durchaus vernünftig. Eigentlich erforderlich wäre jedoch eine grundlegende Neuordnung der Erbschaftsbesteuerung. Das ist notwendig, weil das geltende Erbschaftsteuergesetz mißlungen ist wie kaum ein anderes Reformwerk der letzten Jahre. Bei der Neufassung der Erbschaftsbesteuerung hat der Gesetzgeber sich sehr weit gehend darauf eingelassen, verschieden Vermögensarten unterschiedlich zu besteuern. Im Mittelpunkt steht dabei die Begünstigung von Betriebsvermögen. Große Teile des Betriebsvermögens sind im Ergebnis ganz von der Steuer befreit worden. Begründet wird dies in erster Linie mit der These, dass Arbeitsplätze verloren gehen könnten, wenn Betriebsvermögen mit Erbschaftsteuer belastet wird. Für eine solche Gefährdung gibt es allerdings kaum empirische Belege. Selbst wenn man dennoch annimmt, dass es zu einer solchen Gefährdung kommen kann, wäre eine Steuerstundung statt einer Steuerbefreiung in den meisten Fällen hinreichend.

---

2 Vgl. *Thiess Büttner* und *Clemens Fuest* (2009), The Role of the Corporate Income Tax as an Automatic Stabilizer, CESifo Working Paper No 2798.

Die Unterscheidung zwischen begünstigtem und nicht begünstigtem Vermögen führt zu massiven Abgrenzungsproblemen. Im Gesetzgebungsprozess hat diese Abgrenzung sich zu einer Spielwiese für Lobbyisten entwickelt. Das Ergebnis dieses Prozesses war letztlich ein Sieg der Partikularinteressen über Steuergerechtigkeit und wirtschaftliche Vernunft. Steuergerechtigkeit erfordert, dass Erbschaften unabhängig von der Art des geerbten Vermögens gleich besteuert werden, es sei denn, triftige Gründe sprechen dafür, Ausnahmen zu gewähren. Das geltende Recht enthält jedoch so viele Ausnahmen, dass die Ausnahme zur Regel wird und die Belastung letztlich vom Steuerplanungs- und Beratungsaufwand bestimmt wird und weniger von den tatsächlichen wirtschaftlichen Verhältnissen. Wer beispielsweise von seinem Bruder 20 Mietwohnungen im Wert von 10 Mio. Euro erbt, zahlt 5 Mio. Euro Erbschaftsteuer. Wer hingegen 200 Mietwohnungen im Wert von 100 Mio Euro erbt, zu deren Verwaltung ein oder zwei Angestellte benötigt werden (sog. Wohnungsunternehmen), zahlt keine Erbschaftsteuer. Wer ein Unternehmen erbt, dessen Vermögen aus Bundesanleihen besteht, zahlt volle Erbschaftsteuer. Wer das Geld hingegen rechtzeitig in Festgeld umschichtet, zahlt nichts. Eine Schwester, die ihren kranken Bruder zehn Jahre lang pflegt und dann eine Million Euro Bankguthaben erbt, zahlt 300.000 Euro Erbschaftsteuer. Wer einen hinreichend großen Anteil an einem börsennotierten Großunternehmen erbt, der mehrere Mrd. Euro wert sein kann, zahlt in der Regel geringe (höchstens 4,5 % vom Börsenkurs) oder keine Erbschaftsteuer. Diese Ungleichbehandlung ist mit dem Schutz von Arbeitsplätzen nicht zu rechtfertigen und mit Gerechtigeitsargumenten schon gar nicht. Es ist schwer vorstellbar, dass die geltenden Regeln einer Überprüfung druch das Bundesverfassungsgericht standhalten würden.

Die Erbschaftsteuer ist allerdings nicht nur ungerecht, sie richtet auch erheblichen volkswirtschaftlichen Schaden an. Betriebsvermögen wird nur unter der Voraussetztung begünstigt, dass Unternehmen für viele Jahre ihre Beschäftigtenzahl annähernd konstant halten und nicht verkauft werden. Damit werden Umstrukturierungen steuerlich bestraft. Umstrukturierungen von Unternehmen sind jedoch gerade dann notwendig, wenn ein Generationswechsel in der Unternehmensführung erfolgt. Die Erbschaftsteuer wird deshalb Anpassungen verhindern, die aus einzel- und gesamtwirtschaftlicher Sicht notwendig sind. Ähnliche Wirkungen hat die Regelung, dass vererbte Häuser nur begünstigt werden, wenn die Erben in ihnen wohnen. In vielen Fällen wird das dazu führen, dass Erben erhebliche Nachteile wie etwa weite Wege zur Arbeit auf sich nehmen, um Erbschaftsteuern zu vermeiden. Der wirtschaftliche Schaden, der von der Erbschaftsteuer in der gegenwärtigen Form verursacht wird, ist zwar nicht ohne weiteres zu beziffern. Er dürfte das erhoffte Erbschaftsteueraufkommen in Höhe von vier Mrd. Euro aber weit übersteigen.

Wie könnte eine gerechte, effiziente und verfassungskonforme Erbschaftsteuer aussehen, die ebenfalls ein Aufkommen von vier Mrd. Euro pro Jahr einbringt? Man kann davon ausgehen, dass in Deutschland derzeit pro Jahr rund 200 Mrd. Euro vererbt werden. Drei Viertel dieses Vermögens könnten durch Freibeträge von der Besteuerung ausgenommen werden. Das verbleibende Viertel müsste man im Durchschnitt mit einem Steuersatz von acht Prozent belasten. Für illiquides Vermögen könnten Stundungsregeln greifen. Ausnahmen für mittelständische Betriebe oder Einfamilienhäuser wären angesichts des geringen Steuersatzes überflüssig.

IV. Schlussfolgerungen

Die Finanzpolitik steht in der aktuellen Legislaturperiode vor großen Herausforderungen. Sie muss einen schwierigen Balanceakt zwischen Konjunkturförderung und Haushaltssanierung leisten. Dabei sollte aber nicht übersehen werden, dass es für den Wohlstand in Deutschland von zentraler Bedeutung ist, die mittel- und langfristigen Wachstumskräfte zu stärken. Die Steuerpolitik kann dazu wichtige Beiträge leisten, vor allem im Bereich der Unternehmensbesteuerung. Die Forderung, im Bereich der Einkommensteuer breit zu entlasten, passt hingegen nicht zur aktuellen Lage der öffentlichen Haushalte. Dauerhafte Entlastungen sind nur möglich, wenn die Staatsausgaben sinken oder zumindest weniger schnell wachsen als das Bruttoinlandsprodukt. Das zu erreichen, ist eine wichtige, aber eine mittel- bis langfristige Aufgabe.

Diskussion zum Leitthema: „Steuerpolitik in der neuen Legislaturperiode"

Leitung: Prof. Dr. Detlev J. Piltz

Teilnehmer:

Prof. Dr. Clemens Fuest, Universität Oxford

Dr. Steffen Neumann, Leiter der Steuerabteilung, Finanzministerium NRW, Düsseldorf

Prof. Dr. Norbert Herzig, Steuerberater, Wirtschaftsprüfer, Universität Köln

Bernd Jonas, Rechtsanwalt ThyssenKrupp AG, Düsseldorf

Prof. Dr. Stephan Eilers, Rechtsanwalt LL. M., Köln

Prof. Dr. Detlev J. Piltz, Vorsitzender des Fachinstituts der Steuerberater e. V., Köln

Piltz: Vielen Dank, Herr Fuest, für diese teilweise richtig spannenden Ausführungen. Wir wollen unsere Diskussion damit beginnen, dass Herr Neumann aus der Sicht eines wesentlichen Mitspielers, nämlich des Landes NRW, uns darstellt, was aus der staatspolitischen Sicht die Hauptanforderungen an die gerade aktuelle Steuerreform sein könnten.

Neumann: Meine Damen und Herren, Herr Prof. Piltz, Sie hatten schon einleitend gesagt, dass aus unserer Sicht einiges dazu zu sagen sein könnte. Dass wir ein bedeutendes Land in diesem Punkt seien, na gut, das vermag ich nicht so zu beurteilen. Außer vielleicht in dem Umstand, dass die Koalitionsvertragsverhandlungen in der Landesvertretung von NRW in Berlin stattfinden – wahrscheinlich mit Blick auf die künftige Wahl. Was ist aus unserer Sicht dazu zu sagen? Das ist etwas schwierig. Ich kann das Thema insoweit aufgreifen, als dass ich soeben im Stau gestanden hatte und Gelegenheit hatte, im Radio Herrn Pofalla zuzuhören, was er zu steuerpolitischen Dingen meint. Da beginne ich einfach mit Schlagworten, die Sie kennen, wie „Arbeit muss sich wieder lohnen", „Mehr Netto vom Brutto", „Kalte Progression muss beseitigt werden". Alles bekannt, also sind wir inmitten dieses Themas, das Herr Prof. Fuest eben ein wenig – ich sag mal salopp – gegeißelt hat. Wir sehen im Tarif der Einkommensteuer offenbar die zentrale Reformidee der künftigen Bundesregierung, und wir müssen mal sehen, von wo wir eigentlich herkommen. Wir kommen her von dem Konjunkturpaket, das den Tarif schon in zwei Stufen gesenkt hat, nämlich in 2009 ist eine Senkung bereits erfolgt und in 2010 wird eine weitere folgen. Ab 2010 wird ein Grundfreibetrag von 8.004 Euro sein, der Eingangssteuersatz wird bei 14 % liegen, der berühmte Tarifknick für den Mittelstandsbauch liegt bei 13.470 Euro, und im Tarifknick liegt die Steuer schon bei knapp 24 %, d. h. von 8.004 Euro bis 13.500 Euro in etwa erfolgt eine Steigerung von rund 9 % Einkommensteuer. Dann geht es flacher weiter bis zur Ausgangsstufe. Bei 52.882 Euro wird ein Spitzensteuersatz von 42 % erreicht, und ab 250.731 Euro, die Zahl ist sehr krumm geworden, beginnt die Reichensteuer mit 45 % Einkommensteuer. Wenn man sich die Konzepte der Parteien durchsieht, meine Damen und Herren, so fällt auf, dass die CDU/CSU darauf bauen, den Einkommensteuereingangssatz auf 12 % abzusenken, es im Übrigen bei dem Tarifverlauf zu belassen, d. h. mit dem Mittelstandbauch, und dann mit der Ausgangsstufe bei 60.000 Euro enden möchten und das mit 42 %. Allein dieses Programm kostet nach unseren Berechnungen 13 Milliarden Euro zusätzlich pro Jahr. Bei der FDP, wenn man sich das, was die FDP mal wollte, also den Berliner Entwurf ansieht, war seinerzeit die Rede von einem Drei-Stufentarif-Modell mit 10 % Einkommensteuer bis 20.000 Euro, 25 % bis 50.000 Euro, und Einkommensteile ab 50.000 Euro sind mit 35 % zu besteuern. Der Grundfreibetrag sollte 7.700 Euro damals betragen, heute angepasst an neuere Zeiten 8.004 Euro, und das nicht nur für Ehegatten bei Gesamtveranlagung oder Alleinverdiener, sondern für die gesamte Familie, so dass eine vierköpfige Familie sicherlich schon ein Einkommen von 45.000 bis 50.000 Euro mit allem Drum und Dran haben könnte und immer noch keine Steuern zahlen wird. Bei diesem Modell wird verfassungsrechtlich auch notwendig, das Kindergeld zu erhöhen. Das müsste dann schon bei 200 Euro pro Kind liegen. Die Kosten dieses Programms, meine Damen und Herren, liegen nach unserer Betrachtung nur bezüglich der Anhebung des Grundfreibetrags für jedes Familienmitglied schon bei 4 Milliarden Euro; bei einer Kindergelderhöhung kommen zusätzlich 7 bis 8 Milliarden Euro dazu. Und wenn man das ganze Stufentarifmodell mit sämtlichen Änderungsvorschlägen, auch mit sämtlichen Gegenfinanzierungsvorschlägen des damaligen Modells, die es gar nicht mehr gibt, weil sie mittlerweile verwirklicht worden sind, berechnet, würde der Entwurf rund 70–75 Milliarden Euro kosten – pro Jahr. Wo liegen die Alternativen, meine Damen und Herren, im Tarif? Es wird diskutiert über die Entschärfung des Tarifknicks, d. h. den Wegfall des sog. Mittelstandbauchs. Die Progression muss weg, muss beseitigt werden, heute gesagt von Pofalla. Ein vollständiger Wegfall würde ein Stück mehr Gerechtigkeit sein, das ist gar keine Frage, aber er würde zu Steuerausfällen in Höhe von 22 Milliarden Euro führen. Anderes Modell: die Indexierung des Tarifs. Ein einkommensteuerlicher Tarif auf Rollen, d. h. ein einkommensabhängiger Inflationsausgleich müsste regelmäßig erfolgen. Das würde bedingen, dass der Grundfreibetrag entsprechend der Inflation angehoben werden müsste. Sämtliche Beträge innerhalb des Tarifs müssten ebenfalls angehoben werden. Kostenpunkt hierzu nach unseren Berechnungen: Eine Preisentwicklung von plus 1 % würde rund eine Milliarde Euro Steuermindereinnahmen bedeuten. Nun ist die Frage, ob sich das Thema der Tarifabsenkung angesichts der Diskussion um die Kosten von alleine erledigt. Etwas „störend" ist dabei, eine jüngere OECD-Studie „Taxing Wages" von 2008. Nach dieser Studie hat die OECD festgestellt, dass die Arbeitnehmer mit Steuern und anderen Abgaben in Deutschland mit am höchsten belastet seien. Wir nehmen nach Belgien den 2. Rang ein. Berücksichtigt wird für diese Studie die Belastung eines durchschnittlichen Jahresbruttoarbeitsverdienstes eines Vollzeitarbeitnehmers in der Industrie, der in 2008 bei rund 44.000 Euro lag. Dadurch ergaben sich durch Hinzurechnung von Arbeitgeberanteilen zu den Sozialausgaben sog. Arbeitskosten in Höhe von 52.500 Euro mit einem Steueranteil von 18,6 % und Arbeitnehmer- und Arbeitgeberanteile zur Sozialversicherung mit 43,4 %. Dies in der Summe bedeutet, dass insbesondere Steuerpflichtige mittleren Einkommens so um 30.000 Euro durch diese Beträge und obendrein auch noch durch den Mittelstandsbauch – ich hatte gesagt, wo der Knick liegt –, somit am stärksten belastet sind. Das ist so! Je mehr ein Arbeitnehmer verdient, d. h. insbesondere, wenn er aus der Beitragsbemessungsgrenze für Sozialabgaben herauskommt, wird die Belastung relativ weniger zum OECD-Abstand. Möglicherweise entsteht auch hier ein gewisser Handlungsdruck. Wie kann man dies ändern? Na gut, durch zwei Maßnahmen, die jeweils viel kosten: entweder Abflachung der Einkommensteuerbelastung im mittleren Bereich oder Senkung der Sozialabgaben. Ja, meine Damen und Herren, soweit zu den Tarifdiskussionen.

Zum Unternehmenssteuerrecht nur drei Punkte, die ich erwähnen möchte. Und alles was ich nicht erwähne, das wird dann auch aus meiner Sicht nicht kommen. Ein Streitpunkt ist nach wie vor die neue Regelung der Zinsschranke. Es wird wohl nicht auf eine Abschaffung hinausgehen. Allein deswegen nicht, weil die Zinsschranke als Modell Furore gemacht hat. Sie ist ein hervorragender Exportartikel von Deutschland geworden. Ich glaube auch mit guten Gründen. Nur wie es hier technisch gemacht ist, vielleicht nicht. Aber im Grunde genommen ist gegen eine Zinsschranke nichts einzuwenden. Also deswegen keine Abschaffung, allerdings sind Modifikationen vorstellbar wie z. B. die dauerhafte Anhebung der Freigrenze auf 3 Millionen Euro, möglicherweise auch die Anhebung der 30 %-Grenze. Auch könnte ich mir einen Vortrag von nicht genutztem EBITDA vorstellen. Oder auch eine dauerhafte Verschonung des Zinsvortrags im Falle einer Anteilsveräußerung im Falle einer Sanierung. Dies könnten Maßnahmen sein, die punktuell greifen, aber nicht in dem Sinne, dass insgesamt die Zinsschranke beseitigt würde. Zur Mantelkaufregelung halte ich eine Überarbeitung für sehr wahrscheinlich. Es gibt ja ernst zu nehmende Stimmen, die behaupten, dass § 8 c KStG verfassungswidrig sei. Deswegen ist die Überarbeitung sehr wahrscheinlich. Allerdings wird die Lösung nicht so aussehen, dass der § 8 c gänzlich aufgehoben wird und an dessen Stelle nichts anderes träte. Denn eine Verlustnutzung ohne § 8 c jetziger Fassung oder § 8 Abs. 4 KStG in der alten Fassung wäre nicht darstellbar. Ich könnte mir vorstellen, dass der § 8 c nach wie vor bleibt, allerdings nicht mit einer Verluststreichung, sondern einer Abänderung der Rechtsfolge, die der Verluststreckung, d. h. der Verlust kann geltend gemacht werden nur über die Zeit, was sicherlich die Rentabilität der Verlustnutzung mindert und deswegen die Attraktivität eines Handels mit Verlusten auch nicht gerade steigert.

Zur Verlustnutzung, meine Damen und Herren, ist eine Änderung des § 10 d Abs. 2 EStG immer wieder im Gespräch, allerdings sind da die Probleme der Altverluste. Die Existenz von Altverlusten, wird immer wieder gesagt, sei eine Mär. Das stimmt nicht. Wir haben selber gerechnet bei uns im Hause. Einfach nur mal die festgestellten Verluste für Körperschaften für NRW und dies hochgerechnet bundesweit. Das sind Zahlen, die feststehen, das sind keine Geheimnisse, und wir sind zum Ende 2004 auf ein Verlustvortragsvolumen in Deutschland in Höhe von 520,3 Milliarden Euro gekommen. Das wird sich eher gesteigert, denn abgenommen haben seit diesem Zeitpunkt. Also dass jeder Haushälter große Sorgen hat, wenn diese Schleuse geöffnet wird, das kann man nachvollziehen. Es gibt allerdings keine Hinweise, woher die Verluste im Einzelnen kommen. Das gebe ich ja zu. Allerdings wird sicherlich, wenn man bei der Verlustnutzung und der Verlustabzugsbeschränkung etwas machen möchte, insbesondere bei der Mindestbesteuerung des § 10 d Abs. 2, eine Lösung des Problems der Altverluste einhergehen müssen. Dies wird in einem untrennbaren Zusammenhang stehen.

Was sehe ich noch, meine Damen und Herren, für die Zukunft. Diskutiert und vielfach gefordert wird die Schaffung einer gesetzlichen Grundlage für die steuerliche Behandlung von sog. Sanierungsgewinnen. Vorbild könnte hierfür das BMF-Schreiben aus dem Jahr 2003 sein. Und ich denke, wenn hier eine gesetzliche Regelung geschaffen wird, lässt sich dies durchaus diskutieren. Das kann man machen.

In die Umsatzsteuer, meine Damen und Herren, ist ebenfalls Bewegung geraten, und zwar im Sinne einer Absenkung der Umsatzsteuer. In der Diskussion sind abgesenkte Umsatzsteuern für bestimmte Bereiche. Bisher ist es möglich, dass die Nationalstaaten im EU-Bereich für Hotel- und Beherbergungsleistungen den ermäßigten Steuersatz einräumen können. Und nach der jüngeren EU-Richtlinie vom Mai dieses Jahres ist die ermäßigte Steuer auch denkbar für bestimmte arbeitsintensive Dienstleistungen. Und zwar einmal im Privatbereich, für Renovierungsservice, Restaurationsleistungen inklusive Alkohol, für Friseur- und für kleinere

Reparaturleistungen wie Flickschuster, Änderungsschneidereien. Hier ist viel politischer Druck entstanden, meine Damen und Herren, insbesondere auch in Bezug auf die Ermäßigung im Gastronomiebereich und im Hotel- und Beherbergungsbereich. Wenn man alle diese Maßnahmen machen wollte, würde das den Fiskus pro Jahr 7,4 Milliarden Euro kosten.

Man könnte auch über Umsatzsteuerstrukturänderungen nachdenken. Das Schlagwort 10 %/20 %, wäre denkbar, d. h. also die geringfügige Anhebung des Regelsteuersatzes und eine etwas stärkere Anhebung des niedrigeren Steuersatzes, der ermäßigt wieder als halber Steuersatz ausfällt. Aber Frau Merkel hat hierzu ein Kanzlerwort gesprochen. Sie will auf jeden Fall – so wie ich es in der Presse vernommen habe – keine Anhebung der Umsatzsteuer. Also in diese Richtung wird es wohl nicht gehen.

Herr Prof. Fuest hat die Erbschaftsteuer angesprochen. Im politischen Raum wird auch hier ein Änderungsinteresse angemeldet. Ich formuliere es mal mit den Worten des Ministerpräsidenten dieses Landes, was er gestern in der Bild-Zeitung geäußert hat. Ich zitiere: „Die Erbschaftsteuer muss geändert werden. In ihrer jetzigen Form ist sie in der Praxis nicht anwendbar und ein großes Problem für kleinere und mittlere Betriebe. Das regt den Mittelstand zu Recht sehr auf." Damit ist alles, aber auch nicht viel gesagt, meine Damen und Herren. Sicherlich ist der politische Wille zur Änderung dieser Erbschaftsteuer da. Das kann ich nachvollziehen. Wir in NRW haben diese Erbschaftsteuer, so wie sie gekommen ist, nie gewollt. Wir haben ein eigenes Modell entwickelt. Das hatte ich bei anderer Gelegenheit schon einmal vorgestellt. Das will ich nicht mehr wiederholen. Aber ich denke, hier kommt Bewegung rein, aber nicht unbedingt im Sinne des NRW-Modells. Ich glaube, auch andere Lösungen sind vorstellbar. Es ist ein großes Spektrum denkbar.

Zum Thema Steuervereinfachungen, meine Damen und Herren denke ich nicht, dass in dieser Legislaturperiode eine große Steuervereinfachung geschafft werden wird. Das wird nicht gelingen. Steuervereinfachungsmaßnahmen werden sich eher auf punktuelle Bereiche beschränken. Ich denke, dass wir mit einem großen Wurf der Reform des Steuerrechts bzw. Einkommensteuerrechts sicherlich nicht rechnen können. Und mit dieser kleinen Enttäuschung darf ich mich für Ihre Aufmerksamkeit sehr bedanken.

Piltz: Ganz herzlichen Dank, Herr Neumann, für dieses informative Statement.

Wir wollen jetzt mit der Diskussion zu Herrn Fuest beginnen und ich will gleich eine Frage anbringen auch zu meinem eigenen Verständnis. Sie haben uns eben gezeigt, dass in England der Schuldenzuwachs viel stärker ist bei uns, aber dass der Schuldenstand ungefähr gleich ist wie bei uns, vielleicht sogar noch ein bisschen niedriger. Und Sie haben dann gesagt, bei uns ginge es eigentlich noch ganz gut zu, in England schlechter. Wenn der Schuldenstand in England sogar noch knapp niedriger ist als bei uns, dann scheint es dort nicht soviel schlechter zu sein. Habe ich es richtig verstanden?

Fuest: Ja, das Problem liegt darin, dass ein Defizit von 13 % des BIP ja ein Auseinanderfallen von Ausgaben und Einnahmen in dieser Höhe bedeutet, und zwar in jedem Jahr. D. h., um von diesem Pfad wegzukommen, der ja verbunden ist mit einem dramatischen Anstieg des Schuldenstandes, muss man Ausgaben kürzen oder Steuern erhöhen, und zwar in erheblichem Umfang. Wenn man einen hohen Schuldenstand hat, aber ein geringes laufendes Defizit, dann hat man sich quasi mit der Situation eingerichtet. Man zahlt eben hohe Zinsen, aber man ist nicht einer Situation, in der man jetzt laufende Leistungen in dem Umfang kürzen muss. D. h. ein Defizit herunterzubringen, das erfordert einfach umsteuern, das erfordert Konsolidierung. Wenn Sie einen hohen Schuldenstand haben, müssen Sie entsprechend hohe Zinsen zahlen, das ist aber meistens eingestellt in den Haushalt und eingeplant. Der Handlungsbedarf ist dann nicht so groß. Das Unangenehme in England ist eben, dass man jetzt in einer Situation, die fragil ist, quasi zwischen zwei Übeln entscheiden muss. Entweder die Kapitalmärkte verlieren das Vertrauen oder man kürzt sehr stark und kriegt einen Abschwung wegen der Konjunkturwirkung der Kürzungen. Deshalb würde ich sagen, ist die Lage in Deutschland derzeit etwas komfortabler.

Jonas: Vielleicht einen Satz dazu. Ich glaube auch, dass die Briten darunter leiden, dass die Finanzindustrie vielmehr gebeutelt ist als bei uns. Die Finanzindustrie, die sich über Jahre hinweg sicher gut entwickelt hat, hat etwa ein Viertel der Unternehmenssteuereinnahmen beigebracht und es ist absehbar, dass das in den nächsten Jahren so nicht wieder kommen wird. Auch von daher ist es also schwierig, wieder in die Situation zu kommen, wie sie sie in den letzten Jahren hatten.

Piltz: Herr Fuest hat gesagt, die Selbstfinanzierung bei einer Steuersenkung sei relativ gering. Die Idee ist ja: Ich senke die Steuern, dann geht eine Zeitlang das Steueraufkommen zurück. Aber es aktiviert sich die Wirtschaftstätigkeit und das Steueraufkommen steigt wieder an. Da kam nicht sehr viel heraus, wenn ich das richtig gesehen habe. Wie sind denn die Wirkungen von Steuererhöhungen, die ja auch im Raume stehen? Wenn Sie sagen, der Selbstfinanzierungseffekt von Steuersenkungen sei gering: Wie wirken sich dann Steuererhöhungen auf die gesamtwirtschaftliche Lage aus?

Fuest: Ja, zunächst muss man da vielleicht fairer Weise ein bisschen Wasser in den Wein der Zahlen schütten. Das ist schwer zu messen. Beispiel:

Wir hatten ja eine Einkommensteuerreform in Deutschland zwischen 2000 und 2005 und gleichzeitig eine Unternehmensteuerreform im Jahr 2000. Wenn man jetzt fragt, wie hat sich die Reform eigentlich ausgewirkt auf das Steueraufkommen und das Wachstum, dann hat man das Problem, dass man gleichzeitig 2001 einen Einbruch der Weltwirtschaft hatte. Es ist nun schwierig auseinander zu rechnen, was die Wirkungen der Steuersenkungen waren und was die Wirkungen des Konjunkturabschwungs waren. Nun gibt es statistische Methoden, um so etwas zu machen, und entsprechende Untersuchungen kommen zu unterschiedlichen Ergebnissen. 80 % oder 90 % dieser Ergebnisse liegen so zwischen Multiplikatoren von 0 und 1. Man kann also sagen, irgendwo in diesem Bereich liegt es wohl. Man soll nicht so tun, als könnte man das auf die Milliarde genau ausrechnen. Aber wenn ich eine Schätzung abgeben müsste, würde ich sagen: bei einer Umsatzsteuersenkung oder bei einer breiten Einkommmensteuersenkung ist der Multiplikator nahe bei 0 in Deutschland, vielleicht bei 10 %, bei 20 % aber nicht bei mehr. Umgekehrt kann man fragen: Wie sieht denn das bei Steuererhöhungen aus? Wenn richtig wäre, dass Steuersenkungen selbstfinanzierend sind, dann müssten ja Steuererhöhungen auch selbstzerstörend sein, sofern die Wirkungen symmetrisch sind. D. h. man hätte z. B. durch die Umsatzsteuererhöhung 2007 überhaupt kein Aufkommen erzielen dürfen. Das glaubt ja niemand ernsthaft. Man sieht, je nachdem welche Steuer man nimmt, hat man also eigentlich relativ geringe Selbstfinanzierungseffekte bzw. nimmt man wirklich mehr ein, wenn man Steuern erhöht. Das zeigen auch die Erfahrungen anderer Länder. Eine Ausnahme gibt es, das ist der Bereich der Unternehmensbesteuerung. In der Unternehmensbesteuerung haben wir einen relativ, vor allem was die Tarife angeht, einen relativ losen Zusammenhang. D. h. wenn Sie sich mal angucken, was jetzt in verschiedenen Ländern an Unternehmenssteuern erhoben wird und wie hoch die Steuersätze sind, da gibt es fast keinen Zusammenhang. Bei der Einkommensteuer gibt es den Zusammenhang. D. h. wenn man über Selbstfinanzierungswirkung spricht, kann man die, wenn überhaupt irgendwo, dann möglicherweise bei der Unternehmensbesteuerung erreichen. Es gibt beispielsweise eine Untersuchung über den Zusammenhang zwischen Unternehmenssteueraufkommen und Steuersätzen verschiedener Länder. Da kam heraus, dass der Gipfel der Laffer-Kurve, die ja in dem Zusammenhang immer genannt wird, im Durchschnitt bei 33 % lag. Auch da muss man vorsichtig sein, da weiß auch keiner, ob es nicht vielleicht 28 % oder 35 % sind. Aber das sind so die Größenordnungen. Das ist eigentlich der einzige Bereich, in dem man Selbstfinanzierungswirkungen erwarten kann. Aber in den anderen Bereichen ist das zumindest kurz- bis mittelfristig wenig realistisch.

Piltz: Herr Jonas, wie sehen Sie den Zusammenhang von Unternehmenssteueränderungen und Investitionsverhalten oder Desinvestitionsverhalten der Unternehmen aus Ihrer beruflichen Sicht?

Jonas: Also ich glaube schon, dass man sehen kann, dass nach der Reduzierung der Unternehmenssteuerbelastung durch die Unternehmensteuerreform von etwa 39 % auf 30 oder 31 % durchaus Selbstfinanzierungseffekte gegriffen haben, weil es eben z. B. lohnend war, den Zinshaushalt in USA bei einer amerikanischen Tochtergesellschaft zu verschlechtern, z. B. durch eine Ausschüttung von Gewinnrücklagen, und den Zinshaushalt im Inland zu verbessern, weil dies hier mit einem Steuersatz von nur 30 % belastet wurde, während in den USA die höheren Zinsausgaben mit einem Steuersatz von ca. 40 % belohnt werden. Ich weiß von einigen Beispielen, dass das massiv genutzt worden ist, und zwar nicht nur im Verhältnis Deutschland – USA, sondern auch in anderen Fällen, u. a. bei der Frage der Ausschüttungspolitik im Konzern oder bei der Festlegung der Eigenkapitalausstattung bei Neugründungen.

Herzig: Mit Blick auf die verschiedenen Aspekte scheint es mir wichtig zu sein, zwischen Realinvestitionen und dem Finanzierungsverhalten zu differenzieren. Beim Finanzierungsverhalten ist unmittelbar einsichtig, dass nach der deutlichen Absenkung des nominellen Steuersatzes in Deutschland der Steuersatzvorteil des Auslands beseitigt oder sogar in einen Steuernachteil verwandelt worden ist. Bei dieser veränderten Situation macht es keinen Sinn mehr, (Zins)Erträge ins Ausland und (Zins)Aufwendungen ins Inland zu verlagern. Insoweit setzt die deutliche Absenkung der nominellen Steuersätze Anreize, das Finanzierungsverhalten zu verändern, worauf Herr Jonas bereits hingewiesen hat. Mit Blick auf die Realinvestitionen ist jedoch neben den Steuersätzen die Möglichkeit einer Verlustverrechnung gerade für Risikoinvestitionen von ganz besonderer Bedeutung. Eine Einschränkung der Verlustverrechnung enthält stets die Gefahr, wachstumsfördernde Risikoinvestitionen, die auch zu Verlusten führen können, steuerlich zu diskriminieren. Da wir nicht von einer umfassenden Steuerreform ausgehen können, sondern wegen des beschränkten finanziellen Spielraums nur Einzelmaßnahmen verwirklichen können, erscheint es besonders wichtig, die richtigen Prioritäten zu setzen. Und gerade mit Blick auf die für das Wachstum wichtigen Risikoinvestitionen scheint es mir von besonderer Bedeutung zu sein, dem Ausbau der Verlustverrechnung ein hohes Gewicht einzuräumen und Einschränkungen in diesem Bereich nach Möglichkeit zu vermeiden. Lassen Sie mich noch einen Punkt anführen, der mir besonders am Herzen liegt und die desolate finanzielle Situation der Kommunen betrifft. Wegen dieser angespannten finanziellen Verhältnisse besteht die Gefahr, dass der Versuch unternommen wird, die Einnahmen aus der Gewerbesteuer durch eine Verbreiterung der gewerbesteuerlichen

Bemessungsgrundlage zu erhöhen. Mit einer solchen Ausweitung der gewerbesteuerlichen Hinzurechnungen ist die Gefahr einer Substanzbesteuerung verbunden, die selbst in Verlustjahren noch zu einer Steuerbelastung führt. Vor einer solchen Entwicklung kann nur nachdrücklich gewarnt werden. Es bleibt zu hoffen, dass sich in der Krise die Bereitschaft der Kommunen erhöht, über eine grundlegende Reform der Kommunalfinanzierung nachzudenken.

Eilers: Ich fand es schade, dass Herr Rennings bei dem Vortrag von Herrn Fuest nicht anwesend war. Wenn Herr Rennings gehört hätte, was gerade von Herrn Fuest zu den Verlusten berichtet wurde, hätte er gesehen, was sich in der Weltwirtschaft eigentlich tatsächlich abspielt. Das wäre – glaube ich – sehr wichtig gewesen.

Was ich inhaltlich am Vortrag von Herrn Fuest sehr wichtig fand, war der zeitliche Aspekt seiner Prognose, nämlich dass sich steuerliche Regelungen sehr kurzfristig auswirken. Das sollte uns bei allem, was wir jetzt diskutieren, Mut geben. Zum Beispiel im Hinblick auf die Behandlung der Sanierungsgewinne nach § 8 c KStG. Wir sollten hier ruhig auch mal etwas Kurzfristiges wagen. Die Bundesregierung hat das ja mit dem § 8 c Abs. 1a KStG angefangen und eine befristete Regelung geschaffen, die vielleicht rückwirkend in die Krise hineinwirkt. Im Sanierungsfall könnte ich – aufgrund der Rückwirkung, die im § 8 c Abs. 1a KStG vorgesehen ist – die steuerlichen Vorteile auch noch in diesem Jahr einfordern. Sicherlich wäre eine weitere Verbesserung der Sanierungsauflagen wünschenswert, aber insgesamt halte ich es für durchaus sinnvoll, durch befristete Maßnahmen auf den Konjunkturverlauf zu reagieren.

Und damit sind wir ja bei den Themen von gestern. Wann fängt eigentlich die Sanierungsausnahme beim § 8 c KStG an? Und komme ich von der Veränderung im Anteilseigentum doch in irgendeiner Form weg? Ich glaube, wir haben bei dieser Frage eine große Übereinstimmung zwischen Herrn Fuest und Herrn Neumann gesehen. Wir haben auch gesehen, was hier in diesem Jahr von Seiten der CDU zu erwarten ist. Die FDP ist bei diesem Punkt am weitesten.

Wenn wir das Bild von Deutschland als Schiff aufgreifen – wir haben ja gehört: Deutschland ist eher ein Kreuzfahrtschiff als ein Rheindampfer – und die Krise als eine dicke Welle, durch die wir fahren, dann wirken die Abmilderungen der steuerlichen Regelungen wie ein Stabilisator und die Welle wird vielleicht doch nicht so dramatisch.

Jonas: Ja, der verbliebene Mangel der Gewerbesteuer aus Unternehmenssicht ist ja insbesondere die Hinzurechnung und deren Verbreiterung. In der Tat kann ich nur davor warnen, an dem Hebel jetzt anzusetzen. Was man aber gesamtwirtschaftlich sehen muss, das ist doch ein Mangel der Gewerbesteuer, der sich in den letzten Jahren noch vertieft hat. Nämlich die totale Fehlallokation, die dort stattfindet, bei der man eigentlich zwangsweise ansetzen muss. Nur ein Beispiel aus dem Handelsblatt von letzter Woche: Kommunen in Ostdeutschland erzielen pro Einwohner Gewerbesteuereinnahmen im Jahr von 55 Euro, oder 80 Euro. Und Kommunen wie Coburg oder Frankfurt, haben in 2008 2.600 Euro bzw. 2.500 Euro erzielt. Da läuft doch etwas falsch. Das sind doch Fehlallokationen. Wenn man das vielleicht auf die Hälfte reduziert und dann das andere Finanzierungsbedürfnis der Kommunen durch eine weniger volatile Steuerart, also Lohnsteuer oder Umsatzsteuer, die Modelle liegen ja alle auf dem Tisch, ersetzen würde, wäre da schon viel geholfen. Und das wäre auch ein Beitrag der Selbstfinanzierung, weil nämlich Coburg und Frankfurt wahrscheinlich auch mit 2.000 Euro auskommen würden. Denn sonst laufen denen noch mehr kommunale Arbeitgeber fort in das Umfeld.

Neumann: Also ich hatte die Gewerbesteuer, meine Damen und Herren, deswegen nicht angesprochen, weil teilweise durch die Presse geistert, sie solle abgeschafft werden und durch irgendetwas anderes, was immer das auch sein mag, ersetzt werden. Das sehe ich nicht. Ich denke, die Gewerbesteuer wird so bleiben. Auch Frau Merkel hat sich dazu geäußert, auch versprochen, dass die Gewerbesteuer so bleiben wird. Daran wird sich nichts ändern. Die Frage ist, würde sie im Änderungsfall besser oder schlechter. Die Gewerbesteuer ist ein verflixtes Problem deswegen, weil bei derartigen Änderungsprozessen, Herr Jonas sagte es ja schon, es Gemeinden gibt, die überhaupt keine großen Profiteure der Gewerbesteuer sind. und es gibt Gemeinden, die sind sehr große Profiteure dieser Gemeindesteuer. Und es gibt auch Gemeinden mit sehr viel Einfluss auf die Gestaltung der Gewerbesteuer. Und ich glaube, darin ist ein großes Problem zu sehen. Und schon deswegen wird es eine sonderliche Änderung kaum geben.

Piltz: Gut. Wir stellen fest, meine Damen und Herren, dass in dem großen Bereich der Einkommensteuer, also Tarif u. s. w., wenn man es massiv macht, es sehr sehr viel kostet. Und Herrn Fuest habe ich so verstanden, wenn man es in einem kleinen Bereich macht, dann hat es keine große Auswirkung. Dann kann man es auch gleich lassen. Ausgenommen eben von dem Motiv, ich halte meine Wahlversprechen ein. Wir wollen uns nicht auf diesen Teil konzentrieren, sondern noch mal auf den Teil der Unternehmen. Und da fand ich bei Herrn Fuest etwas sehr interessant. Ich würde ihn aber nochmal bitten, dass zu klären, diesen Stabilisierungseffekt bei der Verlustberücksichtigung, von dem Sie gesprochen haben mit dem Cashflow. Ich bin nicht so sicher, ob das so ganz rüber gekommen war, aber das was ich erahnt habe, fand ich sehr interessant. Können Sie das nochmal verifizieren, was damit gemeint war?

Fuest: Ja. Stabilisierungswirkung des Steuersystems heißt ja allgemein, wenn das Einkommen um 100 Euro sinkt und der Steuersatz ist 30 % und wir nehmen an, dass die Steuerzahlung auch sofort reagiert, dann ist ja ein Schock, der die Volkswirtschaft in Höhe von 100 trifft für die Wirtschaftssubjekte, für die Haushalte oder Unternehmen, nur ein Schock von 70, also 30 werden abgefedert vom Staat. Und wenn es nach oben geht, ist es genau umgekehrt: Wenn man einen Einkommenszuwachs hat von 100, dann hat man netto davon nur 70, weil die Steuerzahlung steigt. Das bezeichnet man als automatische Stabilisatoren, d. h. in der Krise verliert der Staat Geld und entlastet damit den privaten Sektor in dem Sinne, dass eben der private Sektor nicht so hart getroffen wird. Was bringt das jetzt der Volkswirtschaft? Ein Faktor, um den es in der Krise geht, ist der der Nachfragestabilisierung. Die Nachfrage ist aber nicht allein abhängig vom Nettoeinkommen oder auch die Investitionsnachfrage der Unternehmen ist ja nicht allein abhängig vom Cashflow, sondern bei den Unternehmen beispielsweise von Zukunftsaussichten. Die Frage ist also, bringt es etwas für die Investitionsnachfrage, wenn Cashflow-Schwankungen gemildert werden? Nun, man kann nur erwarten, dass dies etwas bringt bei Unternehmen, die einen beschränkten Zugang zum Kreditmarkt haben. Das sind allerdings nicht wenige. Was wir hier in der Untersuchung gemacht haben, war zunächst die Auswertung von Unternehmensbefragungen zur Finanzlage. Da war die Frage drin, habt ihr Zugang zu Krediten? Das haben wir verbunden mit Bilanzdaten von Unternehmen. Wir sind dann wie folgt vorgegangen: Wie viele Unternehmen unserer Volkswirtschaft haben heute Probleme, Kredite zu kriegen. Das sind 30 bis 40 %, je nach dem, wie man die Fragen interpretiert auch mehr. Wenn es so ist, dass in der Krise die Steuerzahlungen dieser Unternehmen tatsächlich schnell sinken – das hat viel mit Steuervorauszahlungsthemen zu tun, und nicht nur mit Verlustvortragsthemen oder Rücktragthemen – wenn die Steuerzahlungen wirklich sinken, dann haben wir eine Stabilisierungswirkung. In Volkswirtschaften, die keine Verlustverrechnungsmöglichkeiten haben und vor allem keine Rücktragmöglichkeiten, werden die Unternehmen natürlich härter getroffen. Gäbe es Verlustrücktragmöglichkeiten, wäre das für die Unternehmen in der aktuellen Lage eine Cashflow-Entlastung. Klar, das kostet den Staat viel Geld, aber das ist ja genau der Sinn der automatischen Stabilisatoren, dass in der Krise der Staat eben weniger Steuern den Unternehmen entnimmt und dann im Aufschwung entsprechend mehr. Die Frage ist, wie tariert man das aus. Aber es geht im Grunde darum, den Cashflow-Schock auf die Unternehmen abzufedern.

Piltz: Herr Eilers, würden Sie sagen, dass die von Herrn Neumann angesprochenen Gedanken, insbesondere Mantelkauf und zeitliche Verteilung, den gesamtwirtschaftlichen und den einzelunternehmerischen Belangen entgegen kommen?

Eilers: Positiv ist ja, dass der Mantelkauf des § 8 c KStG jetzt offensichtlich Verhandlungsmasse in Berlin ist.

Die große Frage ist nun, ob der § 8 c KStG noch als Restgröße erhalten bleibt oder ob man wieder zurück auf einen alten „8 Abs. 4 – Ansatz" geht. Stellt man also wieder ab auf die Veränderung der wirtschaftlichen Identität eines Unternehmens, wie bei der früheren Mantelkaufregelung und geht weg von dem Konzept der bloßen Anteilsveränderung? Anteilsveränderungen habe ich bei jeder Maßnahme zur Krisenbewältigung, sei es ein neuer Investor, sei es die Bank, z. B. wie wir es gestern gehört haben von IKB: Die Bank bedient sich irgendwelcher Instrumente, die dann steuerlich unter der weiten Erlassformulierung als Eigenkapital qualifiziert werden könnten. Bleibt § 8 c also als Konstrukt da oder gehen wir insgesamt zur alten Regelung zurück? Ich glaube, die FDP-Position ist klar. Danach soll die Mantelkaufregelung ganz gestrichen werden. Bei der CDU-Position kommt es ein bisschen auf die Kanzlerin an. Davon hängt es ab, wie weit die CDU sich da bewegt. Ich sehe es aber so, dass wir wahrscheinlich eine erweiterte Sanierungsklausel haben werden mit einer Rückwirkung – wie eben schon gesagt – für 2008 und dass diese Rückwirkung im 100-Tage-Gesetz auch noch auf die laufenden Sanierungsfälle ausgeweitet wird.

Wenn wir eine Sanierungsklausel im § 8 c KStG bekommen, die rückwirkend gilt und die weit genug ist, um auch die Sanierungsmaßnahmen, die ja zum Teil schon gelaufen sind, zu erfassen, dann wäre das zumindest die zweitbeste Lösung, die dann – trotz Beibehaltung des jetzigen „8c-Konzepts" – einen Abfederungseffekt bringen würde. Ich glaube, so etwas ist in Berlin auf dem Tisch und ich glaube, so etwas wird auch kommen.

Piltz: Herr Jonas, wir haben im Verlustbereich ja drei Dinge, den Mantelkauf, die Sanierung und die Mindestbesteuerung. Was ist das drückende Thema? Vermutlich taucht die Mindestbesteuerung viel öfter auf als der Mantelkauf, nehme ich mal an.

Jonas: Bei dem Mantelkauf stört ja insbesondere, dass auch Übertragungen innerhalb des Konzerns betroffen sind, das ist überhaupt nicht einsehbar. Verkürzung der Kette, Verlängerung der Kette, also reine Umstrukturierungen, die eigentlich volkswirtschaftlich sinnvoll sind, werden auch benachteiligt. Das Thema Mindeststeuer ist gerade in der Krise ja sicherlich sehr kritisch zu sehen. Vor allem muss man ja sehen, dass viele Unternehmen weniger in der Phase der Verlustentstehung ein Finanzierungsproblem haben, sondern danach, wenn wieder Vorräte aufgestockt werden müssen, wenn das Geschäft wieder anläuft, ohne dass gleich Einnahmen erzielt werden. Man muss dann in der Lage sein, das neue Geschäft wieder zu finanzieren. Und dann kommt die Mindeststeuer und dann ggf. noch Steuern auf die Zinsen, die in der Vergangenheit nicht abzugsfähig waren, wegen der Zinsschranke. Und vielleicht darf ich dazu noch zwei Sätze zu verlieren. Da ist m. E. neben der Sanierung und auch § 8 c KStG der dringendste Handlungsbedarf, wo man jetzt in der Krise für die nächsten zwei Jahre etwas tun kann. Machen wir uns nichts vor. Es gibt Unternehmen, die sind längst wieder auf der Überholspur. Doch es gibt auch eine ganze Reihe von Unternehmen, die werden noch 2 bis 3 Jahre unter der Krise zu leben haben, bis die wieder das Geschäftsvolumenniveau der Vorjahre erreicht haben, und das sind noch kritische Zeiten, die die zu überstehen haben. Wenn da Steuern auf nicht abzugsfähige Zinsen anfallen, ist das sicherlich kein gutes Beispiel. Die Möglichkeiten, die Herr Neumann aufgezeigt hat, die sind sicherlich zu begrüßen. Wobei ich von der Freigrenze eigentlich nicht viel halte. Viele Unternehmen, die sich jetzt freuen, werden am Ende des Jahres schmerzhaft den Unterschied zwischen Freibetrag und Freigrenze feststellen. Und der Betriebsprüfer wird in fünf Jahren ein Interesse daran haben, noch ein Euro Zins zu finden, um das kaputt zu machen. Außerdem wird hier wie bei jeder Freigrenze die Leidensfähigkeit reduziert. Und teilweise werden auch Unternehmen begünstigt, die vielleicht gar nicht begünstigt werden sollen, weil sie härter am Wind gefahren sind als andere, die einen höheren Zinsaufwand haben. Gut ist der EBITDA-Vortrag. Ich würde sogar dafür plädieren, dass man ihn rückwirkend zulässt. Also für EBITDA und nicht genutztes EBITDA Volumen der letzten 3 bis 4 Jahre. Ich habe nichts dagegen, dass die Unternehmen hier mit Bürokratie belastet werden. Wenn man denen die Escape-Regelung zumutet, ist das wirklich auch hinnehmbar.

Herzig: Nach meiner Überzeugung sollte der Ausbau der Verlustverrechnung auf der politischen Agenda eine hohe Priorität einnehmen. Dabei ist mir ein Gesichtspunkt wichtig, den Herr Neumann sehr deutlich angesprochen hat. Denn hinter allen Regelungen zur Verlustverrechnung steht aus Sicht des Gesetzgebers stets das Damoklesschwert, dass in Deutschland ein Volumen an noch nicht verrechneten Verlusten in Höhe von 520 Milliarden Euro besteht. In diesen Verlusten sieht der Gesetzgeber eine Gefährdung des künftigen Steueraufkommens, das sein Handeln blockiert. Wenn aber eine solche Blockade existiert, so stellt sich die Frage, wie in diesen Fällen eine Entwicklung in Gang gebracht werden kann. Geprüft werden sollte die Möglichkeit einer Verlustspaltung, die zwischen alten Verlusten und neuen Verlusten differenziert. Für neue Verluste könnte eine schnellere Verrechnung zugelassen werden, ohne dass damit die Gefahr verbunden ist, dass die Altverluste das Steueraufkommen drastisch reduzieren. Mir scheint, dass die Diskussion über diese Verlustspaltung intensiviert werden muss, da ansonsten das Handeln des Gesetzgebers durch diese Verlustvorträge in dreistelliger Milliardenhöhe blockiert bleibt. Nur wenn es gelingt, diese Blockade zu überwinden, kann im Bereich der Verlustverrechnung eine positive Entwicklung eingeleitet werden.

Neumann: Wenn ich Sie, Herr Prof. Fuest, richtig verstanden habe, haben Sie auch gesagt, dass hier Verlustvorträge gescheiterter Unternehmen volkswirtschaftlich nicht sehr sinnvoll sind in der Nutzung.

Fuest: Ja, ich denke, die Vorstellung, dass das nicht sinnvoll sein könnte, könnte damit zu tun haben, das man nur auf die Situation, auf den Zeitpunkt nach dem Scheitern schaut und sagt, gut das ist nun ein gescheitertes Unternehmen, das ist nur noch eine Hülle. Ich denke aber, man muss berücksichtigen, dass bei jeder Investitionsentscheidung die Investoren in Szenarien denken. Bei der Investitionsentscheidung selbst, überlegt jeder rationale Investor, was passiert, wenn es gut geht und was passiert, wenn es schief geht. Beides geht in die Rechnung ein. Ich werde auch gelegentlich von Leuten aus dem Venture Capital Bereich angerufen, die erzählen mir das auch. Die haben mir auch derartige Rechnungen geschickt. Wenn Sie jetzt den Mantelkauf nicht zulassen, dann wissen diese Investoren, im negativen Fall sind die Verluste deutlich größer als sie es wären, wenn Verluste und Gewinne symmetrisch behandelt würden. Und das bedeutet einfach, dass ein Großteil der Investitionen wegfällt. Deshalb ist diese im Nachhinein irgendwie entbehrlich erscheinende Hebung der Verluste eben volkswirtschaftlich ganz wichtig.

Besucher aus dem Saal: Herr Fuest, ich würde gerne da ansetzen und fragen, brauchen wir nicht ein weiteres Element, wenn Sie, was sehr einleuchtend ist, sagen, die Verluste müssen berücksichtigt werden, um zu einer symmetrischen Berücksichtigung zu kommen. Brauchen wir da nicht einen gewissen Vertrauensschutz. Denn wer sagt uns denn, dass die nächste Bundesregierung nicht all das, was jetzt eingeführt wird, wieder abschafft. Ich meine, die Investoren, die die 500 Milliarden Euro Verlust, von denen die Rede ist, mal erlitten haben, die haben vielleicht auch daran geglaubt, dass man in der Hinsicht den Status Quo wahrt oder verbessert und sind jetzt enttäuscht. Setzt die Überlegung nicht auch immer voraus, dass wir einen Vertrauensschutz auf den Bestand der Steuerrechtsordnung haben, jeweils bezogen auf den Zeitpunkt, wo ich Investitionen tätige? Die 2. Nachfrage zu dem finanzpolitischen Panorama, das Sie uns aufgezeigt haben. Ich habe ein bisschen vermisst die Frage, wie diese Rettungspakete sich eigentlich wirklich im Haushalt in Zukunft niederschlagen. Das ist doch zunächst mal so eine Art Bürgschaft. Die wird aber zum Teil haushaltswirksam berücksichtigt, weil es da bestimmte Vorgaben gibt. Fahren wir da nicht noch viel mehr auf Sicht bei den ganzen Zahlen, d. h. wenn das plötzlich von den Banken nicht in Anspruch genommen wird, fließt das ja alles wieder zurück oder wird nicht abgerufen. Ist der Spielraum vielleicht größer als es bisher absehbar ist?

Fuest: Zur 2. Frage vielleicht zuerst. Also die letzte Zahl, die ich kenne, ist die, dass mit 5 % also etwa 20 Milliarden Verpflichtungen aus den Bürgschaften aus dem Bankenrettungsfond gerechnet wird, also 20 Milliarden Euro sind eingestellt. Dass das auch ganz anders ausgehen kann, ist klar. Da gibt es große Risiken. Ich sagte schon Eingangs, dass es da viele Unsicherheiten gibt. Sie haben eine Unsicherheit nochmal erwähnt.

Ihre 1. Frage bezog sich auf Verlustproblematik? Klar, jeder Investor fragt sich natürlich, wie sieht es demnächst aus. Es wäre schön, wenn man die Auswirkungen von Unsicherheit besser messen könnte. Also es ist ein langes Anliegen in der Steuerforschung, messen zu können, nicht nur wie sich die Höhe der Steuerbelastung auf Investitionsentscheidungen auswirkt, sondern ob und in welchem Umfang Unsicherheit Investoren abschreckt. Das ist ja das, worüber man aus der Praxis eigentlich mehr hört als über das Thema Höhe der Steuerbelastungen. Man hört immer, wir wissen nicht wie das läuft und das stört uns. Leider ist so etwas sehr schwer zu messen. Ich glaube aber, dass diese Vertrauensproblematik aktuell noch eine ganz andere Komponente hat. Ich sprach vor 10 Tagen mit Herrn Borstell, der hinter Ihnen sitzt, über dieses Thema. Wenn man sich die aktuelle Situation Deutschlands als Investitionsstandort mal anschaut und vergleicht mit England und Frankreich, dann ist es interessant, auf die Verschuldungslage zu schauen. Wenn wir uns jetzt einmal vorstellen, etwa die Engländer wären an der Stelle der Deutschen, d. h. in einer finanziell relativ soliden Position. Ich vermute, dass die kühl überlegen würden, wie nutzen wir diese Situation. In Deutschland kann man – jetzt sind wir beim Thema Vertrauen – in der Unternehmensbesteuerung in begrenzten Bereichen auch gegenüber Investoren glaubwürdig machen, wir verbessern die Bedingungen. Das können Sie in England nicht ohne weiteres, wegen der dort ungleich schwierigeren Finanzlage. Und das können Sie in Frankreich auch nur schlecht. D. h. für mich stellt sich die Frage, Herr Neumann, ob es nicht die Stunde der Steuerpolitik wäre, auch mal ganz kühl zu überlegen, ob Deutschland nicht in dieser Situation einfach mal als Standort vorankommen könnte, indem man einige gezielte Maßnahmen durchführt, um den Steuerstandort zu stärken. Denn das Vertrauen ist sicherlich gegenüber den deutschen öffentlichen Finanzen größer als in anderen Ländern. In vielen anderen Ländern ist die Unsicherheit sehr hoch: Irland, England u. s. w. Man weiß nur, dass Steuern erhöht werden müssen.

Neumann: Danke, Herr Prof. Fuest, man merkt eben doch, dass ein Jurist ganz anders denkt als ein Volkswirt. Bitte sehen Sie mir meine schlichte Wahrnehmung der volkswirtschaftlichen Seite nach. Ich denke schon, Sie haben da den Finger in die Wunde gelegt. Es müsste in Bezug auf Verlustnutzung etwas getan werden. Das sehe ich auch ein. Da habe ich auch Ihre Ausführungen verstanden. Ich glaube jedoch, dass die Hemmschwelle, der hohe dreistellige Milliardenbetrag als Verlustvortag, ein Riesenproblem ist. Und was Verlustrückträge anbelangt, ist nicht ohne Grund die Gewerbesteuer immer ohne Verlustrücktrag ausgekleidet gewesen. Es ist vielfach auch ein Haushaltsproblem. Das muss man sehen. Und über dieses Faktum kann man einfach nicht weg. Man muss da pragmatisch sein. Deswegen muss es letztendlich, wenn man bei § 10 d Abs. 2 etwas machen möchte, schon zu einem Deal kommen, inwieweit man die alten Verluste in irgendeiner Form in der Abziehbarkeit beschränkt, begrenzt oder sogar ganz einschränkt. Im Vertrauen darauf, dass der § 10 d Abs. 2 wieder gelockert wird und jetzige Verluste, die mehr drücken als vielleicht ganz alte Verluste, dann eben auch uneingeschränkt geltend gemacht werden können, muss man sich einigen. Aber die volkswirtschaftlich sauberste Lösung wird man aus pragmatischen Gründen kaum finden.

Eilers: Ich wollte vielleicht noch ein wenig über den Tellerrand schauen und das Argument von der Krise als Chance hier von Herrn Prof. Fuest nochmal unterstreichen. Wenn man sieht, wie die Länder reagiert haben, denen es volkswirtschaftlich deutlich schlechter geht, also England hat ja massive Steuererhöhungen bei den übrigen Steuersätzen und jetzt auch eine massive Beschränkung bei der Unternehmensfremdfinanzierung, also diesen Debt-Cap, der ja ähnlich funktioniert wie die Zinsschranke eingeführt. Spanien hat ja jetzt mit massiven Steuererhöhungen reagiert. Und es spricht ja eine Menge dafür, dass wir jetzt, da wir die Instrumente haben, die wir jetzt verbessern können, weil wir 2007 mit Gegenfinanzierungsmaßnahmen gearbeitet haben, die man jetzt lockern könnte, weil sie sozusagen kontraproduktiv sind, dann könnte man hier in dieser Krisensituation in der Verbesserung des § 8 c (Verstärkung des Sanierungstatbestandes) einen ganz anderen Effekt doch erzielen, als das, was jetzt sozusagen in anderen Ländern passiert, insb. auch am Beispiel USA, wo ja mit massiven Verlustrücktrag gearbeitet worden ist in dem ersten Obama-Paket, und wo dieses Paket nicht die Glaubwürdigkeit in die Politik zurückgebracht hat. Und das wäre glaube ich eine Chance, die glaube ich auch gesehen wird, jedenfalls in Berlin zwischen CDU und FDP.

Jonas: Ich habe noch einen anderen Ansatz. Ich glaube, dass wir eine große Chance darin haben, mit dem Regierungswechsel auch das Steuerrecht zu entrümpeln und damit den Ruf der deutschen Finanzverwaltung im Inland, aber auch im Ausland deutlich zu verbessern. Ich habe die große Hoffnung, dass Tricksereien, die wir aus dem Berliner Finanzministerium kenngelernt haben, nun nach 11 Jahre vorbei sind. Tricksereien, die sich festmachen lassen daran, dass einfach mal so ein Zwangsgeld zur Erledigung von Informationsbeschaffung in der Betriebsprüfung im Gesetzgebungsverfahren in der Abgabenordnung versteckt wird in Paragraphen, in denen es um Buchführung geht.[1] Oder die unkritische Verwendung von irgendwelchen Statistiken über angebliche Gewinnverlagerungen. Sie alle wissen, was ich meine. Inzwischen wird das sogar von Betriebsprüfern sehr extensiv ausgelegt. Dann auch die sehr extensive Auslegung der Funktionsverlagerungsverordnung durch die Beamten. Ich hoffe, dass das BMF-Schreiben, das hier in der Arbeit ist, jetzt etwas anders ausfällt. Und dann z. B. auch eine Entrümpelung des Außensteuerrechts, wo es immer nur in die eine Richtung gegangen ist, was die Änderungen angeht. All das führt aus meiner Sicht dazu, dass wir hier doch eine Chance haben zum Bürokratieabbau und zu einer Entspannung des sehr verkrampften Verhältnisses zwischen Unternehmen und insbesondere der Bundesfinanzverwaltung, Herr Neumann. In NRW fühlen wir uns sehr gut aufgehoben. Aber zwischen Bundesfinanzverwaltung, Bundesministerium, Zentralamt für Steuern einerseits und den Unternehmen generell andererseits, die mit großem Misstrauen über 11 Jahre beäugt worden sind, ist das Verhältnis stark verbesserungsbedürftig.

Piltz: Herr Fuest, kann ich diesen gesamtwirtschaftlichen Aspekt zusammenfassen: Sie sagen, dass Einkommensteuerrechtsänderungen für 40 Millionen Leute ungeheuer viel kosten, aber volkswirtschaftlich nicht so viel bringen. Steuerverbesserungen im Unternehmensbereich an bestimmten Stellen würden staatspolitisch relativ wenig kosten, können aber bruttosozialproduktmäßig investitionsmäßig viel bringen. Ist das eine richtige Zusammenfassung?

Fuest: Ja, Herr Herzig sagte vorhin, Prioritäten setzen. In der Lage muss man sich jetzt überlegen, die Spielräume, die man hat, wie nutzt man die. Ich würde es so sehen: Wachstum ist jetzt die Priorität und dafür ist etwas zu tun in der Finanzpolitik. Das kann die Finanzpolitik nicht alleine voranbringen und sicherstellen, aber sie kann einen wichtigen Beitrag leisten. Und das passiert in den Unternehmenssteuern. Deshalb würde ich sagen, man sollte sich überlegen, bei der Unternehmensbesteuerung Wachstumshindernisse abzubauen.

Herzig: Ich würde gerne auf die Überlegungen von Herrn Neumann zur Verlustspaltung zurückkommen, weil ich hier ein Kernproblem für die Weiterentwicklung sehe. Ich möchte davor warnen, eine solche Verlustspaltung dazu zu nutzen, die Altverluste zu diskriminieren und ggf. ganz zu streichen. Denn ein solches Verhalten ist mit der Gefahr verbunden, dass das Vertrauen der Investoren in steuerliche Regelungen in Deutschland verloren geht. Denn Herr Fuest hat zu Recht darauf hingewiesen, dass für einen Steuerstandort von zentraler Bedeutung ist, das Vertrauen der Investoren nicht zu enttäuschen. Deswegen kann der Weg einer Verlustspaltung nach meinem Dafürhalten nur darin liegen, für Neuverluste

1 Eingeführt durch das JStG 2009 in § 146 Abs. 2 b AO

eine schnellere Verrechnung zu ermöglichen, auf eine Verschlechterung der bisherigen Verrechnungsregeln für Altverluste sollte dagegen verzichtet werden. Konkret würde das bedeuten, weniger Mindestbesteuerung oder keine Mindestbesteuerung für Neuverluste.

Piltz: Ich bitte Herrn Neumann um das Schlusswort zu der Idee, junge Verluste steuerlich aus Sicht der Steuerpflichtigen günstiger zu behandeln als alte Verluste. Ist das ein Ansatz?

Neumann: Das Schlusswort zu haben, ist zu viel der Ehre. Aber der genannte Ansatz ist bestimmt eine gute Idee. Der § 10 d Abs. 2 ist halt nicht in Stein gemeißelt. Der war in einer bestimmten Situation geschaffen worden, die damals diese Maßnahme sicherlich gerechtfertigt hatte, aber die Zeiten ändern sich. Und dass Altverluste ad infinitum immer Vertrauensschutz genießen? Also wir haben das Instrumentarium der Verwirkung. Das hat auch mit Vertrauen zu tun. Es spricht also einiges dafür, junge Verluste, jetzige Verluste anders zu behandeln als alte Verluste. Man kann sicherlich so differenzieren. Und das wäre ein guter Ansatz. Ich werde ihn mitnehmen, Herr Prof. Herzig.

Piltz: Vielen herzlichen Dank meine Herren hier auf dem Podium für diese Beiträge. Meine Damen und Herren, wir haben eine steuerpolitische Diskussion geführt, mit Aspekten von Herrn Prof. Fuest, die doch zu großen Teilen neu waren. Das liest man so nicht in der Zeitung. Dafür bedanken wir uns noch einmal ganz herzlich.

2. Leitthema:
Neuorientierung der Steuerrechtsprechung des EuGH

Neuorientierung der Steuerrechtsprechung des EuGH Der EuGH im Rahmen einer europäischen Gesamtrechtsordnung

Prof. Dr. habil. Heinrich Weber-Grellet
VRBFH

Inhaltsübersicht

I. Einleitung

Die Rechtsprechung des EuGH zu den nationalen Steuerrechten gewinnt zunehmend an Bedeutung. Hatte die Rechtsprechung ihren Schwerpunkt zunächst im Bereich des harmonisierten Rechts (der Zölle und der Umsatzsteuer), so stehen mittlerweile auch die Ertragsteuern auf dem Prüfstand des EuGH. Bewerkstelligt hat der EuGH diesen Schritt durch die *„Instrumentalisierung der Grundfreiheiten"*.

Ziel der Union ist es, den Frieden, ihre Werte und das Wohlergehen ihrer Völker zu fördern (Art. 3 Abs. 1 EUV-Lissabon); für die Ausübung der

Zuständigkeiten der Union gelten die Grundsätze der Subsidiarität und der Verhältnismäßigkeit (Art. 5 Abs. 1 EUV-Lissabon).

Problematisch ist der Zugriff des EuGH auf das Steuerrecht, weil das Steuerrecht in Art. 2 EUV, Art. 3 EUV-Lissabon, Art. 3 EGV nicht erwähnt wird; Art. 93 EGV betrifft nur die Harmonisierung der indirekten Steuern, Art. 94 EGV erlaubt Richtlinien zur Angleichung der Rechts- und Verwaltungsvorschriften, die sich unmittelbar auf die Errichtung oder das Funktionieren des Gemeinsamen Marktes auswirken. Ähnlich verhält es sich hinsichtlich der Kompetenz des EuGH. Art. 220 EGV (Abschnitt 4) weist dem EuGH enumerativ Einzelzuständigkeiten zu, insb. für Vertragsverletzungsverfahren (Art. 227 EGV) und für Vorabentscheidungsverfahren (Art. 234 EGV). Demgegenüber gibt es aber auch Stimmen in der Literatur, die die Aufgabe des EuGH vor allem in der „Promotion" der Europäischen Integration sehen; nach Hartley[1] hat der EuGH folgende Aufgaben:

- strengthening the Community (and especially the federal elements in it),
- increasing the scope and effectiveness of Community Law,
- enlarging the powers of Community institutions.

They may be summed up in one phrase: the promotion of European integration.

Der EuGH selbst beansprucht für sich eine weite Kompetenz. Seit Costa/Enel[2] proklamiert der EuGH den Vorrang des Gemeinschaftsrechts und damit zugleich eine Beschränkung der nationalen Souveränitätsrechte. Darüber hinaus reklamiert der EuGH seit „Avoir fiscal" seine Zuständigkeit für die direkten Steuern und prüft die Vereinbarkeit von Steuernormen des nationalen Rechts mit EG-Recht (primäres Vertragsrecht, Richtlinien, Verordnungen), aber auch die Vereinbarkeit mit den Grundfreiheiten. Der EuGH unterscheidet zwischen diskriminierenden Ungleichbehandlungen und – in neuerer Zeit – ungerechtfertigten (nicht diskriminierenden) Beschränkungen des Marktzugangs auf der Basis der freiheitsrechtlichen Ausprägung der Grundfreiheiten; die Grundfreiheiten sind gegen Diskriminierungen gerichtet, aber auch gegen (nicht diskriminierende) Beschränkungen. Der EuGH hat in mehr als 100 Entscheidungen zu Rechtsnormen aus dem Bereich des Steuerrechts Stellung genommen. Nach Auffassung von Skouris (dem Präsidenten des EuGH) folgt die Kompetenz des EuGH aus der Überlegung, dass ein Binnenmarkt ohne eine Mindestharmonisierung der Steuern undenkbar sei.

---

1 *Hartley*, LSE, The policies of the EC, The Foundations of European Community Law, 6. Aufl. 2007, S. 74.

2 EuGH, Urt. v. 15.7.1964 – Rs. 6/64, EuGHE 1964, 1251.

II. Chronologie der Rechtsprechung

Die Steuerrechtsprechung des EuGH hat mittlerweile alle Bereiche des Steuerrechts erreicht. Die Rechtsprechung des EuGH bewirkt eine „negative Integration". Der EuGH kann nicht positiv gestaltend auf die Rechtsordnungen der Nationalstaaten Einfluss nehmen. Er setzt durch die ihm vorgelegten Fälle „Grenzmarken", die zeigen, was europarechtlich in Ordnung ist und wo der nationale Gesetzgeber noch Korrekturen vornehmen muss.

1. Avoir fiscal (EuGH, Urt. v. 28.1.1986 – Rs. C-270/83, EuGHE 1986, 273)

Als Grundentscheidung zum Steuerrecht gilt immer noch die Entscheidung „Avoir fiscal". Da nach Art. 52 Abs. 1 S. 2 EWG-Vertrag die Wirtschaftsteilnehmer die geeignete Rechtsform für die Ausübung ihrer Tätigkeit in einem anderen Mitgliedstaat frei wählen könnten, dürfe diese freie Wahl nicht durch *diskriminierende Steuerbestimmungen* (keine Erstattung von Steuerguthaben einer ausländischen Gesellschaft) eingeschränkt werden. Deshalb könne eine in einem Mitgliedstaat vorgenommene steuerliche Diskriminierung von Zweigniederlassungen und Agenturen von Versicherungsgesellschaften mit Sitz in einem anderen Mitgliedstaat nicht mit der Begründung zugelassen werden, dass die Wahl der Gründung einer Tochtergesellschaft es ermögliche, jeder Diskriminierung zu entgehen.

2. Bachmann (EuGH, Urt. v. 28.1.1992 – Rs. C-204/90, EuGHE 1992, 249)

H-M Bachmann arbeitete als Deutscher in Brüssel; ihm wurde der steuerliche Abzug der Beiträge zu der deutschen Kranken-, Lebens- und Invaliditätsversicherung versagt; nur Beiträge an belgische Versicherungen seien abziehbar. Der EuGH entschied: Die Niederlassungs- und Dienstleistungsfreiheit stünden Vorschriften entgegen, die nur den Abzug von Versicherungsleistungen an inländische Versicherungen erlaubten. Die Beschränkung könne aber gerechtfertigt sein, um die *Kohärenz* der anwendbaren Steuerregelung zu gewährleisten. Der Einnahmeverlust, der sich aus dem Abzug der Beiträge zu Lebensversicherungen vom Gesamtbetrag der steuerpflichtigen Einkünfte ergebe, werde durch die Besteuerung der von den versicherten zu zahlenden Pensionen, Renten oder Kapitalabfindungen ausgeglichen.

3. Biehl II (EuGH, Urt. v. 26.10.1994 – Rs. C-151/94, EuGHE 1995, 3685)

Auf den Jahresausgleich hatte nach luxemburgischen Recht nur der Steuerpflichtige Anspruch, der seinen steuerlichen Wohnsitz oder seinen gewöhnlichen Aufenthalt während des ganzen Steuerjahrs im Großherzogtum hatte, zumindest aber während mindestens neun Monaten des Steuerjahrs dort als Arbeitnehmer beschäftigt war und seine Tätigkeit dort während dieser Zeit ununterbrochen ausgeübt hat. Das Großherzogtum Luxemburg habe – so der EuGH – dadurch gegen seine Verpflichtungen aus Art. 48 Absatz 2 EG-Vertrag und aus Art. 7 Absatz 2 der Verordnung (EWG) Nr. 1612/68 verstoßen, dass es nationale Rechtsvorschriften aufrechterhalte, denen zufolge die zuviel einbehaltenen Steuern auf die Löhne und Gehälter eines Staatsangehörigen eines Mitgliedstaats, der nur während eines Teils des Jahres im Inland niedergelassen oder dort im Lohn- oder Gehaltsverhältnis beschäftigt gewesen seien, der Staatskasse verfielen und nicht erstattet werden könnten (*Lohnsteuerausgleich auch bei nur neunmonatigem Aufenthalt*).

4. Schumacker (EuGH, Urt. v. 14.2.1995 – Rs. C-279/93, EuGHE 1995, 225)

Der Kläger hat mit Frau und Kindern immer in Belgien gewohnt. Vom 15.5.1988 bis zum 31.12.1989 übte er eine nichtselbständige Beschäftigung in Deutschland aus, wobei er weiter in Belgien wohnte („*Grenzgänger*"). Der Kläger beantragte den Splittingtarif. Der EuGH entschied: Ein EG-Ausländer, der in Ausübung seines Rechts auf Freizügigkeit im Hoheitsgebiet des erstgenannten Staates eine nichtselbständige Beschäftigung ausübe, dürfe bei der Erhebung der direkten Steuern nicht schlechter behandelt werden als ein eigener Staatsangehöriger. Die Entscheidung führte zur Neuregelung der Grenzgänger-Besteuerung.

5. Gilly (EuGH, Urt. v. 12.5.1998 – Rs. C-336/96, EuGHE 1998, 2793)

Herr und Frau Gilly hatten ihren Wohnsitz in Frankreich nahe der deutschen Grenze. Herr Gilly war französischer Staatsangehöriger und Lehrer im öffentlichen Schulwesen in Frankreich. Frau Gilly war deutsche Staatsangehörige und hatte durch die Eheschließung auch die französische Staatsangehörigkeit erworben; sie war Lehrerin an einer öffentlichen Schule in Deutschland, die im Grenzgebiet lag.

Die von Frau Gilly in den Jahren 1989, 1990, 1991, 1992 und 1993 in Deutschland empfangenen Dienstbezüge wurden nach Art. 14 Absatz 1 des Abkommens in Deutschland besteuert, da sie deutsche Staatsangehörige war. Diese Bezüge wurden aufgrund von Art. 20 Absatz 2 Buchstabe a des Abkommens auch in Frankreich besteuert; nach Doppelbuchstabe cc dieser Vorschrift eröffnete die Besteuerung dieser Einkünfte in

Deutschland jedoch einen Anspruch auf Steueranrechnung in Höhe der diesen Einkünften entsprechenden französischen Steuer. Die Mitgliedstaaten konnten grundsätzlich die Aufteilung ihrer Steuerhoheiten bilateral durch sog. Doppelbesteuerungsabkommen (DBA) regeln, auch wenn sich ein höherer Steuersatz durch Anwendung des Kassenstaatsprinzips nach DBA-Regelung ergab (*Vorrang von DBA; Anrechnung französischer Steuer*).

6. ICI (EuGH, Urt. v. 16.7.1998 – Rs. C-264/96, EuGHE, 4695, 4713 ff.)

Im Fall *ICI*, in dem es um den Abzug von Verlusten ausländischer Tochtergesellschaften ging, hielt eine Holding 23 Tochtergesellschaften, von denen nur vier in Großbritannien, sechs in anderen Mitgliedstaaten und die übrigen 13 in Drittstaaten ansässig waren. Der britische Fiskus versagte die Verlustübertragung, da hauptsächlich nicht Anteile an Körperschaften mit Sitz im Vereinigten Königreich gehalten würden. – Der EuGH entschied, dass das im Gemeinschaftsrecht fundierte Verbot der Beeinträchtigung grenzüberschreitender Niederlassungsvorgänge auch an den Herkunftsstaat adressiert sei. Die Behinderung sei im konkreten Fall nicht durch eine „spezifische innere Konditionalität" zwischen Steuervor- und -nachteilen gerechtfertigt; der ausländische Sitz von Tochtergesellschaften rechtfertigt keine unterschiedlichen Rechtsfolgen. Das Kriterium des Sitzes der kontrollierten Tochtergesellschaften sei nicht geeignet, eine unterschiedliche steuerliche Behandlung der im Vereinigten Königreich ansässigen Gesellschaften eines Konsortiums zu rechtfertigen (*Abzug von Verlusten ausländischer Tochtergesellschaften*).

7. X und Y (EuGH, Urt. v. 19.11.1999 – Rs. C-200/98, EuGHE 1999, 8261)

Auch dieser Fall betraf die Versagung des *Verlustausgleichs im Konzern* beim Halten von Beteiligungen über ausländische Tochtergesellschaften. Nach Auffassung des EuGH dürfe nicht nach Maßgabe des Sitzes der Tochtergesellschaften differenziert werden; es handele sich ansonsten um eine nicht gerechtfertigte Behinderung der Niederlassung.

8. AMID (EuGH, Urt. v. 14.12.2000 – Rs. C-141/99, DStRE 2001, 20)

Ganz ähnlich muss nach dem Urteil in der Rechtssache *AMID* gewährleistet sein, dass auch der *Verlust aus einer ausländischen EU-Betriebsstätte* abziehbar ist. Einer Regelung eines Mitgliedstaats, nach der eine Gesellschaft innerstaatlichen Rechts mit Sitz im Inland bei der Veranlagung zur Körperschaftsteuer einen in einem bestimmten Jahr erlittenen Verlust nur dann vom steuerpflichtigen Gewinn des darauf folgenden Jahres abziehen kann, wenn dieser Verlust nicht dem Gewinn einer ihrer festen Betriebsstätten in einem anderen Mitgliedstaat in dem ersten der beiden Jahre hat zugeordnet werden können, steht insofern Art. 43 EG entgegen, als ein so zugeordneter Verlust in keinem der betroffenen Mitgliedstaaten vom steuerpflichtigen Einkommen abgezogen werden kann, während dies sehr wohl möglich wäre, wenn sich die Betriebsstätten der Gesellschaft ausschließlich in dem Mitgliedstaat befänden, in dem sie ihren Sitz hat (*Abzug von Verlusten ausländischer Betriebsstätten*).

9. Emsland (EuGH, Urt. v. 14.12.2000 – Rs. C-110/99, EuGHE 2000, I-11569)

Gemeinschaftsverordnungen finden bei missbräuchlichen Praktiken von Wirtschaftsteilnehmern keine Anwendung. Die Feststellung eines Missbrauchs setze zum einen voraus, dass eine Gesamtwürdigung der objektiven Umstände ergebe, dass trotz formaler Einhaltung der gemeinschaftsrechtlichen Bedingungen das *Ziel der Regelung* nicht erreicht worden sei. Zum anderen setze sie ein subjektives Element voraus, nämlich die *Absicht, sich einen gemeinschaftsrechtlich vorgesehenen Vorteil dadurch zu verschaffen*, dass die entsprechenden Voraussetzungen willkürlich geschaffen würden. Der Beweis für das Vorliegen dieses subjektiven Elements könne u. a. durch den Nachweis eines kollusiven Zusammenwirkens zwischen dem in der Gemeinschaft ansässigen Ausführer, der die Erstattungen erhalte, und dem Einführer der Ware im Drittland erbracht werden (*missbräuchliche Praktiken*).

10. Lankhorst-Hohorst (EuGH, Urt. v. 12.12.2002 – Rs. C-324/00, DB 2002, 2690)

Die Lankhorst-Hohorst BV mit Sitz in Sneek, NL (LH) befasste sich mit dem Vertrieb von Wassersportartikeln. Alleinige Gesellschafterin dieser Firma war die Lankhorst Taselaar BV (LT) mit Sitz in Lelystad, ebenfalls NL. Mit Vertrag vom 1.12.1996 gewährte LT der LH ein Darlehen in Höhe von 3 Mio. DM. Das Darlehen, das kapitalersetzenden Charakter haben sollte, war mit einer Patronatserklärung versehen, wonach die LT für den Fall, dass LH von Drittgläubigern in Anspruch genommen werden sollte, auf die Rückzahlung verzichtete.

Das FA behandelte die an LT gezahlten Darlehenszinsen gem. § 8 a Abs. 1 Nr. 2 KStG in den Körperschaftsteuerbescheiden 1997 und 1998 als nicht abziehbare verdeckte Gewinnausschüttung. Angesichts der Überschuldung von LH und der fehlenden Möglichkeit, Sicherheiten zu stellen, hätte sie nämlich von Dritten kein entsprechendes – ohne Sicherheiten gewährtes und mit einer Patronatserklärung versehenes – Darlehen erhalten können.

Eine *vom Sitz der Muttergesellschaft abhängige unterschiedliche Behandlungsweise von gebietsansässigen Tochtergesellschaften* – so der

EuGH – stelle eine Beschränkung der Niederlassungsfreiheit dar, die nach Art. 43 EG grundsätzlich untersagt sei. Durch die fragliche Steuermaßnahme werde die Ausübung der Niederlassungsfreiheit für in anderen Mitgliedstaaten niedergelassene Gesellschaften weniger attraktiv, weshalb diese auf den Erwerb, die Gründung oder die Beibehaltung einer Tochtergesellschaft verzichten könnten.

11. Hughes de Lasterie du Saillant (EuGH, Urt. v. 11.3.2004 – Rs. C-9/02, BFH/NV Beilage 2004, 211)

Im September 1998 verlegte der Kläger seinen Wohnsitz von Frankreich nach Belgien. Innerhalb der letzten fünf Jahre vor seinem Wegzug hielt er Wertpapiere, die zum Bezug von mehr als 25 % der Gewinne einer Gesellschaft berechtigten, die gesellschaftssteuerpflichtig war und ihren Sitz in Frankreich hatte. Das FA erfasste die stillen Reserven der Wertpapiere. – Der EuGH war der Auffassung, dass Art. 52 EG (Grundsatz der Niederlassungsfreiheit) es einem Mitgliedstaat verwehre, zur Vorbeugung gegen die Steuerflucht eine Regelung wie die in Art. 167bis CGI vorgesehene einzuführen, wonach latente Wertsteigerungen besteuert würden, wenn ein Steuerpflichtiger seinen steuerlichen Wohnsitz ins Ausland verlege (*keine Besteuerung stiller Reserven bei Verlegung des Wohnsitzes ins Ausland*).

12. Manninen (EuGH, Urt. v. 7.9.2004 – Rs. C-319/02, BFH/NV Beilage 2005, 1)

Der in Finnland unbeschränkt steuerpflichtige Herr Manninen besaß Aktien einer schwedischen Gesellschaft; die ausgeschütteten Gewinne hatten bereits in Schweden einer dort anrechenbaren Körperschaftsteuer unterlegen. In Finnland bestand kein Anspruch auf eine Steueranrechnung. Nach Auffassung des EuGH stehen Art. 56 EG und 58 EG einer Regelung entgegen, wonach der Anspruch einer in einem Mitgliedstaat unbeschränkt steuerpflichtigen Person auf eine Steuergutschrift für die Dividenden, die ihr von Aktiengesellschaften gezahlt werden, ausgeschlossen ist, wenn die betreffenden Gesellschaften ihren Sitz nicht in diesem Staat haben (*Körperschaftsteueranrechnung auch für ausländische Gesellschafter*).[3]

13. Marks & Spencer (EuGH, Urt. v. 13.12.2005 – Rs. C-446/03, BB 2006, 23)

Streitig war, ob die englische Muttergesellschaft die Verluste ihrer ausländischen Tochtergesellschaften nutzen kann. Im Jahr 2001 veräußerte

3 So bereits EuGH, Urt. v. 6.6.2000 – Rs. C-35/98 – Verkooijen, EuGHE I, 4071.

M&S seine französische Tochtergesellschaft und stellte die gewerbliche Tätigkeit der Tochtergesellschaften u. a. in Belgien und in Deutschland ein. M&S machte in GB den Konzernabzug für diese Verluste geltend. Die englische Finanzverwaltung erlaubte den Konzernabzug nur für in England entstandene Verluste.

Der EuGH entschied: Der unterschiedliche Sitz rechtfertige zwar keine Ungleichbehandlung; aber der Abzug der im Ausland entstandenen Verluste in Großbritannien würde die Ausgewogenheit der Aufteilung der Besteuerungsbefugnis (prinzipiell) erheblich beeinträchtigen; einer inländischen Muttergesellschaft könne daher verwehrt werden, von ihrem steuerpflichtigen Gewinn Verluste abzuziehen, die in einer ausländischen Tochtergesellschaft entstanden seien, während sie einen solchen Abzug für Verluste einer gebietsansässigen Tochtergesellschaft zulasse. – Es verstoße jedoch gegen die Art. 43 EG und 48 EG, wenn überhaupt keine Möglichkeit bestehe, dass die Verluste der ausländischen Tochtergesellschaft im Staat ihres Sitzes für künftige Zeiträume von ihr selbst oder von einem Dritten, insbesondere im Fall der Übertragung der Tochtergesellschaft auf ihn, überhaupt berücksichtigt würden. Als *mögliche Rechtfertigungsgründe* führte der EuGH an:

- Gewinne und Verluste seien einheitlich zu behandeln;
- Bei Ausdehnung des Konzernabzugs auf gebietsfremde Tochtergesellschaften bestehe die

Gefahr der doppelten Verlustberücksichtigung;

- Steuerfluchtgefahr durch Lenkung der Verluste, dahin, wo der steuerliche Wert der Verluste

am höchsten sei.

Ferner prüfte der EuGH den *Grundsatz der Verhältnismäßigkeit*, die beschränkende Maßnahme gehe über das Erforderliche hinaus, wenn die ausländische Tochtergesellschaft keine Möglichkeit habe, die Verluste in ihrem Sitzstaat geltend zu machen.

14. Ritter-Coulais (EuGH, Urt. v. 21.2.2006 – Rs. C-152/03, BFH/NV Beilage 2006, 225)

Die Eheleute Ritter-Coulais (beide deutsche Staatsangehörige) waren Eigentümer eines in Frankreich belegenen Hauses und arbeiteten beide als Lehrer an einem staatlichen Gymnasium in Deutschland. Die Eheleute beantragten, bei der Festsetzung ihres Steuersatzes nach § 32 b Abs. 1 Nr. 2 und Abs. 2 Nr. 2 EStG 1987 Verluste aus Vermietung und Verpachtung wegen der Eigennutzung ihres in Frankreich belegenen Hauses zu berücksichtigen. Die Finanzverwaltung lehnte diesen Antrag unter Berufung auf § 2 a Absatz 1 Satz 1 Nummer 4 EStG 1987 ab.

Der EuGH gab den Eheleuten recht: Nach Art. 48 EWG-Vertrag (später Art. 48 EG-Vertrag, nach Änderung jetzt Art. 39 EG) seien Verluste aus Vermietung und Verpachtung zu berücksichtigen, die sich auf ein zu eigenen Wohnzwecken genutztes Wohnhaus in einem anderen Mitgliedstaat bezögen, *wenn andererseits* auch positive Einkünfte aus Vermietung und Verpachtung bezüglich eines solchen Hauses berücksichtigt würden (*Verrechnung ausländischer VuV-Verluste*).[4]

In der Sache Renneberg[5] entschied der EuGH, dass ein in Belgien wohnender, aber in Holland arbeitender Niederländer die Verluste aus seiner belgischen Wohnung abziehen durfte.

15. Meilicke (EuGH, Urt. v. 6.3.2007 – Rs. C-292/04, BFH/NV Beilage 2007, 273)

Eine nationale Regelung, nach der Steuerpflichtige eine Steuergutschrift nur für Dividenden erhalten, die ihnen von inländischen Gesellschaften gezahlt werden, ist mit den Artikeln 56 EG und 58 EG nicht vereinbar. Die nach dem Anrechnungsverfahren vorgesehene Steuergutschrift darf nicht nur auf Inlandsdividenden beschränkt werden (wie Nr. 12).[6]

16. Rewe-Zentralfinanz (EuGH, Urt. v. 29.3.2007 – Rs. C-347/04, BStBl II 2007, 492)

Der Fall betraf den Abzug eines Verlustes, der aus einer gewerblichen Betriebsstätte im Ausland entstanden war (Ausschluss des Verlustabzugs nach § 2 a EStG 1990). Der EuGH sah eine Beschränkung der Niederlassungsfreiheit; die Situation wäre für Rewe günstiger, wenn Tochter und Enkel in Deutschland niedergelassen wären. Nicht überzeugen konnten den EuGH die von der deutschen Regierung vorgebrachten Rechtfertigungsgründe:

- Symmetrie; kein Zugriff auf Tochtergewinne,
- mehrfache Inanspruchnahme von Steuervorteilen,
- Bekämpfung der Steuerumgehung,
- Notwendigkeit steuerlicher Kontrollen,

---

4 Ähnlich EuGH, Urt. v. 16.10.2008 – Rs. C-527/06, IStR 2008, 805, *Renneberg*, Einkünfte in NL, Eigentumswohnung in Belgien: Verstoß gegen Art. 39 EG.

5 EuGH, Urt. v. 16.10.2008 – Rs. C-527/06 EuGHE I, 7735.

6 Dazu auch *Meilicke*, Gedächtnisschrift Gruson, 2009, 293; zur erneuten Vorlage FG Köln v. 14.5.2009 – 2 K 2241/02, anhängig beim EuGH unter Rs. C-262/09.

- Gewährleistung der Gleichmäßigkeit der Besteuerung; Kohärenz des deutschen Steuersystems,
- Territorialitätsprinzip.[7]

Der BFH schloss sich mit Urteil vom 29.1.2008[8] dem EuGH an; § 2 a Abs. 3 Satz 1 i. V. m. Abs. 1 Nr. 2 und Abs. 2 Satz 1 EStG 1990 ermögliche den Abzug eines Verlustes, der aus einer gewerblichen Betriebsstätte im Ausland stamme und (u. a.) ausschließlich oder fast ausschließlich die Bewirkung gewerblicher Leistungen zum Gegenstand habe, soweit diese nicht in der Errichtung oder dem Betrieb von Anlagen bestehen, die dem Fremdenverkehr dienten. Der Abzugsausschluss von Verlusten aus Fremdenverkehrsleistungen widerspreche der Niederlassungsfreiheit gemäß Art. 52 und Art. 58 EGV, jetzt Art. 43 und Art. 48 EG und sei deshalb innerhalb der EU nicht anzuwenden.

Das BMF wendet diese Entscheidung über den entschiedenen Fall hinaus nicht an.[9] Betriebsstättenverluste in den in § 2 a Abs. 2 EStG aufgeführten Fällen könnten jedenfalls dann nicht abgezogen werden, wenn – wie im Streitfall – im Betriebsstättenstaat rechtlich oder tatsächlich allgemein die Möglichkeit zur Berücksichtigung solcher Verluste im selben oder in einem anderen Besteuerungszeitraum (Verlustrücktrag bzw. Verlustvortrag) bestehe; im Streitfall sei eine Teilwert-Abschreibung nicht ausgeschlossen.

17. Oy Esab (EuGH, Urt. v. 18.7.2007 – Rs. C-231/05, BFH/NV Beilage 2007, 372)

Oy Esab, eine Gesellschaft finnischen Rechts, ist die 100 % Tochter der englischen Esab. Die Esab erzielte im Jahr 2003 Verluste. Die Oy Esab wollte einen „Konzernbeitrag" leisten. Die finnische Finanzverwaltung versagte den Abzug. Nach Auffassung des EuGH stehe Art. 43 EG einer Regelung im Recht eines Mitgliedstaats wie der im Ausgangsverfahren streitigen nicht entgegen, wonach eine in diesem Mitgliedstaat ansässige Tochtergesellschaft einen an ihre Muttergesellschaft gezahlten Konzernbeitrag nur dann von ihren steuerpflichtigen Einkünften abziehen könne, wenn die Muttergesellschaft ihren Sitz in diesem Mitgliedstaat habe. Die unterschiedliche Behandlung der in- und ausländischen Tochtergesellschaften stelle zwar eine Beschränkung der Niederlassungsfreiheit dar. Die Konzernbeitragsregelung betreffe aber nicht den Verlustabzug; der von Gewinn und Verlust unabhängige *Konzernbeitrag* ermögliche nur einen „Gewinnausgleich" innerhalb eines Konzerns.

---

7 *Sedemund*, Europäisches Ertragsteuerrecht, 2008, Rz. 455.
8 BFH, Urt. v. 29.1.2008 – I R 85/06, BStBl. II 2008, 671.
9 Nichtanwendung v. 4.8.2008, BStBl. I 2008, 837.

18. Schwarz (EuGH, Urt. v. 11.9.2007 – Rs. C-76/05, BFH/NV Beilage 2008, 5)

Der EuGH hielt eine Regelung für unzulässig, nach der Schulgeldzahlungen an bestimmte Privatschulen im Inland als Sonderausgaben einkommensteuermindernd berücksichtigt werden können, diese Möglichkeit aber in Bezug auf Schulgeldzahlungen an Privatschulen in anderen Mitgliedstaaten generell ausgeschlossen sei.

Der BFH hat sich mit Urteil vom 17.7.2008[10] dieser Auffassung angeschlossen: Auch Schulgeld für den Besuch eines englischen Internats könne unter den Voraussetzungen des § 10 Abs. 1 Nr. 9 EStG abziehbar sein. Der Vorrang des Gemeinschaftsrechts gegenüber dem nationalen Recht habe insbesondere zur Folge, dass gemeinschaftsrechtswidrige Vorschriften des nationalen Steuerrechts nicht anzuwenden seien, ohne dass es einer Vorlage an das BVerfG oder den EuGH bedürfe (*Anwendungsvorrang*). Mittlerweile hat der Gesetzgeber reagiert und den Schulgeldabzug neu geregelt.

19. Ergste Westig GmbH (EuGH, Beschl. v. 6.11.2007 – Rs. C- 415/06, GmbHR 2008, 154)

In dieser Sache entschied der EuGH, dass der Nichtabzug von Verlusten aus einer *Betriebsstätte in einem Drittstaat* kein EG-Recht verletze. Die Art. 43 bis 48 EG könnten bei einem Sachverhalt, der eine Betriebsstätte in einem Drittstaat betreffe, nicht geltend gemacht werden. Der BFH hat sich mit Beschluss vom 11.3.2008[11] dieser Auffassung (für die USA) angeschlossen und hat die *Symmetriethese* bestätigt.

20. Amurta (EuGH, Urt. v. 8.11.2007 – Rs. C-379/05, BB 2008, 88)

Die niederländische Regelung zur *Quellenbesteuerung bestimmter ausländischer Dividendeneinkünfte* hat der EuGH als gemeinschaftswidrig eingestuft. Es verstoße gegen die Kapitalverkehrsfreiheit, wenn bei Dividendenzahlungen über die Grenze Quellensteuer anfalle, während die entsprechenden Einkünfte im Inlandsfall von der Steuer befreit seien.

21. Jundt (EuGH, Urt. v. 18.12.2007 – Rs. C-281/06, BFH/NV Beilage 2008, 93)

Eine Lehrtätigkeit – so der EuGH –, die ein (deutscher) Rechtanwalt an einer französischen Universität ausübe, falle auch dann in den Anwendungsbereich von Art. 49 EG, wenn die Tätigkeit nebenberuflich und

10 BFH, Urt. v. 17.7.2008 – X R 62/04, BStBl. II 2008, 976.
11 BFH, Beschl. v. 11.3.2008 – I R 116/04, HFR 2008, 714.

quasi ehrenamtlich ausgeübt werde. – Die Beschränkung der Dienstleistungsfreiheit, die darin liege, dass nach einer nationalen Regelung nur das Entgelt, das im Inland ansässige Universitäten, die juristische Personen des öffentlichen Rechts seien, als Gegenleistung für eine nebenberufliche Lehrtätigkeit zahlten, von der Einkommensteuer befreit sei, während diese Befreiung versagt werde, wenn ein solches Entgelt von einer in einem anderen Mitgliedstaat ansässigen Universität gezahlt werde, sei nicht durch zwingende Gründe des Allgemeininteresses gerechtfertigt (*Begünstigung einer Nebentätigkeit im EU-Ausland*). Der Umstand, dass die Mitgliedstaaten selbst für die Gestaltung ihres Bildungssystems zuständig seien, sei nicht geeignet, eine nationale Regelung, nach der eine Steuerbefreiung denjenigen Steuerpflichtigen vorbehalten sei, die im Dienst oder Auftrag inländischer öffentlicher Universitäten tätig seien, mit dem Gemeinschaftsrecht in Einklang zu bringen. Der BFH hat sich mit Urteil vom 22.7.2008[12] dem vorstehenden EuGH-Urteil angeschlossen. Auch hier hat der Gesetzgeber die inkriminierte Regelung angepasst.

22. Lidl (EuGH, Urt. v. 15.5.2008 – Rs. C-414/06, DStR 2008, 1030)

Lidl Belgium (KG mit Gesellschaftssitz in Deutschland) gründete in Luxemburg eine Betriebsstätte. Im Steuerjahr 1999, um das es im Ausgangsverfahren geht, erwirtschaftete die in Luxemburg belegene Betriebsstätte von Lidl Belgium einen Verlust. Diesen Verlust wollte Lidl Belgium im Steuerfeststellungsverfahren von ihrer Bemessungsgrundlage abziehen. Das Finanzamt lehnte diesen Verlustabzug ab und begründete dies insbesondere mit der Freistellung der auf diese Betriebsstätte entfallenden Einkünfte nach den Bestimmungen des Abkommens. Die fragliche Steuerregelung (Art. 5 I DBA) – so der EuGH – enthalte eine Beschränkung der Niederlassungsfreiheit (Eingriff auf der Tatbestandsebene). Als Rechtfertigungsgründe (Rechtfertigungsebene) kämen in Betracht: (1) Die im Ausgangsverfahren fragliche Steuerregelung sei zur *Aufteilung der Besteuerungsbefugnis* geeignet, da sie die Symmetrie zwischen dem Recht zur Besteuerung der Gewinne und der Möglichkeit, Verluste in Abzug zu bringen, wahre; (2) die Mitgliedstaaten dürfen die Gefahr einer doppelten Berücksichtigung der Verluste abwehren; (3) dritter Rechtfertigungsgrund sei nach M&S die Gefahr der Steuerflucht. Die Rechtfertigungsgründe müssten nicht kumulativ vorliegen; es reiche, wenn zwei gegeben sind. Darüber hinaus sei die Verhältnismäßigkeit der Regelung zu prüfen, nämlich ob die streitige Steuerregelung über das hinausgehe, was zur Erreichung des verfolgten Ziels erforderlich sei.

Eine in einem Mitgliedstaat ansässige Gesellschaft könne von ihrer Steuerbemessungsgrundlage nicht die Verluste einer Betriebsstätte abziehen

12 BFH, Urt. v. 22.7.2008 – VIII R 101/02, DStR 2008, 1824.

könne, die ihr gehöre und in einem anderen Mitgliedstaat belegen sei, sofern nach einem Abkommen zur Vermeidung der Doppelbesteuerung die Einkünfte dieser Betriebsstätte im letztgenannten Mitgliedstaat besteuert würden, in dem diese Verluste bei der Besteuerung der Einkünfte dieser Betriebsstätte für künftige Steuerzeiträume berücksichtigt werden könnten (kein Verstoß gegen Art. 43 EG). Wenn Gewinne einer ausländischen Betriebsstätte nach einem DBA von der Besteuerung freigestellt seien, könnten ausländische Betriebstättenverluste danach im Inland nur abgezogen werden, wenn ihr Abzug im Ausland definitiv gescheitert sei. Die Grundsätze der Marks & Spencer Rechtsprechung seien auf den Fall einer ausländischen (EU-) Betriebsstätte übertragbar (*Verlust aus einer ausländischen Betriebsstätte*).

Der BFH hat mit Urteil vom 17.7.2008[13] die Sache an das FG zurückverwiesen, zur Prüfung, ob die Verluste prinzipiell nicht abziehbar seien.[14] Verfahrensrechtlich kommt eine phasengleiche Berücksichtigung in Betracht, mit ggfs. analoger Anwendung des § 10 d EStG und des § 173 AO; besser wäre möglicherweise eine Nachversteuerungsregelung.[15]

23. Krankenheim Ruhesitz Wannsee (EuGH, Urt. v. 23.10.2008 – Rs. C-157/07, IStR 2008, 769[16])

Das Krankenheim KR Wannsee hatte eine Betriebsstätte in Österreich; bis Ende 1990 entstanden Verluste; ein Verlustabzug wurde nicht vorgenommen. In den Jahren 1992–1994 fielen Gewinne an. 1994 wurde die Betriebsstätte veräußert. In Deutschland entstanden 1982–1990 Gewinne. In Deutschland wurde der Verlustabzug nach AIG wegen der späteren Gewinne in Österreich „storniert" und wieder hinzugerechnet; die österreichische Beschränkung des Verlustvortrags auf 7 Jahre wurde nicht berücksichtigt.

13 BFH, Urt. v. 17.7.2008 – I R 84/04, DStR 2008, 1869.

14 *Kube* (Vertreter der Bundesregierung iS Lidl), IStR 2008, 305 hebt die Notwendigkeit der Gleichbehandlung von Auslandsbetriebsstätten und Tochtergesellschaften hervor und meint, dass die grundfreiheitsrechtlich verordnete Option uneingeschränkter Verlustverrechnung ein europäischer Bärendienst wäre. – Zu den praktischen Folgen *von Brocke*, DStR 2008, 2201.

15 § 2 a III neu; s. *Tiedtke*, DStZ 2008, 430, 440 im Anschluss an § 2 VIII Ziff 3 öEStG.

16 Dazu *Lambrecht*, Betriebsstättenverluste, Verlustvortragsrecht und Aufteilung der Besteuerungsbefugnisse nach dem Urteil des EuGH in der Rs. KR Wannsee, IStR 2009, 766.

Würden die Verluste einer Betriebsstätte, die in einem anderen Staat als dem Ansässigkeitsstaat ihres Stammhauses belegen sei, bei der Festsetzung der Einkommensteuer des Stammhauses berücksichtigt werden, später aber, sobald die Betriebsstätte Gewinne erwirtschafte, steuerlich wieder hinzugerechnet, so liege kein Verstoß Art. 31 des Abkommens über den Europäischen Wirtschaftsraum vom 2.5.1992 vor, wenn der Betriebsstättenstaat keinen Vortrag von Verlusten einer Betriebsstätte einer in einem anderen Staat ansässigen Gesellschaft zulasse und wenn nach einem zwischen den beiden betreffenden Staaten abgeschlossenen Abkommen zur Vermeidung der Doppelbesteuerung die Einkünfte einer solchen Einheit im Ansässigkeitsstaat ihres Stammhauses von der Steuer befreit seien (*kein Verlustabzug im Stammhausstaat wegen späterer Gewinne im Betriebsstättenstaat*). Zwei Besonderheiten sind gegenüber der Entscheidung in der Sache Lidl hervorzuheben. Es besteht ein einheitliches Schutzniveau von Art. 31 EWR-Abkommen und Art. 43 EG; eine Verpflichtung zur Berücksichtigung von endgültigen Betriebsstättenverlusten durch den Stammhausstaat besteht dann nicht, wenn die Endgültigkeit der Verluste (allein) der Rechtsordnung des Betriebsstättenstaats zuzurechnen ist, z. B. bei zeitlicher Beschränkung des Verlustvortrags.[17]

24. Jobra (EuGH, Urt. v. 4.12.2008 Rs. C-330/07)

Nach nationalem Recht wurde eine Investitionsprämie nicht gewährt bei Verleasing der angeschafften Gegenstände in das Ausland. Nach (zutreffender) Auffassung des EuGH steht Art. 49 EG einer Regelung eines Mitgliedstaats wie der im Ausgangsverfahren fraglichen entgegen, wonach Unternehmen die Gewährung einer Investitionsprämie für die Anschaffung körperlicher Wirtschaftsgüter allein aus dem Grund versagt wird, dass die entgeltlich überlassenen Wirtschaftsgüter, für die diese Prämie geltend gemacht wird, überwiegend in anderen Mitgliedstaaten eingesetzt werden.

17 Anmerkung *A. A.*, IStR 2008, 772.

25. Persche (EuGH, Urt. v. 27.1.2009 – Rs. C-318/07, EWS 2009, 89)

Der deutsche Steuerberater Persche leistete eine Sachspende an das portugiesische Centro Popular. Das Finanzamt vermisste eine ordentliche Zuwendungsbestätigung. Der Generalanwalt war der Auffassung, dass eine prinzipielle Ablehnung unzulässig sei; der Nachweis könne im Einzelfall geführt werden. Der EuGH folgte dieser Beurteilung.

- Auslandspenden fallen auch dann unter die Bestimmungen des EG-Vertrags über den freien Kapitalverkehr, wenn es sich um Sachspenden in Form von Gegenständen des täglichen Gebrauchs handelt.
- Art. 56 EG verlangt, dass ein Spender die Möglichkeit haben muss, nachzuweisen, dass eine Spende an eine Einrichtung, die in einem anderen Mitgliedstaat ansässig ist, die nach dieser Regelung geltenden Voraussetzungen für die Gewährung einer solchen Vergünstigung erfüllt.

Der BFH setzte diese Erkenntnis im Urteil vom 27.5.2009 (X R 46/05) um und verwies die Sache zur weiteren Sachaufklärung an das FG zurück. Trotz aller Mängel der Amtshilferichtlinie verlangt der EuGH, dass zumindest der Versuch der Aufklärung gemacht wird; die schlichte Berufung auf den Auslandssitz reicht jedenfalls nicht.[18]

26. Wettbewerbsneutralität der Umsatzsteuer (EuGH, Urt. v. 16.9.2008 – Rs. C-288/07, IStR 2008, 734[19])

Es besteht eine Vermutung, dass die Behandlung von Einrichtungen des öffentlichen Rechts als für die in Anhang D zur RL 388/77/EWG aufgeführten Tätigkeiten nicht mehrwertsteuerpflichtig zu Wettbewerbsverzerrungen führt, sofern der Umfang dieser Tätigkeiten nicht unbedeutend ist. Art. 4 Abs. 5 Unterabs. 2 der Sechsten Richtlinie 77/388/EWG ist dahin auszulegen, dass die Frage, ob die Behandlung von Einrichtungen des öffentlichen Rechts, die im Rahmen der öffentlichen Gewalt tätig werden, als Nichtsteuerpflichtige zu größeren Wettbewerbsverzerrungen führen würde, mit Bezug auf die fragliche Tätigkeit als solche zu beurteilen ist, ohne dass sich diese Beurteilung auf einen lokalen Markt im Besonderen bezieht. Abzustellen ist nicht nur auf den gegenwärtigen, sondern auch auf den potenziellen Wettbewerb, sofern die Möglichkeit für einen privaten Wirtschaftsteilnehmer, in den relevanten Markt einzutreten, real und nicht rein hypothetisch ist.

---

18 Einzelheiten bei *Runter*, RIW 2009, 461.
19 Dazu *Sterzinger*, UR 2009, 37.

27. Salix (EuGH, Urt. v. 4.6.2009 – Rs. C-102/08, EWS 2009, 291)

Nach Auffassung des EuGH gewährleistet das gemeinsame Mehrwertsteuersystem die Neutralität hinsichtlich der steuerlichen Belastung aller wirtschaftlichen Tätigkeiten Im Rahmen einer Betriebsprüfung bei Salix (einer Grundstücks-VermietungsGesellschaft) lehnte der Prüfer den Vorsteuerabzug für den langfristig weitervermieteten Teil des Gebäudes (trotz Option) mit der Begründung ab, dass die IHK durch die Weitervermietung nicht im Sinne von § 9 Abs. 1 UStG „unternehmerisch" tätig geworden sei.

- Notwendigkeit einer besonderen Regelung, um Tätigkeiten der Einrichtungen des öffentlichen Rechts, die nach Art. 13 oder 28 der Sechsten Richtlinie von der Steuer befreit sind, als Tätigkeiten zu behandeln, die ihnen im Rahmen der öffentlichen Gewalt obliegen.
- Art. 4 Abs. 5 Unterabs. 2 der Sechsten Richtlinie 77/388 ist dahin auszulegen, dass Einrichtungen des öffentlichen Rechts (bei Ausübung öffentlicher Gewalt) auch dann als Steuerpflichtige gelten, wenn ihre Tätigkeit Wettbewerbsverzerrungen zu ihren eigenen Lasten zur Folge hätte.

28. Riester-Rente (EuGH, Urt. v. 10.9.2009 – Rs. C-269/07, IStR 2009, 696)

Die Bundesrepublik Deutschland hat durch die Einführung und Beibehaltung der Vorschriften zur ergänzenden Altersvorsorge in den §§ 79 bis 99 des Einkommensteuergesetzes gegen ihre Verpflichtungen aus Art. 39 EG und Art. 7 Abs. 2 der Verordnung (EWG) Nr. 1612/68 des Rates vom 15. Oktober 1968 über die Freizügigkeit der Arbeitnehmer innerhalb der Gemeinschaft sowie aus Art. 18 EG verstoßen, soweit diese Vorschriften

- Grenzarbeitnehmern und deren Ehegatten die Altersvorsorgezulage verweigern, falls sie in Deutschland nicht unbeschränkt steuerpflichtig sind,
- Grenzarbeitnehmern nicht gestatten, das geförderte Kapital für die Anschaffung oder Herstellung einer zu eigenen Wohnzwecken dienenden Wohnung zu verwenden, falls diese nicht in Deutschland belegen ist, und
- vorsehen, dass die Zulage bei Beendigung der unbeschränkten Steuerpflicht in Deutschland zurückzuzahlen ist.

29. Damseaux (EuGH, Urt. v. 16.7.2009 – Rs. C-128/08, EWS 2009, 378)

Die Entscheidung betrifft die Wirkung von DBA. Ein Belgier bezog Dividenden von französischen Gesellschaften. Eine Besteuerung wurde in Frankreich vorgenommen, aber auch mit 15 % in Belgien. Der EuGH billigte den Vorrang des DBA. Da das Gemeinschaftsrecht bei seinem gegenwärtigen Stand und in einer Situation wie der im Ausgangsverfahren in Rede stehenden in Bezug auf die Beseitigung der Doppelbesteuerung innerhalb der Europäischen Gemeinschaft keine allgemeinen Kriterien für die Verteilung der Befugnisse der Mitgliedstaaten untereinander vorschreibt, steht Art. 56 EG einem bilateralen Steuerabkommen wie dem im Ausgangsverfahren in Rede stehenden nicht entgegen, nach dem die Dividenden, die von einer in einem Mitgliedstaat ansässigen Gesellschaft an einen in einem anderen Mitgliedstaat ansässigen Anteilseigner gezahlt werden, in beiden Mitgliedstaaten besteuert werden können und das für den Wohnsitzmitgliedstaat des Anteilseigners keine unbedingte Verpflichtung zur Verhinderung der sich daraus ergebenden juristischen Doppelbesteuerung vorsieht.[20]

III. Entwicklungen in der Rechtsprechung

1. Die Europäisierung des Rechts in allgemeiner Sicht[21]

Die Einführung einer europäischen Gemeinschaftsrechtsebene verwandelt die autonomen Nationalstaaten in Mitgliedstaaten; es kommt zu einer „Begegnung" zweier Rechtsordnungen; aus dem Rinnsal der Europäisierung ist ein breiter Strom geworden; die Europäisierung erfasst alle Dimensionen des Rechts; es handelt sich um einen rechtlichen „Fundamentalvorgang im Wege der Ko-Evolution". Die eigene Rechtsordnung hängt an der Nabelschnur des Gemeinschaftsrechts; das mitgliedstaatliche Recht ist nicht mehr Herr im Haus; allerdings besteht keine Täter-Opfer-Beziehung. Die Einführung von Gemeinschaftsrecht bewirkt Prozesse in vertikaler und horizontaler Richtung. Deutlich enger ist die Position des BVerfG in seinem Urteil zum Lissabon-Vertrag, wenn es die Union nur als Staatenverbund souverän bleibender Staaten anerkennen will.

Gestärkt wird die rechtsvergleichende Methode; notwendig ist ein komparatistisches Denken in gemeineuropäischen Prinzipien; es entsteht auf der Ebene der Gemeinschaft ein innerjuristischer Wettbewerb.[22]

---

20 Ähnlich BFH, Urt. v. 24.6.2009 – X R 57/06, BStBl. II 2009, 1000: Die europäischen Grundfreiheiten eines Grenzgängers werden durch den beschränkten Sonderausgabenabzug auch dann nicht verletzt, wenn ein anderer Mitgliedstaat (Frankreich) die entsprechenden Altersrenten aufgrund des ihm durch das Doppelbesteuerungsabkommen mit der Bundesrepublik Deutschland zugewiesenen Besteuerungsrechts vollständig der Besteuerung unterwirft.

21 *Wahl*, Europäisierung, in Trute/Groß/Röhl/Möllers, Allg. Verwaltungsrecht – zur Tragfähigkeit eines Konzepts, 2008, 869

22 Dazu *Hager*, Rechtsmethoden in Europa, 2009.

Zwischen den einzelnen nationalen Rechtsordnungen bestehen erhebliche rechtskulturelle Unterschiede und verschiedene Mentalitäten des Rechtsdenkens, z. B. in Fragen der Methodik und Auslegung, des Denkens in Gesetzen und Urteilen, der Systematisierung, der Bedeutung von Richterrecht.

Eine der Errungenschaften des EuGH (und der entscheidende Schritt zu einer Gemeinschaftsrechtsordnung) ist der Satz vom (absoluten) Vorrang des Gemeinschaftsrechts gegenüber den nationalen Rechtsordnungen (Costa./.Enel); im Steuerrecht von besonderer Bedeutung ist die Entscheidung „Avoir fiscal", in der der EuGH die Kompetenz zur Prüfung direkter Steuern beansprucht hat.[23]

2. Methodik – Methodische Schwierigkeiten

Problematisch und kompliziert ist im Hinblick auf das ganz unterschiedliche Abstraktionsniveau die Prüfung von hochtechnischen nationalen Steuerrechtsnormen am Maßstab der (eher programmatisch gefassten) (verfassungsnormähnlichen) Grundfreiheiten. Die Einbeziehung von Doppelbesteuerungsabkommen (auf der Basis des OECD-Musterabkommens) kann diese Komplexität einerseits verstärken, andererseits aber auch auf der Grundlage der *Prinzipien des internationalen Steuerrechts*[24] zu einer sachgerechten Lösung beitragen.

Der EuGH kann indes nur bestimmte Regelungen (im Ergebnis) für unzulässig erklären; er ist aber nicht befugt, den Mitgliedstaaten Lösungen im Sinne einer „Best-Practice"-Methode vorzugeben. Der EuGH praktiziert eine case-Law-Rechtsprechung, die dem einzelnen Fall gerecht werden kann, aber nicht unbedingt Teil einer (systematischen) Steuerrechtsordnung sein muss.[25] Das Verhältnis der EG-Rechtsordnung zu den nationalen Steuerrechtsordnungen lässt sich als „gemeinschaftsrechtliche Umrahmung" beschreiben. Dieser Konkurrenz entsprechend besteht zwischen dem EuGH und den nationalen Gerichten ein Kooperationsverhältnis.

---

23 Diese Entscheidungen sind fundamentale wegweisende Grundentscheidungen wie etwa die Entscheidung des Obersten Gerichtshofs der USA in der *Marbury* vs. *Madison* (v. 11.2.1803) zum Recht auf Normenkontrolle oder die *Lüth*-Entscheidung des BVerfG (v. 15.1.1958) zur Bestimmung der Grundrechte als objektive Wertordnung.

24 Dazu etwa *Frotscher*, Internationales Steuerrecht, 3. Aufl., 2009, § 1, Rz. 17 ff.; z. B. Territorialitätsprinzip; Quellenstaatsprinzip, „genuine link" zum Territorium (Wohnsitz, Staatsangehörigkeit), Souveränitätsprinzip; Vermeidung der Doppelbesteuerung; code of condukt, ordre public (gegen harmful tax practices).

25 Dazu *Hager*, Rechtsmethoden in Europa, 2009, S. 249 ff.

3. Dogmatik der Grundfreiheiten

Jede Diskriminierung (Ungleichbehandlung) aus Gründen der Zugehörigkeit zu einem bestimmten Mitgliedstaat ist verboten; in jüngerer Zeit hat der EuGH auch ungerechtfertigte nichtdiskriminierende Beschränkungen des Marktzugangs auf Basis der freiheitsrechtlichen Ausprägung der Grundfreiheiten als gemeinschaftsrechtwidrig erkannt; die Grundfreiheiten sind gegen Diskriminierungen gerichtet, aber auch gegen (nicht diskriminierende) Beschränkungen.[26] Die Gewährleistung der Kapitalverkehrsfreiheit in Bezug auf Drittstaaten wird begrenzt durch ihre Subsidiarität, durch die sog. Stand-Still-Klausel und durch die Gewährung weiterer Rechtfertigungsgründe.[27]

Von den Grundfreiheiten zu unterscheiden sind die Gemeinschaftsgrundrechte (Art. 6 I EUV-Lissabon); deren Entfaltung im harmonisierten Steuerrecht befindet sich sowohl in der Rechtsprechung des EuGH und der mitgliedstaatlichen Fachgerichtsbarkeit als auch in der Steuerrechtswissenschaft noch in den Anfängen.[28]

4. Dreiteilung der Grundfreiheitsprüfung

Im Hinblick auf eine mögliche Verletzung der Grundfreiheiten prüft der EuGH die Verletzung auf Tatbestandsebene, in einem zweiten Schritt untersucht er, ob die Verletzung gerechtfertigt ist. Bei einer gerechtfertigten Beeinträchtigung kann die getroffene Regelung unverhältnismäßig sein. So heißt es in Rz. 44 zu Lidl (C-414/06): „Unter diesen Umständen bleibt noch zu prüfen, ob die streitige Steuerregelung nicht über das hinausgeht, was zur Erreichung der verfolgten Ziele erforderlich ist."

In der Entscheidung Marks&Spencer hat es den Anschein, dass die Rechtfertigungsgründe kumulativ vorliegen müssen. Indes können die Rechtfertigungsgründe nicht nach der reinen Zahl angewandt werden; entscheidend ist das Gewicht der einzelnen Rechtfertigungsgründe in ihrem jeweiligen Kontext. So heißt es – klarstellend – in Lidl (C-414/06) unter Rz. 39–41:

> „In Randnr. 51 des Urteils Marks & Spencer hat der Gerichtshof entschieden, dass die drei Rechtfertigungsgründe, die Hintergrund der im Ausgangsverfahren streitigen Regelung waren, zusammen genommen berechtigte und mit dem EG-Vertrag zu vereinbarende Ziele verfolgten und daher zwingende Gründe des Allgemeininteresses darstellten.

---

26 Im Einzelnen *Kofler*, Europäische Grundfreiheiten, nationales Steuerrecht und die Rolle des EuGH, taxlex 2006, 13.

27 *Wunderlich/Blaschke*, Die Gewährleistung der Kapitalverkehrsfreiheit in Bezug auf Drittstaaten, IStR 2008, 754.

28 *Englisch*, Gemeinschaftsgrundrechte im harmonisierten Steuerrecht, in Schön/Beck (Hrsg), Zukunftsfragen des deutschen Steuerrechts, 2009, 39, 84.

Angesichts der Vielfalt von Situationen, in denen ein Mitgliedstaat derartige Gründe geltend machen kann, kann jedoch nicht verlangt werden, dass alle in Randnr. 51 des Urteils Marks & Spencer genannten Rechtfertigungsgründe vorliegen müssen, damit eine die Niederlassungsfreiheit nach Art. 43 EG beschränkende nationale Steuerregelung grundsätzlich gerechtfertigt sein kann.

Daher hat der Gerichtshof im Urteil Oy AA u. a. anerkannt, dass die betreffende nationale Steuerregelung grundsätzlich durch zwei der drei in Randnr. 51 des Urteils Marks & Spencer festgestellten Rechtfertigungsgründe gerechtfertigt sein kann, nämlich durch die Notwendigkeit der Wahrung der Aufteilung der Besteuerungsbefugnis zwischen den Mitgliedstaaten zusammen genommen mit der Notwendigkeit der Verhinderung der Steuerumgehung (vgl. Urteil Oy AA, Randnr. 60)."

Diese Differenzierungen spiegeln in gewisser Weise auch das Verhältnis von Tatbestandsebene- und Rechtfertigungsebene wider; dieses Verhältnis scheint sich in der Weise verschoben zu haben, dass der Rechtfertigungsebene größere Bedeutung zukommt und die Rechtfertigungsgründe größeres Gewicht beizumessen ist.

Der EuGH scheut sich nicht, die fundamentalen Schranken-Schranken (Grundsatz der Verhältnismäßigkeit; Grundsatz der Folgerichtigkeit) in der Rechtfertigungsprüfung bei den grundfreiheitlichen Diskriminierungsverboten zu effektuieren; sie müssen aber ebenso im Rahmen des allgemeinen Gleichbehandlungsgrundsatzes auf Gemeinschaftsrechtsebene Beachtung finden.[29]

5. Unterscheidung von Outbound- und Inbound-Konstellationen

Zu unterscheiden ist die Behandlung von Steuerinländern im Ausland und von Steuerausländern im Inland; *Outbound-Situationen*[30] betreffen die Benachteiligung der grenzüberschreitenden Tätigkeit unbeschränkt Steuerpflichtiger durch den Ansässigkeitsstaat, *Inbound-Situationen*[31] hingegen typischerweise die Benachteiligung beschränkt Steuerpflichtiger durch den Quellenstaat. So ist etwa in der Sache Gerritse[32] kontrovers

29 *Englisch*, a. a. O. (Fn. 28), S. 63.

30 *Kofler*, ÖStZ 2006, 154, 160, unter Hinweis auf Marks & Spencer, Gilly, Hughes de Lasterie.

31 *Kofler*, ÖStZ 2006, 154, unter Hinweis auf Schumacker, de Groot, Wallentin, Gerritse, Saint-Gobain.

32 EuGH, Urt. v. 2.6.2003 – Rs. C-234/01: 1. Die Art. 59 EG-Vertrag (nach Änderung jetzt Art. 49 EG) und 60 EG-Vertrag (jetzt Art. 50 EG) stehen einer nationalen Regelung wie der im Ausgangsverfahren fraglichen entgegen, nach der in der Regel bei Gebietsfremden die Bruttoeinkünfte, ohne Abzug der Betriebsausgaben, besteuert werden, während bei Gebietsansässigen die Nettoeinkünfte, nach Abzug der Betriebsausgaben, besteuert werden. 2. Dagegen stehen diese Art. des EG-Vertrags einer solchen nationalen Regelung nicht entgegen, soweit nach ihr in der Regel die Einkünfte Gebietsfremder einer definitiven Besteue-

diskutiert worden, ob das Nettoprinzip für beschränkt Steuerpflichtige gilt. In der Sache Marks&Spencer hat der EuGH im Grundsatz entschieden, dass ein Mitgliedstaat, der keine Besteuerungskompetenz über eine gebietsfremde Tochtergesellschaft einer gebietsansässigen Gesellschaft ausübt, im Grundsatz die Verluste dieser ausländischen Tochtergesellschaft nicht berücksichtigen muss. Die *primäre Verlustberücksichtigungsverpflichtung* trifft den Betriebsstättenstaat; eine sofortige Verlustberücksichtigung ist trotz erkennbarer Liquiditätsnachteile nicht geboten.[33]

6. Rechtfertigungsgründe – Übersicht

Diskriminierungen (Ungleichbehandlungen) und Eingriffe (Beschränkungen) können gerechtfertigt sein.[34] Zu den vom EuGH anerkannten Gründen des Allgemeininteresses zählen z. B.:

- die Funktionsfähigkeit der Rechtspflege,
- der Schutz geistigen Eigentums,
- der soziale Schutz der Arbeitnehmer,
- der Verbraucherschutz,
- die Berufs- und Standesregeln,
- abweichende technische Regelungen[35],
- kulturpolitische Belange,
- die Kohärenz der nationalen Steuersysteme,
- das finanzielle Gleichgewicht des Systems der sozialen Sicherheit,
- der gute Ruf des nationalen Finanzsektors,
- eine wirksame steuerliche Kontrolle,
- der Schutz vor sozialschädlichen Lotterien.

---

rung zu einem einheitlichen Steuersatz von 25 % durch Steuerabzug unterliegen, während die Einkünfte Gebietsansässiger nach einem progressiven Steuertarif mit einem Grundfreibetrag besteuert werden, sofern der Steuersatz von 25 % nicht höher ist als der Steuersatz, der sich für den Betroffenen tatsächlich aus der Anwendung des progressiven Steuertarifs auf die Nettoeinkünfte zuzüglich eines Betrages in Höhe des Grundfreibetrags ergeben würde.

33 Dazu GA *Sharpston*, Schlussanträge v. 14.2.2008 in der Sache Lidl (Rs. C-414/06).

34 *Weber-Grellet*, Europäisches Steuerrecht, 2005, § 8 Rz. 29 f.

35 EuGH, Urt. v. 14.7.1994 – Rs. C-379/92 – Peralta, EuGHE I, 3453, 3499: Beeinträchtigungen der Niederlassungsfreiheit auf Grund abweichender technischer Regelungen sind nicht anders als die Unterschiede, die z. B. auf unterschiedliche Lohnkosten, Sozialabgaben oder das Steuersystem zurückzuführen sind.

Die Rechtfertigung ist nicht abhängig von der Zahl der Gründe, sondern von deren Gewicht im Rahmen der jeweiligen Regelung. In Abgrenzung zu der Sache M&S heißt es daher in der Sache Lidl unter Rz. 41: Daher hat der Gerichtshof im Urteil Oy AA u. a. anerkannt, dass die betreffende nationale Steuerregelung grundsätzlich durch zwei der drei in Randnr. 51 des Urteils Marks & Spencer festgestellten Rechtfertigungsgründe gerechtfertigt sein kann, nämlich durch die Notwendigkeit der Wahrung der Aufteilung der Besteuerungsbefugnis zwischen den Mitgliedstaaten zusammen genommen mit der Notwendigkeit der Verhinderung der Steuerumgehung.

Zur Zeit erleben die Rechtfertigungsgründe eine gewisse Renaissance; das Gewicht zwischen Tatbestandsebene und Rechtfertigungsebene hat der EuGH in Richtung Rechtfertigungsebene verschoben. Das bedeutet eine gewisse Relativierung der Grundfreiheiten und in gewisser Weise einen begrenzten Verzicht gegenüber den Mitgliedstaaten auf strikte Durchsetzung des EU-Vertrags. Dabei ist festzustellen, dass der EuGH bestrebt ist, den Besonderheiten des jeweiligen Einzelfalls angemessen Rechnung zu tragen.

7. Aufteilung der Besteuerungsbefugnis (Wahrung des Territorialitätsprinzips)

Neu entdeckt hat der EuGH die Aufteilung der Besteuerungsbefugnis – vor dem Hintergrund des Territorialitätsprinzips – als Rechtfertigungsgrund. Der EuGH berücksichtigt zu Recht, dass die nationalen Fisci nach wie vor darauf angewiesen sind, ihren Finanzbedarf durch eine eigene Besteuerung zu decken. Prinzipiell muss daher die europäische Steuerrechtsordnung nach wie vor den Besteuerungseigeninteressen der einzelnen Staaten Rechnung tragen; dem entspricht die Strategie der Koordinierung der mitgliedschaftlichen Steuersysteme.[36]

Die Mitgliedstaaten sind – sofern sie nicht zwischen inländischen und ausländischen Sachverhalten differenzieren – bei der Ausübung ihrer Besteuerungsbefugnisse grundsätzlich frei und müssen ihre Steuervorschriften nicht auf die anderer Mitgliedstaaten abstimmen. So müssen sie z. B. negative Ergebnisse einer Betriebstätte in einem anderen Mitgliedstaat nicht lediglich deswegen berücksichtigen, weil diese Ergebnisse auf Grund steuerlicher Bestimmungen in dem Mitgliedstaat der Betriebstätte nicht berücksichtigt werden können. Demnach ist es nur

36 *Englisch*, Aufteilung der Besteuerungsbefugnisse – Ein Rechtfertigungsgrund für die Einschränkung von EG-Grundfreiheiten?, IFSt Nr. 449, 7/2008; *Seiler/Axer*, Die EuGH-Entscheidung im Fall „Lidl Belgium" als (Zwischen-) Schritt auf dem Weg zur Abstimmung von nationaler Steuerhoheit und europäischem Recht, IStR 2008, 838.

konsequent, wenn der EuGH nunmehr verneint, dass der Ansässigkeitsstaat die Folgen eines eingeschränkten oder fehlenden Verlustvortragsrechts im Betriebstättenstaat zu tragen hat. Die hieraus resultierenden Nachteile hat vielmehr das Unternehmen zu tragen, das sich für einen solchen Betriebstättenstaat und die dort geltenden steuerlichen Regelungen entschieden hat.[37]

Eine Steuerregelung führt zu einer angemessenen Aufteilung der Besteuerungsbefugnis, wenn sie die Symmetrie zwischen dem Recht zur Besteuerung der Gewinne und der Möglichkeit, Verluste in Abzug zu bringen, wahrt.

Lässt der Ansässigkeitsstaat bei Geltung der Freistellungsmethode entgegen dem Symmetrieprinzip Verluste ausländischer Betriebstättenverluste zum Abzug zu, kann ihm im Rahmen einer angemessenen Aufteilung der Besteuerungsbefugnisse die spiegelbildliche Besteuerung späterer Gewinne, die vorangegangene Verluste aufholen, nicht versagt werden. Es entspricht auch dem Grundgedanken der Freistellungsmethode, dass ausländische Betriebstätten mit den nachteiligen Folgen der Versagung eines Verlustvortragsrechts im Betriebstättenstaat nicht anders belastet werden als die dortige Konkurrenz. Müssten Mitgliedstaaten für die Nachteile aufkommen, die andere Mitgliedstaaten ihren Steuerpflichtigen z. B. in Form einer Beschränkung des Verlustvortragsrechts zumuten, würde schließlich einem gefährlichen „race to the bottom" in der Europäischen Gemeinschaft Vorschub geleistet, dessen Opfer letztlich die Steuerpflichtigen selbst wären.[38] Nach neuerer Einsicht bedürfen Marktfreiheiten und Territorialitätsprinzip eines schonenden Ausgleichs.[39]

In dem Urteil Marks & Spencer C-446/03 DB 2005, 2788 erkennt der EuGH als Rechtsfertigungsgrund die *„Ausgewogenheit der Aufteilung der Besteuerungsbefugnis"* an.[40] In ähnlicher Weise argumentiert der EuGH in der Sache Lidl C-414/06; der Ausschluss der Verrechnung von Verlusten ausländischer Betriebsstätten nach den einschlägigen DBA ist mit den Grundfreiheiten vereinbar. Der EuGH bleibt bei der steuerlichen „Symmetriethese", die Verlustverrechnung nur bei definitiven Verlusten zuzulassen.[41]

---

37 *Lamprecht*, IStR 2008, 766, 768.

38 So *Kube*, IStR 2008, 305 (310 f.); a. A. *Rehm/Nagler*, IStR 2008, 129 (136).

39 *Seiler/Axer*, a. a. O. (FN. 36).

40 Dazu *Herzig/Wagner*, DStR 2005, 1: Begrenzter Zwang zur Öffnung nationaler Gruppenbesteuerungssysteme für grenzüberschreitende Sachverhalte.

41 *Sedemund*, DB 2008, 1120.

8. Kohärenz, Korrespondenz und Symmetrie

Steuerliche Entlastungen und korrespondierende Belastungen gehören territorial zusammen;[42] deutlich wird dieser Zusammenhang beim sog. Realsplitting; der eine Ehegatte kann seine Unterhaltsverpflichtungen absetzen, der andere müsse seine erhaltenen Unterhaltsleistungen entsprechend versteuern. Diesen Zusammenhang hat der EuGH in der Sache Schempp anerkannt. Der Gedanke der Kohärenz beruht auf dem Prinzip der steuerrechtlichen Korrespondenz, zivilrechtlich vergleichbar mit einer synallagmatischen Verknüpfung. Abzugrenzen ist diese Art von Kohärenz von den Fällen der Steueranrechnung. In diesen Fällen hat der EuGH in den Fällen Manninen und Meilicke keinen ausreichenden Zusammenhang anerkannt.

Die steuerliche Kohärenz soll die Integrität der nationalen Steuersysteme schützen, vorausgesetzt, dass sie die Integration dieser Systeme im Rahmen des Binnenmarktes nicht behindert; das Niederlassungsrecht darf von den Wirtschaftsteilnehmern nicht zu dem einzigen Zweck genutzt werden, das Gleichgewicht und die Kohärenz der nationalen Steuersysteme zu gefährden[43].

Den Rechtfertigungsgrund der Kohärenz[44], der in Art. 3 EUV in Bezug auf Maßnahmen besonders erwähnt wird[45], beachtet den notwendigen Zusammenhang von Regelungen[46] Innerstaatliche Lastengleichheit und

---

42 Rz. 113 der Schlussanträge des GA *Léger* v. 1.3.2005 zu EuGH, Urt. – Rs. C-152/03 – Ritter-Coulais, IStR 2005, 237; dazu kritisch GA *Maduro* in der Sache C-446/03 – Marks & Spencer v. 7.4.2005, Rz. 71 (die Schlussanträge sind im Internet zu finden unter http://curia.eu.int); vgl. auch *Elicker,* Die steuerrechtliche Kohärenz in der Rechtsprechung des EuGH, IStR 2005, 89. *Wunderlich/Albath,* DStZ 2005, 547, 553 unter Hinweis auf *GA Kokott* in der Sache Manninen (C-319/02) und *GA Maduro* in der Sache Marks & Spencer (C-446/03).

43 Schlussanträge des GA *Maduro* in der Sache C-446/03 – Marks & Spencer v. 7.4.2005, Rz. 66 f., der auch von einem „delikaten Gleichgewicht" spricht. Kritisch zur EuGH-Rechtsprechung *Wieland,* Der EuGH als Steuergesetzgeber?, FS für Manfred Zuleeg, 2005, 477.

44 Zum allgemeinen Kohärenzprinzip des Art. 1 und Art. 3 EUV vgl. *Calliess* in Calliess/Ruffert (Hrsg.), EUV/EGV, Art. 1 EUV Rz. 41 f.: die innere Kohärenz als Wahrung des Zusammenhalts der Union im Inneren, die äußere Kohärenz im Sinne des gemeinsamen Auftretens gegen Drittstaaten und die inhaltliche Kohärenz im Sinne widerspruchsfreier Maßnahmen.

45 Kritisch im Hinblick auf die Beeinträchtigung der Ziele der Grundfreiheiten *Birk* in Hübschmann/Hepp/Spitaler, Kommentar zur AO und FGO, Stand August 2002, § 2 AO Rz. 222 f.; *Wernsmann,* EuR 1999, 754, 775.

46 *Cordewener,* Europäische Grundfreiheiten und nationales Steuerrecht, 2002, 980 Rz. 1: In sinnvoller Weise stelle sich die Frage der Kohärenz nur im Bereich des materiellen Steuerrechts und dort speziell bei der Ausgestaltung der einzelnen Teilelemente des Steueranspruchs im engeren Sinne, d. h. insbesondere im

Systemkongruenz sind grundlegende Erfordernis des Steuersystems[47]. Das Kohärenz-Argument dient auch der Sicherung der Einmalbesteuerung und damit der Verhinderung sog. weißer Einkünfte und ungerechtfertigter Vorteile. Das Kohärenz-Argument versagt, wenn die „Auslands"-Eigenschaft der wahre Anknüpfungspunkt ist.

In der Sache Manninen (C-319/02)[48] konnte der Aspekt der Kohärenz nicht zur Rechtfertigung des auf Steuerinländer beschränkten Anrechnungsverfahrens beitragen. Die Art. 56 EG und 58 EG stehen einer Regelung entgegen, wonach der Anspruch einer in einem Mitgliedstaat unbeschränkt steuerpflichtigen Person auf eine Steuergutschrift für die Dividenden, die ihr von Aktiengesellschaften gezahlt werden, ausgeschlossen ist, wenn die betreffenden Gesellschaften ihren Sitz nicht in diesem Staat haben. Auch in der Sache Schempp hatte der EuGH im Ergebnis wegen der Korrespondenz der Realsplitting-Regelungen eine EG-Verletzung verneint[49].

Ausdruck von Kohärenz und Korrespondenz ist m. E. das sog. *Symmetrieprinzip*, das die Gleichbehandlung von Gewinnen und Verlusten verlangt und deren Behandlung spiegelbildlich vorzunehmen ist. Ausdruck der Kohärenz ist auch der Aspekt der Topos der Ausgewogenheit der Aufteilung der Besteuerungsbefugnis oder auch die Aufteilung der Besteuerungshoheiten. Mit dieser Argumentation berücksichtigt der EuGH das nationalstaatliche Element, das Territorialitätsprinzip und die nach wie vor bestehenden Eigenstaatlichkeit der Mitgliedstaaten.

Der Rückgriff auf die Kohärenz ist indes weniger erstaunlich, als es zunächst erscheinen mag; denn die grundsätzliche Zulässigkeit der Rechtfertigung einer Regelung kraft Kohärenz hat der EuGH auch in seiner jüngeren Rechtsprechung nie in Zweifel gezogen, sondern eine Rechtfertigung stets lediglich deswegen abgelehnt, weil im konkreten Fall die Voraussetzungen für einen kohärenten Ausgleich von Steuervorteil und Steuernachteil nicht gegeben waren. Die Hinzurechnung ist – wie der

---

Hinblick auf die Bemessungsgrundlage und den Tarif. Kritisch *Thömmes*, Verbote der Diskriminierung von Steuerausländern und Steuerinländern, DStJG 19 (1996), 81, 99: Das Argument der Kohärenz ist insgesamt gegenstandslos.

47 *Cordewener*, a. a. O. (FN. 46), 973; zur Entwicklung *Dautzenberg*, BB-Special 6/2004, 8, 11/12. Wie z. B. beim Realsplitting (§ 10 Abs. 1 Nr. 1 a EStG); EuGH, Urt. v. 12.7.2005 – Rs. C-403/03 – Schempp, DStR 2005, 1265 (vgl. auch GA *Geelhoed* in seinen Schlussanträgen v. 27.1.2005, IStR 2005, 166); zu den Unsicherheiten des Kohärenzbegriffs *Lang*, IStR 2005, 289, 292.

48 Rs. C-319/02; so auch EuGH, Urt. v. 6.6.2000 – Rs. C-35/98 – Verkooijen, EuGHE I, 4071, wo allerdings (unzureichend) unter Tz. 57 darauf abgestellt wird, dass es in den Sachen Bachmann und Kommission/Belgien um ein und denselben Steuerpflichtigen ging.

49 EuGH, Urt. v. 12.7.2005 – Rs. C-403/03 – Schempp, DStR 2005, 1265.

EuGH zutreffend ausführt – das Spiegelbild, „das logische Pendant", zum vorher gewährten Verlustabzug.[50]

Zuletzt hat der EuGH in der Sache Krankenheim Ruhesitz Wannsee erneut das Symmetriekonzept bestätigt, wonach die abkommensrechtliche Behandlung der Betriebsstättengewinne und -verluste einheitlich vorzunehmen sei. Die im Streitfall erfolgte Beeinträchtigung der Niederlassungsfreiheit durch die Hinzurechnung nach § 2 a Abs. 3 EStG a. F. sieht der EuGH durch die Kohärenz des nationalen Steuerrechts als gerechtfertigt an. Dies erscheint nur konsequent; wenn der Ansässigkeitsstaat an sich nach dem DBA freigestellte Betriebstättenverluste entgegen dem Symmetriekonzept zum vorläufigen Abzug zulässt, muss er aber auch zur Hinzurechnung späterer Gewinne der Betriebstätte berechtigt sein; die Hinzurechnung ist damit das „logische Spiegelbild" zum vorher gewährten Verlustabzug.[51]

9. Verhältnismäßigkeitsgrundsatz

Neben der Prüfung der Rechtfertigung von Beschränkungen sind auch der Grundsatz der Verhältnismäßigkeit und die sog. *rule of reason* von Bedeutung.

So heißt es in der Sache Marks & Spencer C-446/03, es sei zu prüfen, ob die beschränkende Maßnahme nicht über das hinausgehe, was erforderlich sei, um die verfolgten Ziele zu erreichen. Marks & Spencer und die Kommission hätten nämlich vorgetragen, dass weniger belastende Maßnahmen als ein allgemeiner Ausschluss in Frage kämen. Der Gerichtshof sei insoweit der Auffassung, dass die im Ausgangsverfahren streitige beschränkende Maßnahme dann über das hinausgehe, was erforderlich sei, um die verfolgten Ziele im Wesentlichen zu erreichen, wenn

- die gebietsfremde Tochtergesellschaft die im Staat ihres Sitzes für den von dem Abzugsantrag erfassten Steuerzeitraum sowie frühere Steuerzeiträume vorgesehenen Möglichkeiten zur Berücksichtigung von Verlusten ausgeschöpft habe, gegebenenfalls durch Übertragung dieser Verluste auf einen Dritten oder ihre Verrechnung mit Gewinnen, die die Tochtergesellschaft in früheren Zeiträumen erwirtschaftet habe, und
- keine Möglichkeit bestehe, dass die Verluste der ausländischen Tochtergesellschaft im Staat ihres Sitzes für künftige Zeiträume von ihr selbst oder von einem Dritten, insbesondere im Fall der Übertragung der Tochtergesellschaft auf ihn, berücksichtigt würden.

50 *Lamprecht*, IStR 2008, 766, 767.
51 *Lühn*, BB 2009, 91, 92.

Der Verhältnismäßigkeitsgrundsatz (und auch die rule of reason) sind im Grunde genommen (verfassungsrechtlich gebotene) Korrektive, die jede Rechtsordnung enthalten muss, um eine Feinabstimmung vornehmen und Wertungswidersprüche vermeiden zu können.[52]

10. Grenzüberschreitende Verlustverrechnung; Buchwertverknüpfung über die Grenze

Die nationalen Fisci sind daran interessiert, trotz der Geltung des Welteinkommensprinzips den Abzug ausländischer Verluste zu beschränken (z. B. durch § 2 a EStG oder durch Vereinbarung der sog. Freistellungsmethode in DBA). Der EuGH hat sich in einer Reihe von Urteilen (Rewe Zentralfinanz[53], Marks&Spencer[54]; Lidl[55]; Krankenheim Wannsee[56]) mit diesem Problem befasst, und versucht, eine den unterschiedlichen Konstellationen angemessene Lösung zu finden.[57]

In der Sache Marks & Spencer entschied der EuGH,[58] dass es einer gebietsansässigen Muttergesellschaft allgemein verwehrt werden könne, von ihrem steuerpflichtigen Gewinn Verluste abzuziehen, die einer in einem anderen Mitgliedstaat ansässigen Tochtergesellschaft dort entstanden seien, während sie einen solchen Abzug für Verluste einer gebietsansässigen Tochtergesellschaft zulasse. Es verstoße jedoch gegen die

---

52 BFH, Urt. v. 11.8.1998 – XI R 12/98, BStBl. II 2000, 229: Der Senat ist der Auffassung, dass nach Maßgabe des Verhältnismäßigkeitsgrundsatzes bei einem äußerst geringen Anteil der originär gewerblichen Tätigkeit die umqualifizierende Wirkung des § 15 Abs. 3 Nr. 1 EStG nicht eingreift. Der Grundsatz der Verhältnismäßigkeit, der sich unmittelbar aus dem Wesen der Grundrechte ergibt und der für alle grundrechtseinschränkenden Gesetze, also auch für die Steuergesetze, gilt (vgl. von Münch, Grundgesetz-Kommentar, 4. Aufl., 1992, Vorb. Art. 1–19 Rz. 55), enthält auch das Gebot der Proportionalität (Sachs, Kommentar zum Grundgesetz, 2. Aufl., 1999, Art. 20 Rz. 154, m. w. N.). Danach müssen Mittel und Zweck in einem angemessenen Verhältnis stehen. Dieses Verhältnis ist nicht gewahrt, wenn eine Tätigkeit von ganz untergeordneter Bedeutung, die kaum in Erscheinung tritt, eine umqualifizierende Wirkung entfalten würde; in diesem Fall würde die „schädliche" Tätigkeit eine unverhältnismäßige Rechtsfolge auslösen und damit eine Bedeutung erlangen, die ihr von ihrem Gewicht her nicht zukommt.

53 Rewe-Zentralfinanz (EuGH, Urt. v. 29.3.2007 – Rs. C-347/04, BStBl. II 2007, 492).

54 EuGH, Urt. v. 13.12.2005 – Rs. C-446/03, BB 2006, 23.

55 EuGH, Urt. v. 15.5.2008 – Rs. C-414/06 – Lidl, BB 2008, 1322.

56 EuGH, Urt. v. 23.10.2008 – Rs. C-157/07 – Krankenheim Ruhesitz (KR) Wannsee, IStR 2008, 769.

57 *Blottka*, Grenzüberschreitende Verlustverrechnung in der EU, Steuer und Studium 2008, 586.

58 EuGH, Urt. v. 13.12.2005 – Rs. C-446/03, BB 2006, 23 (Verluste ausländischer Tochtergesellschaft).

Art. 43 EG und 48 EG, wenn überhaupt keine Möglichkeit bestehe, dass die Verluste der ausländischen Tochtergesellschaft im Staat ihres Sitzes für künftige Zeiträume von ihr selbst oder von einem Dritten, insbesondere im Fall der Übertragung der Tochtergesellschaft auf ihn, berücksichtigt würden. – In der Sache *Lidl* kam der EuGH[59] zu dem Ergebnis, dass im Falle der Freistellung einer ausländischen Betriebsstätte nach einem DBA ausländische Betriebstättenverluste danach im Inland nur abgezogen werden könnten, wenn ihr Abzug im Ausland definitiv gescheitert sei. Die Grundsätze der Marks & Spencer Rechtsprechung seien auf den Fall einer ausländischen (EU-) Betriebsstätte übertragbar. Nach der Entscheidung des EuGH in der Sache Krankenheim Ruhesitz (KR) Wannsee[60] besteht eine Verpflichtung zur Berücksichtigung von endgültigen Betriebsstättenverlusten durch den Stammhausstaat dann nicht, wenn die Endgültigkeit der Verluste (allein) der Rechtsordnung des Betriebsstättenstaats zuzurechnen ist, z. B. – wie es im Streitfall Österreich gehandhabt hatte – bei zeitlicher Beschränkung des Verlustvortrags.[61] Der deutsche Fiskus sei demnach allein aus Gründen der Symmetrie nicht verpflichtet, die in Österreich entstandenen Verluste zu berücksichtigen.[62]

Die verfahrensrechtlichen Voraussetzungen des Abzugs von endgültigen („finalen") Betriebsstättenverlusten sind eher ungewiss. Sollte eine nur phasengleiche Berücksichtigung zulässig sein, dann müssten wohl die Regelungen des § 10 d EStG und des § 173 AO herangezogen werden; ggfs. muss § 10 d EStG ergänzt werden. Besser wäre eine neue Nachversteuerungsregelung.[63]

Zur alten Fusionsrichtlinie hat der EuGH mit Urteil vom 11.12.2008[64] entschieden, dass die sog. Buchwertverknüpfung über die Grenze mit der Fusionsrichtlinie unvereinbar sei; der Zugriff auf die stillen Reserven sei im Wege der Nachversteuerung möglich. In vergleichbarer Weise hatte der BFH die sog. finale Entnahmetheorie bei Überführung von Wirtschaftsgütern in ein ausländisches Betriebsstättenvermögen aufgegeben.[65]

59 EuGH, Urt. v. 15.5.2008 – Rs. C-414/06 – Lidl; dazu *von Brocke*, DStR 2008, 2201.
60 EuGH, Urt. v. 23.10.2008 – Rs. C-157/07 – Krankenheim Ruhesitz (KR) Wannsee.
61 Anm. *A.A.*, IStR 2008, 772.
62 So *Müller*, Status: Recht 12/2008, 398.
63 § 2 a III neu; s. *Tiedtke*, DStZ 2008, 430, 440 im Anschluss an § 2 VIII Ziff 3 öEStG.
64 EuGH, Urt. v. 11.12.2008 – Rs. C-285/07 – A.T., EuGHE I, 9329.
65 BFH, Urt. v. 17.7.2008 – I R 77/06, BStBl. II 2009, 464; Nichtanwendung durch BMF v. 20.5.2009, DStR 2009, 1263; ungeklärt sind die Auswirkungen der Entscheidung auf den (neuen) allgemeinen Entstrickungstatbestand des § 4 Abs. 1

11. Konzernbesteuerung – Gruppenbesteuerung

Auf der Grundlage der separaten Rechtsfähigkeit und nach Maßgabe des sog. Trennungsprinzips werden Verluste einer Tochtergesellschaft nicht automatisch mit Gewinnen der Muttergesellschaft ausgeglichen. Indes ist nach deutschem Recht eine Zusammenführung der Ergebnisse im Wege einer Organschaft möglich; unter Beibehaltung der rechtlichen Selbständigkeit verlangt die Organschaft die finanzielle Eingliederung (= Stimmrechtsmehrheit und Ergebnisabführungsvertrag) sowie die unbeschränkte Steuerpflicht des Organträgers und der (inländischen) Organgesellschaft. Eine Organschaft über die Grenze ist nach deutschem Recht nicht möglich.[66]

Generell bestehen zum konzerninternen Ausgleich die *Möglichkeiten* des Pooling (Zusammenführung bei der Mutter), der Gruppenbesteuerung (group relief; Verteilung in der Gruppe[67]) und der Konsolidierung (Eliminierung konzerninterner Vorgänge).

Die Kommission hat durch Mitteilungen der Kommission an den Rat, das Europäische Parlament und an den Europäischen Wirtschafts- und Sozialausschuss vom 19.12.2006 folgende Möglichkeiten zur Diskussion gestellt:

(1) Koordinierung der Regelungen der Mitgliedstaaten zu den direkten Steuern im Binnenmarkt, KOM(2006) 823 endg.[68]

(2) Steuerliche Behandlung von Verlusten bei grenzübergreifenden Sachverhalten, KOM(2006) 824 endg.[69]

S. 3 EStG (dazu *Schenke/Mohr*, DStZ 2009, 439/42); ferner (zum Wegzug und Zuzug) *Blumenberg*, IStR 2009, 549.

66 Dazu *Braband*, Verlustverrechnung bei ertragsteuerlicher Konzernbesteuerung, 2007, 74; *J-D. Weber*, Grenzüberschreitende Verlustverrechnung im Konzern, 2008, 275; *Esser*, Grenzüberschreitende Verlustverrechnung im Konzern, IFSt Nr. 450, 2008; *Englisch*, Aufteilung der Besteuerungsbefugnisse – Ein Rechtfertigungsgrund?, IFST Nr. 449, 2008; *Paetsch*, Grenzüberschreitende Verlustberücksichtigung im Europäischen Binnenmarkt, 2004, 51 ff.

67 Zur französischen Gruppenbesteuerung EuGH, Urt. v. 27.11.2008 – Rs. C-418/07 – Papillon EuGHE I, 8947: Nicht-Einbeziehung französischer Enkelgesellschaften; *Stix-Hackl*, Status: Recht 11/2008, 374. Allgemein *Kussmaul/Nieren*, IStR 2008, 81.

68 http://ec.europa.eu/taxation_customs/resources/documents/taxation/COM(2006)823_de.pdf. Die Koordinierung der Steuersysteme ist notwendig, um zu erreichen (1) den Abbau von Diskriminierung und Doppelbesteuerung, (2) die Verhinderung von Nichtbesteuerung und Missbrauch, (3) die Senkung der Befolgungskosten und Vereinfachung der Verfahren.

69 http://ec.europa.eu/taxation_customs/resources/documents/taxation/COM(2006)824_de.pdf. Das Problem besteht in der fehlenden grenzüberschreitende Verlustverrechnung im Konzern (keine Vereinbarkeit mit Niederlassungsfreiheit), hingegen ist ein inländischer Verlustausgleich innerhalb eines

Gearbeitet wird z. Zt. an einer gemeinsamen konsolidierten Bemessungsgrundlage (GKKB; oder CCCTB), die zu einer Harmonisierung der Bemessungsgrundlagen und zu einer Zusammenfassung der Einzelergebnisse auf Konzernebene führen soll.[70]

(3) Wegzugsbesteuerung und die Notwendigkeit einer Koordinierung der Steuerpolitiken der Mitgliedstaaten, KOM(2006) 825 endg.[71]

Zur Wegzugsbesteuerung hat jüngst der BFH[72] entschieden, dass die Besteuerung der Veräußerung von Geschäftsanteilen im April 2005 bei einem Wegzug nach Portugal im Dezember 2004 gem. § 6 I AStG idF SEStEG weder gegen Verfassungsrecht noch gegen Gemeinschaftsrecht verstoße. Denn der Gesetzgeber habe den Grundtatbestand des Besteuerungszugriffs durch § 6 Abs. 1 AStG a. F. durch das SEStEG für den Fall des Wegzugs innerhalb der EU um eine Reihe von Vorschriften ergänzt, vor allem um § 6 Abs. 5 Satz 1 bis 3 AStG n. F. Danach werde die Steuer für Staatsangehörige eines Mitgliedstaates der EU oder eines anderen Staates, auf den das Abkommen über den Europäischen Wirtschaftsraum anwendbar sei, und bei Wegzug des Steuerpflichtigen in einen dieser Staaten – im Grundsatz zeitlich unbegrenzt – zinslos gestundet. Diese ergänzende Regelung sei gem. § 21 Abs. 13 Satz 2 AStG n. F. auf alle noch nicht bestandskräftigen Veranlagungen anzuwenden.

Unternehmens automatisch möglich („Betriebsstätte"), oder im Konzern („Mutter- und Tochtergesellschaft") aufgrund besonderer Bestimmungen.
Eine gezielte Maßnahme für den grenzübergreifenden Verlustausgleich sollte sicherstellen, dass Konzerne mit Aktivitäten in verschiedenen Mitgliedstaaten so weit als möglich genauso behandelt werden wie Konzerne, die nur innerhalb eines Mitgliedstaats aktiv sind. Insbesondere sollte sie ermöglichen, dass Verluste für das Steuerjahr, in dem sie anfallen, von der Bemessungsgrundlage abgezogen werden können. Eine gezielte Maßnahme sollte daher:
- einen sofortigen und effektiven einmaligen Abzug der Verluste zulassen;
- zumindest eine Verrechnung „nach oben" auf der Ebene der Muttergesellschaft zulassen;
- nicht zu Einkommensverlagerungen von einem Mitgliedstaat in den anderen führen, es sei denn, die Verluste sind endgültig und es besteht keine Abzugsmöglichkeit in dem Staat, in dem sie entstanden sind;
- zunächst eine Ausschöpfung aller inländischen Möglichkeiten zur Berücksichtigung von Verlusten vorsehen (Minimalstandard; Liquiditätsnachteil); und
- keine Spielräume für Missbrauch eröffnen.

70 Dazu *Oestreicher/Spengel u. a.*, Status-Recht 2008, 302 ff.

71 http://ec.europa.eu/taxation_customs/resources/documents/taxation/COM(2006)825_de.pdf.

72 BFH, Urt. v. 23.9.2008 – I B 92/08, BStBl. II 2009, 524, zu § 6 I AStG i. d. F. SEStEG; m. E. ist dem BFH zu folgen, da es entscheidend ist, wo die Gewinne und die (möglichen späteren) Verluste entstanden sind.

12. Anwendungsvorrang

Der EuGH hat bereits frühzeitig entschieden, dass Kollisionsfälle zwischen Gemeinschaftsrecht und nationalem Recht nur durch einen umfassenden Vorrang des Gemeinschaftsrechts gelöst werden können. Der Vorrang bezieht sich auf alle Rechtsquellen des Gemeinschaftsrechts, einschließlich des sekundären Gemeinschaftsrechts. Es ist Sache des vorlegenden Gerichts, aus der Verletzung europäischen Rechts die möglichen Konsequenzen für die Vergangenheit zu ziehen.[73] „Europäische Rechtsakte" sind nach der Maastricht-Entscheidung des BVerfG[74] nur dann nicht verbindlich, wenn europäische Einrichtungen oder Organe den Unions-Vertrag in einer Weise handhaben und fortbilden, die von dem Vertrag nicht mehr gedeckt wäre (sog. „ausbrechende Rechtsakte").

Nach dem BFH-Urteil vom 17.7.2008[75] kann auch Schulgeld für den Besuch eines englischen Internats kann unter den Voraussetzungen des § 10 Abs. 1 Nr. 9 EStG abziehbar sein. Mit Urteil vom 11.9.2007 hatte der EuGH[76] entschieden, es sei mit Art. 18 und Art. 49 EG nicht zu vereinbaren, dass Schulgeldzahlungen zwar für bestimmte Privatschulen im Inland, nicht aber für Privatschulen in anderen Mitgliedstaaten als Sonderausgaben abgezogen werden könnten. Der Vorrang des Gemeinschaftsrechts gegenüber dem nationalen Recht hat insbesondere zur Folge, dass gemeinschaftsrechtswidrige Vorschriften des nationalen Steuerrechts nicht anzuwenden sind, ohne dass es einer Vorlage an das BVerfG oder den EuGH bedarf (Anwendungsvorrang). Dieser Anwendungsvorrang ist durch die Rechtsprechung des EuGH und auch des BVerfG abgedeckt;[77] nach der letztgenannten Entscheidung des BVerfG sind Verfassungsbeschwerden und Vorlagen von Gerichten von vornherein unzulässig, wenn ihre Begründung nicht darlegt, dass die europäische Rechtsentwicklung einschließlich der Rechtsprechung des EuGH nach Ergehen der Solange II-Entscheidung[78] unter den erforderlichen Grundrechtsstandard abgesunken sei.

Zur Nichtanwendung des dem Gemeinschaftsrecht widersprechenden nationalen Rechts sind alle mit der Rechtssache befassten Instanzen verpflichtet.[79]

---

73 EuGH, Urt. v. 10.4.2008 – Rs. C-309/06 – Marks & Spencer, BB 2008, 1158.

74 BVerfG, Urt. v. 12.10.1993 – 2 BvR 2134/92, 2159/92, BVerfGE 89, 155.

75 BFH, Urt. v. 17.7.2008 – X R 62/04 BStBl. II 2008, 976.

76 Mit Urteil v. 11.9.2007 hatte der Gerichtshof der Europäischen Gemeinschaften (EuGH) in der Sache C-76/05 – Schwarz und Gootjes-Schwarz – (EuGHE 2007, I-6849, DStR 2007, 1670) entschieden.

77 Vgl. EuGH in BB 2008, 1158; BVerfG, Beschl. v. 7.6.2000 – 2 BvL 1/97, BVerfGE 102, 147.

78 BVerfG, Beschl. v. 22.10.1986 – 2 BvR 197/83, BVerfGE 73, 339.

79 Zu Vorstehendem vgl. *Jarass* in Jarass/Pieroth, Grundgesetz für die Bundesrepublik Deutschland, Kommentar, 9. Aufl., Art. 23 Rz. 33 f.; *Ehlers*, Europäische

13. Missbrauch, Bekämpfung der Steuerumgehung, mehrfache Inanspruchnahme von Steuervorteilen, Steuerfluchtgefahr, Steueraufsicht, Amtshilfe

Nach dem EuGH-Urteil vom 14.12.2000[80] in der Sache *Emsland* setzt ein Missbrauch die Absicht des in der Gemeinschaft ansässigen Ausführers voraus, sich einen gemeinschaftsrechtlich vorgesehenen Vorteil dadurch zu verschaffen, dass er die entsprechenden Voraussetzungen willkürlich schafft. Der Beweis hierfür ist vor dem nationalen Gericht nach nationalem Recht zu erbringen, z. B. durch den Nachweis eines kollusiven Zusammenwirkens zwischen dem betreffenden Ausführer und dem Einführer der Ware im Drittland. Aus der *ACT-Entscheidung*[81] zur Bekämpfung missbräuchlicher grenzüberschreitender Sachverhalte folgt, dass es nicht gegen die Bestimmungen des EG-Vertrags über die Niederlassungsfreiheit verstößt, wenn der Anspruch auf eine Steuergutschrift, der in einem von einem Mitgliedstaat mit einem anderen Mitgliedstaat geschlossenen Doppelbesteuerungsabkommen für im letzteren Staat ansässige Gesellschaften, die Dividenden von einer im ersteren Staat ansässigen Gesellschaft beziehen, vorgesehen ist, nicht auch Gesellschaften zusteht, die in einem dritten Mitgliedstaat ansässig sind, mit dem der erstgenannte Staat ein Doppelbesteuerungsabkommen geschlossen hat, das einen solchen Anspruch nicht vorsieht. Im Urteil in der Sache *Halifax*[82] (Einschaltung von Dritten) hat der EuGH für den Bereich der Mehrwertsteuer die Zulässigkeit von Regelungen zur Verhinderung missbräuchlicher Gestaltungen anerkannt; ähnlich hat der EuGH in der Sache Part Service Srl entschieden[83], dass eine missbräuchliche Praxis vorliege, wenn mit den fraglichen Umsätzen (Aufteilung einer einheitlichen Leasing-Leistung) im Wesentlichen ein Steuervorteil erlangt werden solle. In der Sache *Cadbury-Schweppes*[84] hat der EuGH für den Bereich des Steuerrechts betont, dass Briefkastenfirmen nicht ausreichen, um eine Verlagerung einer steuerpflichtigen Tätigkeit zu begründen.[85]

Der EuGH hat einen allgemeinen Missbrauchstabestand entwickelt; danach ist Missbrauch gegeben, wenn eine rein künstliche Gestaltung

---

Grundrechte und Grundfreiheiten, 2. Aufl., § 7 Rz. 9; *Wegener* in Calliess/Ruffert, EUV/EGV, 3. Aufl., Art. 220 EGV, Rz. 27 f.; *Terhechte*, Der Vorrang des Unionsrechts, Juristische Schulung 2008, 403.

80 EuGH, Urt. v. 14.12.2000 – Rs. C-110/99, EuGHE I, 1569.

81 EuGH, Urt. v. 12.12.2006 – Rs. C 374/04, IStR 2007, 138.

82 EuGH, Urt. v. 21.2.2006 – Rs. C-255/02, DStR 2006, 420, EuGHE I,1609; dazu *Lang*, SWI 2006, 273.

83 EuGH, Urt. v. 21.2.2008 – Rs. C-425/06 EuGHE I, 897.

84 EuGH, Urt. v. 12.9.2006 – Rs. C-196/04, EuGHE I, 7995.

85 Nach Auffassung von *Kokott*, FR 2008, 1041, hat der EuGH in Rechtsbereichen außerhalb des Steuerrechts die Grenzen des Missbrauchs sehr eng gezogen.

(das Fehlen jeglicher wirtschaftlicher Realität) vorliegt und subjektiv eine Steuerersparnis das Hauptmotiv für die Gestaltung gewesen ist.[86]

Nach ständiger Rechtsprechung ist eine betrügerische oder missbräuchliche Berufung auf das Gemeinschaftsrecht nicht erlaubt. Die Anwendung des Gemeinschaftsrechts kann nämlich nicht so weit gehen, dass die missbräuchlichen Praktiken von Wirtschaftsteilnehmern gedeckt werden, d.h. diejenigen Umsätze, die nicht im Rahmen normaler Handelsgeschäfte, sondern nur zu dem Zweck getätigt werden, missbräuchlich in den Genuss von im Gemeinschaftsrecht vorgesehenen Vorteilen zu kommen. Dieses grundsätzliche Verbot missbräuchlicher Praktiken gilt auch auf dem Gebiet der Mehrwertsteuer. Die Bekämpfung von Steuerhinterziehungen, Steuerumgehungen und etwaigen Missbräuchen ist nämlich ein Ziel, das von der Sechsten Richtlinie anerkannt und gefördert wird. In Anbetracht dessen erfordert auf dem Gebiet der Mehrwertsteuer die Feststellung einer missbräuchlichen Praxis zum einen, dass die fraglichen Umsätze trotz formaler Anwendung der Bedingungen der einschlägigen Bestimmungen der Sechsten Richtlinie und des zu ihrer Umsetzung erlassenen nationalen Rechts einen Steuervorteil zum Ergebnis haben, dessen Gewährung dem mit diesen Bestimmungen verfolgten Ziel zuwiderliefe. Zum anderen muss auch aus einer Reihe objektiver Anhaltspunkte ersichtlich sein, dass mit den fraglichen Umsätzen im Wesentlichen ein Steuervorteil bezweckt wird.

Das europäische Steuerrecht kann die mehrfache Inanspruchnahme von Steuervorteilen nicht hinnehmen. So muss – wie etwa bei einer Ausdehnung des Konzernabzugs auf gebietsfremde Tochtergesellschaften – die *Gefahr einer doppelten Verlustberücksichtigung* verhindert werden können. Besteht die Gefahr der Steuerflucht (z.B. durch gezielte Lenkung der Verlustentstehung in Länder mit der höchsten steuerlichen Auswirkung), sind steuerliche Kontrollen gerechtfertigt.

Art. 56 EG steht nationalen Rechtsvorschriften entgegen, die in Frankreich ansässige Gesellschaften von der Steuer auf den Verkaufswert von in Frankreich belegenen Immobilien im Besitz von juristischen Personen befreien, während diese Befreiung für in einem anderen Mitgliedstaat ansässige Gesellschaften vom Bestehen eines zwischen der Französischen Republik und diesem Staat zur Bekämpfung von Steuerhinterziehung und Steuerflucht geschlossenen Amtshilfeabkommens oder davon abhängig ist, dass diese Gesellschaften aufgrund eines Staatsvertrags, der eine Bestimmung über ein Verbot der Diskriminierung aus Gründen der Staatsangehörigkeit enthält, keiner höheren Besteuerung unterworfen werden dürfen als in Frankreich ansässige Gesellschaften, und die es der

86 *Albert,* Zur Abwehr von Steuerumgehungen aus deutscher und europäischer Sicht, IFSt-Schrift Nr. 455, 2009, 89.

in einem anderen Mitgliedstaat ansässigen Gesellschaft nicht erlauben, Beweise vorzulegen, aus denen hervorgeht, welche natürlichen Personen ihre Anteilseigner sind.[87]

In der Rechtssache C-318/07 – Persche musste sich der Gerichtshof im Wesentlichen mit der Frage befassen, ob eine Sachspende, die ein in einem Mitgliedstaat Ansässiger an eine ausländische Einrichtung geleistet hat, die in ihrem Herkunftsmitgliedstaat als gemeinnützig anerkannt ist, unter die Bestimmungen des EG-Vertrags über den freien Kapitalverkehr fällt, und gegebenenfalls, ob der Wohnsitzmitgliedstaat des Spenders den Abzug einer solchen Spende von der Steuer ohne Verstoß gegen die Art. 56 EG und 58 EG von der Voraussetzung abhängig machen kann, dass die Spende zugunsten einer in seinem Hoheitsgebiet ansässigen Einrichtung erfolgt.

Es kann – so der Generalanwalt – nicht von vornherein ausgeschlossen werden, dass die vom Spender vorgelegten Belege ausreichen, insbesondere dann, wenn die begünstigte Einrichtung international allgemein bekannt sei und über ihre nationalen Niederlassungen in verschiedenen Mitgliedstaaten identische gemeinnützige Tätigkeiten entfalte. Es sei Sache des nationalen Gerichts, in jedem Einzelfall zu prüfen, ob die Versagung des begehrten Steuerabzugs ohne Rückgriff auf die mit der Richtlinie 77/799 eingeführte Zusammenarbeit zwischen den nationalen Verwaltungen auf einer gewissenhaften Würdigung der genannten Beweise beruhe.

14. Rückwirkung

Nach ständiger Rechtsprechung wird durch die Auslegung einer Vorschrift des Gemeinschaftsrechts, die der Gerichtshof in Ausübung seiner Befugnisse aus Art. 234 EG vornimmt, erläutert und verdeutlicht, in welchem Sinne und mit welcher Tragweite diese Vorschrift seit ihrem Inkrafttreten zu verstehen und anzuwenden ist oder gewesen wäre. Daraus folgt, dass die Gerichte die Vorschriften in dieser Auslegung auch auf Rechtsverhältnisse, die vor Erlass des auf das Ersuchen um Auslegung ergangenen Urteils entstanden sind, anwenden können und müssen, wenn alle sonstigen Voraussetzungen für die Anrufung der zuständigen Gerichte in einem die Anwendung dieser Vorschriften betreffenden Streit vorliegen. Der Gerichtshof kann sich nur ausnahmsweise gemäß dem der Gemeinschaftsrechtsordnung innewohnenden allgemeinen Grundsatz der Rechtssicherheit veranlasst sehen, die Möglichkeit für alle Betroffenen einzuschränken, sich auf eine von ihm vorgenommene Auslegung einer Bestimmung zu berufen, um in gutem Glauben begründete Rechts-

87 EuGH, Urt. v. 11.10.1007 – Rs. C-451/05, DStRE 2008, 479.

verhältnisse in Frage zu stellen. Eine solche Einschränkung kann nach der ständigen Rechtsprechung des Gerichtshofs nur in dem Urteil selbst vorgenommen werden, in dem über die erbetene Auslegung entschieden wird.[88]

Ob und inwieweit möglicherweise bereits bestandskräftige Bescheide durch die Vorlage einer ausländischen Steuerbescheinigung doch noch nach §§ 172 ff. AO geändert werden können, ist umstritten.[89] In der vom Gesetzgeber im Nachgang zur Manninen-Entscheidung vorgenommenen Verschärfung der Änderungsvorschrift des § 175 Abs. 2 Satz 2 AO 2004 eine eigenständige Beschränkung der gemeinschaftsrechtlich garantierten Rechtsposition des Steuerpflichtigen für die Fälle, in denen er tatsächlich eine ausländische Steuerbescheinigung vorlegen kann (sog. ‚Lex Manninen').[90]

Eine vom BMF eingesetzte Expertenkommission hat sich gegen eine unbegrenzte Rückwirkung von EuGH-Urteilen ausgesprochen und dabei auf die Entscheidung Defrenne II[91] aus dem Jahr 1976 Bezug genommen; damals verbot der EuGH die ungleiche Behandlung von angestellten Männern und Frauen durch ein Luftfahrtunternehmen; darauf gestützte Nachforderungen ließ er erst vom Tag des Urteils an „ex nunc" zu.[92]

Auch das BVerfG begrenzt die zeitliche Wirkung seiner Urteile zugunsten einer verlässlichen Finanz- und Haushaltsplanung.

15. Ausstrahlungen auf den BFH

Der BFH hat EG-Recht zu beachten; das EG-Recht beansprucht Vorrang; das bedeutet, dass im Kollisionsfall (eindeutiges) EG-Recht vorrangig anzuwenden ist, ohne dass es einer Vorlage an das BVerfG bedarf.

Methodisch hat der BFH – vergleichbar einer verfassungskonformen Auslegung – eine EG-Rechts-konforme (gemeinschaftskonforme) Auslegung vorzunehmen; diese Verpflichtung beruht auf dem Geltungsvorrang höherrangigen Rechts.

---

88 EuGH, Urt. v. 6.3.2007 – Rs. C-292/04, BB 2007, 645 – Meilicke; einschränkend noch GA *Tizzano*, beck-link 160341 (10.11.2005).

89 Im Einzelnen hierzu *Balmes/Graessner*, AO-StB 2005, 139 ff.

90 *Balmes/Ribbrock*, BB 2007, 646, 649; kritisch zur Ablehnung der zeitlichen Beschränkung von Urteilswirkungen Steinberg/Bark, EuZW 2007, 243, 245 (zu C-292/04 – Meilicke).

91 EuGH, Urt. v. 8.4.1976 – Rs. C 43/75, EuGHE 1976, 455 – Defrenne.

92 FAZ v. 24.12.2008, 23.

IV. Neuorientierung – Ausweitung des Europarechts[93]

Die Neuorientierung der EuGH-Rechtsprechung ist kein Zufall. Damit hat der EuGH auch auf die zum Teil sehr heftige Kritik aus den Mitgliedstaaten reagiert. Das dürfte aber nicht der einzige Grund gewesen sein. Die EG und EU entwickeln sich zu einer kompletten Rechtsgemeinschaft. Stand bisher der Gedanke eines einheitlichen Binnenmarktes (und damit die Gewährleistung der Grundfreiheiten) im Vordergrund, so geht es heute (insbesondere auf der Grundlage des Vertrags von Lissabon) um die Schaffung einer umfassenden Rechtsordnung, mit Grundrechten und Menschenrechten. Die *Grundfreiheiten sind bedeutungsmäßig etwas an den Rand geschoben; sie sind nur noch Teil einer Gesamtrechtsordnung.* Es ist die gemeinsame Aufgabe des EuGH und der Mitgliedstaaten, die Ausübung der Grundfreiheiten nicht zu einer faktischen Bevorzugung von mobilen gegenüber immobilen Faktoren und nicht zu einer Diskriminierung der Arbeitnehmer oder kleiner, ortsansässiger Unternehmen werden zu lassen.

1. Instrumente der Neuorientierung

- Die jeweiligen nationalen Regelungen sind unter dem Aspekt der Kohärenz, der Korrespondenz, der Symmetrie, der spiegelbildlichen Logik und des Systemzusammenhangs zu beurteilen, also die Renaissance der Kohärenz (bereits in der Bachmann-Entscheidung; EuGH, Urt. v. 28.1.1992 – Rs. C-204/90, EuGHE 1992, 249).
- Der EuGH berücksichtigt die angemessene Aufteilung der Besteuerungsbefugnisse und die Wahrung des Territorialitätprinzips, z. B. bei der Verwertung ausländischer Verluste (Beispiele: Marks & Spencer[94] und Lidl).
- Grundsätzlich prüft der EuGH die Frage der Verhältnismäßigkeit der jeweiligen Regelung; damit ist es dem EuGH möglich, ein Feinjustierung der maßgeblichen Stellschrauben vorzunehmen und auf die Besonderheiten des Einzelfalls angemessen einzugehen.

93 *Weber-Grellet,* Neu-Justierung der EuGH-Rechtsprechung, DStR 2009, 1229; *Musil,* Rechtsprechungswende des EuGH bei den Ertragsteuern?, DB 2009, 1037; *Wieland,* Der EuGH im Spannungsverhältnis zwischen Rechtsanwendung und Rechtsgestaltung, NJW 2009, 1841; *Cordewener,* EG-rechtlicher Grundfreiheitsschutz, IWB 11, 971, 983, 995; *Schenke/Mohr,* Auswirkungen des europäischen Gemeinschaftsrechts auf das nationale Steuerrecht, DStZ 2009, 439/42.

94 EuGH, Urt. v. 13.12.2005 – Rs. C-446/03, BB 2006, 23.

- Entwickelt hat der EuGH eine eigene Dogmatik zum Verbot künstlicher Gestaltungen (Halifax; C-255/02)[95].
- Soweit ein Rechtsgebiet durch Richtlinien normiert ist, orientiert sich der EuGH am zugrunde liegenden System; so muss das gemeinsame Mehrwertsteuersystem die Neutralität hinsichtlich der steuerlichen Belastung aller wirtschaftlichen Tätigkeiten gewährleisten.

2. Quellen der Neuorientierung

Die Rechtsquellen, die zu einer Neuorientierung geführt haben, sind vielschichtig. Zum einen zieht der EuGH allgemeine Rechtsgrundsätze heran, wie etwa den Verhältnismäßigkeitsgrundsatz oder den Grundsatz des Schutzes vor willkürlichen Eingriffen der öffentlichen Gewalt in die Sphäre der privaten Betätigung.[96] Darüber hinaus hat es den Anschein, dass der EuGH auch auf Prinzipien des internationalen Steuerrechts zurückgreift.

Es ist sicher verfrüht, den EuGH bereits auf dem Weg zu einer prinzipiengetragenen Steuerrechtsordnung zu sehen. Dieser Schritt dürfte aber – nach Maßgabe der Titel I, II des Lissabon-Vertrags – unausweichlich sein. Nach dem EUV i. d. F. des Lissabon-Vertrags wir der EuGH nicht umhin können, auch steuerrechtliche Leitprinzipien verstärkt Aufmerksamkeit zu widmen.

Bei dieser Beurteilung sind bestimmte Grundstrukturen zu berücksichtigen, die eine ganz erhebliche Bedeutung für die Rechtsprechung des EuGH besitzen: Der EuGH entscheidet nur über die Tatsachen und die rechtlichen Argumente, die ihm vorgetragen worden sind. Der EuGH ist kein Finanzgericht. Der EuGH hat keine eigene Steuerrechtskonzeption. Der EuGH entscheidet nur das absolut notwendige Minimum.

Daher: Der EuGH ist ganz wesentlich auf die guten Argumenten der Beteiligten und der Generalanwälte angewiesen.

3. Ähnliche Entwicklungen in anderen Bereichen

Die umfassende und zunehmende Bedeutung des Europarechts zeigt sich auch in anderen Bereichen.

- Im Bereich der Alterdiskriminierung hat der EuGH in der Sache Mangold (C-144/04) entschieden, unbeschränkt befristete Arbeitsverhältnisse bereits vom 52. Lebensjahr an unzulässig seien, obwohl die Richtlinien-Umsetzungsfrist noch lief. Nicht moniert hat der EuGH in der Sache Bartsch./. Bosch (C 427/06), dass für eine mehr als 15 Jahre jün-

95 Ausführlich *Fischer* in HHSp, Kommentar zu AO/FGO, § 42 AO, Rz. 151 ff.
96 Dazu EuGH, Urt. v. 22.10.2002 – Rs. C-94/00 – Roquette Freres, EuGHE I, 9011.

gere Witwe keine Betriebsrente zu zahlen sei. In der Sache Kücükdeveci (C-555/07; GA) hält der Generalanwalt die Berechnung der Betriebszugehörigkeit erst von einem Alter ab 25 für rechtswidrig.

- Verwaltungssitzverlegung. In der Entscheidung in der Sache Cartesio[97] lehnt der EuGH die freie Verwaltungssitzverlegung einer ungarischen KG nach Italien ab.[98] Im Vergleich zu den früheren Entscheidungen Überseering,[99] Centros,[100] Inspire Art[101] und Sevic[102] bedeutet diese Entscheidung eine gewisse Zurückhaltung; die Ansiedlung eines Unternehmens im Ausland bleibt zwar geschützt, doch den Wegzug können die Staaten weiterhin verbieten.[103]
- In der Sache Mary Carpenter (C-60/00) ist beachtlich, dass der EuGH nicht auf die Schaffung des Binnenmarktes beschränkt, sondern auch den Schutz des Familienlebens im Auge hat; er legt Art. 49 EG im Lichte des Grundrechts auf Achtung des Familienlebens aus. Die philippinische Staatsangehörige reiste 1994 als Visitor in das Vereinigte Königreich ein; sie heiratete 1996 Herrn Carpenter, ohne eine Aufenthaltserlaubnis zu beantragen. Herr Carpenter vertrieb europaweit Werbeflächen in Zeitschriften. Der Antrag von MC auf Aufenthaltserlaubnis wurde 1997 abgelehnt. Der EuGH entschied: Die Ausweisung von MC sei ein Eingriff in die Verwirklichung des Rechts von Herrn C auf Achtung seines Familienlebens i. S. der MRK.

4. Einordnung der Neuorientierung in den allgemeinen Prozess der Europäisierung des Rechts

4.1 BVerfG v. 30.6.2009[104] zum Vertrag von Lissabon (EUV-Lissabon)

Nach Auffassung des BVerfG beruht die EU auf dem Prinzip der begrenzten Einzelermächtigung. Die Mitgliedstaaten blieben souverän. Den Bundestag treffe eine dauerhafte Integrationsverantwortung. Die demokratische Selbstgestaltungsfähigkeit müsse erhalten bleiben.

Als besonders sensibel für die demokratische Selbstgestaltungsfähigkeit eines Verfassungsstaates gälten seit jeher Entscheidungen über das materielle und formelle Strafrecht (1), die Verfügung über das Gewaltmonopol polizeilich nach innen und militärisch nach außen (2), *die fiskalischen*

97 EuGH, Urt. v. 16.12.2008 – Rs. C-210/06, BB 2009, 11.
98 Kritisch *Behme/Nohlen*, BB 2009, 13.
99 EuGH, Urt. v. 5.11.2002 – Rs. C-208/00, EuGHE I, 9919.
100 EuGH, Urt. v. 9.3.1999 – Rs. C-212/97, EuGHE I, 1459.
101 EuGH, Urt. v. 30.9.2003 – Rs. C-167/01, EuGHE I, 10155.
102 EuGH, Urt. v. 13.12.2005 – Rs. C-411/03, EuGHE I, 10805.
103 Zu steuerlichen Fallstricken bei der Verlegung des Ortes der Geschäftsleitung *Gebert/Fingerhuth*, IStR 2009, 445.
104 Az 2 BvE 2/08, Rz. 252.

Grundentscheidungen über Einnahmen und – gerade auch sozialpolitisch motivierte – Ausgaben der öffentlichen Hand (3), die sozialstaatliche Gestaltung von Lebensverhältnissen (4) sowie kulturell besonders bedeutsame Entscheidungen etwa im Familienrecht, Schul- und Bildungssystem oder über den Umgang mit religiösen Gemeinschaften (5).

Diese Feststellungen mögen durchaus zutreffend sein, sie berücksichtigen aber den Prozess der Integration nur unzureichend; insbesondere vernachlässigen sie den Umstand, dass durch die Verträge eine neue Rechtsebene und eine neue Rechtsordnung entstanden ist; der EUV-Vertrag-Lissabon enthält ein anspruchsvolles „Grundgesetz", das zwangsläufig in materieller und formeller Hinsicht zu den nationalen Ordnungen in Konkurrenz tritt. Aus dem „Rinnsal" der Europäisierung ist ein breiter Strom geworden; die europäische Rechtsordnung führt zu vertikalen und horizontalen Verschränkungen des Europarechts und der nationalen Rechte.

4.2 Die Europäisierung des Rechts in allgemeiner Sicht

Die autonomen Nationalstaaten haben sich zu Mitgliedstaaten gewandelt; die Europäisierung erfasst alle Dimensionen des Rechts, ein Fundamentalvorgang, der im Wege der Ko-Evolution abläuft. Dabei gilt der Vorrang des Gemeinschaftsrechts.[105] Die eigene (nationale) Rechtsordnung hängt an der Nabelschnur des Gemeinschaftsrechts; das mitgliedstaatliche Recht ist nicht mehr Herr im Haus.

Die Angleichungs- und Verschmelzungsprozesse verlaufen in vertikaler und horizontaler Richtung; der rechtsvergleichenden Methode kommt besondere Bedeutung zu; notwendig ist ein komparatistisches Denken in gemeineuropäischen Prinzipien; es entsteht ein innerjuristischer Wettbewerb.

Geprägt wird dieser Prozess durch die rechtskulturellen Unterschiede und die verschiedenen Mentalitäten des Rechtsdenkens, z. B. bei den Methoden und der Auslegung, beim Denken in Gesetzen oder in Urteilen, in Fragen der Systematisierung des Rechts, bei der Bedeutung von Richterrecht.[106]

105 Costa./.Enel, a. a. O. (Fn. 2); *Wahl*, Europäisierung, in Trute/Groß/Röhl/Möllers, Allg. VerwR – zur Tragfähigkeit eines Konzepts, 2008, 869.

106 Zu den Grundlagen einer europäischen Methodenlehre *Höpfner/Rüthers*, ACP 2009, 1–36.

4.3. Kompetenzen des EuGH

Das Steuerrecht wird in Art. 2 EUV, Art. 3 EGV nicht erwähnt; Art. 93 EGV sieht die Harmonisierung der indirekten Steuern; Art. 94 EGV erlaubt Richtlinien zur Angleichung der Rechts- und Verwaltungsvorschriften, die sich unmittelbar auf die Errichtung oder das Funktionieren des Gemeinsamen Marktes auswirken. Nach Art. 220 EGV (Abschnitt 4) hat der EuGH enumerative Einzelzuständigkeiten, insb.

- Vertragsverletzungsverfahren (Art. 227 EGV)
- Vorabentscheidungsverfahren (Art. 234)

Bisher oblag dem EuGH nach Art. 220 EG die Auslegung und Anwendung „dieses" Vertrags, also des EG-Vertrags, nicht des EUV-Vertrags; daneben bestanden einzelne Zuständigkeiten des EuGH nach Art. 46 EUV.[107] Nach Art. 29 Abs. 1 EUV-Lissabon sichert der EuGH die Wahrung des Rechts bei der Auslegung und Anwendung der Verträge.

Auch das Steuerrecht ist in Zukunft nicht nur an den (auf die Schaffung eines einheitlichen Binnenmarktes gerichteten) Grundfreiheiten zu messen; zum Europäischen Recht gehören alle Normen des EU-Vertrags und des EG-Vertrags; dazu gehört auch die Charta der Grundrechte, die in Art. 6 EUV-Lissabon ausdrücklich anerkannt wird. Daraus folgt, dass das nationale (Steuer-) Recht auch an den Gemeinschaftsgrundrechten zu messen ist. Daher muss der EuGH auch die verfassungsrechtlichen Grundlagen der nationalen Steuerrechte berücksichtigen; so hat er das Prinzip der gleichmäßigen und gerechten Lastenverteilung (nach Maßgabe des Leistungsfähigkeitsprinzips) anzuerkennen.[108]

V. Fazit

Der EuGH leistet einen ganz erheblichen Beitrag zur europäischen Integration. Wie sich auch gerade in Zusammenhang mit der globalen Finanzkrise[109] gezeigt hat, schützt die Europäische Gemeinschaft vor dem ungehinderten Übergreifen kollapsartiger Erscheinungen. Das Zusammenwachsen der europäischen Nationalstaaten bringt auf allen Ebenen erheblichen Ertrag. Zustände, wie sie zu den europäischen Weltkriegen geführt haben, sind heute eher nicht mehr denkbar. Die Entwicklung der Europäischen Gemeinschaft zu einem Raum des Friedens, der Freiheit und des Wohlstandes ist weltweit geradezu einzigartig.

107 *Mayer/Schima*, EU- und EG-Vertrag, Wien, 2004 (Loseblatt), Art. 234, Rz. 11.
108 Vgl. *Kühbacher*, Das Leistungsfähigkeitsprinzip auf nationaler und gemeinschaftsrechtlicher Ebene, RdW 2009, 150.
109 Zum Steuerrecht in der Finanzkrise *Weber-Grellet*, ZRP 2009, 101.

Seit der Entscheidung *„avoir fiscal"*[110] im Jahr 1986 hat sich die Rechtsprechung des EuGH zum Steuerrecht – trotz des Fehlens einer besonderen Harmonisierungskompetenz – mit einer geradezu unglaublichen Dynamik entwickelt und hat durch eine sog. „negative Integration" zahlreiche Pfeiler des tradierten Systems grenzüberschreitender Besteuerung in Frage gestellt und sich als der effizienteste, aber für die nationalen Fisci auch gefährlichste Motor zur Überwindung von steuerlichen Hindernissen bei grenzüberschreitenden Aktivitäten in der Gemeinschaft entwickelt.

Die Besteuerung darf prinzipiell nicht davon abhängig sein, ob eine Tätigkeit im Inland oder im EU-Ausland erbracht wird (vgl. z. B. die Schulgeldfälle; die Sache Jundt). Anders verhält es sich immer noch bei Sozialleistungen, wie etwa dem Kindergeld; insoweit darf ohne weiteres noch an das Inland angeknüpft werden; diese Anknüpfung verstößt nicht gegen EU-Recht (BFH, Urt. – III B 17/08 BFH/NV 2009, 380).

Ungeachtet dessen ist auch die Rechtsprechung des EuGH Teil dieses offenen Entwicklungsprozesses; dabei ist bemerkenswert, wie der EuGH auf Kritik und Fehlentwicklungen reagiert und bereit ist, die Grundlagen seiner Rechtsprechung neu zu justieren. Hat der EuGH in der Vergangenheit die Rechtfertigungsgründe restriktiv gehandhabt[111], so ist er in jüngerer Zeit dazu übergegangen, die Bedeutung der Rechtfertigungsgründe anzuheben. – Ähnliche Entwicklungen zeigen sich auch in anderen Bereichen[112]. So deutet z. B. die Entscheidung in der Sache *Cartesio*[113] im Vergleich zu den früheren Entscheidungen *Überseering*[114], *Centros*[115], *Inspire Art*[116], *Sevic*[117] auf eine gewisse Zurückhaltung zurück; die Ansiedlung eines Unternehmens im Ausland bleibt zwar geschützt, doch den Wegzug können die Staaten weiterhin verbieten.[118]

Bis 2005 ergingen lediglich in 10 vH der Fälle EuGH-Entscheidungen zu Ungunsten der Steuerpflichtigen; in jüngerer Zeit ist die Erfolgsquote auf 40 % herabgesunken. Die neuere Rechtsprechung versucht eine ausgewo-

110 EuGH, Urt. v. 28.1.1986 – Rs. C-270/83, EuGHE 1986, 273.
111 *Stix-Hackl*, Status: Recht 11/2008, 374.
112 Vgl. *Bauer/Arnold*, Verbot der Altersdiskriminierung – Die Bartsch-Entscheidung des EuGH und ihre Folgen, NJW 2008, 3377.
113 EuGH, Urt. v. 16.12.2008 – Rs. C-210/06, BB 2009, 11: Der EuGH lehnt die freie Verwaltungssitzverlegung einer ungarischen KG nach Italien ab; kritisch *Behme/Nohlen*, BB 2009, 13.
114 EuGH, Urt. v. 5.11.2002 – Rs. C-208/00, EuGHE I, 9919.
115 EuGH, Urt. v. 9.3.1999 – Rs. C-212/97, EuGHE I, 1459.
116 EuGH, Urt. v. 30.9.2003 – Rs. C-167/01, EuGHE I, 10155.
117 EuGH, Urt. v. 13.12.2005 – Rs. C-411/03, EuGHE I, 10805.
118 Zu den steuerrechtlichen Auswirkungen eines Wegzugs (§ 12 Abs. 3 KStG, § 17 Abs. 5 EStG) *Eickmann/Mörwald*, DStZ 2009, 422.

gene Gesamtbetrachtung unter Vermeidung von sog. Überbegünstigungen; daraus folgt z. B. die Renaissance der Kohärenz (bereits in der *Bachmann*-Entscheidung[119]), die Rücksichtnahme auf die Aufteilung der Besteuerungsbefugnisse, die verstärkte Bedeutung des Verhältnismäßigkeitsgrundsatzes, die Abwägung im Einzelfall. In jüngerer Zeit wird den Mitgliedstaaten ein größerer „Freiraum" eingeräumt; der EuGH nimmt Rücksicht auf nicht ohne weiteres (im Wege der „negativen Integration") zu beseitigende Disparitäten, z. B. bei der Verwertung ausländischer Verluste; es besteht eine Tendenz zur Gesamtbetrachtung und „Symmetrie", zur Vermeidung von „Überbegünstigung", zu einer Schonung der uni- und bilateralen Steuerabgrenzung der Mitgliedstaaten. Zu klären bleiben noch die Wirkungen von Doppelbesteuerungsabkommen (und die damit verbundene Möglichkeit, durch bilaterale Abmachungen für aufeinander abgestimmte Regelungen zu sorgen), die weltweite Wirkung der Kapitalverkehrsfreiheit (Art. 57 Abs. 1 EG), die Einschränkung der ex tunc-Wirkung von EuGH-Urteilen aufgrund budgetärer Auswirkungen, die zukünftige Bedeutung des Beschränkungsverbots (i.e.S.) im Steuerrecht und das Verbot der juristischen Doppelbesteuerung.

Die Neuorientierung der EuGH-Rechtsprechung, die auf den ersten Blick nur eine Erweiterung der Rechtfertigungsgründe zu enthalten scheint, geht weiter:

- Das gesamte nationale Recht (auch das Steuerrecht) ist am gesamten Gemeinschaftsrecht (EU-Vertrag-Lissabon, EG-Vertrag, Grundrechtecharta pp.), nicht nur an den Grundfreiheiten zu messen. Dass europarechtlich keine Kompetenz zur Schaffung von Steuerrecht besteht, ändert insoweit nichts. Und – wer vom „Irrgarten der EuGH-Rechtsprechung" spricht, hat das System nicht so recht verstanden.
- Europarechtlich geht es nicht mehr nur um die Schaffung des einheitlichen Binnenmarktes, sondern um die Schaffung einer eigenständigen umfassenden (Europa-) Rechtsordnung. Zu kurz ist daher der Ansatz des BVerfG in seiner Lissabon-Entscheidung,[120] demzufolge die EU nur eine Verbindung souverän bleibender Staaten ist.
- Die Grundfreiheiten sind nur ein Teil der Gemeinschaftsrechtsordnung; zur Gemeinschaftsrechtsordnung gehören auch die (Gemeinschafts-) Grundrechte; bei der Beurteilung der nationalen Steuerrechte sind die Gemeinschaftsgrundrechte, die Prinzipien des internationalen Steuerrechts und die allgemeinen Rechtsgrundsätze (ordre public) ebenfalls zu beachten und als Maßstab heranzuziehen.

119 EuGH, Urt. v. 28.1.1992 – Rs. C-204/90, EuGHE I, 249.
120 BVerfG, Urt. v. 30.6.2009 – 2 BvE 2/08 u. a.

- Diese Entwicklung ist der wahre und tiefere Grund für die Änderung der EuGH-Rechtsprechung; Europa ist auf dem Weg zu einer Gesamtrechtsordnung, deren Beachtung und Umsetzung dem EuGH obliegt.[121]

Aus dem Vorstehenden folgt – reduziert und komprimiert:

- Das Europäische Recht bildet eine eigenständige (Rahmen-) Rechtsordnung.
- Das *gesamte* nationale Recht ist am *gesamten* europäischen Recht zu messen.
- Das gilt auch für das Steuerrecht; dass europarechtlich (weitgehend) keine Kompetenz für die Steuergesetzgebung besteht, ändert daran nichts.
- Der EuGH ist kein Finanzgericht. Es ist daher die Aufgabe der Beteiligten (der Berater, der nationalen Gerichte, der Generalanwälte), dem EuGH die maßgeblichen Rechts-, System und Prinzipienfragen so darzulegen, dass er in der Lage ist, an den nationalen Steuerrechtsprinzipien und auch an den Prinzipien des internationalen Steuerrechts orientierte Entscheidungen zu treffen.

121 Offen sind vor allem z. Zt. noch folgende Fragen, z. T. in den Einzelheiten: (1) der Umfang der Rückwirkung von EuGH-Urteilen; (2) die Wirkung von DBA (BFH v. 22.4.2009 I R 53/07, DStR 2009, 1469: Der Einbehalt von Kapitalertragsteuer auf Dividenden einer im Inland ansässigen Kapitalgesellschaft an eine in der Schweiz ansässige Kapitalgesellschaft verstößt nicht gegen die Kapitalverkehrfreiheit; eine etwaige doppelte Besteuerung ist nach Art. 24 Abs. 2 Nr. 2 DBA-Schweiz 1971 durch entsprechende steuerliche Entlastungsmaßnahmen in der Schweiz zu vermeiden.), (3) die Grenzen des Missbrauchs, (4) die Wegzugsbesteuerung, Hinzurechnungsbesteuerung (zum Verfahren *Columbus Container* (FG Münster, Urt. v. 11.11.2008 – 15 K 1114/99 F, EW, IStR 2009, 31), in dem die Klägerin die Anwendung der sog. Freistellungsmethode begehrte) und der Zulässigkeit eines „Treaty Override" *Brombach-Krüger*, BB 2009, 924, (5) die Besteuerung von Dividenden (*Meilicke*, anh. C-262/09), die Einzelheiten der grenzüberschreitenden Verlustverrechnung; (7) die Reichweite der Kapitalverkehrsfreiheit (dazu BFH, Urt. v. 26.11.2008 – I R 7/08, FR 2009, 761; *Mitschke*, FR 2009, 898; *Deussen*, StuB 2009, 499).

3. Leitthema:
Mittelstand

Gesellschaftsverträge und Steuerklauseln

Claus Eßers, Rechtsanwalt
Fachanwalt für Steuerrecht
Patricia Sirchich von Kis-Sira
Rechtsreferendarin, Düsseldorf

Inhaltsübersicht

I. Einleitung

Steuerklauseln spielen zwar vor allem in Unternehmenskaufverträgen im Rahmen der Risikoabgrenzung zwischen Käufer und Verkäufer eine Rolle.

Jedoch gibt es darüber hinaus zahlreiche Konstellationen, die die Aufnahme oder Anpassung einer Steuerklausel auch im Gesellschaftsvertrag erforderlich machen. Zu denken ist hier beispielsweise etwa an die Nachversteuerungsproblematik mit Drittwirkung bei Umwandlungsfällen, wenn bestimmte Haltefristen nicht beachtet werden.

Aktueller Anlass für eine kritische Überprüfung des Gesellschaftsvertrages sollte aber auch die Unternehmensteuerreform 2008[1] sein, die die gesetzlichen Rahmenbedingungen für die Gestaltung von Steuerklauseln im Gesellschaftsvertrag einschneidend verändert hat. Für Personengesell-

1 Unternehmensteuerreformgesetz 2008 v. 14.8.2007, BGBl. I 2007, 1912.

schaften besteht Handlungsbedarf im Hinblick auf die Einführung der Thesaurierungsbegünstigung in § 34 a EStG. Für Kapitalgesellschaften erwachsen neue Risiken aus der Neufassung der bisherigen Mantelkaufregelung in § 8 c KStG, die ebenfalls zu fremdbestimmten Steuerwirkungen führt.

Der nachfolgende Beitrag zeigt die Problembereiche auf und gibt für die Vertragsgestaltung gleichzeitig Empfehlungen zur Vermeidung des Risikopotentials an die Hand. Abgerundet wird dies durch konkrete Formulierungsvorschläge für entsprechende Steuerklauseln.

II. Regelungen zur Thesaurierungsbegünstigung, § 34 a EStG

1. Hintergrund

Mit Inkrafttreten der Regelungen zur Unternehmensteuerreform am 1.1.2008, deren Kernpunkt u. a. eine Absenkung der Steuerlast für Unternehmen (Körperschaftssteuer, Gewerbesteuer, Solidaritätszuschlag) darstellt, wurde das Einkommensteuergesetz (EStG) um eine Tarifvorschrift in Gestalt des § 34 a ergänzt.[2]

Was dies allgemein für Personengesellschaften bedeutet, und inwieweit sich daraus Bedarf für die Anpassung bestehender bzw. die Fassung neuer Steuerklauseln bei Personengesellschaftsverträgen ergibt, soll im Folgenden ausgehend von einem Fallbeispiel[3] verdeutlicht werden:

Die Foto & Optik OHG hat folgende Gesellschafter:

Vater A und dessen Kinder B, C und D. In der Vergangenheit kam es immer wieder zu Spannungen im Hinblick auf die Entnahmerechte, zu denen im Gesellschaftsvertrag Folgendes geregelt ist:

1. Ein Gesellschafter kann 25 % des ihm zustehenden, für das letzte Geschäftsjahr festgestellten Gewinnanteils entnehmen. Darüber hinaus darf jeder Gesellschafter von diesem Gewinnanteil im laufenden Geschäftsjahr Beträge entnehmen, die er zur Zahlung derjenigen Steuern und Abgaben benötigt, die nach seinem Durchschnittssteuersatz anteilsmäßig auf seine Einkünfte aus der Gesellschaftsbeteiligung entfallen.
2. Entnahmen, die über das nach Abs. 1 Zulässige hinausgehen, bedürfen eines Mehrheitsbeschlusses der Gesellschafter unter Zustimmung des Seniorgesellschafters.

---

2 Weiterführend dazu: *Ortmann-Babel/Zipfel*, Unternehmensteuerreformgesetz 2008 Teil II: Besteuerung von Personengesellschaften insbesondere nach der Einführung der Thesaurierungsbegünstigung, BB 2007, 2205.

3 Fall gebildet nach *Pohl*, Mittelstandsfinanzierung nach dem Unternehmenssteuerreformgesetz, in Jahrbuch der Fachanwälte für Steuerrecht 2008/2009, S. 463.

Seniorgesellschafter war der A. A verstirbt am 6.5.2008. Erben werden seine Ehefrau E sowie die Kinder. Aufgrund einer qualifizierten Nachfolgeklausel tritt Sohn B im Wege der Sonderrechtsnachfolge in die Gesellschafterstellung des verstorbenen A ein. Am 7.5.2008 beauftragt er einen Fachanwalt für Steuerrecht mit der Überprüfung des Gesellschaftsvertrages mit dem Ziel der Steueroptimierung im Hinblick auf den neuen § 34 a EStG.

Als neuer Seniorgesellschafter mit großen Expansionsplänen ist B an einer sehr umfassenden Rücklagenbildung interessiert.

Nach bisherigem Recht werden Gewinne einer Personengesellschaft unabhängig von einer Entnahme als Einkünfte aus Gewerbebetrieb gem. § 15 Abs. 1 Satz 1 Nr. 2 EStG nach dem Transparenzprinzip besteuert, d. h. die Gesellschafter selbst haben einen etwaigen Gewinn der Gesellschaft zu versteuern, welcher auf Gesellschaftsebene ermittelt und den Gesellschaftern ihrer Beteiligung entsprechend zugerechnet wird.

Demgegenüber steht das Trennungsprinzip bei Kapitalgesellschaften. Diese sind selbst Steuersubjekt; Gewinne unterliegen unabhängig von den Gesellschaftern der Körperschaftssteuer. Wenn Gewinne nicht aus dem Unternehmen entnommen werden (Thesaurierung), bestehen steuerliche Vorteile für die Gesellschaft.

Im Zuge der Unternehmensteuerreform wird die klassische Besteuerung der Personengesellschaften durch Einführung des § 34 a EStG nun dahingehend modifiziert bzw. erweitert, dass eine Angleichung an den Steuervorteil der Kapitalgesellschaften für nicht ausgeschüttete Gewinne erfolgt.

Zweck der Vorschrift des § 34 a EStG ist neben der Belastungsidentität der einzelnen Rechtsformen die Stärkung der Eigenkapitalbasis deutscher Unternehmen.[4] Insbesondere für Familien-Personengesellschaften soll auch eine Flucht in die Rechtsform der Kapitalgesellschaft im Zusammenhang mit der Absenkung des Körperschaftssteuersatzes vermieden werden.[5]

Gewinne aus Personengesellschaften können nach neuer Rechtslage, solange sie nicht entnommen werden, auf Antrag für jeden einzelnen Gesellschafter in jedem Veranlagungszeitraum nach einem begünstigten Steuersatz von 28,25 % besteuert werden. Zu einer Nachversteuerung des begünstigten Gewinns mit einem Satz von 25 % auf den Nachversteuerungsbetrag kommt es erst, wenn eine Entnahme erfolgt.

Die Möglichkeit der Antragstellung steht bilanzierenden Einzelunternehmern und Mitunternehmern offen, soweit sie zu mehr als 10 % am Gewinn beteiligt sind oder der Gewinnanteil mehr als 10.000 Euro

4 *Bäumer*, Die Thesaurierungsbegünstigung nach § 34 a EStG – einzelne Anwendungsprobleme mit Lösungsansätzen, DStR 2007, 2089.
5 Vgl. dazu *Ley*, KÖSDI 2007, 15737/15740 ff.

beträgt. Die Begünstigung kann in Anspruch genommen werden für Einkünfte aus Land- und Forstwirtschaft, Gewerbebetrieb und selbständiger Arbeit.

2. Reflexwirkungen auf Gesellschaftsverträge und gesellschaftsrechtliche Vorgänge

Außer unmittelbaren steuerlichen Auswirkungen sind im Rahmen der Unternehmensteuerreform im Innenverhältnis auch Reflexwirkungen auf Gesellschaftsverträge und gesellschaftsrechtliche Vorgänge zu beachten. Eine einheitliche Strategie hinsichtlich Gewinnentnahme und Antragstellung nach § 34 a EStG, die sich für alle Gesellschafter in gleicher Weise eignet oder Vorteile bringt, ist aufgrund der Vielzahl individueller Entscheidungen, die das in § 34 a EStG enthaltene antragsgebundene Wahlrecht ermöglicht, nicht denkbar.

Insbesondere kann aus den Unterschieden, die zwischen den Gesellschaftern hinsichtlich ihrer Entnahmeinteressen sowie der für die Besteuerung entscheidenden Kriterien bestehen, erhebliches Konfliktpotential erwachsen. Dies wird v. a. dann deutlich, wenn das Interesse eines Teils der Gesellschafter an der Thesaurierung aus steuerlichen Gründen mit dem Wunsch anderer Gesellschafter nach Gewinnausschüttung zur Deckung des Lebensbedarfs kollidiert.[6]

Für Gesellschafter mit einem individuellen Steuersatz unter 28,25 % stellt sich die Frage nach der Inanspruchnahme der Begünstigung dabei von vornherein nicht, während ein Gesellschafter mit einem Einkommensteuersatz über 28,25 % mit der Notwendigkeit der Überlegung konfrontiert wird, ob im Hinblick auf die ggf. hohe Nachbelastung die Antragstellung nach § 34 a EStG lohnenswert ist. Abzuwägen sind hierbei der Nachteil steuerlicher Mehrbelastung und der Vorteil des zusätzlich zur Verfügung stehenden Investitionskapitals im Zeitpunkt der Thesaurierung.

Dies gilt gerade für Gesellschafter, die nicht in der Nähe des Einkommensteuerspitzensatzes liegen und daher dem Risiko einer insgesamt gegenüber der Regelbesteuerung höheren Belastung ausgesetzt sind, die nur durch die Zinsvorteile bei langfristiger Einbehaltung kompensierbar ist.[7] Je weiter der einzelne Gesellschafter vom Spitzensteuersatz entfernt ist, desto länger müsste er also an der Thesaurierung festhalten, damit der Zinsvorteil die Nachversteuerungslast übersteigt.

---

6 *Rodewald/Pohl,* Unternehmensteuerreform 2008: Auswirkungen auf Gesellschafterbeziehungen und Gesellschaftsverträge, DStR 2008, 724.

7 *Hey,* Unternehmensteuerreform: das Konzept der Sondertarifierung des § 34 a EStG – Was will der Gesetzgeber und was hat er geregelt?, DStR 2007, 925, 931.

Die Besteuerung nach § 34 a EStG wirkt sich folglich umso vorteilhafter aus, je größer die Differenz zwischen individuellem Einkommen- und festem Thesaurierungssteuersatz, je geringer der Entnahmebedarf auf Seiten der Gesellschafter, je länger die Phase der Gewinnthesaurierung und je höher die erzielbare Rendite ist.[8]

Insoweit besteht die Reflexwirkung also in erhöhtem Planungs- und Gestaltungsbedarf hinsichtlich der Einlage- und Entnahmestrategien auch für die Folgejahre, um Nachversteuerungen zu vermeiden.

3. Selbstfinanzierungsinteresse der Gesellschaft im Wandel

Die unterschiedlichen Interessenlagen spiegeln sich auch im Zusammenhang mit der Frage der Gewinnverwendung (Ausschüttungsquote/Thesaurierungsquote) wider, insbesondere dann, wenn im Gesellschaftsvertrag vorgesehen ist, dass über die Gewinnverwendung durch Mehrheitsbeschluss zu entscheiden ist. Maßgeblich für die Ausschüttungsquote ist der Lebensbedarf der Gesellschafter, während die Thesaurierungsquote vom Selbstfinanzierungsbedarf der Gesellschaft geprägt wird.[9]

Nach der bisherigen Rechtsprechung des BGH setzte ein mehrheitlich gefasster Thesaurierungsbeschluss mit Blick auf das gesellschaftsrechtliche Rücksichtnahmegebot gegenüber dem Ausschüttungsinteresse der Minderheitsgesellschafter ein solches Interesse der Gesellschafter an einer Selbstfinanzierung der Gesellschaft voraus. Eine Regelung zur Thesaurierungspolitik durfte daher die Interessen der einzelnen Gesellschafter an der Gewinnausschüttung nicht zu Gunsten des Interesses der Gesellschaftergesamtheit an einer Absicherung des Kapitals der Gesellschaft unverhältnismäßig verdrängen.[10]

Die steuerrechtliche Motivation des Interesses an einer Thesaurierung ist gegenüber der bisherigen Rechtslage, wonach die Gewinnanteile unabhängig von der Thesaurierung besteuert wurden, nunmehr als eigenes Interesse der Mehrheitsgesellschafter anzuerkennen, so dass die Treuepflicht nun nicht mehr den Verzicht auf die Einbehaltung der Gewinne gebietet.[11]

---

8 *Reichert/Düll*, Gewinnthesaurierung bei Personengesellschaften nach der Unternehmensteuerreform 2008, ZIP 2008, 1249, 1256.

9 *Reichert/Düll*, Gewinnthesaurierung bei Personengesellschaften nach der Unternehmensteuerreform 2008, ZIP 2008, 1249, 1255.

10 Vgl. *Ehricke* in Ebenroth/Boujong/Joost/Strohn, HGB, 2. Auflage, § 122 Rz. 51.

11 *Rodewald/Pohl*, Unternehmensteuerreform 2008: Auswirkungen auf Gesellschafterbeziehungen und Gesellschaftsverträge, DStR 2008, 724.

Daraus ergeben sich praktische Konsequenzen für die künftige Gestaltung von Gesellschaftsverträgen. Hierbei kann – gerade bei Neugründungen von Gesellschaften – von der zulässigen Möglichkeit Gebrauch gemacht werden, eine disproportionale Ausschüttung vorzusehen. Dies bedeutet, dass die Thesaurierung sich nur auf die Gewinnanteile bezieht, die auf die Gesellschaftermehrheit entfallen.

Änderungen eines bestehenden Gesellschaftsvertrages können im Regelfall jedoch nur einstimmig beschlossen werden, da insbesondere das Gewinnentnahmerecht als unentziehbares Mitgliedschaftsrecht berührt wird.

Fraglich ist, ob aufgrund der Treuepflicht auch eine Pflicht zur Zustimmung bei entsprechenden Vertragsänderungen besteht. Dies ist jedoch mit Blick darauf, dass die Treuepflicht sich nur unter sehr engen Voraussetzungen zu einer positiven Stimmpflicht verdichtet, abzulehnen, zumal jede beabsichtigte Änderung des Gesellschaftsvertrags unter dem Vorbehalt der Zumutbarkeit steht.[12]

Um den unterschiedlichen Ausschüttungsinteressen so weit wie möglich Rechnung zu tragen und einen tragfähigen Kompromiss zu erreichen, sollte im Gesellschaftsvertrag daher die disproportionale Ausschüttung innerhalb bestimmter festgelegter Mindest-/Höchstentnahmequoten bzw. maximaler/minimaler Thesaurierungsquoten geregelt werden.

4. Bisherige Steuerklauseln und Entnahmerechte als Ausgestaltung der gesellschaftsrechtlichen Treuepflicht

Auch unter Geltung des neuen § 34 a EStG bleibt es dabei, dass der Besteuerung des Gewinns von Personengesellschaften das Transparenzprinzip zugrunde liegt. Steuersubjekt ist demnach nach wie vor nicht die Personengesellschaft, vielmehr erfolgt die Besteuerung nach dem individuellen Einkommensteuersatz der Gesellschafter.

Aus der gesellschaftsrechtlichen Treuepflicht ergibt sich, dass die Gesellschafter dabei nicht gezwungen werden dürfen, die auf die Gewinnanteile entfallende Steuerpflicht aus ihrem Privatvermögen zu tragen. Um dies zu vermeiden, bietet sich eine Aufnahme von Steuerklauseln in den Gesellschaftsvertrag an, in denen ein Entnahmerecht der Gesellschafter zum Zweck der Finanzierung der Ertragssteuerzahlung konstituiert wird. Eine entsprechende Zusicherung im Gesellschaftsvertrag ist erforderlich, da neben dem Entnahmerecht aus §§ 122, 169 HGB ein Steuerentnahmerecht im Gesetz nicht vorgesehen ist bzw. nach der

12 So auch *Reichert/Düll*, Gewinnthesaurierung bei Personengesellschaften nach der Unternehmensteuerreform 2008, ZIP 2008, 1249, 1256.

Rechtsprechung das Steuerentnahmerecht lediglich als Ausschnitt des nicht schrankenlos gewährten allgemeinen Gewinnentnahmerechts zu sehen ist.[13]

Für solche Steuerklauseln bestehen ausgehend von der Überlegung, dass die Gesellschafter wegen unterschiedlich hoher Gewinnbeteiligung und in Bezug auf sonstige Einkünfte und persönliche Verhältnisse keinem einheitlichen Steuersatz unterliegen,[14] verschiedene Gestaltungsmöglichkeiten.

Zunächst muss entschieden werden, ob das Entnahmerecht in Höhe sämtlicher vom jeweiligen Gesellschafter zu zahlenden Ertragssteuern oder nur in Höhe der durch Beteiligung an der Gesellschaft entstandenen Ertragssteuern besteht. Im letzteren Fall bedarf es dann einer Regelung zur Abgrenzung dieses Teils der Steuern. In Betracht kommen dafür entweder individuelle Steuersätze wie etwa der Durchschnittsteuersatz oder der Grenzsteuersatz des Gesellschafters oder pauschale Steuersätze wie der Spitzensteuersatz oder ein festzulegender Durchschnittsteuersatz.[15]

5. Vermeidung von Auslegungsproblemen in bisherigen Steuerklauseln

Macht nun ein Gesellschafter von der Möglichkeit des § 34a EStG Gebrauch und beantragt den günstigeren Steuersatz für nicht ausgeschüttete Gewinne, fehlt in den bisherigen Steuerklauseln eine ausdrückliche Regelung, wie sich die zum Zeitpunkt der Gesellschaftsgründung regelmäßig nicht absehbare Einführung der Thesaurierungsbegünstigung auswirkt.

Dies führt zu Auslegungsproblemen insbesondere im Hinblick auf die Entnahme von Steuervorauszahlungsbeträgen, sofern eine solche in der Steuerklausel gestattet wird. Denn bei der Steuervorauszahlung ist gem. § 37 Abs. 3 Satz 6 EStG die Thesaurierungsbegünstigung nicht zu berücksichtigen.

Daraus kann sich zum einen die Notwendigkeit ergeben, die Zwischenfinanzierung über die Inanspruchnahme eines Darlehens zu gewährleisten. Die Zinsen stellen bei der Gesellschaft in diesem Fall zu versteuernde Betriebseinnahmen dar bzw. beim Mitunternehmer hingegen regelmäßig nicht abziehbare Ausgaben im reinen Privatbereich.

Als praktische Konsequenz führt zum anderen im Regelfall die Antragstellung nach § 34a EStG dazu, dass die auf den Anteil am Gesellschafts-

13 BGHZ 132, 263.
14 *Staub*, HGB, § 122 Rz. 32.
15 *Rodewald/Pohl*, Unternehmensteuerreform 2008: Auswirkungen auf Gesellschafterbeziehungen und Gesellschaftsverträge, DStR 2008, 724, 725.

gewinn entfallende Steuer die Summe der Vorauszahlungen unterschreitet und es damit zu einer Steuerrückzahlung kommt.[16]

Festzulegen ist daher, ob im Fall von Steuerrückzahlungen eine Pflicht des Gesellschafters zur Erstattung der Differenz zwischen entnommenem Vorauszahlungsbetrag und festgesetzter Steuer besteht.[17] Eine solche Verpflichtung begegnet als Nebenverpflichtung zum Entnahmerecht der Gesellschafter keinen Bedenken.[18]

Zur Vermeidung der aufgezeigten Problematiken empfiehlt sich die Aufnahme einer Klausel, die das Wahlrecht der Gesellschafter nach § 34 a EStG einschränkt.

Denkbar wäre insoweit ein Verbot der Inanspruchnahme der Thesaurierungsbegünstigung. Dies kann jedoch u. U. (Zinseffekt) eine einstimmig zu beschließende Lastenvermehrung darstellen. Allerdings dürfte eine Pflicht der Gesellschafter zur Zustimmung an der Unzumutbarkeit des Risikos unkalkulierbarer finanzieller Nachteile scheitern.

Umgekehrt kann es sich auf die Liquidität gerade einer auf Expansion ausgerichteten Gesellschaft positiv auswirken, für die Gesellschafter, auf die § 34 a EStG anwendbar ist, eine Pflicht zur Ausübung dieser Option in den Vertrag aufzunehmen. Wenn ein Entnahmerecht in Höhe tatsächlich anfallender Ertragsteuern besteht und der Steuersatz des Gesellschafters über dem Steuersatz des § 34 a EStG liegt, mindert sich nämlich zunächst der Entnahmebetrag.[19]

Eine entsprechende Pflicht, von der Möglichkeit der Thesaurierungsbegünstigung Gebrauch zu machen, wenn das Gesellschaftsinteresse dies erfordert, lässt sich aus der gesellschaftsrechtlichen Treuepflicht des Gesellschafters gegenüber der Gesellschaft ableiten.

Möglich ist auch die Begrenzung des Entnahmerechts auf die Höhe des Betrags, der sich bei Antragstellung nach § 34 a EStG ergäbe.

6. Anpassung von Steuerklauseln an die neue Rechtslage

Wie die bisher gefundenen Ergebnisse bei der Vertragsgestaltung konkret umgesetzt werden können, zeigen nachfolgende Formulierungsvorschlä-

---

16 *Rodewald/Pohl*, Unternehmensteuerreform 2008: Auswirkungen auf Gesellschafterbeziehungen und Gesellschaftsverträge, DStR 2008, 724, 726.

17 *Rodewald/Pohl*, Unternehmensteuerreform 2008: Auswirkungen auf Gesellschafterbeziehungen und Gesellschaftsverträge, DStR 2008, 724, 726.

18 *Reichert/Düll*, Gewinnthesaurierung bei Personengesellschaften nach der Unternehmensteuerreform 2008, ZIP 2008, 1249, 1257.

19 *Rodewald/Pohl*, Unternehmensteuerreform 2008: Auswirkungen auf Gesellschafterbeziehungen und Gesellschaftsverträge, DStR 2008, 724, 726.

ge. Regelmäßig sind in bisherigen Gesellschaftsverträgen Klauseln wie die nachstehende[20] enthalten:

„Jeder Gesellschafter ist berechtigt, ... % des ihm zustehenden, für das letzte Geschäftsjahr festgestellten Gewinnanteils zu entnehmen. Darüber hinaus darf jeder Gesellschafter von diesem Gewinnanteil im laufenden Geschäftsjahr Beträge entnehmen, die er zur Zahlung derjenigen Steuern und Abgaben einschließlich Vorauszahlungen benötigt, die nach seinem Durchschnittsteuersatz anteilsmäßig auf seine Einkünfte aus der Gesellschaftsbeteiligung entfallen. (...)"[21]

Unter Berücksichtigung der neuen Rechtslage kommen nunmehr beispielsweise folgende Anpassungsmöglichkeiten in Betracht:

- Inanspruchnahme der Thesaurierungsbegünstigung

„Die Inanspruchnahme der Thesaurierungsbegünstigung nach § 34a EStG steht jedem Gesellschafter grundsätzlich frei."

„Durch Mehrheitsbeschluss kann ein Gesellschafter jedoch verpflichtet werden, für die Thesaurierungsbegünstigung nach § 34a EStG zu optieren, wenn dies im Gesellschaftsinteresse (dringend) geboten ist."

- Mindest- oder Höchstquoten

„Als maximal zulässige Thesaurierung wird eine Quote von ... % festgesetzt, die Mindestentnahmequote beträgt demnach ... %."

„Mindestens zu thesaurieren ist eine Quote von ... %/die Höchstausschüttungsquote liegt bei ... %."

- Höhe des Entnahmerechts

„Das Recht zur Entnahme der zur Zahlung der Steuerschuld erforderlichen Beträge ist der Höhe nach begrenzt auf die Summe, die sich bei Antragstellung nach § 34a EStG ergäbe."

„Eine ggf. anfallende Nachversteuerung ist vom Entnahmerecht – nicht – umfasst."

- Steuerrückzahlungen

„Im Fall von Steuerrückzahlungen ist der Gesellschafter verpflichtet, die Differenz zwischen dem entnommenen Vorauszahlungsbetrag und der festgesetzten Steuer zu erstatten."

7. Lösung über Buchung auf einem Gesellschafterdarlehenskonto

Aus der Überlegung heraus, dass grundsätzlich über Ergebnisverwendungen nur durch alle Gesellschafter gemeinschaftlich entschieden werden kann und dies insbesondere bei schwierigen Gesellschafterkreisen Konfliktpotential birgt, bietet sich auch eine weitere Gestaltungsvariante in Form der Buchung des entnahmefähigen Gewinnanteils auf einem Gesellschafterdarlehenskonto an.

20 S. auch Ausgangsfall.
21 *Oldenburg* in Münchener Vertragshandbuch, Form. II. 4, S. 126.

Die Beanspruchung der steuerlichen Thesaurierungsbegünstigung durch einen einzelnen Gesellschafter kann auch danach noch erfolgen, da es an einer im Sinne von § 34 a EStG schädlichen Entnahme fehlt.

Ausgangspunkt für die Ermittlung des privilegiert zu besteuernden Thesaurierungsbetrages ist der nicht entnommene Gewinn. Gem. § 34 a Abs. 2 EStG wird dieser aus dem nach § 4 Abs. 1 Satz 1 oder § 5 EStG ermittelten Gewinn des Wirtschaftsjahres, vermindert um den positiven Saldo der Entnahmen und Einlagen des Wirtschaftsjahres, errechnet.

Eine Entnahme mindert den nicht entnommenen Gewinn aber nur, wenn sie in das Privatvermögen oder ein anderes Betriebsvermögen überführt wird. Dies wird hier gerade vermieden wird.

Ein solches Vorgehen widerspricht auch nicht einer Mehrheitsklausel im Vertrag zur Bildung offener Rücklagen in der Handelsbilanz.

Weitere Vorschläge sowie die Entwicklung in der Rechtsprechung (Entscheidungen hierzu sind bisher noch nicht ergangen) bleiben abzuwarten.

Im Ausgangsfall ist danach die Klausel Nr. 2, wonach weitere Entnahmen eines Mehrheitsbeschlusses bedürfen und dem Vetorecht des Seniorgesellschafters unterliegen, entsprechend einzuschränken.[22] Nur dann ist eine Expansionspolitik nachhaltig gesichert.

III. Steuerfallen bei der Umstrukturierung von Unternehmen (fremdbestimmte Steuerwirkungen I)

Eine Abwandlung des Ausgangsfalls[23] zeigt, wie durch die Anpassung des Gesellschaftsvertrages steuerliche Nachteile bei der Einbringung von Unternehmen in Kapitalgesellschaften mit anschließender Anteilsübertragung vermieden werden können:

A führt die Firma Foto & Optik als Einzelunternehmen. Er beabsichtigt, diese Firma in eine von ihm neu gegründete Kapitalgesellschaft gegen Gewährung von Gesellschaftsrechten einzubringen. Der Einbringungsvorgang ist steuerneutral, weil die übernehmende Kapitalgesellschaft die Buchwerte des Einzelunternehmens ansetzt. Ein Jahr nach der Einbringung verschenkt A jeweils 1/3 der Anteile an der neuen Kapitalgesellschaft an seine Söhne B, C und D. D, der in finanzielle Schwierigkeiten gerät, verkauft seine Anteile anschließend an X, ohne hiervon seine Mitgesellschafter zuvor in Kenntnis gesetzt zu haben.

22 Vgl. *Pohl,* Mittelstandsfinanzierung nach dem Unternehmenssteuerreformgesetz, in Jahrbuch der Fachanwälte für Steuerrecht 2008/2009, S. 468.

23 Fallbeispiel in Anlehnung an *Schaumburg,* Hinweise auf Steuerfallen für Familienunternehmen und ihre Vermeidung, Köln 2008.

Problematisch ist, dass die durch Sacheinlage erhaltenen Kapitalanteile hier innerhalb eines Zeitraums von sieben Jahren nach der Einbringung veräußert werden.

Denn dies löst bei A gem. § 22 Abs. 1 UmwStG eine nachträgliche Versteuerungspflicht des Einbringungsgewinns aus. Der Einbringungsgewinn ist der Betrag, um den der gemeine Wert des eingebrachten Betriebsvermögens im Einbringungszeitpunkt nach Abzug der Kosten für den Vermögensübergang den Wert, mit dem die übernehmende Gesellschaft dieses eingebrachte Betriebsvermögen angesetzt hat, übersteigt, vermindert um jeweils ein Siebtel für jedes seit dem Einbringungszeitpunkt abgelaufene Zeitjahr.

Nach der genannten Vorschrift sind im Fall der Veräußerung der als Gegenleistung für eine Einbringung erhaltenen Anteile innerhalb einer Haltefrist von sieben Jahren die stillen Reserven zum Einbringungszeitpunkt nachträglich zu ermitteln, wenn die übertragenen Wirtschaftsgüter beim übertragenden Rechtsträger nicht mit dem gemeinen Wert angesetzt wurden.[24] Die Höhe der Steuerpflicht richtet sich dann nach diesen bei Einbringung vorhandenen und noch nicht aufgedeckten stillen Reserven des Sacheinlagegegenstands.

Die Steuerfestsetzung des A wird somit bezogen auf den Einbringungszeitpunkt rückwirkend gem. § 175 Abs. 1 Nr. 2 AO geändert.

Auf Seiten des veräußernden D ergibt sich zum einen eine geringere Steuerbelastung bezüglich des Veräußerungsgewinns, da gem. § 22 Abs. 1 Satz 4 UmwStG die steuerlichen Anschaffungskosten der Anteile, die D von A erhalten hat, durch den nachträglichen Einbringungsgewinn erhöht werden, zum anderen fällt eine zusätzliche Schenkungssteuer an, da die siebenjährige Behaltefrist des § 13 a Abs. 5 Nr. 4 ErbStG[25] nicht eingehalten wurde.

Es wird deutlich, dass bei nicht eingehaltenen Behaltefristen ein Spannungsfeld entsteht, da die steuerlichen Lasten aufgrund der schädlichen Entstrickung sperrfristbehafteter Anteile nicht den treffen, der veräußert, sondern denjenigen, der einbringt.

Entsprechende Problemkonstellationen ergeben sich gerade bei Familienunternehmen besonders häufig, da dort oftmals von einem stabil bestehenden innerfamiliären Vertrauensverhältnis ausgegangen wird. Dies kann dann dazu führen, dass die Gesellschafter Vorsichtsmaßnahmen,

24 Weiterführend *Schmitt/Schlossmacher*, Mitverstrickte Anteile im Sinne des § 22 Abs. 7 UmwStG, DStR 2009, 828.

25 Änderung der bisherigen fünfjährigen Behaltefrist mit Wirkung vom 1.1.2009 durch das Erbschaftssteuerreformgesetz v. 24.12.2008, BGBl. I, 3018.

die man bei Rechtsgeschäften mit Außenstehenden ergreifen würde, hier leicht außer Acht lassen.

Die angesprochenen Folgen können jedoch dadurch aufgefangen werden, dass in der Satzung von der Möglichkeit des § 15 Abs. 5 GmbHG Gebrauch gemacht wird und die Veräußerung der Anteile an weitere Voraussetzungen geknüpft wird:

– Voraussetzungen der Anteilsveräußerung

„Eine Veräußerung der Anteile an der GmbH hat nur mit Zustimmung der Gesellschafterversammlung zu erfolgen und unterliegt darüber hinaus auch dem Erfordernis der Zustimmung des Einbringenden."

„Mindestens sind jedoch die siebenjährige Behaltefrist gem. § 13 a Abs. 5 Nr. 4 ErbStG und die siebenjährige Behaltefrist gem. § 22 Abs. 1 UmwStG einzuhalten."

Bestehende Gesellschaftsverträge sollten auf diese Problematik hin durchgesehen und müssen insbesondere bei angedachten Umwandlungen ggf. entsprechend angepasst werden.

IV. Untergang steuerlicher Verlustvorträge nach § 8 c KStG (fremdbestimmte Steuerwirkungen II)

Im Zuge der Unternehmensteuerreform hat auch die Nutzung steuerlicher Verlustvorträge bei Kapitalgesellschaften mit § 8 c KStG eine Neuregelung erfahren. Während die Vorgängerregelung des § 8 Abs. 4 KStG für die Frage der Nutzung steuerlichen Verlustvortrags auf eine Kombination aus Anteilseignerwechsel und Zuführung neuen Betriebsvermögens abstellte, ist nunmehr nur noch die Übertragung der Anteile als alleiniger Anknüpfungspunkt maßgeblich.

1. Anwendungsbereich

Zu einer Beschränkung des Verlustabzuges kommt es nach § 8 c KStG, wenn ein Erwerber oder eine Erwerbergruppe innerhalb eines Zeitraums von fünf Jahren nach dem 31.12.2007 mittelbar oder unmittelbar 25 % oder mehr an einer Körperschaft erwirbt (schädlicher Beteiligungserwerb). Regelungsgegenstand sind sowohl entgeltliche als auch unentgeltliche Anteilsübergänge mit Ausnahme von Erbfällen. Erfasst sind neben der Kapitalbeteiligung auch Mitgliedschaftsrechte, Beteiligungsrechte uns Stimmrechte sowie vergleichbare Sachverhalte. Ein schädlicher Beteiligungserwerb ist darüber hinaus auch bei Zinsvorträgen (§ 8 a Abs. 1 Satz 3 KStG) und vortragsfähigen Gewerbeverlust (§ 10 a Satz 8 GewStG) zu berücksichtigen.

Die Rechtsfolge differenziert nach der Höhe des Beteiligungserwerbs. Der Erwerb von mehr als 25 % bis einschließlich 50 % zieht einen quotalen Untergang des Verlustabzugs nach sich, bei einem Erwerb von mehr als 50 % geht der Verlustabzug vollständig unter.

Dass gerade in Zeiten der Finanz- und Wirtschaftskrise diese Regelung sich verschärfend auswirkt und möglicherweise zu einem Hindernis bei notwendigen Restrukturierungsmaßnahmen wird, liegt auf der Hand. Bei einem Erwerb zum Zwecke der Sanierung kann die mögliche Nutzung der Verluste des Zielunternehmens wegfallen und damit der Anreiz für sanierungswillige Investoren erheblich gesenkt werden.

Im Rahmen des Bürgerentlastungsgesetzes Krankenversicherung[26] haben Bundestag und Bundesrat daher der Aufnahme einer Sanierungsklausel[27] in Form des § 8 c Abs. 1a KStG zugestimmt.

Ein entsprechendes Sanierungsprivileg besteht bereits als Bereichsausnahme für staatliche Maßnahmen im Bankensektor, § 14 Abs. 3 FMStG. Insoweit findet nun eine Ausdehnung auch auf privatwirtschaftliche Transaktionen statt.

Das Sanierungsprivileg kommt zur Anwendung, wenn der Beteiligungserwerb zur Sanierung erfolgt (Verhinderung oder Beseitigung einer Zahlungsfähigkeit oder Überschuldung), die Körperschaft im Zeitpunkt des Beteiligungserwerbs sanierungsfähig ist und die gesetzlich definierten wesentlichen Betriebsstrukturen erhalten bleiben. Letzteres ist der Fall, wenn entweder eine Erhaltung oder Sicherung von Arbeitsplätzen erreicht wird oder in zeitlichem Zusammenhang mit der Sanierung Betriebsvermögen zugeführt wird.

Problematisch ist, dass der Anwendungsbereich des § 8 c Abs. 1 KStG bei wortlautgetreuer Auslegung schon bei geringfügigsten Anteilsübertragungen nach einer Verlustphase eröffnet sein kann.

Dies ist beispielsweise dann der Fall, wenn zu einem Zeitpunkt (etwa 31.12.2008), in dem kein steuerlicher Verlustvortrag besteht, 50 % der Anteile an einer GmbH übertragen werden, im folgenden eine Verlustphase eintritt (2009), weitere 0,1 % an denselben Erwerber übertragen werden (1.1.2010) und dann wieder Einkommen erwirtschaftet wird (2010), so dass die Phase der Verlustnutzung beginnt.[28]

---

26 Gesetz zur verbesserten steuerlichen Berücksichtigung von Vorsorgeaufwendungen v. 22.7.2009, BGBl. I 2009,1959.

27 Weiterführend *Sistermann/Brinkmann*, Die neue Sanierungsklausel in § 8 c KStG – Vorübergehende Entschärfung der Mantelkaufregelung für Unternehmen in der Krise, DStR 2009, 1453.

28 Beispiel nach *Altrichter-Herzberg*, Untergang der steuerlichen Verlustvorträge nach § 8 c KStG, GmbHR 2008, 857, 858.

Trotz der Geringfügigkeit der Übertragung würde der steuerliche Verlustvortrag vollständig untergehen, da der relevante Fünfjahreszeitraum mit dem ersten Beteiligungserwerb an der Verlustgesellschaft beginnt, ohne dass in diesem Zeitpunkt ein Verlustvortrag bestehen müsste.[29]

Zu einem anderen Ergebnis kommt eine teleologische Auslegung der Norm.

Wie auch schon bei der Vorgängerregelung liegt der Grundgedanke der Vorschrift darin, dass die Nutzung eines Verlustvortrags durch eine Körperschaft die rechtliche und wirtschaftliche Identität dieser Körperschaft mit der Körperschaft, die den Verlust erwirtschaftet hat, voraussetzt.[30] Dementsprechend soll ein Gesellschafter nicht mittelbar am Genuss des steuerlichen Verlustvortrags partizipieren können, wenn er nicht bereits im Zeitpunkt der Entstehung des Verlusts als Gesellschafter beteiligt war.

Infolgedessen sind zwei Zeiträume zu unterscheiden: Verlustphase und Verlustnutzungsphase. Der Untergang des Verlustvortrags ist nur gerechtfertigt, wenn zwischen diesen beiden Phasen ein schädlicher Anteilseignerwechsel stattgefunden hat und insoweit eine ausreichende (Teil-)Identität nicht mehr gegeben ist.[31]

Dieser Auffassung folgten für die Anwendung von § 8 Abs. 4 KStG a. F. sowohl die Instanzgerichte als auch der BFH.[32]

Demnach wäre im obigen Beispiel der Verlustvortrag voll nutzbar, da die Übertragung vor der Verlustphase außer Betracht bleibt und die maßgebliche Übertragung aufgrund ausreichender Teilidentität (99,9 %), d. h. mangels wirtschaftlichen Engagements durch einen neuen Anteilseigner nach der Verlustphase nicht schädlich i. S. v. § 8 c KStG ist.[33]

2. Anpassungsbedarf

Soweit der Anwendungsbereich eröffnet ist, führt die Regelung des § 8 c KStG zu fremdbestimmten Steuerwirkungen auf Ebene der Körperschaft (Kapitalgesellschaft), die aus dem Verhalten eines Gesellschafters resul-

29 Vgl. BMF, Schr. zur Verlustabzugsbeschränkung für Körperschaften v. 4.7.2008 – IV C 7 – S 2745-a/08/10001 – DOK 2008/0349554, GmbHR 2008, 873.

30 *Altrichter-Herzberg*, Untergang der steuerlichen Verlustvorträge nach § 8 c KStG, GmbHR 2008, 857, 859.

31 *Altrichter-Herzberg*, Untergang der steuerlichen Verlustvorträge nach § 8 c KStG, GmbHR 2008, 857, 860.

32 FG Niedersachsen, Urt. v. 13.2.2001–6 K 534/96, EFG 2001, 1238; BFH, Urt. v. 5.6.2007 – I R 9/06, BB 2008, 48.

33 *Altrichter-Herzberg*, Untergang der steuerlichen Verlustvorträge nach § 8 c KStG, GmbHR 2008, 857, 860.

tieren. Dies stellt einen systematischen Bruch mit dem Trennungsprinzip als grundlegendem Charakteristikum der Besteuerung von Kapitalgesellschaften dar.

Im Gesellschaftsvertrag kann dem konzeptionell entweder durch eine Vinkulierungsklausel, die Anteilsübertragungen dem Erfordernis der Zustimmung durch die Gesellschaft unterwirft, oder durch eine Schadensersatzklausel, die den übertragenden Gesellschafter gegenüber der Gesellschaft zum Ausgleich der durch die Übertragung eintretenden Steuernachteile verpflichtet, begegnet werden.

Die Vinkulierungsklausel setzt dabei vor dem Anteilsübergang an. Anteilsübertragungen bleiben bis zur Genehmigung hinsichtlich des dinglichen Rechtsübergangs schwebend unwirksam. Die Zustimmung darf nicht versagt werden, wenn dies treuwidrig wäre.[34]

Durch Beschluss der Gesellschafterversammlung kann eine entsprechende Regelung auch nachträglich in die Satzung eingefügt werden. Erforderlich ist hierfür die Zustimmung aller Gesellschafter, was für die Aktiengesellschaft in § 180 Abs. 2 AktG ausdrücklich geregelt ist und dem Gedanken nach auf die GmbH zu übertragen ist.[35]

Die Schadensersatzklausel setzt nach dem Anteilsübergang an und zielt darauf ab, den auf Ebene der Gesellschaft entstandenen Steuerschaden auszugleichen. Bei einer Aktiengesellschaft wäre eine derartige Vereinbarung einer zusätzlichen Leistung unzulässig (§ 54 Abs. 1 AktG), bei der GmbH stellt die Ausgleichspflicht sich als Nebenleistungspflicht i. S. v. § 3 Abs. 2 GmbHG dar und bedarf der Zustimmung aller Gesellschafter, § 53 Abs. 3 GmbHG.[36] Zum praktischen Hindernis kann jedoch die Schadensberechnung geraten.[37]

Regelmäßig sind auch bisher schon in Gesellschaftsverträgen Vinkulierungsklauseln enthalten. Anpassungsbedarf ergibt sich dabei nach neuer Rechtslage insbesondere hinsichtlich gestufter (sukzessiver) Anteilsübertragungen. Dazu folgende weitere Abwandlung zum Ausgangsfall:

Die Firma Foto & Optik ist eine GmbH, bestehend aus den Gesellschaftern A, B, C und D. Die F – GmbH hat Verlustvorträge. A hält 20 % der Anteile, B 30 %, C 40 %

34 *Levedag*, Anpassungsbedarf von Gesellschaftsverträgen bei Personen- und Kapitalgesellschaften nach der Unternehmensteuerreform 2008 anhand ausgewählter Problemfälle, GmbHR 2009, 13, 23.

35 *Rodewald/Pohl*, Unternehmensteuerreform 2008: Auswirkungen auf Gesellschafterbeziehungen und Gesellschaftsverträge, DStR 2008, 724, 729.

36 *Rodewald/Pohl*, Unternehmensteuerreform 2008: Auswirkungen auf Gesellschafterbeziehungen und Gesellschaftsverträge, DStR 2008, 724, 729.

37 Weiterführend mit entsprechenden Vorschlägen s. dazu *Schildknecht/Riehl*, Untergang von Verlust- und Zinsvorträgen in der Kapitalgesellschaft – Ausgestaltung und Quantifizierung des Ausgleichsanspruchs, DStR 2009, 117.

und D 10 %. A überträgt seinen Anteil an X. Ein Jahr später überträgt D seine 10 % an X. B und C behalten ihre Anteile.

Bei Übertragung von jeweils weniger als 25 % innerhalb eines Fünf – Jahreszeitraums löst keine der Übertragungen für sich betrachtet die Rechtsfolge des § 8 c KStG aus.

Der Untergang der Verlustvorträge bei der F – GmbH kommt erst durch diejenige Übertragung zustande, die erstmalig insgesamt das Überschreiten der 25 % – Grenze nach sich zieht (hier also die Übertragung durch D).

Die Vinkulierungsklausel greift nur im Vorfeld und kann spätere, insgesamt schädliche Übertragungen nicht berücksichtigen. Eine Schadensersatzklausel, die nur einen Anspruch der Gesellschaft gegen den Gesellschafter, der den Untergang der Verlustvorträge verursacht, vorsieht und evtl. Vorübertragungen unberücksichtigt lässt, erscheint nicht interessengerecht.

Vorgeschlagen wird daher zum einen, die bisherige Vinkulierungsklausel dergestalt zu ergänzen, dass der abtretende Gesellschafter zur Nachteilsvermeidung in Höhe des eintretenden Steuernachteils vor Genehmigungserteilung eine Einlage in das Gesellschaftsvermögen leisten muss, und zum anderen für gestufte Anteilsübertragungen einen Ausgleichsanspruch des schadensersatzpflichtigen Gesellschafters gegen alle Gesellschafter, die innerhalb der letzten fünf Jahre und nach dem 31.12.2007 Anteile übertragen haben, vorzusehen.[38] Im Fall hätte also D gegen A einen Ersatzanspruch.

3. Anpassung an die neue Rechtslage

Die bisher übliche Form der Ausgestaltung von Vinkulierungsklauseln in Gesellschaftsverträgen zeigt folgendes Beispiel:

„Jede Verfügung über Geschäftsanteile oder Teile von solchen (insbesondere Übertragungen, Verpfändungen, Nießbrauchsbestellungen oder sonstige Belastungen) bedarf der schriftlichen Zustimmung der Gesellschaft. Hierzu ist im Innenverhältnis die vorherige Zustimmung sämtlicher anderen Gesellschafter erforderlich (...).“[39]

Die neue Rechtslage kann zukünftig etwa im Rahmen nachstehender Modifikationen berücksichtigt werden:

– Übertragung von Gesellschaftsanteilen

„Jede entgeltliche Übertragung von Geschäftsanteilen i. H. v. 25 % oder mehr unterliegt dem Erfordernis der Zustimmung der Gesellschafterversammlung. Falls

---

38 *Levedag,* Anpassungsbedarf von Gesellschaftsverträgen bei Personen- und Kapitalgesellschaften nach der Unternehmensteuerreform 2008 anhand ausgewählter Problemfälle, GmbHR 2009, 13, 24.

39 Beck'sche Online-Formulare, Stand 1.6.2009, 7.8.1.1.1.

durch die Anteilsübertragung die Rechtsfolgen des § 8 c KStG ausgelöst werden, kann die Zustimmung versagt werden, wenn nicht der veräußernde Gesellschafter vor dem Beschluss der Gesellschafterversammlung und vor der Übertragung eine Einlage in Höhe des Steuermehrbetrags in das Vermögen der Gesellschaft leistet."

„Gleiches gilt, wenn Anteile von weniger als 25 % des Stammkapitals der Gesellschaft übertragen werden und es dadurch aufgrund einer oder mehrerer vorausgegangener Übertragungen durch andere Gesellschafter (Vorübertragung) insgesamt zum Untergang des Verlustabzugs kommt. Derjenige Gesellschafter, durch dessen Übertragung diese Folge ausgelöst wurde, hat einen Anspruch auf anteiligen Ersatz gegenüber jedem Gesellschafter, der innerhalb der letzten fünf Jahre vor dieser Übertragung und nach dem 31. Dezember 2007 eine Vorübertragung vorgenommen hat."

4. Lösung über § 39 Abs. 2 Nr. 1 Satz 2 AO i. V. m. § 8 c Abs. 1 KStG

Eine praktische Gestaltungsvariante zur Vermeidung der Rechtsfolgen des § 8 c KStG ergibt sich mit Blick auf die Vorschrift des § 39 Abs. 2 Nr. 1 Satz 2 AO. Ein treuhänderischer Erwerb von Anteilen kann nämlich niemals schädlich i. S. v. § 8 c KStG sein.

Die Vorschrift des § 39 AO regelt einheitlich für alle Steuerarten die materiell-rechtliche Frage der Zuordnung von Wirtschaftsgütern zu Steuersubjekten. Grundsätzlich erfolgt die Zuordnung nach Maßgabe des bürgerlichen Rechts, d. h. es kommt auf das zivilrechtliche Eigentum an (§ 39 Abs. 1 AO). Eine hiervon abweichende steuerrechtliche Zuordnung nach wirtschaftlichen Maßstäben, ohne Einfluss auf die Eigentumsverhältnisse, an denjenigen, der den wirtschaftlichen Wert des Wirtschaftsgutes ohne Einschränkung für sich gebrauchen kann, findet nur unter den engen Voraussetzungen des § 39 Abs. 2 AO, insbesondere in Treuhandfällen, statt. Nach § 39 Abs. 2 Nr. 1 Satz 2 AO sind das Treugut und die hiermit erzielten Einkünfte dem Treugeber zuzurechnen.

Diese Differenzierung zwischen zivilrechtlichem und wirtschaftlichem Eigentum muss sich auch im Rahmen der Übertragung von Anteilen fortsetzen bei der Beurteilung der Frage, ob ein schädlicher Beteiligungserwerb i. S. v. § 8 c KStG vorliegt, da einziges Kriterium hierfür die Änderung in den Beteiligungsverhältnissen ist.

Maßgeblich für den Begriff der dort vorausgesetzten Übertragung kann nicht das zivilrechtliche, sondern nur das wirtschaftliche Eigentum sein. Zum einen folgt dies aus der Funktion der Abgabenordnung, die für alle Einzelsteuergesetze verbindliche Begriffe und Regelungen, so auch die Zurechnungsnorm des § 39 AO, festlegt.[40] Zum anderen würde eine zivilrechtliche Betrachtung dazu führen, dass auch ein Vorgang wie die treu-

40 *Wild/Sustmann/Papke*, Gefährdet § 8 c KStG bei einem Börsengang die steuerlichen Verlustvorträge der emittierenden Gesellschaft?, DStR 2008, 851.

händerische Übertragung, der eine bloß formale Übertragung des zivilrechtlichen Eigentums ohne Übergang des wirtschaftlichen Eigentums und mithin ein steuerliches Nullum darstellt, einen Untergang von Verlustvorträgen auslösen könnte.[41]

Voraussetzung für das Eingreifen der Rechtsfolgen des § 8 c KStG ist also der Übergang des wirtschaftlichen Eigentums, der bei einer Treuhandschaft gerade nicht stattfindet.

V. Fazit

Die Regelungen der Unternehmensteuerreform, insbesondere die Schaffung des neuen § 34 a EStG, wirken sich neben den unmittelbaren steuerlichen Folgen auch auf Gesellschaftsverträge und gesellschaftsrechtliche Beziehungen aus.

Daneben kommt es im Zuge der Reform auch in (noch) stärkerem Umfang als bisher zu fremdbestimmten Steuerwirkungen bei Personen- und Kapitalgesellschaften, die keine verursachungsgerechte Verteilung von Steuernachteilen mehr gewährleisten.

Im Zusammenspiel von Gesellschaftsrecht und Steuerrecht können die Risiken jedoch im Rahmen der Vertragsgestaltung gemindert und Fallstricke so vermieden werden.

Personen- und Kapitalgesellschaften stehen daher derzeit vor der Aufgabe, den sich aus den Neuerungen ergebenden Konsequenzen Beachtung zu schenken und den veränderten Gegebenheiten ggf. durch Anpassung ihrer Verträge in der aufgezeigten Art und Weise Rechnung zu tragen.

41 *Sistermann/Brinkmann*, Verlustuntergang aufgrund konzerninterner Umstrukturierungen – § 8 c KStG als Umstrukturierungshindernis?, DStR 2008, 897, 898.

Doppel- und mehrstöckige Personengesellschaften und ihre steuerliche Behandlung

Werner Seitz
Ministerialrat, Finanzministerium Baden-Württemberg, Stuttgart

Inhaltsübersicht

1. Einleitung

Eine Personenhandelsgesellschaft kann sich an einer anderen Personengesellschaft (Untergesellschaft) beteiligen. Eine solche *verbundene Mitunternehmerschaft* wird als doppelstöckige Personengesellschaft bezeichnet.

Zivilrechtlich wird die an einer Personenhandelsgesellschaft beteiligte Personenhandelsgesellschaft (z. B. OHG oder KG = Obergesellschaft) wie jeder andere Gesellschafter behandelt und hat damit dieselben Rechte und Pflichten wie eine natürliche oder juristische Person, die Gesellschafterin einer Personengesellschaft ist. Damit ist die Obergesellschaft als solche und nicht etwa ihre Gesellschafter Gesellschafterin der Untergesellschaft.

Das Gleiche gilt im Steuerrecht. Die *Obergesellschaft ist als Mitunternehmerin der Untergesellschaft* anzusehen[1]. Gemäß *§ 15 Abs. 1 Satz 1 Nr. 2 Satz 2 EStG* ist der Gesellschafter der Obergesellschaft – neben der Obergesellschaft als solcher – ebenfalls Mitunternehmer des Betriebs der Untergesellschaft, an der er mittelbar beteiligt ist, wenn

1 BFH, Urt. v. 6.11.1980 – IV R 5/77, BStBl. II 1981, 307, und v. 24.3.1983 – IV R 123/80, BStBl. II 1983, 598.

- er selbst Mitunternehmer der Obergesellschaft ist und
- die Obergesellschaft Mitunternehmer der Untergesellschaft ist
- (= *ununterbrochene Mitunternehmer-Kette)*.

Der Zweck dieser Vorschrift beschränkt sich indes darauf, den mittelbar beteiligten Gesellschafter lediglich wegen der Vergütungen im Sinne des § 15 Abs. 1 Satz 1 Nr. 2 EStG und des Sonderbetriebsvermögens wie einen unmittelbar beteiligten Gesellschafter zu behandeln[2].

Voraussetzung für eine doppelstöckige Personengesellschaft ist zunächst, dass es sich bei der *Obergesellschaft* um einen Mitunternehmer bei der Untergesellschaft handelt. Dazu muss sie eine *Gesamthandsgemeinschaft* sein. Dies z. B. der Fall bei

- gewerblich tätigen Personenhandelsgesellschaften und Gesellschaften
- bürgerlichen Rechts (GbR)
- gewerblich geprägten Personengesellschaften
- einer vermögensverwaltenden GbR, selbst wenn sie sich darauf beschränkt, die Beteiligung an der gewerblich tätigen Untergesellschaft zu halten, denn hierdurch kommt es zu einer gewerblichen Infektion der vermögensverwaltenden Tätigkeit[3]
- einer atypisch stillen Gesellschaft; auch diese ist steuerlich als Mitunternehmer anzusehen, obgleich stille Gesellschaften zivilrechtlich nicht Gesellschafter an einer anderen Personengesellschaft sein können.

Die *Untergesellschaft* muss eine Außengesellschaft sein, die gewerbliche Einkünfte erzielt. Hierzu gehören

- aktiv gewerbliche Personenhandelsgesellschaften (OHG, KG) sowie GbR
- gewerblich geprägte Personengesellschaften

Eine gewerbliche Tätigkeit in vollem Umfang ist nicht erforderlich; vielmehr reicht eine teilweise gewerbliche Tätigkeit aus (§ 15 Abs. 3 Nr. 1 EStG).

Die *Obergesellschafter* dürfen nicht unmittelbar Mitunternehmer bei der Untergesellschaft sein. Ist nämlich der Gesellschafter unmittelbar an

---

2 BFH, Urt. v. 6.9.2000 – IV R 69/99, BStBl. II 2001, 731.

3 So schon BFH, Beschl. v. 25.2.1991 – GrS 7/89, BStBl. II 1991, 691. Klar gestellt durch § 15 Abs. 3 Nr. 1 EStG in der Fassung des Jahressteuergesetzes 2007 v. 13.12.2006, BGBl. I 2006, 2878 = BStBl. I 2007, 28; vgl. auch BFH, Beschl. v. 3.5.1993 – GrS 3/92, BStBl. II 1993, 616.

der Untergesellschaft als Mitunternehmer beteiligt, erzielt er Einkünfte aus dieser mitunternehmerischen Beteiligung gemäß § 15 Abs. 1 Satz 1 Nr. 2 Satz 1 EStG.

Beispiel 1:

A ist zu einem Drittel an der A-B-C-OHG beteiligt. Ferner ist er Komplementär bei der X-KG (Beteiligung = 10 %), zu deren Kommanditisten auch die A-B-C-OHG (Beteiligung = 45 %) gehört. Schließlich ist A Eigentümer eines bebauten Grundstücks, das er der X-KG entgeltlich zur Nutzung überlässt.

A erzielt mit der Überlassung des Grundstücks Einkünfte aus Gewerbebetrieb im Sinne des '§ 15 Abs. 1 Satz 1 Nr. 2 Satz 1 EStG. Das Grundstück stellt Sonderbetriebsvermögen I des A bei der X-KG dar. § 15 Abs. 1 Satz 1 Nr. 2 Satz 2 EStG kommt nicht zur Anwendung, denn A ist unmittelbar an der Untergesellschaft beteiligt. Daher nimmt er auch an der Gewinnfeststellung bei der X-KG teil, und zwar nicht nur mit dem Nutzungsentgelt für die Überlassung des Grundstücks (= Sonderbetriebseinnahmen), sondern er partizipiert nach Maßgabe seiner Beteiligung am Gesamthandsergebnis der KG.

Eine doppelstöckige Struktur setzt daher voraus, dass ein unmittelbar an der Obergesellschaft beteiligter Mitunternehmer über seine Beteiligung an der Obergesellschaft *mittelbar als Mitunternehmer* an der Untergesellschaft beteiligt ist.

2. Einkünfteermittlung und -zurechnung bei mittelbaren Beteiligungen an Personengesellschaften (§ 15 Abs. 1 Satz 1 Nr. 2 EStG)

Die Einkünfte der Obergesellschaft speisen sich aus dem Gewinn bzw. Verlust aus deren eigener gewerblicher Tätigkeit sowie dem Gewinn- bzw. Verlustanteil gemäß der Gewinnverteilung der Untergesellschaft, der auf die Obergesellschaft entfällt. Zusammen mit den Ergebnissen aus Ergänzungs- und Sonderbilanzen der Obergesellschafter ergibt sich der steuerliche Gesamtgewinn der Obergesellschaft.

An der Gewinnverteilung bei der Untergesellschaft nimmt die Obergesellschaft, grundsätzlich aber nicht deren Gesellschafter teil, denn nur diese ist unmittelbar als Mitunternehmer an der Untergesellschaft beteiligt. Der *auf die Obergesellschaft entfallende Gewinn der Untergesellschaft* ist daher der Obergesellschaft und nicht deren Mitunternehmern im Rahmen der Gewinnfeststellung der Untergesellschaft zuzurechnen. Die Obergesellschafter sind nur mit Leistungsvergütungen und Sonderbetriebseinnahmen innerhalb der Gewinnfeststellung der Untergesellschaft betroffen, denn Leistungsvergütungen der Untergesellschaft an den Gesellschafter der Obergesellschaft führen zu Einnahmen aus Gewerbebetrieb des Mitunternehmers (Obergesellschafters) auf der Ebene der Untergesellschaft und sind in deren Gewinnfeststellung einzubeziehen. Das Gleiche gilt für Wirtschaftsgüter, die ein Gesellschafter der Obergesellschaft unmittelbar der Untergesellschaft zur Nutzung überlässt; solche Wirtschaftsgüter gehören ebenso wie Forderungen gegen die Untergesellschaft zum *Sonderbetriebsvermögen I* bei der Untergesellschaft.

Zum steuerlichen Gesamtgewinn der Untergesellschaft und zum Gewinnanteil des Obergesellschafters gehören auch Gewinne und Verluste aus der Veräußerung und Entnahme seines Sonderbetriebsvermögens bei der Untergesellschaft. Bei diesen Gewinnen handelt es sich um *laufende Gewinne*; die Steuervergünstigungen gemäß §§ 16 Abs. 4 und 34 EStG kommen selbst dann nicht in Betracht, wenn zum Sonderbetriebsvermögen nur dieses eine Wirtschaftsgut gehören würde, denn eine Veräußerung eines Mitunternehmeranteils liegt bereits deshalb nicht vor, weil der Obergesellschafter als Gesellschafter der Obergesellschaft weiterhin (mittelbarer) Mitunternehmer der Untergesellschaft bleibt.

Beispiel 2:

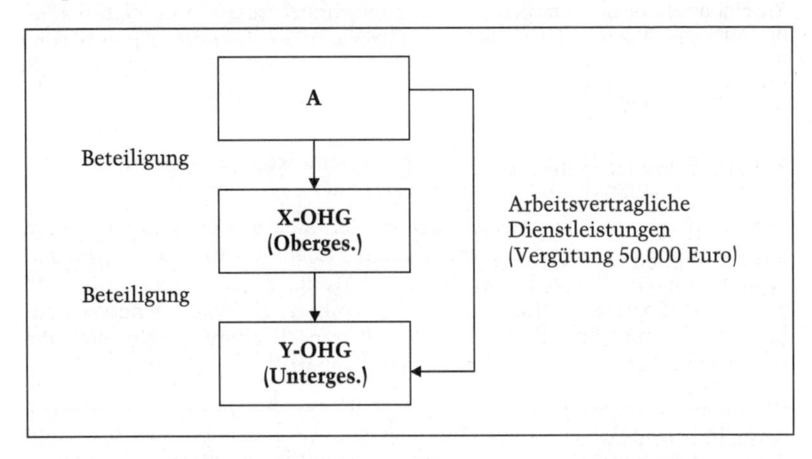

Sind an einer Personengesellschaft (Obergesellschaft) Gesellschafter als Mitunternehmer beteiligt und ist die Obergesellschaft ihrerseits Gesellschafterin und Mitunternehmerin einer anderen Personengesellschaft (Untergesellschaft), so sind nach § 15 Abs. 1 Satz 1 Nr. 2 Satz 2 EStG die Gesellschafter der Obergesellschaft als Mitunternehmer der Untergesellschaft anzusehen (sog. Durchgriff). Dies gilt auch, wenn weitere Personengesellschaften zwischen Ober- und Untergesellschaft zwischengeschaltet sind.

Beispiel 3:

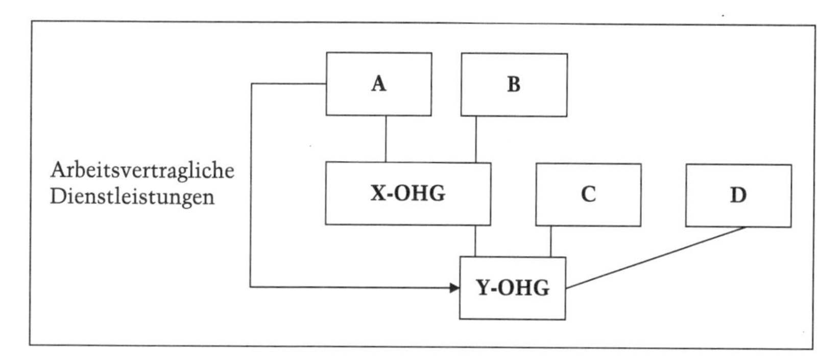

Mitunternehmer bei der Y-OHG sind die X-OHG, C D *und A.* Am Gewinn der Y-OHG nehmen jedoch nur die unmittelbaren Gesellschafter (X-OHG, C, D) teil. Bei A ist lediglich die Vergütung aus dem Arbeitsverhältnis als Sondebetriebseinnahme im Sinne des § 15 Abs. 1 Satz 1 Nr. 2 EStG anzusetzen. Die damit zusammenhängenden Aufwendungen sind Sonderbetriebsausgaben. Mitunternehmer der X-OHG sind A und B.

3. Betriebsbezogene Betrachtungsweise bei § 4 Abs. 4a EStG

§ 4 Abs. 4a ESG stellt eine betriebsbezogene Gewinnhinzurechnungsvorschrift dar, mit der die Abziehbarkeit von Schuldzinsen begrenzt wird. Lediglich die Ermittlung der Überentnahmen als Bemessungsgrundlage der Gewinnhinzurechnung erfolgt gesellschafterbezogen.

Daraus folgt, dass die Anwendung des *§ 4 Abs. 4a EStG bei mehrstöckigen Personengesellschaften auf jeder Stufe zu prüfen ist.* Lediglich Gewinn- und Verlustanteile aus im Betriebsvermögen gehaltenen Beteiligungen an Personenunternehmen bleiben unberücksichtigt; kommt es jedoch zu Auszahlungen zwischen verbundenen Unternehmen stellen diese Entnahmen bzw. Einlagen im Sinne des § 4 Abs. 4a EStG dar[4].

Beispiel 4:

Die A-B-C-OHG gründet zusammen mit einem Dritten, dem D, eine KG, an der sie (Obergesellschaft) zu 51 % und D zu 49 % beteiligt ist. Die Obergesellschaft erbringt ihre Kommanditeinlage in Höhe von 20.000 Euro in bar. Ferner leistet sie Einzahlungen von 30.000 Euro in die Kapitalrücklage der Untergesellschaft. Schließlich gewährt sie der Untergesellschaft ein Gesellschafterdarlehen von 50.000 Euro, das mit 5 % verzinslich ist.

4 BMF, Schr. v. 7.5.2008, BStBl. I 2008, 588 Rz. 8 Satz 5 und 6.

Die Kommanditeinlage und die Einzahlungen in die Kapitalrücklage stellen bei der Obergesellschaft Entnahmen und bei der Untergesellschaft Einlagen im Sinne des § 4 Abs. 4a EStG dar.

4. Anwendung des § 15 a EStG bei doppelstöckigen Personengesellschaften

Die Verlustabzugsbeschränkung des § 15 a EStG ist auf jeder Stufe, also auf der Ebene der Untergesellschaft, wie auch auf der Ebene der Obergesellschaft eigenständig zu prüfen.

Daraus folgt, dass in den Fällen, in denen die Obergesellschaft als beschränkt haftender Gesellschafter an einer Untergesellschaft beteiligt ist, der auf die Obergesellschaft entfallende *Verlustanteil einkommensteuerrechtlich unmittelbar nur der Obergesellschaft zuzurechnen* und in deren Gesamtgewinn einzubeziehen ist. Sofern das Kapitalkonto der Obergesellschaft bei der Untergesellschaft negativ wird und ein verrechenbarer Verlust entsteht, ist dieser bei den Obergesellschaftern selbst dann nur verrechenbar, wenn sich bei der Obergesellschaft insgesamt noch positive Kapitalkonten der Obergesellschafter ergeben und die Obergesellschafter für die Verbindlichkeiten der Obergesellschaft unbeschränkt haften, denn ein auf der Ebene der Untergesellschaft festgestellter verrechenbarer Verlust im Sinne des § 15 a EStG kann nur mit künftigen Gewinnanteilen der Obergesellschaft bei der Untergesellschaft steuerlich verwertet werden. Der Verlusteinschluss innerhalb der Beteiligung der Obergesellschaft wird nicht dadurch verhindert, dass erst auf der Ebene der Obergesellschaft eine Verlustzuordnung an deren Mitunternehmer erfolgt. Bei einem *Obergesellschafter, der auch unmittelbar an der Untergesellschaft beteiligt* ist, ergibt sich daneben ein eigenständiger Verlustanteil dieses Untergesellschafters, dessen Abzugs- oder Verrechenbarkeit sich nach dem Stand von dessen Kapitalkonto in der Untergesellschaft richtet.

Beispiel 5:

An einer GmbH & Co. KG sind die A-GmbH als Komplementär (ohne kapitalmäßige Beteiligung), die A-B-OHG (Obergesellschaft) sowie A zu jeweils 50 % als Kommanditisten beteiligt. A ist zusammen mit B zu jeweils 50 % Gesellschafter der OHG. Die Kommanditeinlagen von jeweils 100.000 Euro sind voll eingezahlt. Die in den Vorjahren gutgeschriebenen Gewinnanteile wurden jeweils im Folgejahr entnommen. Die KG erzielt nun einen Verlust von 300.000 Euro, der jeweils hälftig auf die Obergesellschaft und auf A entfällt. Hierdurch ergeben sich für die A-B-OHG und für A negative Kapitalkonten von 50.000 Euro. Für die OHG ergibt sich unter Berücksichtigung des Beteilungsverlusts noch ein handelsrechtlicher Gewinn von 100.000 Euro, der jeweils zur Hälfte dem A und dem B zuzurechnen ist.

Die Verlustzuweisung seitens der KG an die OHG ist in Höhe von 50.000 Euro nur verrechenbar. Damit erhöht sich der steuerliche Gewinn der OHG auf 150.000 Euro. Für A ergeben sich demnach Einkünfte aus Gewerbebetrieb von ./. 25.000 Euro, der sich wie folgt ermittelt: sein Gewinnanteil an der OHG von 75.000 Euro kann mit dem ausgleichsfähigen Verlust aus seiner unmittelbaren Beteiligung an der KG in Höhe von./. 100.000 Euro saldiert werden. Darüber hinaus ist für ihn bei der einheitlichen und gesonderten Gewinnfeststellung der KG ein verrechenbarer Verlust nach § 15 a Abs. 1 EStG in Höhe von./. 50.000 Euro und bei der einheitlichen und gesonderten Gewinnfeststellung der OHG ein weiterer verrechenbarer Verlust von./. 25.000 Euro festzustellen. Für B ergeben sich demgegenüber Einkünfte aus Gewerbebetrieb in Höhe von 75.000 Euro sowie ein verrechenbarer Verlust von./. 25.000 Euro, der im Rahmen der einheitlichen und gesonderten Gewinnfeststellung der OHG ermittelt und festgestellt wird.

Handelt es sich bei der Obergesellschaft ihrerseits um eine Kommanditgesellschaft, an der die Obergesellschafter als beschränkt haftende Gesellschafter (Kommanditisten) beteiligt sind, dann können *auf der Ebene der Untergesellschaft ausgleichsfähige Verluste* bei einem negativen Kapitalkonto der Obergesellschafter bei der Obergesellschaft *zu verrechenbaren Verlusten* im Sinne des § 15 a EStG werden. Fraglich ist indes, ob ein auf der Ebene der Untergesellschaft festgestellter verrechenbarer Verlust im Sinne des § 15 a EStG, der der Obergesellschaft zuzurechnen ist, zu einem negativen Kapitalkonto bei einem beschränkt haftenden Obergesellschafter führen kann. Diese Frage wird teilweise mit der Begründung verneint, dass ein auf die Obergesellschaft entfallender Verlust der Untergesellschaft generell (also ungeachtet, ob es sich dabei um einen ausgleichsfähigen oder nur verrechenbaren Verlustanteil handeln sollte) nicht die Kapitalkonten der Gesellschafter der Obergesellschaft vermindert. Begründet wird dies damit, dass eine im Betriebsvermögen gehaltene Beteiligung an einer Personengesellschaft für die Steuerbilanz des Gesellschafters grundsätzlich keine Bedeutung habe und deshalb diese Beteiligung in der Steuerbilanz – anders als in der Handelsbilanz – nicht auszuweisen sei[5]. Diese Auffassung widerspricht indes der sog. Spiegelbildmethode, die der Auffassung des I. Senats des BFH[6] gerecht wird, dass es sich bei der Beteiligung an der Personengesellschaft zwar um kein selbständiges Wirtschaftsgut handelt, gleichwohl aber eine Erfassung in der Steuerbilanz erfolgen muss[7]. Andere Stimmen im Schrifttum schlagen vor, nur den ausgleichsfähigen Verlust der Untergesellschaft im Beteiligungskonto zu berücksichtigen und so die Problematik einer Kumulation von verrechenbaren Verlusten auf verschiedenen Ebenen der doppelstöckigen Struktur zu begegnen[8]. Einen dritten Weg geht die Finanzverwaltung[9], indem sie nur für Zwecke des § 15 a EStG einen *außerbilanziellen Merkposten* bil-

5 Vgl. Schmidt/Wacker, EStG 29. Aufl., § 15 a Rz. 61, *Sundermeier*, DStR 1994, 1477.
6 BFH, Urt. v. 30.4.2003 – I R 102/01, BStBl. II 2004, 804.
7 Vgl. *von Beckerath* in Kirchhof/Söhn/Mellinghoff, EStG § 15 a Rz. B 252.
8 So *Hennig*, DB 1985, 885, 886.
9 OFD Bremen, Verf. v. 19.10.1995, BB 1996, 900.

det, in dem sich die Entwicklung des verrechenbaren Verlusts aus der Untergesellschaft widerspiegelt. Hierdurch wird ausgeschlossen, dass ein lediglich verrechenbarer Verlust der für die Obergesellschaft auf der Ebene der Untergesellschaft festgestellt wird, zu einer Verminderung des Kapitalkontos der Obergesellschafter führen kann. Demgegenüber mindern aber ausgleichsfähige Verluste der Untergesellschaft, die der Obergesellschaft zuzurechnen sind, sehr wohl das Kapitalkonto der Gesellschafter der Obergesellschaft und können demzufolge bei beschränkt haftenden Obergesellschaften dazu führen, dass Verlustzuweisungen an diese lediglich als verrechenbar im Sinne des § 15 a EStG auf der Ebene der Obergesellschaft angesehen werden können.

5. Ermittlung des Veräußerungsgewinns bei Anteilen an mehrstöckigen Personengesellschaften

Früher war streitig, ob bei Veräußerung des Mitunternehmeranteils eines Obergesellschafters, mit dem es zugleich zur anteiligen Veräußerung des mittelbaren Anteils an der Untergesellschaft kommt, eine oder zwei Veräußerungsvorgänge anzunehmen sind. Die Frage ist vor dem Hintergrund von Bedeutung, dass der Freibetrag des § 16 Abs. 4 EStG sowie die Tarifermäßigung des § 34 Abs. 3 EStG jeweils nur einmal im Leben in Anspruch genommen werden können. Würde man nur eine Veräußerung, nämlich die des Mitunternehmeranteils an der Obergesellschaft, zu der der Anteil an der Untergesellschaft mit dazu gehört, erblicken, dann könnte § 34 Abs. 3 EStG für den gesamten Veräußerungsgewinn in Anspruch genommen werden. Andernfalls müsste sich der Obergesellschafter entscheiden, auf welchen begünstigten Veräußerungsgewinn er die antragsgebundene Tarifermäßigung anwenden möchte.

Nach Auffassung der Finanzverwaltung ist die Veräußerung eines (ganzen) Anteils an einer Mitunternehmerschaft (Obergesellschaft), zu deren Betriebsvermögen die Beteiligung an einer anderen Mitunternehmerschaft (Untergesellschaft) gehört (sog. doppelstöckige Personengesellschaft), als *einheitlicher Veräußerungsvorgang* zu behandeln, für den insgesamt – sofern die Tatbestandsvoraussetzungen hierfür im Übrigen erfüllt sind – der Freibetrag des § 16 Abs. 4 EStG bzw. die Tarifermäßigung des § 34 Abs. 3 EStG in Anspruch genommen werden können[10]. Dies liegt daran, dass der Mitunternehmer der Obergesellschaft nicht zugleich auch (unmittelbar) Mitunternehmer der Untergesellschaft ist.

Handelsrechtlich stellt die Beteiligung an einer Personengesellschaft einen eigenständigen Vermögensgegenstand dar, für den die handelsrechtlichen Bewertungsgrundsätze gelten (§ 253 Abs. 2 HGB). Ertragsteu-

10 R 16 Abs. 13 Satz 8 EStR.

erlich ist aber im Anteil an einer Personengesellschaft kein bilanzierungsfähiges Wirtschaftsgut zu sehen[11]. Er verkörpert jedoch die Summe aller Anteile an den zum Gesellschaftsvermögen gehörenden Wirtschaftsgütern. Der handelsrechtliche Ansatz der Beteiligung ist für Zwecke der Steuerbilanz ohne Bedeutung.

Beispiel 6:

Der 58jährige Gesellschafter A ist zu 40 % an der A-OHG beteiligt, die ihrerseits eine Beteiligung an der B-KG in Höhe von 25 % hält. A veräußert zum 1.4.2010 seinen Anteil an der A-OHG. Hierdurch erzielt er einen Veräußerungsgewinn in Höhe von 1,8 Mio. Euro, von denen 800.000 Euro auf stille Reserven entfallen, die in der mittelbaren Beteiligung an der B-OHG enthalten sind.

Für A ist auf der Ebene der A-OHG (Obergesellschaft) ein einheitlicher Veräußerungsgewinn in Höhe von 1,8 Mio. Euro festzustellen, für den A die Tarifermäßigung des § 34 Abs. 3 EStG in Anspruch nehmen kann.

Was für die Tarifermäßigung des § 34 Abs. 3 EStG günstig erscheint, kann sich beim Freibetrag des § 16 Abs. 4 EStG durchaus ambivalent auswirken.

Beispiel 7:

Der 58jährige Gesellschafter A ist zu 40 % an der A-OHG beteiligt, die ihrerseits eine Beteiligung an der B-KG in Höhe von 25 % hält. A veräußert zum 1.4.2010 seinen Anteil an der A-OHG. Hierdurch erzielt er einen Veräußerungsgewinn in Höhe von 180.000 Euro, von denen 80.000 Euro auf stille Reserven entfallen, die in der mittelbaren Beteiligung an der B-OHG enthalten sind.

Für A ist auf der Ebene der A-OHG (Obergesellschaft) ein einheitlicher Veräußerungsgewinn in Höhe von 180.000 Euro festzustellen, für den der Freibetrag des § 16 Abs. 4 EStG nur noch in Höhe von 1.000 Euro zum Ansatz kommt, denn der Freibetrag von 45.000 Euro wird um den Betrag abgeschmolzen, um den der Veräußerungsgewinn 136.000 Euro übersteigt. Dies führt zu einer Abschmelzung um 44.000 Euro (= 180.000 Euro – 136.000 Euro), so dass lediglich noch ein Freibetrag von 1.000 Euro übrig bleibt.

Wären zwei eigenständige Veräußerungen anzunehmen, hätte A den Freibetrag des § 16 Abs. 4 EStG für den höheren Veräußerungsgewinn, hier 100.000 Euro für die – isoliert betrachtete – Veräußerung des Mitunternehmeranteils an der Obergesellschaft in Anspruch nehmen können. Dann wäre dieser Veräußerungsgewinn um den vollen Freibetrag vermindert worden und wäre nur noch in Höhe von 55.000 Euro (= 100.000 Euro – 45.000 Euro) steuerpflichtig gewesen.

An der Sichtweise der Finanzverwaltung ist bemerkenswert, dass sie im Widerspruch zur Verwaltungsauffassung bei der einheitlichen Veräußerung eines Betriebes steht: Wird im Zusammenhang mit der Veräußerung eines Einzelunternehmens ein zu dessen Betriebsvermögen gehörender Mitunternehmeranteil (mit-)veräußert, dann handelt es sich nach bishe-

11 So auch BFH, Urt. v. 24.3.1999 – I R 114/97, BStBl. II 2000, 399.

riger und auch nicht revisionsgefährdeter Verwaltungsauffassung um zwei getrennt voneinander zu beurteilende Vorgänge[12].

6. Ermäßigungshöchstbetrag und Steuerermäßigung im Sinne des § 35 EStG bei doppelstöckigen Strukturen

Mit der Steuerermäßigung des § 35 EStG wird das Ziel verfolgt, die Gewerbesteuerbelastung, die sich auf der Ebene des Personenunternehmens ergibt, beim Unternehmer durch entsprechende Verminderung seiner Einkommensteuer in Höhe des 3,8fachen des Gewerbesteuer-Messbetrags zu neutralisieren. Dieses Ziel kann im Idealfall bei Gewerbesteuer-Hebesätzen von bis zu 400 % (unter Einbeziehung der Folgewirkung auf den Solidaritätszuschlag) erreicht werden.

Bei Mitunternehmern einer Personengesellschaft muss der auf der Ebene der Personengesellschaft festgestellte Gewerbesteuer-Messbetrag den Mitunternehmern (anteilig) zugerechnet werden. Dies geschieht auf der Grundlage des allgemeinen Gewinnverteilungsschlüssels, so dass Vorabgewinnanteile und Sondervergütungen außen vor bleiben. Nach einer Entscheidung des IV. Senats[13], der die Finanzverwaltung folgt, gilt dies selbst dann, wenn solche Gewinnanteile und Sondervergütungen Gewinn abhängig bemessen sein sollten[14]. Dies gilt auch bei doppelstöckigen Personengesellschaften, indem der Gewerbesteuer-Messbetrag der Untergesellschaft, der auf den Anteil der Obergesellschaft entfällt, *an Mitunternehmer der Obergesellschaft „durchgereicht'* wird. Damit erhalten die Obergesellschafter einen anteiligen Gewerbesteuer-Messbetrag auch dann ungekürzt zugerechnet, wenn auf der Ebene der Obergesellschaft ein Gewerbeverlust gegeben ist. In den Fällen, in denen sich auf Ebene der Obergesellschaft ein negativer Gewerbeertrag ergibt, ist deren Gewerbesteuer-Messbetrag nämlich nicht negativ, sondern beläuft sich auf 0 Euro, so dass den Mitunternehmern der Obergesellschaft stets der anteilige Gewerbesteuer-Messbetrag der Untergesellschaft für Zwecke des § 35 EStG ungekürzt zugerechnet wird[15]. Der Gewerbeverlust der Obergesellschaft hat daher keinen Einfluss auf die Höhe des rechnerischen Ermäßigungsvolumens bezogen auf den Gewerbesteuer-Messbetrag, der anteilig auf die Obergesellschaft entfällt.

---

12 R 16 Abs. 13 Satz 6 EStR.

13 BFH, Beschl. v. 7.4.2009 – IV B 109/08, BStBl. II 2010, 116.

14 Vgl. BMF, Schr. v. 22.12.2009, BStBl. I 2010, 43. Diese geänderte Verwaltungsauffassung gilt zwingend für Wirtschaftsjahre, die nach dem 30.6.2010 beginnen. Für Altjahre gewährt die Finanzverwaltung Vertrauensschutz; allerdings ist hierzu für Veranlagungszeiträume ab 2008 Einvernehmen sämtlicher Mitunternehmer erforderlich.

15 BMF, Schr. v. 24.2.2009, BStBl. I 2009, 440 Rz. 27 Satz 2.

Beispiel 8:

Am Gewinn der F/G-OHG sind F und G jeweils mit 50 % beteiligt. Die F/G-OHG erzielt einen hohen Gewerbeverlust. Sie ist aber auch an der X-KG mit 40 % als Kommanditistin beteiligt. Der Gewerbeertrag der KG (ohne Sondervergütungen) beträgt 250.000 Euro. Der örtliche Hebesatz beläuft sich auf 400 %.

Ausgehend von einem Gewerbeertrag von insgesamt 250.000 Euro, ergibt sich für die X-KG ein Gewerbesteuer-Messbetrag von 7.892 Euro. Hiervon entfällt auf die F/G-OHG ein Anteil von 40 %, also ein Betrag von 3.157 Euro. Dieser Gewerbesteuer-Messbetragsanteil wird – ungeachtet der Gewinnsituation der OHG – auf F und G hälftig verteilt.

Die Bemessungsgrundlage für die Gewerbesteueranrechnung bei F und G beträgt damit für F und G jeweils 1.579,50 Euro; die Steuerermäßigung beläuft sich somit jeweils auf 5.999 Euro.

Dies bedeutet indes noch nicht, dass es auch in Höhe des 3,8fachen des auf den jeweiligen Mitunternehmer der Obergesellschaft entfallenden Gewerbesteuer-Messbetrages zu einer Steuerermäßigung gemäß § 35 EStG kommt. Die Steuerermäßigung erfordert nämlich darüber hinaus, dass auch eine ausreichend hohe tarifliche Einkommensteuer, die auf gewerbliche Einkünfte entfällt, zur Verfügung steht. Diese Frage entscheidet sich bei der Einkommensteuerveranlagung des jeweiligen Mitunternehmers. Fehlt es hieran, dann geht die Steuerermäßigung gemäß § 35 EStG – trotz Gewerbesteuerbelastung bei der Personengesellschaft (hier der Untergesellschaft) – ganz oder teilweise ins Leere und damit insoweit endgültig verloren[16]. Das Problem liegt beim *Ermäßigungshöchstbetrag*, denn die Steuerermäßigung des § 35 EStG kann deswegen ins Leere gehen, weil sie gemäß § 35 Abs. 1 EStG auf die tarifliche Einkommensteuer, die *anteilig auf die gewerblichen Einkünfte entfällt*, begrenzt wird.

Dieser ermittelt sich wie folgt

$$\frac{\text{Summe der positiven gewerblichen Einkünfte} \times \text{(geminderte) Einkommensteuer}}{\text{Summe aller positiven Einkünfte}}$$

Bei der Ermittlung des Ermäßigungshöchstbetrags bleiben Verluste außen vor. Die positiven Einkünfte werden dabei *einkunftsquellenbezogen* verstanden.

Diese Defizite des § 35 EStG waren bei der Novellierung der Vorschrift durch das Unternehmensteuerreformgesetz 2008 hinlänglich bekannt. Gleichwohl konnte sich der Gesetzgeber nicht zu einer Übertragungsmöglichkeit nicht ausgenutzten Ermäßigungsvolumens im Sinne des § 35 EStG auf andere Veranlagungszeiträume entschließen.

16 BFH, Urt. v. 23.4.2008 – X R 32/06, BStBl. II 2009, 7.

Innerhalb der Finanzverwaltung wurde zur Behebung dieses Defizits diskutiert, ob diese Problematik in einem Teilbereich, nämlich bei doppelstöckigen Personengesellschaften, bei denen die Obergesellschaft einen Gewerbeverlust und die Untergesellschaft einen Gewerbeertrag, der zur Feststellung eines Gewerbesteuer-Messbetrags und damit zur Festsetzung von Gewerbesteuer führt, entschärft werden kann. Anknüpfungspunkt dafür ist die Berechnungsweise beim Ermäßigungshöchstbetrag, bei der die positiven Einkünfte einkunftsquellenbezogen herangezogen und aufsummiert werden. Vor diesem Hintergrund wurde vorgeschlagen, in der Untergesellschaft aus der Perspektive des steuerpflichtigen Mitunternehmers der Obergesellschaft eine eigenständige Einkunftsquelle[17] zu sehen. Dieser Ansatz kollidiert indes mit der einkommensteuerlichen Sichtweise, denn die Obergesellschafter sind im Regelfall lediglich Mitunternehmer der Obergesellschaft, nicht aber der Untergesellschaft, an der sie nur mittelbar beteiligt sind. Damit ist Einkunftsquelle die Obergesellschaft, deren Gewinn sich auch aus dem Gewinnanteil aus der Beteiligung an der Untergesellschaft speist. Anders ist dies nur insoweit, als ein Gesellschafter der Obergesellschaft an die Untergesellschaft ein Grundstück mietweise überlässt oder auf (arbeits-)vertraglicher Grundlage für die Untergesellschaft gegen Entgelt tätig wird; insoweit erzielt er als Mitunternehmer der Untergesellschaft Einkünfte im Sinne des § 15 Abs. 1 Satz 1 Nr. 2 Satz 2 EStG.

Darüber hinaus würde die Aufspaltung der Einkunftsquellen bei doppelstöckigen Strukturen nur dann helfen, wenn der Gesellschafter der verlustträchtigen Obergesellschaft anderweitige Einkünfte (z. B. aus § 19 EStG) hat, die zu einer tariflichen Einkommensteuer führen. Fehlt es hieran, dann geht die Steuerermäßigung des § 35 EStG in jedem Fall ins Leere.

Beispiel 9:

A und B sind ledig und an einer OHG (Obergesellschaft) zu jeweils 50 % beteiligt, die einen 60 % Anteil an einer GmbH & Co. KG hält. Die KG erzielt einen Gewerbeertrag von 100.000 Euro (= Einkünfte aus Gewerbebetrieb, also weder Hinzurechnungen noch Kürzungen bei der Gewerbesteuer). Die OHG erzielt einen Verlust von 200.000 Euro (ohne Beteiligungserträge). Eine Gewerbesteuerbelastung ergibt sich lediglich für die KG (Untergesellschaft), deren Gewerbesteuer-Messbetrag beläuft sich auf 2.642 Euro. Während A daneben noch Überschusseinkünfte von 160.000 Euro erzielt, hat B keine weiteren Einkünfte. Für A soll sich unter Berücksichtigung von Sonderausgaben in Höhe von 10.000 Euro ein zu versteuerndes Einkommen von 80.000 Euro und damit eine Einkommensteuer von 25.536 Euro ergeben. Für B ergibt sich keine Einkommensteuer, sondern ein Verlust in Höhe von 70.000 Euro.

17 BMF, Schr. v. 24.2.2009, BStBl. I 2004, 440 Rz. 16 Abs. 3 Satz 1.

Der Gewerbesteuer-Messbetrag entfällt in Höhe von 60 % (= 1.586 Euro) auf die Obergesellschaft und damit auf A und B in Höhe von jeweils 793 Euro. Demzufolge stehen A und B ein rechnerisches Ermäßigungsvolumen nach § 35 EStG von jeweils 3.013 Euro zur Verfügung.

M. E. kann keiner der beiden die Steuerermäßigung des § 35 EStG nutzen. Dies gilt auch für A, denn seine Einkommensteuer entfällt insgesamt nicht auf gewerbliche Einkünfte. Wollte man in der mittelbaren Beteiligung an der Untergesellschaft eine eigenständige Einkunftsquelle sehen, würde sich für A eine Steuerermäßigung in Höhe von 3.013 Euro ergeben, da für ihn in diesem Fall dann ein Ermäßigungshöchstbetrag von 4.032 Euro (= 30.000 Euro: 190.000 Euro × 25.536 Euro) ermittelt würde.

7. Anwendungsprobleme bei der Thesaurierungsbegünstigung des § 34 a EStG bei gestuften Mitunternehmerschaften

Die Thesaurierungsbegünstigung des § 34 a EStG bietet die Möglichkeit, den nicht entnommenen Gewinn auf Antrag einem besonderen (fixen) Steuersatz von 28,25 % Einkommensteuer (zuzüglich Solidaritätszuschlag) zu unterwerfen. Damit soll insoweit eine Steuerbelastung des im Unternehmen verbleibenden Gewinns von ca. 30 % und damit eine weitgehende Gleichbehandlung mit der Besteuerung von Kapitalgesellschaften hergestellt werden. Allerdings führt die Inanspruchnahme des § 34 a EStG dazu, dass in Höhe des Begünstigungsbetrages abzüglich der hierauf entfallenden Thesaurierungssteuer gemäß § 34 a EStG ein nachversteuerungspflichtiger Betrag entsteht. Kommt es in Folgejahren zu Entnahmeüberhängen, indem mehr aus dem Unternehmen entnommen wird als der Gewinn und eventuelle Einlagen im selben ermöglichen, dann führt ein solcher Entnahmeüberhang bis zur Höhe des zum vorangegangenen Bilanzstichtag festgestellten nachversteuerungspflichtigen Betrags zu einer Nachversteuerung mit einem festen Steuersatz von 25 % Einkommensteuer (zuzüglich Solidaritätszuschlag).

Bei Personengesellschaften ist zu berücksichtigen, dass die Thesaurierungsbegünstigung nicht auf der Ebene der Personengesellschaft in Anspruch genommen werden kann. Da es sich hierbei um eine einkommensteuerliche Tarifbegünstigung handelt, steht das Antragsrecht dem einzelnen Mitunternehmer zu, das er im Rahmen seiner Einkommensteuerveranlagung ausüben kann. Dadurch stellt sich das Problem, wie § 34 a EStG bei doppelstöckigen Personengesellschaften anzuwenden ist. Es geht also um die Frage, ob sich der nicht entnommene Gewinn, der nach § 34 a EStG begünstigt besteuert werden kann, auf beiden Ebenen isoliert ermittelt oder lediglich in Bezug auf den Gewinn der Obergesellschaft, zu der der anteilig auf die Obergesellschaft entfallende Gewinn der Untergesellschaft gehört, § 34 a EStG einheitlich angewendet werden kann.

In der Literatur wird teilweise eine Abschichtung der nicht entnommenen Gewinne der Obergesellschaft und der Untergesellschaft vertreten, was den Vorteil hätte, dass dem Obergesellschafter mehr Entscheidungsvarianten zur Verfügung ständen, die auch mit Rücksicht auf eine etwaige Nachversteuerung im Hinblick von Entnahmeüberhänge bei Ober- und Untergesellschaft wahrgenommen werden könnten.

Demgegenüber geht die Finanzverwaltung davon aus, dass für Zwecke der Thesaurierungsbegünstigung für den Gesellschafter der Obergesellschaft ein *einheitlicher Gewinn zu ermitteln* ist, der neben dem Gewinn aus der Obergesellschaft auch die auf ihn entfallenden Beteiligungserträge der Obergesellschaft aus der Untergesellschaft sowie Ergebnisse aus einer etwaigen Sonderbilanz bei der Untergesellschaft umfasst[18]. Ebenso sind Entnahmen wie auch Einlagen des Mitunternehmers bei der Obergesellschaft mit Entnahmen bzw. Einlagen aus seinem Sonderbetriebsvermögen bei der Untergesellschaft zu addieren bzw. zu saldieren. Zahlungen zwischen der Obergesellschaft und der Untergesellschaft haben keinen Einfluss auf das Begünstigungsvolumen.

Beispiel 10:

An der X-KG (Obergesellschaft) ist A zu 50 % als Mitunternehmer beteiligt. Die X-KG ist ihrerseits an der Y-OHG beteiligt.

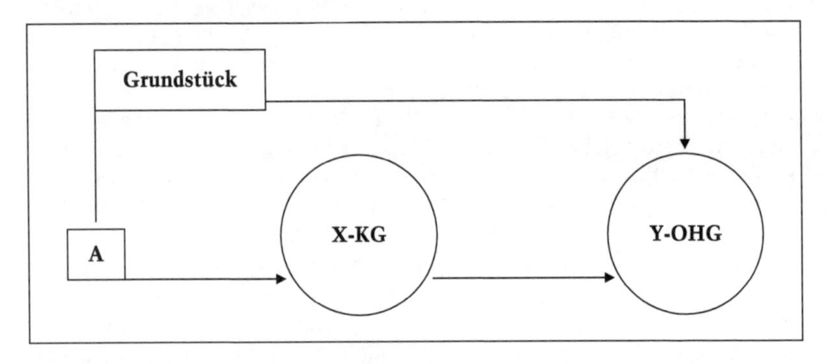

Der Gewinn der X-KG (einschließlich ihres Gewinnanteils bei der Y-OHG) beträgt 200.000 Euro. A hat an die Y-OHG ein Grundstück vermietet und erzielt hieraus einen Gewinn von 25.000 Euro. Die gesamten Mietzahlungen der OHG von 48.000 Euro hat A privat verwendet. Außerdem hat er aus der X-KG einen Betrag von 40.000 Euro entnommen.

18 BMF, Schr. v. 11.8.2008, BStBl I 2008, 838 Rz. 21 Satz 1.

Der nicht entnommene Gewinn des A ermittelt sich wie folgt:

Gewinnanteil des A bei der X-KG (50 % von 200.000 Euro =)		100.000 Euro
+ Sonderbetriebsvermögensgewinn bei der Y-OHG	+	25.000 Euro
Gewinn des A		125.000 Euro
– Entnahmen (40.000 Euro + 48.000 Euro	–	88.000 Euro
nicht entnommener Gewinn des A		**37.000 Euro.**

Kommt es in späteren Jahren zu Entnahmeüberhängen, dann erfolgt eine Nachversteuerung gemäß § 34 a Abs. 4 EStG, unabhängig davon, ob die Entnahmen bei Ober- oder Untergesellschaft erfolgen. Allerdings ergibt sich ein Entnahmeüberhang in diesen Fällen nur dann, wenn die Entnahmen den Gesamtgewinn der Obergesellschaft (einschließlich der Beteiligungserträge aus der Untergesellschaft) sowie etwaige Einlagen im nämlichen Wirtschaftsjahr übersteigen, unabhängig davon, ob sie bei der Ober- oder der Untergesellschaft erfolgten.

Problempunkte der Erbschaftsteuererlasse

Dr. Jochen Lüdicke
Rechtsanwalt, Fachanwalt für StR und Steuerberater, Düsseldorf

Inhaltsübersicht

I. Übersicht über die neuen Erlasse

Die Finanzverwaltung hat zum Zwecke der Umsetzung des neuen Erbschaftsteuer- und Bewertungsgesetzes und in Vorbereitung der neuen Erbschaftsteuerrichtlinien, die voraussichtlich in 2010 ergehen sollen, zu einer Reihe von Fragen, die das neue Gesetz aufwirft, durch Erlasse Stellung genommen. Die Erlasse finden Sie nachfolgend sehr kurz dargestellt. Im Vordergrund stehen die unter Punkt 2. abgehandelten Problembereiche der beide zentralen Erlasse vom 25.6.2009 zur Bewertung und zu den neuen Vorschriften des Erbschaftsteuerrechts. Bedingt durch das mir gestellte Vortragsthema mag sich der Eindruck einstellen, in den Erlassen seien überwiegend Fehler enthalten. Diesem Eindruck möchte ich schon zu Anfang entgegentreten. Die Masse des kurzfristig zu verarbeitenden Materials ist zutreffend umgesetzt und damit handhabbar gemacht worden.

1. Maßgebliche Zinssätze: Erlasse vom 7.1.2009[1] und vom 17.3.2009[2]

Aufgrund der Zinssätze ergeben sich Vervielfältiger von 11,74 in 2007, 11,01 in 2008 und 12,33 in 2009. Per Neujahr 2009 ist damit bei sonst identen Verhältnissen der Wert eines Unternehmens gegenüber 2008 um 12 % gestiegen. Demgegenüber hat der DAX eine gegenläufige Bewegung mit Ständen von 6.596,92, 8.067,32 (+ 22,3 %) und 4.810,20 (– 40,37 %) gezeigt. Ich habe Zweifel, ob bei Marktvolatilitäten wie in den vergangenen Jahren derartige starre Regelungen noch mit dem Aspekt der Vereinfachung erklärt werden können oder ob hieraus bereits ohne weiteres eine gleichheitswidrige Besteuerung abgeleitet werden kann, zumal das Bundesverfassungsgericht mit Beschluss vom 17.11.2009 (1BvR 2192/05) die vereinfachende Übergangsregelung im Körperschaftsteuerrecht als verfassungswidrig beurteilt hat[3]. Meines Erachtens bietet es sich an, die Unterschiede dadurch einzudämmen, dass an die Stelle von Jahressätzen gewichtete Monatsdurchschnitte (auch § 11 Abs. 2 BewG stellt auf Kurse der letzten 30 Tage ab) treten. § 203 Abs. 2 BewG müsste entsprechend geändert werden. Dies gilt meines Erachtens umso mehr, als auch die Abzinsung nach der Verordnung über die Ermittlung und Bekanntgabe der Sätze zur Abzinsung von Rückstellungen[4] zu § 253 Abs. 2 HGB auf Durchschnittszahlen der Monatsendstände (§ 6 RückAbzinsV) beruht.

1 BMF, Erl. v. 7.1.2009 – IV C 2 – S 3102/07/0001, 2009/0006060: Zinssatz 3,61 % für 2009.

2 BMF, Erl. v. 17.3.2009 – IV C 2 – S 3102/07/0001, 2009/0179314: Zinssatz 4,02 % für 2007 und 4,58 % für 2008.

3 BVerfG, www.bundesverfassungsgericht.de/entscheidungen/rs20091117_1bvr219205.html

4 RückAbzinsV v. 18.11.2009, BGBl. 2009 I, S. 3790.

2. Kapitalwerte von Renten: Erlass vom 20.1.2009[5]

Der Erlass enthält keine Überraschungen und setzt die gesetzlichen Regelungen um.

3. Übertragung von atypischen Unterbeteiligungen und atypischen stillen Beteiligungen, Erlass des Bay. StMin vom 23.3.2009[6]

Die Finanzverwaltung hat ihre verfehlte[7] frühere Ansicht[8] aufgegeben, dass bei atypischen Unterbeteiligungen und atypischen stillen Beteiligungen, die ja kein im Gesamthandsvermögen stehendes Betriebsvermögen kennen, die Voraussetzung für die Betriebsvermögensbegünstigungen nicht vorliegen. Offen bleibt auch nach diesem Erlass, ob Treuhandbeteiligungen nicht mit der gleichen Begründung, dass ertragsteuerlich ein Mitunternehmeranteil vorliegt, ebenso zu begünstigen sind.[9] Der Gesetzestext des § 13 b Abs. 1 Nr. 3 S. 1 ErbStG, der bezüglich von Kapitalgesellschaftsanteilen – anders als bei Personengesellschaftsanteilen – von einer unmittelbaren Beteiligung spricht, kann auch ertragsteuerlich verstanden werden, so dass die problematischen Überlegungen der Verwaltung zum Herausgabeanspruch als Schenkgegenstand vollständig aufgegeben werden könnten. Da bei der Abgrenzung im Erlass zu § 97 BewG (Abschnitt 10) ertragsteuerlich gewertet wird, steht zu hoffen, dass bei Personengesellschaftsbeteiligungen Treuhandgestaltungen erbschaftsteuerlich nicht mehr benachteiligt werden.

4. Feststellung von Grundbesitzwerten, Anteilswerten und Betriebsvermögenswerten, Erlass vom 30.3.2009[10]

Der Erlass stellt – zutreffend – auf die Bewertung von einzelnen wirtschaftlichen Einheiten ab, auch wenn diese zu einem späteren Zeitpunkt, z. B. für den Abzugsbetrag nach § 13 a Abs. 2 ErbStG zusammengerechnet werden müssen. Er enthält, z. B. für Grundstücke und Betriebsvermögen, in Abschnitt 2 Abs. 12 und Abschnitt 7 Abs. 1 Listen mit nachrichtlichen Angaben, wobei sich die Finanzverwaltung zutreffend am Regelungsgehalt des § 151 BewG orientiert hat. Im Rahmen dieser Listen fällt auf, dass wichtige Einzelfeststellungen, die sachlich zutreffend bei der örtlichen Finanzverwaltung erhoben werden, trotz der Erklärungspflicht (Abschnitt 10) der Beteiligten nicht im Rahmen des (vom Gesetzgeber nicht vorgesehenen) Grundlagenbescheides sondern erst im Rahmen des Folge-

---

5 BMF, Erl. v. 20.1.2009 – IV C 2 – S 3104/09/10001, 2009/0035006.
6 Bay. StMin, Erl. v. 23.3.2009 – 34-S 3811–035–11256/09, DStR 2009, 908.
7 Vgl. *Lüdicke/Kaiser*, DStR 2005, 1926 f.; *Lüdicke*, DStR 2007, 1116 f.
8 Z. B. FinMin Bayern v. 14.6.2005, DStR 2005, 1231.
9 Vgl. Erl. v. 16.2.2007, DStR 2007, 627 mit Anm. *Lüdicke*, DStR 2007, 1116.
10 Gleichlautende Ländererlasse, BStBl. 2009 I 546.

bescheidverfahrens überprüft werden können. Ferner sind bei z. B. verschiedenen Beschenkten, die den gleichen Zuwendungsgegenstand erhalten, sachliche Unterschiede bei nur nachrichtlicher Mitteilung nicht auszuschließen. Der Gesetzgeber wäre gut beraten gewesen, hier einen weiteren Katalog von in Grundlagenbescheide aufzunehmende Feststellungen anzuordnen. Die Technik des Feststellungsbescheides hätte auch den Vorteil, dass bei längeren Beteiligungsketten das Unternehmen, für das Feststellungen getroffen werden und das mit dem Sachverhalt vertraut ist, eine entsprechende Überprüfung durch eine gesetzlich angeordnete Mitteilung dieses Feststellungsbescheides hätte durchführen können. Werden lediglich nachrichtliche Mitteilungen innerhalb der Finanzverwaltung übermittelt, ist eine Überprüfung erst im Rahmen des jeweiligen Erbschaft- bzw. Schenkungsteuerbescheides möglich. Der Begünstigte wird allerdings häufig bei mehrstufigen Beteiligungsketten keine Möglichkeit gesellschaftsrechtlicher Art haben, die entsprechenden nachrichtlich mitgeteilten Zahlen tatsächlich überprüfen zu können. Eine „Waffengleichheit" zwischen der Finanzverwaltung und dem Steuerpflichtigen besteht hier nicht. Der Kautelarjurisprudenz kann nur empfohlen werden, die Gesellschafter mit entsprechenden Auskunftsansprüchen auszustatten, damit jedenfalls eine Nachfrage innerhalb der maßgeblichen Rechtsbehelfsfristen erfolgreich beantwortet werden kann. Problematisch ist aber, dass zur Frage der Anzahl der Arbeitnehmer, obwohl diese für Zwecke des § 13 a Abs. 1 S. 4 ErbStG Bedeutung hat, nicht einmal eine Benachrichtigung vorgesehen ist. Dem Erlassgeber scheint dies „durchgegangen" zu sein.

5. Bewertung des land- und forstwirtschaftlichen Vermögens (BewG, 2. Teil, 6. Abschnitt), Erlass vom 1.4.2009[11]

Der Erlass enthält zunächst die Abgrenzung zwischen land- und forstwirtschaftlichem Vermögen und anderen Vermögensarten. Sodann werden die Details der Bewertungsregelungen erläutert. Der Hauptteil des Erlasses beschäftigt sich dann mit der Bewertung des Wirtschaftsteils und den einzeln aufgeführten Wirtschaftswerten für im Inland belegene Betriebe der Land- und Forstwirtschaft. Sodann werden in den Anlagen die gebietsspezifischen Standarddeckungsbeiträge dargelegt. Wie bei verschiedenen anderen Erlassen auch werden keine entsprechenden Angaben für solche land- und forstwirtschaftlichen Betriebe dargelegt, die außerhalb des Bundesgebietes betrieben werden. Das Problem hierbei dürfte darin bestehen, dass trotz Referenzierung auf die europäischen Grundlagen Festlegungen der Werte ausschließlich für die Verhältnisse im Bundesgebiet erfolgen. Die rechtlich erforderliche Gleichbehandlung

11 Gleichlautende Ländererlasse, BStBl. 2009 I, 552.

zwischen inländischen und EU/EWR-ausländischen land- und forstwirtschaftlichen Betrieben erscheint jedenfalls auf Basis der im Erlass angewendeten Methodik nicht ohne Weiteres möglich. Da § 13 b Abs. 1 Nr. 1 ErbStG zwischen inländischen Wirtschaftsteilen des land- und forstwirtschaftlichen Vermögens und entsprechendem land- und forstwirtschaftlichem Vermögen, das in einem Mitgliedsstaat der Europäischen Union oder einem Staat des Europäischen Wirtschaftsraumes belegen ist, was die Besteuerung im übrigen angeht, nicht unterscheidet, ist zu befürchten, dass bereits die insofern eintretenden Unterschiede in der Bemessungsgrundlage auf der Basis des Beschlusses des Bundesverfassungsgerichtes vom 7.11.2006[12] als verfassungswidrig zu beurteilen sind.

6. Bewertung des Grundvermögens (BewG, 2. Teil, 6. Abschnitt), Erlass vom 5.5.2009[13]

Das Problem des Erlasses (und des Gesetzes) liegt an den fehlenden Vorschriften für ausländische Grundstücke. Zwar sind diese auch mit dem gemeinen Wert (§ 9 BewG) anzusetzen, die näheren Vorschriften zur Grundstücksbewertung bedingen bestimmte, nur im Inland vorliegende Werte, wie z. B. Bodenrichtwerte. Da es an diesen im Ausland oft fehlt, kommt hier nur ein Sachverständigengutachten in Betracht. Angesichts der fehlenden Vorgaben über die anzuwendende Bewertungsmethodik ist auch hier eine strukturelle Ungleichbehandlung angelegt.

7. Anwendung der §§ 11, 95 bis 109 und 199 ff. BewG, Erlass vom 25.6.2009[14] und Anwendung der geänderten Vorschriften des ErbStG, Erlass vom 25.6.2009[15]

Die beiden zentralen Erlasse zum neuen Erbschaftsteuerrecht vom 25.6.2009 betreffen zum einen – dies ist der Regelungsgehalt des vorliegenden Erlasses – die Frage der Ermittlung der relevanten Werte und zum anderen – dies ist der Wortlaut des Erlasses, der die Gesetzesänderungen im Erbschaftsteuergesetz auslegt (Ziff. 1.8) – die Anwendbarkeit der neuen Regelungen. Diese beiden Erlasse stellen den Kern der Neuregelung dar. Einzelne Probleme werden nachfolgend erläutert.

---

12 1 BvL10/02.
13 Gleichlautende Ländererlasse, BStBl. 2009 I, 590.
14 Gleichlautende Ländererlasse, BStBl. 2009 I, 698.
15 Gleichlautende Ländererlasse, BStBl. 2009 I, 713.

II. Problemfelder im Anwendungserlass

Im Anwendungserlass versucht die Finanzverwaltung das meines Erachtens misslungene neue Erbschaftsteuerrecht auf die Praxis zu übertragen. Die meisten Vorwürfe treffen den Gesetzgeber und nicht die Finanzverwaltung. Es steht zu hoffen, dass aufgrund der anhängigen finanzgerichtlichen Verfahren eine rasche Überprüfung des neuen Gesetzes durch das Bundesverfassungsgericht auf Basis einer Richtervorlage Platz greift und das Verfassungsgericht den Mut aufbringt, die verfehlte Gesamtlösung für nichtig zu erklären. Die Schwierigkeit dieses Schrittes dürfte allerdings darin liegen, dass das Gericht die Hauptquelle des Problems selbst mit verursacht hat. Im Beschluss vom 7.11.2006[16] hat es angeordnet, dass die Gesamtbereicherung des Erwerbers zunächst nach objektiv gleichen Kriterien zu ermitteln sei und sodann Verschonungssubventionen gewährt werden müssen. Gerade bei volatilen Werten, Verfügungsbeschränkungen und bei Vermögensgegenständen, die keinen Marktpreis haben, gibt es keine objektiv richtigen Werte. Vergleicht man alleine in der Praxis Aktienverkäufe mit Verkäufen von GmbH-Anteilen, so sind derartig gravierende Bewertungsunterschiede für ein sonst gleiches Unternehmen festzustellen, dass es sich für die Reform der Reform m. E. lohnen würde, „fungible Werte", also Werte unter Berücksichtigung von „Notverkaufsabschlägen" und nach Abzug etwaiger hierdurch ausgelöster Steuern, anzusetzen und statt hoher Bewertungsabschläge insgesamt auf die so verbreiterte Bemessungsgrundlage mit einem niedrigen Tarif (z. B. 5 %, 8 %, 10 % für Steuerklassen 1, 2 und 3) aufzusetzen. Dies würde das Gesamtsystem weit weniger streit- und gestaltungsanfälliger machen. Im Folgenden will ich mich allerdings nicht mit den aus dem Gesetz resultierenden Problemen sondern mit solchen Problemen, die die Erlasse über das Gesetz hinaus schaffen, befassen.

1. Ausscheidensfälle aus Personen- und Kapitalgesellschaften

Ohne dass dies durch eine unmittelbare Gesetzesänderung veranlasst wurde, sind Abfindungsklauseln, die auch vor der Reform in § 7 Abs. 7 des Gesetzes geregelt waren, nun problematisch geworden. In § 7 Abs. 7 ErbStG selbst wurde – ohne dass dies im Änderungserlass näher erwähnt wird – ein Satz 3 angefügt, nach dem die Regelung in den Fällen des § 10 Abs. 10 ErbStG entsprechend gilt, mithin die Bereicherung eines Erben, der eine Personengesellschafts- oder Kapitalgesellschaftsbeteiligung nicht behalten sondern unter dem gemeinen Wert übertragen muss, auf den Wert beschränkt, den er für die Übertragung erhält, während die verbleibenden Mitgesellschafter im Rahmen des § 7 Abs. 7 ErbStG als fiktiv

16 BVerfG, Beschl. v. 7.11.2006 – 1 BvL 10/02, BStBl. 2007 II, 192.

bereichert gelten. Der Erbschaftsteuererlass befasst sich in Abschnitt 2 mit den Bereicherungsfolgen für den weichenden Erben und weist – wiederholend – darauf hin, dass die in solchen Fällen eintretende Bereicherung der Mitgesellschafter als Schenkung unter Lebenden im Sinne des § 7 Abs. 7 ErbStG gelte. Entsprechend der Fiktion in § 7 Abs. 7 ErbStG wird – ausgehend von der m. E. sehr problematischen Gesetzeslage zu Recht – ein Bereicherungswille des ausscheidenden Gesellschafters nicht gefordert. Der Erlass ordnet in Abschnitt 2 Abs. 3 Satz 4 an, dass bei Übertragung von Anteilen auf die Mitgesellschafter die Steuervergünstigungen nach §§ 13 a und 19 a ErbStG zur Verfügung stehen. Hierdurch und durch die empfängerbezogenen Freibeträge wird gerade bei großen Familiengesellschaften oft keine Steuer anfallen. Gleichwohl überzeugt nicht, warum bei von Anfang an bestehenden Abfindungsbeschränkungen, wie sie vielfach in Mitarbeiterbeteiligungsprogrammen vereinbart werden, die Übertragung Schenkungsfolgen zeitigen soll.[17]

Etwas kleinlich wird der wirtschaftlich vergleichbare Vorgang der Einziehung von Geschäftsanteilen an einer GmbH dann allerdings aus der Begünstigung ausgenommen. Die Unterscheidung ist als rein formale Anknüpfung an einen Übertragungsakt bei einer Bereicherungsfiktion meines Erachtens wenig überzeugend. Ebenso wenig überzeugend ist es, dass hier rechtsformbedingte Unterscheidungen getroffen werden und unterschiedliche Arten von Kapitalgesellschaften unterschiedliche Steuerfolgen nach sich ziehen, obwohl es für die Bereicherung der Mitgesellschafter keine Rolle spielen dürfte, ob eine Gesellschaft mit beschränkter Haftung oder z. B. eine KGaA das Unternehmen ist, an dem Anteile übertragen bzw. eingezogen werden; das Gesetz stellt eindeutig ausschließlich auf die GmbH ab. Ferner ist es möglicherweise nicht sehr überzeugend, dass keine Schenkung bei Übertragung auf außenstehende Dritte vorliegen soll, während Fälle, in denen nicht alle Anteile quotenwahrend übertragen werden, als Schenkungen gelten. Schließlich fehlt m. E. eine Regelung für Mitarbeiterbeteiligungen, die von Anfang an keine vollwertige Gesellschafterstellung innehaben und bei denen die Abfindung auf den Kaufpreis beschränkt werden kann[18].

1.1. Behandlung beim weichenden Gesellschafter

Der weichende Gesellschafter hat gemäß § 10 Abs. 10 ErbStG lediglich dasjenige zu versteuern, was er tatsächlich als Abfindung erhält. Eine weitergehende – an den Wert der Beteiligung insgesamt anknüpfende – Bereicherung tritt nicht ein. Hierzu hätte es der Regelung des § 10 Abs. 10

17 Vgl. *Fischer* in Fischer/Jüptner/Pahlke, ErbStG, § 7 Anm. 542 m. w. N.

18 Vgl. BGH, Urt. v. 19.9.2005 – II ZR 342/03, *Fischer* in Fischer/Jüptner/Pahlke, ErbStG, § 7 Rz. 542.

ErbStG nicht bedurft, weil es nach der Rechtsprechung des BFH[19], die in Abschnitt 2 des Erlasses leider nicht näher zitiert ist, ohnedies bei mittelbaren Schenkungen auf dasjenige ankommt, was der Beschenkte endgültig behalten darf und nicht dasjenige, was ihm zwischenzeitlich zugewendet wurde. Es ist bedauerlich, dass der Erlassgeber diese erbschaft- und schenkungsteuerliche Selbstverständlichkeit nicht in Abschnitt 2 aufgenommen hat, da sich jetzt – durch die unterbliebene Klarstellung – die Frage stellt, ob möglicherweise im Sinne einer Vollständigkeit der Besteuerung bei Gesellschaften, die nicht Gesellschaften mit beschränkter Haftung sind (z. B. KGaA), die Bereicherung eines Erben, der seinen Status verliert, anders als durch analoge Anwendung des § 10 Abs. 10 ErbStG auf den Anteil zu berechnen ist, der ihm formal – aber nicht wirtschaftlich – zukommt.

1.2. Behandlung bei den verbleibenden Gesellschaftern

Bei den verbleibenden Gesellschaftern tritt, wie dargelegt, eine reflexartige Werterhöhung ihrer Beteiligung ein, unabhängig davon, ob ihnen insoweit Gesellschaftsanteile zufallen oder – bei Einziehung – der Divisor für den Unternehmenswert sinkt. Da die Finanzverwaltung – meines Erachtens kleinlich – bei der Einziehung von Gesellschaftsanteilen trotz vergleichbarer Wirkung die Begünstigungen für Betriebsvermögen (§§ 13 a und 19 a ErbStG) nicht gewähren will (vgl. Abschnitt 2 Abs. 3 Satz 4 Erbschaftsteuererlass), bietet sich eine entsprechende kautelarjuristische Lösung dahin an, dass die Anteile quotenwahrend auf die Mitgesellschafter übertragen werden. Würden die Anteile statt auf die Mitgesellschafter auf Dritte übertragen, läge keinerlei Schenkung vor, weil der Gesellschafter, der zwangsweise von Todes wegen auf einen Dritten überträgt, wohl ohne Bereicherungswillen handeln wird. Entsprechendes gölte, wenn die Beteiligung nur an einen bezeichneten Gesellschafter (z. B. an den Mehrheitsgesellschafter) zu einem Vorzugspreis veräußert werden muss.[20]

2. Mitarbeiter und Lohnsummen

Der Erlass versucht in Abschnitt 8, in dem er sich mit den maßgeblichen Lohnsummen beschäftigt, die relativ großzügige Lösung des Gesetzes weitestgehend einzukassieren. Er dürfte damit in weiten Teilen im Rahmen des Abschnittes 8 contra legem erlassen worden sein. Im Einzelnen:

---

19 Vgl. BFH, Urt. v. 23.8.2006 – II R 16/06.
20 Vgl. *Meincke*, ErbStG, 15. Aufl., § 7 Rz. 146.

2.1. Ermittlung der maßgeblichen Mitarbeiterzahlen in Holdingfällen

Abschnitt 8 Abs. 2 Satz 8 des Erlasses ordnet in Holdingfällen an, dass für die Ermittlung der maßgeblichen Arbeitnehmerzahl die Arbeitnehmer nachgeordneter Gesellschaften nach den Grundsätzen von § 13 a Abs. 4 Satz 3 ErbStG anzurechnen seien. Eine gesetzliche Grundlage hierfür ist nicht erkennbar.[21] Der Gesetzgeber differenziert in § 13 a Abs. 1 Satz 4 danach, ob ein Normalfall (dann Lohnsummenermittlung) oder einer von zwei Sonderfällen vorliegt, bei denen die Lohnsummenermittlung unterbleibt. Diese beiden Sonderfälle liegen dann vor, wenn entweder die Ausgangslohnsumme 0 Euro beträgt oder der Betrieb nicht mehr als zehn (durch das Wachstumsbeschleunigungsgesetz auf 20 geändert) Beschäftigte hat. Eine Zusammenrechnung von Arbeitnehmern an dieser Stelle ist ebenso wenig angeordnet, wie die Frage der Zusammenrechnung von Arbeitnehmern sich in Abs. 4, auf den § 13 a Abs. 1 Satz 2 ErbStG verweist, findet. Es mag zwar sein, dass die Regelung, die das Gesetz vorsieht, zu Umgehungsgestaltungen (Zwischenschaltung einer arbeitnehmerfreien Holdinggesellschaft) einlädt. Dies zu korrigieren wäre allerdings Aufgabe des Gesetz- und nicht des Erlassgebers, ersterer hätte im Rahmen des Wachstumsbeschleunigungsgesetzes hierzu auch leicht Gelegenheit gehabt. Dies hat insbesondere Auswirkungen auf die Frage nach der zeitlichen Anwendung einer solchen Korrektur, weil der Erlass als untergesetzliche Regelung den Gesetzeszustand, wie er sich seit dem 1.1.2009 darstellt, (meines Erachtens rechtswidrig) auslegt, während ein Änderungsgesetz diesen Gesetzeszustand mit einem späteren ersten Anwendungszeitpunkt korrigieren würde.

2.2. Ermittlung der maßgeblichen Lohnsummen in Holdingfällen

Die Lohnsumme wird nach § 13 a Abs. 1 Satz 2, Satz 3 und Abs. 4 unter Einschluss der Lohnsumme von Tochtergesellschaften ermittelt. Bei Tochterpersonengesellschaften und Tochterkapitalgesellschaften gilt dies erst dann, wenn es sich um eine unmittelbare oder mittelbare Beteiligung von mehr als 25 % handelt. Damit besteht keine Grundlage für eine Hinzurechnung von Lohnsummen, die von Kapitalgesellschaften bezahlt werden, bei denen eine Beteiligung von nicht mehr als 25 % besteht, selbst wenn diese über eine Poolvereinbarung begünstigt werden.

Problematisch ist meines Erachtens, dass der Erlassgeber in Abschnitt 8 Abs. 5 Satz 6 bei Änderungen der Rechtsform oder Umsetzungen des Personals innerhalb des Ermittlungszeitraums in einem Unternehmensverbund, dessen Gliederungen zum Nachlassvermögen gehören, zur Ermitt-

21 Vgl. *Wachter* in Fischer/Jüptner/Pahlke, ErbStG, § 13 a Rz. 53.

lung der Ausgangslohnsumme eine Einbeziehung in die Einheiten vorschreibt, die an die Stelle der früheren Einheiten getreten sind. Eine Differenzierung danach, was ein Unternehmensverbund ist, erfolgt nicht. Der Begriff des Unternehmensverbundes ist in Abschnitt 8 ebenso wenig wie im übrigen Erlass definiert. Fraglich erscheint mithin, ob „Unternehmensverbund" sämtliche Personengesellschaftsbeteiligungen und alle Kapitalgesellschaftsbeteiligungen von > 25 % umfasst. Lediglich dann wäre die Anordnung im Rahmen von § 13 a Abs. 4 ErbStG nachvollziehbar. Liegt hingegen ein Unternehmensverbund auch unterhalb einer Kapitalbeteiligungsquote von über 25 % vor, weil z. B. eine poolgebundene Beteiligung besteht, wäre die Lohnsumme dort nicht einzubeziehen. Soweit der Erlass hier etwas anderes regelt, fehlt ihm die Rechtsgrundlage. Bedauerlicherweise führt der ungenaue Wortlaut des Erlasses an dieser Stelle zu mehr Fragen als Antworten.

Ebenso wenig überzeugend ist es, dass im nachfolgenden Abs. 6 von Abschnitt 8 auf Veränderungen im Bestand der Beteiligungen oder der Beteiligungsquoten innerhalb des Verschonungszeitraumes abgestellt wird. Der Zeitraum, für den die Ausgangslohnsumme ermittelt wird, ist kein Zeitraum, in dem unternehmerisches Vermögen verschont wird. Die Verschonung gibt es ab dem Zeitpunkt der Übertragung. Wäre nun die Regelung in Abschnitt 8 Abs. 6 Sätze 3 und 4 so zu verstehen, dass sie sich nur auf den Zeitraum nach der Übertragung bezieht, wäre nicht nachvollziehbar, warum sie in einem Absatz, der sich mit der Ausgangslohnsumme beschäftigt, zu finden ist. Betrifft sie die Ermittlung der Ausgangslohnsumme, ist nicht nachvollziehbar, warum der maßgebende Zeitraum als Verschonungszeitraum bezeichnet wird. Auch insgesamt würde die Regelung wenig Sinn machen, weil Zweck des Gesetzes der Erhalt von Arbeitsplätzen ist. Wird die Beteiligungsquote von 25 % unterschritten, weil z. B. ein Erbe an einer nach dem Erbfall liegenden Kapitalerhöhung nicht quotenwahrend mitmacht oder wegen z. B. einer Verschmelzung nicht mitmachen kann, so zahlt das Unternehmen doch möglicherweise sogar in erhöhtem Umfange Arbeitsentgelte, die in die Lohnsummenkontrolle einbezogen werden sollten, dem Erben aber nach dem Wortlaut nicht mehr zugute kommen. Gerade bei Verschmelzungen mit bestehenden Unternehmen anderer Erben ist diese Rechtsfolge nicht sachgerecht. Bedauerlich ist ferner, dass für die ja nicht selten anzutreffenden Umwandlungs-, Joint Venture- und Unternehmenskaufs- und -verkaufsfälle keinerlei Erlassregelungen vorgesehen sind. Nach Sinn und Zweck des Gesetzes sollte ein Unternehmer nicht dafür bestraft werden, wenn er externe Partner in sein Unternehmen aufnimmt. Die Erlassregelung legt ein Verständnis dahin nahe, dass lediglich eine geringere Arbeitnehmerquote in die Vergleichsrechnung einbezogen wird. Hier ist eine Klarstellung m. E. dringlich.

3. Zusammengefasste und getrennte Besteuerung bei Übertragung mehrerer Einheiten

Der Erlass stellt zunächst in Abschnitt 5 Abs. 3 Sätze 3 ff. darauf ab, dass das Gesetz die begünstigungsfähigen Einheiten (Betriebsvermögen, land- und forstwirtschaftliches Vermögen und Anteile an Kapitalgesellschaften) zu einem einheitlichen Wert zusammenzieht. Ebenso unproblematisch wird sodann in Abschnitt 6 der Abzugsbetrag nach § 13 a Abs. 2 in Bezug auf die zusammengefassten Werte geregelt. Fraglich ist, ob die weitergehenden Zusammenrechnungsanordnungen im Erlass eine gesetzliche Grundlage haben.

3.1. Zusammenfassung betrieblicher Einheiten

Der Erlass stellt in Abschnitt 12 Abs. 1 bezüglich der Entnahmebegrenzung zu Recht darauf ab, dass diese betriebsbezogen ermittelt werden muss. Eine zusammengefasste Berechnung der Entnahmegrenze gibt es nicht; es sei denn, die möglichen verschiedenen Beteiligungen wären in einem Holding-Gewerbebetrieb zusammengefasst. Da die Entnahme nach der Regelung des Gesetzes betriebsbezogen ermittelt wird, geht mit der Zusammenfassung mehrerer Beteiligungen in eine Holding der sonst mehrfach zur Verfügung stehende Entnahme-Höchstbetrag von 150.000 Euro verloren. Entnahmen sind, wie der Erlass in Abschnitt 12 Abs. 1 Satz 7 zutreffend darlegt, nur auf der obersten Ebene zur prüfen. Der Erlass ordnet sodann – meines Erachtens für den Steuerpflichtigen günstig – an, dass auf den nachfolgenden Ebenen eine Überprüfung der Entnahmen nicht erfolge, weil auf diesen Ebenen vorgenommene Entnahmen ja dem Holding-Gewerbebetrieb zufallen. Bedauerlicherweise geht der Erlassgeber sodann nicht den weiteren Schritt, dass eine in der Praxis sehr lästige Entnahme, nämlich die anrechenbaren Quellen- bzw. Kapitalertragsteuern, generell, d. h. auch dann, wenn sie bei einem unmittelbar gehaltenem Gewerbebetrieb anfallen, nicht die Entnahmebesteuerung auslösen. Der holdingspezifische Vorteil der Quersubventionierung, d. h. der Überführung von Mitteln aus einer gewerblichen Beteiligung in eine andere gewerbliche Beteiligung ohne Berücksichtigung der persönlichen Ebene des Anteilseigners, würde dann zum Nachteil werden, weil mehrere Entnahmehöchstgrenzen von jeweils 150.000 Euro entfallen.

Der quasi-gesetzliche Nichtanwendungserlass zu § 13 a Abs. 5 Nr. 3 Satz 2 mit Bezug auf die Durchschnittsbesteuerungslandwirte (§ 13 a ErbStG) entbehrt der gesetzlichen Grundlage. Es wird auch nicht behauptet, dass es sich insofern um eine Vereinfachungsregelung handelt. Da § 13 a ErbStG nicht notwendigerweise eine Besteuerung von Kleinunternehmen betrifft, ist auch ein Überschreiten eines vielleicht noch zulässigen Vereinfachungseffektes zu besorgen. Diese Regelung zementiert die weiterhin bestehende deutliche Begünstigung land- und forstwirtschaftlichen Betriebsvermögens gegenüber anderem Vermögen bei der Erbschaftsteuer.

3.2. Holdinglösungen

Die Optionsverschonung des § 13 a Abs. 8 ErbStG ist nach Abschnitt 17 Abs. 1 nur einheitlich für alle Arten des erworbenen begünstigten Vermögens (land- und forstwirtschaftliches Vermögen, Betriebsvermögen und Anteile an Kapitalgesellschaften) möglich. Dies soll für Schenkungen mit einheitlichem Schenkungswillen entsprechend gelten. Zutreffend wird in Abschnitt 17 Abs. 4 darauf hingewiesen, dass bei nachgeordneten Personen oder Kapitalgesellschaften die Verwaltungsvermögensquote nicht – wie bei der Holding – nur 10 % sondern 50 % betragen kann. Dies macht unter erbschaftsteuerlichen Gesichtspunkten eine Holding besonders attraktiv.[22]

3.3. Auswirkung auf die Möglichkeit der Optionsverschonung

Die Optionsverschonung kann nach Abschnitt 17 ungeachtet der gesetzlichen Regelung in § 13 a Abs. 8 ErbStG, die nicht explizit auf die einzelne Übertragung der betrieblichen Einheit, auf die in weiten Teilen von § 13 a ErbStG abgestellt wird, oder auf den gesamten Übertragungsblock Bezug nimmt, nur einheitlich in Anspruch genommen werden.[23] Hier gibt es eine Anzahl von Brüchen. Zum einen können lediglich Schenkungen mit einheitlichem Schenkungswillen, nicht aber – zu Recht – Schenkungen und Erbfälle zusammengerechnet werden. Erfolgt also eine Schenkung auf dem Sterbebett und anschließend eine Übertragung von Todes wegen, fehlt in Abschnitt 17 Abs. 1 Satz 2 die Festlegung, dass eine Schenkung nicht mit einer Erbfolge zusammengerechnet werden kann. Dies ist deswegen bedeutsam, weil der Erlassgeber von einer Einheitlichkeit der Optionsausübung bei einem Übertragungsfall ausgeht. Will ein Erblasser bzw. ein Erbe von den Möglichkeiten des Gesetzes bestmöglichen Gebrauch machen, kann er aber daran interessiert sein, für solche wirtschaftlichen Einheiten, bei denen die Verwaltungsvermögensquote größer als 10 % ist, die Regelverschonung zu erhalten. Dies ist nach Verwaltungsauffassung nicht möglich, wenn der Antrag auf Optionsverschonung gestellt wird, weil dieser stets das gesamte begünstigungsfähige Vermögen umfasst. Durch den Erlassansatz, nicht die einzelnen wirt-

22 Vgl. jedoch § 37 (4) ErbStG i. d. F. des Referentenentwurfes v. 29.3.2010 (Jahressteuergesetz 2010), der hier ab Verkündung des Gesetzes eine Anpassung der Quote auf 10 % anordnet (§ 13 a Abs. 8 Nr. 3 ErbStG).

23 Vgl. *Scholten/Korezkij*, DStR 2009, 73, 78.

schaftlichen Einheiten, die übertragen werden, sondern das gesamte begünstigungsfähige Vermögen in den Blick zu nehmen, verstellt sich der Erlassgeber die Möglichkeit, eine entsprechende gebotene Berücksichtigung unterschiedlicher Verhältnisse zu regeln. Lediglich der Extremfall, in dem ein Antrag auf Optionsverschonung gestellt wird, der bei keiner der übertragenden wirtschaftlichen Einheiten zum Erfolg, also zur Vollverschonung führt, sieht die Verwaltung die Notwendigkeit einer Gnadenregelung, indem sie den Antrag als ins Leere gehend und damit quasi nichtig behandelt, Abschnitt 17 Abs. 3 Satz 3. Wird erst nachträglich festgestellt, dass die Verwaltungsvermögensobergrenze für die Optionsverschonung in allen wirtschaftlichen Einheiten nicht erfüllt ist, wird – im Gnadenwege – insgesamt die Regelverschonung als Option angeboten. Allerdings wird der Erwerber insofern „bestraft", als an Stelle der siebenjährigen Behaltensfrist und der Lohnsumme von 650 % die zehnjährige Behaltensfrist und die Lohnsumme von 1.000 % treten (mit Wachstumsbeschleunigungsgesetz auf 5 Jahre und 400 % bzw. 7 Jahre und 700 % geändert), Abschnitt 17 Abs. 3 Sätze 5 f. Gehört beispielsweise zum Nachlass ein freiberufliches Unternehmen, das von den Erben mit deutlich geringerem Erfolg weitergeführt wird, und zugleich die Beteiligung an einem alteingesessenen Familienunternehmen, so wird die Lohnsumme aus dem quotalen Anteil an der Lohnsumme des Familienunternehmens und der Lohnsumme des freiberuflichen Unternehmens ermittelt. Ist die freiberufliche Tätigkeit des Erben nicht erfolgreich, wäre es sicherlich richtig, die entsprechenden quotale Kürzung auf den Wert des freiberuflichen Unternehmens anzuwenden. Ebenso wäre es vorstellbar, dass eine begünstigende Regelung dahin getroffen würde, dass eine Minderung der Lohnsumme in einem ererbten Unternehmen durch eine entsprechende Mehrung der Lohnsumme in einem anderen Unternehmen ausgeglichen würde. Der Ansatz, dass bei mehreren geerbten Unternehmen die Lohnsummen schlicht addiert werden und sich der gesamte Verschonungsabschlag sodann quotal für alle betroffenen Unternehmen kürzt, auch die, die individuell den jeweiligen Lohnsummentest einhalten, erschließt sich meines Erachtens nicht aus dem Gesetz. Er steht meines Erachtens ebenso im Widerspruch zu der Intention des Gesetzgebers, die Übertragung von Familienunternehmen zu fördern. Dies gilt insbesondere dann, wenn, was das Beispiel insinuiert, das Familienunternehmen einen sehr hohen und das freiberufliche Unternehmen einen vergleichsweise niedrigen Wert hat. Hier werden – meines Erachtens ohne gesetzliche Grundlage und innere Rechtfertigung – Unternehmenserben von eigenen gewerblichen Aktivitäten abgehalten, zumindest dann, wenn sie es schaffen würden, ein Unternehmen mit mehr als zehn (bzw. seit Wachstumsbeschleunigungsgesetz 20) Beschäftigten aufzubauen. Solche Hürden passen nicht zu der gesetzlichen Vorstellung.

4. Berücksichtigung von Einlagen zum Ausgleich von Überentnahmen

Der Erlass ist bezüglich der Durchführung von Einlagen erfreulich konsistent. Entsprechend der gesetzlichen Struktur wird lediglich am Ende der Kontrollperiode von sieben bzw. zehn Jahren überprüft[24], ob eine Überentnahme oberhalb des Betrages von 150.000 Euro vorliegt. Mithin reicht es aus – dies wird vom Erlassgeber auch ausdrücklich anerkannt –, dass vor dem Ende der Behaltensfrist eine entsprechende Einlage erfolgt. Hierdurch hat es der Gesellschafter regelmäßig in der Hand, die zwischendurch bei ihm eingetretenen Überliquiditäten dem Betriebsvermögen zurückzuführen.

Schwierigkeiten könnten allerdings dann auftreten, wenn es sich nicht um klassische Entnahmen handelt, die durch Einlagen wieder ausgeglichen werden, sondern wenn Entnahmefiktionen wie sie beispielsweise im Bereich anrechenbarer Steuern zu finden sind, zu bewerten sind. Die Liquidität der Steueranrechnung wird dem Gesellschafter oftmals erst mit deutlicher zeitlicher Verzögerung zur Verfügung stehen, so dass die Entnahme des Steueranrechnungsbetrages von ihm ohne Beanspruchung eigener Mittel nicht ausgeglichen werden kann. Ich habe gewisse Zweifel, ob die Regelung für derartige fiktive Entnahmefälle wirklich sinnvoll ist oder ob es hier nicht ausreichend sein müsste, wenn die Gesellschafter sich verpflichten, der Gesellschaft die Nettoergebnisse der Steueranrechnung als Einlage wieder zur Verfügung zu stellen. Ihnen wächst dann ja kein Vermögensvorteil zu, der die Nachversteuerung möglicherweise rechtfertigen kann.

5. Offene Fragen bei Poolfällen

Kapitalgesellschaftsbeteiligungen unter 25 % sind nur dann erbschaftsteuerlich begünstigt, wenn sie im Rahmen einer Poollösung zu einer Gesamtbeteiligung von über 25 % zusammengezogen werden können. Der Erlass regelt in Abschnitt 14 richtigerweise, dass in derartigen Fällen die Vergünstigung verloren geht, wenn ein Gesellschafter eine solche poolgebundene Beteiligung überträgt. Eine Reinvestition, wie sie bei Betriebsvermögen vorgesehen ist (Abschnitt 15), wird für poolgebundene Anteile aus meiner Sicht ohne guten Grund nicht analog gegeben. Etwas versteckt in Abschnitt 30 Abs. 1 Satz 2 wird darauf verwiesen, dass bei Gesellschaften, die in einem Konzern unter einheitlicher Leitung stehen, für die Begünstigung eine explizite Poolvereinbarung, die in Abschnitt 21 Abs. 3 näher beschrieben wird, nicht erforderlich sei. Im Rahmen der Beschreibung in Abschnitt 21 Abs. 4 wird erfreulicherweise ein offener Ansatz für die Art der Stimmrechtsausübung innerhalb eines Pool vorgeschlagen (Abschnitt 21 Abs. 4 Satz 2). Die Aufzählung, die der Erlass in

24 Durch das Wachstumsbeschleunigungsgesetz auf 5 bzw. 7 Jahre verkürzt.

Abschnitt 21 Abs. 4 Satz 3 darlegt, erscheint allerdings nicht abschließend. So sollte es auch möglich sein, dass sich die Gesellschafter, die poolgebundene Anteile halten, zu jedem Abstimmungspunkt im Rahmen einer Vorwegabstimmung unter den poolgebundenen Gesellschaftern verständigen und sodann aufgrund entsprechender vertraglicher Verpflichtung ihr Stimmrecht in der Gesellschafterversammlung einheitlich ausüben. Für einen derartige einheitliche Stimmrechtsausübung bedarf es nicht notwendigerweise eines Sprechers oder eines Aufsichts- oder Leitungsgremiums. Vielmehr wäre unproblematisch regelbar, dass eine Mehrheit der Gesellschafter der Poolmitglieder dazu führt, dass alle Poolmitglieder entsprechend der Mehrheit abstimmen (verpflichtendes Abstimmungsverhalten)[25]. Da diese Regelung in der Praxis einfacher ist als die im Erlass genannten, wäre zu wünschen, dass eine schlichte entsprechende Satzungsregelung als ausreichend angesehen wird. Sind alle Anteile poolgebunden, so könnte im Ergebnis eine Abstimmung der Gesellschafter erfolgen und ein Mehrheitsergebnis dann kraft statuarischer Anordnung zu einem einstimmigen Ergebnis der Gesellschafterführung geändert werden. Dies gilt deswegen, weil Abschnitt 21 Abs. 4 Sätze 7 und 8 zu Recht darauf abstellen, dass es – in Präzisierung des Gesetzeswortlautes – nicht erforderlich ist, dass es einen nicht poolgebundenen Gesellschafter überhaupt gibt.

Offen bleibt, wie sich das Merkmal der einheitlichen Verfügung, das für die Poolregelung gefordert wird, zu verstehen ist. Unproblematisch wäre die Übertragung auf andere poolgebundene Mitgesellschafter (Abschnitt 21 Abs. 3 Satz 3 Nr. 1 2. Alternative). Unklar ist, ob als einheitliche Verfügung nur eine gleiche oder auch eine gleichartige Verfügung zählt. Würde beispielsweise geregelt, dass jeder poolgebundene Gesellschafter die Anteile auf ein oder mehrere Kinder überträgt, wäre meines Erachtens der Vorgang als einheitliche Verfügung zu sehen, weil selbstverständlich zur Wahrung des Charakters einer Familiengesellschaft die Übertragung in die nächste Generation möglich sein muss. Gleichwohl überträgt – ebenso selbstverständlich – jeder Gesellschafter nur an andere Personen, nämlich seine jeweiligen eigenen Kinder. Es wäre wünschenswert, wenn der Erlass den Begriff der einheitlichen Verfügung näher präzisiert hätte.[26]

6. Doppelte Inlandsbindung bei Betriebsvermögen

Abschnitt 20 verlangt, dass im Zeitpunkt der Steuerentstehung und in der Hand des Erwerbers inländisches Betriebsvermögen für die Begünstigung vorliegt. Die Erstreckungsregelung auf entsprechendes Betriebs-

25 Für einen pragmatischen Ansatz mit weiteren Beispielen vgl. *Meincke*, ErbStG, 15. Aufl., § 13 b Rz. 9.

26 Vgl. *Wachter* in Fischer/Jüptner/Pahlke, ErbStG, § 13 a Rz. 77.

vermögen in einem Mitgliedsstaat der Europäischen Union oder einem Staat des Europäischen Wirtschaftsraumes wird in Abschnitt 20 Abs. 4 Satz 1 zutreffend referenziert.

Unklar ist, welche Vorstellung der Erlassgeber in einem Fall hat, in dem der alleinige geschäftsführende Erblasser bzw. Schenker im Inland, der Erbe und geschäftsführende Betriebsnachfolger aber im Ausland ansässig ist. Hier würde zeitgleich mit dem Erbfall eine Überleitung der Geschäftsführung in das Ausland (EU, EWR oder Drittland) eintreten. Dies legt nahe, dass der Erlassgeber eine solche Verschiebung der Zurechnung, der dann wegen der Attraktivkraft der Geschäftsleitungsbetriebsstätte weitere Beteiligungsgesellschaften zuzurechnen wären, als für die Befreiung schädlich ansieht. Meines Erachtens entbehrt eine solche Betrachtung der gesetzlichen Grundlage. Das begünstigte Vermögen muss sich auf Basis der Stichtagsbetrachtung als im Todeszeitpunkt begünstigtes Vermögen darstellen. Die weiteren Voraussetzungen, dass die Lohnsummen im Inland und EU/EWR-Ausland eingehalten werden müssen, sind gesetzlich geregelt, eine weitere Inlandsverknüpfung hingegen nicht. Selbstverständlich muss der Steuerpflichtige die Nachweisvoraussetzung des § 13 a Abs. 7 erfüllen. Hierzu gehört aber meines Erachtens nicht, dass er selbst als Unternehmensleiter nicht seine Unternehmensleitungsfunktion aus einem Drittstaat erfüllen könnte.

7. Direkte Beteiligung/Unterbeteiligung, Treuhand, stille Beteiligung

Auf der Grundlage des Erlasses des Bayerischen Staatsministeriums der Finanzen vom 23.3.2009 stehen atypische Unterbeteiligungen und atypische stille Beteiligungen einer mitunternehmerischen Beteiligung gleich. Auch bei ihnen kann begünstigtes Vermögen vorliegen. Offen bleibt, welche Regelung bei der treuhänderisch gehaltenen Unternehmensbeteiligung Platz greift. Hält ein Treuhänder eine Mitunternehmerstellung für den Treugeber, so ist nicht der Treuhänder sondern der Treugeber im ertragsteuerlichen Sinne Mitunternehmer. Der Erlass begründet die Abweichung von der früheren Regelung damit, dass in beiden Fällen ertragsteuerlich eine Mitunternehmerschaft vorliege. Dies gilt auch für den Fall der treuhänderisch gehaltenen Unternehmensbeteiligung, so dass es angemessen wäre, die treuhänderische Beteiligung der direkten Beteiligung gleichzustellen. Es bleibt zu hoffen, dass diese Gleichstellung spätestens durch den Erlass der Erbschaftsteuerrichtlinien erfolgt.

8. Definition jungen Verwaltungsvermögens

Junges Verwaltungsvermögen wird in Abschnitt 34 des Erlasses behandelt. Es unterscheidet sich von begünstigungsfähigem Betriebsvermögen dadurch, dass es generell getrennt ermittelt, bewertet und unbegünstigt besteuert wird. Dies gilt auch dann, wenn die Summe aus jungem Verwaltungsvermögen und altem Verwaltungsvermögen insgesamt unter den Grenzen von 10 % bzw. 50 % verbleibt. Zutreffend stellt der Erlass klar, dass bei Vermögensgegenständen, die zunächst eigenbetrieblich genutzt werden und anschließend in zu Verwaltungsvermögen führender Form vermietet werden, auch dann keine Zuordnung zum jungen Verwaltungsvermögen erfolgt, wenn die Nutzungsänderung in den letzten zwei Jahren vor dem Übertragung erfolgt. Hier wird auf die Gesamtzugehörigkeitsdauer zum Betriebsvermögen abgestellt, Abschnitt 34 Abs. 1 Satz 3. Problematisch ist, dass als Verwaltungsvermögen im Erlass auch solche Vermögensgegenstände angesprochen werden, die nicht eingelegt, sondern mit betrieblichen Mitteln angeschafft werden. Hat beispielsweise ein Unternehmen wegen der Bankenkrise im vergangenen Jahr Festgeldbestände in Bundesobligationen umgeschichtet, sind diese Bundesobligationen regelmäßig junges Verwaltungsvermögen. Ein vom Gesetzgeber mit der Definition des jungen Verwaltungsvermögens beabsichtigter genereller Ausschluss von Missbrauch kann hier nicht vorliegen. Gleichwohl kennt der Erlass keine Gnade. Meines Erachtens wäre es richtig, den vom Gesetz angenommenen Missbrauchstatbestand dadurch zu konkretisieren, dass nur solche Wirtschaftsgüter zum jungen Verwaltungsvermögen werden können, die entweder unmittelbar als Verwaltungsvermögen eingelegt werden oder die durch eine entsprechende Mittelzuführung im Wege der Verwendung dieser Mittel erworben werden. Richtigerweise wird man hier nicht zwischen einer unmittelbaren Einlage und der Einlage eines nicht zum Verwaltungsvermögen führenden Kontoguthabens, das anschließend zur Anschaffung von Verwaltungsvermögen verwendet wird, unterscheiden. Schwer verständlich ist es allerdings, warum in dem dargelegten Beispielsfall die Umschichtung von Liquiditätsmitteln von einem Bankfestgeldkonto, das kein Verwaltungsvermögen darstellt, in einen Bundesschatzbrief, der als Wertpapier Verwaltungsmögen darstellt, irgendetwas mit einer Umgehung oder einem „Einschleichen" in einen Begünstigungstatbestand zu tun haben kann.

Für die Praxis ist zum empfehlen, die günstige Lösung für Verwaltungsvermögen nachgeschalteter Unternehmen, Abschnitt 34 Abs. 3, zu nutzen. Die Zwischenschaltung einer Holdinggesellschaft würde dazu führen, dass in der nachgeordneten Gesellschaft sämtliche Umschichtungsvorgänge in der eben beschriebenen Art zwar bei direkter Beteiligung junges Verwaltungsvermögen wären, bei einer Beteiligung über eine Holdinggesellschaft, die dann den Gegenstand der Schenkung oder des Nachlasses bildet, nicht als junges Verwaltungsvermögen gewertet. Es bleibt zwar im Dunkeln, woraus sich diese günstige Erkenntnis ergibt, sie sollte allerdings für Gestaltungszwecke im Sinne der Absicherung unternehmerischer Tätigkeit gegen Zufälligkeiten möglicherweise genutzt werden.

9. Grundstücksüberlassung als untrennbarer Teil der gewerblichen Aktivität

Werden Grundstücke im Rahmen einer einheitlich angebotenen erweiterten gewerblichen Leistung genutzt, so führt die Überlassung der Grundstücksteile nicht zu Verwaltungsvermögen, wenn die Tätigkeiten nach ertragsteuerlichen Gesichtspunkten insgesamt als originär gewerbliche Tätigkeit einzustufen ist, Abschnitt 24 Satz 3. Diese Formulierung ist deswegen so wichtig, weil generell Dritten zur Nutzung überlassene Grundstücke, Grundstücksteile, grundstücksgleiche Flächen und Bauten zum Verwaltungsvermögen gehören. Nicht genutzte Grundstücke stellen wiederum kein Verwaltungsvermögen dar. Angesichts der Bewertungsdisparität, dass lediglich der Aktivwert von Verwaltungsvermögen betrachtet, nicht aber die mit Verwaltungsvermögen zusammenhängenden Schulden wertmindernd berücksichtigt werden, kann bei bevorstehenden Schenkungen es angeraten sein, für einen kurzfristigen Leerstand des Gebäudes zu sorgen. Wird ein Gebäude beispielsweise vollständig umgebaut, kann es daher auch objektiv nicht zur Vermietung genutzt werden, ist ein günstiger Zeitpunkt für eine Übertragung einer in einem Betriebsvermögen befindlichen Immobilie, weil die Immobilie zu diesem Zeitpunkt kein Verwaltungsvermögen darstellt. Ist die Immobilie vermietet, greift nach der vorzitierten Regelung in Abschnitt 24 die Begünstigung nur, wenn es gelingt, eine einheitlich angebotene gewerbliche Leistung im Zusammenhang mit der Immobilie zu begründen. Dies ist bei bewirtschafteten Parkraumflächen, Hotels und Boardinghäusern[27] sicherlich unproblematisch. Ebenso dürfte ein Shopping Center mit einer entsprechenden aktiven Gesamtbewirtschaftung die Voraussetzungen für Nicht-Verwaltungsvermögen erfüllen, weil letztlich ein Gesamtleistungspaket bestehende aus der Werbung des Shopping Centers, einer Gebäudepflege und der Verfügungsstellung von einzelnen Gebäudeflächen miteinander verwoben ist. Entsprechendes gilt bei einer Betriebsverpachtung im Ganzen, wenn der Erbe bereits Betriebspächter ist oder in Sonderfällen, die in Abschnitt 26 Abs. 1 Satz 1 Nr. 3 dargestellt werden, künftig Betriebsführer werden wird. Entsprechend der Stichtagsbetrachtung regelt Abschnitt 25 Abs. 1 Satz 7, dass die Begründung einer Betriebsaufspaltung, die im Zeitpunkt des Erbfalles noch nicht vorlag, nicht zur Umqualifizierung eines Grundstückes vom Verwaltungs- ins

27 Vgl. aber die Wohnungsdefinition in § 181 Abs. 9 BewG und insbesondere die dort geregelte Mindestgröße von 23 m^2, die bei Studentenappartements oft nicht eingehalten ist.

Betriebsvermögen führt. Dementsprechend müsste dafür Sorge getragen werden, dass in Fällen, in denen eine Grundstücksüberlassung innerhalb der Familie außerhalb einer Betriebsaufspaltung vorliegt, der Zustand der Betriebsaufspaltung möglichst schon zu Lebzeiten geschaffen wird, damit die Grundstücksqualifikation als Verwaltungsvermögen keine negativen Auswirkungen auf die Begünstigungssituation hat. Gegebenenfalls kann auch hier wieder eine – haftungsbeschränkte – Holdingkonstruktion helfen.

III. Problemfelder im Bewertungserlass (1.7)

Im Bewertungserlass müsste vor allen Dingen die Gleichmäßigkeit der Bewertung, wegen deren Fehlen das Bundesverfassungsgericht die Erbschaftsteuer vor der Reform als verfassungswidrig aufgehoben hatte, verortet sein.

Während die Bewertung von vollständig liquiden Gegenständen mit vergleichsweise wenig Problemen behaftet ist, ist die Bewertung von nicht notierten Anteilen an Kapitalgesellschaften ein erhebliches Problem. Wie jeder, der an Unternehmenskäufen und -verkäufen beteiligt war, weiß, gibt es keinen objektiv richtigen Preis für ein Unternehmen. Auch stark schwankende Börsenkurse, die nach § 11 Abs. 1 S. 1 BewG zwingend anzusetzen sind, haben m. E. ihre „Unschuld" für Bewertungszwecke verloren. Es geht wie jedenfalls längerfristig an der Börse vielmehr darum, eine Methodik aufzustellen, mit der ein den Börsenüberlegungen entsprechender Zukunftswert gefunden werden kann. Geht man anders vor, vergleicht man also den Zukunftswert „Börsenwert" mit Vergangenheitswerten, besteht bereits das Problem, dass hier möglicherweise Äpfel mit Birnen verglichen würden und daher eine solche Differenzierung im Keim ein verfassungsrechtliches Problem darstellt. Wie man die Zukunftsaussichten des Unternehmens richtig einschätzen kann, lässt sich ohne entsprechende Regelung im Gesetz allerdings nicht mit einer für ein Besteuerungsverfahren notwendigen Sicherheit allgemeingültig abklären. Daher rekurriert der Erlass zunächst entsprechend § 11 Abs. 2 BewG auf Verkäufe unter fremden Dritten. Man geht davon aus, dass, wenn innerhalb eines Zeitraumes von zwölf Monaten vor dem Bewertungsstichtag ein Anteil übertragen wird, die Anteilsübertragung zu dem richtigen – fairen – Preis stattfindet. Die maßgebliche Regelung für börsennotierte Wertpapiere geht allerdings dahin, dass es bei fehlenden Börsenkursen nur auf solche Börsenkurse ankomme, die innerhalb der letzten 30 Tage vor dem Stichtag liegen. Orientiert man sich hieran, so müsste möglicherweise eine Ableitung des Kurses für nicht notierte Anteile in einer analogen – branchenspezifischen – Wertentwicklung der

Börsenkurse möglich sein. Würde beispielsweise ein Unternehmensanteil – vor der Kapitalmarktkrise – im Sommer 2008 zum Preis von 100 gehandelt worden sein und ist ein Todesfall zum 15. Januar 2009 eingetreten, so könnte man bei einer entsprechenden Vorgehensweise den relevanten Branchenindex von börsengehandelten Unternehmen auf den Kaufpreis anwenden und damit den Verfall der Werte entsprechender branchenzugehöriger Unternehmen im Rahmen der Wertableitung berücksichtigen. Bedauerlicherweise sind solche methodischen Ansätze, die eine faktische Annäherung von Werten erbringen würden, nicht Gegenstand der Erlassregelung.

Ein Übergang zur Schätzung nach den Ertragsaussichten oder anderen auch im gewöhnlichen Geschäftsverkehr angewendeten Methoden ist nur dann möglich, wenn es eine Ableitung aus Verkäufen nicht gibt. Schon dies zeigt, dass hier ein erhebliches Potential für eine methodische Ungleichbehandlung besteht. Dem Erlassgeber dürfte entgangen sein, dass die Vorranganordnung „kann der gemeine Wert nicht aus Verkäufen abgeleitet werden" seiner Wertableitung eine tatsächliche Unternehmensbewertung in all diesen Fällen ausschließt. Weiter erscheint nicht überzeugend, dass Werte, die sich aus nachfolgenden oder zeitgleich vorgenommenen Verkäufen ableiten lassen, keine derartigen Bindungen erzeugen. Würde beispielsweise beim Ausscheiden des Seniors eine Unternehmensbeteiligungsgesellschaft beteiligt und ein Anteil an den Sohn verschenkt, so lässt sich über die Transaktionsreihenfolge ggf. der maßgebliche Wert deutlich gestalten. Richtigerweise hätte der Erlassgeber, wenn er das Problem stark schwankender Unternehmenswerte sachgerecht hätte lösen wollen, eine (z. B. die vorgeschlagene) Ableitungskorrekturmethode im Erlass selbst angeben sollen oder hätte – wie im Immobilienbereich – stets den Gutachtennachweis zulassen sollen.

1. Verhältnis zwischen mehreren Bewertungsarten

Liegen keine Referenzkäufe vor und gelten auch nicht andere Transaktionen als solche, so stellt sich die Frage, welche Bewertungsart dann Platz greift. Hier geht Abschnitt 3 Abs. 2 auf die Möglichkeit der Wertermittlung nach drei unterschiedlichen Vorgehensweisen ein. Abschnitt 3 Abs. 2 Satz 1 bietet die Wertermittlung unter Berücksichtigung der Ertragsaussichten oder anderen anerkannten auch im gewöhnlichen Geschäftsverkehr für nicht steuerliche Zwecke üblichen Methoden an. In Abschnitt 3 Abs. 2 Satz 3 wird dann allerdings – überraschend – darauf abgestellt, dass neben ertragswertorientierten Verfahren auch zahlungsstromorientierte Verfahren Anwendungen finden können. Dies eröffnet die – explizit nicht angesprochene – Bewertung nach discounted Cashflow. Damit diese Methode unter den Obersatz des Abschnitt 3 Abs. 2 Satz 1 fällt, müsste sie allerdings im gewöhnlichen Geschäftsverkehr für nicht steuerliche Zwecke üblich sein. Hier bleibt unklar, wie diese Üblichkeit dokumentiert werden soll, ob es darauf ankommt, ob in der konkreten Branche mit dieser Methode gearbeitet wird oder ob es ausreicht, dass insgesamt diese Methode in der Unternehmensbewertung eine übliche Bewertungsmethodik darstellt.

Ferner wird als übliche Methode sodann in Abschnitt 3 Abs. 2 Satz 3 Bewertungserlass eine Bezugnahme auf branchenspezifische Verlautbarung, z. B. bei Kammerberufen aus Veröffentlichungen der Kammern, zugelassen. Entsprechend wird man davon ausgehen können, dass wenn bestimmte Industriegruppen übliche Multiplikatoren veröffentlichen und diese Veröffentlichung faktische Folgen zeitigt, auch diese eine andere im gewöhnlichen Geschäftsverkehr verwendete Methodik darstellen können. Mithin tritt neben die konkreten Kaufpreise eine zukunftsorientierte Bewertung, die entweder Ertragsaussichten oder Cash-Flow in den Blick nimmt und eine eher am Vergangenheitsstand, dem früheren Umsatz, orientierte Methodik. In allen Fällen ist nach Abschnitt 3 Abs. 2 Satz 5 das Ergebnis so anzupassen, dass die wegen geänderter objektiver Umstände beeinflussten Rechengrößen aktualisiert werden. Als Beispiel hierfür wird – sicherlich zutreffend – der Tod des Unternehmers genannt.

Neben den genannten Methoden ist nach Abschnitt 3 Abs. 2 Satz 4 Bewertungserlass – selbstverständlich – das vereinfachte Ertragswertverfahren nach §§ 199 ff. BewG zugelassen. Der Gesetzgeber hat bereits den Vorbehalt gemacht, dass dieses Verfahren dann nicht angewendet werden kann, wenn es zu offensichtlich unzutreffenden Ergebnissen führt. Das vereinfachte Ertragswertverfahren des Gesetzes ist ein vergangenheitsbezogener Ansatz, bei dem der Jahresertrag der letzten drei Jahre – ohne Gewichtung – auf die Zukunft hochgerechnet wird. Es findet dann eine Multiplikation dieses Jahresertrages mit dem jährlich sich ändernden Multiplikator – hierauf wurde bereits im Zusammenhang mit den entsprechenden BMF-Schreiben hingewiesen – statt. Diese Anwendungsreihenfolge muss eigentlich überraschen. Dasjenige Verfahren, das der Gesetzgeber selbst regelt, wird von ihm als das am wenigsten überzeugende mit der Einschränkung verbunden, dass es nur dann anzuwenden sei, wenn es nicht zu offensichtlich unzutreffenden Werten führe. Die anderen Verfahren haben derartige Vorbehalte nicht, sondern sind bereits dann anzuwenden, wenn sie, wie Abschnitt 3 Abs. 2 Satz 2 verlangt, in einem methodischen nicht zu beanstandenden Gutachten ermittelt werden. Diese Vorgehensweise als solche ist einem Rechtsstaat meines Erachtens bereits unwürdig. Wenn der Gesetzgeber etwas regelt, so sollte der Normbetroffene diese Regelung generell anwenden dürfen. Es ist für ihn nicht erkennbar – und die Finanzverwaltung hat sich auch noch nicht festgelegt – wann das vereinfachte Ertragswertverfahren offensichtlich unzutreffend und damit unanwendbar wird. Im Ergebnis müsste, da bei den anderen Verfahren eine entsprechende Einschränkung nicht besteht, *jedes* Verfahren durchgerechnet werden können und sodann das vereinfachte Ertragswertverfahren nur anwendbar bleiben, wenn alle anderen Verfahren einen in der Nähe des vereinfachten Ertragswertverfahrens liegenden Endwert ergeben. Führt auch nur ein einziges anderes Verfahren zu einem wesentlich anderen Wert, liegt nach dem Erlasswortlaut ein offensichtlich unzutreffendes Ergebnis vor. Zur Erreichung von Rechtssicherheit musste der Steuerpflichtige daher *alle* anderen Verfahren geprüft haben. Das vereinfachte Verfahren würde damit ad absurdum geführt. Die Verfassungswidrigkeit der hierin liegenden Vollzugsdefizite ist offenbar.

Auch die im Wort „vereinfacht" liegende Simplifizierung wird durch den Anwendungsvorbehalt in ihr glattes Gegenteil verkehrt. Dem Erlassgeber ist insofern, so meine ich, vorzuwerfen, dass er dem Steuerpflichtigen keinerlei Hinweis darüber erteilt, wann ein solches Verfahren offensichtlich unzutreffend ist. Angesichts der in Unternehmensverkaufsgesprächen häufig zu findenden Wertdifferenzen von +/– 25 % um einen Einigungswert, der das Ergebnis von Preisverhandlungen darstellt, erscheint hier ein sehr breiter Spielraum sachgerecht, so dass aus meiner Sicht die Bewertung dann nicht als offensichtlich unzutreffend bezeichnet werden sollte, wenn zumindest in einem Verfahren eine Wertabweichung von weniger als 50 % besteht.

Nur als Seitenbemerkung sei darauf hingewiesen, dass in allen Fällen der verkaufspreisunabhängigen Bewertung zudem gemäß Abschnitt 4 des Bewertungserlasses der Substanzwert zu ermitteln ist. Diese Wertermittlung beinhaltet keinerlei Ertragselemente und ist vollständig statisch. Da die Substanzwertzugrundelegung bei tatsächlichen Verkäufen und Börsenpreisen nicht stattfindet, ist auch diese im Keim geeignet, einen Verfassungsverstoß herzuleiten, da bei negativer Ertragsaussicht negative Ertragswerte zu einer Unterschreitung des Substanzwertes führen können, die aber – ohne Verkauf – bewertungsrechtlich unberücksichtigt bleiben. Abschnitt 4 Abs. 1 Satz 2, der die Substanzwertmethode für Verkaufsfälle ausschließt, lässt allerdings nicht erkennen, ob der Substanzwert auch dann ausgeschlossen wird, wenn eine Ausgabe neuer Gesellschaftsanteile zur Aufnahme eines neuen Gesellschafters erfolgt. Zwar stellt Abschnitt 3 Abs. 1 Satz 4 wie dargelegt auf diesen Fall ab, in Abschnitt 4 wird der Fall allerdings nicht wiederholend oder ablehnend aufgenommen, so dass in dieser Situation unklar ist, ob bei der Aufnahme eines neuen Gesellschafters der Substanzwert den niedrigsten Wert darstellt. In Zeiten einer Krise, die häufig zu Unternehmensverlusten führt, ist dieses Fehlen einer entsprechenden Bezugnahme sehr bedauerlich, weil eine Berücksichtigung eines negativen Ertragswertes gerade bei Aufnahme zum Zwecke der Sanierung ein deutliches Anzeichen dafür darstellt, dass der Substanzwert eine Überbewertung des Unternehmens ausdrückt.

2. Wiedereinführung eines 30 %igen Anhaltewertes?

Im Rahmen der Substanzwertbewertung wurde in Abschnitt 4 Abs. 7 bei Wirtschaftsgütern des beweglichen abnutzbaren Anlagevermögens unter dem Vorbehalt des offensichtlich unzutreffenden Wertes ein Ansatz in Höhe von 30 % der Anschaffungs- oder Herstellungskosten zugelassen. Mithin kann die Bewertung im Substanzwertverfahren dadurch wesentlich vereinfacht werden, dass sämtliche abnutzbaren beweglichen Anlagegegenstände einheitlich mit 30 % der relevanten Anschaffungs- oder Herstellungskosten bewertet werden. Dies ist allerdings – bedauerlicherweise – die einzige Vereinfachung. Alle anderen Wirtschaftsgüter sind jeweils zeitnah zu bewerten. Dies gilt auch – und hier wird es in der Praxis besonders schwierig – für immaterielle Wirtschaftsgüter des Anlagevermögens unabhängig davon, ob die Werte in der Bilanz erscheinen. Demgegenüber sind Geschäfts-, Firmen- oder Praxiswerte nicht anzusetzen. Während mithin bei einem Unternehmenskauf wegen der häufig kürzeren Abschreibungsdauer das Käuferinteresse dahin gehen wird, einen möglichst hohen Anteil von erworbenen stillen Reserven einzelnen selbstgeschaffenen immateriellen Wirtschaftsgütern zuzuschreiben, ist wegen der dadurch korrelierend eintretenden Reduzierung des Geschäfts-, Firmen- oder Praxiswertes in Fällen der unentgeltlichen Rechtsnachfolge ein gegenteiliges Interesse sachgerecht; der Substanzwert als Kontrollwert erhöht sich um die im Geschäftswert enthaltenen Teilbeträge nicht. Ein gesetzliche Ableitung könnte für diese Vorgehensweise allenfalls § 11 Abs. 2 Satz 3 bilden. Demgemäß müsste aus den Worten „sonstigen aktiven Ansätze" dieser Bewertungsunterschied zwischen geschäftswertbildenden Einzelwirtschaftsgütern und einem Geschäfts- oder Firmenwert ableitbar sein. Wie dies mit üblichen Auslegungsmethoden begründet werden soll, entzieht sich jedoch einer nachvollziehbaren Darlegung. Meines Erachtens leidet die Substanzwertanordnung schlicht daran, dass sie den Hauptsatz, den es umzusetzen gegolten hätte, schlicht ignoriert. Richtigerweise wäre nämlich darauf abzustellen gewesen, was aus Erwerbersicht in die Kaufpreisbemessung üblicherweise einbezogen wird.

3. Paketzuschlag aus Übertrager- oder Erwerbersicht?

Nach Abschnitt 7 ist in Umsetzung von § 11 Abs. 3 BewG gegebenenfalls ein Paketzuschlag (oder auch -abschlag) anzusetzen, wenn der relevante Kurswert oder der gemeine Wert für sämtliche Anteile höher (oder niedriger) ist als für einen kleineren Anteilsbesitz. Hierbei ist neben der unproblematischen Konstellation, dass ein Anteil von mehr als 25 % vom Voreigentümer auf den Neueigentümer übergeht, zu definieren, wie die beiden problematischen Fälle zu besteuern sind. Das Gesetz spricht schlicht von dem gemeinen Wert einer Anzahl von Anteilen an einer Kapitalgesellschaft, die einer Personen gehören. Dies könnte andeuten, dass darauf abzustellen wäre, ob der Alteigentümer (nur ihm gehören ja im Bewertungszeitpunkt die Anteile) die Beteiligungsschwelle von 25 % überschritten hatte. Der Erlass macht allerdings in Abschnitt 7 Abs. 7 hier nicht halt, sondern kommt – ohne dass diese einem Gesamtplan unterliegen müsste – bereits bei einer Schenkungsabfolge innerhalb der 10-Jahres-Frist des § 14 ErbStG dazu, dass zwei rechtlich vollständig selbständige Vorgänge bezüglich der Quotenüberschreitung zusammengerechnet werden. Erfolgt beispielsweise eine Erstschenkung von 10 % und – ohne Gesamtplan – gegen Ende der 10-Jahres-Periode des § 14 ErbStG eine Zweitschenkung von 20 %, so führt die Erstschenkung nach Abschnitt 7 Abs. 6 meines Erachtens zu Recht nicht zu dem Bewertungszuschlag, weil auch der Verkauf von nur 10 %, also einer Minderheitenbeteiligung, im gewöhnlichen Geschäftsleben anders bewertet würde als Verkauf einer qualifizierten Minderheitsbeteiligung von mehr als 25 %. Da das Gesetz auf die Bereicherung der Erwerbers abstellt (sonst wären mittelbare Schenkungen als Rechtsfigur unmöglich), ist hier eine Beschränkung des Wortlautes von § 11 Abs. 3 BewG sicher sachgerecht. Warum dies allerdings nur bei Schenkungen unter Lebenden, nicht aber bei Übertragungen von Todes wegen gelten soll, warum also der gleiche Vorgang am Tage vor dem Ableben signifikant „billiger" wird, als im Rahmen der erbrechtlichen Nachfolge, bei dem mehrere Erben bezüglich der Beteiligung zusammengerechnet werden (Abschnitt 4 Abs. 4 Satz 1 Bewertungserlass) bleibt für einen an der Gesetzesgrundlage orientierten Ausleger des Gesetzeswortlautes unverständlich.

Ebenso unverständlich bleibt, warum nicht jeder Kontrollerwerb zu dem erbschaftsteuerlichen Zuschlag führt, sondern nur ein solcher, der innerhalb einer 10-Jahres-Periode vollzogen wird. Im gewöhnlichen Geschäftsverkehr fällt auf, dass Erwerber, die mit einem – selbst nicht wesentlichen – Anteil die Kontrollschwelle überschreiten, bereit sind, hierfür einen höheren Wert zu bezahlen. Mithin erscheint die Einschränkung in Abschnitt 7 Abs. 8, dass lediglich Übertragungen von derselben Person an dieselbe Person und innerhalb einer 10-Jahres-Periode herangezogen werden, vom Gesetzeswortlaut nicht gedeckt. Ebenso wenig dürfte allerdings vom Gesetzeswortlaut gedeckt sein, dass der Erlass innerhalb der 10-Jahres-Periode nur darauf abstellt, dass die Summe beider Schenkungen Anteile von über 25 % ergab, nicht aber darauf, ob bei der Zweitübertragung der Übertragende noch eine mehr als 25 %ige Beteiligung innehatte.

Die mehrfachen – wohl unbewussten – Perspektivenwechsel irritieren zutiefst. Ist es im Ansatz bereits ärgerlich, dass der Paketzuschlag in § 11 Abs. 3 des Gesetzes keinerlei gesetzgeberischen Willen in einer auslegungsfähigen Weise kontoriert, so verkommt Abschnitt 7 zum Vabanquespiel. Erhält z. B. ein Kind mehr als 25 % der Beteiligung an einem Unternehmen von beiden Elternteilen und macht jede der Übertragungen nicht mehr als 25 % aus, so wird kein Paketzuschlag angesetzt. Liegt der Ausgangsfall anders, ist beispielsweise der Ehepartner mit knapp unter der Hälfte beteiligt, kann der Mehrheitsgesellschafter die beiden gemeinsamen Kinder nur um den Preis des Paketzuschlags je hälftig bedienen. In solchen Fällen wird es oftmals billiger sein, entweder dem Ehegatten die zur hälftigen Beteiligung fehlenden Anteile zu übertragen und sodann eine Bindung über Erbvertrag und/oder Rückforderungsrechte vorzusehen oder ein familienfremdes Mitglied der Unternehmensleitung mit diesem Minianteilsüberhang zu bedienen, gegebenenfalls mit der Auflage, ihn zum gemeinen Wert an die Kinder zu verkaufen. Eine Zuwendung von mehr als 25 % des Unternehmens liegt in keinem dieser Fälle vor, obwohl das wirtschaftliche Ergebnis in allen Fällen weitestgehend vergleichbar ist.

4. Partieller (branchentypischer) Ausschluss des vereinfachten Ertragswertverfahrens

Betrachtet man die Verhältnisse in freiberuflichen Kanzleien, für die die eben dargestellten Bewertungsregelungen entsprechend gelten, stellt sich die Frage, ob bei diesen das vereinfachte Ertragswertverfahren, weil es zu offensichtlich unzutreffenden Werten führt, in der Regel ausgeschlossen ist. Typischerweise werden Rechtsanwalts- oder Steuerberaterpraxen (verkammerte Berufe) zu einem Prozentsatz des Umsatzes übertragen. Legt man bei kleineren Praxen eine Ertragsgröße von rund 30 bis 50 % des Umsatzes zugrunde (dies reflektiert selbstverständlich zu wesentlichen Teilen einen Unternehmerlohn), so führt das vereinfachte Verfahren selbst dann, wenn entsprechend Abschnitt 22 Abs. 3 Nr. 2 d Bewertungserlass der Unternehmerlohn abgezogen wird, oft zu recht hohen Werten. Geht man von einem Umsatz von 1 Mio., einem angestellten Berufsträger mit einem Gehalt von 100.000 Euro und einer Marge von 40 % aus, so mag der Ertrag dann auf die Hälfte des vor dem Abzug des Unternehmerlohns liegenden Betrages sinken; das rund zwölffache der Restgröße (200.000 Euro) ist aber immer noch mehr als das Doppelte des Umsatzbetrages.

Nach Auffassung der Verwaltung trägt der Steuerpflichtige, will er von dem im vereinfachten Ertragswertverfahren ermittelten Wert abweichen, die Feststellungslast für die Ermittlung eines abweichenden Wertes. Entsprechendes gilt bei einer von der Finanzverwaltung beabsichtigten

Abweichung. Beides entspricht meines Erachtens nicht der gesetzlichen Anordnung. § 11 Abs. 2 Satz 4 ordnet an, dass „die §§ 199 bis 203" anzuwenden sind. Mithin besteht die rechtliche Möglichkeit („kann") der Anwendung des vereinfachten Ertragswertverfahrens. Dieses ist nur dann nicht anwendbar, wenn es „zu offensichtlich unzutreffenden Ergebnissen führt". Eine Nichtanwendung außerhalb des Grenzbereiches der offensichtlich unzutreffenden Ergebnisse wird im Gesetz nicht eröffnet. Mithin müsste der in Abschnitt 19 Abs. 6 bzw. 7 des Bewertungserlasses dargestellte Verteilung der Feststellungslast nicht auf die Richtigkeit des anderen Wertes sondern auf das „offensichtlich Unzutreffend-Sein" des im vereinfachten Ertragswertverfahren ermittelten Wertes gerichtet sein. Es wäre wünschenswert gewesen, wenn die Finanzverwaltung dies in Abschnitt 19 entsprechend dargelegt hätte.

4. Leitthema:
Internationales Steuerrecht

Treaty Override ohne Grenzen?

Professor Dr. Gerrit Frotscher
Hamburg

Inhaltsübersicht

1. Zum Begriff des „Treaty Overrides“

Der Ausdruck „Treaty Override“ bezeichnet ein nationales (unilaterales) Gesetz, das einen grenzüberschreitenden Sachverhalt zu Lasten des Steuerpflichtigen abweichend von den Regelungen eines auf diesen Sachverhalt anwendbaren Doppelbesteuerungsabkommens (DBA) regelt. „Treaty overriding“ (abkommensverdrängend) sind nur solche Regelungen, die im Widerspruch zu den völkerrechtlichen Verpflichtungen stehen, die die Bundesrepublik in dem jeweiligen DBA eingegangen ist.[1] Damit sind solche Regelungen aus dem Begriff des „Treaty Overrides“ ausgeklammert, für die ein ausreichender Anknüpfungstatbestand in dem DBA enthalten ist. Beispiele für einen solchen abkommensrechtlichen Anknüpfungstatbestand wären etwa Missbrauchsvorbehalte in einem DBA. Eine nationale Regelung, die diesen Missbrauchsvorbehalt durch ein nationales Gesetz ausfüllt oder konkretisiert, ist kein Treaty Override. Soweit eine nationale Regelung über eine solche Konkretisierung hinausgeht, also eine Regelung trifft, die in ihren Wirkungen im Einzelfall nicht mehr durch den Anknüpfungstatbestand des DBA gedeckt ist, wäre der Regelungsbereich der nationalen Vorschriften durch eine teleologische Reduktion zu begrenzen.

Ebenfalls kein „Treaty Override“ sind unilaterale Regelungen, die eine nach dem Wortlaut, dem Sinnzusammenhang und der Entstehungsgeschichte des DBA mögliche Interpretation einer DBA-Vorschrift durch nationales Recht festschreiben. Dagegen hat eine nationale Vorschrift abkommensverdrängenden Charakter, die das Verständnis einer Vorschrift des DBA, wie sie die Rechtsprechung auf Grund international

1 Vgl. zu der Begriffsbestimmung im Einzelnen *Frotscher* in Festschrift für Harald Schaumburg, Köln 2009, 687, 689.

anerkannter Auslegungsmethoden[2] ermittelt hat, verändern. Der Inhalt einer auslegungsbedürftigen Norm eines DBA bestimmt sich nach dem Ergebnis der Auslegung auf Grund der genannten Methoden und stellt, wenn das Ergebnis nach den international anerkannten Auslegungsmethoden erzielt wurde, den von beiden Staaten anzuerkennenden, vertragsgerechten Inhalt der Norm dar. Wenn die Bedeutung einer Bestimmung eines DBA, die auf Grund dieser Auslegung einen bestimmten Inhalt hat, durch eine unilaterale Rechtsvorschrift geändert wird, ist dies ein „Treaty Override".[3]

Diese Definition des „Treaty Overrides" hat zur Folge, dass als „Treaty Override" nur eine solche unilaterale Norm angesehen wird, die einen Bruch der in dem bilateralen DBA übernommenen Verpflichtungen enthält und damit gegen den in Art. 26, 27 der Wiener Vertragskonvention[4] kodifizierten Grundsatz „pacta sunt servanda" verstößt.[5] Treaty Override stellt damit grundsätzlich einen völkerrechtswidrigen Akt dar.[6]

Die unilaterale Durchbrechung der Bestimmungen eines bilateralen DBA ist in der Literatur fast einhellig auf Kritik gestoßen.[7] Trotzdem haben die Fälle des Treaty Overrides im deutschen Steuerrecht in den letzten Jahren stark zugenommen. Zu nennen sind etwa § 20 Abs. 2 AStG, § 15 Abs. 1a, § 17 Abs. 5 S. 3, § 50 d Abs. 8, 9 EStG[8], § 8 b Abs. 1 S. 3 KStG, § 13 Abs. 2

2 International anerkannte Auslegungsgrundsätze sind insbesondere die in Art. 31–33 des Wiener Übereinkommens über das Recht der Verträge v. 23.5.1969 (BGBl II 1985, 927) – Wiener Vertragskonvention – niedergelegten Regeln.

3 Vgl. *Vogel* in Vogel/Lehner, DBA, 5. Aufl. München 2008, Einl. Tz. 196; *Stein*, IStR 2006, 505, 507; *Frotscher* in Festschrift für Harald Schaumburg, Köln 2009, 687, 689.

4 Vgl. Fn. 3.

5 Im Folgenden wird davon ausgegangen, dass der andere vertragschließende Staat dem Treaty Override weder zugestimmt hat noch zustimmen würde. Zwar kann nach Art. 45 Buchst. b der Wiener Vertragskonvention ein „qualifiziertes Stillschweigen" zum Verlust des völkerrechtlichen Rügerechts führen. Allerdings muss dieses Stillschweigen „qualifiziert" sein, d. h. es muss zweifelsfrei feststehen, dass der andere Staat mit seinem Stillschweigen seine Zustimmung zu der Abweichung von dem Vertrag Ausdruck verleihen wollte. Eine solche „qualifizierte Zustimmung" wird nur in Ausnahmefällen vorliegen; vgl. *Stein*, IStR 2006, 505, 507.

6 Das dürfte h.M. sein; vgl. *Vogel* in Vogel/Lehner, DBA, 5. Aufl. München 2008, Einl. Tz. 194; *Rust/Reimer*, IStR 2005, 843; *Frotscher* in Festschrift für Harald Schaumburg, Köln 2009, S. 687, 689; *Doernberg*, Tax Notes International 1990, 1130; *OECD Committee on Fiscal Affairs*, Report on Tax treaties Overrides, Tax Notes International 1990, 25, Tz. 8 ff. Die Auffassung von *Debatin*, DB 1992, 2159, es werde nur der Anwendungsbefehl des Vertragsgesetzes eingeschränkt, nicht aber gegen das DBA verstoßen, ist rein formal und daher nicht vertretbar.

7 Vgl. etwa nur *Vogel* in Vogel/Lehner, DBA, 5. Aufl. München 2008, Einf. Rz. 194 ff; *Rust/Reimer*, IStR 2005, 843, 847; *Frotscher* in Festschrift für Harald Schaumburg, Köln 2009, S. 687 ff.

8 Zu § 50 d Abs. 10 EStG vgl. Abschn. 7.

Nr. 2, § 21 Abs. 2 Nr. 2 UmwStG, § 16 Abs. 2 S. 3, § 19 Abs. 6, § 20 Abs. 4 S. 2, 3 REITG.

Dagegen sind m. E. §§ 48 d, 50d Abs. 1, 3 EStG und § 15 S. 2 KStG keine Fälle des Treaty Overrides. Nach § 48 d, § 50 d Abs. 1 EStG ist der Steuerabzug ungeachtet der Vorschriften eines DBA durchzuführen. Der beschränkt Steuerpflichtige wird also auf das Erstattungsverfahren bzw. das Freistellungsverfahren verwiesen, vgl. § 48 d Abs. 1 S. 2 EStG (nur Erstattungsverfahren) und § 50 d Abs. 2 EStG (Erstattungs- und Freistellungsverfahren). Die DBA bestimmen nur, dass das Besteuerungsrecht des Quellenstaates beschränkt ist, nicht aber, in welchem Verfahren diese Beschränkung geltend zu machen ist. Ein Erstattungs- bzw. Freistellungsverfahren wird daher als ausreichend für die Vermeidung der Doppelbesteuerung nach einem DBA angesehen werden können.[9] Hinzu kommt, dass in einer Anzahl von DBA die Reduzierung der Quellensteuer nur durch Erstattung erfolgt oder der Ausschluss des Quellensteuerabzugs von einem Antrag abhängig gemacht wird.[10]

§ 50 d Abs. 3 EStG wird für die folgenden Ausführungen nicht als Treaty Override angesehen, weil die Interpretation möglich ist, dass die Vorschrift nur eine Konkretisierung der in den DBA enthaltenen Beschränkung der Abkommensbegünstigungen auf den „beneficial owner" nach Art. 10 Abs. 2, Art. 11 Abs. 2, Art. 12 Abs. 1 OECD-MA bzw. eines in den DBA enthaltenen Missbrauchsvorbehalts darstellt. Soweit § 50 d Abs. 3 EStG über diesen Rahmen hinausgehen sollte, wäre ihr Anwendungsbereich durch eine teleologische Reduktion zu begrenzen.

§ 15 S. 2 KStG, der die Anwendung der „Bruttomethode" auch für das auf einem DBA beruhende internationale Schachtelprivileg anordnet, ist regelmäßig schon deshalb kein Treaty Override, weil durch diese Vorschrift die Anwendung des internationalen Schachtelprivilegs nach dem jeweiligen DBA nicht ausgeschlossen wird. Vielmehr wird durch diese Vorschrift die Anwendung der DBA-Regelung nur auf die Ebene desjenigen Steuerpflichtigen verschoben, der für das fragliche Einkommen Steuerschuldner ist.

Allerdings wäre die Annahme einer abkommensverdrängenden Wirkung vertretbar, soweit die Bruttomethode zu einer Einschränkung des internationalen Schachtelprivilegs führt. Das ist der Fall, wenn der Organträger eine Personengesellschaft oder eine natürliche Person ist. In diesem Fall führt die Anwendung der Bruttomethode dazu, dass das internationale Schachtelprivileg, das auf der Ebene der Organgesellschaft anwendbar wäre, verloren geht. Der Organgesellschaft, die grundsätzlich abkommensberechtigt ist, wird daher das internationale Schachtelprivileg vorenthalten, ohne dass es hierfür einen konkreten Anknüpfungspunkt in

9 A. A. BFH, Urt. v. 22.10.19986 – I R 261/82, BStBl. II 1987, 171.

10 Z. B. Art. 29 Abs. 1 DBA-USA.

dem DBA gibt. Trotzdem dürfte die Regelung im Ergebnis gerechtfertigt sein, da es sich um eine Folge der steuerlichen Zurechnung des Einkommens handelt. Die Frage der Zurechnung von Einkünften und Einkommen ist in den DBA nicht geregelt, sondern wird dem nationalen Recht überlassen. Wenn das nationale Recht die Einkünfte und das Einkommen einem Rechtsträger zurechnet, der nicht berechtigt ist, das internationale Schachtelprivileg in Anspruch zu nehmen, liegt hierin nur eine Regelung, die das DBA dem nationalen Gesetzgeber überlassen hat, nicht aber eine Durchbrechung des DBA. § 15 S. 2 KStG kann daher als eine abkommensrechtlich zulässige und sachgerechte Anpassung an die Besonderheiten der Organschaft angesehen werden.

2. Rechtliche Grundlagen des „Treaty Overrides"

Die Zulässigkeit oder Unzulässigkeit eines Treaty Overrides hängt von der rechtlichen Geltungskraft des DBA ab.[11]

Das DBA ist in erster Linie ein völkerrechtlicher Vertrag, der nur die Vertragsparteien berechtigt und verpflichtet, also die vertragsschließenden Staaten. Mit dem Abschluss des DBA übernehmen die vertragsschließenden Staaten die Verpflichtung, ihr nationales Recht so zu gestalten, dass die Regelungen des DBA gegenüber den Steuerpflichtigen Geltung erlangen. Die DBA unterscheiden sich dadurch von den üblichen völkerrechtlichen Verträgen, deren Inhalt sich nur an die vertragsschließenden Staaten richtet und die nicht darauf gerichtet sind, Grundlage nationaler Gesetze zu sein, die Rechte und/oder Pflichten des einzelnen Staatsbürgers begründen. Anders als die Mehrzahl internationaler Verträge erschöpft sich die Wirkung der DBA nicht darin, Rechte und Pflichten der beteiligten Staaten zu begründen, sondern erfordert die Begründung von Rechten (regelmäßig nicht von Pflichten) der Steuerbürger der betroffenen Staaten durch Umsetzung in das nationale Recht. Ohne eine solche Umsetzung ist ein DBA praktisch wirkungslos. Um die Rechtsfolgen zu erzielen, auf die sie gerichtet sind, bedürfen die DBA daher der Integration in das nationale Steuerrecht. Nur dadurch können sie gegenüber den Steuerpflichtigen, die ja nicht Vertragspartner sind, ihre Wirkung entfalten.

---

11 Aus der umfangreichen Literatur zur Frage der Zulässigkeit des Treaty Overrides vgl. *Vogel*, JZ 1997, 161; *Daragan*, IStR 1989, 225; *Seer*, IStR 1997, 482, 520; *Vogel*, IStR 2005, 29; *Menhorn*, IStR 2005, 325; *Rust/Reimer*, IStR 2005, 843; *Stein*, IStR 2006, 505; *Forsthoff*, IStR 2006, 509; *Bron*, IStR 2007, 431; *Rosenthal*, IStR 2007, 610; *Kempf/Brandl*, DB 2007, 1377; *Kube*, IStR 2008, 306; *Gosch*, IStR 2008, 413; *Brombach-Krüger*, Ubg 2008, 324; *Frotscher*, IStR 2009, 593; *Weigell*, IStR 2009, 636; *Korn*, IStR 2009, 641; *Frotscher* in Festschrift für Harald Schaumburg, Köln 2009, S. 687.

Nach Art. 59 Abs. 2 S. 1 Alternative 2 GG bedürfen völkerrechtliche Verträge, die sich auf Gegenstände der Bundesgesetzgebung beziehen, der Zustimmung bzw. der Mitwirkung der für die Bundesgesetzgebung zuständigen Körperschaften, also des Bundestages und des Bundesrates. Damit unterliegen DBA, die Regelungen über Einkommen-, Körperschaft- und Gewerbesteuer enthalten, unzweifelhaft diesem parlamentarischen Zustimmungsvorbehalt, da dem Bund für die genannten Steuerarten nach Art. 105 Abs. 2 GG, für die Gewerbesteuer i. V. m. Art. 72 Abs. 2 GG, die konkurrierende Gesetzgebungskompetenz zusteht.

Die Zustimmung bzw. Mitwirkung der parlamentarischen Körperschaften erfolgt in Form eines Gesetzes, des Zustimmungs- oder Vertragsgesetzes.

Das Vertragsgesetz nach Art. 59 Abs. 2 S. 1 GG hat mehrfache Wirkungen. So ermächtigt es die Exekutive und den Bundespräsidenten zur Ratifikation des völkerrechtlichen Vertrages und enthält die Zustimmung der Legislativorgane zu dem Vertrag.

Für die Frage der Zulässigkeit des „Treaty Overrides" ist aber eine dritte Wirkung des Vertragsgesetzes entscheidend. Das Vertragsgesetz enthält den innerstaatlichen Anwendungsbefehl, d. h. die (gesetzliche) Anweisung an Exekutive und Steuerbürger, das DBA nach der Ratifikation anzuwenden. Dadurch wird das DBA innerstaatlich, d. h. gegenüber den Steuerpflichtigen, anwendbares Recht.[12]

Die in der Bundesrepublik herrschende staatsrechtliche Theorie gibt damit völkerrechtlichen Regelungen nicht schlechthin Vorrang vor den innerstaatlichen Gesetzen.[13] Aus Art. 59 Abs. 2 S. 1 GG ergibt sich, dass ein internationaler Vertrag für seine innerstaatliche Geltung der Zustimmung der gesetzgebenden Körperschaften bedarf, also nur innerhalb des Rahmens, den das Zustimmungsgesetz setzt, innerstaatlich gilt. Unmittelbare Geltung, d. h. unabhängig von einem Anwendungsbefehl durch ein Gesetz, haben nur „allgemeinen Regeln des Völkerrechts". Sie gehen dem (übrigen) Bundesrecht vor, haben also einen höheren Rang als dieses. DBA als zweiseitige Verträge können aber nicht zu den allgemeinen Regeln des Völkerrechts gehören, da sie nur zwischen den beiden vertragsschließenden Staaten gelten, ausgehandelte Kompromisse darstellen und in Detailregelungen voneinander abzuweichen pflegen. Sie sind daher nicht „allgemein".

Folge dieses Rechtsverständnisses ist, dass das DBA innerstaatlich nur im Rahmen des Vertragsgesetzes gilt, der Steuerpflichtige also nur in dem

12 Früher wurde der Anwendungsbefehl als „Transformation" bezeichnet; so jetzt noch BVerfG, Urt. v. 14.10.2004 – 2 BvR 1481/04, BVerfGE 111, 307 – *Görgülü*, Tz. 31.

13 Zur Übersicht über die vertretenen Theorien vgl. *Frotscher* in Festschrift für Harald Schaumburg, Köln 2009, S. 687, 692; *Frotscher*, Internationales Steuerrecht, 3. Aufl. 2009, Rz. 47 m. w. N.

Rahmen, den das Vertragsgesetz bildet, berechtigt und verpflichtet ist. Das DBA selbst als völkerrechtlicher Vertrag berechtigt und verpflichtet nur die vertragsschließenden Staaten. Der Steuerpflichtige ist nicht Partei dieses Vertrages und kann sich daher unmittelbar nicht auf dessen Regelungen berufen. Das DBA kann auch nicht als „Vertag zu Gunsten Dritter" (des Steuerpflichtigen) interpretiert werden. Es wäre dann immer noch ein völkerrechtlicher Vertrag, der Rechte und Pflichten nur für Dritte begründen könnte, die selbst Völkerrechtssubjekte sind. Die Anerkennung des Steuerpflichtigen als „partielles" Völkerrechtssubjekt würde voraussetzen, dass der Steuerpflichtige in der Lage wäre, seine Rechte aus eigenem Recht in einem völkerrechtlichen Verfahren durchzusetzen. Ein solches Verfahren existiert jedoch nicht.[14]

Da die innerstaatliche Geltung des DBA aus dem Vertragsgesetz abgeleitet ist, ergibt sich, dass das DBA innerstaatlich nur den gleichen Rang haben kann wie das Vertragsgesetz selbst, also den Rang eines einfachen innerstaatlichen Gesetzes. Damit steht es aus verfassungsrechtlicher Sicht grundsätzlich der Änderung durch ein anderes innerstaatliches Gesetz offen, d.h. ein Treaty Override ist nicht schlechthin unzulässig, sondern nach dem verfassungsrechtlichen Verständnis der Bundesrepublik grundsätzlich möglich.

Ein Treaty Override durch ein einfaches Gesetz wäre verfassungsrechtlich nur dann schon im Grundsatz unzulässig, wenn das DBA einen höheren Rang als ein einfaches Gesetz hätte. Es ist versucht worden, diesen höheren Rang aus dem Grundsatz „pacta sunt servanda" abzuleiten.[15] Dieser Grundsatz ist in Art. 26 der Wiener Vertragskonvention kodifiziert und kann als „allgemeiner Grundsatz des Völkerrechts" i. S. d. Art. 25 S. 2 GG angesehen werden. Daraus könnte folgen, dass der Inhalt völkerrechtlicher Verträge, und damit auch der DBA, über Art. 25 S. 2 GG und den Grundsatz der Vertragstreue selbst zu allgemeinen Regeln des Völkerrechts wird. Eine solche Interpretation würde aber den Parlamentsvorbehalt des Art. 59 Abs. 2 GG aushebeln; dieser Vorbehalt wäre im Ergebnis gegenstandslos. Vielmehr ist davon auszugehen, dass Art. 59 Abs. 2 GG als Spezialvorschrift für die Geltung völkerrechtlicher Verträge den Art. 25 S. 2 GG insoweit verdrängt, so dass aus diesem Artikel auch über den Grundsatz „Pacta sunt servanda" keine unmittelbare Geltung des Inhaltes völkerrechtlicher Verträge abgeleitet werden kann.[16]

14 Eingehend hierzu *Frotscher* in Festschrift für Harald Schaumburg, Köln 2009, S. 687, 694.

15 So etwa *Stein*, IStR 2006, 505, 508; *Eckert*, RIW 1992, 386.

16 Vgl. hierzu BVerfG, Urt. v. 9.6.1971 – 2 BvR 225/69, BVerfGE 31, 145; *König* in v. Mangold/Klein/Starck, GG, zu Art. 25 Rz. 18; *Vogel* in Lehner/Vogel, DBA, 5. Aufl. München 2008, Einl. Tz. 202; *Seer*, IStR 1997, 481, 483.

Aus dem Grundgesetz lässt sich daher ein Vorrang völkerrechtlicher Verträge vor innerstaatlichem Recht nicht ableiten.

Auch aus dem europäischen Recht lässt sich eine Grenze für Treaty Override nicht herleiten. Insbesondere aus Art. 293, 2. Spiegelstrich EG ergibt sich eine für den Steuerbürger einklagbare Verpflichtung zur Vermeidung der Doppelbesteuerung nicht, ganz davon abgesehen, dass dieser Artikel durch Ziff. 280 des Vertrags von Lissabon ersatzlos gestrichen worden ist.[17] Auch die Grundfreiheiten gebieten nicht, die Doppelbesteuerung effektiv zu vermeiden.[18]

Für die Rechtswirkungen des Treaty Overrides folgt daraus eine zweistufige Rechtswirkung. Auf der völkerrechtlichen Stufe ist Treaty Override ein Vertragsbruch gegenüber dem anderen Staat, der jedoch nur diplomatische Konsequenzen hervorruft. Rechtliche Konsequenzen sind nicht möglich, da es für Streitfragen aus dem DBA, einschließlich der Fragen des Vertragsbruches, keine internationale Gerichtszuständigkeit gibt. Auf der nationalstaatlichen Stufe ist das abkommensverdrängende Gesetz gegenüber dem Steuerbürger als formell rechtgültig zustande gekommenes Gesetz wirksam. Soweit die nationale Rechtsordnung einem völkerrechtlichen Vertrag widerspricht, ist diese nationale Rechtsordnung, und nicht der völkerrechtliche Vertrag, für den Steuerbürger bindend, und zwar so lange, bis die nationale Rechtsordnung an den völkerrechtlichen Vertrag angepasst worden ist.[19]

3. Die Bedeutung des § 2 AO

Ergibt sich ein Vorrang der DBA vor einfachen Gesetzen nicht aus dem Verfassungsrecht, könnte ein solcher Vorrang aus dem einfachen Recht abzuleiten sein. Grundlage für einen solchen Vorrang könnte § 2 AO sein, wonach DBA, soweit sie innerstaatliches Recht geworden sind, den (übrigen) Steuergesetzen vorgehen.

§ 2 AO kann jedoch keinen grundsätzlichen Vorrang der DBA vor unilateralem Gesetzesrecht begründen. § 2 AO ist seinem Rang nach einfaches

---

17 EuGH, Urt. v. 12.5.1998 – Rs. C 336/96, FR 1998, 847 – *Gilly*; *Bron*, IStR 2007, 431; *Forsthoff*, IStR 2006, 509; a. A. *Lehner*, Bulletin 2000, 461; *Brombach-Krüger*, Ubg 2008, 324.

18 EuGH, Urt. v. 14.11.2006 – Rs. C-513/04, IStR 2007, 66 – *Kerckhaert-Morres*; EuGH v. 12.12.2006, C-374/04, IStR 2007, 138, Tz. 50, 55 – *Test Claimants in Class IV of the ACT Group Litigation*; EuGH, Urt. v. 13.3.2007 – Rs. C-524/04, IStR 2007, 249, Tz. 90 – *Test Claimant in the Thin Cap Group Litigation*; EuGH, Urt. v. 6.12.2007 – Rs. C-298/05, IStR 2008, 73, Tz. 45 – *Columbus Container Service*; a. A. *Seer*, IStR 1997, 481, 520.

19 BVerfG, Urt. v. 14.10.2004 – 2 BvR 1481/04, BVerfGE 111, 307 – *Görgülü*, Rz. 51 für die Europäische Menschenrechtskonvention; BFH, Urt. v. 20.3.2002 – I R 38/00, BStBl. II 2002, 819.

Gesetzesrecht und kann als solches anderes einfaches Gesetzesrecht überlagern oder verdrängen, es kann seinerseits aber wiederum von einfachem Gesetzesrecht überlagert oder verdrängt werden. Eine einfachgesetzliche Vorschrift kann aber weder sich selbst noch einer anderen Vorschrift einen höheren Rang als den des einfachen Gesetzesrechts zuordnen; dies wäre nur durch eine Verfassungsbestimmung möglich. Ein Vorrang der DBA vor anderen einfachgesetzlichen Regeln kann sich daher primär nicht aus § 2 AO ergeben, sondern nur aus den Grundsätzen zur Lösung einer Gesetzeskonkurrenz. Maßgebend sind hierfür vor allem zwei Grundsätze, nämlich dass das speziellere Gesetz dem allgemeineren Gesetz (lex-specialis-Regel), und dass das spätere Gesetz dem früheren vorgeht (lex-posterior-Regel). § 2 AO ist in diesen Zusammenhang zu stellen. Die Vorschrift hat nur die Bedeutung, dass das DBA im Regelfall das speziellere Gesetz ist und den allgemeinen Steuergesetzen vorgeht.[20] Außerdem wird man aus § 2 AO entnehmen können, dass das DBA als spezielleres, aber früheres Gesetz dem allgemeineren, aber späteren Gesetz ebenfalls vorgeht. Diese Regelungen wären wohl auch ohne § 2 AO aus dem speziellen Charakter der DBA ableitbar, d. h. § 2 AO ist im Grunde überflüssig.

Daraus folgt aber, dass § 2 AO, und damit auch die DBA, ihrerseits durch ein spezielleres Gesetz, sei es früher, sei es später erlassen, verdrängt bzw. überlagert werden kann.[21] § 2 AO, und mit ihm die DBA, unterliegen als einfachgesetzliche Regelungen den Kollisionsregelungen. Aus § 2 AO, das die DBA regelmäßig als die spezielleren Regelungen einordnet, wird sich lediglich der Grundsatz ableiten lassen, dass ein Gesetz, das entgegen § 2 AO spezieller sein soll als die DBA, diesen Charakter als gegenüber den DBA spezieller und damit als abkommensverdrängend klar zum Ausdruck bringen muss.[22] Weitergehende Voraussetzungen, z. B. in Form eines strengen Zitiergebotes, wonach das abkommensverdrängende Gesetz alle verdrängten DBA aufzählen müsste,[23] lassen sich m. E. nicht begründen. Eine Analogie zu Art. 19 Abs. 1 S. 2 GG ist mangels einer der

20 Vgl. hierzu *Rust/Reimer*, IStR 2005, 843; *Frotscher*, Internationales Steuerrecht, aaO, Rz. 48.

21 Vgl. BFH, Urt. v. 13.7.1994 – I R 120/93, BStBl. II 1995, 129; BFH, Urt. v. 17.5.1995 – I B 183/94, BStBl. II 1995, 781; FG Rheinland-Pfalz, Urt. v. 11.10.2007 – 6 K 1611/07, EFG 2008, 385 zu § 50 d Abs. 8 EStG; FG Rheinland-Pfalz, Urt. v. 30.06.2009 – 6 K 1415/09, EFG 2009, 1649 (Rev.: Az. d. BFH: I R 66/09); FG München, Urt. v. 30.7.2009 – 1 K 1816/09, EFG 2009, 1954 (Rev.: Aktz. d. BFH: I R 74/09); *Bron*, IStR 2007, 431; *Kempf/Bandl*, DB 2007, 1377; *Drüen* in Tipke/Kruse, AO, FGO, zu § 2 AO Rz. 2.

22 Vgl. hierzu BFH, Urt. v. 20.3.2002 – I R 38/00, BStBl. II 2002, 819; *Vogel* in Vogel/Lehner, DBA, 5. Aufl. München 2008, Einl. Rz. 201; *Drüen* in Tipke/Kruse, AO, FGO, zu § 2 Rz. 2.

23 So *Leisner*, RIW 1993, 1013, 1019.

Grundrechtsqualität vergleichbaren subjektiven Rechtsstellung des Steuerpflichtigen aus dem völkerrechtlichen Vertrag oder dem Vertragsgesetz nicht möglich.[24] Entsprechendes gilt für die Ansicht, ein abkommensverdrängendes Gesetz setze einen Vorbehalt in dem DBA voraus.[25] Diese Ansicht verkennt den Unterschied zwischen der völkerrechtlichen, vertraglichen Ebene und der des unilateralen Gesetzgebers. Der Gesetzgeber ist von Verfassungs wegen in seiner Entscheidung frei, und dies nicht nur dann, wenn ein völkerrechtlicher Vertrag einen entsprechenden Vorbehalt enthält.

Erforderlich ist daher lediglich, dass der gegenüber dem DBA speziellere Charakter des abkommensverdrängenden Gesetzes klar zum Ausdruck kommt. Das kann in verschiedener Weise geschehen. In letzter Zeit hat es sich eingebürgert, dass ein solches abkommensverdrängendes Gesetz seinen gegenüber den DBA spezielleren Charakter mit den Worten „... ungeachtet des DBA" klarstellt (vgl. z. B. § 50 d Abs. 9 EStG). Der gegenüber den DBA speziellere Charakter einer solchen Norm kann sich aber auch aus anderen Formulierungen oder eindeutigen Umständen ergeben. So ergibt sich der speziellere, und damit abkommensverdrängende Charakter bei § 20 Abs. 2 AStG aus der Formulierung, dass statt der Freistellungsmethode die Anrechnungsmethode gelten soll. Da die Freistellungsmethode nur auf Grund eines DBA anzuwenden ist, ergibt sich hieraus mit genügender Eindeutigkeit, dass die Vorschrift abkommensverdrängend ist. Ebenso ist § 50 d Abs. 10 EStG nach der hier vertretenen Ansicht[26] abkommensverdrängend, weil eine allgemein anerkannte Auslegung der DBA durch eine anderslautende gesetzliche Regelung ersetzt wird. Dass sich diese Vorschrift nur auf DBA bezieht, ergibt sich daraus, dass die Vorschrift nur anwendbar ist, wenn die dort genannten Vergütungen den Regeln eines DBA unterliegen. Damit ist mit hinreichender Sicherheit deutlich gemacht, dass § 50 d Abs. 10 EStG nur im Zusammenhang mit einem DBA gilt, und daher als speziellere Regel zur Anwendung der DBA Vorrang vor dem Inhalt der DBA erhalten soll und somit abkommensverdrängend ist.

Das abkommensverdrängende Gesetz als das gegenüber den DBA speziellere Gesetz hat regelmäßig auch gegenüber späteren DBA, und damit späteren Vertragsgesetzen, Vorrang. Man wird mangels besonderen Umständen des Einzelfalls davon ausgehen müssen, dass der Gesetzgeber beim Erlass des Vertragsgesetzes für das spätere DBA das frühere abkommensverdrängende Gesetz kannte und das spätere DBA nur im Rahmen der bereits erlassenen abkommensverdrängenden Vorschriften in Kraft set-

24 Vgl. auch *Seer*, IStR 1997, 481.
25 So *Rust/Reimer*, IStR 2005, 843, 846.
26 Vgl. hierzu Abschn. 6.1.

zen wollte. Andernfalls würde ein abkommensverdrängendes Gesetz, das nach dem Willen des Gesetzgebers für alle DBA-Fälle gelten sollte, für Sachverhalte auf Grund später abgeschlossener DBA nicht gelten und damit zu einer (aus der Sicht des Gesetzgebers) ungleichmäßigen Besteuerung führen, die allein von dem Datum des Vertragsgesetzes abhängen würde. Soweit nicht besondere Umstände vorliegen, kann nicht angenommen werden, dass der Gesetzgeber ein solches zufälliges, der Gleichheit der Besteuerung widersprechendes Ergebnis gewollt hat.

Es ist aber auch denkbar, dass das DBA das speziellere Gesetz gegenüber einem abkommensverdrängenden Gesetz ist und seinerseits dieses Gesetz verdrängt oder überlagert. Das ist etwa bei speziellen Missbrauchsklauseln der DBA gegenüber den innerstaatlichen, auch abkommensverdrängenden Missbrauchsklauseln der Fall. So ist etwa die „Limitation-of-benefit-Klausel" des Art. 28 DBA-USA gegenüber § 50 d Abs. 3 EStG die speziellere Regelung und verdrängt diese.[27] Ebenso sind Aktivitätsklauseln in den einzelnen DBA speziellere Vorschriften gegenüber § 20 Abs. 2 AStG.

Auch aus dem einfachen Gesetzesrecht ergibt sich damit kein unabänderlicher Vorrang der DBA. Eine Grenze für die Zulässigkeit des Treaty Overrides kann hieraus nicht abgeleitet werden.

4. Zwischenergebnis und rechtspolitische Würdigung

Das damit gefundene Ergebnis, dass ein Treaty Override grundsätzlich zulässig ist, ist rechtspolitisch nicht akzeptabel. Dieses Ergebnis bedeutet nämlich, dass der Staat, der doch der Wahrer der Rechtsordnung sein sollte, sich allein deshalb legitimiert fühlt, einen Vertragsbruch zu begehen, weil weder das internationale noch das nationale Recht angemessene Sanktionen hierfür vorsieht. Der Staat verletzt damit wesentliche Prinzipien eines Rechtsstaates, nämlich dass vertraglich eingegangene Verpflichtungen auch zu halten sind („pacta sunt servanda"), weil er sich darauf verlässt, dass dies für ihn keine negativen Folgen haben wird.[28] Es bedarf keiner Frage, dass der Staat ein solches Verhalten bei seinen Staatsbürgern nicht tolerieren würde. Welche Folgen ein solcher bewusster und wiederholter Rechtsbruch des Staates auf die Akzeptanz der Steuergesetze durch die Steuerpflichtigen, und damit auf die Steuermoral, hat, kann man sich vorstellen. Der Staat hat kaum das Recht, eine schlechte Steuermoral zu beklagen, wenn er selbst bewusst gegen grundlegende Prinzipien des Rechtsstaates verstößt. Es wäre nur eine Folge der rechtspolitisch

27 Vgl. hierzu *Kempf/Bandl*, DB 2007, 1377; ebenso BFH, Urt. v. 19.12.2007 – I R 21/07, BStBl. II 2008, 619 zum DBA-Schweiz.

28 Vgl. die eindrucksvollen Ausführungen von *Vogel*, JZ 1997, 161: Treaty Override ist Wortbruch.

längst überfälligen Einsicht, dass ein solches staatliches Verhalten unakzeptabel ist, wenn die Möglichkeit eines Treaty Overrides ein für alle Mal ausgeschlossen würde. Dies könnte durch eine Bestimmung in dem GG gesehen, dass ein Gesetz insoweit verfassungswidrig ist, als es gegen bindende völkerrechtliche Verträge verstößt. Dies würde auch den Grundsatz der „Völkerrechtsfreundlichkeit des GG" weiter konkretisieren.

5. Verletzung subjektiver öffentlicher Rechte des Steuerpflichtigen

Grenzen für ein abkommensverdrängendes Gesetz können danach nur darin liegen, dass ein solches Gesetz in unzulässiger Weise in subjektive öffentliche Rechte des Steuerbürgers eingreift. Subjektive öffentliche Rechte, die sich aus einem einfachen Gesetz ergeben, können dabei eine solche Grenze nicht bilden, da Rechte, die durch ein einfaches Gesetz (DBA) gewährt werden, auch durch ein einfaches Gesetz, nämlich das abkommensverdrängende Gesetz, wieder beseitigt werden können. Daher sind nur solche subjektiv öffentlichen Rechte des Steuerbürgers geeignet, eine Grenze gegen ein Treaty Override zu bilden, die ihre Grundlage in den Grundrechten haben.[29] Solche subjektiven öffentlichen Rechte können durch ein einfaches Gesetz nur insoweit eingeschränkt oder beseitigt werden, als das jeweils betroffene Grundrecht dies durch einen Vorbehalt zulässt.

Als Maßstab für die Unzulässigkeit eines Treaty Overrides können daher nur die Grundrechte dienen. Das setzt voraus, dass das abkommensverdrängende Gesetz einen Eingriff in die Grundrechte des Steuerbürgers enthält, der nicht durch Rechtfertigungsgründe gerechtfertigt werden kann.[30] Demgegenüber können sich subjektiv-öffentliche Rechte des

29 Die Möglichkeit, dass ein Treaty Override einen Grundrechtsverstoß darstellt, diskutiert FG München, Urt. v. 30.7.2009 – 1 K 1816/09, FG 2009, 1954 (Rev.: Az. d. BFH: I R 74/09) nicht, ohne dass klar wird, ob das FG die Möglichkeit eines Grundrechtsverstoßes generell verneint, oder ob davon abgesehen wurde, weil der steuerpflichtige Gesellschafter der Personengesellschaft eine in den USA ansässige Körperschaft war, die u. U. nicht grundrechtsberechtigt ist. Das hätte aber angesichts der Nichtdiskriminierungsklausel in dem DBA-USA und im deutsch-amerikanischen Freundschaftsvertrag begründet werden müssen. Außerdem könnte die Personengesellschaft aus eigenem Recht das Treaty Override rügen, wenn das abkommensverdrängende Gesetz auch für die Gewerbesteuer gilt, was zumindest bei § 50 d Abs. 10 EStG der Fall ist; Sondervergütungen werden von der Gewerbesteuer voll erfasst, während die gewerbesteuerlichen Hinzurechnungen nach § 8 Nr. 1 Buchst. a und f für Zinsen und Lizenzgebühren zu einer niedrigeren gewerbesteuerlichen Bemessungsgrundlage führen. Vgl. allgemein zur Kritik an dem FG-Urteil Anm. *Frotscher* in IStR 2009, 866; *Brombach-Krüger*, Ubg 2008, 324.

30 Vgl. hierzu BVerfG, Urt. v. 14.10.2004 – 2 BvR 1481/04, BVerfGE 111. 307 – *Görgülü*, wo es zu einer Prüfung eines möglichen Verstoßes gegen die Europäische

Steuerpflichtigen nicht aus der Verletzung allgemeiner Verfassungsgrundsätze oder von Regeln des Völkerrechts ergeben.[31] Die unmittelbare Berufung auf das Rechtsstaatsprinzip oder den Grundsatz der Völkerrechtsfreundlichkeit des GG ist dem Steuerbürger daher verwehrt.

Als Grundrechte, in deren Schutzbereich durch ein abkommensverdrängendes Gesetz eingegriffen wird, kommen vor allem Art. 3 GG und Art. 14 GG, hilfsweise auch Art. 2 GG, in Betracht.

Voraussetzung einer solchen Grenzziehung durch Grundrechte ist, dass der Schutzbereich dieser Grundrechte eröffnet ist, d. h. dass der Steuerpflichtige persönlich berechtigt ist, sich auf die Grundrechte zu berufen, und dass in sachlicher Hinsicht seine Rechtsposition durch Art. 3, 14 GG bzw. Art. 2 GG geschützt ist.

Die zum Schutz gegen ein Treaty Override heranzuziehenden Grundrechte, nämlich Art. 3 GG oder Art. 14 und 2 GG, sind keine „Deutschengrundrechte", d. h. sie sind nicht an die deutsche Staatsangehörigkeit gebunden. Damit können sich alle natürlichen Personen, unabhängig von ihrer Staatsangehörigkeit und ihrem Wohnsitz oder ihrer Ansässigkeit, auf diese Grundrechte berufen. Hinsichtlich juristischer Personen gilt Art. 19 Abs. 2 GG. Sowohl Art. 3 GG als auch Art. 14 und Art. 2 GG sind ihrem Wesen nach auf juristische Personen anwendbar, so dass inländischen juristischen Personen der diesbezügliche Schutz offen steht. Für ausländische juristische Personen gilt dies nicht. Sie sind nach Art. 19 Abs. 3 GG aus dem Grundrechtsschutz, jedenfalls nach der h.M. ausgeschlossen.[32] Dies gilt jedoch nicht für EU- und EWR-Körperschaften. Ihnen ist auf Grund der Diskriminierungsverbote des EU-Vertrages bzw. des EWR-Vertrages ein den Grundrechten vergleichbarer Rechtsschutz zu gewähren, letztlich über eine entsprechende Auslegung des Art. 2 Abs. 1 GG.[33] Ausgeschlossen vom Grundrechtsschutz sind danach Drittlandskörperschaften.[34]

Entscheidende Bedeutung kommt dann der Eröffnung des sachlichen Schutzbereichs der Grundrechte zu, also der Frage zu, ob das abkommensverdrängende Gesetz in diese grundrechtlich geschützten Rechts-

---

Menschenrechtskonvention nur deshalb kam, weil unzweifelhaft ein Grundrechtseingriff, nämlich in Art. 6 GG, vorlag.

31 *Voßkuhle* in v. Mangold/Klein/Starck, GG, zu Art. 93 Abs. 1 Nr. 4a, Rz. 179.

32 Vgl. *Huber* in v. Mangold/Klein/Starck, GG, 5. Aufl. 2005, zu Art. 19 Rz. 308.

33 Vgl. z. B. *Huber* in v. Mangold/Klein/Starck, GG, 5. Aufl. 2005, zu Art. 19 Rz. 308, 311.

34 Im Folgenden wird § 50 d Abs. 10 EStG in den Mittelpunkt der Untersuchung gestellt. Bei den danach betroffenen ausländischen Gesellschaftern einer inländischen Personengesellschaft wird es sich häufig um natürliche Personen handeln, so dass für sie der persönliche Schutzbereich der Grundrechte eröffnet sein wird.

positionen des Steuerpflichtigen eingreift. Nur wenn ein solcher Eingriff vorliegt, stellt sich die Frage nach einer Rechtfertigung eines solchen Eingriffs.

Bevor beurteilt werden kann, ob das abkommensverdrängende Gesetz einen Eingriff in den Schutzbereich eines Grundrechts darstellt, sind die genauen Rechtswirkungen der fraglichen gesetzlichen Bestimmung zu klären. Diese Rechtswirkungen sind bei den wesentlichen bestehenden abkommensverdrängenden Regelungen gleich. Eine Ausnahme bildet hier § 50d Abs. 10 EStG.[35] Die Rechtswirkungen der § 20 Abs. 2 AStG, § 15 Abs. 1a, § 17 Abs. 5 S. 3, § 50d Abs. 8, 9 EStG, § 8b Abs. 1 S. 3 KStG, § 13 Abs. 2 Nr. 2, § 21 Abs. 2 Nr. 2 UmwStG, § 16 Abs. 6 REITG bestehen darin, dass eine nach einem DBA bestehende Steuerfreistellung beseitigt und, falls der Vorgang der Besteuerung im Ausland unterliegt, die Freistellungsmethode durch die Anrechnungsmethode ersetzt wird. Ansatzpunkt dieses Umstellens von der Freistellungs- auf die Anrechnungsmethode ist die Nicht- oder Niedrigbesteuerung im Ausland (so § 20 Abs. 2 AStG, § 50d Abs. 8, 9 EStG, § 8b Abs. 1 S. 3 KStG; § 19 Abs. 6 REITG) oder der Verlust des deutschen Besteuerungsrechts (so § 15 Abs. 1a, § 17 Abs. 5 S. 3 EStG, § 13 Abs. 2 Nr. 2, § 21 Abs. 2 Nr. 2 UmwStG). § 16 Abs. 2 S. 3, § 20 Abs. 4 S. 2, 3 REITG sind Sonderfälle, die hier nicht weiter besprochen werden.

Die Frage, ob bei diesen abkommensverdrängenden Regelungen ein Eingriff in den Schutzbereich eines Grundrechts vorliegt, ist also so zu konkretisieren, dass zu fragen ist, ob ein aus den Grundrechten fließendes subjektives Recht des Steuerpflichtigen besteht, dass eine mögliche Doppelbesteuerung durch die Freistellungs- an Stelle der Anrechnungsmethode beseitigt wird bzw. ob er ein grundrechtlich geschütztes Recht hat, dass bestimmte (ausländische) Einkünfte insgesamt unbesteuert bleiben. Wird die Frage so gestellt, liegt ihre Verneinung auf der Hand. Zumindest würden etwaige verfassungsrechtliche Probleme nicht das abkommensverdrängende Gesetz, sondern das zugrunde liegende Steuersystem betreffen. Im Rahmen der unbeschränkten Steuerpflicht sind grundsätzlich alle Einkünfte nach § 1 Abs. 1 EStG, § 1 Abs. 2 KStG, wie sie in § 2 Abs. 2 EStG definiert sind, der Besteuerung unterworfen, und zwar unabhängig davon, ob es sich um inländische oder ausländische Einkünfte handelt, und ebenfalls unabhängig davon, ob diese Einkünfte bereits im Ausland besteuert worden sind oder nicht. Bei der beschränkten Steuerpflicht ergibt sich der Umfang des inländischen Besteuerungsanspruchs und damit der inländischen Besteuerung aus § 1 Abs. 4 EStG, § 2 Nr. 1 KStG, jeweils i. V. m. § 49 Abs. 1 EStG. Auch bei der beschränkten Steuerpflicht, die nur inländische Einkünfte erfasst, ist die Einbezie-

35 Hierzu Abschn. 6.

hung in die deutsche Steuerpflicht unabhängig davon, ob diese Einkünfte auch im Ausland besteuert werden, und auch davon, ob diese Besteuerung im Ausland im Rahmen einer unbeschränkten oder beschränkten Steuerpflicht erfolgt. Letzteres kann vorkommen, wenn ein ausländischer Staat die Einkünfte aus in seinem Staat belegenen Quellen anders definiert als die Bundesrepublik.

Diese Besteuerung im Rahmen der unbeschränkten und der beschränkten Steuerpflicht ist, so wird für die folgenden Ausführungen unterstellt, verfassungsgemäß, stellt also keinen ungerechtfertigten Eingriff in die Grundrechte, insbesondere der Art. 2, 3 und 14 GG, dar.

Da die Regelung der unbeschränkten und beschränkten Steuerpflicht zu einer Doppelbesteuerung führen kann, sieht § 34 c EStG für die Besteuerung unbeschränkt steuerpflichtiger natürlicher Personen, § 26 Abs. 1 KStG für die Besteuerung unbeschränkt steuerpflichtiger Körperschaften, § 50 Abs. 6 EStG für die Besteuerung beschränkt steuerpflichtiger natürlicher Personen und § 26 Abs. 6 KStG i. V. m. § 50 Abs. 3 EStG[36] für die Besteuerung beschränkt steuerpflichtiger Körperschaften die Vermeidung der Doppelbesteuerung durch Anrechnung der ausländischen Steuer vor. Es wird zum Zweck der folgenden Ausführungen unterstellt, dass die Vermeidung der Doppelbesteuerung durch die Anrechnungsmethode, nicht durch das Freistellungsverfahren, verfassungsgemäß, ein verfassungsrechtlicher Anspruch des Steuerpflichtigen auf Anwendung der Freistellungsmethode also nicht begründbar ist. Die Anrechnungsmethode wird, wie sich aus Art. 23B OECD-MA ergibt, auch international als ein Verfahren angesehen, das zu einer angemessenen und ausreichenden Beseitigung der Doppelbesteuerung führt.

Ausgangspunkt der Prüfung der Grenzen des Treaty Overrides ist daher eine formell und materiell verfassungsmäßige Rechtslage, nach der alle Einkünfte bzw. bei der beschränkten Steuerpflicht die inländischen Einkünfte steuerpflichtig sind und eine etwaige Doppelbesteuerung durch die Anrechnungsmethode vermieden wird. Diese Rechtslage wird durch das im Rahmen des nationalen Rechts anwendbare DBA verändert, indem Deutschland seinen Besteuerungsanspruch aufgibt (Freistellungsmethode) oder einschränkt (Beschränkung des Quellensteuerabzugs bei beschränkter Steuerpflicht). Für die folgenden Ausführungen wird weiter unterstellt, dass auch diese Rechtslage verfassungsgemäß ist. Wenn die DBA verfassungswidrig wären, würde sich die Frage einer Zulässigkeit des Treaty Overrides gar nicht erst stellen.

36 § 26 Abs. 6 KStG verweist noch auf § 50 Abs. 6 EStG; die Verweisung ist bei der Neukonzeption des § 50 EStG durch das Gesetz v. 19.12.2008, BStBl. I 2009, 74 nicht angepasst worden.

Das Treaty Override in den Fällen, in denen die Freistellungsmethode durch die Anrechnungsmethode ersetzt wird, also in den Fällen der § 20 Abs. 2 AStG, § 50 d Abs. 8, 9 EStG, § 8 b Abs. 1 S. 3 KStG; § 19 Abs. 6 REITG, macht diese Aufgabe oder Beschränkung des deutschen Besteuerungsrechts rückgängig, stellt also die Rechtslage wieder her, die bestehen würde, wenn kein DBA abgeschlossen worden wäre. Da annahmegemäß diese ohne DBA bestehende Rechtslage verfassungsgemäß ist, also weder in Art. 3 GG noch in Art. 14, Art. 2 GG in nicht gerechtfertigter Weise eingreift, kann allein in der Tatsache des Treaty Overrides kein Eingriff in die Grundrechte vorliegen. Es wird lediglich eine verfassungsmäßige Rechtslage durch eine andere, allgemein geltende und ebenfalls der Verfassung entsprechende Rechtslage ersetzt. Die durch das DBA geschaffene Sonderregelung im Verhältnis zu bestimmten Staaten wird beseitigt und damit die allgemein geltende Rechtslage wieder hergestellt. Das Treaty Override verstößt also nicht gegen ein Grundrecht, sondern nur gegen das DBA in der Form des Anwendungsgesetzes. Dies ist, da es sich jeweils um einfachgesetzliche Regelungen handelt, verfassungsrechtlich unbedenklich.

Bezogen auf die einzelnen, in Bezug genommenen Grundrechte können diese Überlegungen wie folgt konkretisiert werden.[37]

Ein Treaty Override der hier diskutierten Art (Ersatz der Freistellungs- durch die Anrechnungsmethode) ist aus der Sicht des Art. 3 GG unbedenklich, da für alle sich in der gleichen Lage befindlichen Steuerpflichtigen die jeweiligen DBA verdrängt werden. Es wird lediglich diejenige Rechtslage hergestellt, die ohne DBA bestehen würde, also das Sonderrecht der DBA (partiell) beseitigt. Aus dieser Sicht führt das Treaty Override zu mehr Gleichheit, stellt also keinen Gleichheitsverstoß dar. Der Gesetzgeber knüpft hier nicht an personenbezogene Merkmale i. S. d. Art. 3 Abs. 3 GG an und diskriminiert auch keine Minderheit. Daher wäre eine Grenze für den Gesetzgeber nur das Willkürverbot.[38] Willkür liegt aber in den hier besprochenen Fällen nicht vor, weil das Ziel des Treaty Overrides, Vermeidung von niedrig besteuerten oder unbesteuerten Einkünften, nicht offensichtlich sachwidrig ist.

Aus der Sicht des Art. 14 GG liegt die Maßnahme nach ihrer Intensität unter der Grenze desjenigen, was für die Annahme eines Eingriffs erforderlich wäre. So will beispielsweise § 50 d Abs. 9 S. 1 Nr. 1 EStG die Doppel-Nichtbesteuerung vermeiden. Da ein Steuerpflichtiger keinen recht-

37 Die Argumentation folgt den Ausführungen von *Frotscher* in Festschrift für Harald Schaumburg, Köln 2009, S. 687, 707, auf die verwiesen wird.

38 Vgl. zu der unterschiedlichen Eingriffsintensität und den sich daraus ergebenden Grenzen bei Art. 3 GG. BVerfG, Urt. v. 26.1.1993 – 1 BvL 38/92 u. a., BVerfGE 88, 87.

lich geschützten Anspruch darauf hat, im Gegensatz zu dem für alle inländischen Steuerpflichtigen geltenden Grundsatz der Besteuerung des Welteinkommensprinzips einen Teil der von ihm erzielten wirtschaftlichen Leistungsfähigkeit der Besteuerung zu entziehen, wird nicht in seine verfassungsrechtlich durch Art. 14 GG geschützte Rechtssphäre eingegriffen. Der Gesetzgeber sichert nur die verfassungsrechtlich unbedenkliche Regelung der effektiven Besteuerung des Welteinkommens. Der Steuerpflichtige hat auch keinen Anspruch darauf, dass eine etwaige Doppelbesteuerung gerade durch die Freistellungsmethode vermieden wird.[39] Die Anrechnungsmethode ist, wie ausgeführt, eine anerkannte und effektive Methode zur Vermeidung der Doppelbesteuerung. Wenn die Doppelbesteuerung durch die Anrechnungsmethode an Stelle der Freistellungsmethode vermieden wird, kann dies daher keinen Eingriff in die grundrechtlich geschützten subjektiven öffentlichen Rechte des Steuerpflichtigen darstellen.

Für das allgemeine Recht auf freie Entfaltung der Persönlichkeit, Art. 2 GG, wird die Grenze durch die verfassungsmäßige Ordnung gebildet. Zu dieser verfassungsmäßigen Ordnung gehören auch die steuerrechtlichen Regelungen des Welteinkommensprinzips, die Anrechnungsmethode und die Regelungen über die beschränkte Steuerpflicht. Regelungen, die diese Prinzipien umsetzen, sind daher kein Eingriff in Art. 2 GG. Zwar gehören auch die DBA in der Fassung des Vertragsgesetzes zu dieser verfassungsmäßigen Ordnung, aber ebenso das Gesetz, das die DBA verdrängt und die allgemein geltende, verfassungsmäßige Besteuerung wiederherstellt. Das Treaty Override stellt also insoweit keinen Verstoß gegen Art. 2 GG dar.

Somit stellt das Treaty Override in den hier besprochenen Fällen der Ersetzung der Freistellungsmethode durch die Anrechnungsmethode keinen Eingriff in Grundrechte dar. Die Frage der Rechtfertigung stellt sich insoweit, anders als bei § 50 d Abs. 10 EStG, nicht. Für dieses Ergebnis ist entscheidend, dass der Eingriff in die Sphäre des Steuerpflichtigen, wenn ein solcher überhaupt vorliegt, durch das Welteinkommensprinzip, durch § 49 EStG und die Anrechnungsmethode des § 34 c EStG vorgenommen wird. Der Treaty Override, der die Besteuerung auf diese Regelungen zurückführt, stellt daher keinen selbständigen Eingriff in die Grundrechte dar. Wird ein Grundrechtseingriff durch die Besteuerung angenommen, liegt dieser in den genannten Prinzipien, also dem Welteinkommensprinzip, der beschränkten Steuerpflicht und der Anrechnungsmethode. Eine

39 Für die Frage des Treaty Overrides kann hier dahin gestellt bleiben, ob es überhaupt einen verfassungsrechtlichen Anspruch auf Vermeidung der Doppelbesteuerung gibt. Würde diese Frage verneint, könnte ein Treaty Override schon vom Grundsatz her kein Eingriff in die Grundrechte darstellen. Bei § 50 d Abs. 10 EStG stellt sich diese Frage aber durchaus; vgl. hierzu Abschn. 6.2.

verfassungsrechtliche Grenze könnte sich daher nur ergeben, wenn diese Prinzipien verfassungswidrig wären, was annahmegemäß nicht der Fall ist. Auf jeden Fall wären dann aber §§ 1, 2, 34c, 49 EStG, §§ 1, 2 Nr. 1, 26 KStG verfassungswidrig, nicht aber das abkommensverdrängende Gesetz. Das abkommensverdrängende Gesetz enthält keine Regelung, die über die in den genannten Vorschriften enthaltenen Regelungen hinausgeht, und kann daher selbständig keine Verfassungswidrigkeit begründen.

Rechtspolitisch ist jedoch anzumerken, dass dadurch die Bedenken gegen das Treaty Override der genannten Art nicht ausgeräumt werden. Die Bundesrepublik hat sich in den neueren DBA vorbehalten, durch einseitige Erklärung gegenüber dem Vertragspartner von der Freistellungs- zur Anrechnungsmethode überzugehen; hierfür enthalten die entsprechenden DBA ein bestimmtes Verfahren.[40] Wenn die Bundesrepublik von der Freistellungs- zur Anrechnungsmethode übergehen will, muss sie dies in Form des mit dem anderen Vertragspartner vereinbarten Verfahrens tun. Wenn ein bestimmtes Verfahren vereinbart ist, handelt die Bundesrepublik völkerrechtswidrig, und damit in rechtspolitisch nicht akzeptabler Weise, wenn sie dieselben Rechtswirkungen außerhalb dieses vereinbarten Verfahrens zu erreichen versucht.

6. Grenzen des „Treaty Overrides" am Beispiel des § 50 d Abs. 10 EStG

6.1. Zum Inhalt der Vorschrift

Während nach den bisherigen Ausführungen bei dem Treaty Override, das die inländische Freistellung von einer effektiven Besteuerung im Ausland abhängig macht bzw. die Freistellungsmethode durch die Anrechnungsmethode ersetzt, keine verfassungsrechtlichen Grenzen verletzt werden, ist dies nach der hier vertretenen Auffassung bei § 50 d Abs. 10 EStG anders.

Die Vorschrift des § 50 d Abs. 10 EStG ist unklar gefasst. Um diese Vorschrift als Beispiel für die Grenzen eines Treaty Overrides zu nutzen, müssen zuvor zwei Annahmen getroffen werden, die zwar nicht selbstverständlich sind, sich m. E. aber durch Auslegung aus der Vorschrift ableiten lassen.

Die erste Annahme ist, dass § 50 d Abs. 10 EStG die Sondervergütungen bei einer inländischen Mitunternehmerschaft mit ausländischen Gesellschaftern wirksam der Geschäftsleitungsbetriebsstätte im Inland zuordnet und diese Sondervergütungen daher nach § 15 Abs. 1 Nr. 2 EStG zum Betriebsstättengewinn dieser Geschäftsleitungsbetriebsstätte gehören.

40 Vgl. Art. 23 Abs. 4 Buchst. c DBA-USA: Notifizierung des Übergangs von der Freistellungs- auf die Anrechnungsmethode nach gehöriger Konsultation der Vereinigten Staaten.

Dieses Ergebnis muss aus einer historischen, systematischen und teleologischen Auslegung abgeleitet werden, da der Wortlaut des § 50 d Abs. 10 EStG nur bestimmt, dass es sich bei den Sondervergütungen um „Unternehmensgewinne" i. S. d. Art. 7 OECD-MA handelt, die weitere Regelung aber fehlt, dass diese Unternehmensgewinne der inländischen Geschäftsleitungs-Betriebsstätte zuzuordnen sind.[41]

Die zweite Annahme, die getroffen werden muss, bevor die hier interessierende Frage nach den Grenzen eines Treaty Overrides untersucht werden kann, ist die Frage, ob es sich bei § 50 d Abs. 10 EStG überhaupt um ein Treaty Override handelt. Das könnte zweifelhaft sein, da nach dem Bericht des Finanzausschusses[42] die Vorschrift keine abkommensverdrängende Wirkung haben solle und nach ihrem Wortlaut nur gelte, wenn das jeweilige DBA keine ausdrückliche anderslautende Regelung habe. Daraus könnte geschlossen werden, dass der Gesetzgeber nicht eine Abkommensregelung verdrängen, sondern eine Lücke in den Regelungen der DBA schließen wollte.

M. E. sind diese Überlegungen aber nicht geeignet, den abkommensverdrängenden Charakter der Vorschrift zu verneinen. So ist zu bezweifeln, ob überhaupt eine Lücke in den DBA vorliegt, die geschlossen werden könnte. Der Inhalt eines DBA ergibt sich nicht nur aus der „ausdrücklichen Regelung", sondern aus dem Gesamtzusammenhang des Vertrages

41 Die Problematik und die hier vertretene Auslegung der Vorschrift sind näher ausgeführt in *Frotscher*, IStR 2009, 593, 594 ff.; auf diese Ausführungen, die zu dem Ergebnis kommen, dass die Sondervergütungen nach § 50 d Abs. 10 EStG der inländischen Geschäftsleitungs-Betriebsstätte der Mitunternehmerschaft zuzuordnen sind, wird verwiesen; im Ergebnis ebenso FG München, Urt. v. 30.7.2009 – 1 K 1816/09, EFG 2009, 1954 (Rev.: Az. d. BFH: I R 74/09). Ergänzend ist lediglich darauf hinzuweisen, dass auch BFH, Urt. v. 10.8.2006 – II R 59/05, BStBl II 2009, 758, 765 den Unterschied zwischen der „tatsächlichen" Zugehörigkeit nach Art. 10, 11 OECD-MA und der „rechtlichen" Zuordnung, z. B. nach § 15 Abs. 1 Nr. 2 EStG herausstellt. Dann kann aber nicht einfach ignoriert werden, dass Art. 7 Abs. 1, 2 OECD-MA nicht von einer tatsächlichen Zugehörigkeit sondern von einer „Zurechnung" spricht: insoweit zustimmend *Mitschke*, DB 2010, 303. Dieses Ergebnis ist jedoch umstritten; zur Gegenmeinung, die in der Literatur dominiert, vgl. *Boller/Einlinghoff/Schmidt*, IStR 2009, 109, 113; *Günkel/Lieber*, Ubg 2009, 301, 304; *Hils*, DStR 2009, 888; *Lohbeck/Wagner*, DB 2009, 423; *Meretzki*, IStR 2009, 217; *Müller*, BB 2009, 751; *Boller/Schmidt*, IStR 2009, 852; *Korn*, IStR 2009, 641. FG Baden-Württemberg, Urt. v. 9.10.2009 – 10 K 3312/08, EFG 2010, 238 (Rev.: Az. d. BFH: I R 106/09) ist in diesem Zusammenhang nicht einschlägig, da das FG aufgrund des Wortlauts des § 50 d Abs. 10 EStG entschieden hat, dass die Vorschrift jedenfalls auf nachträgliche Einkünfte i. S. d. § 24 EStG nicht anwendbar sei. Allerdings schließt sich das FG in einem obiter dictum der von der Literatur überwiegend vertretenen Gegenmeinung an.

42 Bt-Drs. 16/11108, S. 28.

und ist an Hand einer autonomen Auslegung nach Art. 31 ff Wiener Übereinkunft zu ermitteln.[43] Das hat der BFH[44] in überzeugender Weise getan und ist zu dem Ergebnis gekommen, dass Zinsen als Sondervergütungen unter Art. 10 OECD-MA, also den Zinsartikel, fallen, nicht unter Art. 7 OECD-MA, also keine Unternehmensgewinne sind. Dieses auf Grund einer autonomen Auslegung der DBA gewonnene Ergebnis gibt den Inhalt des Vertrages schon deshalb zutreffend wieder, weil die Mehrzahl der anderen Staaten eine Regelung für Sondervergütungen, wie sie in § 15 Abs. 1 Nr. 2 EStG enthalten ist, nicht kennt, aus ihrer Sicht die Sondervergütungen also nur Zinsen, Miet- und Pachtzinsen oder Lizenzgebühren sein können, nicht aber Unternehmensgewinne. Für diese Einkunftsströme enthalten die DBA entsprechend Art. 6, 10 und 12 OECD-MA aber eindeutige und vertraglich vereinbarte Rechtsfolgen. Wenn also ein DBA keine ausdrückliche Regelung für Sondervergütungen enthält, bedeutet dies nicht, dass das DBA insoweit lückenhaft ist, sondern dass die Bundesrepublik eine besondere Regelung für Sondervergütungen nicht durchsetzen konnte oder wollte. Nach einem solchen DBA fallen die Sondervergütungen unter Art. 6, 10 oder 12 OECD-MA und sind daher in Voraussetzungen und Rechtsfolgen eindeutig geregelt. Für eine „Lückenausfüllung" durch ein nationales Gesetz ist dann kein Raum. Vielmehr ist eine nationale Vorschrift, die von einem solchen durch autonome Auslegung ermittelten und international von den Vertragspartnern vertretenen Ergebnis abweicht, abkommensverdrängend. § 50d Abs. 10 EStG stellt also ein „Treaty Override" dar.

Damit stellt sich als nächstes die Frage, ob dieses Treaty Override nicht schon deshalb unwirksam ist, weil in der Vorschrift die sonst übliche Formulierung, dass die Regelung „ungeachtet der Vorschriften eines DBA" gelten solle, fehlt.[45] M. E. ist das nicht der Fall. Die genannte Formulierung ist aus verfassungsrechtlicher Sicht nicht erforderlich. Sie dient lediglich dazu, klarzustellen, dass das abkommensverdrängende Gesetz gegenüber dem DBA das speziellere Gesetz ist; wegen § 2 AO ist eine sol-

43 Die Ausführungen des FG München, Urt. v. 30.7.2009 – 1 K 1816/09, EFG 2009, 1954 mit Anm. *Frotscher*, IStR 2009, 866, wonach die Vorschrift kein Treaty Override darstellen soll, sind schon deshalb nicht überzeugend, weil nur deutsche Rechtsgrundsätze angewandt werden, eine autonome Auslegung des DBA-USA aber unterlassen wird.

44 BFH, Urt. v. 17.10.2007 – I R 5/06, BFHE 219, 518; vgl. auch BFH, Urt. v. 10.8.2006 – II R 59/05, BStBl. II 2009, 758; BFH, Urt. v. 20.12.2006 – I B 47/05, BStBl. II 2009, 766.

45 Zu der Notwendigkeit einer solchen Bestimmung vgl. BFH, Urt. v. 20.3.2002 – I R 38/00, BStBl. II 2002, 819; *Drüen* in Tipke/Kruse, AO, FGO, zu § 2 AO Rz. 2; *Frotscher* in Festschrift für Harald Schaumburg, Köln 2009, S. 687, 702; *Seer*, IStR 1997, 481; *Vogel* in Vogel/Lehner, DBA, Einl. Rz. 203; *Günkel/Lieber*, Ubg 2009, 301, 306.

che Bestimmung notwendig.[46] Wenn diese Bestimmung aber nur dazu dient, den gegenüber dem DBA spezielleren Charakter der abkommensverdrängenden Vorschrift klarzustellen, kann sich dieser speziellere Charakter auch aus anderen Formulierungen bzw. aus dem Gesamtinhalt der Vorschrift ergeben. Bei § 50 d Abs. 10 EStG kommt der Wille des Gesetzgebers, dass diese Norm in DBA-Fällen zur Anwendung kommen soll, hinreichend klar zum Ausdruck. Sofern das jeweilige DBA keine ausdrückliche anderslautende Regelung enthält, soll § 50 d Abs. 10 EStG gelten. Damit ist klar ausgesagt, dass für diese Fälle der fehlenden ausdrücklichen Regelung § 50 d Abs. 10 EStG die gegenüber dem jeweiligen DBA speziellere Norm ist.

Auf der Grundlage der beiden Annahmen, dass § 50 d Abs. 10 EStG die Sondervergütungen der inländischen Geschäftsleitungs-Betriebsstätte der Mitunternehmerschaft zuordnet, und dass diese Regelung abkommensverdrängenden Charakter hat, kann der Frage nachgegangen werden, ob dieses Treaty Override die Grenze des Zulässigen überschreitet. Wie ausgeführt,[47] kann sich diese Grenze nur aus den Grundrechten des GG ergeben.

6.2. § 50 d Abs. 10 EStG als Grundrechtseingriff

§ 50 d Abs. 10 EStG als abkommensverdrängendes Gesetz ist formell wirksam zustande gekommen. Die Vorschrift verändert daher die Rechtsposition des Steuerpflichtigen und ist, solange die Vorschrift nicht von dem BVerfG für nichtig erklärt worden ist, rechtswirksam und daher von Finanzverwaltung, Steuerpflichtigen und auch den Gerichten zu beachten. Eine Verwerfungskompetenz steht nur dem BVerfG zu. Als Verfahren, die Entscheidung des BVerfG herbeizuführen, steht die Verfassungsbeschwerde, Art. 93 Abs. 1 Nr. 4a GG, § 13 Nr. 8a BVerfGG sowie die konkrete Normenkontrolle auf Grund einer Vorlage eines Finanzgerichts, Art. 100 Abs. 1 GG, § 13 Nr. 11 BVerfGG, zur Verfügung.[48] Voraussetzung beider Verfahren ist, dass der Steuerpflichtige schlüssig behauptet, in seinen aus den Grundrechten fließenden subjektiv öffentlichen Rechten verletzt zu sein. Dies bedeutet, dass eine Entscheidung des BVerfG, das abkommensverdrängende Gesetz sei nichtig, einen nicht gerechtfer-

46 Vgl. oben Abschn. 3.

47 Abschn. 5.

48 Denkbar wäre auch ein Antrag der Bundesregierung, einer Landesregierung oder eines Drittels der Mitglieder des Bundestages nach Art. 93 Abs. 1 Nr. 2 GG, § 13 Nr. 6 BVerfGG. Es dürfte jedoch nicht realistisch sein, dass auf diesem Weg ein Gesetz wegen seiner abkommensverdrängenden Wirkung der Entscheidung des BVerfG unterbreitet wird.

tigten Eingriff dieses Gesetzes in den Schutzbereich der Grundrechte des Steuerpflichtigen voraussetzt.

Als betroffene Grundrechte in Betracht kommen Art. 3, Art. 14 und hilfsweise Art. 2 GG[49]. M. E. stellt § 50 d Abs. 10 EStG einen solchen Eingriff dar. Die Vorschrift führt grundsätzlich zu einer Doppelbesteuerung der Sondervergütungen, die eine inländische Mitunternehmerschaft an einen ausländischen Gesellschafter zahlt. Nach dem einschlägigen DBA würde bei der abkommensrechtlich zutreffenden Qualifizierung der Sondervergütungen als Zinsen, Miet- und Pachtzinsen[50] oder Lizenzgebühren regelmäßig dem Ansässigkeitsstaat des Gesellschafters das Besteuerungsrecht zustehen. Die Bundesrepublik hätte, von den Miet- und Pachtzinsen, Art. 6 OECD-MA abgesehen, nur ein begrenztes Quellensteuerrecht, von dem sie bei Zinsen überhaupt keinen, bei Lizenzgebühren in einer Vielzahl von DBA-Fällen ebenfalls keinen, sonst einen eingeschränkten Gebrauch macht. § 50 d Abs. 10 EStG führt daher dazu, dass die Bundesrepublik entgegen der Regelungen der DBA ein unbegrenztes Besteuerungsrecht in Anspruch nimmt und damit in der Kollision mit dem ebenfalls unbegrenzten Besteuerungsrecht des Ansässigkeitsstaates eine Doppelbesteuerung entsteht. Das Entstehen einer Doppelbesteuerung kann auch nicht mit dem Argument ausgeschlossen werden, dass der Ansässigkeitsstaat des Gesellschafters verpflichtet sei, die Doppelbesteuerung zu vermeiden.[51] Eine solche Verpflichtung des Ansässigkeitsstaates ist schon nach dem Wortlaut des jeweiligen DBA ausgeschlossen. Nach Art. 23A Abs. 1 (Freistellungsmethode) bzw. Art. 23B Abs. 1 (Anrechnungsmethode) OECD-MA hat sich der Ansässigkeitsstaat zur Beseitigung der Doppelbesteuerung durch Freistellung oder Anrechnung nur verpflichtet, wenn und soweit die fraglichen Einkünfte nach dem Abkommen im Quellenstaat besteuert werden „können". Nach dem jeweiligen Abkommen „können" Zinsen und Lizenzgebühren aber nicht bzw. nur eingeschränkt im Quellenstaat besteuert werden.[52] Eine uneingeschränkte, d. h. nicht auf einen begrenzten Quellensteuerabzug

---

49 Ist Gesellschafter der inländischen Personengesellschaft eine nicht in der EU ansässige Körperschaft, kann er sich nach Art. 19 Abs. 3 GG grundsätzlich nicht auf die Grundrechte berufen. In Betracht kommt dann eine Klage der Personengesellschaft wegen Gewerbesteuer, da der Ansatz der Sondervergütungen zu einer höheren steuerlichen Belastung führt als die gewerbesteuerlichen Hinzurechnungen; vgl. hierzu Fn. 29.

50 Das Besteuerungsrecht bei Miet- und Pachtzinsen über Grundstücke steht grundsätzlich auch dem Ansässigkeitsstaat zu, da das Besteuerungsrecht des Quellenstaates nach Art. 6 OECD-MA kein ausschließliches ist. Es hängt dann von der Entscheidung des Ansässigkeitsstaates ab, ob er die Doppelbesteuerung durch Freistellung (kein Besteuerungsrecht) oder durch Anrechnung (weiter bestehendes Besteuerungsrecht) vermeidet.

51 So BT-Drucksache 16/11108, S. 29.

eingeschränkte Besteuerung im Quellenstaat widerspricht dem Abkommen. Der Ansässigkeitsstaat des Gesellschafters ist nicht verpflichtet, die Folgen einer Vertragsverletzung der Bundesrepublik als Quellenstaat zu neutralisieren, indem die Doppelbesteuerung durch Freistellung oder Anrechnung der vertragswidrig in der Bundesrepublik erhobenen Steuer vermieden wird. Nach dem DBA kommt es auch nur auf eine Steuerberechtigung des Quellenstaates nach dem DBA an. Ein Besteuerungsrecht des Quellenstaates nach seinem nationalen Recht führt somit nicht zu einer Verpflichtung des Ansässigkeitsstaates zur Beseitigung der Doppelbesteuerung. Die in dem Bericht des Finanzausschusses geäußerte Ansicht, der Ansässigkeitsstaat müsse eine Doppelbesteuerung vermeiden, ist daher nicht nachvollziehbar. Es ist nicht ersichtlich, woraus eine solche Verpflichtung des Ansässigkeitsstaates fließen sollte.

Von Vertretern der Finanzverwaltung wird in diesem Zusammenhang regelmäßig vorgebracht, dass jedenfalls im Verhältnis zu den USA keine Doppelbesteuerung eintreten könne, weil die USA das Besteuerungsrecht der Bundesrepublik für die Sondervergütungen anerkannt habe[53]. Wenn dies richtig ist, verwundert es, dass es überhaupt zu einem Rechtsstreit wie in dem vom FG München[54] entschiedenen Fall kommen konnte. Die deutsche Steuer wäre dann nämlich in den USA anrechenbar, so dass für den in den USA ansässigen Gesellschafter keine zusätzliche Steuerbelastung eintreten würde; er wäre nicht beschwert. Es muss in Zweifel gezogen werden, dass die USA insoweit wirklich eine bindende Verpflichtung zur Anrechnung der deutschen Steuer auf die Sondervergütungen eingegangen sind. Die Finanzverwaltung hätte sonst die Obliegenheit gehabt, in einem Rechtsstreit wie dem vor dem FG München eine solche Verpflichtung der USA schlüssig darzutun – was sie nicht getan hat. Im Übrigen dürften insoweit bloß verbale Erklärungen von Vertretern der us-amerikanischen Finanzverwaltung nicht ausreichen. Es läge an der Finanzverwaltung, eine Verständigungsvereinbarung mit dem entsprechenden Inhalt abzuschließen.

M. E. stellt § 50 d Abs. 10 EStG einen Eingriff sowohl in des Schutzbereich des Grundrecht des Art. 14 GG als auch in das des Art. 3 GG dar.

Die durch § 50 d Abs. 10 EStG verursachte Doppelbesteuerung stellt einen Eingriff in den Schutzbereich des Art. 14 GG dar. Unabhängig davon, ob allgemein ein verfassungsrechtlicher Anspruch des Steuer-

52 Insoweit ist die Rechtslage bei Miet- und Pachtzinsen für Grundstücke anders; hier hat der Quellenstaat nach Art. 6 OECD-MA ein uneingeschränktes Besteuerungsrecht.

53 So *Mitschke*, DB 2010, 303.

54 FG München, Urt. v. 30.7.2009 – 1 K 1816/09, EFG 2009, 1954 (Rev.: Az. des BFH I R 74/09), m. Anm. *Frotscher*, IStR 2009, 866.

pflichtigen auf Vermeidung der Doppelbesteuerung besteht, ist ein solcher Anspruch durch Abschluss des DBA und die Überführung der Regelungen in das nationale Recht entstanden. Dieses Recht wird durch § 50 d Abs. 10 EStG, der zu einer Doppelbesteuerung führt, beseitigt. Der Staat belegt damit eine Investition des beschränkt Steuerpflichtigen, die er durch die Vergabe des Darlehens an die inländische Personengesellschaft vorgenommen hat, und die daraus fließenden Einkünfte einer steuerlichen Sonderbelastung.

Die Rechtsprechung des BVerfG ist bisher sehr zurückhaltend gewesen, steuerliche Eingriffe unter Art. 14 GG zu subsumieren.[55] Der Grund liegt darin, dass das „Vermögen" nicht durch Art. 14 GG geschützt ist, sich der Schutzbereich dieses Grundrechts vielmehr nur auf einzelne Vermögenspositionen erstreckt.[56] Da eine Steuer aber regelmäßig (nur) das Vermögen als Ganzes belastet, nicht einzelne Vermögenspositionen, greifen steuerliche Regelungen regelmäßig nicht in den Schutzbereich des Art. 14 GG ein.

Bei § 50 d Abs. 10 EStG ist die Sachlage aber anders. Diese Vorschriften belastet nicht generell das Vermögen mit einer Steuer, sondern führt gezielt und absichtlich zu einer Sonderbelastung eines bestimmten Vermögensgegenstandes, nämlich des der Personengesellschaft gewährten Darlehens bzw. des Zinsanspruchs aus diesem Darlehen. Der Schutz des Art. 14 Abs. 1 GG betrifft grundsätzlich alle vermögenswerten Rechte, die dem Berechtigten von der Rechtsordnung so zugeordnet sind, dass dieser die damit verbundenen Befugnisse nach eigenverantwortlicher Entscheidung zu seinem privaten Nutzen ausüben darf.[57] Damit werden nicht nur dingliche, sondern auch schuldrechtliche Ansprüche grundrechtlich geschützt.[58] Art. 14 Abs. 1 GG gewährleistet das Recht, die geschützten vermögenswerten Rechte innezuhaben, zu nutzen, zu verwalten und über sie zu verfügen.

Der Steuerpflichtige hat durch seine wirtschaftliche Leistung, die Hingabe des Darlehens, eine Rechtsposition erworben, aus dem ihm schuldrechtliche Ansprüche auf Zahlung von Zinsen fließen. Dass dieser Zinsanspruch ihm rechtlich so zugeordnet ist, dass er hierüber zu seinem privaten Nutzen verfügen kann, bedarf keiner weiteren Begründung. In diese Rechtsposition greift § 50 d Abs. 10 EStG ein, indem die Zins- oder Lizenzansprüche durch die steuerliche Doppelbelastung einer Sonderbelastung unterworfen werden. Der Eingriff in eine durch eine wirtschaft-

55 Seit BVerfG, Urt. v. 24.7.1962 – 2 BvL 15, 16/61, BVerfGE 14, 221 st. Rspr.; vgl. *Depenheuer* in v. Mangold/Klein/Starck, GG, zu Art. 14 Rz. 161.
56 *Depenheuer* in v. Mangold/Klein/Starck, GG, zu Art. 14 Rz. 160.
57 Vgl. hierzu BVerfG, Urt. v. 9.1.1991 – 1 BvR 929/89, BVerfGE 83, 201.
58 BVerfG, Urt. v. 9.1.1991 – 1 BvR 929/89, BVerfGE 83, 201.

liche Investition erworbene Rechtsposition durch eine hierauf entfallende steuerliche Sonderbelastung kann aber einen Eingriff in die durch Art. 14 GG geschützte Vermögenssphäre des Steuerpflichtigen darstellen.[59] Dieser Eingriff in eine durch die wirtschaftliche Investition, die Hingabe des Darlehens, vom Steuerpflichtigen geschaffene Rechtsposition ist nicht mehr eine Belastung lediglich des „Vermögens", sondern eine gezielte Belastung eines einzelnen Vermögensgegenstandes, des Zins- oder Lizenzanspruchs, und geht deutlich über eine bloße Inhaltsbestimmung des Eigentums hinaus. Der Schutzbereich der Eigentumsgarantie ist betroffen, wenn der Steuerzugriff tatbestandlich an das Innehaben von vermögenswerten Rechtspositionen anknüpft und so den privaten Nutzen der erworbenen Rechtspositionen zugunsten der Allgemeinheit einschränkt. Ein solcher Eingriff in die grundrechtlich geschützte Rechtsposition des Steuerbürgers ist rechtfertigungsbedürftig. Dies ist bei der Sonderbelastung der Lizenz- und Zinseinkünfte auf Grund der durch § 50 d Abs. 10 EStG bewirkten Doppelbesteuerung der Fall.

Es liegt zusätzlich ein Eingriff in Art. 3 GG vor. Der Gesetzgeber hat effektive Regelungen geschaffen, die eine Doppelbesteuerung vermeiden. Für den Fall, dass kein DBA vorliegt, sind diese Regelungen im nationalen (unilateralen) Recht in § 34 c Abs. 1 EStG bzw. § 26 KStG für unbeschränkt Steuerpflichtige und in § 50 Abs. 3 EStG für beschränkt Steuerpflichtige enthalten. Für den Fall des Bestehens eines DBA wird die Doppelbesteuerung durch die Anwendung der Freistellungs- und Anrechnungsmethode bei der unbeschränkten Steuerpflicht sowie durch Freistellung im Quellenstaat bzw. Beschränkung des Quellensteuerabzugs bei der beschränkten Steuerpflicht vermieden. Wenn der Gesetzgeber nun durch ein nationales Gesetz für einen bestimmten Einkünftestrom, die Sondervergütungen bei einer Mitunternehmerschaft, bewusst eine Doppelbesteuerung herstellt, behandelt er die betroffenen Steuerpflichtigen gegenüber anderen Steuerpflichtigen mit anderen Einkünfteströmen ungleich.

In der Begründung[60] führt der Finanzausschuss zwar aus, es solle gerade Gleichbehandlung hergestellt werden. Dies überzeugt jedoch nicht, da nicht die richtige Vergleichsgruppe gewählt wird.[61] Die maßgebende Vergleichsgruppe kann nicht der Einzelunternehmer sein, da dieser sich nicht in der gleichen Lage befindet wie ein Mitunternehmer. Durch Abschluss des DBA ist das Besteuerungsrecht für Zinsen und Lizenzgebühren als Sondervergütungen dem Ansässigkeitsstaat des Gesellschaf-

59 Vgl. hierzu BVerfG, Urt. v. 18.1.2006 – 2 BvR 2194/99, DStR 2006, 555; *Frotscher*, IStR 2009, 593, 598.
60 BT-Drs. 16/11108, S. 28.
61 Hierzu *Frotscher*, IStR 2009, 593, 599.

ters zugewiesen worden, während für beschränkt steuerpflichtige Einzelunternehmer die DBA eine solche Zuordnungsnorm gerade nicht enthalten. Die Bundesrepublik hat in den DBA gerade keine Gleichbehandlung von Einzelunternehmern und Mitunternehmern hinsichtlich der Sondervergütungen durchsetzen können.[62] Im Übrigen liegt das Argument der Gleichbehandlung mit Einzelunternehmern schon deshalb neben der Sache, weil bei Einzelunternehmern die Doppelbesteuerung durch das Betriebsstättenprinzip effektiv vermieden wird,[63] bei Mitunternehmern nach § 50 d Abs. 10 EStG aber gerade nicht.

Zutreffende Vergleichsgruppe könnten andere beschränkt Steuerpflichtige sein, für die ein DBA besteht und die andere Einkünfte also solche aus Sondervergütungen erzielen. Im Verhältnis zu dieser Vergleichsgruppe werden die Bezieher von Einkünften aus den Sondervergütungen benachteiligt, da sie einer Doppelbesteuerung unterliegen, die bei anderen Einkünfteströmen effizient vermieden wird.

Denkbar als Vergleichsgruppe sind auch inländische Gesellschafter von Mitunternehmerschaften. Im Verhältnis zu diesen wird zwar Gleichheit insoweit hergestellt, als die Sondervergütungen jeweils den gleichen Besteuerungsprinzipien unterliegen, Ungleichheit aber dadurch, dass die Sondervergütungen der beschränkt Steuerpflichtigen einer Doppelbesteuerung unterliegen, die der unbeschränkt steuerpflichtigen Mitunternehmer jedoch nicht.

Bei jeder der möglichen Vergleichsgruppen tritt durch die Doppelbesteuerung bei beschränkt steuerpflichtigen Gesellschaftern einer inländischen Mitunternehmerschaft damit eine Ungleichbehandlung durch die Doppelbesteuerung ein. Es liegt damit ein Eingriff in den Schutzbereich des Art. 3 GG vor, der rechtfertigungsbedürftig ist.

---

62 Es könnte allenfalls die Frage gestellt werden, ob nicht umgekehrt die Ungleichbehandlung von Einzelunternehmern, bei denen das Besteuerungsrecht für eine fiktive Eigenkapitalverzinsung dem Betriebsstättenstaat und nicht dem Ansässigkeitsstaat des Einzelunternehmers zusteht, zu Lasten des Einzelunternehmers eine Ungleichbehandlung darstellt. Dies ist aber eine andere Fragestellung, der hier nicht weiter nachgegangen wird. Wenn der Gesetzgeber insoweit eine bedenkliche Ungleichbehandlung sieht, müsste er an der Besteuerung des Einzelunternehmers ansetzen, etwa eine fiktive Kapitalverzinsung als Zinsen, und daher nach Art. 10 OECD-MA, behandeln. Dies würde jedoch zu „weißen Einkünften" führen.

63 Bei Einzelunternehmern stellt sich nur die Frage, ob bestimmte Einkünfte einer Betriebsstätte oder dem Stammhaus zuzuordnen sind. Eine Zuordnung sowohl zu der Betriebsstätte als auch dem Stammhaus kann nur auf Grund eines Qualifikationskonfliktes eintreten, für den die DBA im Verständigungsverfahren Lösungsmechanismen bereit halten.

6.3. Zur Rechtfertigung des Grundrechtseingriffs

Damit hängt die Vereinbarkeit des § 50 d Abs. 10 EStG mit den Grundrechten davon ab, ob sich für diesen Eingriff eine Rechtfertigung finden lässt. An sich wäre eine Rechtfertigungsprüfung einzeln für jedes der betroffenen Grundrechte anzustellen, da die Rechtfertigungsüberlegungen je nach dem Grundrecht, in dessen Schutzbereich eingegriffen wird, unterschiedlich sein können. Im vorliegenden Fall ist eine Einzelprüfung m. E. jedoch nicht erforderlich, weil § 50 d Abs. 10 EStG unabhängig von möglichen einzelnen, die Art. 3 GG oder Art. 14 GG betreffenden Rechtfertigungsüberlegungen verfassungswidrig ist. Der Grund liegt darin, dass § 50 d Abs. 10 EStG als abkommensverdrängendes Gesetz gegen wesentliche Verfassungsprinzipien verstößt und daher weder im Rahmen des Art. 3 GG noch des Art. 14 GG einer Rechtfertigung zugänglich ist.[64] Diese wesentlichen Verfassungsprinzipien, die § 50 d Abs. 10 EStG verletzt, sind der Grundsatz der Völkerrechtsfreundlichkeit und das Rechtsstaatsprinzip.

Ein abkommensverdrängendes Gesetz stellt einen Bruch des völkerrechtlichen Vertrages dar, verstößt gegen den Grundsatz „pacta sunt servanda" und ist damit völkerrechtswidrig. Mit dem Grundsatz der „Völkerrechtsfreundlichkeit des GG" ist ein solches Verhalten nicht vereinbar.[65]

Es liegt auch ein Verstoß gegen das Rechtsstaatsprinzip vor, da ein Rechtsstaat wirksam eingegangene Verpflichtungen aus einem völkerrechtlichen Vertrag erfüllen muss.[66]

Allerdings betreffen die Verstöße gegen diese beiden verfassungsrechtlichen Prinzipien nur die völkerrechtliche Ebene, nicht die individualrechtliche Sphäre des Steuerpflichtigen. Es stellt sich also wiederum, diesmal auf der Ebene der Rechtfertigung des Grundrechtseingriffs, die Frage, ob das völkerrechts- und rechtsstaatswidrige Verhalten des Staates Auswirkungen auf die individualrechtliche Ebene hat. Unmittelbar kann das völkerrechtswidrige Verhalten des Staates keine Ansprüche des Steuerbürgers begründen. Wenn aber in die Rechtssphäre des Steuerbürgers, d. h. in den Schutzbereich der Grundrechte, eingegriffen wird, erlangt der Verstoß gegen völkerrechtliche und rechtsstaatliche Grundsätze auch individualrechtliche Bedeutung im Rahmen der Prüfung der Rechtfertigung eines solchen Eingriffs. Ein völkerrechtswidriges und rechtsstaatswidriges Verhalten kann keinen gerechtfertigten Eingriff in die Grundrechte darstellen. Hierdurch erlangt ein Verstoß gegen ein Verfassungsprinzip, das keine subjektiv-öffentlichen Rechte begründet, mittel-

64 Vgl. hierzu näher *Frotscher*, IStR 2009, 593, 599.

65 Zu diesem Grundsatz vgl. BVerfG, Urt. v. 14.10.2004 – 2 BvR 1481/04, BVerfGE 111, 307 – *Görgülü*; *Rust/Reimer*, IStR 2005, 843.

66 So überzeugend *Vogel*, JZ 1997, 161.

bar Wirkung auf die individualrechtliche Ebene.[67] Bei der Prüfung einer Rechtfertigung eines Eingriffs in Art. 2 GG ist anerkannt, dass ein Gesetz, das materiell gegen allgemeine und tragende Verfassungsgrundsätze verstößt, nicht zur „verfassungsmäßigen Ordnung" nach Art. 2 GG gehört.[68] Wenn man diesen Grundsatz, über die Anwendung im Bereich des Art. 2 GG hinaus, verallgemeinert,[69] kann ein Grundrechtseingriff durch ein völkerrechts- und rechtsstaatswidriges Gesetz nicht gerechtfertigt werden. Ein solches Gesetz ist weder geeignet, Inhalt und Grenzen des Eigentums nach Art. 14 GG zu bestimmen noch eine Ungleichbehandlung nach Art. 3 GG zu rechtfertigen. Ein völkerrechtlicher Vertrag ist ungeachtet seiner Geltung als (nur) einfaches Gesetz bei der Auslegung der Grundrechte und der rechtsstaatlichen Grundsätze des GG, und damit auch bei der Rechtfertigungsprüfung bei einem Grundrechtseingriff, heranzuziehen. Dabei sieht es das BVerfG als seine Aufgabe an, Verletzungen des Völkerrechts, die eine völkerrechtliche Verantwortung der Bundesrepublik begründen können, nach Möglichkeit zu verhindern oder zu beseitigen.[70]

Die Rechtfertigung des Grundrechtseingriffs durch § 50 d Abs. 10 EStG scheitert aber auch deshalb, weil die Bundesrepublik sich über das Verbot des „venire contra factum proprium" hinwegsetzt und damit treuwidrig handelt. Die Bundesrepublik hat durch Abschluss des DBA mit einem bestimmten Staat in Verbindung mit dem Vertragsgesetz bewusst die Doppelbesteuerung im Verhältnis zu diesem Staat beseitigt. Wenn die Bundesrepublik dann die Doppelbesteuerung für bestimmte Einkünfte unilateral wieder herstellt, weil sie eine seinen (vermeintlichen) Interessen besser genügende Regelung im Rahmen der Verhandlungen des DBA nicht hatte durchsetzen können, handelt der Staat in unvertretbarer Weise treuwidrig. Dabei ist besonders zu berücksichtigen, dass das Problem der Besteuerung der Sondervergütungen bei Mitunternehmerschaften seit Jahrzehnten bekannt ist. Wenn die Bundesrepublik sich entschlossen hat, ein DBA abzuschließen, obwohl dieses eine seinen Vorstellungen entsprechende Regelung für die Sondervergütungen nicht enthält, der Staat also einem Kompromiss zugestimmt hatte, kann er nicht einseitig dieses Ergebnis, das er im Vertragsgesetz zu Gunsten der

---

67 Vgl. hierzu *Voßkuhle* in v. Mangold/Klein/Starck, GG, zu Art. 93 Abs. 1 Nr. 4a, Rz. 180.

68 Vgl. BVerfG, Urt. v. 16.1.1957 – 1 BvR 253/56, BVerfGE 6, 32; BVerfG, Urt. v. 29.7.1959 – 1 BvR 394/58, BVerfGE 10, 89; BVerfG, Urt. v. 11.10.1994 – 2 BvR 633/86, BVerfGE 91, 186.

69 So z. B. BVerfG, Urt. v. 29.11.1961 – 1 BvR 760/57, BVerfGE 13, 237 zu Art. 12 GG; BVerfG, Urt. v. 3.11.1982 – 1 BvR 210/79, BVerfGE 62, 169 zu Art. 14.

70 Ausführlich hierzu BVerfG, Urt. v. 14.10.2004 – 2 BvR 1481/04, BVerfGE 111, 307 unter C I 1a, C I 4 – *Görgülü*.

Steuerpflichtigen auch umgesetzt hat, einseitig durch ein abkommensverdrängendes Gesetz verändern.

Daraus ergibt sich, dass ein abkommensverdrängendes Gesetz, das zu einer Doppelbesteuerung und damit zu einem Eingriff in den Schutzbereich der Grundrechte des Steuerbürgers führt, nicht gerechtfertigt werden kann und daher wegen Verstoßes gegen die Grundrechte verfassungswidrig ist.

7. Zusammenfassung

Die Suche nach den Grenzen des Treaty Overrides hat ergeben, dass sich solche Grenzen nur aus einem nicht zu rechtfertigenden Eingriff in den Schutzbereich der Grundrechte des Steuerpflichtigen ergeben können. Damit ist ein Treaty Override nicht per se unzulässig. Insbesondere stellt ein Treaty Override, das die Einmalbesteuerung sicherstellen soll und/oder das den Übergang von der Freistellungsmethode zur Anrechnungsmethode anordnet, keinen solchen Eingriff in den Schutzbereich eines Grundrechts dar. Gegen ein solches Treaty Override gibt es keinen Individualrechtsschutz[71].

Anders ist es jedoch, wenn das Treaty Override zu einer Doppelbesteuerung führt. Hierin liegt regelmäßig ein Eingriff in Art. 3, Art. 14 und hilfsweise auch Art. 2 GG. Die Frage nach der Zulässigkeit eines solchen Grundrechtseingriffs ist dann eine solche nach der Rechtfertigung. Eine solche Rechtfertigung ist aber generell ausgeschlossen, weil das abkommensverdrängende Gesetz einen Bruch des völkerrechtlichen Vertrages darstellt und damit gegen die Verfassungsprinzipien der Völkerrechtsfreundlichkeit des GG und des Rechtsstaatsprinzips verstößt. Ein abkommensverdrängendes Gesetz, das zu einer Doppelbesteuerung führt, ist daher verfassungswidrig und vom BVerfG auf Grund einer Verfassungsbeschwerde oder einer konkreten Normenkontrolle auf Grund einer Vorlage eines Gerichts für nichtig zu erklären.

71 Hinzuweisen ist auf die Möglichkeit der Klage nach Art. 93 Abs. 1 Nr. 2 GG, § 13 Nr. 6 BVerfGG; vgl. Fn. 48.

Immobilieninvestitionen durch Steuerausländer
Inbound Real Estate Investments

Dr. Florian Schultz
Steuerberater und Wirtschaftsprüfer, Frankfurt

Inhaltsübersicht

I. Investitionsmöglichkeiten

1. Direktinvestition ohne deutsches Vehikel

Ausländische Investoren in deutschen Grundbesitz müssen zunächst einmal ihre rechtlichen Investitionsmöglichkeiten kennen. Da in Deutschland auch ausländische natürliche und juristische Personen in das Grundbuch eingetragen werden dürfen, kann auf den Einsatz von inländischen Vehikeln verzichtet werden. Auch ausländische REITs in der Rechtsform einer Kapitalgesellschaft sind grundbuchfähig. Bei ausländischen Investmentvermögen oder Trusts wird das Grundbuchamt ggf. Rückfragen stellen, die der Klärung der rechtlich vergleichbaren inländischen Rechtsform dienen, wobei die Rechts- und damit auch die Grundbuchfähigkeit eines Trusts eine durchaus offene Frage sein kann. Die einfachste Form ist es, wenn eine natürliche Person, die ihren Wohnsitz und gewöhnlichen Aufenthalt im Ausland hat, unmittelbar den deutschen Grundbesitz hält. Rein rechtlich ist – im Gegensatz zu anderen Ländern – der Einsatz eines deutschen Vehikels also nicht erforderlich und es bleiben die folgenden fünf Möglichkeiten einer Investition:

- Natürliche Person im Ausland
- Kapitalgesellschaft im Ausland
- Personengesellschaft im Ausland
- Ausländische Investmentvermögen und Trusts
- Ausländische REITs

Welches ausländische Vehikel der Investor wählt, hängt im Wesentlichen von den zivil-, steuerrechtlichen und betriebswirtschaftlichen Vor- und Nachteilen der jeweiligen Rechtsform im Ausland ab.

Die Kosten für die Gründung (stamp duties, Notargebühren, etc.) gewünschter Auslandsvehikel sowie deren laufende Kosten (Kosten für die notwendigen Organe, Buchführung, Abschluss- und Prüfungsaufwendungen) sind sorgsam abzuschätzen.

Auch Transaktionskosten (Notargebühren, Kosten für Eintragung etc) für den Erwerb der Immobilien können unterschiedlich sein. In der Regel sind aber die Abweichungen gering. Bei Direktinvestitionen aus dem Ausland – egal durch welches Vehikel – wird deutsche Grunderwerbsteuer in Höhe von 3,5 %[1] auf den Kaufpreis anfallen, da regelmäßig ein Erwerbsvorgang im Sinne von § 1 Abs. 1 GrEStG („asset deal") vorliegen wird.

2. Einsatz von inländischen Vehikeln

Je größer der entsprechende deutsche Grundbesitz im Einzelfall ist, desto wahrscheinlicher ist der Einsatz eines inländischen Vehikels. Insbesondere bei Immobilienportfolien ist dies die eindeutige Erfahrung in der Beratungspraxis. Große ausländische institutionelle Investoren wählen vielfach für jeden verschiedenen Immobilienstandort ein entsprechendes lokales Investitionsvehikel. Mitunter wird sogar für jede Immobilie eine eigene Objektgesellschaft gewählt. Dadurch lässt sich vergleichsweise leicht ermitteln, welche Länder, Regionen oder ggf. einzelne Objekte sich im Zeitablauf „rechnen". Zugleich können die juristischen Vertreter der Gesellschaften mit lokaler Immobilienexpertise für Ergebnisse „verantwortlich" gemacht werden.

1 § 11 Abs. 1 GrEStG, für Berlin (ab 1.1.2007), Hamburg (ab 1.1.2009) und Sachsen-Anhalt (ab 1.3.2010) gilt 4,5 %.

Teilweise steht für den ausländischen Investor ein Asset Deal auch nicht zur Diskussion, weil der Verkäufer die Immobilien nur mittelbar durch (für ihn vorteilhafte) Anteilsveräußerungen übertragen möchte. In der Vergangenheit wurden beispielsweise große Immobilienportfolien im Wege von Auktionsverfahren veräußert. Dabei mussten die ausländischen Investoren – ob sie wollten oder nicht – in der Regel Kapital- oder Personengesellschaftsanteile – in Ausnahmefällen Fondsanteile – erwerben.

Auch bei inländischen Vehikeln sind die laufenden Kosten ebenso wie die Gründungskosten gegenüberzustellen. Am Markt werden teilweise Gründungspakete und Service zu scheinbar sehr attraktiven Konditionen angeboten. Der ausländische Investor kalkuliert Aufwendungen für deutsche Vehikel in der Regel als Fixkostenblock ein. Der vorausschauende Berater sollte darauf hinweisen, dass derartige Pakete nur Standardleistungen umfassen und nötige Einzelleistungen je nach Qualität weitere Kosten verursachen werden.

Auch unter dem Blickwinkel der Finanzierung der Immobilieninvestments ist der Einsatz von inländischen Vehikeln sinnvoll. Inländische Kreditinstitute bevorzugen bisweilen inländische Kreditnehmer als Kunden und wünschen – daneben – möglichst einen unmittelbaren Zugriff auf die deutschen Immobilien als Darlehenssicherheiten (rechtstechnisch: Vermeidung der strukturellen Subordination). Zudem haben sie Marktkenntnisse und Due Diligence Erfahrungen mit deutschen Immobilien und können deshalb die sinnvollen Beleihungswerte besser einschätzen. Ohne inländisches Vehikel müsste entweder eine inländische Bank mit einem ausländischen Kreditnehmer kontrahieren oder ausländische Banken mit dem ausländischen Kreditnehmer über den Sicherungswert von deutschen Immobilien verhandeln. Beides ist naturgemäß in der Praxis schwierig.

2.1. Kapitalgesellschaft

Nachdem der ausländische Investor mit der Palette vorhandener (oder angebotener) deutscher Rechtsformen vertraut gemacht wurde, fällt in der Praxis das Augenmerk auf die Kapitalgesellschaft und dabei zuerst auf die flexible GmbH[2]. Die deutsche Aktiengesellschaft mit ihren vergleichsweise strengen, kostenträchtigen und wenig dispositiven Regeln kommt meist später zum Einsatz, etwa wenn die ausländischen Investoren die Immobilien durch Börsengänge an einen anderen Investorenkreis weiterveräußern möchten („IPO als Exit").

2 Seit dem MoMiG v. 23.10.2008, BGBl. 2008 I, S. 2026 kommt auch die Unternehmergesellschaft (haftungsbeschränkt) in Betracht, vgl. zur Gründung OLG Stuttgart, Beschl. v. 28.4.2009, DB 2009, 1121.

Werden GmbH-Anteile einer Gesellschaft übertragen, zu deren Vermögen inländische Grundstücke gehören, so fällt deutsche Grunderwerbsteuer auf den Bedarfswert[3] nur an, sofern unmittelbar oder mittelbar mindestens 95 % der Anteile übertragen werden oder sich in der Hand eines Gesellschafters vereinigen[4]. Dies hatte in der Vergangenheit häufig zur Folge, dass unabhängige Co-Investoren Anteile übernahmen, um die deutsche Grunderwerbsteuer zu vermeiden[5].

2.2. Personengesellschaft

Beim Einsatz inländischer Vehikel mit Haftungsbeschränkung hat die inländische Personengesellschaft in der Form der GmbH & Co. KG auch für Ausländer Charme, da sie die (steuerrechtlichen) Vorteile der Personengesellschaft mit den haftungsrechtlichen Vorteilen der Kapitalgesellschaft kombiniert. Allerdings muss der ausländische Investor verstehen, dass eine Personengesellschaft unterschiedlich besteuert wird, je nachdem, ob sie originär gewerblich tätig ist, nur eine reine Vermögensverwaltung ausübt oder gar gewerblich gefärbt oder geprägt ist. Eine gewerbliche Färbung liegt nach § 15 Abs. 3 Nr. 1 EStG vor, wenn die Personengesellschaft „auch" eine gewerbliche Tätigkeit ausübt oder gewerbliche Einkünfte aus Beteiligungen von anderen Personengesellschaften bezieht. Eine gewerbliche Prägung liegt nach § 15 Abs. 3 Nr. 2 EStG vor, wenn zwar keine originäre gewerbliche Tätigkeit ausgeübt wird, aber ausschließlich eine oder mehrere Kapitalgesellschaften persönlich haftende Gesellschafter sind und nur diese oder Personen, die nicht Gesellschafter sind, zur Geschäftsleitung befugt sind. Eine Haftungsbeschränkung und eine gewerbliche Prägung lässt sich auch durch Einschaltung ausländischer Kapitalgesellschaften (z. B. Lux SARL, belgische oder niederländische BV, englische Ltd.) erreichen[6]. So genannte geschlossene Immobilienfonds werden rechtlich meist als GmbH & Co. KG gestaltet und sind insofern normale Personengesellschaften. Ein Ausstieg aus seinem Investment kann für den Anleger durch Verkauf der KG Anteile erfolgen.

3 In der Regel ist die Bemessungsgrundlage 20 %–30 % niedriger als der Verkehrswert der Immobilien, vgl. Rechtsgrundlagen in § 8 Abs. 2 GrEStG und § 138 Abs. 2 bis 4 BewG.

4 Vgl. die Tatbestandsvoraussetzungen in § 1 Abs. 3 Nr. 1 bis 4 GrEStG.

5 Vgl. dazu etwa *Behrens*, Steuerberater Jahrbuch 2007/08, S. 317 ff., *Jacobsen*, GmbHR 2009, 690 ff. Hilfreich könnte in besonderen Konstellationen künftig die neue partielle Konzernklausel des § 6 a GrEStG sein.

6 Vgl. dazu m. w. N. *Meining/Kruschke*, GmbHR 2008, 91; *Schnitger/Stoscheck*, DStR 2006, 1395; BFH, Urt. v. 14.3.2007, BStBl. II 2008, 924; OFD Münster, Verf. v. 24.7.2008, GmbHR 2008, 1008.

Auch bei der Übertragung von Personengesellschaftsanteilen fällt Grunderwerbsteuer nicht zwingend an. Hier sind sogar Strukturen denkbar, bei denen wirtschaftlich mehr als 95 % der Anteile übertragen werden[7].

2.3. Investmentvermögen

Für ausländische Investoren ist das deutsche Unikat des Investmentsondervermögens („pool of assets") aufgrund der Risikodiversifizierung, der Teilbarkeit, der weitgehenden Transparenz und der prinzipiell problemlos möglichen Übernahme und Rücknahme der Anteile (deshalb auch offene Immobilienfonds) interessant. Nur eine von der Bundesanstalt für Finanzdienstleistungsaufsicht (BaFin) beaufsichtigte Kapitalanlagegesellschaft darf solche rechtlich verselbständigte Sondervermögen ohne eigene Rechtspersönlichkeit (sog. Vertragstyp[8]) für einen bestimmten Anlegerkreis auflegen. Die Besonderheit liegt darin, dass ein Sondervermögen nicht einer Kapitalgesellschaft ähnelt, denn es ist eindeutig keine juristische Person (und deshalb selbst nicht grundbuchfähig[9]). Auch der Vergleich mit einer Personengesellschaft weist Unterschiede auf. Zwar ist das Sondervermögen transparent, allerdings gehören dem Anteilsscheininhaber die Vermögensgegenstände (die Immobilien) nicht zu Bruchteilen[10] und er hat regelmäßig auch keine Herausgabeansprüche. Zivilrechtlich haben die Anleger nur Ansprüche auf Ausschüttungen (oder Rücknahmen der Anteilsscheine), wobei diese Ausschüttungen auch nicht mit Ausschüttungen aus Kapitalgesellschaften vergleichbar sind. Kernpunkt des deutschen Sondervermögens sind die im Investmentgesetz[11] geregelten verschiedenen sehr formalen Anforderungen, in welche assets mit wie viel Fremdkapital investiert werden darf[12]. Eine besondere Form des Sondervermögens mit eigener Rechtspersönlichkeit ist die in den §§ 96 ff. InvG geregelte Investmentaktiengesellschaft mit veränderlichem Kapital (sog. Satzungstyp[13]). Hier erfolgt die Gründung nicht durch eine Kapitalanlagegesellschaft, sie ähnelt mehr als der Vertragstyp der Aktiengesellschaft, ist aber dennoch nicht mit ihr vergleich-

---

7 Basierend auf den unterschiedlichen Definitionen des „Anteilsbegriffs" in § 1 Abs. 2a und in Abs. 3 GrEStG, vgl. koordinierter Ländererlass v. 20.4.2005, DStR 2005, 1012, BFH, Urt. v. 26.7.1995, BStBl. 1995 II, 736.

8 § 2 Abs. 1 und 2 InvG.

9 In das Grundbuch wird in der Regel die Kapitalanlagegesellschaft eingetragen (§ 75 InvG).

10 Da § 75 InvG für Spezial-Sondervermögen i. S. d. § 91 InvG abdingbar ist, können Spezial-Sondervermögen in Miteigentumslösung aufgelegt werden, auch wenn sie Grundstücke halten.

11 Vom 15.12.2003, BGBl. I 2003, 2676 mit bereits zahlreichen Änderungen.

12 Für Immobilien Sondervermögen gelten die Besonderheiten des Abschnitt 3 im InvG, §§ 66 bis 82 InvG.

13 § 2 Abs. 5 InvG.

bar. Ihre Aktien bestehen aus Unternehmensaktien (der Gründer) und Anlageaktien (der Investoren)[14]. Gemäß § 96 Abs. 2 InvG darf die Investmentaktiengesellschaft nicht selbst in Grundstücke oder Grundstücksgesellschaften investieren, sie darf jedoch Anteile an Immobilien-Sondervermögen erwerben.

Wenn die umfangreichen investmentrechtlichen Restriktionen im deutschen Investmentgesetz und die Regulierung durch die BaFin verstanden sind, ist die Ablehnung ausländischer Investoren deutlich spürbar. Einer der immer wieder angeführten Gründe ist beispielsweise die eingeschränkte Verschuldungsmöglichkeit. Die Kapitalanlagegesellschaft hat nämlich sicherzustellen, dass das Sondervermögen höchstens Darlehen im Werte von 50 % der Immobilienwerte aufnimmt[15]. An der Ablehnung aufgrund fehlender unternehmerischer Flexibilität ändern auch zweifellos vorhandene steuerliche Vorteile wenig. Zu diesen Vorteilen gehört beispielsweise, dass 100 % der Anteilsscheine übertragen werden können, ohne deutsche Grunderwerbsteuer auszulösen[16].

2.4. Real Estate Investment Trusts (REITs)

Ab 1.1.2007[17] stehen deutsche Real Estate Investment Trusts – REITs[18] in der Rechtsform der steuerbefreiten Immobilienaktiengesellschaft zur Verfügung, die allerdings im Markt noch keine hohe Akzeptanz gefunden haben[19]. Zwar sind die deutschen REITs nicht wie deutsche Immobiliensondervermögen durch die BaFin und das InvG reguliert. De facto erfolgt aber eine Regulierung durch die Finanzbehörden, die die Voraussetzungen für die Steuerbefreiung im REITG überprüfen müssen. Zu den wesentlichen Voraussetzungen gehört die Beschränkung auf gewerbliche Immobilien oder nach dem 1.1.2007 erbaute Wohnimmobilien[20], eine Höchstbeteiligung von 10 %, ein kontinuierlicher Streubesitzanteil von 15 %,

---

14 Diese wichtige Unterteilung wurde erst mit der Investmentgesetznovelle v. 20.12.2007, BGBl. 2007 I, 3089 in § 96 InvG eingeführt. Möglicherweise erhöht diese Neuregelung die Attraktivität der bisher kaum verbreiteten Rechtsform.

15 § 69 Abs. 1 InvG.

16 So die eindeutig herrschende Meinung, vgl. *Fischer* in Boruttau, GrEStG Kommentar, § 1 Rz. 915, *Hofmann*, GrEStG, § 1 Rz. 87.

17 Gesetz zur Schaffung deutscher Immobilien-Aktiengesellschaften mit börsennotierten Anteilen, BGBl. I 2007, 9114 ff. mit Änderungen durch das JStG 2009.

18 Vgl. dazu etwa *Schultz/Harrer*, § 29 German Real Estate Investmenttrust (G-REIT), in Müller/Rödder (Hrsg.), Handbuch der AG, 2. Auflage, S. 1957–1981 m. w. N.

19 Momentan gibt es erst drei deutsche REITs, die Alstria Office REIT AG, die Fair Value REIT AG und die Hamborner REIT AG.

20 So genannte Bestandsmietwohnimmobilien darf der REIT nicht halten, § 1 Abs. 1 Nr. 1a i. V. m. § 3 Abs. 9 REITG, diese Regelung ist nach wie vor politisch umstritten und hat insbesondere Ausländer verwundert.

eine 90 %ige Ausschüttung, ein Mindesteigenkapital von 45 % etc.[21]. Wie bei den (Immobilien)Sondervermögen wird der Anleger zwar auf der einen Seite geschützt, auf der anderen Seite wird aber sein unternehmerischer Handlungsspielraum eingeschränkt[22].

Auch die Rechtsform der AG und das erforderliche Börsenlisting wirken auf ausländische Investoren zunächst einmal wenig attraktiv.

Aufgrund der Beteiligungsgrenze in Höhe von 10 % wird deutsche Grunderwerbsteuer beim Erwerb der REIT Aktien nicht anfallen. Ansonsten hat der REIT keine grunderwerbsteuerlichen Besonderheiten; insbesondere fällt GrESt an, wenn der REIT inländische Immobilien im Wege eines Asset Deals erwirbt.

3. Mehrstufige Strukturen mit verschiedenen Vehikeln

Man kann natürlich auch mehrere ausländische und/oder inländische Vehikel hintereinander schalten. Kombinationen zwischen inländischen und ausländischen Vehikeln – teils historisch gewachsen, teils aus unternehmerischen Überlegungen – sind in der Praxis in der Tat nicht selten. Das (internationale) Steuerrecht spielt dabei eine große Rolle, ebenso wichtig sind haftungsrechtliche Überlegungen und die Flexibilität bei Finanzierungsmaßnahmen. Große Immobilieninvestoren haben beispielsweise ihre Strukturen (mehrfach) geändert und halten heute verschiedene GmbHs durch Luxemburger Gesellschaften.[23]

4. Einsatz von schuldrechtlichen Instrumenten zum Gewinntransfer ins Ausland

Hat man sich aus rechtlichen, faktischen oder organisatorischen Gründen für den Einsatz eines inländischen Vehikels entschieden, wird der Investor Gesellschafter oder Anteilsscheininhaber. Nichtsdestotrotz können neben der gesellschaftsrechtlichen oder mitgliedschaftsähnlichen Beteiligung schuldrechtliche Verträge zum Inlandsvehikel eingegangen werden. Dies ist in der Praxis auch eher die Regel als die Ausnahme. Für diese schuldrechtlichen Investmentmöglichkeiten steht den Investoren eine Palette von verschiedenen Instrumenten zur Verfügung, die rechtliche und insbesondere steuerrechtliche Besonderheiten aufweisen. Allen Instrumenten gemein ist, dass die Gesamterträge aus dem Immobilien-

---

21 § 1 Abs. 1, § 11, § 13 und § 15 REITG.

22 Die Diskussion um die politische Werteentscheidung zwischen (zu starker) Regulierung und (zu starker) Deregulierung im Asset Management ist weltweit aktuelles Thema.

23 Entweder über SARLs oder über eine LUX SA, die sogar im deutschen M-DAX gelistet werden kann (z. B. GAGFAH Group des US Investors Fortress).

investment in Beteiligungserträge aus dem inländischen Vehikel und in Vergütungen für die schuldrechtlichen Beziehung zum inländischen Vehikel aufgespalten werden. Hier gibt es zivilrechtlich kaum Hürden, da mit inländischen Vehikeln – abgesehen von Investmentvermögen und REITs – Vertragsfreiheit besteht. Zudem besteht der Grundsatz der Finanzierungsneutralität des deutschen Vehikels mit Eigen- oder Fremdkapital. Bedeutsam und äußerst komplex wird der Einsatz der schuldrechtlichen Instrumente über die Grenze im Hinblick auf die Besteuerung. In der unterschiedlichen Besteuerung von Fremd- und Eigenkapitalinstrumenten liegt der Hauptgrund für in der Praxis vorherrschende komplizierte Strukturen.

5. Zwischenfazit

Zivilrechtlich sind die möglichen Investitionsformen übersichtlich. Aufgrund der Haftungsbeschränkung und der relativ flexiblen Handhabung dominieren im Markt Kapitalgesellschaften als Investitionsvehikel. Fast schon traditionell sind ausländische Objektgesellschaften („Dutch BV Fälle"), heute finden sich aber auch sehr viele inländische GmbHs.

Aus- und inländische Personengesellschaften sind nach wie vor als Alternative interessant, erlauben sie doch zivilrechtlich eine Haftungsabschirmung und eignen sich prinzipiell zum automatischen Gewinn- und Verlustausgleich auf Gesellschafterebene. Während in Deutschland Personengesellschaften sehr weit verbreitet sind, werden sie offenbar im grenzüberschreitenden Bereich vergleichsweise seltener eingesetzt[24].

Deutsche Sondervermögen und deutsche REITs haben sich aus verschiedenen Gründen für ausländische Investoren noch nicht etabliert. Deutsche Immobilienfonds leiden momentan an einer besonderen Vertrauenskrise, weil in jüngster Zeit einige Kapitalanlagegesellschaften ihre Fonds (vorübergehend) schließen mussten[25] und dies rechtlich aus Anlegerschutzgründen in Ausnahmefällen auch dürfen[26]. Diese Vorgänge sind in der ausländischen Wirtschaftspresse entsprechend beschrieben worden. Insofern sind Zweifel der ausländischen Investoren an der ständigen Liquidität der deutschen Anteilsscheine nachvollziehbar.

---

24 Vgl. etwa *Piltz* in Mössner (Hrsg.), Steuerrecht international tätiger Unternehmen, 3. Aufl., Köln 2005, S. 849, mit Verweis auf die Monatsberichte der Deutschen Bundesbank.

25 Eine Liste zur Zeit geschlossener Fonds findet sich beispielsweise in der FAZ v. 4.6.2009, S. 17.

26 Die Rücknahme der Anteilsscheine darf „bei außergewöhnlichen Umständen" ausgesetzt werden, § 37 Abs. 2 InvG.

II. Besteuerung der verschiedenen Investitionsmöglichkeiten

Den ausländischen Investor interessiert regelmäßig die Gesamtsteuerbelastung auf die Erträge aus deutschen Immobilien in allen Ländern und auf allen Stufen der eingesetzten Vehikel und schuldrechtlicher Instrumente. Gerade Immobilien haben vergleichsweise konstante und somit planbare Zahlungsströme. Auch die Refinanzierungsaufwendungen sind meistens fix und deshalb gut kalkulierbar. In der Theorie sollten deshalb auch die steuerlichen Bemessungsgrundlagen auf den verschiedenen Ebenen und in den verschiedenen Ländern und damit die Steuerbelastungen relativ einfach ermittelbar sein. In der Praxis müssen die internationalen Steuerplaner aber mit höchst komplexen Simulationsrechnungen, „steps papern" und Tabellen arbeiten, um die „returns after tax" durch „tax modelling on flow of funds" zu optimieren. Alternativrechnungen zeigen Ergebnisse, etwa, wenn bestimmte Finanzierungsaufwendungen nicht abziehbar sind oder Verlustvorträge nicht genutzt werden können. Im Prinzip müssen konkrete Veranlagungen bei verschiedenen Gestaltungen simuliert werden! Hierzu sind die Berater in der Regel schon aufgrund des zivilrechtlichen Beratervertrags[27] und damit verbundenen Haftungsrisiken verpflichtet. Im internationalen Kontext geht es schlicht um die Frage, welche Steuern in welchem Land anfallen. Die jeweiligen nationalen Gesetzgeber kämpfen stetig gegen unerwünschte „Gewinnabsaugung" ins Ausland, um nationales Steuersubstrat zu erhalten. In diesem aktuellen Umfeld agieren Investoren und Berater.

Die folgenden Ausführungen befassen sich naturgemäß nur mit Aspekten der beschränkten oder unbeschränkten Steuerpflicht in Deutschland.

1. Direktinvestition ohne inländisches Vehikel

Es soll hier nicht problematisiert werden, wann etwa ein ausländisches Erwerbsvehikel durch den Ort der Geschäftsleitung in Deutschland eine unbeschränkte Steuerpflicht begründet[28]. Des Weiteren wird unterstellt, dass weder eine inländische Betriebsstätte noch ein ständiger Vertreter des ausländischen Investors existiert. Diese Unterstellung ist keinesfalls praxisfremd und wurde mit Hilfe der Gestaltungsberater vielfach er-

27 Hier besteht Vertragsfreiheit und im Markt gibt es zahlreiche Beschreibungen des Auftragsumfangs (minimize transaction or ongoing taxes, avoiding German real estate transfer tax, creating tax deductible funding costs, usage of existing tax losses, tax efficient exit scenarios etc.) und üblich sind auch belastbare Aussagen an die finanzierenden Banken (reliance letter).

28 Vgl. dazu die Ausführungen der OFD Münster, Verf. v. 24.7.2008, GmbHR 2008, 1007 und *Töben/Lohbeck/Fischer*, FR 2009, 151.

reicht. Die Vermeidung eines ständigen Vertreters bei inländischen Immobilien erscheint dabei tendenziell schwerer[29], ist aber in der Praxis gleichfalls machbar.

1.1. Laufende Erträge

Für Einkommen- und Körperschaftsteuerzwecke unterliegt der ausländische Investor mit seinen laufenden Vermietungseinkünften entweder gemäß § 49 Abs. 1 Nr. 6 EStG oder gemäß § 49 Abs. 1 Nr. 2f Buchstabe aa EStG der beschränkten Einkommensteuer bzw. Körperschaftsteuerpflicht.

Natürliche Personen erzielen wie bisher i. d. R. beschränkt steuerpflichtige Einkünfte nach § 49 Abs. 1 Nr. 6 EStG. Dies gilt m. E. auch dann, wenn sie die Erträge über eine ausländische Personengesellschaft beziehen, die nach deutschem Verständnis nur rein vermögensverwaltend tätig ist.

Die Auslegung der gesetzlichen Neuregelungen und der Vermietung inländischen Grundbesitzes in § 49 Abs. 1 Nr. 2f EStG in der Fassung des Jahressteuergesetz 2009 hat zwar zu vielen Unklarheiten geführt[30]. Eine Erweiterung der materiellen beschränkten Steuerpflicht ist aber nicht zu erkennen[31]. Ausländische Vehikel oder Kombinationen wie vermögensverwaltende Personengesellschaften mit ausländischen Kapitalgesellschaften als Gesellschafter, die nach deutscher Sicht gewerblich geprägt[32] sind, erzielten mit ihren inländischen Vermietungseinkünften bisher beschränkt steuerpflichtige Einkünfte nach § 49 Abs. 1 Nr. 6 EStG[33]. Gleiches galt bisher für ausländische Kapitalgesellschaften ohne inländische Betriebsstätte im Inland. Nach neuem Recht sind nun diese Einkünfte beschränkt steuerpflichtig nach § 49 Abs. 1 Nr. 2f Buchstabe aa EStG. Dies scheint unstrittig.

---

29 Vgl. dazu *Tischbirek* in Handbuch der internationalen Steuerplanung, hrsg. von Grotherr, 2. Aufl. Herne/Berlin, S. 705 (712).

30 Vgl. *Wassermeyer*, IStR 2009, 238 ff.; *Lindauer/Westphal*, BB 2009, 420; *Grotherr*, IWB Fach 3 Gruppe 1, 2380; *Bron*, DB 2009, 592; *Huschke/Hartwig*, IStR 2008, 745; *Mensching*, DStR 2009, 96; *Lüdicke* in Lademann, EStG Kommentar, Vor § 49 JStG 2009, Nachtrag 166, April 2009; *Töben/Lohbeck/Fischer*, FR 2009, 151.

31 So auch *Roth* in HHR, Jahreskommentierung 2009, zu § 49 EStG, J08–5.

32 Voraussetzungen in § 15 Abs. 3 Nr. 2 EStG.

33 Vgl. OFD Münster, Verf. v. 24.7.2008, GmbHR 2008, 1008, Punkt II. Bisher wurde bei ausländischen Personengesellschaften mit gewerblicher Prägung teilweise eine Besteuerungslücke gesehen, vgl. etwa *Günkel*, Steuerberater Jahrbuch 1989/99, S. 149 ebenso für inländische Personengesellschaften mit ausländischer Prägung, *Meining/Kruschke*, GmbHR 2008, 91.

Insbesondere das Verhältnis von § 49 Abs. 1 Nr. 2f Satz 1 und Satz 2 EStG ist aber nicht eindeutig. Baut Satz 1 auf dem Vorliegen von gewerblichen Einkünften der § 15–17 EStG auf, bleibt für eine stets gültige Fiktion gewerblicher Einkünfte in Satz 1 kein Raum[34]. Natürlich ist die Erkenntnis richtig und wichtig, dass das Vorliegen von Einkünften aus Gewerbebetrieb als Klammerzusatz eine Tatbestandsvoraussetzung ist[35] und auch für Satz 1 gilt. Nur muss man aber auch sehen, dass in Satz 1 über das Steuersubjekt (wer erzielt diese Einkünfte?) nichts gesagt wird (im Gegensatz zu Satz 2, der Kapitalgesellschaften und sonstige juristische Personen als Tatbestandsvoraussetzung nennt). Bei Wortlautauslegung ist das Wort „auch" nach „gelten" in Satz 2 zu beachten. Hierin liegt die deutliche Aussage, dass eben auch Satz 1 eine Fiktion ist, nach der isoliert gesehen Einkünfte aus Vermietung und Verpachtung in solche aus Gewerbebetrieb qualifiziert werden. Daraus kann man durchaus folgern, dass jeder, der Einkünfte aus Vermietung und Verpachtung aus inländischem unbeweglichen Vermögen erzielt, gemeint ist, es sei denn, er kann, weil natürliche Person, nur eine beschränkte Steuerpflicht nach § 49 Abs. 1 Nr. 6 EStG begründen.

Bei vermögensverwaltenden ausländischen Personengesellschaften mit ausländischen Kapitalgesellschaften als Gesellschafter stellt sich die Frage, auf welcher Ebene die gesetzliche Neuerung greift. Erzielt schon die vermögensverwaltende Personengesellschaft künftig qua Fiktion Einkünfte aus Gewerbebetrieb oder werden erst bei der Zuordnung der Einkünfte aus Vermietung auf die Gesellschafter nach Satz 2 Einkünfte aus Gewerbebetrieb fingiert. Systematisch korrekt wäre letzteres. Bei mehrstufigen Personengesellschaftstrukturen würde dies allerdings zu praktischen Problemen bei der Begründung der beschränkten Steuerpflicht und bei der Berechnung der inländischen Einkünfte führen. Man entfernt sich gedanklich immer weiter vom Inland.

Der Einsatz von ausländischen Investmentvermögen, Trusts oder steuerbefreiten REITs sollte im Ergebnis keine steuerlichen Vorteile haben. Egal, ob das ausländische Vehikel im Ausland besteuert wird oder nicht[36], es erzielt in Deutschland beschränkt steuerpflichtige Einkünfte aus Vermietung oder aus der Veräußerung von inländischen Immobilien. Diese

34 So *Wassermeyer*, IStR 2008, 240.

35 Vgl. *Wassermeyer*, IStR 2008, 240.

36 Sollten sich an diesem im Ausland steuerbefreiten Vehikel wiederum Inländer beteiligen, ist FG Niedersachsen, Urt. v. 29.3.2007, IStR 2007, 755 zu beachten. Hier wurde einer steuerbefreiten französischen Société d'investissement à Capital variable (SICAV) die Abkommensberechtigung versagt, vgl. dazu kritisch *Schultz/Thießen*, Status Recht 2007, 384; *Geurts/Jacob*, IStR 2007, 737.

darf Deutschland nach den Doppelbesteuerungsabkommen regelmäßig auch besteuern. Bei ausländischen Publikumsfonds, die personengesellschaftsähnlich strukturiert sind, ist die Rechtslage zwar komplex. Der Fonds als solches ist nicht beschränkt körperschaftsteuerpflichtig, weil er kein Körperschaftssteuersubjekt ist. Aus der Fiktion in § 49 Abs. 1 Nr. 2f Satz 2 EStG kann somit keine beschränkte Steuerpflicht hergeleitet werden. Die ausländischen Anteilsscheininhaber halten Anteile, an einem Auslandsfonds (dessen Existenz nicht ignoriert werden kann und der unter das deutsche InvStG fällt) und erzielen deshalb keine beschränkt steuerpflichtigen Einkünfte nach § 49 Abs. 1 Nr. 6 EStG[37]. Ich gehe für die Zukunft in solchen Fällen allerdings davon aus, dass die Finanzverwaltung wie folgt argumentiert: Es liegen sehr wohl beschränkt steuerpflichtige Einkünfte aus Gewerbebetrieb nach § 49 Abs. 1 Nr. 2f Satz 1 EStG vor. In Satz 1 wird als Tatbestandsvoraussetzung gerade nicht eine Körperschaft oder eine vergleichbare juristische Person verlangt. Dies ist nur in Satz 2 der Fall. Satz 2 ist aber eine eigenständige Regelung, die nach den Änderungen im Jahressteuergesetz 2009 eigentlich nur noch klarstellende Bedeutung hat.

Beschränkt steuerpflichtige ausländische Sondervermögen könnten sich auf den Verstoß gegen Art. 43 Niederlassungsfreiheit berufen, sind sie doch im Vergleich zu inländischen Sondervermögen nicht steuerbefreit.

Themen der Doppel- oder Keinmalbesteuerung sollten sich aus der Umstellung der Einkünfteermittlung nicht stellen. Denkt man beispielsweise an einen Ausländer, der eine Forderung aufgrund Vermietung eines inländischen Grundstücks aus dem Jahre 2008 hat, wurde diese mangels Zufluss in 2008 trotz beschränkter Steuerpflicht nach § 49 Abs. 1 Nr. 6 EStG aufgrund der Ermittlung der Einnahmen über die Werbungskosten nicht erfasst. Bei den beschränkt steuerpflichtigen Gewinneinkünften würde sie im Jahr 2009 auch nicht erfasst, wenn die Mietforderung Betriebsvermögen[38] wäre und erfolgsneutral beglichen würde (Buchungssatz: Kasse an Forderung).

---

37 Insbesondere erfolgt für die ausländischen Spezial-Investmentvermögen keine Umqualifizierung der Mieterträge und Veräußerungsgewinne nach § 15 Abs. 2 Satz 2 InvStG, vgl. BMF, Schr. v. 18.8.2009 zu Zweifelsfragen des InvStG, Tz. 272.

38 So *Huschke/Hartwig*, IStR 2008, 747.

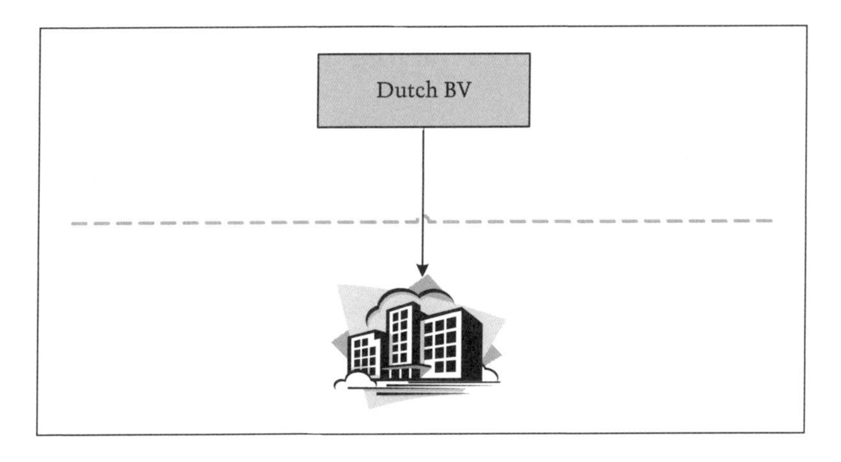

M. E. könnte man den Fall zwar lösen, indem man die Mietforderung ertragswirksam in einer Eröffnungsbilanz zum 1.1.2009 einbucht. Wird die Forderung uneinbringlich, ist sie in 2009 abzuschreiben und neutralisiert somit den Ertrag aus der Einbuchung. Eine derartige Vorgehensweise ist aber gesetzlich nicht vorgeschrieben und könnte zu problematischen Rechtsfolgen führen. Was passiert etwa, wenn die Mietforderung mit Gewinn oder Verlust abgetreten wird? Das Ergebnis würde sich im Betriebsvermögensvergleich niederschlagen, kann aber wohl nicht ernstlich als inländische Einkünfte aus Vermietung und Verpachtung eines inländischen Grundstücks angesehen werden.

Daraus folgt, dass die Mietforderung aus 2008 nie Betriebsvermögen wird. Sinn macht eigentlich nur eine Erfassung als nachträgliche Einkünfte aus Vermietung und Verpachtung, die (noch) nach § 49 Abs. 1 Nr. 6 EStG beschränkt steuerpflichtig sind[39]. Wenn die Forderung nicht bezahlt und damit wertlos wird, kommt es mangels Zufluss auch zu keiner beschränkten Steuerpflicht. Bei Abtretung der Mietforderung an einen Dritten, stellt sich die spannende Frage, wem die Erträge aus der Vermietung nachträglich zufließen. M. E. ist dies der Abtretende (der die Mietforderung ja gerade nicht in einem Betriebsvermögen hält), denn der Dritte erhält den Zufluss aufgrund seiner Rechtsposition als Forderungsinhaber, nicht jedoch als Vermieter eines inländischen Grundstücks.

39 So auch *Mensching*, DStR 2009, 96; *Lüdicke* in Lademann, EStG Kommentar, Vor § 49 JStG 2009, Nachtrag 166, April 2009, Tz. 6.

Mögliche Auswirkungen auf die Gewerbesteuer hat die gesetzliche Neuregelung in § 49 Abs. 1 Nr. 2f EStG nicht[40].

1.2. Veräußerungsgewinne

Gewinne aus der Veräußerung von inländischen Immobilien unterliegen gemäß § 49 Abs. 1 Nr. 2f Buchstabe bb EStG ohnehin schon seit 1994[41] der beschränkten Steuerpflicht. Für natürliche Personen und vermögensverwaltende Personengesellschaften gilt dies gemäß § 49 Abs. 1 Nr. 8 EStG in Verbindung mit § 22 Nr. 3, 23 Abs. 1 Satz 1 Nr. 1 EStG.

Das grundsätzlich bestehende deutsche Besteuerungsrecht wird auch aufgrund des Belegenheitsprinzips durch Doppelbesteuerungsabkommen grundsätzlich nicht beschränkt (vgl. Artikel 6, 13 OECD Musterabkommen)[42].

Wenn keine inländische Betriebsstätte[43] existiert, fällt Gewerbesteuer weder auf die laufenden noch auf die Veräußerungsgewinne an.

1.3. Zwischenfazit, offene Fragen und Anwendung der Zinsschranke

Aus meiner Sicht ergibt sich unabhängig von der Rechtsform des ausländischen Investors stets eine beschränkte Steuerpflicht, wenn Erträge aus inländischen Immobilien erzielt werden. Aus Beratersicht kann man ausländischen Direktinvestoren bei geltender Rechtslage und Verwaltungsmeinung keine gut begründete Hoffnung auf Besteuerungslücken oder weiße Einkünfte etc. machen. Die Gesetzesänderung hat m. E. nicht die beschränkte Steuerpflicht erweitert, sondern nur Einfluss auf die Art der inländischen Einkünfteermittlung. Genau hierin liegt aber das Problem, denn dass Gesetz sagt zu der Einkünfteermittlung nichts. Früher galt der enge Überschusseinkünftebegriff und bestimmte Aufwendungen konnten nicht abgezogen werden[44]. Nun muss man sich wohl auf einen engen Gewinnermittlungsbegriff einstellen. Soll dieser „inländische" Gewinn durch (freiwilligen) Betriebsvermögensvergleich wie in § 4 Abs. 1 EStG

---

40 Darüber besteht in Literatur Einigkeit, vgl. statt vieler etwa *Wassermeyer*, IStR 2008, 240.

41 Mit Gesetz zur Bekämpfung des Missbrauchs und zur Bereinigung des Steuerrechts vom 21.12.1993, BGBl. 1993 I, 2310; vgl. dazu *Lüdicke*, DB 1994, 934 ff. m. w. N.

42 Vgl. *Günkel*, Steuerberater Jahrbuch 1998/99, S. 145.

43 Für Gewerbesteuerzwecke wäre selbst ein ständiger Vertreter im Inland unschädlich, vgl. *Günkel*, Steuerberater Jahrbuch 1998/99, S. 150, das im Inland belegene Grundstück selbst stellt regelmäßig keine Betriebsstätte dar, so auch die Finanzverwaltung, in OFD Münster, Verf. v. 24.7.2008, GmbHR 2008, 1008 m. w. N.

44 Vgl. dazu auch OFD Münster, Verf. v. 24.7.2008, GmbHR 2008, 1007.

ermittelt werden, bleibt dem Rechtsanwender leider nur die Erkenntnis, dass in § 49 EStG zum inländischen Betriebsvermögen nichts gesagt wird. Es ist schon unklar, ob ein solches inländisches Betriebsvermögen überhaupt fingiert werden kann[45]. Mit anderen Worten stellt sich das gewichtige Problem, mit welchen Werten operiert werden soll und es ist unklar, wie hier verfahren werden soll[46]. Das Problem ist zwar nicht neu und stellte sich schon 1994[47]. Es erhält aber eine neue Reichweite, weil bisher nur einmalig Veräußerungsgewinne erfasst werden mussten. Künftig wird es ausgedehnt auf laufende Einkünfte.

Es ist bereits zu Recht darauf hingewiesen worden, dass nach den Änderungen im § 49 Abs. 1 Nr. 2f EStG im Jahressteuergesetz 2009[48] offensichtlich zwei verschiedene Einkunftsquellen vorliegen und dies auch eine getrennte Ermittlung dieser beiden Einkunftsquellen verlangt, obwohl die Gesetzesbegründung etwas anderes vermuten lässt[49].

Für die Anwendung der Zinsschranke bei beschränkt steuerpflichtigen Kapitalgesellschaften ist unklar, ob durch das Erzielen der beschränkt steuerpflichtigen Einkünfte aus Gewerbebetrieb, ein inländischer Betrieb vorliegt und wie dieser von dem zweifelsfrei vorhandenem ausländischen Betrieb abzugrenzen wäre. Für inländische Kapitalgesellschaften unterstellt die Finanzverwaltung bekanntlich, dass diese nur einen Betrieb haben. Für ausländische Kapitalgesellschaften hilft dies nicht, da zweifelsfrei nicht das gesamte „Betriebsergebnis" in Deutschland beschränkt steuerpflichtig ist. Beschränkt steuerpflichtig sind immer nur die in § 49 EStG explizit genannten und punktuell erzielten inländischen Einkünfte, im vorliegenden Fall eben jene, die aus der Vermietung und Verpachtung oder Veräußerung von inländischen unbeweglichen Vermögen stammen.

Auf Kapitalgesellschaften, „die ihre Einkünfte nach § 2 Abs. 2 Nr. 2 des Einkommensteuergesetzes ermitteln, ist § 4 h des Einkommensteuergesetzes sinngemäß anzuwenden". Diese in § 8 a Abs. 1 Satz 4 KStG für den Fall der Immobilieninvestments eingeführte Norm, könnte nun nach dem Jahressteuergesetz 2009 ins Leere laufen und damit wären die

---

45 Dafür wohl *Huschke/Hartwig*, IStR 2008, 747, dagegen *Wassermeyer*, IStR 2009, 239.

46 So auch *Gosch* in Podiumsdiskussion zur beschränkten Steuerpflicht bei internationalen Personengesellschaften, in Lüdicke (Hrsg.), Forum der internationalen Besteuerung, Band 35, Köln 2009, S. 215.

47 Vgl. *Lüdicke*, DB 1994, 934 ff., *Thömmes* in Fischer (Hrsg.) Besteuerung wirtschaftlicher Aktivitäten von Ausländern in Deutschland, S. 117 ff.

48 Vgl. dazu als Überblick *Lindauer/Westphal*, BB 2009, 420; *Grotherr*, IWB Fach 3 Gruppe 1, 2380; *Bron*, DB 2009, 592; *Wassermeyer*, IStR 2008, 238; *Huschke/Hartwig*, IStR 2008, 745; *Mensching*, DStR 2009, 96.

49 Vgl. *Töben/Lohbeck/Fischer*, FR 2009, 151; *Mensching*, DStR 2009, 98 und BT-Drucks 16/10189, S. 58.

Beschränkungen durch die Zinsschranke nicht mehr anwendbar. Für ausländische beschränkt steuerpflichtige Kapitalgesellschaften sind die Einkünfte nicht mehr nach § 2 Abs. 2 Nr. 2 des EStG zu ermitteln sondern als Einkünfte aus Gewerbebetrieb nach § 2 Abs. 1 Nr. 2 EStG. Damit würden sich aber Abzugsbeschränkungen der Finanzierungsaufwendungen nach der Zinsschrankenregelung bei beschränkt steuerpflichtigen Ausländern – entgegen der Auffassung der Finanzverwaltung – nicht mehr auswirken[50]. Die Finanzverwaltung könnte sich bzgl. der Rechtsgrundlage insbesondere nicht mehr auf § 8 a Abs. 1 Satz 4 KStG berufen. Bei aller Sympathie für diese Argumentation, ist davon auszugehen, dass die Finanzverwaltung künftig die Zinsschranke unmittelbar anwendet.

Nach § 49 Abs. 1 Nr. 2f Satz 2 EStG erzielen nun alle Körperschaften beschränkt steuerpflichtige Einkünfte aus Gewerbebetrieb. Insofern besteht die gesetzliche Erweiterung darin, dass bisher nur ausländische Kapitalgesellschaften von der deutschen Zinsschranke betroffen sein konnten, nun aber alle ausländischen Körperschaften, also auch solche, die keine Kapitalgesellschaften sind, etwa Genossenschaften oder Stiftungen etc.[51]. Zudem ist eine weitere (klarstellende) Gesetzesänderung wahrscheinlich, so dass hier kein Vorteil für Direktinvestitionen ohne inländisches Vehikel gesehen werden sollte. Das Problem der Anwendung der Zinsschranke bei beschränkt Steuerpflichtigen liegt darin, dass die Tatbestandsvoraussetzung „Betrieb" in § 4 h EStG kein Anknüpfmerkmal für inländische Einkünfte im Katalog des § 49 EStG ist. Wie eine inländische Kapitalgesellschaft[52] hat wohl auch eine ausländische Kapitalgesellschaft nur einen Betrieb. Die inländischen Einkünfte und das EBITDA sind aber punktuell auf einen „inländischen" und im Wege der Residualbetrachtung verbleibenden „Restbetrieb" abzugrenzen und wie dies zu geschehen hat, darüber schweigt das Gesetz.

Die Anwendung der Zinsschranke bei ausländischen Personengesellschaften oder bei inländischen mit ausländischen Gesellschaftern ist ebenfalls unklar[53]. M. E. sollte die Zinsschranke nur bei originär gewerblich tätigen in- und ausländischen und bei gewerblich geprägten oder gefärbten inländischen Personengesellschaften anzuwenden sein. Vermögensverwaltende Personengesellschaften erzielen keine gewerblichen Einkünfte, sind nach Auffassung der Finanzverwaltung keine Betriebe[54]

50 In diese Richtung wohl *Bron*, DB 2008, 1872.

51 So auch *Fischer/Wagner*, BB 2008, 1872; *Kröner/Bolik*, DStR 2009, 1315.

52 Vgl. BMF, Schr. v. 4.7.2008, BStBl. 2008 I, 718, Tz. 7.

53 So auch *Töben/Lohbeck/Fischer*, FR 2009, 158; auch *van Lishaut/Schumacher/Heinemann*, DStR 2008, 2342, die aber wohl die Zinsschranke auch im Fall ausländischer Gesellschafter anwenden wollen.

54 Vgl. BMF, Schr. v. 4.7.2008, BStBl. 2008 I, 718, Tz. 5, dies sollte zweifelsohne auch für ausländische vermögensverwaltende Personengesellschaften gelten.

und für eine Anwendung beim ausländischen Gesellschafter (egal ob er eine gewerbliche Personen- oder eine Kapitalgesellschaft ist) fehlt der Inlandsbezug. Dagegen spricht m. E. auch nicht die Auffassung der Finanzverwaltung zum reinen Inlandsfall bei Zebragesellschaften. Hier kommt zwar die Zinsschranke auf Ebene des Gesellschafters zur Anwendung[55]. Dies ist auch schlüssig, weil der inländische Gesellschafter einen eigenen (inländischen!) Betrieb hat und seine Beteiligung in einem inländischen Betriebsvermögen hält. Genau daran fehlt es aber beim ausländischen Gesellschafter. Er hat zwar einen ausländischen Betrieb, dieser ist aber für die inländische Einkünfteermittlung vollkommen irrelevant. Die inländischen Einkünfte werden im ersten Schritt auf Ebene der vermögensverwaltenden Personengesellschaft ermittelt und dann im zweiten Schritt dem Gesellschafter zugerechnet. Die Einkünftezurechnung erfolgt nicht etwa nach § 39 AO[56] unmittelbar auf den Gesellschafter. Nur Wirtschaftsgüter, die mehreren zur gesamten Hand zu stehen, werden den Beteiligten anteilig zugerechnet. Die Prüfung der beschränkten Steuerpflicht nach § 49 Abs. 1 Nr. 2f EStG erfolgt erst danach. Selbst wenn man in der Neuregelung eine Fiktion eines inländischen Betriebs und/oder inländisches Betriebsvermögen sehen wollte, kann sich dies wohl nur auf das Einkünfteermittlungsobjekt (die Personengesellschaft) beziehen, nicht aber auf das Einkünfteerzielungsobjekt (den ausländischen Gesellschafter). Die Finanzverwaltung wird dies vermutlich anders sehen, und die Zinsschranke bei der Einkünfteermittlung auch „anteilig"[57] auf Ebene des ausländischen Gesellschafters anwenden wollen. Dazu müsste der Ausländer aber seine Beteiligung in einem inländischen Betriebsvermögens halten. Daran fehlt es aber. Zumindest sehe ich keine eindeutige Rechtsgrundlage, aus einem ausländischen Betrieb des Personengesellschafters, dessen Personengesellschaft zweifelsfrei keine gewerblichen Einkünfte erzielt, einen inländischen Betrieb oder ein inländisches Betriebsvermögen zu fingieren. Damit wird eine inländische und eine ausländische Kapitalgesellschaft im Hinblick auf die Anwendung der Zinsschranke unterschiedlich behandelt, wenn sie an einer ausländischen vermögensverwaltenden Immobilienpersonengesellschaft beteiligt ist[58].

---

55 Vgl. BMF, Schr. v. 4.7.2008, BStBl. 2008 I, 718, Tz. 43.

56 So zuletzt auch *Klein*, DStJG-Tagung in Nürnberg am 15. September 2009, Folie 3 der Arbeitsunterlagen.

57 Vgl. BMF, Schr. v. 4.7.2008, BStBl 2008 I, 718, Tz. 43 Satz 2. Damit wäre es in meinem folgenden Beispiel egal, ob das Bankdarlehen von der Personengesellschaft oder von der Lux SARL aufgenommen wird.

58 So für inländische vermögensverwaltende Personengesellschaften schon *Kußmaul/Pfirrmann/Meyering/Schäfer*, BB 2008, 135; *Töben/Fischer*, Ubg 2008, 135, beide allerdings vor Änderung in § 49 Abs. 1 Nr. 2f EStG.

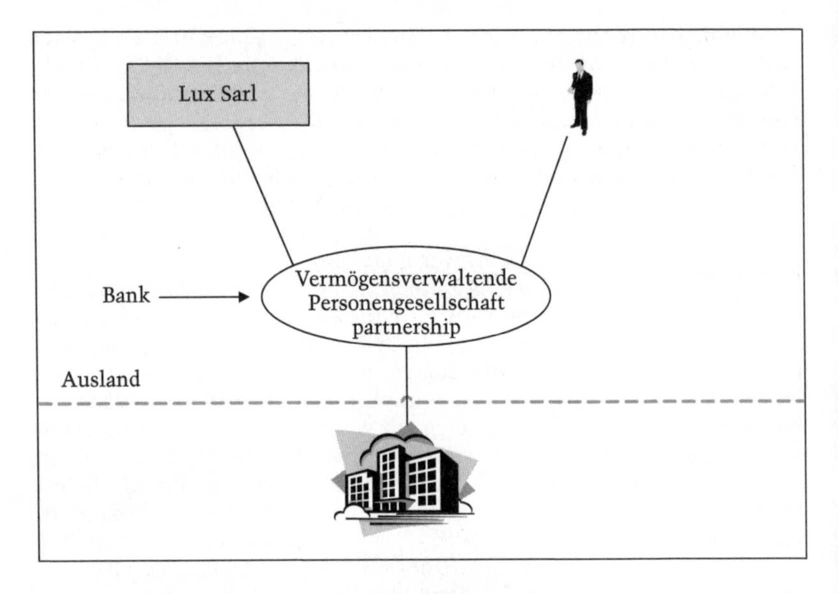

Fraglich ist wie im Ausland steuerbefreite Investoren mit der deutschen Neuregelung umgehen. Ausländische REITs haben bereits angekündigt, dass sie Verfahren vor dem EUGH wegen Verstoß gegen Art. 56 anstreben, weil deutsche REITs inländische Immobilienerträge steuerfrei vereinnahmen könnten[59]. Es ist aber zu erwarten, dass die Bundesregierung in diesem Punkt wenig nachgiebig sein wird, wie bereits die Einführung der inländischen REITs und die Reaktion auf die Rechtssache Stauffer[60] gezeigt hat.

Ein weiteres Thema des aktuellen Marktumfelds ist sicherlich die Auswirkung von Restrukturierungen der Passivseite von ausländischen Kapitalgesellschaften. Entstehen beispielsweise im Ausland Erträge aus Darlehensverzichten einer Bank oder günstigen Rückkäufen (debt-buybacks) durch die ausländische Kapitalgesellschaft (der Kreditnehmerin), kann darin m. E. für derartige Erträge keine beschränkte Steuerpflicht nach § 49 Abs. 1 Nr. 2f EStG gesehen werden. Selbst wenn man dies anders sehen wollte und aufgrund einer nun eventuell einheitlichen Einkünfteermittlung[61] die für den Ertrag „verantwortliche" Darlehensver-

59 Die Steuerbefreiung in §§ 9, 16 REITG wird nur unbeschränkt steuerpflichtigen REITs gewährt, dazu *Bron*, BB 2007, 2445.

60 Vgl. dazu *Hüttermann/Melios*, DB 2006, 2481–2490 m. w. N.

61 So die Gesetzesbegründung zu § 49 Abs. 1 Nr. 2f aa EStG, BT-Drucks. 16/10189, S. 59.

bindlichkeit als Betriebsvermögen dem deutschen Grundbesitz zuordnen wollte, scheidet eine Besteuerung nach DBA Recht aus. Der Ertrag geht zweifelsfrei auf die Sanierung oder das Verhalten der ausländischen Gesellschaft zurück und kann nicht unmittelbar durch die Nutzung von deutschem Grundvermögen erzielt worden sein. Genau dies wäre aber Voraussetzung für die Anwendung von Art. 6 OECD Muster DBA.

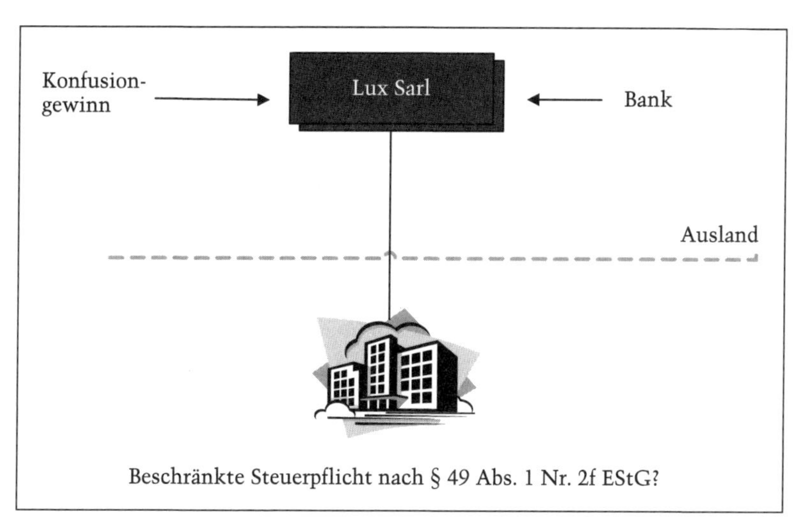

Beschränkte Steuerpflicht nach § 49 Abs. 1 Nr. 2f EStG?

Auch wenn die Restrukturierung auf der Passivseite von ausländischen Personengesellschaften stattfindet, sollte eine beschränkte Steuerpflicht nicht vorliegen. Wie bei der ausländischen Kapitalgesellschaft werden die Verbindlichkeiten (des ausländischen Kreditnehmers) nicht etwa (anteilig) zu einem inländischen (negativen) Betriebsvermögen, dessen Wertsteigerung im Inland einer beschränkten Steuerpflicht unterliegt.

Eine Norm zum besonderen Steuerabzug für beschränkt Steuerpflichtige befindet sich in § 50 a Abs. 7 EStG. Danach kann die deutsche Finanzverwaltung die Vergütungsschuldner von Mieten oder Veräußerungspreisen an beschränkt Steuerpflichtige durch Anordnung zum Steuerabzug und Abführung von 25 % der Mieten oder des Veräußerungspreises (!) verpflichten, wenn dies zur Sicherung des deutschen Steueranspruchs zweckmäßig ist[62]. Interessanterweise können dem Wortlaut nach sowohl Privatpersonen wie auch ausländische Mieter oder Verkäufer als Vergütungsschuldner verpflichtet werden. Wie dies in der Praxis geschehen soll, erscheint unklar.

62 Vgl. OFD Münster, Verf. v. 24.7.2008, GmbHR 2008, 1008, Punkt II 3.

2. Besteuerung inländischer Vehikel

2.1. Kapitalgesellschaft

Eine Kapitalgesellschaft mit Sitz im Inland ist unbeschränkt körperschaftsteuerpflichtig und die unbeschränkte Steuerpflicht erstreckt sich auf sämtliche Einkünfte (§ 1 KStG). Alle ihre Einkünfte – also jene laufenden aus der Vermietung und die etwaigen Veräußerungserlöse – sind als Einkünfte aus Gewerbebetrieb zu behandeln (§ 8 Abs. 2 KStG).

Für die inländische Kapitalgesellschaft wird auch stets ein inländischer Gewerbebetrieb fingiert (§ 2 Abs. 2 GewStG). Damit unterliegen alle Einkünfte dem Grunde nach der Gewerbesteuer. Die erweiterte Kürzung für Grundbesitzunternehmen nach § 9 Nr. 1 S. 2 ff. GewStG ist denkbar[63]. Die Voraussetzungen für die erweiterte Grundstückkürzung haben aber in der Vergangenheit erhebliche Verschärfungen erfahren[64]. Insbesondere dürfen keinerlei Betriebsvorrichtungen (mit)vermietet werden[65]. Diese Problematik ist dem Vernehmen nach schon Thema in aktuellen Betriebsprüfungen.

Wird das Immobilieninvestment durch Fremdkapital auf Ebene der Kapitalgesellschaft finanziert, ist die Regelung der Zinsschranke zweifelsfrei anwendbar und bei der Steuerplanung zu beachten, unabhängig davon, ob es sich um Gesellschafter- oder Bankdarlehen handelt. Zur Inanspruchnahme der auf 3 Mio. Euro erhöhten Freigrenze in § 4 h Abs. 2 a EStG[66], könnten als „Atomisierungsstrategien" bei größeren fremdfinanzierten Immobilienportfolien viele verschiedene Objekt-GmbHs gegründet werden, um die Freigrenze optimal ausnutzen. Bei einem unterstellten Fremdkapitalzinssatz von 5 % kann somit jede GmbH ca. 60 Mio. Euro Fremdkapital aufnehmen, ohne Probleme mit den Abzugsbeschränkungen der Zinsschranke zu bekommen. Da sich die Immobilienwerte naturgemäß nicht an die Beleihungsgrenzen und das zur Verfügung stehende Fremdkapital anpassen lassen, sind Strukturen denkbar, bei denen verschiedene inländische GmbHs unterschiedliche Bruchteile an verschiedenen Immobilien halten.

Folgendes Bild zeigt die Idee. Die Beispielszahlen sind an die jeweils gültige Freigrenze anzupassen. Das Beispiel geht davon aus, dass der Gesetzgeber die gerade gewählte Befristung der erhöhten Freigrenze verlängern

---

63 Die Kürzung nach § 9 Nr. 1 S. 1 GewStG ist wirtschaftlich bedeutungslos.

64 Vgl. dazu *Mies/Behrends/Schumacher*, BB 2007, 810.

65 Vgl. BFH, Urt. v. 17.5.2006, BB 2006, 1721.

66 Vgl. Gesetz zur verbesserten steuerlichen Berücksichtigung von Vorsorgeaufwendungen (Bürgerentlastungsgesetz Krankenversicherung) v. 19.6.2009 (BR-Drucks. 567/09).

wird[67]. Ansonsten würde – sicher nicht beabsichtigt – ab 1.1.2010 überhaupt keine Freigrenze mehr gelten.

Ein ausländischer Investor erwirbt 3 deutsche Immobilien im Gesamtwert von 240 Mio Euro. Die Banken sind bereit, Darlehen über 180 Mio Euro zu gewähren. Würden die drei Immobilien von einer GmbH erworben, die als einziger Kreditnehmer fungiert, fallen beim unterstellten Zinssatz von 5 % 9 Mio Euro laufende Zinsen an. Um diese steuerlich in voller Höhe abziehen zu dürfen, müsste die GmbH ein EBITDA von 30 Mio Euro erwirtschaften. Eine laufende Immobilienrendite von 12,5 % scheint heute aber wenig realistisch. Der gute und sorgsame Steuerplaner wird den ausländischen Investor also auf das drohende Zinsschrankenproblem hinweisen und Alternativen vorschlagen müssen. Ist der Eigenkapitalvergleich nach § 4 h Abs. 2c EStG nicht erfolgreich, zu teuer oder dem Investor und Berater zu unsicher, bleibt nur eine Struktur mit drei verschiedenen GmbHs, die je einen Betrieb begründen und je einmal die (gerade erhöhte) Freigrenze in Anspruch nehmen dürfen.

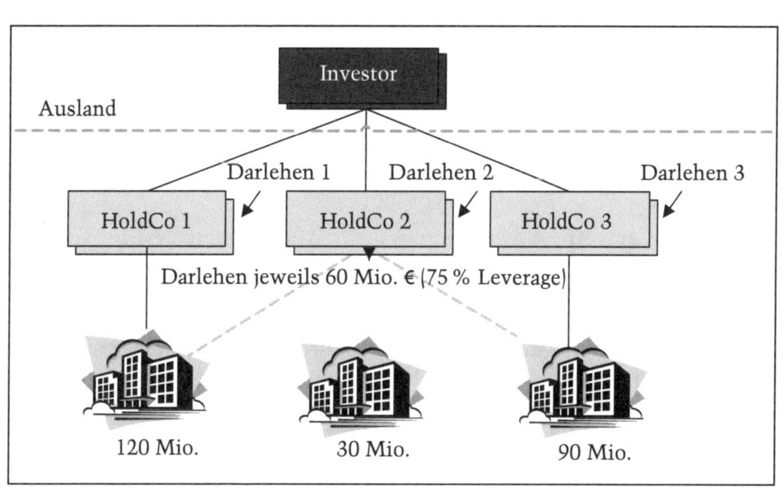

67 So geschehen mit Wachstumsbeschleunigungsgesetz v. 22.12.2009, BGBl. I 2009, 3950. Für Planungen im Jahr 2008 war die rückwirkende gesetzliche Erhöhung in 2009 durch das Bürgerentlastungsgesetz Krankversicherung v. 19.6.2009 naturgemäß und rechtlich sehr bedenklich nicht nutzbar.

Drei verschiedene HoldCo GmbHs reichen im Beispiel zur „Freigrenzenoptimierung" nicht aus, weil die Grundstücke unterschiedliche Werte haben und die Banken den GmbHs genau soviel Kredite gewähren, wie die Beleihungsgrenzen ergeben. Damit würden aber jene GmbHs mit teuren Immobilien (im Beispiel HoldCo 1 und HoldCo 3) unter dem Aspekt der Zinsschranke zu hohe Kredite aufnehmen müssen, andere GmbHs würden Freigrenzenpotential verschenken (im Beispiel HoldCo 2). Bei einem unterstellten Beleihungsgrad von 75 % könnte HoldCo 1 90 Mio Euro, HoldCo 2 22,5 Mio Euro und HoldCo 3 67,5 Mio Euro Darlehen aufnehmen. „Freigrenzenoptimal" wäre es aber, wenn jede HoldCo 60 Mio Euro Darlehensverbindlichkeit hätte und der daraus resultierende Zinsaufwand jeweils leicht unter 3 Mio Euro liegt. Dies kann zwar auch erreicht werden, wenn die Banken jeweils Sicherheiten der jeweils anderen GmbHs erhalten würden („cross collateralisations"). Mit anderen Worten, einige GmbHs würden Sicherheiten zugunsten anderer GmbHs geben. Dies hätte steuerlich bei Unentgeltlichkeit aber Themen der verdeckten Gewinnausschüttung und der verdeckten Einlage zur Folge. Insofern ist es sinnvoller, wenn jede GmbH Immobilien im Wert von 80 Mio Euro hält und dafür einen Bankkredit in Höhe von 60 Mio bekommt. Dies ist nach Teilungen der Grundstücke und Erwerb von Bruchteilseigentum relativ leicht erreichbar. HoldCo 1 würde etwa nur 2/3 an Immobile 1 halten, HoldCo 2 hält 1/3 an Immobile 1, Immobile 2 vollständig und 1/9 an Immobile 3, und HoldCo 3 hält schließlich 8/9 an Immobile 3.

Auch unter gewerbesteuerlichen Aspekten sind verschiedene GmbHs marktüblich. Gibt es etwa Immobilien, die kontinuierlich weiterveräußert werden, könnte man diese durch „trading"-GmbHs erwerben und von vorneherein auf die erweiterte Grundstückskürzung verzichten. Andere Immobilien, für die keine Veräußerungsabsicht besteht, werden von „HoldCo"-GmbHs erworben, die für die erweiterte Grundstückskürzung privilegiert sein sollten. Selbst in Fällen, in denen etwa 99 verschiedene GmbHs 99 verschiedene Immobilien – ggf. wie oben beschrieben mit genau geplanten und der aktuellen Freigrenze angepassten Bruchteilseigentumsverhältnissen – erwerben, sollte die Gefahr des steuerlichen Missbrauchs nach § 42 AO zu verneinen sein. Zunächst einmal ist die planerische Ausnutzung von gesetzlich vorgeschriebenen Freigrenzen kein Missbrauch[68]. Zweitens hat ein Steuerpflichtiger, der solche

68 M. E. ist eine Freigrenze per se schon problematisch und man kann wohl nicht ernstlich einen Missbrauch annehmen, wenn der Steuerpflichtigen alles tut, um unter der Freigrenze zu bleiben. Entschieden ist ein vergleichbarer Fall zu Freigrenzen soweit ersichtlich aber selbst zum „alten" § 42 AO noch nicht. Der durch Gesetz v. 20.12.2007 neu gefasste § 42 AO stellt m. E. keine Verschärfung dar.

Strukturen wählt, zusätzliche wirtschaftliche Optionen, ob er die Immobilien als Asset Deal weiterveräußert oder die GmbH Anteile überträgt[69]. Es entstehen auch steuerliche Nachteile. Der Einsatz verschiedener inländischer Kapitalgesellschaften hat etwa den Nachteil, dass Verluste und Gewinne steuerlich nicht saldiert werden können. In der Vergangenheit wurden diese Nachteile durch die Implementierung steuerlicher Organschaften berücksichtigt. Dies ist ab 2008 problematisch, da ein Organkreis für Zwecke der Zinsschranke als (nur) ein Betrieb gilt[70].Vor diesem Hintergrund wurden ab 2007 zahlreiche Organstrukturen aus der Vergangenheit überprüft und teilweise aufgelöst.

2.2. Personengesellschaft

Inländische Personengesellschaften (OHG, KG, GmbH & Co. KG) sind für ertragsteuerliche Zwecke transparent, für gewerbesteuerliche Zwecke allerdings eigene Steuersubjekte. Steuerlich muss unterschieden werden zwischen vermögensverwaltenden Personengesellschaften und solchen, die gewerblich tätig sind. Eine gewerblich tätige inländische Personengesellschaft begründet regelmäßig für jeden ausländischen Mitunternehmer eine inländische Betriebsstätte mit den Folgen der Gewerbesteuerpflicht und der beschränkten Einkommensteuerpflicht nach § 49 Abs. 1 Nr. 2a EStG[71]. Bei den reinen Immobilienobjektpersonengesellschaften dominierten jahrelang die vermögensverwaltenden Personengesellschaften ohne jegliche gewerbesteuerlichen Konsequenzen. Bei institutionellen Investoren mit kurz- bis mittelfristiger Veräußerungs- oder Weiterverwertungsabsicht – selbst bei Einobjektgesellschaften – ist das Erreichen vermögensverwaltender Personengesellschaftsstrukturen allerdings zunehmend schwieriger geworden[72].

---

69 Die Anteilsveräußerung ist auch steuerlich durchaus interessant, da eine beschränkt körperschaftsteuerpflichtige Holdinggesellschaft von der Befreiung nach § 8 b Abs. 2 KStG profitieren sollte, hierzu sind aber BFH, Urt. v. 14.1.20009, IStR 2009, 282 und die Praxisempfehlungen von *Jacob/Scheifele*, IStR 2009, 304 (311) zu beachten.

70 Vgl. § 15 Nr. 3 KStG, BMF, Schr. v. 4.7.2008, BStBl. 2008 I, 718, Tz. 10.

71 Zwingend ist dies aber nur, wenn eine inländische Betriebsstätte vorliegt, vgl. dazu *Piltz* in Mössner (Hrsg.), Steuerrecht international tätiger Unternehmen, 3. Aufl., S. 855. Regelmäßig wird der Ort der Geschäftsleitung der inländischen Personengesellschaft im Inland sein und dies reicht für eine Betriebsstätte aus.

72 Vgl. dazu insbesondere das BMF-Schreiben betreffend Abgrenzung privater Vermögensverwaltung und gewerblichem Grundstückshandel v. 26.3.2004, BStBl. 2004 I, 434; BMF, Schr. v. 1.4.2009, BStBl. 2009 I, 515.

Sollte bei einer gewerblich tätigen Personengesellschaft in Deutschland eine Gewerbesteuerbelastung anfallen, mindert diese die Erträge aus der Personengesellschaft und wird regelmäßig im Ausland nicht anrechenbar sein. Je nach Doppelbesteuerungsabkommen und Besteuerung im Ausland werden die Einkünfte aus der inländischen Personengesellschaft entweder freigestellt oder aber der ausländische Staat rechnet die deutsche Einkommen- oder Körperschaftsteuer an.

Das deutsche Mitunternehmerkonzept in § 15 Abs. 2 EStG erfordert (und erlaubt) die Berücksichtigung von sog. Sonderbetriebsvermögen des Gesellschafters (Mitunternehmer) bei der einheitlichen und gesonderten Gewinnermittlung der inländischen Personengesellschaft. Finanziert beispielsweise eine ausländische Kapitalgesellschaft als Mitunternehmer einer gewerblich tätigen deutschen Personengesellschaft den Eigenkapitalanteil an der Personengesellschaft mit ausländischen Bankdarlehen, können die Zinsaufwendungen für das Bankdarlehen als Sonderbetriebsaufwendungen bei der Ermittlung der Einkünfte der Personengesellschaft berücksichtigt werden. Die Zinsschrankenregel ist aber auch auf diese ausländischen Zinsaufwendungen anwendbar[73]. Double dip Strukturen – ein und derselbe Zinsabzug wird sowohl in Deutschland wie im Ausland steuerlich berücksichtigt – wurden und werden angewendet, allerdings sind die jeweiligen nationalen Gesetzgeber aktiv[74].

Ein aktuelles Thema ist sicherlich die Auswirkung von Restrukturierungen der Passivseite in Personengesellschaftsstrukturen. Entstehen beispielsweise beim ausländischen Gesellschafter Erträge aus Darlehensverzichten der Bank oder günstigen Rückkäufen (debt-buy-backs) stellt sich die Frage, ob Deutschland ein Besteuerungsrecht für derartige Erträge hat, weil die Zinsaufwendungen bei der deutschen Personengesellschaft berücksichtigt werden. Dagegen spricht, dass derartige Verbindlichkeiten durch Entnahmen zum Teilwert ohne Ertragsrealisierung aus dem deutschen Sonderbetriebsvermögen entnommen werden können. Solange der Ertrag allerdings noch nicht realisiert ist, wird der Teilwert stets dem Rückzahlungsbetrag entsprechen und somit sollte die Entnahme unproblematisch sein. Die Verbindlichkeit des ausländischen Gesellschafters hatte allenfalls durch eine Fiktion einen Inlandsbezug. Trotzdem wird sie dadurch m. E. nicht zu inländischem Betriebsvermögen. Sicherlich muss

73 Vgl. BMF, Schr. v. 4.7.2008, Tz. 52.

74 Vgl. Änderung in § 50 d Abs. 9 und 10 EStG, die eindeutige treaty overrides darstellen, vgl. dazu auch *Schnitger*, Aktuelle Entwicklungen bei der beschränkten Steuerpflicht und internationalen Personengesellschaften, in Lüdicke (Hrsg.), Forum der internationalen Besteuerung, Band 35, Köln 2009, S. 183 (198).

man dieses Risiko ernst nehmen, insbesondere, wenn man bislang den Zinsabzug steuerlich zweimal nutzen konnte. Insgesamt sind diese Rechtsfragen ebenso wie im Fall ohne inländisches Vehikel wenig erforscht.

Bei inländischen rein vermögensverwaltenden Personengesellschaften mit gewerblicher Prägung durch ausländische Kapitalgesellschaften als Gesellschafter ist nach alter Rechtslage teilweise eine Besteuerungslücke gesehen worden und deshalb wurde die beschränkte Steuerpflicht des ausländischen Anteilseigner verneint[75]. Naturgemäß hat die Finanzverwaltung diesen Überlegungen bereits nach altem Recht eine klare Absage erteilt und sieht in der gewerblichen Prägung ein im Ausland verwirklichtes Besteuerungsmerkmal, das nach der isolierenden Betrachtung nach § 49 Abs. 2 EStG nicht berücksichtigt werden darf[76]. Möglicherweise war die Sorge vor einer Besteuerungslücke auch mit ein Grund zur Änderung des § 49 Abs. 1 Nr. 2f EStG[77]. Aus der Gesetzesbegründung lässt sich dies nicht entnehmen, hier wird nur von Steuervereinfachung und Beseitigung der unterschiedlichen Einkunftsermittlungsarten gesprochen[78]. Die im Ausland gewerblich geprägte inländische Personengesellschaft hat also nach geltendem Recht für den ausländischen Investor keine unmittelbaren Steuervorteile im Inland. Die beschränkte Steuerpflicht ergibt sich nun aus § 49 Abs. 1 Nr. 2f EStG[79].

Bei im Inland rein vermögensverwaltend tätigen Personengesellschaften mit natürlichen Personen als Gesellschafter ergibt (und ergab) sich die beschränkte Steuerpflicht der ausländischen Gesellschafter aus § 49 Abs. 1 Nr. 6 EStG. Fraglich ist, ob dies auch gilt, wenn der ausländische Gesellschafter eine Kapitalgesellschaft ist, etwa als Beispiel eine Lux Sarl.

75 Vgl. *Meining/Kruschke*, GmbHR 2008, 91–94 mit ausführlicher Begründung und m. w. N., wohl auch schon *Günkel*, Steuerberater Jahrbuch 1998/99, S. 149 für den Fall der ausländischen Personengesellschaft, die nach deutscher Sichtweise gewerblich geprägt ist.

76 Vgl. OFD Münster, Vfg v. 24.7.2008, GmbHR 2008, 1008.

77 Vgl. *Benecke*, Arbeitsunterlagen zur 27. Kölner Steuerkonferenz vom 20. Oktober 2008.

78 Vgl. BT-Drucks. 1610189, S. 58 und 59.

79 M. E. ergab sich bis 2008 die beschränkte Steuerpflicht wie bei der reinen vermögensverwaltenden Immobilienpersonengesellschaft bzgl. der laufenden Einkünfte aus § 49 Abs. 1 Nr. 6 EStG.

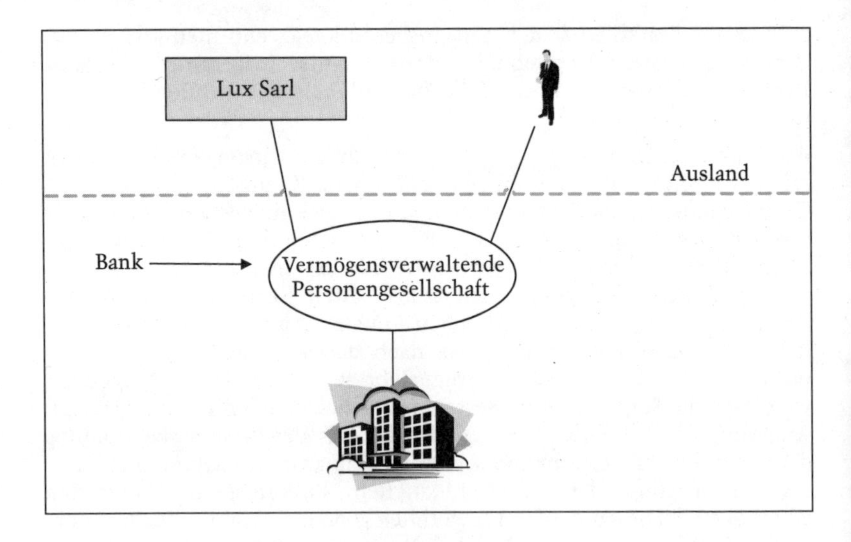

In diesem Fall erzielt die Lux Sarl zwar aus der vermögensverwaltenden Personengesellschaft Einkünfte aus Vermietung und Verpachtung, diese werden aber wohl durch § 49 Abs. 1 Nr. 2f Satz 2 EStG in solche aus Gewerbetrieb qualifiziert. Bei der Personengesellschaft liegt jedoch kein Betrieb im Sinne der Zinsschranke vor[80]. Insofern liegt hier eine Möglichkeit für eine hohe Verschuldung etwa mit Bankdarlehen bei rein vermögensverwaltenden inländischen Personengesellschaften vor. Mangels inländischen Betriebsvermögens ausländischer Gesellschafter, sollte die Anwendung der Zinsschranke beim ausländischen Gesellschafter ausscheiden[81]. Auch dies wird die Finanzverwaltung anders sehen wollen und wie bei Fall des Direktinvestment durch die Lux Sarl für die Anwendung der Zinsschranke argumentieren.

Weiterhin könnte man problematisieren, ob ausländische Immobilieninvestoren mit ihren anderen ausländischen Immobilien positives Sonderbetriebsvermögen begründen, weil diese ausländischen Immobilien ihre Position als Mitunternehmer einer inländischen Immobilien-objektpersonengesellschaft stärken. Hier sollte allerdings der Bezug zu der inländischen Personengesellschaft nicht derart stark sein, dass man diese

80 Vgl. BMF, Schr. v. 4.7.2008, BStBl. 2008 I, 718 Textziffer 5.

81 Vgl. dazu die Argumente unter II 1.3, so wohl auch *Kußmaul/Pfirrmann/Meyering/Schäfer*, BB 2008, 135, allerdings noch vor der Änderung in § 49 Abs. 1 Nr. 2f EStG.

Auffassung vertreten müsste. Zudem würden sich praktisch unlösbare Probleme ergeben, wollte man Erträge aus ausländischen Immobilien des ausländischen Mitunternehmers als Gewinn Vorab bei der Ermittlung der Einkünfte aus der inländischen Personengesellschaft berücksichtigen. Zudem würde Art. 6 OECD Muster DBA das Besteuerungsrecht ohnehin dem ausländischen Belegenheitsstaat zuweisen[82].

Fraglich ist weiterhin, ob das vom Ausländer an die Personengesellschaft gewährte Gesellschafterdarlehen einer beschränkten Steuerpflicht auch dann unterliegt, wenn es nicht durch inländischen Grundbesitz besichert ist[83]. M. E. ist dies nicht der Fall, da der neue § 49 Abs. 1 Nr. 2f EStG die Zinseinkünfte keinesfalls in inländische Einkünfte aus Gewerbebetrieb qualifiziert. Die Zinsen werden eindeutig nicht durch die Vermietung oder Verpachtung oder Veräußerung inländischen Grundbesitzes erzielt[84].

Gewerbesteuerliche Auswirkungen sollten etwaige Sondervergütungen des ausländischen Mitunternehmers auch nach der Änderung im Jahressteuergesetz 2009 nicht haben.

2.3. Investmentvermögen

2.3.1. Publikums-Sondervermögen

Der Einsatz von inländischen Sondervermögen für ausländische Investoren ist steuerlich sehr interessant.

Schon beim Erwerb der Anteilsscheine sollte keine Grunderwerbsteuer anfallen, selbst wenn 100 % der Anteilsscheine erworben werden[85]. Zivilrechtlich ist die Kapitalanlagegesellschaft Eigentümer der Grundstücke und bleibt dies auch, wenn 100 % der Anteilsscheine übertragen werden. Attraktiv ist das von der Kapitalanlagegesellschaft aufgelegte inländische Sondervermögen aber vor allem, weil es nach § 11 Abs. 1 Satz 1 InvStG zunächst als Zweckvermögen fingiert wird und zugleich in § 11 Abs. 1 Satz 2 InvStG von der Körperschaft- und der Gewerbesteuer befreit

82 Vgl. aber die treaty overrides in § 50 d Abs. 9 und Abs. 10 EStG.

83 Auch bei Besicherung durch das Grundstück entfällt die beschränkte Steuerpflicht nach § 49 Abs. 1 Nr. 5 Buchst. c Satz 2 EStG für eine Fremdkapitalaufnahme in Gestalt der Emission von Teilschuldverschreibungen und Sammelurkunden i. S. d. DepotG.

84 So auch *Wassermeyer*, IStR 2009, 240.

85 Umkehrschluss aus BFH, Urt. v. 29.9.2004, BStBl. 2005 II, 148, vgl. *Fischer* in Boruttau, GrEStG, 16. Aufl., München 2007, § 1 Rz. 915; Hofmann GrEStG, 8. Aufl. Herne/Berlin, § 1 Rz. 87. Dies würde aber nicht gelten, wenn ein Spezial-Investmentvermögen in Miteigentumslösung errichtet wurde.

wird. Gleiches gilt übrigens auch für die seit 1.1.2004 möglichen Immobilieninvestmentaktiengesellschaften mit variablem Kapital nach § 96 ff InvG, wenngleich direkte Immobilieninvestments insoweit nicht möglich sind. Die hinter dem Zweckvermögen stehenden Anteilsscheininhaber werden dagegen besteuert. Dies geschieht allerdings nicht wie bei Gesellschaftern an Personengesellschaften nach den „normalen" steuerlichen Regelungen zur einheitlichen und gesonderten Feststellung der Einkünfte im Sinne der §§ 179, 180 AO, sondern ist explizit im InvStG[86] geregelt. Dies ist ein eigenständiges steuerliches Spezialgesetz und geht den Regelungen des Einkommensteuer- und Körperschaftsteuergesetz vor. Zwar ist es Grundidee des InvStG, den Anteilscheininhaber wie den Direktanleger zu besteuern, jedoch ist dieses Transparenzprinzip an mehreren Stellen bewusst durchbrochen worden und gilt auch nur insoweit, als es im InvStG explizit geregelt wurde[87].

Erträge aus Investmentanteilen (auf der Fondsausgangsseite) gehören regelmäßig zu den Einkünften aus Kapitalvermögen im Sinne des § 20 Abs. 1 Nr. 1 EStG. Durch diese in § 2 Abs. 2 Satz 1 InvStG geregelte Qualifizierungsnorm erzielt auch ein ausländischer Anteilsscheininhaber stets Einkünfte im Sinne des § 20 Abs. 1 Nr. 1 EStG. Diese sind allerdings nur dann beschränkt steuerpflichtig, wenn sie in § 49 EStG als inländische Einkünfte aufgeführt sind. Dies ist aber für Erträge aus der Vermietung und Verpachtung aus Immobilien oder Veräußerungsgewinne, die das Sondervermögen erzielt (auf der Fondseingangsseite) in § 49 EStG gerade nicht der Fall. Unter § 49 Abs. 1 Nr. 5a EStG sind die Erträge aus Investmentanteilen explizit ausgenommen. Die Tatbestandvoraussetzungen des § 49 Abs. 1 Nr. 5 Buchst. b EStG sind ebenfalls nicht erfüllt. Erfreuliches Ergebnis für ausländische Investoren in inländische Immobiliensondervermögen: Eine beschränkte Steuerpflicht für Erträge aus diese inländischen Investmentanteilen liegt nicht vor. Dies gilt sowohl für die laufenden Erträge aus Vermietung und Verpachtung wie auch für die Veräußerungsgewinne! Wenn der Sitzstaat des ausländischen Investors die Fondserträge ebenfalls nicht besteuert, können ggf. sogar weiße Einkünfte erzielt werden[88]. Folgendes Bild zeigt die Struktur und die Rechtsfolgen.

---

86 Eingeführt mit Gesetz v. 15.12.2003, BGBl. 2003 I, S. 2676/2724 und inzwischen bereits mit 8 Änderungsgesetzen. Davor waren die steuerlichen Regelungen punktuell im AuslInvG und im KAGG enthalten. Diese beiden Gesetze ersetzt ab 2004 das InvStG.

87 Vgl. BFH, Urt. v. 11.10.2000, BStBl. 2001 II, 22 zum gebrochenen Transparenzprinzip, das auch für das InvStG gilt.

88 Vgl. *Kroschewski/Reiche*, IStR 2006, 730.

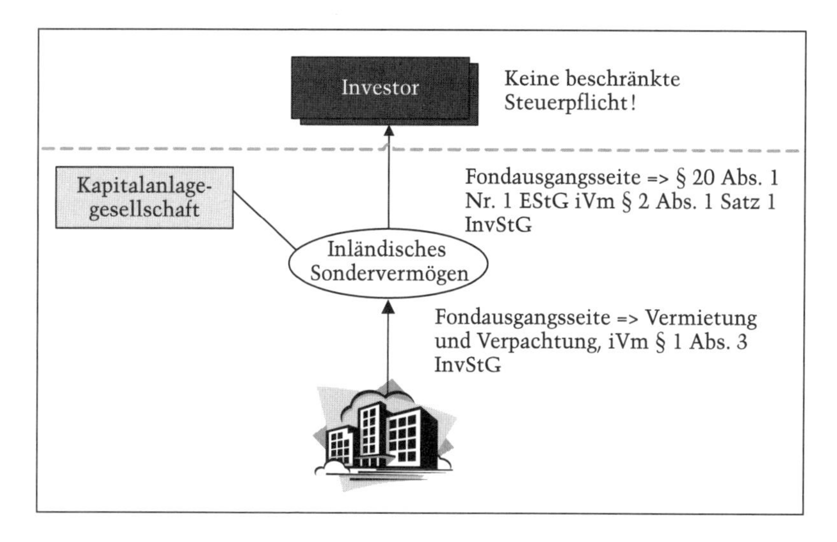

Die Rechtsfolge ist auch keine Besteuerungslücke, so dass wahrscheinlich nicht mit einer Änderung zu rechnen sein wird. Bei der langen und politisch schwierigen Diskussion um die Einführung inländischer Real Estate Aktiengesellschaften (REITs) war eine große Sorge, dass ausländische Investoren steuerfrei über inländische REITs in inländischen Grundbesitz investieren können. Dabei ist dem Gesetzgeber die aktuelle steuerliche Regelung zu den Publikumsinvestmentvermögen vorgetragen worden. Sie ist zur Stärkung des Standortes Deutschland als politisch gewollt akzeptiert und wurde auch nicht in den zahlreichen Steuergesetzänderungen seit 2007 aufgegriffen.

Ein weiterer Vorteil ist, dass die Zinsschranke auf Ebene des Sondervermögens keine Anwendung findet, denn § 4h EStG ist im InvStG nicht negativ erwähnt[89].

Es ist soweit ersichtlich noch nicht problematisiert worden, ob – eventuell vom Gesetzgeber nicht gewollt – die Rechtsänderung in § 49 Abs. 1 Nr. 2f EStG zu einer beschränkten Steuerpflicht der ausländischen Anteilsscheininhaber führen könnte, schließlich erzielt das Sondervermögen zweifelsfrei Einkünfte aus Vermietung und Verpachtung bzw. Veräußerungsgewinne. Diese Frage ist zu verneinen. Erstens erzielen die

89 Lediglich Zinserträge i. S. d. Zinsschranke, die das Sondervermögen erzielt, gelten nach § 2 Abs. 2a InvStG auch beim Anleger als günstige Zinserträge.

(auch die inländischen) Anteilsscheininhaber keine Einkünfte aus §§ 15 bis 17 EStG und das Sondervermögen kann für steuerliche Zwecke auch nicht ignoriert werden. Zweitens hat sich die Rechtslage im Hinblick auf Gewinne, die das Sondervermögen aus der Veräußerung von Immobilien erzielt, nicht geändert. Drittens kann – wenn sie denn so geregelt wäre – eine Fiktion in § 49 EStG nicht den Fiktionen im steuerlichen Spezialgesetz (in § 2 InvStG) vorgehen. Letzteres sieht man an der jetzt zu besprechenden Sonderregelung für Spezial-Sondervermögen.

2.3.2. Spezial-Sondervermögen

Inländische Spezial-Sondervermögen sind Investmentvermögen, die aufgrund schriftlicher Vereinbarungen mit der Kapitalanlagegesellschaft oder durch Satzung nicht mehr als 100 Anleger haben dürfen, die nicht natürliche Personen sind. Für diese Spezial-Sondervermögen gilt eine teils wenig bekannte abweichende Sonderregelung in § 15 Abs. 2 InvStG. Danach sind Erträge aus der Vermietung und Verpachtung von inländischen Grundstücken und grundstücksgleichen Rechten und Gewinne aus privaten Veräußerungsgeschäften mit inländischen Grundstücken und grundstücksgleichen Rechten gesondert auszuweisen. Satz 2 sagt: „Diese Erträge gelten beim beschränkt steuerpflichtigen Anleger als unmittelbar bezogene Einkünfte gemäß § 49 Abs. 1 Nr. 2f, Nr. 6 oder Nr. 8 EStG." Satz 3 schließt an: „Dies gilt auch für die Anwendung der Regelungen in Doppelbesteuerungsabkommen". Diese Fiktion ist m. E. schon einzigartig im deutschen Steuerrecht. Es wird nicht fingiert, dass das Sondervermögen nicht existiert und die Einkünfte aus den Immobilien den Anlegern direkt zuzuordnen sind. Die Prüfung der beschränkten Steuerpflicht würde dann wie gewohnt im EStG stattfinden. Während eigentlich das Vorliegen von bestimmten inländischen Einkünften die beschränkte Steuerpflicht für diese Einkünfte erst begründet, unterstellt der Gesetzgeber die beschränkte Steuerpflicht und qualifiziert nur (!) bei beschränkt Steuerpflichtigen Einkünfte aus Kapitalvermögen (die gerade keine beschränkte Steuerpflicht begründen würden) in solche um, die nach § 49 Abs. 1 Nr. 2f, Nr. 6 und Nr. 8 EStG eben eine beschränkte Steuerpflicht begründen. Dabei übersieht er wohl auch noch, dass es auch Steuerinländer gibt, die beschränkt steuerpflichtig sein können. Die Finanzverwaltung schränkt die Fiktion wohl deshalb[90] – m. E. ohne Rechtsgrundlage – ein und führt aus: „Beschränkt Steuerpflichtige i. S. d. § 15 Abs. 2 Satz 2 sind nur solche nach § 1 Abs. 4 EStG und § 2 Nummer 1 KStG, nicht aber die beschränkt Körperschaftsteuerpflichtigen nach § 2

90 Vgl. *Klusack* in Beckmann/Scholtz, Investment, Band 3, § 15 InvStG, Tz. 24.

Nummer 2 KStG."[91] Somit werden nur Steuerausländer von der Fiktion betroffen. Der Wille des Gesetzgebers ist aber eindeutig.

Damit sind die Rechtsfolgen weitgehend und für ausländische Investoren in Immobilien Spezial-Sondervermögen liegt, wie folgendes Bild zeigt, sehr wohl eine beschränkte Steuerpflicht vor.

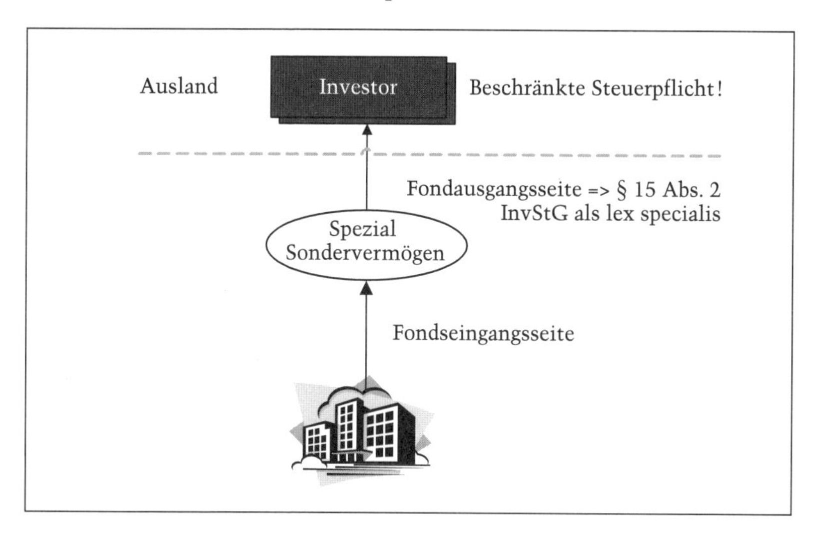

Liest man nur das EStG, kann man diese Rechtsfolge keinesfalls erkennen. Im Gegenteil, man kommt nach Studium des § 49 EStG exakt zu dem Ergebnis für Publikumssondervermögen.

2.4. REITs

Die seit 1.1.2007 mögliche Real Estate Investment AG unterliegt zwar keiner Aufsicht durch die BaFin wie Investmentsondervermögen. De facto ist allerdings die Finanzbehörde, die über die steuerlichen Sonderregelungen im REIT Gesetz entscheidet, die Regulierungsbehörde. Ausländische Investoren, die sich nur zu maximal 10 % an einem deutschen REIT beteiligen dürfen, haben durchaus Vorteile, da die REIT Aktiengesellschaft ebenso wie ein Zweckvermögen vollständig von der Körperschaft und Gewerbesteuer befreit ist[92]. Der Ausländer erzielt Dividenden

91 BMF, Schr. v. 18.8.2009, Tz. 255.
92 Vgl. § 11 REIT Gesetz.

aus einer steuerbefreiten inländischen Kapitalgesellschaft, die nach § 49 Abs. 1 Nr. 5a EStG beschränkt steuerpflichtig sind. Deutschland erhebt Kapitalertragsteuer in Höhe von 25 %. Ggf. kommt eine Erstattung von 2/5 der deutschen Kapitalertragssteuer für beschränkt Steuerpflichtige in Betracht[93]. Eine Anrechnung oder Freistellung ist je nach DBA mit Sonderregelung zu Real Estate Investment Trusts denkbar.

3. Maßnahmen gegen unerwünschte Inbound Investments

In der Praxis sind Investments über inländische Sondervermögen weiterhin selten. Steuerlich interessant wären sie allerdings allemal, sofern das Investment über ein Publikumssondervermögen gewählt wird. Im jüngsten BMF Schreiben vom 18.8.2009 zu Zweifels- und Auslegungsfragen des Investmentsteuergesetzes[94] hat sich die Finanzverwaltung allerdings vorbehalten, über § 42 AO und die Anwendung von § 15 Abs. 2 InvStG nachzudenken, wenn es sich rechtlich um ein Publikumssondervermögen handelt, das aber de facto nur von wenigen institutionellen Anlegern gehalten wird[95]. Hier bleibt die Entwicklung abzuwarten. Mir scheint die Rechtslage klar und wer – ggf. auch allein – in ein formalrechtlich als Publikumssondervermögen strukturiertes Vehikel investiert, muss sich auf die für dieses Vehikel vorgesehenen steuerlichen Rechtsfolgen verlassen können, zumal er keinerlei Einfluss darauf hat, wie viele andere Investoren sich am gleichen Fonds beteiligen. Insofern ist eine „gezielte Aufnahme von vielen Anlegern mit nur geringer Beteiligung" für den einzelner Anleger schwer steuerbar. Die Drohung der Finanzverwaltung mit § 42 AO wird aber wohl ihre Abschreckungswirkung nicht verfehlen, obwohl sie m. E. schwer durchsetzbar scheint[96].

Eine verständliche Maßnahme des Gesetzgeber ist es, ausländischen Sondervermögen und ausländischen REITs eine Steuerbefreiung nach § 11 Abs. 1 InvG oder § 16 REITG zu versagen. Beide Normen verlangen eine unbeschränkte Steuerpflicht[97]. Aller EU-rechtlichen Bedenken zum Trotz, hier wird der Gesetzgeber nicht einlenken und inländisches Steuersubstrat schützen.

93 § 44 a Abs. 9 EStG

94 Fundstelle www.bmf.de.

95 Vgl. BMF, Schr. v. 18.8.2009, Tz. 242.

96 M. E. ist es ein bedenklicher Trend, wenn die Finanzverwaltung unerwünschte Gestaltungen oder Strukturen im BMF-Schr. mit § 42 AO in Verbindung bringt, ohne hierfür konkret zu werden, so etwa auch zu Erzielung „künstlicher Zinserträge" als Reaktion auf die umstrittene Zinsschranke, vgl. BMF, Schr. v. 4.7.2008, BStBl. 2008 I, 718, Tz. 24.

97 Für REITs ist nach § 9 REITG Sitz und Geschäftsleitung im Inland erforderlich.

Weiterhin bleibt die schwarze Liste jener nicht auskunftswilligen Staaten abzuwarten, die mit der Rechtsverordnung zu dem Gesetz zur Bekämpfung der Steuerhinterziehung[98] veröffentlicht werden soll. Aus diesen Ländern sollte möglichst nicht in deutschen Grundbesitz investiert werden, insbesondere, wenn man an Strukturen mit verschiedenen Vehikeln denkt.

4. Zwischenfazit

Bei Direktinvestitionen ohne deutsches Vehikel wird der Ausländer regelmäßig eine beschränkte Steuerpflicht im Inland begründen. Aufgrund DBA Regelungen wird Deutschland auf sein Besteuerungsrecht auch nicht verzichten.

Bei den 5 verschiedenen ausländischen Vehikeln gibt es kaum wesentliche Unterschiede. Insbesondere scheint die Vermeidung einer beschränkten Steuerpflicht der inländischen Einkünfte aus Vermietung und Verpachtung wie aus Veräußerungsgewinnen nicht möglich.

Die Ermittlung der inländischen Einkünfte aus Vermietung und Verpachtung und Veräußerungsgewinnen nach der Änderung im Jahressteuergesetz 2009 beinhaltet viele noch offene Rechtsfragen, die den Steuerplaner vor nahezu unlösbare Probleme stellen. Dies macht die Steuerplanung – nach meinem Verständnis die gedankliche Vorwegnahme der Ermittlung einer konkreten Steuerbelastung bei gegebenen Finanzplänen – der Steuerausländer schwierig bis unmöglich. Große Unsicherheiten gibt es vor allem bei der Einkünfteermittlung und damit bei der Berücksichtigung von (Finanzierungs-)Aufwendungen. Hier sollten ausländische rein vermögensverwaltende Personengesellschaften Vorteile haben, da m. E. die Abzugsbeschränkungen der Zinsschranke nicht anwendbar sind. Rechtssicherheit besteht aber in diesem Punkt für die Investoren keinesfalls und deshalb werden die Auswirkungen der Zinsschranke i. d. R. mit kalkuliert. Bei sehr negativen Auswirkungen hat sich die Zinsschranke in der Praxis wirklich schon als Investitionshindernis gezeigt. Man muss die Entscheidungssituation der Ausländer richtig einordnen. Es ist nicht so, dass sie eine beschränkte Steuerpflicht vermeiden wollen (oder können). Wenn allerdings, die bei Immobilieninvestitionen typischerweise hohen Finanzierungsaufwendungen in Deutschland nicht vollständig abgezogen werden können, ist dies im Ausland regelmäßig auch nicht möglich. Der ausländische Fiskus wird den Abzug mit Hinweis auf den wirtschaftlichen Zusammenhang mit (steuerbefreiten) Einkünften aus Deutschland ablehnen. Vor diesem Hintergrund ist es nachvollziehbar, wenn Ausländer Investitionsmöglichkeiten in einer anderen Jurisdiktion

98 Gesetzesbeschluss v. 3.7.2009, BR-Drucks. 633/09. Zurzeit enthält die Liste keine Staaten, vgl. BMF, Schr. v. 5.1.2010, BStBl. I 2010, 19.

prüfen und deshalb mitunter volkswirtschaftlich erwünschte Investitionen nicht in Deutschland ankommen.

Erträge aus ausländischen Betriebsstätten zuordenbaren Forderungen für Darlehen sollten nach wie vor keine beschränkte Steuerpflicht begründen. Gleiches gilt für Sanierungs- oder Restrukturierungserträge aus Verbindlichkeiten, die für deutschen Immobilienbesitz aufgenommen wurden.

Der Einsatz von inländischen Investitionsvehikeln ist aus steuerplanerischer Sicht sinnvoll: Man hat – mit gewissen Ausnahmen – klare Regeln zur unbeschränkten Steuerpflicht und Einkünfteermittlung. Insofern ist die konkrete Steuerbelastung besser planbar, auch bei Ausschüttungen über die Grenze oder etwaigen Anteilsveräußerungen. Attraktiv ist die inländische GmbH aufgrund des klaren Trennungsprinzips und die inländische vermögensverwaltende Personengesellschaft ggf. mit Chancen der Nichtanwendbarkeit der Zinsschranke. Die im Ausland weniger bekannten inländischen Vehikel des Investmentsondervermögens und des deutschen REITs haben zwar steuerliche Vorteile, werden aber aus aufsichtsrechtlichen und anderen Gründen (zumindest momentan) nicht akzeptiert. Vielen ausländischen Investoren ist einfach die beschränkte Einflussnahme auf unternehmerische Entscheidungen innerhalb eines deutschen Investmentvermögens deutlich zu gering.

Wählt man ein inländisches Vehikel, werden häufig parallel schuldrechtliche Instrumente eingesetzt, um die in Deutschland steuerpflichtige Bemessungsgrundlage zu mindern. Damit hat man in der Regel stets ein Nebeneinander von gesellschaftsrechtlichen und schuldrechtlichen Beteiligungen über die Grenze. Dies ist der Grund, warum Inbound Real Estate Investmentstrukturen in der Praxis so komplex sind.

5. Besteuerung schuldrechtlicher Instrumente

Werden schuldrechtliche Instrumente eingesetzt, ist das inländische Vehikel immer der Schuldner und der ausländische Investor der Gläubiger der vereinbarten Erträge. Auch hier ist im Einzelfall zu prüfen, ob der ausländische Gläubiger mit seinen Erträgen in Deutschland beschränkt steuerpflichtig ist. Dies ist im Grundsatz bei gewinnunabhängigen schuldrechtlichen Instrumenten (§ 20 Abs. 1 Nr. 5 und 7 EStG) nach § 49 Abs. 1 Nr. 5c Buchstabe aa EStG nur dann der Fall, wenn das eingesetzte Fremdkapital durch inländischen Grundbesitz unmittelbar oder mittelbar[99] gesichert ist. Eine derartige Besicherung wird vielfach aus Sicht der

99 Die Sicherheitsvereinbarung muss etwa Herausgabeansprüche des inländischen unbeweglichen Vermögens erlauben. Pfandbriefe fallen beispielsweise nicht darunter, weil der Pfandbriefgläubiger keine Verwertungsrechte über die

Banken allein schon deshalb der Fall sein müssen, weil der inländische Grundbesitz die einzige denkbare Sicherheit der Immobilienobjektgesellschaft – des Kreditnehmers ist. Bei Gesellschafterdarlehen ist dagegen eine Grundbesitzbesicherung wirtschaftlich nicht erforderlich, weil der Gesellschafter ohnehin über seine Gesellschaftsanteile mittelbaren Zugriff auf den deutschen Grundbesitz hat. Insofern kann bei normalen verzinslichen Gesellschafterdarlehen des Ausländers an inländische Kapitalgesellschaften eine beschränkte Steuerpflicht und der Einbehalt von Kapitalertragsteuer vermieden werden. Liegt die Phantasie der Immobilie weniger in den laufenden Mieterträgen als in den erhofften Veräußerungsgewinnen (durch vom Investor geschaffene Wertsteigerungen), reicht ein normales festverzinsliches Gesellschafterdarlehen zu Reduzierung der Bemessungsgrundlage des unbeschränkt steuerpflichtigen inländischen Vehikels nicht aus. Dann denkt der Berater an gewinnabhängige Instrumente, die mehr Gewinn absaugen können[100].

Gewinnabhängige partiarische Darlehen, Fremdkapital- Genussrechte oder dergleichen lösen aber stets eine beschränkte Steuerpflicht aus[101] und verpflichten den Schuldner zum Einbehalt von Kapitalertragssteuer[102]. Dies lässt sich nur vermeiden, wenn man diese gewinnabhängigen Darlehen durch ein inländisches Sondervermögen leitet, an dem der Ausländer Anteilsscheininhaber ist. Auf diese Weise könnte man steuerlich aus beschränkt steuerpflichtigen Erträgen aus schuldrechtlichen Instrumenten eben nicht beschränkt steuerpflichtige Erträge aus Investmentanteilen machen. Auch hier ist allerdings zu beachten, dass die aufsichtsrechtlichen Hürden hoch sind.

Die mögliche Struktur lässt sich vereinfacht aus folgendem Bild erkennen.

Immobilien erhält und es sich in der Regel um Teilschuldverschreibungen handelt. Vgl. *Hidien* in Kirchof/Söhn/Mellinghoff, EStG, § 49, Rz. H439; *Lüdicke* in Lademann, EStG-Kommentar, § 49, Anm. 679; *Kessler*, FR 1999, 59; i. d. S. auch *Rössler/Troll*, BewG § 121, Rz. 41; aA Frotscher, EStG Kommentar, § 49 Tz. 157.

100 Auch dieses Denken schuldet der Berater dem Ausländer zunächst einmal aus dem Beratervertrag. Insofern überzeugt mich die These nicht, dass es die kreativen Berater seien, die die Steuerpflichtigen zu unerwünschten Gestaltungen motivieren.

101 I. d. R. nach § 49 Abs. 1 Nr. 5a EStG.

102 I. d. R. § 43 Abs. 1 EStG, ggf. ergeben sich Reduzierungen aufgrund von Doppelbesteuerungsabkommen.

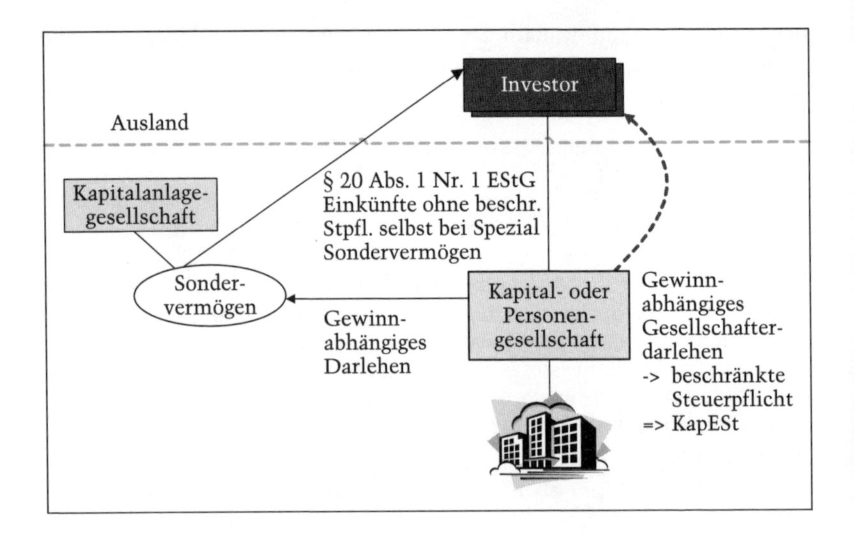

Die Idee ist wiederum, dass man die Besonderheiten des InvStG nutzt. Ohne Sondervermögen würde der Investor beschränkt steuerpflichtige Einkünfte beziehen. Mit Sondervermögen erzielt diese Einkünfte das steuerbefreite inländische Sondervermögen (Fondseingangsseite). Der Investor als Anteilsscheininhaber erzielt Einkünfte nach § 20 Abs. 1 Nr. 1 EStG (Fondsausgangsseite), die gerade nicht im Katalog des § 49 EStG genannt sind. Geeignet sind alle inländischen Sondervermögen iSd InvG. Eine Sondervorschrift für Spezialfonds wie in § 15 Abs. 2 InvStG existiert für gewinnabhängige Schuldverschreibungen oder ähnliche ansonsten beschränkt steuerpflichtige Instrumente nicht. Der Preis für die interessanten Steuerfolgen ist aber wiederum die Existenz eines regulierten Sondervermögens in der Investmentkette. Zudem muss die Zinsschrankenregel beim inländischen Vehikel beachtet werden. Die gewinnabhängigen Instrumente kreieren im Veräußerungsgewinnfall einen gewünschten „Jumboaufwand", der aber gleichzeitig schädlicher Zinsaufwand ist und die Freigrenze übersteigen wird. Insofern eignen sich Kapitalgesellschaften nur, wenn der Eigenkapitalvergleich erfolgreich geführt werden kann. Da dies häufig unsicher und in jedem Fall sehr teuer ist, kann man an eine vermögensverwaltende inländische Personengesellschaft denken, die keinen Betrieb für Zinsschrankenzwecke hat[103]. Das Sondervermögen erzielt Zinserträge. Diese Erträge werden auch als Zinserträge in Sinne der Zinsschranke an die Anleger weitergeleitet (§ 2 Abs. 2a InvStG). Unklar ist, ob diese Zinserträge mit dem Zins-

103 Vgl. die Argumentation unter II 2.2., dieser Bereich ist wenig erforscht.

aufwand einer inländischen Personengesellschaft saldiert werden dürfen. Die Finanzverwaltung wird dies versagen, denn die Zinserträge unterliegen beim ausländischen Investor in der dargestellten Struktur nicht der beschränkten Steuerpflicht.

Weiterhin finden sich in der Praxis hybride schuldrechtliche Instrumente[104], die in Deutschland Fremdkapital darstellen, beim ausländischen Empfänger jedoch wie Eigenkapitalinstrumente privilegiert besteuert werden. Hier sehen die neuen Doppelbesteuerungsabkommen neuerdings bestimmte subject to tax clauses vor und auch der nationale Gesetzgeber ist aktiv[105].

In der Praxis beobachtet man seit einiger Zeit den gezielten Handel mit den unterschiedlichsten Darlehensforderungen. Unter anderem werden auch Forderungen gegen deutsche Immobiliengesellschaften, die wirtschaftliche Probleme haben, übertragen. Diese „schlechten" Forderungen (non performing loans) sind vielfach mit inländischem Vermögen besichert. Ausländer können nun mittelbar in deutsche Immobilien investieren, indem sie solche Forderungen erwerben und auf deren Wertsteigerungen hoffen. Ein Investment in die Immobilien – wie bisher thematisiert – ist somit überhaupt nicht erforderlich. Die erhofften Wertsteigerungen werden bei notleidendenden Immobiliengesellschaften als Darlehensschuldner nur eintreten, wenn sich die Immobilien im Wert erholen. Insofern partizipiert der ausländische Investor als hätte er die Immobilien unmittelbar oder über Vehikel erworben. Hier sind Transaktionen denkbar, in denen ein Ausländer ohne inländische Betriebsstätte oder ständigen Vertreter an einen anderen Ausländer Forderungen mit Gewinn veräußert. Es stellt sich die Frage, ob derartige Veräußerungsgewinne aufgrund von reinen Wertsteigerungen[106] in Deutschland einer beschränkten Steuerpflicht unterliegen können. Eine beschränkte Steuerpflicht nach dem neugefassten § 49 Abs. 1 Nr. 2 Buchst. f EStG scheidet schon deshalb aus, weil der Forderungsverkäufer kein inländisches unbewegliches Vermögen veräußert. Er überträgt entgeltlich Forderungen. Eine beschränkte Steuerpflicht könnte sich allerdings aus § 49 Abs. 1 Nr. 5 Buchst. c EStG ergeben. Zwar ist Doppelbuchstabe aa im Jahressteuergesetz nicht geändert worden, geändert wurde allerdings im Zuge der Einführung der Abgeltungssteuer der § 20 EStG[107]. Die Tatbestands-

104 Vgl. *Bogenschütz*, Ubg 2008, 33 zu Inboundgestaltungen insbesondere S. 37 ff.
105 Vgl. § 50 d Abs. 9 und Abs. 10 EStG.
106 Nicht gemeint sind die Fälle, in denen gestundete Zinsen durch Veräußerungen realisiert werden, solche vergüteten accrued interest lösen m. E. wie gezahlte Zinsen beim ausländischen Forderungsinhaber eine beschränkte Steuerpflicht nach § 49 Abs. 1 Nr. 5c EStG aus.
107 Insbesondere wird nun in § 20 Abs. 2 EStG der Gewinn aus Forderungsverkäufen besteuert.

voraussetzungen im „neuen" § 20 EStG sind zwar Voraussetzung für die Anwendung einer beschränkten Steuerpflicht. In § 49 Abs. 1 Nr. 5 Satz 2 EStG heißt es ab 1. Januar 2009: „§ 20 Abs. 3 gilt entsprechend". § 20 Abs. 3 EStG in der Fassung des Jahressteuergesetz will allerdings nur Surrogate für Einkünfte aus § 20 Abs. 1 und Abs. 2 EStG erfassen, die „neben" oder an deren Stelle „gewährt" werden. Ein Gewinn aus der Forderungsveräußerung im rein nationalen Fall fällt nach neuem Recht allerdings schon originär unter § 20 Abs. 2 Nr. 7 EStG. Eine Subsumtion unter die Surrogate des § 20 Abs. 3 EStG kann deshalb nicht erfolgen. Da der wesentlich erweiterte § 20 Abs. 2 EStG weiterhin im für die beschränkte Steuerpflicht entscheidenden Katalog des § 49 EStG nicht genannt ist, kann eine Ausweitung der beschränkten Steuerpflicht auf Veräußerungsgewinne im Zusammenhang mit Grundbesitz gesicherten Darlehen nicht angenommen werden[108].

III. Zusammenfassung

War es bisher – insbesondere vor 1994 – ein klassischer Beratungsfehler, wenn inländische Vehikel bei Immobilieninvestitionen empfohlen wurden, gilt heute m. E. fast schon das Gegenteil. Jüngste Änderungen im § 49 Abs. 1 Nr. 2 Buchst. f EStG sollten bei ausländischen Direktinvestments im Prinzip eine Gleichbehandlung aller Erträge aus Vermietung und Verpachtung und Veräußerung bedeuten, die fortan stets der deutschen beschränkten Steuerpflicht unterliegen. Bei der konkreten Ermittlung der inländischen Einkünfte und damit der Höhe der deutschen Steuerlast stehen die Berater der ausländischen Investoren aber vor vielen und sehr gewichtigen Zweifelsfragen. Es bleibt spannend, wie die Finanzverwaltung die Neuregelung auslegt und ob gesetzgeberische Nachbesserungen kommen. Status quo ist leider eine erhebliche Rechtsunsicherheit. Mit einem inländischen Vehikel bewegt man sich dagegen auf vergleichsweise rechtssicherem Terrain. Es liegt eine besser abgrenzbare unbeschränkte Steuerpflicht der Erträge aus deutschen Immobilien vor und man kann sich auf bewährte Gewinnermittlungsmethoden verlassen. Auch in der Praxis sind – aus welchen Gründen auch immer – ausländische Vehikel momentan durchaus seltener.

Aus der Vielzahl der theoretisch denkbaren inländischen Investmentvehikeln sieht man einen klaren Trend zu Kapitalgesellschaften in Kombination mit eingesetzten schuldrechtlichen Instrumenten. In Deutschland vorhandene exotische Vehikel haben sich mangels internationaler

108 AA, allerdings ohne jegliche Begründung und Befassung mit der neuen Rechtslage, wohl *Rödding/Bühring*, DStR 2009, 1934.

Vergleichbarkeit und (noch?) „typisch" deutscher Regulierung im Markt nicht durchgesetzt.

Der Einsatz von schuldrechtlichen Instrumenten zur Minimierung der deutschen Bemessungsgrundlage ist im Hinblick auf die Abzugsbeschränkung der Zinsschranke sorgsam zu planen. Er hat dann Vorteile, wenn die Erträge aus diesen schuldrechtlichen Instrumenten zwar steuerlich abziehbar sind, im Ausland allerdings qua hybriden Charakter oder eventuell durch Zwischenschaltung von Inlandsfonds nicht oder nur privilegiert besteuert werden.

Das aktuelle Modell, allein mit grundbesitzbesicherten Forderungen Veräußerungsgewinne zu erzielen, sollte für Steuerausländer in der Regel nicht zu einer beschränkten Steuerpflicht in Deutschland führen.

Wegzug und Zuzug von Kapitalgesellschaften

Prof. Dr. Otmar Thömmes
Rechtsanwalt, München

Inhaltsübersicht

I. Einleitung

Neben der allgemeinen Internationalisierung der Wirtschaft hat die zunehmende europäische Integration zu einer erhöhten Mobilität von natürlichen Personen und Gesellschaften beigetragen. Verstärkt wurde diese Entwicklung insbesondere durch die Rechtsprechung des EuGH zur Auslegung der Grundfreiheiten des EG-Vertrages und die damit verbundene weit reichende Beseitigung nationalstaatlicher Beschränkungen des Binnenmarktes. Hatte sich zu Beginn der Europäischen Entwicklung die Tätigkeit des deutschen Gesetzgebers darauf beschränkt, auf die sich fortentwickelnden Vorgaben des Europäischen Rechts zu reagieren, ist in jüngster Vergangenheit das Bestreben des nationalen Gesetzgebers erkennbar, die Rahmenbedingungen für eine verstärkte Mobilität von Gesellschaften über die europarechtlichen Vorgaben hinaus weiter zu entwickeln. In diesem Zusammenhang sind das am 1.11.2008 in Kraft getretene Gesetz zur Modernisierung des GmbH-Rechts und zur Bekämpfung von Missbräuchen (MoMiG) vom 23.10.2008 sowie der Referentenentwurf für ein Gesetz zum Internationalen Privatrecht der Gesellschaften, Vereine und juristischen Personen[1] zu nennen, die beide ohne Beschränkung auf das Territorium der EU eine Liberalisierung der zivilrechtlichen Rahmenbedingungen für die grenzüberschreitende Mobilität von Gesellschaften zum Ziel haben. Auf steuerlichem Gebiet hat der deutsche Steuergesetzgeber für den Wegzug natürlicher Personen auf die Vorgaben der EuGH-Rechtsprechung[2] reagiert und für Wegzugsfälle innerhalb der EU die bisherige Wegzugsbesteuerung nach § 6 AStG durch eine zinslose Stundung der Steuer ohne Sicherheitsleistung ersetzt. Es ist auffallend, dass demgegenüber die steuerlichen Regelungen für den Wegzug von Gesellschaften in § 12 KStG erheblich restriktiver sind.

Der Europäische Gesetzgeber hat für die beiden pan-europäischen Rechtsformen der Europäischen Aktiengesellschaft (Societas Europaea – SE) und der Europäischen Genossenschaft (Societas Cooperativa Europaea – SCE) sowohl auf gesellschaftsrechtlichem Gebiet[3] als auch auf steuerlichem Gebiet[4] für alle Mitgliedstaaten verbindliche Vorgaben gemacht, die die grenzüberschreitende Sitzverlegung einer SE bzw. einer SCE innerhalb der EU ermöglichen. Auch an diesen Vorgaben muss sich das nationale Recht der Mitgliedstaaten nun messen lassen.

Im folgenden Beitrag sollen die gesellschaftsrechtlichen und steuerrechtlichen Rahmenbedingungen für eine Sitzverlegung von Gesellschaften von und nach Deutschland näher betrachtet und – für EU-Fälle – auf ihre Vereinbarkeit mit EG Recht überprüft werden.

1 BT-Drucks. 16/6140 v. 25.7.2007.

2 Vgl. EuGH, Urt. v. 11.3.2004 – Rs. C-9/02 (de Lasteyrie du Saillant) Slg. 2004 S. I-2409 und EuGH, Urt. v. 7.9.2006 – Rs. C-470/04 („N") Slg. 2006 S. I-7409.

3 Vgl. die SE-VO (Verordnung (EG) Nr. 2157/2001 des Rates v. 8.10.2001 über das Statut der Europäischen Gesellschaft) und die SCE-VO (Verordnung [EG] Nr. 1435/2003 des Rates v. 22.7.2003 über das Statut der Europäischen Genossenschaft).

4 Vgl. die kodifizierte Fusionsrichtlinie 2009/133/EG v. 19.10.2009, ABl. L 310, v. 25.11.2009, S. 34. Mit dieser Richtlinie wurde die Fusionsrichtlinie 90/434/EWG in ihrer Fassung nach der Änderungsrichtlinie 2005/19/EG v. 24.3.2005 (Richtlinie des Rates v. 23.7.1990 über das gemeinsame Steuersystem für Fusionen, Spaltungen, die Einbringung von Unternehmensteilen und den Austausch von Anteilen, die Gesellschaften verschiedener Mitgliedstaaten betreffen [90/434/EWG], ABl. 1990, L 225/1) ersetzt.

II. Der Begriff des Wegzugs und des Zuzugs

Mit dem Begriff „Wegzug" ist bei Kapitalgesellschaften die Verlegung des Sitzes der Gesellschaft vom Inland ins Ausland gemeint; entsprechend bezeichnet der Begriff „Zuzug" den umgekehrten Fall, in dem eine im Ausland errichtete Gesellschaft ihren Sitz ins Inland verlegt. Doch auch der Begriff der Sitzverlegung bedarf vorab der Präzisierung, da er in Literatur und Praxis in mehrdeutiger Weise Verwendung findet. Dies hat seinen Ursprung darin, dass der Begriff des „Sitzes" einer Gesellschaft in zweierlei Weise definiert werden kann: Zum einen versteht man hierunter den in der Satzung einer Gesellschaft festgelegten sog. statutarischen Sitz oder Satzungssitz, der zugleich den Ort bestimmt, an dem die Gesellschaft in das für sie zuständige Handelsregister eingetragen ist. Davon zu unterscheiden ist der Ort der geschäftlichen Hauptverwaltung der Gesellschaft, der sog. Verwaltungssitz.

Dies ist nach herrschender Meinung[5] der Ort, wo die grundlegenden Entscheidungen der Unternehmensleitung effektiv in laufende Geschäftsführungsakte umgesetzt werden.[6]

Entsprechend dieser Dualität der Begriffsdefinition des Sitzes ist die Verlegung des Satzungssitzes einer Gesellschaft von der Verlegung des Verwaltungssitzes zu unterscheiden. Und schließlich ist eine Kombination von beidem, eine simultane Verlegung von Satzungs- und Verwaltungssitz aus nachfolgend noch näher zu erörternden Gründen in die Betrachtung einzubeziehen.

Alle drei Formen der Sitzverlegung, (isolierte) Satzungssitzverlegung, (isolierte) Verwaltungssitzverlegung und simultane Verlegung von Satzungs- und Verwaltungssitz sind sowohl für den Wegzugsfall, also die Hinausverlegung des jeweiligen Sitzes aus Deutschland hinaus, als auch für den umgekehrten Fall, den Zuzugsfall, bei dem eine im Ausland errichtete Gesellschaft ins Inland zieht, zu betrachten.

Wie Sie an dieser Stelle bereits sehen, sprechen wir über eine Materie von hoher Komplexität. Erhöht wird diese dadurch, dass wir es mit juristischen Personen zu tun haben, die ihre gesamte Existenz von einer bestimmten Rechtsordnung ableiten, nach deren Rechtsvorschriften sie gegründet worden sind. Die Frage, ob eine Gesellschaft als solche rechts-

---

5 Vgl. m. w. N. *Kindler* in MüKo, Internationales Handels- und Gesellschaftsrecht 2006, Rz. 434; *Spahlinger* in Spahlinger/Wegen, Internationales Gesellschaftsrecht 2005, B. Rz. 82.

6 Vgl. sog. Sandrock'sche Formel (FS Beitzke, S. 669, 683), die in ständiger Rechtsprechung Verwendung findet, z. B.: BGHZ 97, 269, 272 (NJW 1986, 2194), OLG Frankfurt IPRspr. 1984 Nr. 21, OLG München NJW 1986, 2197, 2198; BayObLGZ 1985, 272, 279 (IPRax 1986, 161); OLG Hamm NJW-RR 1995, 469, 470; LG Essen NJW 1995, 1500.

wirksam errichtet worden ist und auch über den Akt ihrer Errichtung hinaus im Rahmen einer etwaigen Sitzverlegung ihre Rechtspersönlichkeit bewahrt, ist unter Zugrundelegung einer bestimmten Rechtsordnung zu bestimmen. Aber welcher?

Nach der überwiegend im angelsächsischen Rechtsraum vorherrschenden sog. Gründungstheorie[7] bestimmt sich die für eine Gesellschaft maßgebliche Rechtsordnung, deren Statut, nach dem Recht des Staates, in dem die betreffende Gesellschaft errichtet bzw. gegründet worden ist. Hat die Gesellschaft die rechtlichen Bedingungen für ihre Gründung nach dem Recht des Gründungsstaates erfüllt, wird sie von dem Gründungsstaat als rechtswirksam gegründet anerkannt, und zwar auch dann, wenn sie zeitgleich mit der Gründung, oder zu einem späteren Zeitpunkt, ihren Ort der Hauptverwaltung, ihren Verwaltungssitz, in einen anderen Staat verlegt.

Im Gegensatz dazu bestimmen die Staaten, die der sog. Sitztheorie folgen[8], das für die betreffende Gesellschaft maßgebende Statut nach dem Ort, an dem sich der „wahre" Sitz, der Ort der Hauptverwaltung der Gesellschaft, befindet.[9] Verlegt eine nach dem Recht eines anderen Staates gegründete Gesellschaft zeitgleich mit der Gründung, oder einige Zeit danach, den Ort ihrer Hauptverwaltung in einen Staat, der der Sitztheorie anhängt, so muss sich die betreffende Gesellschaft, um im Staat ihres neuen Verwaltungssitzes als juristische Person anerkannt zu werden, an den dortigen Gründungsvorschriften messen lassen. Da sie diese aber zu keinem Zeitpunkt beachtet hat, weil sie ja nach dem Recht eines anderen Staates errichtet worden ist, wird sie in dem Staat, in den sie ihren Verwaltungssitz verlegt hat, sofern dieser der Sitztheorie folgt, nicht anerkannt. Die Rechtsfolge ist, dass der betreffenden Gesellschaft von dem Staat des Verwaltungssitzes ihre Rechtspersönlichkeit abgesprochen wird.

Besonders anschaulich ist in diesem Zusammenhang der Ausgangsrechtstreit in der EuGH-Rechtssache Überseering[10], wo eine nach dem

---

7 Vgl u. a. *Kindler* in MüKo, Internationales Handels- und Gesellschaftsrecht, 2006, Rz. 339 ff.; *Doralt/Diregger* in MüKo AktG Einleitung Rz. 94; vgl. auch Übersicht in *Spahlinger* in Spahlinger/Wegen, Internationales Gesellschaftsrecht, 2005, E. Rz. 1462 f.: Der Gründungstheorie folgen nach „vergleichsweise gesicherter Erkenntnis u. a. Dänemark, England, Finnland, Irland, Italien, Japan, Liechtenstein, Niederlande, Norwegen, Schweden und die USA.

8 Der Sitztheorie folgen u. a. Belgien, Frankreich, Luxemburg, Österreich, Polen, Portugal und Spanien, vgl. Überblick bei *Spahlinger/Wegen*, Internationales Gesellschaftsrecht, 2005, Rz. 1464 f., m. w. N.

9 *Kindler* in MüKo, a. a. O. Rz. 400 ff., *Zeiser* in Beck OK GBO Internationale Bezüge, Rz. 82; *Doralt/Diregger* in MüKo AktG, 2008, Einleitung Rz. 94.

10 Vgl. EuGH, Urt. v. 5.11.2002 – Rs. C-208/00 (Überseering) Slg. 2002 S. I-9919.

Recht der Niederlanden errichtete Kapitalgesellschaft in der Rechtsform einer BV[11] nachdem sie ihren (ausschließlichen) Ort der Hauptverwaltung nach ihrer Gründung nach Deutschland verlegt hatte, vor den deutschen ordentlichen Gerichten eine Geldforderung gegen ein anderes Unternehmen einklagen wollte. Das LG Düsseldorf und ihm folgend das OLG Düsseldorf wiesen die Klage mit der Begründung als unzulässig ab, dass der Klägerin aufgrund der Sitztheorie die Rechtsfähigkeit und als Folge daraus die Parteifähigkeit nach § 50 ZPO fehle.

Die Sitztheorie wurde von der Rechtsprechung zu Beginn des vergangenen Jahrhunderts entwickelt, um den deutschen Rechtsverkehr vor der damals zunehmend zu beobachtenden Verwendung ausländischer Rechtsträger zu schützen, die erkennbar aus dem Grunde gewählt worden waren, dass sie eine den zwingenden deutschen gesellschaftsrechtlichen Vorgaben entsprechende Kapitalausstattung nicht erforderten und deren Gründer im Falle von klageweise gegen sie geltend gemachten Ansprüchen sich hinter der ausländischen Rechtsform verschanzen konnten. In ihrem Bestreben, einen zivilrechtlichen Durchgriff auf die hinter der ausländischen Gesellschaft stehenden handelnden Personen zu eröffnen, entwickelte die Rechtsprechung die Sitztheorie. In keinem der von der Rechtsprechung entschiedenen Fälle ging es – soweit ersichtlich – um den umgekehrten Fall einer deutschen Gesellschaft, die ihren Ort der Hauptverwaltung ins Ausland verlegt hatte[12].

Der Europäische Gesetzgeber hat sich einer Harmonisierung der IPR-rechtlichen Vorgaben bisher enthalten. Im Rahmen des SE-Statuts und auch des SCE-Statuts ist jeweils[13] die Möglichkeit einer grenzüberschreitenden Sitzverlegung ausdrücklich vorgesehen. Allerdings ordnen die jeweiligen Bestimmungen des SE- bzw. SCE-Statuts zwingend an, dass der Sitz (Satzungssitz) und der Ort der Hauptverwaltung (Verwaltungssitz) stets zusammenfallen müssen. Der Grund für diese Entscheidung des Europäischen Verordnungsgebers ist offensichtlich: Fallen Satzungssitz und Verwaltungssitz nicht auseinander, so besteht kein Bedürfnis für eine kollisionsrechtliche Bestimmung der für die jeweilige Gesellschaft geltenden Rechtsordnung. Der Streit zwischen Sitz- und Gründungstheorie kann unausgefochten bleiben, eine Entscheidung des Europäischen

---

11 besloten vennootschap, eine Rechtsform, die weitgehend einer deutschen GmbH entspricht.

12 Vgl. Urteile des RG JW 1904, 231; 1934, 28, 45; RGZ 77, 19, 22; 83, 367, 369 f.; 92, 73, 76; 117, 215, 217; 159, 33, 42, 46 und des BGH BGHZ 78, 318, 334 m. w. N. = NJW 1981, 522; BGHZ 97, 269, 271 m. w. N. = NJW 1986, 2194; BGHZ 153, 353, 355 = NJW 2003, 1607.

13 Vgl. Art. 8 des SE-Statuts bzw. Art. 7 des SCE-Status; vgl. auch den Abschnitt 3 des jeweiligen deutschen Ausführungsgesetzes: §§ 12 ff. SEAG bzw. §§ 10 f. SCEAG.

Verordnungsgebers für die eine oder die andere der beiden Theorien ist entbehrlich. Wenn auch der Europäische Verordnungsgeber dem Konflikt im Rahmen des Statuts für SE und SCE zunächst auswich, so war aus der Sicht des Binnenmarktes doch schon seit geraumer Zeit erkennbar[14], dass die Sitztheorie aufgrund ihrer fremdenfeindlichen Wirkungen früher oder später zwangsläufig in Konflikt mit den Vorgaben des Gemeinschaftsrechts, namentlich der Niederlassungsfreiheit, geraten musste.

III. Die bisherige Rechtsprechung des EuGH auf dem Gebiet des Gesellschaftsrechts

Bevor es zu einer Grundsatzentscheidung des Gerichtshofs zur Frage der Vereinbarkeit der Sitztheorie mit den Vorgaben des EG-Vertrags kommen konnte, musste zuerst der „richtige" Fall von einem nationalen Gericht vorgelegt werden. Im Jahre 1988 hatte der Gerichtshof erstmals Gelegenheit, im Rahmen eines Vorabentscheidungsverfahrens zu einem Fall Stellung zu nehmen, der die Verlegung des Verwaltungssitzes einer britischen Gesellschaft nach den Niederlanden betraf[15]. Obwohl Großbritannien auf IPR-rechtlichem Gebiet seit jeher der Gründungstheorie folgt, sah das britische Steuerrecht für den Fall der Verlegung des Verwaltungssitzes einer britischen Gesellschaft ins Ausland das zwingende Erfordernis einer vorherigen Erlaubnis seitens der britischen Steuerbehörden vor. Das Erfordernis wurde gerade deshalb aufgestellt, weil das britische IPR dem Wegzug einer britischen Gesellschaft durch Verlegung des Verwaltungssitzes keine Hürden in den Weg stellt. Es handelte sich im Ausgangssachverhalt der Daily Mail-Entscheidung um eine rein steuerliche Wegzugsbeschränkung, deren Vereinbarkeitsprüfung mit EG-Recht an sich keine Stellungnahme des EuGH zur IPR-rechtlichen Frage der Anerkennung von Gesellschaften erforderte. Nur weil das vorlegende britische Gericht die erste Vorlagefrage so gestellt hatte, äußerte sich der Gerichtshof in seiner Daily Mail-Entscheidung vom 27.9.1988 in dem Sinne, dass eine nach dem Recht eines Mitgliedstaates gegründete Gesellschaft jenseits der nationalen Rechtsordnung, die ihre Gründung und Existenz regelt, keine Realität hat. Eine Grundsatzentscheidung für oder wider die Sitztheorie war mit dem Urteilsspruch des Gerichtshofs – entgegen einer weit verbreiteten Auffassung in der Literatur[16] – nicht vorhanden. Denn weder

14 Vgl. *Knobbe-Keuk*, Umzug von Gesellschaften in Europa; ZHR 154 (1990), 325 ff.

15 EuGH, Urt. v. 27.9.1988 – Rs. 81/87 (Daily Mail) Slg. 1988, 5483.

16 Vgl. etwa *Behrens* in Hachenburg, GmbHG 8. Aufl., Allg. Einl. Rz. 123; *Großfeld/Luttermann*, JZ 1989, 386 ff.; *Großfeld/König*, RIW 1992, 435; *Ebenroth/Eyles*, DB 1989, 363, 372.

legte Großbritannien dem Fall die Sitztheorie zugrunde, noch ging es um die nach der Sitztheorie problematischen Fälle des Zuzugs einer nach ausländischem Recht errichteten Gesellschaft.

Auch in der Centros-Entscheidung des Gerichtshofs aus dem Jahre 1999[17] ging es nicht um einen Fall, dem die Sitztheorie zugrunde lag, doch wurde hier bereits erkennbar, dass der Gerichtshof in Zuzugsfällen, anders als in dem der Daily Mail-Entscheidung zugrunde liegenden Wegzugsfall, Beschränkungen des Zuzugs zu Lasten einer nach dem Recht eines anderen Mitgliedstaates errichteten Gesellschaft sehr kritisch gegenüberstehen werde. Die von einem dänischen Ehepaar zum ausschließlichen Zweck der Entfaltung wirtschaftlicher Aktivitäten in Dänemark mit dem offensichtlichen Zweck der Vermeidung der dänischen Mindestkapitalisierungsregeln gegründete britische Centros Ltd. wurde trotz dieser Merkmale vom Gerichtshof unter Zugrundelegung der wirksamen Errichtung dieser Gesellschaft nach britischem Recht als schutzwürdig im Rahmen der Niederlassungsfreiheit angesehen und die Weigerung der dänischen Gerichte, eine Zweigniederlassung der Centros Ltd. in Dänemark einzutragen, als Verstoß gegen die Niederlassungsfreiheit gewertet. Zugleich zeigte der Fall Centros, dass auch Staaten, die wie Dänemark der Gründungstheorie folgen, fremdenrechtliche Regelungen kennen, die dem Zuzug von Gesellschaften aus dem Ausland feindlich gegenüberstehen[18]. Der Streit in der Literatur um die Sitz- oder die Gründungstheorie vernachlässigt diesen Aspekt mitunter.

In der bereits angesprochenen Entscheidung in der Rechtssache Überseering vom 5.11.2002 hatte der Gerichtshof erstmals Gelegenheit, zu einem Fall Stellung zu nehmen, dem die Sitztheorie zugrunde lag. Dem Fall lag ein typischer Sachverhalt zugrunde, der den Fällen ähnlich ist, anhand deren die Sitztheorie von der Rechtsprechung entwickelt wurde. Es ging um eine niederländische BV, die ihre gesamte Geschäftstätigkeit in Deutschland entfaltete und folglich ihren „wahren" Sitz in Deutschland hatte. Der Gerichtshof gelangte in seinem Urteil zu der Aussage, dass Deutschland verpflichtet ist, die Rechts- und Parteifähigkeit der Gesellschaft, trotz des Umstandes, dass diese ihren Verwaltungssitz nach Deutschland verlegt hatte, anzuerkennen. Der Zuzugsstaat Deutschland, so der Gerichtshof in Überseering, müsse die nach niederländischem

17 EuGH, Urt. v. 9.3.1999 – Rs. C-212/97 (Centros), Slg. 1999 S. I-1459.

18 Ähnlich lag es im Fall Inspire Art, vgl. EuGH, Urt. v. 30.9.2003 – Rs. C-167/01, Slg. 2003 S. I-10155. Dort ging es um eine fremdenrechtliche Regelung im Recht der Niederlande, die im Übrigen ebenfalls der Gründungstheorie anhängen, wonach eine nach dem Recht eines anderen Staates gegründete Gesellschaft zum Zwecke ihrer Betätigung in den Niederlanden zusätzliche Anforderungen an ihre Kapitalausstattung erfüllen musste.

Recht wirksam errichtete Gesellschaft weiterhin anerkennen, weil nur der Gründungsstaat, nicht aber der Zuzugsstaat, über das weitere Schicksal einer nach seiner Rechtsordnung errichteten Gesellschaft befinden darf. Damit war die Sitztheorie ihrer Rechtsfolge in ihrem wesentlichen Anwendungsbereich beraubt.

In der Folge der Überseering-Entscheidung schrumpfte der Anwendungsbereich der Sitztheorie auf Fälle zusammen, in denen die Gesellschaft

- aus einem Drittstaat stammt, da die Einschränkungen der Niederlassungsfreiheit gegenüber der Sitztheorie nur in EU-Fällen greifen;
- aus einem EU-oder EWR-Staat[19] stammt, der seinerseits der Sitztheorie folgt, denn in diesem Fall darf die IPR-rechtliche Qualifizierung der Gesellschaft im Zuzugsstaat auch nach den Vorgaben des Überseering-Urteils an die Qualifizierung des Gründungsstaates anknüpfen. Erkennt der Gründungsstaat die betreffende Gesellschaft nach deren Verwaltungssitzverlegung nicht mehr als Gesellschaft seiner Rechtsordnung an, darf Deutschland sich dieser Qualifizierung anschließen und der ausländischen Gesellschaft in Deutschland ebenfalls die Rechtsfähigkeit absprechen.
- In Wegzugsfällen obliegt es dem Gründungsstaat Deutschland, über den weiteren rechtlichen Fortbestand der nach seinem Recht errichteten Gesellschaften zu befinden. Obwohl ursprünglich für Zuzugsfälle geschaffen steht jedenfalls das EG-Recht nicht entgegen, wenn Deutschland auch auf Wegzugsfälle die Sitztheorie anwendet.

In seiner jüngsten Entscheidung auf gesellschaftsrechtlichem Gebiet in der Rechtssache Cartesio[20] hatte der EuGH erstmals seit seiner Daily Mail-Entscheidung aus dem Jahre 1988[21] einen Wegzugsfall auf dem Tisch. Der Fall betraf eine ungarische Personengesellschaft in der Rechtsform einer Kommanditgesellschaft, die ihren Verwaltungssitz nach Gallarate (Italien) verlegen wollte. Das ungarische Registergericht wies den Antrag auf Eintrag dieser Sitzverlegung ab. Der Gerichtshof, dem die Frage nach der Vereinbarkeit mit der Niederlassungsfreiheit vorgelegt worden war, sah hierin in Anlehnung an seine Daily Mail-Entscheidung keinen Verstoß gegen Gemeinschaftsrecht. Anders als für natürliche Personen bestimme bei Gesellschaften alleine der Staat, nach dessen Recht eine Gesellschaft gegründet worden ist, über deren Entstehung wie auch über deren Fortbestand. Folglich sei es EG-rechtlich nicht zu beanstan-

19 Gemäß Art. 31 des EWR-Abkommens können sich Gesellschaften aus den EWR-Staaten (Island, Liechtenstein und Norwegen) gegenüber den anderen EU- und EWR-Staaten auf die Niederlassungsfreiheit berufen.

20 EuGH, Urt. v. 16.12.2008 – Rs. C-210/06 (Cartesio), DStR 2009, 121.

21 EuGH, Urt. v. 27.9.1988 – Rs. C-81/87 (Daily Mail), Slg. 1988, 5483.

den, wenn ein Staat der Verlegung des Verwaltungssitzes einer nach seiner Rechtsordnung errichteten Gesellschaft Hürden in den Weg stelle.

Ohne dass der Ausgangsrechtstreit oder die vom vorlegenden ungarischen Gericht vorgelegten Fragen Veranlassung dafür gegeben hätten, ging der Gerichtshof in den Tz. 111 ff. seiner Entscheidungsgründe auf den Fall ein, dass die nach dem Recht eines Mitgliedstaates gegründete Gesellschaft nicht nur ihren Verwaltungssitz in einen anderen Mitgliedstaat verlegt, sondern darüber hinaus auch ihr Statut verändert und sich in eine Gesellschaft des betreffenden anderen Mitgliedstaates umwandelt. Für diesen Fall einer Verlegung von Verwaltungssitz und Wechsel der für die Gesellschaft maßgebenden Rechtsordnung – mit anderen Worten: einem Wechsel auch ihres statutarischen Sitzes – soll, so der Gerichtshof, der Gründungsstaat nicht berechtigt sein, „... die Gesellschaft dadurch, dass er ihre Auflösung und Liquidation verlangt, daran zu hindern, sich in eine Gesellschaft nach dem nationalen Recht dieses anderen Mitgliedstaates umzuwandeln, soweit dies nach diesem Recht möglich ist."[22]

Mit anderen Worten: Der Gründungsstaat Ungarn darf eine nach seinem Recht gegründete Gesellschaft daran hindern, als ungarische Gesellschaft ihren Verwaltungssitz nach Italien zu verlegen. Er darf die ungarische Gesellschaft aber nicht daran hindern, zu einer italienischen Gesellschaft zu werden.

Fraglich ist, was der Gerichtshof mit dem letzten Halbsatz in Tz. 112 der Cartesio-Entscheidung: „... soweit dies nach diesem Recht möglich ist." sagen will. Fast klingt es so, als sei es in das Belieben des Zuzugsstaates gestellt, ob er die zuzugswillige Gesellschaft hereinlässt, sie als Gesellschaft seines Rechts aufnimmt.

Die Aussagen des Gerichtshofs in den Tz.111 ff. der Cartesio-Entscheidung antworten nicht auf die entsprechende vierte Vorlagefrage des ungarischen Gerichts. Sie gehen auch eindeutig über den Sachverhalt des Ausgangsrechtstreits hinaus, denn eine Umwandlung der ungarischen Cartesio in eine italienische Gesellschaft war nicht Gegenstand des Ausgangsrechtstreits. Die Aussage des Gerichtshofs ist ein obiter dictum. Kindler[23] geht von der „Unverbindlichkeit von obiter dicta des Gerichtshofs" aus. Das geht zu weit und verkennt auch die Wirkungen von Auslegungsurteilen des Gerichtshofs in Verfahren nach Art. 234 EG[24]. Die Auslegungsurteile des Gerichtshofs entfalten Rechtswirkung *inter partes* nur für die Parteien des Ausgangsrechtstreits in dem konkreten Ausgangsverfahren vor dem nationalen Gericht, welches die Vorlagefragen an

22 Vgl. Tz. 112 des Cartesio-Urteils, a. a. O., vgl. oben, Fn. 20.
23 NZG 2009, 130, 131.
24 Vgl. *Thömmes*, EG-rechtlicher Rahmen, in Herzig, Europäisierung des Bilanzrechts, 1997, S. 75 ff.

den Gerichtshof gestellt hat[25]. Das vorlegende nationale Gericht und ihm folgend alle weiteren nationalen Gerichte im gesamten Instanzenzug in der jeweiligen Rechtssache sind an den Urteilsspruch des Gerichtshofs gebunden und müssen diesen ihrer eigenen Entscheidung im Endurteil im Ausgangsrechtsstreit zugrunde legen[26]. Darüber hinaus entwickeln die Urteilssprüche des Gerichtshofs in Vorabentscheidungsverfahren nach Art. 234 EG aber auch mittelbare Rechtswirkungen über den konkreten Einzelfall hinaus insoweit, als durch den Urteilsspruch des Gerichtshofs feststeht, wie dieser in einem parallel gelagerten Rechtstreit eines anderen nationalen Gerichts desselben oder eines anderen Mitgliedstaates entscheiden würde, wenn ihm eine entsprechende Vorlagefrage von einem dortigen nationalen Gericht vorgelegt würde (de facto erga omnes-Wirkung)[27].

Ob die betreffende Rechtsauffassung des Gerichtshofs zur Frage der statutenwechselnden Sitzverlegung in einem obiter dictum enthalten ist oder in der eigentlichen Antwort des Gerichtshofs auf die konkrete Vorlagefrage des nationalen Gerichts, spielt allenfalls im Hinblick auf die unmittelbaren inter partes-Wirkungen des Urteilsspruchs im konkreten Ausgangsrechtstreit eine Rolle. Im Rahmen der erga omnes-Wirkung des Urteilsspruchs jedoch kommt es darauf nicht an. Würde dem Gerichtshof eine entsprechende Frage eines nationalen Gerichts in einem Ausgangsrechtstreit vorgelegt, bei dem es um den Fall einer simultanen Verlegung von Satzungs- und Verwaltungssitz geht, so bestehen keine Zweifel, dass der Gerichtshof auf seine in dem obiter dictum der Tz. 111 ff. des Cartesio-Urteils enthaltene Rechtsauffassung zurückgreifen und diese zur Grundlage seiner neuerlichen Entscheidung machen würde.

Die Aussage des Gerichtshofs in den Tz. 111 ff. seiner Cartesio-Entscheidung mag im Kontext des Ausgangsrechtstreits des Cartesio-Verfahrens überraschen[28]; im weiteren Kontext der Regelungen im SE- und SCE-Statut sowie in der EG-Richtlinie vom 26. Oktober 2005 betreffend grenzüberschreitende Verschmelzungen[29] fügen sie sich ein in ein EG-rechtliches Gesamtsystem, das Sinn macht. Die Kommission wollte im

---

25 *Gaitanides* in von der Groeben/Schwarze, Kommentar zum EU-/EG-Vertrag (6. Aufl. 2003) Art. 234 Rz. 89; *Wegener* in Callies/Ruffert, Das Verfassungsrecht der Europäischen Union (3. Aufl. 2007) Art. 234 Rz. 36; *Wißmann* in Erfurter Kommentar zum Arbeitsrecht (9. Aufl. 2009), Art. 234 Rz. 43.

26 Grundlegend BVerfG, Beschl. v. 8.4.1987 – BVerfG E 75, 223.

27 *Borchardt* in Lenz/Borchardt, EU- und EG-Vertrag, 4. Aufl., Art. 234 Rz. 61; *Thömmes*, a. a. O. (Fn. 24), S. 82; vgl. auch *Dauses*, Das Vorabentscheidungsverfahren nach Art. 177 EG-Vertrag, 2. Aufl. 1994, S. 153 ff.

28 So auch *Leible/Hoffmann*, BB 2009, 58.

29 Richtlinie über die Verschmelzung von Kapitalgesellschaften aus verschiedenen Mitgliedstaaten, Verschmelzungsrichtlinie (RL 2005/56/EG, ABl. EU 2005, L 310, S. 1 ff.).

Cartesio-Verfahren sogar so weit gehen, dem Gerichtshof eine analoge Anwendung der Vorschriften des SE- und SCE-Statuts zur grenzüberschreitenden Sitzverlegung vorzuschlagen. Der Gerichtshof lehnte dies jedoch ab. Den Rechtsgedanken der SE- und SCE-Regelung zur Sitzverlegung machte er aber zur Grundlage seiner Ausführungen im Cartesio-Urteil. Auch die SE, die ihren Sitz in einen anderen Mitgliedstaat verlegt, unterwirft sich damit der Rechtsordnung des Zuzugsstaates, ohne dafür jedoch den hohen Preis einer Auflösung, Liquidation und Neugründung zahlen zu müssen.

Vergleicht man den Fall der grenzüberschreitenden Verlegung von Satzungs- und Verwaltungssitz einer Gesellschaft mit dem Fall einer grenzüberschreitenden Verschmelzung so fällt auf, dass im Falle der grenzüberschreitenden Verschmelzung eine Liquidation der übertragenden Gesellschaft unterbleibt[30]. Das Vermögen der übertragenden Gesellschaft geht qua Verschmelzung im Wege der Gesamtrechtsnachfolge auf eine Gesellschaft eines anderen Mitgliedstaates über, ohne dass es eines zur Gewinnrealisierung führenden Übertragungsakts bedarf.

Der Umstand, dass zwar für die grenzüberschreitende Verschmelzung sekundärrechtliche Vorgaben auf EG-rechtlichem Gebiet geschaffen worden sind, nicht aber für die im Vergleich zur Verschmelzung simplere Transaktion einer grenzüberschreitenden Sitzverlegung, ist eines der schwer nachvollziehbaren Rätsel, das die europäische Rechtswirklichkeit aufwirft. Aus unverständlichen Gründen hat die Kommission die Arbeiten an dem Entwurf für eine Sitzverlegungsrichtlinie eingestellt[31].

Das Vermögen des übertragenden Rechtsträgers geht bei der grenzüberschreitenden Verschmelzung im Wege der Gesamtrechtsnachfolge auf die übernehmende Gesellschaft über, ohne dass es zu einer Liquidation kommt. Nicht mehr und nicht weniger fordert der Gerichtshof für den Fall der grenzüberschreitenden Sitzverlegung unter simultaner Verlegung von Verwaltungs- und Satzungssitz: Die Sitzverlegung muss von den Mitgliedstaaten unter Verzicht auf das Erfordernis einer Auflösung und Liquidation identitätswahrend zugelassen werden.

---

30 Vgl. den Wortlaut des Art. 2 der Verschmelzungsrichtlinie „Im Sinne dieser Richtlinie ist ‚Verschmelzung' der Vorgang, durch den a) eine oder mehrere Gesellschaften zum Zeitpunkt ihrer Auflösung ohne Abwicklung ihr gesamtes Aktiv- und Passivvermögen [...] übertragen."

31 Vgl. *Wachter*, GmbHR 2008, R194; *Hoffmann/Leible*, BB 2009, 58, 63; *Grohmann/Gruschinske*, EuZW 2008, 463; vgl. auch Rede von EU-Kommissar für Binnenmarkt und Dienstleistungen, Charlie McCreevy v. 3.10.2007, Speech/07/592, http://europa.eu/rapid/pressReleasesAction.do?reference=SPEECH/07/592.

Die Frage, ob hierfür zunächst die Vorlage eines Vorschlags für eine Sitzverlegungsrichtlinie durch die Kommission sowie deren Verabschiedung durch den Rat erforderlich ist, ist klar zu verneinen. In diesem Zusammenhang ist auf die Sevic-Entscheidung[32] des Gerichtshofs hinzuweisen, die den Fall der Verschmelzung einer luxemburgischen AG auf eine deutsche AG nach nationalem Recht vor Erlass der Verschmelzungsrichtlinie betrifft. Der Gerichtshof erkannte in seiner Sevic-Entscheidung in der selektiven Anwendung der deutschen Verschmelzungsvorschriften nur auf reine Inlandssachverhalte eine Beschränkung der Niederlassungsfreiheit. Wichtige Gründe des Allgemeininteresses, wie etwa der Schutz von Gläubigern und Minderheitsgesellschaftern, vermögen als Rechtfertigungsgrund allenfalls spezifische Schutzvorschriften zu rechtfertigen, nicht aber einen umfassenden Ausschluss von Gesellschaften aus dem EU-Ausland. Wörtlich führt der Gerichtshof in Tz. 26 seines Sevic-Urteils zur Frage eines Harmonisierungsvorbehalts aus: „Wenn gemeinschaftsrechtliche Harmonisierungsvorschriften zur Erleichterung grenzüberschreitender Verschmelzungen auch gewiss hilfreich wären, so sind sie doch keine Vorbedingung für die Durchführung der in den Art. 43 EG und 48 EG verankerten Niederlassungsfreiheit (vgl. in diesem Sinne EuGH, Urt. v. 28.1.1992 – Rs. C-204/90, *Bachmann*, Slg. 1992, I-249, NJW 1992, 1874, Rz. 11)".

Gleiches gilt für den Fall der grenzüberschreitenden Sitzverlegung. Der deutsche Gesetzgeber ist auch ohne Vorgaben in einer EG-Sitzverlegungsrichtlinie gehalten, die rechtlichen Rahmenbedingungen für eine grenzüberschreitende Sitzverlegung in Wegzugs- und Zuzugs-Fällen zu schaffen. Dabei ist es ihm selbstverständlich gestattet, die aus seiner Sicht schutzwürdigen Interessen von Gläubigern, Minderheitsgesellschaftern und Arbeitnehmern zu regeln. Vorlage hierfür könnten die zur Umsetzung der Verschmelzungsrichtlinie neu eingeführten §§ 122a ff. UmwG sein. Das Fehlen entsprechender gesetzlicher Regelungen für den Sitzverlegungsfall gibt dem deutschen Gesetzgeber jedenfalls keine Rechtfertigung, einer simultanen Verlegung von Satzungs- und Verwaltungssitz innerhalb der EU Gründe des Gläubiger-, Minderheiten- oder Arbeitnehmerschutzes in den Weg zu stellen, denn er hat es selbst in der Hand, derartige Schutzvorschriften zu erlassen.

Der letzte Halbsatz in Tz. 112 der Cartesio-Entscheidung, wonach der Wechsel unter die Rechtsordnung des Zuzugsstaates „nach dessen Recht möglich" sein muss, ist nicht als Freibrief für den Zuzugsstaat zu werten, aus anderen EU-Staaten zuziehende Gesellschaften nach Belieben vom Zuzug auszuschließen. Gestattet ist dem Zuzugsstaat lediglich, die schutzwürdigen Interessen von Gläubigern, Minderheitsgesellschaftern

32 EuGH, Urt. v. 13.12.2005 – Rs. C-411/03 (SEVIC), Slg. 2005, S. I-10805.

und Arbeitnehmern durch entsprechende Regelungen in einer nicht über das Maß des Erforderlichen hinausgehenden Weise zu berücksichtigen. Der Gründungsstaat als Wegzugsstaat muss die Gesellschaft jedenfalls ziehen lassen und darf ihr keine Hürden im Wege eines Auflösungs- und Liquidationserfordernisses in den Weg stellen. Auf das etwaige Fehlen von speziellen Vorschriften für den Zuzug im Zuzugsstaat darf sich der Wegzugsstaat nicht berufen.

IV. Die gesetzlichen Neuregelungen im MoMiG sowie im Referentenentwurf für ein Gesetz zum Internationalen Privatrecht der Gesellschaften, Vereine und juristischen Personen

Mit dem Ziel der Stärkung der Wettbewerbsfähigkeit der deutschen GmbH hat der deutsche Gesetzgeber am 23.10.2008 ein Gesetz zur Modernisierung des GmbH-Rechts und zur Bekämpfung von Missbräuchen (MoMiG) verabschiedet, welches am 1.11.2008 in Kraft getreten ist.

Auch die Möglichkeiten einer grenzüberschreitenden Sitzverlegung sind in dem Gesetzesvorhaben erweitert worden, oder, um präzise zu sein, zumindest war es das Ziel des Gesetzgebers, dies zu erreichen. Das Vorhaben kann allenfalls teilweise als gelungen bezeichnet werden. Durch Streichung des Abs. 2 des § 4 a GmbHG, der bisher vorsah, dass eine GmbH als Sitz den Ort zu bestimmen hat, „an dem sich die Geschäftsleitung befindet oder die Verwaltung geführt wird", war intendiert, es künftig einer deutschen GmbH zu ermöglichen, ihren Verwaltungssitz, abweichend von ihrem Satzungssitz, der nach § 4 a GmbHG auch nach dem MoMiG unverändert im Inland liegen muss, ins Ausland zu verlegen.[33] Schon die dafür ausweislich der Pressemitteilung des BMJ angeführte Motivation liegt neben der Realität. Wörtlich heißt es in der Pressemitteilung: „Als ein Wettbewerbsnachteil wurde bisher angesehen, dass EU-Auslandsgesellschaften nach der Rechtsprechung des EuGH in den Urteilen Überseering und Inspire Art ihre Verwaltungssitze in einem anderen Staat – also auch in Deutschland – wählen können. Diese Auslandsgesellschaften sind in Deutschland als solche anzuerkennen. Umgekehrt hatten deutsche Gesellschaften diese Möglichkeit bislang nicht."

Will man die Wettbewerbsfähigkeit deutscher Gesellschaften im Vergleich zu ausländischen Gesellschaften mit inländischem Ort der Geschäftsleitung stärken, so muss man Regelungen treffen, die eine deutsche Gesellschaft in Deutschland im Vergleich zu ihren ausländischen

33 Parallel hierzu wurde durch das MoMiG Abs. 2 des § 5 AktG aufgehoben.

Konkurrenten attraktiv machen. Dies hat der MoMiG-Gesetzgeber zum Teil auch getan. Es einer deutschen GmbH jedoch zu gestatten, ihrerseits ins Ausland zu ziehen, ändert an den Wettbewerbsbedingungen deutscher GmbHs im deutschen Markt nichts. Mit anderen Worten: Wenn ausländische Gesellschaften aus bestimmten Gründen von deutschen Marktteilnehmern als attraktiver als deutsche GmbHs angesehen werden mit der Folge, dass deutsche Marktteilnehmer anstatt einer deutschen GmbH etwa eine britische Ltd. wählen, so ändert sich an diesem Befund wenig, wenn ich es nun deutschen GmbHs gestatte, ihren Verwaltungssitz ins Ausland zu verlegen. Wenn die britische Ltd. der Rechtswirklichkeit zufolge offenbar so viel attraktiver ist als eine deutsche GmbH, warum soll nun die deutsche GmbH im Ausland zum Exportschlager[34] werden?

Verunglückt ist auch die Wahl des gesetzgeberischen Mittels zur Umsetzung des Vorhabens einer erleichterten Sitzverlegung. Mit der Streichung des Abs. 2 des § 4 a GmbHG fällt nun das sachrechtliche Erfordernis weg, dass Satzungssitz und Verwaltungssitz übereinstimmen müssen[35]. Doch kann dies nicht die kollisionsrechtliche Regelung ersetzen, die es bisher im deutschen IPR nicht gab. Denn die Sitztheorie beruht ausschließlich auf Richterrecht. Eine Abkehr von der Sitztheorie, wie dies teilweise in der Literatur vertreten wird[36], lässt sich mit einer rein sachrechtlichen Regelung wie der Streichung des Abs. 2 des § 4 a GmbHG nicht herbeiführen. Bezeichnend ist, dass der BGH auch nach Verabschiedung des MoMiG in seinem Trabrennbahn-Urteil vom 27.10.2008[37] für den Fall des Zuzugs einer Gesellschaft aus einem Staat außerhalb der EU und des EWR[38] weiterhin die Sitztheorie anwendet und in seiner Begründung ausdrücklich feststellt, dass der deutsche Gesetzgeber zur Abschaffung der Sitztheorie bisher keine Regelung getroffen habe. Das MoMiG, so der BGH in seiner Trabrennbahn-Entscheidung, betreffe von vornherein nicht die Anerkennung ausländischer Gesellschaften mit Verwaltungssitz im Inland. Die in dem Referentenentwurf des BMJ vorgesehene generelle Einführung der Gründungstheorie ins deutsche Recht sei noch nicht verabschiedet und im Übrigen im politischen Meinungsbildungsprozess auf Bedenken gestoßen. Es sei nicht Sache des BGH der Willensbildung

34 So *Wachter*, GmbHR 2008, R 194: „So können ausländische Tochtergesellschaften künftig einheitlich in der Rechtsform der deutschen GmbH organisiert werden, wodurch die Unternehmensstruktur vereinfacht und die Transaktionskosten gesenkt werden. Die deutsche GmbH wird damit wieder zum „Exportschlager", als der sie bereits im Jahre 1892 gestartet ist."

35 Gleiches gilt für die parallele Änderung des AktG durch Streichung des § 5 Abs. 2 AktG im Rahmen des MoMiG.

36 Vgl. etwa *Tebben*, RNotZ 2008, 447; *Hirte*, NZG 2008, 761.

37 BGH, Urt. v. 27.10.2008 – II ZR 158/06, NJW 2009, 289 mit Anm. *Wachter*.

38 Im Urteilssachverhalt geht es um den Zuzug einer Aktiengesellschaft schweizerischen Rechts.

des Gesetzgebers vorzugreifen und die bisherige Rechtsprechung zur Sitztheorie zu ändern[39].

Das Erfordernis einer entsprechenden IPR-rechtlichen Regelung wurde offenbar auch im BMJ gesehen. Deshalb wurde auch kurze Zeit nach der Vorlage des Entwurfs des MoMiG ein Referenten-Entwurf für ein Gesetz zum Internationalen Privatrecht der Gesellschaften, Vereine und juristischen Personen auf den Weg gebracht, der eine Verankerung der Gründungstheorie im deutschen IPR durch Änderung des EGBGB vorsieht. Hierzu heißt es in der Begründung zum Referentenentwurf: „Mit dem vorliegenden Gesetzesentwurf soll das Einführungsgesetz zum Bürgerlichen Gesetzbuch (EGBGB) um Vorschriften zum Internationalen Privatrecht der Gesellschaften, Vereine und juristischen Personen ergänzt und dabei die grundsätzliche Anwendung des Gründungsrechts im deutschen Recht verankert werden."

Die vorgeschlagene Verankerung der Gründungstheorie ist nicht auf EU- und EWR-Fälle begrenzt, sondern soll auch auf Drittstaatenfälle Anwendung finden. Gerade hierin liegt einer der Gründe für Kritik an dem Referentenentwurf[40]. Literaturberichten zufolge ist das Gesetzesvorhaben ins Stocken gekommen. Es werden auch Stimmen laut, die eine Verabschiedung aufgrund erheblicher Widerstände aus dem Lager der Gewerkschaften für gänzlich fraglich halten[41]. Scheitert das Gesetzesvorhaben, so hängt das MoMiG mit seinem „modernen" Motiv kollisionsrechtlich in der Luft.

Die Wohltaten, die sich für die Praxis aus der Aufgabe des Erfordernisses eines inländischen Verwaltungssitzes im MoMiG ergeben, halten sich in Grenzen. Zunächst ist zu bezweifeln, dass in der Praxis ein nennenswertes Interesse daran besteht, den Verwaltungssitz einer deutschen GmbH ins Ausland zu verlegen[42]. Darüber hinaus hat der MoMiG-Gesetzgeber – wohl ungewollt – zumindest für Drittstaatenfälle ein haftungsrechtliches Mienenfeld nicht nur für die Gesellschafter wegziehender Gesellschaften, sondern auch für deren Berater geschaffen. Verlegt nämlich eine deutsche GmbH ihren Verwaltungssitz in einen Drittstaat, der der Sitztheorie folgt, so kommt es ungeachtet der sachrechtlichen Regelung in § 4a GmbHG aus der Sicht des Drittstaats zu einem Statutenwechsel. Die Gesellschaft unterliegt nach ihrem Wegzug nicht mehr allein deutschem

---

39 Vgl. Tz. 22 des BGH-Urteils v. 27.10.2008, vgl. Fn. 37.

40 Vgl. dazu u. a. *Kindler* in Münchner Kommentar, 4. Aufl., Internationales Gesellschaftsrecht, Rz. 9; *Kieninger*, NJW 2009, S. 292 f.

41 Vgl. *Goette*, BB 2009, 58; vgl. auch *Paefgen*, WM 2009, 521 ff, 536: „... vorerst zum Stillstand gebracht."

42 A. A. jedoch die Pressemitteilung des BMJ v. 23.5.2007 sowie *Wachter*, GmbHR 2008, R 194, DAV, NZG 2007, 211, 212; *Oppenhoff*, BB 2008, 1630, 1635.

Recht, sondern auch dem Recht des Zuzugsstaats. Die Gestattung eines ausländischen Verwaltungssitzes kraft MoMiG strandet an der harten Rechtsfolge der Nichtanerkennung der Gesellschaft im Zuzugsstaat mit der Folge der unbeschränkten Haftung der Gesellschafter[43]. Der Berater, der der deutschen GmbH den Wegzug unter Hinweis auf das „moderne" MoMiG nahelegt, haftet unter Umständen mit.

Aus EG-rechtlicher Sicht hat der MoMiG-Gesetzgeber eine paradoxe Situation geschaffen. Die von der Cartesio-Rechtsprechung des EuGH nicht geforderte Zulassung der Hinausverlegung nur des Verwaltungssitzes wurde im Wege des vorauseilenden Gehorsams etwas vorschnell in deutsches Recht umgesetzt; die von Cartesio geforderte gesetzliche Regelung der identitätswahrenden simultanen Verlegung von Satzungs- und Verwaltungssitz ist auch nach dem MoMiG nicht vorhanden.

Das ungeschickte und unkoordinierte Vorgehen des deutschen Gesetzgebers ändert jedoch nichts daran, dass EG-rechtlich ein Anspruch deutscher Gesellschaften besteht, ihren Satzungs- und Verwaltungssitz simultan und identitätswahrend in einen anderen Mitgliedstaat der EU zu verlegen[44]. Ebenso können im EU-Ausland errichtete Gesellschaften einen identitätswahrenden Zuzug nach Deutschland verlangen. Damit ist die bisher nur Gesellschaften in der Rechtsform einer SE oder SCE eröffnete Möglichkeit eines Wegzugs oder Zuzugs auch Gesellschaften anderer Rechtsformen des nationalen Rechts, wie der deutschen AG oder GmbH, zugänglich. Deutschland als Wegzugsstaat darf dem Wegzug keine Hürden in den Weg stellen; insbesondere darf an den Wegzug nicht die Rechtsfolge einer Auflösung mit anschließender Liquidation der Gesellschaft geknüpft werden. Aus anderen EU-Staaten stammende Gesellschaften muss der deutsche Gesetzgeber identitätswahrend herein lassen. Diese EG-rechtlich veränderte zivilrechtliche Lage hat erhebliche Auswirkungen für die steuerliche Behandlung des Wegzugs und des Zuzugs von Gesellschaften.

V. Der Wegzug von Kapitalgesellschaften im geltenden deutschen Steuerrecht

Aus steuerlicher Sicht geht es beim Wegzug von Kapitalgesellschaften in erster Line um die Frage, ob hierdurch eine Liquidationsbesteuerung mit der Folge der steuerwirksamen Aufdeckung der stillen Reserven ausgelöst wird oder ob der Wegzug steuerneutral unter Fortführung der steuerlichen

43 So auch *Wachter*, GmbHR 2009, 140, 142.

44 Kraft Erstreckung der Niederlassungsfreiheit aufgrund Art. 31 EWR-Abkommen gilt dies auch für den Wegzug in einen EWR-Staat.

Buchwerte möglich ist. Die steuerliche Rechtsfolge einer Liquidationsbesteuerung kann auf zweierlei Weise ausgelöst werden:

- Zum einen kann das Steuerrecht an die zivilrechtliche Rechtslage anknüpfen und, sofern zivilrechtlich der Wegzug zur Auflösung und Liquidation der wegziehenden Gesellschaft führt, die Liquidationsbesteuerung nach § 11 KStG folgen lassen[45].
- Zum anderen kann das Steuerrecht aber auch unabhängig vom zivilrechtlichen Schicksal der wegziehenden Gesellschaft eigenständige Regelungen vorsehen, die zu einer analogen Anwendung des § 11 KStG führen[46] oder in sonstiger Weise zu einer vollständigen oder teilweisen Aufdeckung der stillen Reserven im Betriebsvermögen der wegziehenden Gesellschaft führen[47].

Neben der Besteuerung der stillen Reserven droht auch ein Untergang eventuell vorhandener Verlustvorträge, sofern durch den Wegzug ein Rechtsträgerwechsel ausgelöst wird und daher die Steuersubjektidentität hinsichtlich der vorzutragenden Verluste nicht gegeben ist. Gleiches gilt für eventuell vorhandene Zinsvorträge im Rahmen der Zinsschrankenregelung des § 4 h EStG[48]. Außerhalb des Ertragssteuerrechts droht insbesondere auf dem Gebiet der Grunderwerbsteuer Ungemach. Sofern die wegziehende Gesellschaft über inländischen Grundbesitz verfügt, kann es im Falle eines durch den Wegzug ausgelösten zivilrechtlichen Rechtsträgerwechsels zu einer Grunderwerbsteuerbelastung nach § 1 Abs. 1 Nr. 3 GrEStG kommen[49]. Aufgrund der sachrechtlichen Zulassung einer Verlegung des Verwaltungssitzes einer deutschen GmbH bzw. AG ins Ausland und der hieraus von der wohl h. M. im Schrifttum[50] gefolgerten Unanwendbarkeit der Sitztheorie auf entsprechende Wegzugsfälle, wird es künftig nicht zulässig sein, an die Verlegung des Verwaltungssitzes die Rechtsfolge einer Liquidationsbesteuerung nach § 11 KStG durch Anknüpfung an das Zivilrecht anzuordnen. Jedoch sieht das Steuerrecht

45 *Dötsch* in Dötsch/Jost/Pung/Witt, § 12 (Vor SEStEG), Rz. 25 weist zu Recht darauf hin, dass die Liquidationsbesteuerung nach § 11 KStG voraussetzt, dass es infolge der Auflösung der Gesellschaft auch tatsächlich zu einer Abwicklung kommt.

46 Vgl. § 12 KStG in der Fassung vor dem SEStEG (Gesetz v. 7.12.2006, BGBl. 2006 I, S. 2782 = BStBl. 2007 I, S. 4).

47 Hier wäre insbesondere die durch das SEStEG neugeschaffene Entstrickungsregelung des § 4 Abs. 1 S. 3 EStG bzw. § 12 Abs. 1 KStG zu nennen.

48 Vgl *Blumenberg*, IStR 2009, 549.

49 Vgl. *Pahlke*, Grunderwerbsteuer Kommentar, 2005, § 1 Rz. 15; *Fischer* in Borrutau, Grunderwerbsteuer Kommentar, 2007, § 1 Rz. 53 ff.; *Blumenberg*, IStR 2009, 549.

50 *Hoffmann*, ZIP 2007, 1581, 1584 ff.

eine Reihe von Vorschriften vor, die unabhängig vom Zivilrecht eine Zwangsrealisierung stiller Reserven in Wegzugsfällen vorsehen.

Der deutsche Steuergesetzgeber hat im Rahmen des SEStEG[51] die steuerlichen Rahmenbedingungen für den Wegzug von Kapitalgesellschaften neu gestaltet, um den Vorgaben des Statuts der Europa AG[52] und der EG-Fusionsrichtlinie in ihrer geänderten Fassung vom 4.3.2005[53] Rechnung zu tragen. Zuvor führte die Verlegung des Sitzes einer unbeschränkt körperschaftsteuerpflichtigen Kapitalgesellschaft vom Inland ins Ausland gemäß § 12 Abs. 1 KStG in der Fassung des Gesetzes vom 20.12.2001 stets zur Liquidationsbesteuerung nach § 11 KStG. Eine zwingende Liquidationsbesteuerung sieht § 12 Abs. 3 KStG n. F. nun nur noch für den Fall vor, dass eine Kapitalgesellschaft in einen Drittstaat außerhalb der EU bzw. des EWR wegzieht und als Folge davon jegliche unbeschränkte Steuerpflicht (vgl. Satz 1 der Vorschrift) oder deren abkommensrechtliche Ansässigkeit (vgl. Satz 2 der Vorschrift) innerhalb der EU bzw. des EWR endet. Es ist grundsätzlich zu begrüßen, dass der deutsche Steuergesetzgeber nun erstmals eine klare Unterscheidung zwischen Wegzugsfällen innerhalb der EU bzw. des EWR und aus der EU/dem EWR hinaus in einen Drittstaat vornimmt.

An die Stelle der Liquidationsbesteuerung nach § 11 KStG setzt der SEStEG-Gesetzgeber im neu geschaffenen § 12 Abs. 1 KStG nun eine wirtschaftsgüterbezogene Entstrickungsregelung. Nach dieser Vorschrift gilt der Ausschluss oder die Beschränkung des Besteuerungsrechts der Bundesrepublik Deutschland hinsichtlich des Gewinns aus der Veräußerung oder Nutzung eines Wirtschaftsguts als Veräußerung oder Überlassung des Wirtschaftsguts zum gemeinen Wert. Für einkommensteuerpflichtige Personen findet § 12 Abs. 1 KStG sein Pendant in § 4 Abs. 1 Satz 3 EStG und dem dort verankerten allgemeinen Entstrickungsgrundsatz. Vermieden werden kann die Entstrickung dadurch, dass die Wirtschaftsgüter der wegziehenden Gesellschaft nach dem Wegzug einer inländischen Betriebsstätte zugeordnet werden, was zur Folge hat, dass die stillen Reserven in den Wirtschaftsgütern im Rahmen der beschränkten Steuerpflicht nach § 49 Abs. 1 Nr. 2a EStG i. V. m. § 8 Abs. 2 KStG weiterhin der deutschen Besteuerung unterliegen. Die Regelung einer aufgeschobenen Besteuerung unter der Bedingung der Zuordnung der Wirtschaftsgüter zu einer inländischen Betriebsstätte im Staat der wegziehenden SE bzw. SCE entspricht den Vorgaben der EG-Fusionsrichtlinie in deren Art. 10b). Doch ist damit nicht gesagt, dass die Regelung auch

51 Gesetz über steuerliche Begleitmaßnahmen zur Einführung der Europäischen Gesellschaft und zur Änderung weiterer steuerrechtlicher Vorschriften, BGBl. 2006 I, S. 2782 = BStBl. 2007 I, S. 4.

52 A. a. O. (Fn. 3).

53 Richtlinie 2005/19/EG des Rates v. 17.2.2005, ABl. L 58 v. 4.3.2005, S. 19.

den Vorgaben des primären Gemeinschaftsrechts entspricht, worauf noch näher einzugehen sein wird.

Weder die EG-Fusionsrichtlinie, noch der dem Lösungskonzept der Fusionsrichtlinie zugrunde liegende Art. 7 des OECD-MA regelt, unter welchen Voraussetzungen eine Zuordnung von Wirtschaftsgütern zu der nach dem Wegzug zurückbleibenden inländischen Betriebsstätte zu erfolgen hat[54]. Problematisch ist die Zurechnung für solche Wirtschaftsgüter, die nicht aufgrund ihrer konkreten betrieblichen Verwendung funktional der inländischen Betriebsstätte zugeordnet werden können. Dies gilt insbesondere für immaterielle Wirtschaftsgüter und Beteiligungen. Nach den Vorgaben des deutschen Betriebsstättenerlasses vom 24.12.1999[55] kann einer inländischen Betriebsstätte von vornherein keine Finanzierungs-, Holding- oder Lizenzgeberfunktion zukommen, mit der Folge, dass die entsprechenden Wirtschaftsgüter wie Beteiligungen und Patente nach dem Wegzug dem ausländischen Stammhaus der wegziehenden Gesellschaft zuzurechnen sind.

Es ist fraglich, ob die Vorgaben des Betriebsstättenerlasses, soweit sie zu einer zwingenden Zurechnung von Wirtschaftsgütern zum ausländischen Stammhaus führen, mit den Vorgaben der EG-Fusionsrichtlinie vereinbar sind[56]. Insbesondere in Fällen, in denen der neue Sitzstaat der wegziehenden SE/SCE hinsichtlich der betreffenden immateriellen Wirtschaftsgüter kein eigenes Besteuerungsrecht für sich beansprucht, ist der deutsche Fiskus verpflichtet, die Entscheidung der Gesellschaft, die betreffenden Wirtschaftsgüter ihrer in Deutschland verbleibenden Betriebsstätte zuzurechnen, steuerlich anzuerkennen. Hierbei kommt der Erfassung der Wirtschaftsgüter in der inländischen Betriebsstättenbilanz Bedeutung zu. Die so getroffene Zuordnungsentscheidung des Steuerpflichtigen ist anzuerkennen.

Soweit es kraft Zuordnung einzelner Wirtschaftsgüter zum ausländischen Stammhaus oder zu einer anderen ausländischen Betriebsstätte der wegziehenden Gesellschaft zu einem Ausscheiden der betreffenden Wirtschaftsgüter aus der inländischen Besteuerung und damit zu einer Entstrickung kommt, ist für den Fall, dass das betreffende Wirtschaftsgut nach dessen Ausscheiden aus der inländischen Betriebsstätte einer Betriebsstätte der wegziehenden Gesellschaft in einem anderen Mitgliedstaat der EU[57] zugerechnet werden kann und die wegziehende Gesell-

54 So auch *Blumenberg*, Wegzug und Zuzug von Kapitalgesellschaften, IStR 2009, 549.

55 BStBl. I 1999, S. 1076, Tz. 2.4.

56 *Blumers*, DB 2006, 856.

57 § 4 g Abs. 1 EStG verstößt insoweit gegen die Vorgaben des EWR-Vertrages, als der Anwendungsbereich der Vorschrift nur auf Betriebsstätten in der EU

schaft weiterhin der unbeschränkten Steuerplicht unterliegt, die Bildung eines vorläufig steuerfreien Ausgleichspostens nach § 4 g EStG möglich. Dies ist jedoch nur bei Beibehaltung eines inländischen Satzungssitzes der Fall. Die simultane Verlegung von Satzungs- und Verwaltungssitz hingegen führt zum Ausscheiden der Gesellschaft aus der unbeschränkten Steuerpflicht und damit zur Unanwendbarkeit des § 4 g EStG.

Die EG-Fusionsrichtlinie sieht hinsichtlich der steuerlichen Behandlung von Wirtschaftsgütern, die nach der von der Richtlinie begünstigten Transaktion nicht einer inländischen Betriebsstätte im Staat der übertragenden bzw. wegziehenden Gesellschaft zugerechnet werden können, keine Regelung vor. Es ist davon auszugehen, dass die Richtlinie für diese Fälle das Recht des Mitgliedstaats der wegziehenden Gesellschaft hinsichtlich einer Besteuerung der stillen Reserven nicht beschränkt. Fraglich ist jedoch, ob die Vorgaben der Fusionsrichtlinie, deren erster Entwurf aus dem Jahre 1969 stammt und dessen Lösungskonzept der zwingenden Zuordnung der Wirtschaftsgüter zu einer inländischen Betriebsstätte der übertragenden bzw. wegziehenden Gesellschaft seit der ursprünglichen Entwurfsfassung bis zur Verabschiedung der Richtlinie unverändert blieb, mit den Vorgaben der neueren EuGH-Rechtsprechung zur Auslegung der Grundfreiheiten im Einklang steht. Es bedarf keiner weiteren Erörterung, dass die Vorgaben des primären Gemeinschaftsrechts in der durch die Rechtsprechung des EuGH entwickelten Auslegung keine Einschränkungen durch Vorschriften des sekundären Gemeinschaftsrechts erfahren.

Nach bislang herrschender Meinung[58] führt die Verlegung des Verwaltungs- und Satzungssitzes einer deutschen Kapitalgesellschaft ins Ausland zivilrechtlich zur Auflösung der Gesellschaft. Hieran knüpft das Steuerrecht die Liquidationsbesteuerung an § 11 KStG an[59].

Aufgrund der Vorgaben des Cartesio-Urteils des EuGH vom 16.12.2008[60] ist künftig eine Liquidationsbesteuerung kraft Anknüpfung an eine Auf-

---

beschränkt ist; vgl. hingegen § 12 Abs. 1 KStG, der auch EWR-Fälle erfasst. Eine Vereinheitlichung einschlägiger Regelungen wäre dem deutschen Steuergesetzgeber dringend anzuraten. So stellen die §§ 1 a EStG, 1 Abs. 2 UmwStG, § 6 AStG und 2 Abs. 3 KStG auf EU- und EWR-Fälle ab, wobei die Frage der Erteilung von Auskunftshilfe und Beitreibungshilfe uneinheitlich angesprochen wird, während § 4 g EStG nur auf die EU abstellt.

58 Vgl. *Benecke* in Dötsch/Jost/Pung/Witt, § 12 KStG, Rz. 130; *Zimmermann*, Beck'sches Notarhandbuch, 2006, H. Rz. 187 m. w. N.

59 Vgl. *Lambrecht* in Gosch, KStG, 1. Aufl. 2005, § 12, Rz. 45 f., Voraussetzung ist allerdings, dass es infolge der Auflösung tatsächlich zu einer Abwicklung der Gesellschaft kommt; vgl. *Benecke* in Dötsch/Pung/Jost/Witt, § 12 KStG Rz. 131.

60 EuGH, Urt. v. 16.12.2008 – Rs. C-210/06 (Cartesio), a. a. O. (Fn. 22).

lösung nach Zivilrecht in Fällen eines Wegzugs in einen anderen EU- bzw. EWR-Mitgliedstaat nicht mehr zulässig. Damit sind künftig auch insbesondere Fälle des § 12 Abs. 1 KStG denkbar, in denen eine nach nationalem Recht gegründete Kapitalgesellschaft, etwa in der Rechtsform einer AG oder GmbH, ihren Satzungs- und Verwaltungssitz identitätswahrend ins EU- oder EWR-Ausland verlegt.

Die dadurch eintretende Beschränkung des deutschen Besteuerungsrechts hinsichtlich der Wirtschaftsgüter des inländischen Betriebsvermögens der wegziehenden Gesellschaft kann – wie im Falle der Verlegung des Verwaltungssitzes – dadurch vermieden werden, dass auch hier die Wirtschaftsgüter nach dem Wegzug einer inländischen Betriebsstätte der wegziehenden Gesellschaft zugerechnet werden. Verfügte die wegziehende Gesellschaft zum Zeitpunkt der simultanen Verlegung von Satzungs- und Verwaltungssitz über eine ausländische Betriebsstätte, so ist zu unterscheiden: Ist die Betriebsstätte in einem Staat belegen, mit dem Deutschland ein DBA mit Freistellungsmethode abgeschlossen hat, so waren die stillen Reserven in dem ausländischen Betriebsstättenvermögen bereits von der inländischen Besteuerung ausgenommen, sodass insoweit durch den Wegzug kein deutsches Besteuerungsrecht vermindert wird. Handelt es sich jedoch um eine Betriebsstätte in einem Staat, mit dem Deutschland ein DBA mit Anrechnungsmethode abgeschlossen hat, so verliert Deutschland unter Umständen insoweit einen Besteuerungsanspruch bezüglich der stillen Reserven in dem Vermögen der ausländischen Betriebsstätte, als die deutsche Steuer die anzunehmende ausländische Steuer übersteigt. Denn mit der vollständigen Verlegung von Satzungs- und Verwaltungssitz verliert Deutschland seinen Besteuerungsanspruch als Ansässigkeitsstaat.

VI. Die steuerliche Behandlung des Wegzugs natürlicher Personen nach Umsetzung der Vorgaben der EuGH-Urteile in den Rechtssachen Hughes de Lasteyrie du Saillant und N

Zieht eine unbeschränkt einkommensteuerpflichtige Person in einen anderen Mitgliedstaat der EU bzw. des EWR weg, so ist zu unterscheiden, ob der Wegziehende inländisches Betriebsvermögen besaß oder nur sonstiges, nicht betrieblich gebundenes Vermögen. Der EuGH hatte bisher keine Veranlassung, zur Vereinbarkeit der Besteuerung eines Gewerbetreibenden im Falle des Wegzugs in einen anderen Mitgliedstaat Stellung zu nehmen. In seinen beiden Entscheidungen zur Vereinbarkeit einer Wegzugsbesteuerung mit den Grundfreiheiten des Vertrages in den

Rechtssachen Hughes de Lasteyrie du Saillant[61] und N[62] ging es um Fälle, in denen eine natürliche Person zum Zeitpunkt des Wegzugs Kapitalgesellschaftsanteile in ihrem Privatvermögen hielt. Der Gerichtshof gelangte zu der Feststellung, dass eine fiktive Veräußerungsgewinn-Besteuerung der im Privatvermögen des Steuerpflichtigen gehaltenen Anteile an einer Kapitalgesellschaft anlässlich des Wegzugs gegen die Vorgaben des EG-Vertrages verstößt[63]. Die Einschränkung des Rechts des Wegzugsstaates auf eine Besteuerung der unter seiner Steuerhoheit bis zum Wegzugszeitpunkt gelegten stillen Reserven geht nach den angeführten EuGH-Urteilen sogar so weit, dass nicht nur eine sofortige vollumfängliche Steuerfestsetzung und –erhebung verboten ist, sondern bereits das mit einer zinslosen Stundung verbundene Verlangen der Stellung einer Sicherheitsleistung.

Der deutsche Steuergesetzgeber hat auf die Vorgaben der EuGH-Rechtsprechung reagiert und die Wegzugsbesteuerung in § 6 AStG neu geregelt. Nach der nun geltenden Regelung ist im Falle des Wegzugs eines unbeschränkt Einkommensteuerpflichtigen, der zur Zeit des Wegzugs eine unter § 17 EStG fallende Beteiligung an einer Kapitalgesellschaft hält, die im Rahmen der Wegzugsbesteuerung nach § 6 Abs. 1 AStG n. F. festgesetzte Steuer nach Abs. 5 der Vorschrift zinslos und ohne Sicherheitsleistung zu stunden. Die in Abs. 4 der Vorschrift vorgesehene Steuererhebung mit Zahlungsstreckung der festgesetzten Steuer über einen Zeitraum von fünf Jahren gegen Sicherheitsleistung gilt ausdrücklich nicht für Wegzugsfälle in einen Mitgliedstaat der EU bzw. einen Amts- und Beitreibungshilfe leistenden EWR-Staat[64].

61 EuGH v. 11.3.2004 – Rs. C-9/02 (de Lasteyrie du Saillant) Slg. 2004, S. I-2409.

62 EuGH v. 7.9.2006 – Rs. C-470/04 („N") Slg. 2006, S. I-7409.

63 Je nach dem ob der Wegzug zum Zwecke der Aufnahme einer selbständigen Tätigkeit, einer unselbständigen Tätigkeit oder aus sonstigen Gründen erfolgt, kommt ein Eingriff in die Niederlassungsfreiheit des Art. 43 EG, der Freizügigkeit der Arbeitnehmer des Art. 39 EG oder die allgemeine Freizügigkeit des Art. 18 EG in Betracht.

64 Diese Voraussetzung ist im Falle Liechtensteins auch nach der Unterzeichnung des Steuerabkommens am 2.9.2009 wohl nicht erfüllt, da das Abkommen zwar den Auskunftsaustausch, nicht aber die Beitreibung von Steuerforderungen des jeweils anderen Vertragsstaats vorsieht. Gleiches gilt für Island, dessen DBA mit Deutschland eine Art. 27 OECD-MA entsprechende Klausel zur Beitreibung von Steuerforderungen nicht enthält. Hingegen sieht Art. 27 des DBA-Norwegen auch die Beitreibungshilfe vor.

VII. Die steuerliche Behandlung des Wegzugs in Betriebsvermögensfällen nach Aufgabe der Theorie von der finalen Entnahme durch die Rechtsprechung des BFH

Für den Wegzug eines unbeschränkt einkommensteuerpflichtigen Gewerbetreibenden im Sinne des § 15 EStG oder eines selbständig Tätigen im Sinne des § 18 EStG fehlt es bislang an einer speziellen gesetzlichen Regelung. Die bisherige Rechtsprechung des BFH wandte die allgemeinen Entnahmevorschriften des EStG auch auf Fälle an, in denen durch eine Handlung des Betriebsinhabers oder durch einen Rechtsvorgang der Betrieb in seiner ertragsteuerlichen Einordnung so verändert wird, dass die Erfassung der in den den Betrieb bildenden Wirtschaftsgütern enthaltenen stillen Reserven nicht mehr gewährleistet ist[65]. Die Zugrundelegung dieser weiten Auslegung des Entnahme-Begriffs des § 4 Abs. 1 Satz 2 EStG führte im Falle der Wohnsitzverlegung eines Gewerbetreibenden oder Freiberuflers in das Ausland regelmäßig zur Annahme einer Betriebsaufgabe im Sinne des § 16 Abs. 3 EStG bzw. § 18 Abs. 3 EStG mit der Folge der Aufdeckung sämtlicher stiller Reserven in den Wirtschaftsgütern des Betriebsvermögens. Die gleiche Rechtsfolge trat nach der Rechtsprechung zur Theorie der finalen Entnahme ein, wenn ein Wirtschaftsgut vom inländischen Betrieb in eine ausländische Betriebsstätte desselben Steuerpflichtigen körperlich verbracht wurde und die Betriebsstätte aufgrund eines DBA im Inland steuerfrei gestellt wurde[66].

Mit Urteil vom 17.7.2008[67] hat der I. Senat des BFH seine bisherige Rechtsprechung zur sog. „Theorie der finalen Entnahme" aufgegeben. Er begründet diese Entscheidung damit, dass der Wortlaut des § 4 Abs. 1 Satz 2 EStG eine solch weite Auslegung nicht trägt; zudem sei bei zutreffender Auslegung der einschlägigen Freistellungsartikel in den deutschen DBA das Besteuerungsrecht Deutschlands bezüglich der bis zum Wegzug gelegten stillen Reserven nicht ausgeschlossen. Der Ausschluss des deutschen Besteuerungsrechts durch DBA gelte nur für die Gewinne, die in der ausländischen Betriebsstätte erwirtschaftet wurden, nicht jedoch für die vor der Verbringung im Stammhausstaat gelegten stillen Reserven[68]. Darüberhinaus äußerte der I. Senat auch Bedenken aus Gründen des EG-Rechts. Es würde nach Auffassung des Senats „offenkundig gegen die Niederlassungsfreiheit nach Art. 43 EG verstoßen, wenn ein Wirtschaftsgut nur dann zum Buchwert oder zu einem Zwischenwert als Sacheinlage

65 Vgl. BFH, Urt. v. 28.4.1971 – I R 55/66, BStBl. 1971 II 630; BFH, Urt. v. 16.7.1969 – I R 266/65, BStBl. II 1970, 175.

66 BFH v. 16.7.1969 – I 266/65, BStBl. II 1970, 175.

67 BFH v. 17.7.2008 – I R 77/06, DStR 2008, 2001.

68 Vgl. BFH, Urt. v. 17.7.2008, a. a. O. (Fn. 67), Tz. 3 b) bb).

in eine Tochter-Personengesellschaft eingebracht werden könnte, wenn die Tochtergesellschaft im Inland buchführungspflichtig ist, hingegen bei Einbringung in eine in einem anderen EU-Mitgliedstaat ansässige und deshalb nach dortigem Recht buchführungspflichtige Tochtergesellschaft zwingend eine sofortige Besteuerung der stillen Reserven zu erfolgen hätte[69].

Die Finanzverwaltung reagierte auf das BFH-Urteil vom 17.8.2008 mit einem Nichtanwendungserlass[70]. Inzwischen hat der I. Senat die seiner Entscheidung vom 17.8.2008 zugrunde gelegte Rechtsauffassung in seinen beiden Entscheidungen vom 28.10.2009 nicht nur bestätigt, er hat sie auch auf Wegzugsfälle angewandt. In dem der Entscheidung vom 28.10.2009 (I R 99/08)[71] zugrundeliegenden Fall geht es um einen selbständig tätigen Erfinder, der im Jahre 1995 nach Belgien wegzog und seine freiberufliche Erfindertätigkeit dort fortführte. Der I. Senat verneint in einem solchen Fall eine Betriebsaufgabe. An der früher vertretenen Theorie der finalen Betriebsaufgabe hält der Senat auch in Wegzugsfällen nicht mehr fest. Im ebenfalls am 28.10.2008 entschiedenen Verfahren I R 28/08[72] ging es um einen Handelsvertreter, der nach Luxemburg verzog und dort sein Gewerbe weiter betrieb. Auch in diesem Fall hat der BFH die Theorie der finalen Betriebsausgabe nicht mehr angewendet und die Sofortversteuerung bei Wegzug in Ermangelung einer tauglichen Rechtsgrundlage untersagt.

Der Wegzugsfall unterscheidet sich von dem der BFH-Entscheidung vom 17.7.2008 zugrunde liegenden Fall der Verbringung von Wirtschaftsgütern insoweit, als bei der Verbringung der Steuerpflichtige als Inhaber des Betriebs auch nach der Verbringung weiterhin im Inland der unbeschränkten Steuerpflicht unterliegt. Im Falle einer Wohnsitzverlegung geht die DBA-rechtliche Zuweisung des Besteuerungsrechts für Unternehmensgewinne auf den Zuzugsstaat als Wohnsitzstaat über. Werden in Anlehnung an die Rechtsprechung des EuGH in der Rechtssache Cartesio Satzungs- und Verwaltungssitz einer Kapitalgesellschaft simultan in einen anderen Mitgliedstaat der EU verlegt[73], so enden sowohl jegliche

69 BFH-Urt. v. 17.7.2008, a. a. O. (Fn. 67) Tz. 3 a).

70 BMF, Schr. v. 20.5.2009 – IV C 6 – S 2134/07/10005, BStBl. I, 2009, 671.

71 BFH, Urt. v. 28.10.2009 – I R 99/08, BFH/NV 2010, 346.

72 BFH, Urt. v. 28.10.2009 – I R 28/08, IStR 2010, 103.

73 Verlegt eine unbeschränkt körperschaftsteuerliche Gesellschaft nur ihren Verwaltungssitz ins Ausland, was nach den Vorgaben des MoMiG (vgl. oben Kapitel IV.) zumindest sachrechtlich durch Streichung des bisherigen Abs. 2 des § 4 a GmbHG möglich ist, so bleibt es bei der unbeschränkten Steuerpflicht aufgrund des fortbestehenden inländischen Satzungssitzes. Für eine Liquidationsbesteuerung besteht dann von vornherein kein Bedürfnis.

unbeschränkte Steuerpflicht als auch die DBA-rechtliche Ansässigkeit der Gesellschaft im Inland.

Demgegenüber steht im Falle der bloßen Verbringung von Wirtschaftsgütern der inländische Betrieb bzw. dessen Inhaber weiterhin unter dem Zugriff des deutschen Fiskus im Rahmen der unbeschränkten Steuerpflicht.

Ungeachtet dieses Unterschieds zwischen Verbringungs- und Wegzugsfall sieht der I. Senat aber keine Veranlassung, die Theorie von der finalen Entnahme weiterhin auf den Wegzugsfall anzuwenden. Der Betriebsinhaber bleibt nämlich, so der I. Senat in der Begründung seiner Entscheidungen vom 28.10.2009, mit dem Veräußerungsgewinn, soweit dieser auf der Realisierung der im Inland gebildeten stillen Reserven beruht, gemäß § 1 Abs. 4 i. V. m. § 49 Abs. 1 Nr. 3 EStG 1990 bzw. § 49 Abs. 1 Nr. 2a EStG 1990 beschränkt steuerpflichtig[74]. Auch nachträgliche Einkünfte, die auf im Inland ausgeübter selbständiger Arbeit beruhen, unterlägen der beschränkten Steuerpflicht nach § 49 Abs. 1 Nr. 3 EStG. Gleiches gälte für nachträgliche Einkünfte aus der im Inland ausgeübten gewerblichen Tätigkeit. Auch diese unterlägen der beschränkten Steuerpflicht nach § 49 Abs. 1 Nr. 2a EStG. An der späteren Besteuerung der im Inland vor dem Wegzug entstandenen stillen Reserven im Falle einer Realisierung ist die Bundesrepublik Deutschland auch abkommensrechtlich nicht gehindert, so der I. Senat.

Der I. Senat spricht in Tz. 31 der Entscheidungsgründe seines Urteils Az. I R 99/08 bzw. in Tz. 62 der Entscheidungsgründe seines Urteils Az. I R 28/08 die Schwierigkeiten, die mit der Erfassung des Sachverhalts nach dem Wegzug des Steuerpflichtigen verbunden sind, ausdrücklich an, versagt diesen aber die Eignung, als Grundlage für eine sofortige Besteuerung der stillen Reserven zu dienen. Da es somit nach Auffassung des I. Senats bereits an einer Rechtsgrundlage im nationalen Recht für die Besteuerung der stillen Reserven fehlt, geht der Senat auf die Frage nach der EG-Rechtskonformität der bisherigen Besteuerung für Wegzugsfälle nicht weiter ein. Es ist jedoch festzuhalten, dass der BFH mit seiner neuen Rechtsprechung auf der Linie der Rechtsprechung des Europäischen Gerichtshofs zu den Wegzugsfällen natürlicher Personen liegt.

74 Anders als der BFH in seinem Urteil im Verfahren Az. I R 99/08 hatte in der ersten Instanz das FG Köln die Theorie der finalen Betriebsaufgabe in Wegzugsfällen zwar für einschlägig gehalten, jedoch wegen der angenommenen Gemeinschaftsrechtswidrigkeit nicht angewendet (FG Köln, Urt. v. 18.3.2008 – 1 K 4110/04, EFG 2009, 259), vgl. auch FG Rheinland-Pfalz, Urt. v. 17.1.2008 – 4 K 1347/03, EFG 2008, 680 als erstinstanzliches Urteil zum BFH-Verfahren Az. I R 28/08.

Der Europäische Gerichtshof hat im Fall des Wegzugs einer natürlichen Person deren Ausscheiden aus der unbeschränkten Einkommensteuerpflicht nicht als Grund dafür genügen lassen, dass der Wegzugsstaat eine sofortige Besteuerung der stillen Reserven in den von dem Wegziehenden gehaltenen Anteilen durchführt[75]. Denn auch nach dem Wegzug steht Deutschland als Wegzugsstaat das EG-rechtliche Instrumentarium der EG-Amtshilferichtlinie[76] sowie der EG-Beitreibungsrichtlinie[77] zur Verfügung, worauf der EuGH in Tz. 52 f. seiner N-Entscheidung ausdrücklich hinweist.

Unter dem Aspekt der Amts- und Beitreibungshilfe sind keine Gründe ersichtlich, warum der Fall einer unbeschränkt körperschaftsteuerpflichtigen Person in diesem Zusammenhang anders betrachtet werden sollte als der einer unbeschränkt einkommensteuerpflichtigen Person, die in einen anderen EU-Mitgliedstaat wegzieht. Denn die wegziehende Kapitalgesellschaft kann sich ebenso wenig wie eine wegziehende natürliche Person an ihrem neuen Ansässigkeitsort der Durchsetzung des Besteuerungsanspruchs ihres bisherigen Ansässigkeitsstaates Deutschland bezüglich der noch unter der Steuerhoheit des bisherigen Ansässigkeitsstaates gelegten stillen Reserven entziehen, falls es nach dem Wegzug zu einer Realisation dieser stillen Reserven im Rahmen eines Veräußerungsgeschäfts am Markt oder zu einem Weiterzug des Steuerpflichtigen in einen Drittstaat außerhalb der EU bzw. des EWR-Raumes kommt.

Bisher wurde als Argument gegen eine unterschiedliche Behandlung der Fälle des Wegzugs einer natürlichen Person und des Wegzugs einer Kapitalgesellschaft vorgebracht, dass die Kapitalgesellschaft als juristische Person ihre gesamte Existenz der Rechtsordnung ihres bisherigen Ansässigkeitsstaates als Gründungsstaat verdankte und mit dem Wegzug zivilrechtlich ein Verlust der Rechtspersönlichkeit der wegziehenden Kapitalgesellschaft verbunden war, an die das Steuerrecht die Rechtsfolge der Liquidationsbesteuerung knüpfen durfte, während die Rechtspersönlichkeit einer natürlichen Person durch den Wegzug in keiner Weise berührt wurde.

Dieser möglichen Argumentation ist aber nun durch die Rechtsprechung des Gerichtshofs in seiner Cartesio-Entscheidung die Grundlage entzo-

75 Vgl. EuGH v. 7.9.2006, a. a. O. (Fn. 62).

76 Richtlinie des Rates v. 19.12.1977 über die Amtshilfe zwischen den zuständigen Behörden der Mitgliedstaaten im Bereich der direkten Steuern und der Steuern auf Versicherungsprämien (77/799/EWG), ABl. L 336 v. 27.12.1977, S. 15, zuletzt geändert durch Richtlinie 2006/98/EG des Rates v. 20.11.2006, ABl. L 363, v. 20.12.2006, S. 129.

77 Richtlinie 2008/55/EG des Rates v. 26.5.2008 über die gegenseitige Unterstützung bei der Beitreibung von Forderungen in Bezug auf bestimmte Abgaben, Zölle, Steuern und sonstige Maßnahmen, ABl. L 150 v. 10.6.2008, S. 28.

gen, denn auch der Wegzug einer juristischen Person muss vom Wegzugsstaat identitätswahrend, d. h. ohne dass an den Wegzug die Rechtsfolge der Auflösung und Liquidation geknüpft werden darf, zugelassen werden[78].

Gegen eine Übertragung der Grundsätze der EuGH-Rechtsprechung zum Wegzug natürlicher Personen auf den Wegzug von Kapitalgesellschaften wird vorgebracht, dass es in den bisher vom EuGH entschiedenen Rechtssachen de Lasteyrie du Saillant[79] und N[80] ausschließlich um Fälle ging, in denen die wegziehende Person über im Privatvermögen gehaltene Anteile verfügte, nicht aber um Betriebsvermögensfälle.

Anders als in Betriebsvermögensfällen habe der Wegzugsstaat Deutschland bei im Privatvermögen gehaltenen Anteilen vor dem Wegzug keine fiskalischen Lasten aufgrund von steuerlich wirksamen Abschreibungen tragen müssen, weshalb ein Besteuerungsaufschub bis zur tatsächlichen Realisierung der im Privatvermögen enthaltenen stillen Reserven durch Verkauf der Anteile im neuen Ansässigkeitsstaat dem deutschen Fiskus zugemutet werden könne, ohne in die Abgrenzung der Steuerhoheiten unter den Mitgliedstaaten einzugreifen. Soweit Deutschland vor dem Wegzug steuerlich wirksame Abschreibungen auf ein Wirtschaftsgut des Wegziehenden zugelassen habe, könne dem Wegzugsstaat Deutschland ein Zuwarten bis zum Zeitpunkt der tatsächlichen Realisation der stillen Reserven nicht zugemutet werden. Denn für den Fall, dass der Wegziehende das betreffende Wirtschaftsgut nach dem Wegzug in seinem neuen Ansässigkeitsstaat weiter betrieblich nutzt und steuerpflichtige Einnahmen aus der Nutzung erzielt, stehe die Steuer auf diese Einnahmen allein dem neuen Ansässigkeitsstaat zu, während Deutschland für die zuvor getragenen fiskalischen Lasten keinen adäquaten Ausgleich erhalte. Hierdurch werde in die Aufteilung der Besteuerungshoheiten unter den Mitgliedstaaten in unangemessener und daher auch EG-rechtlich nicht zu vereinbarender Weise eingegriffen[81]. Als Beispiele werden zumeist der Fall einer beim Wegzug vollständig abgeschriebenen Maschine angeführt, die nach dem Wegzug im Zuzugsstaat weiter gewinnbringend genutzt wird oder der Fall eines selbst geschaffenen immateriellen Wirtschaftsguts des Anlagevermögens, für dessen Herstellung der Steuerpflichtige vor dem Wegzug sämtliche Aufwendungen mangels Aktivierungsmöglichkeit[82] als Aufwand behandelt hat, während die Lizenzgebühren aus

78 Vgl. Tz. 112 der Cartesio-Entscheidung, a. a. O. (Fn. 22).
79 Vgl. oben Fn. 61.
80 Vgl. oben Fn. 62.
81 So *Rupp*, Finanzministerium Nordrhein-Westfalen auf der 61. Kölner Steuerkonferenz am 5.10.2009.
82 Vgl. § 5 Abs. 2 EStG.

der Nutzung des immateriellen Wirtschaftsguts nach dem Wegzug nun der Besteuerung im Ausland unterliegen.

Was ist von dieser Argumentation zu halten? Der Zulassung eines steuerlichen Abzugs für Abschreibungen liegt die Annahme zugrunde, dass es im Zeitablauf zu einer wirtschaftlichen Abnutzung und damit einem Wertverzehr des abgeschriebenen Wirtschaftsguts kommt. Tritt dieser Wertverzehr während der Nutzung des Wirtschaftsguts im Inland ein, muss Deutschland die steuerlichen Konsequenzen aus diesem Wertverzehr tragen. Es ist Sache des deutschen Fiskus, die steuerlichen Abschreibungsmöglichkeiten so zu gestalten, dass die steuerlichen Abzugsbeträge dem tatsächlichen Wertverzehr entsprechen. Auch steht es dem deutschen Fiskus frei, zum Zwecke der Investitionsförderung oder aus anderen Motiven, steuerlich höhere Abschreibungen zuzulassen und damit die Legung stiller Reserven in dem abgeschriebenen Wirtschaftsgut zu ermöglichen. Er darf dies aber nicht zum Anlass nehmen, aus dem Vorhandensein stiller Reserven ein Wegzugshindernis aufzustellen. Ist das im Zuge eines Wegzugs ins Ausland verbrachte Wirtschaftsgut im Inland voll abgeschrieben und erzielt der Steuerpflichtige aus der Nutzung des Wirtschaftsguts nach dem Wegzug noch steuerlich relevante Einnahmen, so war entweder die steuerliche Abschreibung vor dem Wegzug gemessen am tatsächlichen Wertverzehr zu hoch, oder der Steuerpflichtige hat das Wirtschaftsgut überdurchschnittlich gut und pfleglich behandelt, so dass es in seinem Fall über die der AfA-Bemessung zugrunde gelegte betriebsübliche Nutzungsdauer noch Verwendung findet. Auch in diesem Falle wäre es nicht mit der Niederlassungsfreiheit in Einklang zu bringen, dem wegzugswilligen Steuerpflichtigen deshalb steuerliche Zusatzlasten im Augenblick des Wegzugs aufzuerlegen.

Das Beispiel des vor dem Wegzug selbst geschaffenen immateriellen Wirtschaftsguts weist die Besonderheit auf, dass die Zulassung eines steuerlichen Betriebsausgabenabzugs für die zur Herstellung des Wirtschaftsguts getätigten Aufwendungen auf einer steuerlichen Vorschrift beruht[83], deren Ausgestaltung im Belieben des deutschen Steuergesetzgebers liegt. Entscheidet er sich für ein Aktivierungsverbot und lässt er damit einen vollen Betriebsausgabenabzug der Aufwendungen zu, kann er hieraus nicht zu Lasten eines wegzugsbereiten Steuerpflichtigen steuerliche Wegzugsbeschränkungen rechtfertigen.

Die Diskussion über den Wegzug eines gewerbetreibenden Steuerpflichtigen offenbart ein grundlegendes Unverständnis der Vertreter der Finanzverwaltung betreffend die Kernprinzipien des Europäischen Binnenmark-

83 § 5 Abs. 2 EStG.

tes. Der Europäische Binnenmarkt ist als einheitlicher Wirtschaftsraum konzipiert, in dem die Allokation von Ressourcen ungehindert von rechtlichen und wirtschaftlichen Beschränkungen nach der freien Entscheidung der sich im Binnenmarkt wirtschaftlich betätigenden Unternehmen erfolgen soll. Die Entscheidung eines deutschen Gewerbetreibenden, künftig seine gewerbliche Tätigkeit, oder Teile derselben, in einem anderen Mitgliedstaat der Gemeinschaft auszuüben, ist aus der Sicht des Binnenmarkts nicht nur zu tolerieren, diese Entscheidung zuzulassen ist gerade das Ziel des Binnenmarktes.

Mit der gleichen Logik, die dem angeführten Beispiel der Verbringung eines selbst geschaffenen immateriellen Wirtschaftsguts des Anlagevermögens zugrunde liegt, ließe sich ein fiskalisches Wegzugshemmnis für einen jungen, ins EU-Ausland wegziehenden Ingenieur errichten, der bis zu seinem Wegzug an einer deutschen steuerlich geförderten Hochschule studiert hat und nun sein im Inland gewonnenes Wissen im EU-Ausland zur Erzielung steuerlicher Einkünfte einsetzen möchte. In der Freiheit, dies zu tun, offenbart sich nicht eine Störung der Ausgewogenheit der Aufteilung der Besteuerungsrechte unter den Mitgliedstaaten; in ihr offenbart sich der Europäische Binnenmarkt. In einem freien Binnenmarkt sind Wegzugsbeschränkungen fehl am Platz. Der Binnenmarkt verlangt nach einem grundlegenden Umdenken der für die Gestaltung der steuerlichen Rahmenbedingungen Verantwortlichen.

Für den Fall des Wegzugs einer natürlichen Person hat der Gerichtshof in seiner N-Entscheidung vom 7.9.2006[84] sogar die im seinerzeitigen niederländischen Recht vorgesehene zinslose Stundung der Steuer auf die stillen Reserven des entstrickten Wirtschaftsguts gegen Sicherheitsleistung als mit Art. 43 EG unvereinbare Beschränkung der Niederlassungsfreiheit erkannt. Dann ist aber erst recht davon auszugehen, dass eine volle Steuerfestsetzung ohne jede Stundung als erheblich schwerwiegendere fiskalische Belastung als eine bloße Pflicht zur Sicherheitsleistung mit den Vorgaben des Art. 43 EG nicht vereinbar ist. Es erscheint unter Berücksichtigung der EuGH-Rechtsprechung zum Wegzug natürlicher Personen mit Privatvermögen zwingend, einen Gleichlauf der gesetzlichen Regelungen für den Wegzug in Privat- und Betriebsvermögensfällen herzustellen.

Warum dann aber für den Wegzug juristischer Personen etwas anderes gelten soll, ist schwer einzusehen. Auch hier ist für die simultane Verlegung von Satzungs- und Verwaltungssitz ins EU-Ausland eine zinslose Stundung ohne Sicherheitsleistung vorzusehen, ohne dass es einer

84 A. a. O., (Fn. 62).

Zuordnung der Wirtschaftsgüter des Betriebsvermögens des Wegziehenden zu einer inländischen Betriebsstätte bedarf.

Dabei wird künftig vor allem die Entstrickungsbesteuerung nach § 4 Abs. 1 Satz 3 EStG kritisch zu sehen sein. Der Wortlaut der durch das SEStEG in § 4 Abs. 1 S. 3 EStG eingefügten Entstrickungsregel unterstellt erkennbar die Fortgeltung der Theorie von der finalen Entnahme. Folgt man der Argumentation des I. Senats in seinen Urteilen vom 17.8.2008 und vom 28.10.2009, so kommt es weder im Falle der Verbringung, noch im Fall des Wegzugs zu einem Verlust oder einer Beschränkung des deutschen Besteuerungsrechts hinsichtlich der vor dem Wegzug gelegten stillen Reserven. Die Vorschrift des § 4 Abs. 1 S. 3 EStG wird daher weitgehend ins Leere laufen[85]. Die Finanzverwaltung plant offenbar, an ihrer Auffassung zur Fortgeltung der Theorie von der finalen Entnahme festzuhalten und ohne Korrektur des § 4 Abs. 1 S. 3 EStG die Rechtsfolge der Reservenbesteuerung an der extensiven Auslegung des Begriffs der „Beschränkung" festzumachen. Es liegt auf der Hand, dass eine solche Verwaltungspraxis nicht nur mit der Rechtsauffassung des BFH, sondern auch mit der Rechtsprechung des EuGH in Widerspruch steht. Dies gilt umso mehr, als nicht einmal die Zahlungsstreckung auf Antrag über fünf Jahre nach Maßgabe des § 4 g Abs. 2 EStG für den Wegzugsfall anwendbar ist, denn sie setzt das Fortbestehen einer unbeschränkten Einkommensteuerpflicht voraus.

Unter Hinweis auf das N-Urteil des Gerichtshofs[86] ist darüberhinaus zu fordern, dass spätere Wertminderungen des entstrickten Wirtschaftsguts, die nach dessen Verbringung bzw. nach dem Wegzug eintreten, im Rahmen der späteren Besteuerung bei tatsächlicher Veräußerung bzw. Realisierung aus sonstigem Grund (z. B. Wegzug bzw. Verbringung in einen Drittstaat) berücksichtigt werden müssen. § 6 Abs. 6 AStG entspricht dieser EG-rechtlichen Vorgabe und kann auch insoweit für eine Ergänzung des § 4 Abs. 1 EStG und des § 12 Abs. 1 KStG als Vorlage dienen.

VIII. Künftige steuerliche Behandlung des Wegzugs bzw. Zuzugs von Kapitalgesellschaften

Somit lässt sich die künftige steuerliche Behandlung des Wegzugs und Zuzugs von Kapitalgesellschaften wie folgt zusammenfassen.

85 So auch *Prinz*, DB 2009, 807, 810 f., *Roser*, DStR 2008, 2389, 2393 ff.
86 A. a. O., (Fn. 62), vgl. dort Leitsatz 2 sowie Tz. 54 des Urteils.

1. Wegzugsfälle

1.1 Isolierte Verlegung des Verwaltungssitzes ins Ausland

Nach den Änderungen des GmbH-Gesetzes und des Aktiengesetzes aufgrund MoMiG ist das sachrechtliche Erfordernis eines inländischen Verwaltungssitzes durch Streichung des Abs. 2 der §§ 4 a GmbHG, 5 AktG weggefallen[87]. Ob damit auch kollisionsrechtlich die Abkehr von der Sitztheorie gelungen ist, muss bezweifelt werden[88]. Die wohl herrschende Meinung im Schrifttum geht davon aus, dass eine im Inland errichtete Kapitalgesellschaft nun ihren Verwaltungssitz ins Ausland verlegen kann, ohne dass ihr die Rechtsfolge der Nichtanerkennung aufgrund der Sitztheorie droht. Dies gilt ohne Beschränkung auf Wegzugsfälle in andere EU-Mitgliedstaaten.

Verlegt eine deutsche Kapitalgesellschaft ihren Verwaltungssitz in einen Staat, der seinerseits der Sitztheorie anhängt[89], so wird dieser die zuziehende Gesellschaft grundsätzlich nur anerkennen, wenn sie die jeweiligen Gründungsvorschriften des Zuzugsstaates befolgt. In der Regel führt die Sitzverlegung somit zur Nichtanerkennung der zuziehenden deutschen Gesellschaft. Für Wegzugsfälle innerhalb der EU wird der Zuzugsstaat eine Einschränkung der Rechtsfolgen der Sitztheorie hinnehmen und die zuziehende Gesellschaft anerkennen müssen, es sei denn die Gesellschaft stammt aus einem Staat, der seinerseits der Sitztheorie folgt und deshalb die Verlegung des Verwaltungssitzes ins Ausland als Grund für die Nichtanerkennung der Gesellschaft erachtet. Folgt man der wohl herrschenden Meinung im bisherigen Schrifttum, so wollte der Gesetzgeber des MoMiG deutschen Kapitalgesellschaften offenbar die identitätswahrende Verlegung des Verwaltungssitzes ins Ausland gestatten. Diese gesetzgeberische Entscheidung des Gründungsstaates Deutschland muss dann aufgrund der Vorgaben der Überseering-Rechtsprechung des EuGH auch der Zuzugsstaat akzeptieren und den Zuzug zulassen, ohne die Rechtspersönlichkeit der zuziehenden Gesellschaft in Frage zu stellen.

Erfolgt die Verlegung des Verwaltungssitzes in einen Drittstaat, der der Sitztheorie folgt, so droht dort die Nichtanerkennung der Gesellschaft mit der Folge einer möglichen Liquidationsbesteuerung beim Wegzug. Ob das deutsche Steuerrecht an die Nichtanerkennung der wegziehenden Gesellschaft eine Liquidationsbesteuerung knüpfen darf, ist jedoch fraglich. Es sprechen wohl gute Gründe dafür, dass der deutsche Fiskus die gesetzgeberische Entscheidung des MoMiG-Gesetzgebers respektiert und die Gesellschaft trotz ihres ausländischen Verwaltungssitzes weiterhin

---

87 Vgl. oben IV.
88 Vgl. oben IV.
89 Vgl. oben Fn. 8.

als Rechts- und Steuersubjekt anerkennt. Aufgrund des trotz der Verlegung des Verwaltungssitzes verbleibenden inländischen Satzungssitzes und der daraus resultierenden unbeschränkten Steuerpflicht besteht für den deutschen Fiskus auch keine Not, an die eventuelle zivilrechtliche Nichtanerkennung der weggezogenen Gesellschaft im neuen Zuzugsstaat nachteilige steuerliche Rechtsfolgen im Inland zu knüpfen. Entsprechend dieser zivilrechtlichen Rechtslage kommt eine Liquidationsbesteuerung kraft Anknüpfung an das Zivilrecht nicht in Betracht.

§ 12 Abs. 1 KStG knüpft an die Verwaltungssitzverlegung als solche nur insoweit steuerliche Rechtsfolgen, als es aufgrund der Sitzverlegung zu einem Verlust oder einer Einschränkung des deutschen Besteuerungsrechts kommt. Dies ist z. B. dann der Fall, wenn aufgrund eines DBA mit tie-breaker-Klausel[90] der Zuzugsstaat als neuer Ansässigkeitsstaat gilt. Denn in diesem Fall geht die DBA-rechtliche Zuweisung des Besteuerungsrechts von dem Ansässigkeitsstaat auf den Zuzugsstaat als neuem Ansässigkeitsstaat über. Eine Entstrickung unterbleibt aber bezüglich der Wirtschaftsgüter des Betriebsvermögens der wegziehenden Gesellschaft, die nach der Verwaltungssitzverlegung ins Ausland weiterhin einer inländischen Betriebsstätte zugerechnet wurden. Denn in diesem Falle geht die Zuweisung des Besteuerungsrechts an den Betriebsstättenstaat der Besteuerung im Ansässigkeitsstaat regelmäßig vor[91].

Werden im Zuge der Verlegung des Verwaltungssitzes Wirtschaftsgüter ins Ausland verbracht, so greift bezüglich dieser Wirtschaftsgüter die Entstrickungsregelung des § 12 Abs. 1 KStG. Infolge der Aufgabe der Rechtsprechung zur Theorie der finalen Entnahme ist fraglich, ob die Rechtsfolge des § 12 Abs. 1 KStG zum Tragen kommt, da nach der neuen Auffassung des BFH das deutsche Besteuerungsrecht hinsichtlich der vor dem Wegzug gelegten stillen Reserven in den verbrachten Wirtschaftsgütern nicht ausgeschlossen oder beschränkt wird. Aufgrund ihres inländischen Satzungssitzes unterliegt die wegziehende Gesellschaft weiterhin der unbeschränkten Körperschaftsteuerpflicht. Aufgrund des Nichtanwendungserlasses vom 20.5.2009[92] zu dem BFH-Urteil vom 17.7.2008 ist davon auszugehen, dass die Finanzverwaltung § 12 Abs. 1 KStG weiterhin auf Verbringungsfälle anwendet und die Fortführung der Buchwerte davon abhängig macht, dass die Wirtschaftsgüter einer wegziehenden Gesellschaft in deren inländischem Betrieb bzw. einer inländischen Betriebsstätte verbleiben. Die infolge der Verbringung eintretende Rechtsfolge der Auflösung und Besteuerung der stillen

---

90 Vgl. Art. 4 Abs. 3 OECD-MA; vgl. auch *Vogel*, DBA, 5. Aufl. 2008, Art. 4 Rz. 240 ff.

91 Vgl. Art. 7 OECD-MA.

92 Vgl. oben Fn. 70.

Reserven ist an den Vorgaben der EuGH-Rechtsprechung zu den Fällen des Wegzugs natürlicher Personen zu messen. Die Steuerfestsetzung mit zeitlich gestreckter Erhebung über fünf Jahre nach § 12 Abs. 1 KStG i. V. m. § 4g EStG wird den EG-rechtlichen Vorgaben nicht gerecht. EG-rechtlich wäre allenfalls eine Steuerfestsetzung mit zinsloser Stundung ohne Sicherheitsleistung zulässig.

Erfolgt die Verlegung des Verwaltungssitzes in einen Drittstaat außerhalb der EU bzw. des EWR-Raumes, bleibt auch in diesen Fällen die unbeschränkte Steuerpflicht der Gesellschaft aufgrund des inländischen Satzungssitzes bestehen. Im Falle der Verbringung von Wirtschaftsgütern tritt jedoch in Drittstaatenfällen die sofortige Besteuerung aller stillen Reserven in den verbrachten Wirtschaftsgütern ein, ohne dass diese Besteuerungsfolge EG-rechtlichen Einschränkungen unterläge.

Die isolierte Verlegung nur des Verwaltungssitzes einer SE bzw. SCE scheitert an den insoweit zwingenden Vorgaben der Art. 7 SE-VO bzw. 6 SCE-VO, wonach der Verwaltungssitz einer SE bzw. SCE nur zusammen mit dem Satzungssitz in den gleichen Mitgliedstaat verlegt werden darf. Fallen Satzungs- und Verwaltungssitz auseinander, droht in letzter Konsequenz die Zwangslöschung der Gesellschaft[93]. Kommt es zur Zwangslöschung, so kommt eine Liquidationsbesteuerung nach § 11 KStG in Betracht. Zwar setzt § 11 KStG für eine Liquidationsbesteuerung voraus, dass es auch tatsächlich zur Abwicklung der Gesellschaft kommt. Der Fall der Zwangslöschung ist in § 11 KStG nicht angesprochen. Doch wird die Finanzverwaltung den Fall der Zwangslöschung einer Gesellschaft wohl in Parallele zu dem in § 11 Abs. 7 KStG geregelten Fall der Insolvenz als einen Fall gesetzlich angeordneter Liquidation ansehen und das Vermögen der zwangsgelöschten Gesellschaft im Augenblick der Löschung zu Liquidationswerten in einer Schlussbilanz ansetzen.

Auffallend ist, dass nach den gesellschaftsrechtlichen Gesetzesänderungen aufgrund MoMiG nun die SE bzw. SCE strengeren Vorgaben unterliegt als sonstige Gesellschaften des nationalen Rechts. Inwiefern von den zwingenden Vorgaben der SE-VO bzw. der SCE-VO betroffene Unternehmen sich aufgrund der liberaleren Regeln für nach nationalem Recht errichtete Gesellschaften ihrerseits auf den Schutz des Gleichbehandlungsgrundsatzes des Art. 3 Abs. 1 GG berufen können, ist in der Literatur – soweit ersichtlich – noch nicht erörtert worden. Ein EG-rechtlicher Anspruch auf Zulassung der isolierten Verwaltungssitzverlegung ins EU-Ausland steht der SE bzw. SCE jedenfalls aufgrund der Vorgaben des Cartesio-Urteils nicht zu. De lege ferenda ist zu wünschen, dass die

93 Vgl. Art. 64 SE-VO, Art. 73 SCE-VO.

Europäische Kommission die zwischenzeitliche Entwicklung der Rechtsprechung des Gerichtshofs zum Anlass nimmt, dem Rat eine entsprechende Änderung des SE- und SCE-Statuts vorzuschlagen.

1.2 Isolierte Verlegung nur des Satzungssitzes

Nur aus Gründen der Vollständigkeit sei hier die isolierte Verlegung des Satzungssitzes angesprochen. In der Regel dürfte es an einem praktischen Bedürfnis für diese Transaktion fehlen. Warum sollte eine im Inland errichtete Gesellschaft unter Beibehaltung ihres inländischen Verwaltungssitzes ihren Satzungssitz ins Ausland verlegen wollen? Will man für Zwecke der Entfaltung wirtschaftlicher Aktivitäten im Inland anstatt einer deutschen GmbH z. B. eine britische Ltd. mit inländischem Verwaltungssitz verwenden, so liegt es nahe, von Beginn an eine britische Ltd. zu gründen, die dann ab der Gründung, oder zu einem beliebigen Zeitpunkt danach, ihren Verwaltungssitz ins Inland verlegt. Nach den Vorgaben der EuGH-Rechtsprechung[94] dürfen diesem Zuzug keine Steine in den Weg gelegt werden. Warum aber in einem solchen Fall zunächst eine deutsche GmbH gegründet werden soll, die dann in eine britische Ltd. formwechselnd umgewandelt werden müsste, um einen britischen Satzungssitz zu erlangen, ist schwer nachvollziehbar.

In der Praxis dürften allenfalls Fälle vorkommen, in denen eine im Inland errichtete Kapitalgesellschaft bereits ihren Verwaltungssitz ins Ausland verlegt hat[95] und zu einem späteren Zeitpunkt ihren Satzungssitz in den selben Staat verlegen möchte, in dem sich bereits der Verwaltungssitz befindet. In diesem Fall gelten die gleichen Rechtsfolgen wie für den Fall der simultanen Verlegung von Satzungs- und Verwaltungssitz wie vorstehend beschrieben[96].

1.3 Verlegung von Verwaltungs- und Satzungssitz ins Ausland

Auch nach den Gesetzesänderungen aufgrund MoMiG verlangt das deutsche Gesellschaftsrecht, dass eine deutsche AG sowie eine deutsche GmbH ihren Satzungssitz im Inland haben müssen[97]. Art. 7 SE-VO bzw. 6 SCE-VO sehen für die genannten europäischen Rechtsformen ausdrücklich die simultane Verlegung von Satzungs- und Verwaltungssitz vor. Für sonstige Gesellschaften des nationalen Rechts wird man aufgrund der eindeutigen Vorgaben des Cartesio-Urteils eine identitätswahrende Verlegung von Satzungs- und Verwaltungssitz ins EU- bzw. EWR-Ausland

---

94 Vgl. oben III.
95 Vgl. oben VII. 1 a).
96 Vgl. oben VII. 1 b).
97 Vgl. den insoweit eindeutigen Wortlaut in § 4 a GmbHG und § 5 AktG.

fordern müssen. Eine gesetzliche Umsetzung der Cartesio-Entscheidung in deutsches Recht steht derzeit noch aus. In der Praxis ist zu befürchten, dass die Registergerichte an die Verlegung des Satzungssitzes einer deutschen Gesellschaft die Rechtsfolge der Auflösung der Gesellschaft knüpfen, was steuerlich eine Liquidationsbesteuerung nach § 11 KStG zur Folge hätte. Die daraus resultierenden erheblichen steuerlichen Belastungen dürften in der Praxis wegzugswillige Gesellschaften von einer solchen Maßnahme abhalten. Im Streitfall bestehen jedoch gute Aussichten, dass der EuGH die Zwangsauflösung der wegziehenden Gesellschaft als nicht mit der Niederlassungsfreiheit vereinbar ansieht.

Handelt es sich bei der wegziehenden Gesellschaft um eine SE bzw. SCE oder gelingt die Durchsetzung des aus dem primären Gemeinschaftsrecht abgeleiteten Anspruchs auf identitätswahrende Verlegung von Satzungs- und Verwaltungssitz einer deutschen GmbH oder AG, so muss das Steuerrecht den Fortbestand der wegziehenden Gesellschaft anerkennen und von einer Liquidationsbesteuerung nach § 11 KStG Abstand nehmen.

Die Entstrickungsfolge des § 12 Abs. 1 KStG setzt nur ein, wenn über die Verlegung von Satzungs- und Verwaltungssitz innerhalb der EU bzw. des EWR hinaus Wirtschaftsgüter, die vor dem Wegzug dem inländischen Betrieb der wegziehenden Gesellschaft angehörten, ins Ausland verbracht werden und damit nicht über den Wegzug hinaus im Rahmen einer inländischen Betriebsstätte steuerverstrickt bleiben.

Erfolgen Wegzug und Verbringung von Wirtschaftsgütern in einen anderen EU- bzw. EWR-Staat, so ist die Rechtsfolge der Aufdeckung und Besteuerung der stillen Reserven in den verbrachten Wirtschaftsgütern unter Zugrundelegung der EuGH-Rechtsprechung zu den Wegzugsfällen natürlicher Personen wegen Verstoß gegen die Niederlassungsfreiheit einzuschränken.

Erfolgt die Verlegung von Satzungs- und Verwaltungssitz in einen Drittstaat, so greift § 12 Abs. 3 KStG, der, auch ohne dass es zu einer Verbringung von Wirtschaftsgütern kommt, allein an den Tatbestand der Sitzverlegung und den daraus resultierenden Verlust jeglicher unbeschränkten Steuerpflicht bzw. Ansässigkeit im Inland oder in einem Mitgliedstaat der EU bzw. des EWR die Rechtsfolge einer Liquidationsbesteuerung knüpft. EG-rechtlich ist dies nicht zu beanstanden.

2. Zuzugsfälle

2.1 Hereinverlegung des Verwaltungssitzes ins Inland

Trotz erkennbarer Intention ist es dem Gesetzgeber des MoMiG nicht gelungen, einen Wechsel von der bisher in Deutschland herrschenden Sitztheorie zur Gründungstheorie herbeizuführen. Der BGH hat in seiner

Trabrennbahn-Entscheidung[98] auch nach Verabschiedung des MoMiG auf den Zuzug einer Gesellschaft aus einem Drittstaat die Sitztheorie angewendet und der Gesellschaft die Anerkennung als Aktiengesellschaft versagt. Der BGH sieht die ausländische Gesellschaft nach dem Zuzug vielmehr als Personengesellschaft an, wobei er es im Entscheidungsfall offen ließ, ob diese als BGB-Gesellschaft oder als oHG zu qualifizieren sei. Jedenfalls kann die als Personengesellschaft qualifizierte ausländische Gesellschaft mit inländischem Verwaltungssitz als solche Rechte erwerben, vor Gericht auftreten und Ansprüche im eigenen Namen geltend machen. Damit rückt der BGH weiter von seiner früheren Rechtsprechung ab, die einer ausländischen Gesellschaft mit inländischem Verwaltungssitz die Rechtsfähigkeit absprach[99].

Für in einem anderen Mitgliedstaat der EU oder des EWR gegründete Gesellschaften ergibt sich aus den Vorgaben der EuGH-Rechtsprechung[100] die Verpflichtung für die deutschen Gerichte und Verwaltungsbehörden, nicht nur deren Rechtsfähigkeit, sondern auch deren Qualifikation als Kapitalgesellschaft des Rechts ihres Gründungsstaates anzuerkennen, sofern der Gründungsstaat seinerseits der Gründungstheorie folgt. Folgt der Gründungsstaat der zuziehenden EU/EWR-Gesellschaft seinerseits der Sitztheorie und erkennt er die Gesellschaft nach dem Zuzug nach Deutschland nicht mehr als nach seinem Recht wirksam errichtet an, so darf Deutschland als Zuzugsstaat an diese Qualifikation durch den Gründungsstaat anknüpfen und der Gesellschaft ebenfalls ihre Rechtspersönlichkeit absprechen. Die Rechtsfolgen entsprechen in diesen Fällen denen im Fall des Zuzugs einer Gesellschaft aus einem Drittstaat.

Steuerlich ist zu unterscheiden, ob die Gesellschaft zivilrechtlich weiterhin als Kapitalgesellschaft anzusehen ist. Sofern die Gesellschaft aus einem EU- oder EWR-Staat stammt, der seinerseits die Gründungstheorie anwendet, ist dies der Fall. Eine solche Gesellschaft wird nach dem Zuzug in Deutschland als unbeschränkt körperschaftsteuerpflichtig i. S. d. § 1 Abs. 1 Nr. 1 KStG angesehen. Der Umstand, dass der Wortlaut des § 1 Abs. 1 Nr. 1 KStG nicht auf ausländische Kapitalgesellschaften zugeschnitten ist, ist unschädlich[101]. Damit ist die ausländische Gesellschaft einer deutschen Kapitalgesellschaft steuerlich gleichgestellt. Das im Ausland verbleibende Vermögen der zuziehenden Gesellschaft

---

98 A. a. O., Fn. 37.

99 BGH v. 1.7.2002 – II ZR 380/00, GmbHR 2002, 1021.

100 Vgl. EuGH-Entscheidung in den Rs. Centros (a. a. O., Fn. 17), Überseering (a. a. O., Fn. 10) und Inspire Art (a. a. O., Fn. 18).

101 *Rengers* in Blümich, § 1 KStG Rz. 142 unter Hinweis auf die Einfügung des Wortes „insbesondere" in § 1 Abs. 1 Nr. 1 KStG; vgl. BT-Drucks. 16/2710, S. 30, vgl. auch *Lambrecht* in Gosch, KStG, 2. Aufl. 2009, § 1 Rz. 70.

begründet im Ausland regelmäßig eine steuerliche Betriebsstätte, deren Gewinne aufgrund DBA von der deutschen Besteuerung freigestellt sind[102].

Verbringt die zuziehende Gesellschaft Teile ihres Vermögens im Zuge des Zuzugs ins Inland, so kommt es zur steuerlichen Verstrickung der betreffenden Wirtschaftsgüter. Spezielle Verstrickungsregelungen sieht das deutsche Körperschaftsteuerrecht jedoch im Gegensatz zu dem Fall der Entstrickung nicht vor[103]. Vielmehr finden über § 8 Abs. 1 KStG die einkommensteuerlichen Vorschriften der §§ 4 Abs. 1 Satz 7, 6 Abs. 1 Nr. 5a EStG Anwendung[104]. Die verbrachten Wirtschaftsgüter werden so behandelt, als seien sie erstmals einem (inländischen) Betriebsvermögen zugeführt worden. Aufgrund der durch das SEStEG neu eingeführten Bewertungsvorschrift des § 6 Abs. 1 Nr. 5a EStG ist anstelle des für Einlagen allgemein geltenden Teilwerts der gemeine Wert anzusetzen[105]. Im Hinblick auf immaterielle Wirtschaftsgüter wie z. B. Beteiligungen ist zu beachten, dass diese infolge der Begründung eines inländischen Verwaltungssitzes unter Umständen nach dem Zuzug dem inländischen Stammhaus der zugezogenen Gesellschaft zugerechnet werden. Jedenfalls ist dies die Auffassung der Finanzverwaltung im Rahmen des Betriebsstättenerlasses[106]. Aufgrund der Anwendung von Einlagegrundsätzen ist der Vorgang der Steuerverstrickung ohne unmittelbare Steuerfolgen. Zu beachten ist jedoch, dass infolge der steuerlichen Verstrickung künftige Wertsteigerungen der eingebrachten Wirtschaftsgüter nach dem Zuzug der deutschen Besteuerung im Rahmen der unbeschränkten Körperschaftsteuerpflicht der zugezogenen Gesellschaft unterliegen.

Verfügte die zugezogene Gesellschaft bereits vor dem Zuzug über eine inländische Betriebsstätte, so wechseln die Wirtschaftsgüter des Betriebsstättenvermögens durch die Hereinverlegung des Verwaltungssitzes von der beschränkten Körperschaftsteuerpflicht in die unbeschränkte Körperschaftsteuerpflicht. Unmittelbare Steuerfolgen sind damit nicht verbunden. Die bisherigen steuerlichen Buchwerte sind fortzuführen.

Ein eventuell vorhandener steuerlicher Verlustvortrag der inländischen Betriebsstätte geht auf die nun unbeschränkt körperschaftsteuerpflichtige zugezogene Gesellschaft über. Dies gilt auch dann, wenn der Zuzug aus einem EU-/EWR-Mitgliedstaat erfolgt, der seinerseits der Sitztheorie

102 Vgl. *Vogel* in Vogel/Lehner, DBA, Art. 23 Rz. 16.

103 Vgl. *Blumenberg*, IStR 2009, 549 ff., 551; *Müller-Gatermann*, Das SEStEG im Überblick, in FS Schaumburg, 939, 951.

104 Vgl. *Blumenberg* (a. a. O., Fn. 107).

105 Vgl. *Blumenberg* (a. a. O., Fn. 107); *Müller-Gatermann* (a. a. O.; Fn. 97).

106 A. a. O. (Fn. 55), Tz. 2.4.

folgt und deshalb der ausländische Gründungsstaat die wegziehende Gesellschaft nach deren Verlegung ihres Verwaltungssitzes nach Deutschland nicht mehr anerkennt. Ungeachtet der zivilrechtlichen Rechtslage, nach der es auch in der Folge des Überseering-Urteils des EuGH dem Zuzugsstaat Deutschland gestattet ist, an die kollisionsrechtliche Behandlung des Wegzugs durch den Gründungsstaat anzuknüpfen, verstieße eine Liquidationsbesteuerung in Deutschland bezüglich der Wirtschaftsgüter der inländischen Betriebsstätte der zuziehenden Gesellschaft gegen den im EG-Recht verankerten und vom EuGH in ständiger Rechtsprechung[107] anerkannten Verhältnismäßigkeitsgrundsatz. Denn durch die Hereinverlegung ihres Verwaltungssitzes nach Deutschland wächst die bisher nur beschränkt körperschaftsteuerpflichtige ausländische Kapitalgesellschaft in die unbeschränkte Körperschaftsteuerpflicht hinein, wobei sogar dahinstehen kann, ob die unbeschränkte Körperschaftsteuerpflicht auf § 1 Abs. 1 Nr. 1 oder auf § 1 Abs. 1 Nr. 5 KStG beruht[108]. Der bisherige Zugriff des deutschen Fiskus auf die vor dem Zuzug in der inländischen Betriebsstätte der zuziehenden Gesellschaft gelegten stillen Reserven wird durch den Wechsel von der beschränkten zur unbeschränkten Steuerpflicht nicht vermindert, sondern eher verstärkt, sodass für eine Aufdeckung und Besteuerung der stillen Reserven anlässlich des Zuzugs keinerlei fiskalisches Bedürfnis besteht.[109]

Folgt man der zivilrechtlichen Umqualifizierung der zuziehenden Kapitalgesellschaft aus einem Drittstaat gemäß den Ausführungen des BGH in seinem Trabrennbahn-Urteil, so wird aus der zuziehenden Kapitalgesellschaft eine inländische oHG oder GbR[110]. Damit weicht der BGH von der bisherigen Qualifizierung einer zugezogenen ausländischen Kapitalgesellschaft unter Geltung der Sitztheorie durch den BFH[111] ab, wonach die zugezogene Gesellschaft als nicht rechtsfähige Personenvereinigung und damit aufgrund ihres inländischen Orts der Geschäftsleitung als unbeschränkt körperschaftsteuerpflichtig nach § 1 Abs. 1 Nr. 5 KStG galt. Soll die Qualifizierung der zugezogenen Kapitalgesellschaft als oHG oder BGB- Gesellschaft durch den BGH nun dazu führen, dass ein Wech-

107 Vgl. z. B. EuGH, Urt. v. 30.11 1995 – Rs. C-55/94 (Gebhardt), Slg. 1995, S. I-4165.

108 Vgl. hierzu *Rengers* in Blümich, a. a. O. (Fn. 105).

109 Für den in der Praxis wohl selten auftretenden Fall, dass es aufgrund der Verwaltungssitzverlegung ins Ausland zur Zwangslöschung der ausländischen Gesellschaft nach dem Recht des Gründungsstaats kommt, wird man allerdings auch steuerlich nicht umhin können, der ausländischen Gesellschaft die Steuersubjektfähigkeit abzusprechen und das inländische Betriebsvermögen der zugezogenen Gesellschaft einer Liquidationsbesteuerung zu unterwerfen.

110 BGH, Urt. v. 27.10.2008 – II ZR 158/06, NJW 2009, 289.

111 BFH, Urt. v. 23.6.1992 – IX R 182.

sel zur Mitunternehmerbesteuerung erforderlich wird? Es ist zu bezweifeln, dass der BGH sich zu diesen möglichen steuerlichen Folgen seiner neuen Rechtsprechung Gedanken gemacht hat. Die Anerkennung der Rechtsfähigkeit der zugezogenen Kapitalgesellschaft trotz Anwendung der Sitztheorie stellt zivilrechtlich eine Verbesserung der Rechtsposition ausländischer Gesellschaften dar. Es wäre widersinnig, den steuerlichen Status einer zugezogenen Kapitalgesellschaft durch Aberkennung der Fähigkeit zur unbeschränkten Körperschaftsteuerpflicht zu verschlechtern. Unter der Geltung der Sitztheorie wurde im steuerlichen Schrifttum[112] bislang allenfalls die Frage gestellt, ob eine im Ausland errichtete Kapitalgesellschaft mit inländischem Verwaltungssitz nach § 1 Abs. 1 Nr. 1 KStG oder nach § 1 Abs. 1 Nr. 5 KStG körperschaftsteuerpflichtig ist. Insofern spricht vieles dafür, die zugezogene Kapitalgesellschaft ungeachtet ihrer zivilrechtlichen Qualifizierung steuerlich als unbeschränkt körperschaftsteuerpflichtig nach § 1 Abs. 1 Nr. 5 KStG anzusehen.

Fraglich ist jedoch, ob dies auch für die Grunderwerbsteuer gilt, da das Grunderwerbsteuerrecht – anders als das Körperschaftsteuerrecht – an die zivilrechtliche Qualifizierung der zugezogenen Gesellschaft anknüpft. Hat die zugezogene Gesellschaft vor ihrem Zuzug ein inländisches Grundstück erworben, so gehört dieses zivilrechtlich vor dem Zuzug der ausländischen Kapitalgesellschaft und nach dem Zuzug der aus dieser hervorgehenden Personengesellschaft, was zu einer Grunderwerbsteuerbelastung führen kann, sofern man hierin einen Rechtsträgerwechsel sieht. Der BGH geht in seiner Trabrennbahn-Entscheidung jedoch offenbar von einem bloßen Formwechsel aus, nicht jedoch von einem Rechtsträgerwechsel. Hatte die ausländische Gesellschaft ihren Verwaltungssitz zum Zeitpunkt des Erwerbs des Grundstücks bereits im Inland, so bleibt es von vornherein bei der Zuordnung des Grundstücks zu der das Grundstück erwerbenden Personengesellschaft.

2.2 Hereinverlegung von Verwaltungs- und Satzungssitz ins Inland

Mangels Umsetzung der Vorgaben des Cartesio-Urteils des EuGH im deutschen Gesellschaftsrecht ist ein identitätswahrender Zuzug einer nach ausländischem Recht gegründeten Gesellschaft nicht gesetzlich geregelt. Es ist davon auszugehen, dass die Registergerichte Anträge zuziehender Gesellschaften auf Eintragung eines inländischen Satzungssitzes abweisen werden. Sofern der Gründungsstaat aus dem Cartesio-Urteil des EuGH ebenfalls noch keine Konsequenzen gezogen haben sollte – wovon in der Praxis zur Zeit auszugehen ist –, kann es zur Liquidation

112 *Schaden/Winkler*, GmbHR 2005, 748 m. w. N.; OFD Hannover, Vfg. v. 15.4.2005, FR 2006, 193; *Wachter*, FR 2006, 359.

der zuziehenden Gesellschaft nach dem Recht ihres Gründungsstaates kommen.

Hinsichtlich der steuerlichen Behandlung der zuziehenden Gesellschaft ist zu befürchten, dass die deutsche Finanzverwaltung die Verlegung des Satzungssitzes der zuziehenden Gesellschaft nicht anerkennt und – sofern der Gründungsstaat der Gesellschaft an die Verlegung des Satzungssitzes die Rechtsfolge der Auflösung und Liquidation der Gesellschaft knüpft – sich dieser Qualifikation des Sitzverlegungsvorgangs anschließt und die Gesellschaft hinsichtlich etwaigen inländischen Betriebsvermögens ebenfalls einer Liquidationsbesteuerung unterwirft.

Bei EG-rechtskonformer Behandlung muss die zuziehende Gesellschaft zivilrechtlich und steuerlich als identisch mit der Gesellschaft vor dem Zuzug angesehen werden. Bis zur wirksamen Eintragung eines deutschen Satzungssitzes wäre die Gesellschaft aufgrund ihres inländischen Verwaltungssitzes zunächst weiterhin als ausländische Gesellschaft unter Zugrundelegung der Grundsätze der Überseering-Rechtsprechung des Gerichtshofs anzuerkennen. Sowie die für die Eintragung in das deutsche Handelsregister erforderliche Anpassung der zuziehenden Gesellschaft an die zwingenden Gründungsvorgaben des deutschen Gesellschaftsrechts erfolgt ist, vollzieht sich der Wechsel von der ausländischen Rechtsform in die gewählte inländische Rechtsform, ohne dass ein Rechtsträgerwechsel oder gar eine Auflösung und Liquidation eintritt.

Steuerlich ist die deutsche Finanzverwaltung aufgrund EG-Rechts verpflichtet, die fortbestehende Identität der zuziehenden Gesellschaft anzuerkennen und von einer Liquidationsbesteuerung abzusehen. Es erfolgt eine Verstrickung sämtlicher, nunmehr der deutschen Besteuerung unterliegender Wirtschaftsgüter zum gemeinen Wert, §§ 4 Abs. 1 Satz 7 i. V. m. 6 Abs. 1 Nr. 5a EStG.

5. Leitthema: Bilanzen und Steuern

Bilanzrechtsmodernisierungsgesetz und Besteuerung*

Prof. Dr. Joachim Hennrichs
Köln

Inhaltsübersicht

I. Einführung

Das BilMoG[1] ist in erster Linie ein Gesetz zur Modernisierung des Handelsbilanzrechts. Die Zielsetzung ist es u. a., den Informationswert deutscher Handelsbilanzen zu verbessern. Verbesserte Informationen durch Rechnungslegung gilt nicht nur bei kapitalmarktorientierten, sondern auch bei mittelständischen Unternehmen als sinnvoll. Den Anforderungen an eine informationsorientierte Rechnungslegung entsprach das alte HGB-Bilanzrecht nicht in jeder Hinsicht. Hier bessert das BilMoG nach, versucht aber gleichzeitig, die Komplexität der IFRS zu vermeiden und die bisherige Prinzipienorientierung beizubehalten. Im Ergebnis soll das HGB-Bilanzrecht i. S. einer „vollwertigen, aber kostengünstigeren und einfacheren Alternative" zu den IFRS fortentwickelt und dauerhaft auf-

* Abschluss des Manuskriptes war Dezember 2009. Später erschienene Beiträge konnten nur noch ausgewählt berücksichtigt werden.
1 Bilanzrechtsmodernisierungsgesetz, BGBl. I 2009, S. 1102.

recht erhalten werden.[2] Das BilMoG ist damit in gewisser Weise die „deutsche Antwort" auf die IFRS, die in Deutschland für mittelständische Unternehmen als wenig geeignet gelten.[3]

Das BilMoG ändert in Art. 3 auch Vorschriften des Steuerrechts, namentlich §§ 5 und 6 EStG. Dabei stand die Überlegung der „Steuerneutralität" im Vordergrund, d. h. die Änderungen des Handelsbilanzrechts wurden steuerlich nicht nachvollzogen, sondern durch zusätzliche Steuervorbehalte flankiert, wenn eine Übernahme der neuen HGB-Vorschriften bei der steuerlichen Gewinnermittlung im Ergebnis Steueraufkommen gekostet hätte. Diesem Diktat der Aufkommensneutralität ist insbesondere der neue Bewertungsvorbehalt gem. § 6 I Nr. 3a lit. f) EStG geschuldet, wonach für die Bewertung von Rückstellungen in der Steuerbilanz das Stichtagsprinzip festgeschrieben wird. Hier einzuordnen ist auch, dass die steuerlichen Vorschriften zu Pensionsrückstellungen nicht an die neuen handelsrechtlichen Regeln angepasst wurden, sondern § 6 a EStG im Zuge des BilMoG unverändert blieb.

Neu gefasst wurde § 5 I EStG. Korrespondierend zur Streichung der handelsrechtlichen sog. Öffnungswahlrechte, die bislang eine Übernahme der steuerlichen Posten in die Handelsbilanz erlaubten (vgl. §§ 247 III, 254, 273, 279 II, 280 II, 281 HGB), wurde zum einen die sog. umgekehrte Maßgeblichkeit des alten Rechts (§ 5 I 2 EStG a. F.) abgeschafft. Hier werfen insbesondere die Übergangsvorschriften Probleme auf (dazu unter II.). Zum anderen wurde in § 5 I 1 EStG ein neuer 2. Halbs. angefügt, der die Ausübung steuerlicher Wahlrechte betrifft. Die genaue Reichweite dieses Wahlrechtsvorbehalts und sein Verhältnis zur im 1. Halbs. geregelten materiellen Maßgeblichkeit ist unklar und umstritten (dazu unter III.). Schließlich kann das BilMoG in manchen Bereichen möglicherweise steuerliche „Nebenwirkungen" haben. Dies betrifft beispielsweise die Bilanzierung eigener Anteile und die Bewertung eines aktivierten Geschäfts- oder Firmenwerts (dazu unter IV.).

II. Abschaffung der sog. umgekehrten Maßgeblichkeit; Übergangsvorschriften

1. Allgemeines

Nach § 5 I 2 EStG a. F. waren steuerliche Wahlrechte bei der Gewinnermittlung in Übereinstimmung mit der handelsrechtlichen Jahresbilanz

2 BT-Drucks. 16/10067, S. 1 und 32.

3 Vgl. *Hennrichs*, Der Konzern 2008, 478 ff.; *Ebke* in Ebke u. a., Internationale Rechnungslegungsstandards für börsenunabhängige Unternehmen?, 2007, S. 67 ff., 87; *Kahle/Dahlke*, DStR 2007, 313, 318; je m. w. N.

auszuüben. Lenkungspolitisch motivierte Sonderabschreibungen, erhöhte Absetzungen oder steuerliche Passivposten konnten also bei der steuerlichen Gewinnermittlung nur geltend gemacht werden, wenn parallel in der Handelsbilanz bilanziert und bewertet wurde. Zwar waren solche nur steuerlich motivierten Wertansätze mit den handelsrechtlichen Grundsätzen ordnungsmäßiger Buchführung (GoB) an sich nicht vereinbar. Das Handelsrecht „öffnete" sich aber diesen steuerlichen Wertansätzen, nämlich in Gestalt der sog. Öffnungswahlrechte gem. §§ 247 III, 254, 273, 279 II, 280 II, 281 HGB. Lenkungspolitisch motivierte steuerliche Wertansätze schlugen so in die Handelsbilanz zurück. Das Ergebnis war ein Fremdkörper im handelsrechtlichen Abschluss, der dessen Informationsgehalt beeinträchtigte.[4]

Die umgekehrte Maßgeblichkeit wurde durch das BilMoG abgeschafft. Die §§ 247 III, 254, 273, 279 II, 280 II, 281 HGB, § 5 I 2 EStG a. F. wurden gestrichen oder mit ganz anderem Inhalt neu gefasst. Damit dürfen steuerliche Wahlrechte, die von den handelsrechtlichen Bilanzierungsvorschriften abweichen, künftig im handelsrechtlichen Jahresabschluss nicht mehr nachvollzogen werden. Die Ausübung solcher Wahlrechte bei der steuerlichen Gewinnermittlung stellt § 5 I 1, 2. Halbs. EStG n. F. sicher.[5] Voraussetzung hierfür ist, dass die Wirtschaftsgüter, die nicht mit dem handelsrechtlich maßgeblichen Wert in der steuerlichen Gewinnermittlung ausgewiesen werden, in besondere, laufend zu führende Verzeichnisse aufgenommen werden (§ 5 I 2 EStG).[6]

2. Übergangsprobleme

Hinsichtlich des *Übergangs* sind mehrere Fälle zu unterscheiden:

2.1 Alteffekte aus der Anwendung der umgekehrten Maßgeblichkeit vor Inkrafttreten des BilMoG

Übergangsvorschrift gem. Art. 67 III, IV EGHGB: Alteffekte aus der Anwendung der umgekehrten Maßgeblichkeit vor Inkrafttreten des BilMoG dürfen gem. Art. 67 III, IV EGHGB unter Anwendung der bislang geltenden Vorschriften beibehalten werden. Macht der Kaufmann von diesem Wahlrecht Gebrauch, bleiben die nur steuerlich begründeten Passivposten oder niedrigeren Wertansätze mithin einstweilen in den Handelsbilanzen enthalten; sie sind dann in den Folgejahren nach Maßgabe

4 Vgl. Arbeitskreis Bilanzrecht der Hochschullehrer Rechtswissenschaft, DStR 2008, 1057 ff.; *Günkel*, Ubg 2008, 126, 127; *Hennrichs* in Winkeljohann/ Reuter (Hrsg.), Bilanzrecht in Familienunternehmen, 2009, S. 99, 104 f.; *ders.*, Ubg 2009, 533, 534; *Schulze-Osterloh*, DStR 2008, 63, 63; je m. w. N.

5 Dazu unten III.

6 Dazu näher *Ortmann-Babel/Bolik/Gageur*, DStR 2009, 934 f.

der alten Vorschriften fortzuführen und aufzulösen. Wird von dem Wahlrecht kein Gebrauch gemacht und sofort auf das neue Recht umgestellt, ist ein sich ergebender Umstellungsbetrag grundsätzlich (erfolgsneutral) in die Gewinnrücklagen einzustellen; das gilt nicht für steuerliche Abschreibungen, die im letzten vor dem 1.1.2010 beginnenden Geschäftsjahr vorgenommen worden sind, d. h. insoweit sind die aus der Zuschreibung resultierenden Beträge bei sofortiger Umstellung auf das neue Recht erfolgswirksam zu erfassen.

Konsequenzen aus der Entscheidung des BFH v. 4.6.2008: Allerdings ist aufgrund einer Entscheidung des BFH vom 4.6.2008 (I R 84/07)[7] fraglich, ob das Beibehaltungswahlrecht für Alteffekte bei Kapitalgesellschaften und gem. § 264 a HGB gleichgestellten Personenhandelsgesellschaften überhaupt noch praktisch werden kann oder ob insoweit nicht ohnehin bereits nach § 280 I, II HGB a. F. handelsrechtlich eine Zuschreibungspflicht bestand. Nach dieser Entscheidung kann ein Steuerpflichtiger, der ein bestehendes Wahlrecht zur Vornahme einer Sonderabschreibung ausgeübt hat, in den Folgejahren steuerbilanzrechtlich *unbeschadet einer handelsrechtlichen Zuschreibung* nicht auf die einmal in Anspruch genommene Sonderabschreibung verzichten, sondern hat den verminderten Wertansatz in der Steuerbilanz fortzuführen. Für die Folgejahre wird damit die umgekehrte Maßgeblichkeit durchbrochen. Hintergrund hierfür ist die Neufassung des § 6 I Nr. 1 S. 1 (ebenso Nr. 2 S. 1) EStG durch das sog. Steuerentlastungsgesetz 1999/2000/2002, wonach abnutzbare Wirtschaftsgüter des Anlagevermögens mit ihren Anschaffungs- oder Herstellungskosten abzüglich erhöhter Absetzungen, Sonderabschreibungen, Abzüge nach § 6 b EStG und ähnliche Abzüge anzusetzen sind. Der um solche Steuervergünstigungseffekte verminderte Wertansatz ist danach steuerbilanzrechtlich der maßgebende (Höchst-)Wert, ohne dass insoweit steuerlich eine Zuschreibungsmöglichkeit eröffnet wäre.

Die Entscheidung des BFH betrifft naturgemäß nur die steuerliche Gewinnermittlung. Die Konsequenzen für die Handelsbilanz sind nicht ganz klar. Manche meinen, da für Sonderabschreibungen (und ähnliche Abzüge) die umgekehrte Maßgeblichkeit aufgrund der steuerlichen Sondervorschrift des § 6 I Nr. 1 S. 1, Nr. 2 S. 1 EStG durchbrochen sei, habe dies handelsrechtlich für Kapitalgesellschaften (und gem. § 264 a HGB gleichgestellte Personenhandelsgesellschaften) zur Folge, dass diese in den Handelsbilanzen gem. § 280 I, II HGB a. F. *zuschreiben müssten.*[8] Denn nach § 280 II HGB a. F. durfte schon bislang von einer Zuschreibung

7 BStBl. II 2009, S. 187 = BB 2008, 2229 m. Anm. *Günkel.* Zustimmend BMF, Schr. v. 11.2.2009, BStBl. I 2009, S. 397. Dazu auch *Prinz,* StuB 2008, 885 ff.

8 So namentlich *Ley/Spingler,* Ubg 2009, 781, 783 ff.; krit. *Prinz,* S:R 2009, 268: handelsrechtliche Zwangsauflösungen und Zuschreibungsgebote seien vom Gesetzgeber nicht gewollt.

nur abgesehen werden, wenn der niedrige Wertansatz bei der steuerrechtlichen Gewinnermittlung beibehalten werden kann und wenn Voraussetzung für diese Beibehaltung ist, dass der niedrigere Wertansatz auch in der Handelsbilanz beibehalten wird. Eben die zuletzt genannte Voraussetzung ist nach der Entscheidung des BFH vom 4.6.2008 nicht gegeben, weil der Steuerpflichtige danach die Sonderabschreibung *„unbeschadet einer handelsrechtlichen Zuschreibung"* fortzuführen hat.[9] Das Beibehaltungswahlrecht für Alteffekte gem. Art. 67 III, IV EGHGB liefe insoweit für Kapitalgesellschaften (und gem. § 264 a HGB gleichgestellte Personenhandelsgesellschaften) leer.

In der Tat können Kapitalgesellschaften (& Co.) sich in den skizzierten Fällen nicht mehr auf § 280 II HGB a. F. berufen, weil die dort genannte Voraussetzung nicht gegeben ist. Fraglich ist aber, ob § 280 II HGB a. F. hier überhaupt einschlägig ist. § 280 II HGB a. F. baute auf § 280 I HGB a. F. auf („von der Zuschreibung nach Abs. 1 kann abgesehen werden..."). Diese Vorschrift des § 280 I HGB a. F. setzte voraus, dass sich in einem späteren Geschäftsjahr herausstellt, dass die Gründe für eine steuerliche Abschreibung nicht mehr bestehen. Das ist sicher der Fall, wenn beispielsweise die zeitraumbezogenen oder sonstigen Voraussetzungen für die Vornahme der steuerlichen Sonderabschreibung oder erhöhten Absetzung weggefallen sind. Ebenfalls hier einzuordnen sein dürfte der Fall, dass der Steuerpflichtige auf die Geltendmachung der Sonderabschreibung bei der steuerlichen Gewinnermittlung (zulässigerweise) verzichtet. Um eine solche Fallgestaltung ging es in der Entscheidung des BFH vom 4.6.2008 aber nicht. Im Gegenteil wollte der Steuerpflichtige dort die Sonderabschreibung in der Steuerbilanz fortführen, was ihm der BFH gestattete.

Die Frage ist daher, ob der Wegfall oder die Durchbrechung der umgekehrten Maßgeblichkeit in Folgejahren für sich genommen als Wegfall des Grundes für eine steuerliche Abschreibung i. S. d. § 280 I HGB a. F. beurteilt werden kann. Dafür spricht in der Tat die allgemeine Zielsetzung der §§ 273, 279 II, 280 II HGB, die Beeinträchtigung der Handelsbilanz durch die Übernahme steuerlicher Wertansätze nur unter der einschränkenden Voraussetzung zu erlauben, dass das Steuerrecht diese Beeinträchtigung zur Voraussetzung für die steuerliche Anerkennung macht.[10] Ein solches enges Verständnis entspricht auch den Vorgaben der EG-Bilanzrichtlinie.[11] Die erforderliche Verknüpfung von Steuer- und Handelsbilanz ist nach der skizzierten Entscheidung des BFH vom

9 Vgl. auch *Ballwieser* in Baetge/Kirsch/Thiele, Bilanzrecht, Komm., § 280 Rz. 52 f., wonach § 280 II HGB nach den Neuregelungen durch das Steuerentlastungsgesetz 1999/2000/2002 „grundsätzlich ins Leere" läuft.

10 So *Ley/Spingler*, Ubg 2009, 781, 785 f.

11 Vgl. *Hennrichs*, Wahlrechte im Bilanzrecht der Kapitalgesellschaften, 1999, S. 206 ff.; *Schulze-Osterloh*, StuW 1991, 284, 293 ff.

4.6.2008 aufgrund der Änderungen des § 6 EStG durch das Steuerentlastungsgesetz 1999/2000/2002 aber nicht mehr gegeben.

Folgt man dem, bestand/besteht handelsrechtlich in den fraglichen Fällen für Kapitalgesellschaften (und gem. § 264a HGB gleichgestellte Personenhandelsgesellschaften) bereits nach altem Recht (§ 280 HGB a. F.) eine Zuschreibungspflicht. Das Beibehaltungswahlrecht für Alteffekte gem. Art. 67 III, IV EGHGB läuft insoweit dann leer.[12]

2.2 Geschäftsjahre, die nach dem 31.12.2009 beginnen

Für *Geschäftsjahre, die nach dem 31.12.2009 beginnen*, sind die handelsrechtlichen Öffnungswahlrechte der §§ 247 III, 254, 273, 279 II, 280 II, 281 HGB nicht mehr anwendbar (vgl. Art. 66 V EGHGB). Ab diesem Stichtag dürfen steuerliche Wahlrechte, die von den handelsrechtlichen GoB abweichen, definitiv nicht mehr im handelsrechtlichen Jahresabschluss nachvollzogen werden.

2.3 In 2009 erstmals in Anspruch zu nehmende Steuervergünstigungen

Fraglich ist, wie mit steuerlichen Wahlrechten im *Jahresabschluss für das Geschäftsjahr 2009* umzugehen ist. Nach Art. 66 V EGHGB sind die §§ 247 III, 254, 273, 279 II, 280 II, 281 HGB letztmals auf Jahresabschlüsse für das vor dem 1.1.2010 beginnenden Geschäftsjahres anzuwenden. Bei kalenderjahrgleichem Geschäftsjahr sind die alten Öffnungswahlrechte für die Bilanz auf den Stichtag 31.12.2009 also noch anwendbar. Die Neufassung des § 5 I EStG hat demgegenüber keine besondere Übergangsvorschrift. Vielmehr gilt die Abschaffung der umgekehrten Maßgeblichkeit durch Neufassung des § 5 I 2 EStG steuerlich mit Inkrafttreten des BilMoG und damit schon bei der steuerlichen Gewinnermittlung für das Wirtschaftsjahr 2009.

Hinsichtlich der praktischen Umsetzung ergeben sich hieraus *differenzierte Folgen*:[13] Kapitalgesellschaften und gem. § 264a HGB gleichgestellte Personenhandelsgesellschaften dürfen die Öffnungsvorschriften im handelsrechtlichen Abschluss auf den Stichtag 31.12.2009 für in 2009 neu vorzunehmende steuerrechtliche Abschreibungen oder Sonderposten *nicht* mehr anwenden. Zwar sind die §§ 273, 279 II, 280 II, 281 HGB an sich noch anwendbar (Art. 66 V EGHGB). Aber diese Vorschriften setzen voraus, dass „das Steuerrecht die Anerkennung des Wertansatzes bei der

---

12 So folgerichtig *Ley/Spingler*, Ubg 2009, 781, 786; a. A. *Prinz*, S:R 2009, 268.

13 Vgl. bereits *Hennrichs*, Ubg 2009, 533, 534 f.; ebenso *Ley/Spingler*, Ubg 2009, 781, 783; a. A. IDW RS HFA 28 Tz. 3., wonach Kapitalgesellschaften steuerlich begründete Sonderposten und Abschreibungen letztmals in Geschäftsjahren neu bilden oder vornehmen dürfen, die vor dem 29.5.2009 begonnen haben: in dieselbe Richtung *Prinz*, S:R 2009, 268, der meint, „die handelsrechtlichen Standardsetter" sollten dieses „handwerkliche Missgeschick … glätten".

steuerrechtlichen Gewinnermittlung davon abhängig macht, dass der Sonderposten in der (Handels-)Bilanz gebildet wird" (oder die Abschreibungen nach § 254 HGB „sich aus der Bilanz ergeben"). Das ist mit der übergangslosen Abschaffung der umgekehrten Maßgeblichkeit zum Stichtag 31.12.2009 nicht mehr der Fall. Damit laufen die handelsrechtlichen Öffnungsklauseln bei Kapitalgesellschaften (& Co.) mit Inkrafttreten des BilMoG für neu vorzunehmende steuerrechtliche Abschreibungen oder Sonderposten leer. Kapitalgesellschaften (& Co.) müssen mithin gem. § 5 I 2 EStG für Neufälle ab sofort besondere steuerliche Verzeichnisse führen, wenn sie Steuervergünstigungswahlrechte ausüben wollen.

Für reine Personenunternehmen sind demgegenüber die allgemeinen Vorschriften der §§ 247 III, 254 HGB einschlägig, die eine den §§ 273, 279 II, 280 II HGB entsprechenden Einschränkung nicht enthalten. Daher dürfen und können Personenunternehmen die Öffnungsklauseln auch noch im handelsrechtlichen Abschluss 2009 ausüben.[14] Tun sie dies, wird man in den fortgeführten Handelsbilanzansätzen zugleich die von § 5 I 2 EStG geforderte Aufnahme des fraglichen Wirtschaftsguts in die besonderen Verzeichnisse sehen können.[15] Denn § 5 I 2 EStG will die bislang sich aus der umgekehrten Maßgeblichkeit ergebende Verknüpfung von Steuer- und Handelsbilanz ersetzen. Zudem schreibt § 5 I 3 EStG keine besondere Form des Verzeichnisses vor. Soweit die geforderten Daten sich aus der handelsrechtlichen Rechnungslegung ergeben, ist diese Dokumentation ausreichend. Die handelsrechtliche Rechnungslegung ist insoweit für Steuerzwecke das von § 5 I 2 EStG geforderte Verzeichnis.

III. Reichweite der materiellen Maßgeblichkeit und des neuen Wahlrechtsvorbehalts (§ 5 I 1 EStG)

1. Der zu weit geratene Wortlaut vs. die ratio legis

Die sog. *materielle* Maßgeblichkeit der handelsrechtlichen Grundsätze ordnungsmäßiger Buchführung für den steuerlichen Betriebsvermögensvergleich ist sprachlich und inhaltlich gleichlautend geblieben. Die Regelung des § 5 I 1 EStG a. F. findet sich nunmehr unverändert in § 5 I 1, *1. Halbs.* EStG n. F. Der Gesetzgeber bezeichnet die Maßgeblichkeit sogar als einen der „Eckpfeiler" des deutschen Bilanzrechts, der erhalten werden solle.[16] Neu angefügt wurde allerdings ein § 5 I 1, *2. Halbs.* EStG, der

14 Insoweit wie hier IDW RS HFA 28. Tz. 3.

15 Ebenso BMF, Schr. zur Maßgeblichkeit v. 12.3.2010 (IV C 6 – S 2133/09/10001), Tz. 20 und 24; *Hennrichs*, Ubg 2009, 533, 534 f.; vgl. auch Gegenäußerung der Bundesregierung zur Stellungnahme Nr. 17 des Bundesrates, BT-Drucks. 16/10067, S. 124; ebenso wohl *Grützner*, StuB 2009, 481, 484.

16 BT-Drucks. 16/10067, S. 32.

einen *neuen Wahlrechtsvorbehalt* ausdrückt: danach werden die handelsrechtlichen GoB für die steuerliche Gewinnermittlung maßgebend, „es sei denn, im Rahmen der Ausübung eines steuerlichen Wahlrechts wird oder wurde ein anderer Ansatz gewählt".

Inhalt und Reichweite dieses neuen Wahlrechtsvorbehalts gem. § 5 I 1, 2. Halbs. EStG und das Verhältnis zur materiellen Maßgeblichkeit gemäß dem 1. Halbs. sind umstritten. Nach einer im Schrifttum im Vordringen befindlichen Ansicht sollen entsprechend dem weit gefassten Wortlaut *alle* steuerlichen Wahlrechte künftig unabhängig von der Handelsbilanz ausgeübt werden dürfen.[17] Das beträfe nicht nur die steuerlichen Subventionswahlrechte, die bislang Gegenstand der sog. umgekehrten Maßgeblichkeit waren (z. B. §§ 7g, 6b EStG). Erfasst wären vielmehr sämtliche steuerlichen Wahlrechte, gleich welcher Zwecksetzung und Wirkung. Nach dieser Sichtweise soll es insbesondere zulässig sein, das steuerliche Wahlrecht zur Vornahme von Teilwertabschreibungen (§ 6 I 1 Nr. 1 S. 2, Nr. 2 S. 2 EStG: „kann") künftig unabhängig von der Handelsbilanz auszuüben, so dass auf eine Teilwertabschreibung bei der steuerlichen Gewinnermittlung also verzichtet werden könnte, selbst wenn in der Handelsbilanz zwingend eine außerplanmäßige Abschreibung vorzunehmen ist (§ 253 III 3, IV HGB). Dies kann bei Abschreibungen auf Beteiligungen an Kapitalgesellschaften einen interessanten Gestaltungseffekt haben, weil eine Teilwertabschreibung insoweit gem. § 8 b III 3 KStG steuerlich ohnehin zu neutralisieren ist, andererseits aber wegen der (steuersystematisch freilich verfehlten) Regelung gem. § 8 b III 1 i. V. m. II 3 KStG ein relevantes Wertaufholungspotenzial von 5 % schafft; der Verzicht auf die Teilwertabschreibung vermeidet das spätere Wertaufholungspotenzial. Das BMF-Schreiben betreffend die Maßgeblichkeit v. 12.3.2010[18] positioniert sich in Tz. 12 ff. (15) zu dieser Frage ebenfalls in diesem Sinne, meint also, § 5 I 1, 2. Halbs. EStG sei weit auszulegen und erfasse sämtliche steuerlichen Wahlrechte, gleich welcher Zwecksetzung und Wirkung. Dabei wird das für die Praxis bedeutsame Beispiel der Teilwertabschreibungen in Tz. 15 ausdrücklich behandelt, und zwar mit der Aussage, dass das Wahlrecht nach Verwaltungsauffassung in der Steu-

17 Vgl. *Dörfler/Adrian*, DB 2009, Beil. 5 (zu Heft 23), 58 f.; *dies.*, Ubg 2009, 385, 387; *Förster/Schmidtmann*, BB 2009, 1342, 1343; *Herzig/Briesemeister*, DB 2009, 926, 929 f.; *dies.*, DB 2009, 976; *Hey* in Tipke/Lang, Steuerrecht, 20. Aufl. 2009, § 17 Rz. 42, 153; *Kirsch*, Stbg 2009, 320 f.; *Ortmann-Babel/Bolik/Gageur*, DStR 2009, 934, 935; *Ott*, StuB 2009, 469, 470; *Prinz*, S:R 2009, 268 f.; *Stobbe*, DStR 2008, 2432, 2433; *Theile/Hartmann*, DStR 2008, 2031, 2034; *Theile*, DStR 2009, 2384; *Werth*, DStZ 2009, 508, 509 f.; wohl auch *Weber-Grellet*, DB 2009, 2402, 2403.

18 Oben Fn. 15.

erbilanz künftig unabhängig von den handelsrechtlichen GoB ausgeübt werden dürfe.

Richtigerweise ist der Wahlrechtsvorbehalt des § 5 I 1, 2. Halbs. EStG demgegenüber einschränkend auszulegen. Die Vorschrift betrifft nur *Steuervergünstigungswahlrechte,* die zu *niedrigeren* Wertansätzen führen als sie nach GoB an sich zulässig sind.[19] Zwar hat die Gegenansicht den (zu weit geratenen) Wortlaut des § 5 I 1 EStG n. F. für sich, weil dort allgemein von „steuerlichen Wahlrechten" und von einem „anderen Ansatz" die Rede ist. Die Auslegung, auch die Auslegung steuerrechtlicher Normen, endet aber nicht am Wortlaut, sondern sie hat außerdem die Entstehungsgeschichte, die Regelungssystematik und vor allem den Gesetzeszweck zu beachten.[20] Die Richtigkeit des Gesetzesverständnisses kann nur mit Blick auf den Zweck der Vorschrift überprüft werden. Ausweislich der Materialien zum BilMoG und entsprechend der allgemeinen Zielsetzung des § 5 I EStG soll die grundsätzliche Maßgeblichkeit der handelsrechtlichen GoB für die steuerliche Gewinnermittlung durch Betriebsvermögensvergleich durch § 5 I 1, 2. Halbs. EStG aber nicht umfänglich durch sämtliche steuerlichen Wahlrechte durchbrochen sein, sondern nur dort, wo die Steuergesetze lenkungspolitisch motivierte Steuervergünstigungswahlrechte gewähren:

Nach den *Materialien zum BilMoG* soll die Neufassung des § 5 I EStG sicherstellen, dass steuerliche Subventionswahlrechte trotz der prinzipiellen Maßgeblichkeit der GoB und trotz Wegfalls der umgekehrten Maßgeblichkeit alter Prägung weiterhin ausgeübt werden können.[21] Eine Änderung des bisherigen Rechtszustandes zur materiellen Maßgeblichkeit ist damit nicht intendiert. Das Problem der Teilwertabschreibung wurde in den Materialien sogar ausdrücklich adressiert. Wörtlich heißt es hierzu:

„Auch nach dem Verzicht auf die umgekehrte Maßgeblichkeit ändert sich an der Systematik der außerplanmäßigen Abschreibungen/der Teilwertabschreibungen wegen dauernder Wertminderung nichts. Ein Ansatz mit dem niedrigeren beizulegenden Wert nach § 253 III 3 HGB-E ist vorzunehmen (Niederstwertprinzip). Aufgrund der Maßgeblichkeit der Handelsbilanz für die Steuerbilanz ist steuerlich eine Teilwertabschreibung nach § 6 I Nr. 1 S. 2 EStG vorzunehmen. Ein steuerliches Wahlrecht besteht insoweit nicht"[22].

---

19 Arbeitskreis Bilanzrecht der Hochschullehrer Rechtswissenschaft, DB 2009, 2570 ff.; *Hennrichs,* Ubg 2009, 533, 538 ff., 540 f.; *Hoffmann,* StuB 2009, 515, 516; *ders.,* StuB 2009, 787 f.; *Schenke/Risse,* DB 2009, 1957 ff.; ebenso *Anzinger/Schleiter,* DStR 2010, 395 ff.; *Fischer/Kalina-Kerschbaum,* DStR 2010, 399 ff.; Dt. Steuerberaterverband e. V., Pressemitteilung 22/09.

20 Eindringlich und zutreffend *Lang* in Tipke/Lang (Fn. 17), § 5 Rz. 40 ff. m. w. N.

21 Vgl. hierzu bereits Arbeitskreis Bilanzrecht der Hochschullehrer Rechtswissenschaft, DStR 2008, 1057, 1059.

22 Gegenäußerung der Bundesregierung zur Stellungnahme Nr. 17 des Bundesrates, BT-Drucks. 16/10067, S. 124.

Ebenso spricht die *objektiv-teleologische Auslegung* gegen eine weitreichende Entkoppelung der Steuerbilanz von den handelsrechtlichen GoB.[23] Die steuerliche Gewinnermittlung zielt auf eine gleichheitsgerechte, möglichst willkürfreie und periodengerechte Messung des Gewinns.[24] Damit vertragen sich Wahlrechte prinzipiell nicht. Eine Besteuerung „nach Wahl" unterläuft die gleichmäßige Besteuerung nach der Leistungsfähigkeit und die Strenge des Legalitätsprinzips[25]. Denn die Steuerpflichtigen werden nicht dadurch weniger oder mehr leistungsfähig, dass sie beispielsweise das Wahlrecht zur Teilwertabschreibung unterschiedlich ausüben. Welchen Sinn eine solche ungleiche Besteuerung haben soll, bleibt denn auch unerfindlich, ebenso, welchen Sinn das „kann" in § 6 I Nr. 1 S. 2 EStG überhaupt hat. Zwar sind Wahlrechte bei der Besteuerung nicht schlechthin ausgeschlossen. Aber steuerliche Wahlrechte bedürfen stets einer Rechtfertigung[26]. Diese mag man in der Verfolgung sozialpolitischer, wirtschaftspolitischer oder sonst wie politischer Lenkungszwecke sehen[27]. Auch können Vereinfachungszwecke ein Wahlrecht sowohl in der Handels- als auch in der Steuerbilanz rechtfertigen. Aber den Kaufleuten eine sog. Steuerbilanzpolitik zu ermöglichen, ist für sich genommen kein Rechtfertigungsgrund.[28]

2. Auswirkungen der Neufassung des § 5 I 1 EStG am Beispiel von Abschreibungen und Pensionsrückstellungen

Bei den Abschreibungen ist zwischen steuerlichen Sonderabschreibungen, planmäßigen Abschreibungen/AfA und außerplanmäßigen Abschreibungen/Teilwertabschreibungen zu unterscheiden:

Der Wahlrechtsvorbehalt des § 5 I 1, 2. Halbs. EStG umfasst unstreitig die steuerlichen Wahlrechte zur Vornahme von *Sonderabschreibungen*, erhöhten Absetzungen und zur Bildung von nur steuerlich begründeten Passivposten. Das betrifft z. B. die Wahlrechte gem. §§ 6 b, 7g EStG und R

---

23 Arbeitskreis Bilanzrecht der Hochschullehrer Rechtswissenschaft, DB 2009, 2570 ff.; *Anzinger/Schleiter*, DStR 2010, 395, 397; *Hennrichs*, Ubg 2009, 533, 538 ff., 540 f.; *Hoffmann*, StuB 2009, 515, 516; *ders.*, StuB 2009, 787 f.; *Schenke/Risse*, DB 2009, 1957 ff.; ebenso Dt. Steuerberaterverband e. V., Pressemitteilung 22/09.

24 BFHE 192, 339 = BStBl. II 2000, 632 = DStR 2000, 1682; *Hennrichs*, DStJG 24 (2001), S. 301, 313; *Crezelius* in Kirchhof, EStG, 8. Aufl. 2008, § 5 Rz. 9 f.

25 *Lang* in Tipke/Lang (Fn. 17), § 4 Rz. 160.

26 Grdl. *Birk*, NJW 1984, 1325 ff.; s. auch *Weber-Grellet*, DB 1994, 2405 ff. („Fremdkörper", „Wahlrechte bedürfen ... stets besonderer Legitimation").

27 Vgl. *Osterloh*, DStJG 24 (2001), S. 383 ff.

28 Im Ergebnis ebenso *Weber-Grellet*, DB 2009, 2402, 2403. Weitergehend *Prinz*, S:R 2009, 268, 269: steuerliche Wahlrechte hätten „ihren Platz ... immer dort, wo unsichere Wertentwicklungen Spielräume erfordern".

6.6 EStR. Diese können mithin bei der steuerlichen Gewinnermittlung unabhängig von der Handelsbilanz vorgenommen werden.

Bei den *planmäßigen Abschreibungen* (§ 253 III 1, 2 HGB) und der steuerrechtlichen *AfA* (§ 7 EStG) können die Methodenwahlrechte (lineare vs. degressive Abschreibung) in Handels- und Steuerbilanz künftig unabhängig voneinander ausgeübt werden[29]. Es ist also möglich, in der Handelsbilanz linear, bei der steuerlichen Gewinnermittlung dagegen degressiv abzuschreiben (soweit steuerrechtlich eine degressive AfA noch zulässig ist). Zwar ist die Wahl der Abschreibungsmethode für sich betrachtet auch im Rahmen der GoB zu treffen, was für eine materielle Maßgeblichkeit spricht.[30] Zu beachten ist aber, dass die steuerlichen AfA-Sätze vielfach Lenkungscharakter haben und damit *der Höhe nach GoB-fremd* wirken[31]. Das wird besonders bei der Gebäudeabschreibung deutlich. Die in § 7 IV und V EStG typisierten AfA-Sätze haben mit der handelsrechtlich allein zu beachtenden betriebsgewöhnlichen Nutzungsdauer (§ 253 III 2 HGB) nicht unbedingt etwas zu tun. Der Lenkungscharakter der steuerlichen AfA-Vorschriften wird auch daran erkennbar, dass der Steuergesetzgeber die AfA-Sätze bereits mehrfach zur Verfolgung wirtschaftspolitischer Ziele geändert hat[32]. Soweit die steuerlichen AfA-Vorschriften Absetzungen ermöglichen, die schneller sind als nach Handelsrecht,[33] unterfallen sie damit auch nach der hier vertretenen Auffassung dem Wahlrechtsvorbehalt gem. § 5 I 1, 2. Halbs. EStG.

Bei den *Teilwertabschreibungen* wird das „kann" des § 6 I Nr. 1 S. 2, Nr. 2 S. 2 EStG nach der hier vertretenen Ansicht wie bisher[34] zu einem „muss", soweit handelsrechtlich eine entsprechende außerplanmäßige

---

29 Vgl. *Hennrichs*, Ubg 2009, 533, 540; ebenso im Ergebnis BMF v. 12.3.2010 (oben Fn 15), Tz. 18; *Herzig/Briesemeister*, DB 2009, 976, 977.

30 Vgl. BFH, Urt. v. 24.1.1990, BStBl. II 1990, S. 681.

31 *Hennrichs* (Fn. 11), S. 187 ff.

32 *Adler/Düring/Schmaltz*, Rechnungslegung und Prüfung der Unternehmen, Teilband 6, 6. Aufl. 1998, § 253 HGB Rz. 395; § 254 HGB Rz. 31, 33. – Zuletzt erneut durch Art. 1 Nr. 1 des Gesetzes zur Umsetzung steuerrechtlicher Regelungen des Maßnahmenpakets Beschäftigungssicherung durch Wachstumsstärkung (BGBl. I 2008, S. 2896), womit die degressive AfA für bewegliche Wirtschaftsgüter des Anlagevermögens befristet wieder eingeführt wurde (nämlich für bewegliche Anlagegüter, die nach dem 31.12.2008 und vor dem 1.1.2011 angeschafft oder hergestellt worden sind, § 7 II 2 EStG).

33 Absetzungen nach der tatsächlichen Nutzungsdauer sind gem. § 7 IV 2 EStG bei der steuerlichen Gewinnermittlung nur zulässig, wenn sie zu höheren AfA-Sätzen (also zu einer schnelleren Absetzung) führen. Beträgt die voraussichtliche tatsächliche Nutzungsdauer dagegen mehr als die gesetzlich typisierten Jahre, bleibt es bei den festen AfA-Sätzen.

34 So bisher z. B. *Crezelius* in Kirchhof, EStG, 8. Aufl. 2008, § 5 Rz. 36; *Knobbe-Keuk*, Bilanz- und Unternehmenssteuerrecht, 9. Aufl. 1993, § 5 V 3b bb; *Schulze-Osterloh*, StuW 1991, 284, 291.

Abschreibung vorgeschrieben ist. Denn der Wahlrechtsvorbehalt des § 5 I 1, 2. Halbs. EStG gilt nur für Steuervergünstigungswahlrechte, die einen niedrigeren Wertansatz als nach den GoB erlauben. Dazu zählt die Teilwertabschreibung nicht[35]. Die Teilwertabschreibung ist vielmehr (ungeachtet möglicherweise bestehender Unterschiede zwischen „beizulegendem Wert" und „Teilwert" im Detail[36]) das Pendant zur außerplanmäßigen Abschreibung des HGB. Daher ist insoweit (weiterhin) die materielle Maßgeblichkeit gem. § 5 I 1, 1. Halbs. EStG einschlägig.

Ebenso gilt in Ansehung der Pflicht zur Passivierung von *Pensionsrückstellungen* weiterhin[37] die Maßgeblichkeit der handelsrechtlichen GoB. Wenn im Schrifttum teilweise erwogen wird, auf eine Passivierung von Pensionsrückstellungen könne in der Steuerbilanz künftig verzichtet werden, weil § 6 a EStG ein steuerliches Wahlrecht begründe, das gem. § 5 I 1, 2. Halbs. EStG fortan eigenständig und unabhängig von der handelsrechtlichen Passivierungspflicht (§ 249 I 1 HGB) ausgeübt werden könne,[38] so ist dem nicht zu folgen.[39] Der Verzicht auf Pensionsrückstellungen in der Steuerbilanz würde angesichts der Größenordnung der in Rede stehenden Effekte zu einer eklatanten Verzerrung der Ermittlung der steuerlichen Leistungsfähigkeit und zu einer Preisgabe der gleichmäßigen Besteuerung führen.[40] Das ist von der Neufassung des § 5 I EStG ersichtlich nicht gewollt, und es wäre unter dem Aspekt der gleichmäßigen Besteuerung nach der Leistungsfähigkeit und des Legalitätsprinzips auch ganz zweifelhaft. Richtig verstanden begründet das „darf" in § 6 a EStG kein steuerliches Wahlrecht, sondern eine Einschränkung („darf ... nur").[41]

35 Als GoB-fremd kann man zwar den Umstand einordnen, dass die Teilwertabschreibung nach dem Wortlaut des § 6 I Nr. 1 S. 2, Nr. 2 S. 2 EStG als *Wahlrecht* ausgestaltet ist (so *Herzig/Briesemeister*, DB 2009, S. 976, 978). Für das Zusammenspiel von § 5 I 1, 1. Halbs. und 2. Halbs. EStG kommt es aber darauf an, ob dem steuerlichen Wahlrecht ein zwingender handelsrechtlicher GoB gegenübersteht, der zu dem steuerlichen Wahlrecht sachlich ein Pendant ist.

36 Vgl. dazu *Schulze-Osterloh*, StuW 1991, 284, 291.

37 Vgl. zur bisherigen Rechtslage BFH, Urt. v. 19.8.1998, BStBl. II 1999, 387; EStR 6a I 2; *Hey* in Tipke/Lang (Fn. 17), § 17 Rz. 117.

38 So *Herzig/Briesemeister*, DB 2009, 976, 977.

39 Vgl. Arbeitskreis Bilanzrecht der Hochschullehrer Rechtswissenschaft, DB 2009, 2570 ff.; *Hennrichs*, Ubg 2009, 533, 541 f.; *Hey* in Tipke/Lang (Fn. 17), § 17 Rz. 117; *Hoffmann*, StuB 2009, 515, 516. Ebenso BMF, Schr. z. Maßgeblichkeit v. 12.3.2010 (Fn. 15), Tz. 4, 9.

40 Vgl. allgemein für Verbindlichkeitsrückstellungen *Schulze-Osterloh*, DStJG 23 (2000), S. 67, 72.

41 *Hey* in Tipke/Lang (Fn. 17), § 17 Rz. 117; ebenso im Ergebnis *Weber-Grellet*, DB 2009, 2402, 2403.

IV. Ausgewählte sonstige steuerrechtliche Nebenwirkungen des BilMoG

1. Anschaffung und Wiederveräußerung eigener Anteile

1.1 Abbildung in der Handelsbilanz

Nach *früherem* Recht waren erworbene eigene Anteile, die nicht eingezogen werden sollten, als Vermögensgegenstände des Umlaufvermögens zu aktivieren. Korrespondierend war eine Rücklage gemäß § 272 IV HGB a. F. zu passivieren (sog. Bruttomethode). Wurden eigene Anteile zur Einziehung erworben, erfolgte auch schon bislang eine direkte Verrechnung mit dem Eigenkapital (vgl. § 272 I 4 HGB a. F.). Die in der Handelsbilanz aktivierten Vermögensgegenstände waren auch in der Steuerbilanz als Wirtschaftsgüter anzusetzen (Anschaffungsgeschäft, nicht Einlagenrückgewähr).

Nach *§ 272 Ia, Ib HGB i. d. F. durch das BilMoG* werden eigene Anteile demgegenüber künftig in keinem Fall mehr als Vermögensgegenstände auf der Aktivseite aktiviert. Vielmehr kommt es stets zu einer direkten Verrechnung mit dem Eigenkapital auf der Passivseite (Nettoausweis). Dies erfolgt unabhängig vom Erwerbszweck, also nicht nur (wie bisher) bei Erwerb zum Zweck der Einziehung, sondern auch bei Erwerb zum Zweck der Wiederveräußerung.

Der Rückkauf eigener Anteile wird mithin handelsbilanziell wie eine Kapitalherabsetzung mit Auskehrung von freien Rücklagen und gezeichnetem Kapital behandelt und auf der Passivseite abgebildet. Korrespondierend wird die Wiederveräußerung der eigenen Anteile handelsbilanziell ebenfalls wie eine Kapitalmaßnahme abgebildet.

Beispiel: Erwerb eigener Anteile mit Nennbetrag 10 zu Anschaffungskosten 20.

→ Bilanz *vor* Anteilserwerb:

Aktiva			**Passiva**
Diverse	180	A. Eigenkapital	
Kasse	20	– gez. Kapital	50
		– Gewinnrücklage	110
		Diverse Passiva	40
Bilanzsumme	200		200

→ Bilanz *nach* Erwerb eigener Anteile mit Nennbetrag 10 zu AK 20:

Aktiva			**Passiva**
Diverse	180	A. Eigenkapital	
		– gez. Kapital	40
		– Gewinnrücklage	100
		Diverse Passiva	40
Bilanzsumme	180		180

Der Erwerb der eigenen Anteile wird also handelsbilanziell im Umfang des Nennbetrags offen vom gezeichneten Kapital abgesetzt. Der den Nennbetrag übersteigende Teil der Anschaffungskosten wird mit den Gewinnrücklagen verrechnet.[42]

Fortführung des Beispiels: Wiederveräußerung der eigenen Anteile mit Nennwert 10 für 25 → Bilanz *nach* Veräußerung

Aktiva			**Passiva**
Diverse	180	A. Eigenkapital	
Kasse	25	– gez. Kapital	50
		– Gewinnrücklage	110
		– Kapitalrücklage	5
		Diverse Passiva	40
Bilanzsumme	205		205

Bei Wiederveräußerung wird zunächst die Verrechnung der Anschaffungskosten mit dem gezeichneten Kapital und der Gewinnrücklage rückgängig gemacht. Ein etwaiger Mehrerlös aus der Veräußerung wird handelsbilanziell als Agio behandelt und in die Kapitalrücklage eingestellt. Die Buchung lautet also im Beispiel: „per Kasse 25 an gez. Kap 10, Gewinnrücklage 10, Kapitalrücklage 5".

1.2 Steuerliche Auswirkungen

Aufgrund des weiterhin geltenden Grundsatzes der materiellen Maßgeblichkeit gem. § 5 I 1, 1. Halbs. EStG haben die handelsrechtlichen Änderungen auch steuerliche Auswirkungen: Da die eigenen Anteile handelsrechtlich nicht mehr als Vermögensgegenstände anzusetzen sind und dies als neuer handelsrechtlicher GoB anzusehen sein dürfte, der gem. § 5 I 1 EStG i. V. m. § 8 I KStG für die Steuerbilanz auf Gesellschaftsebene

42 Zu kapitalschutzrechtlichen Bedenken gegen diese Art der bilanziellen Abbildung s. *Kropff*, ZIP 2009, 1137 ff.; *Rodewald/Pohl*, GmbHR 2009, 32 ff.

maßgeblich wird, dürfen die eigenen Anteile auch in der Steuerbilanz nicht mehr als Wirtschaftsgüter angesetzt werden.[43] Bei späterer Wiederveräußerung ist der Vorgang handelsbilanzrechtlich, wie gezeigt, erfolgsneutral. Gleiches gilt dann gem. §§ 5 I 1 EStG, 8 I KStG auch für die steuerliche Gewinnermittlung der Gesellschaft. Die Wiederveräußerung eigener Anteile ist mithin auf der Gesellschaftsebene nicht (mehr) steuerbar.[44]

Die Maßgeblichkeit der handelsrechtlichen GoB für die steuerliche Gewinnermittlung gilt freilich nur für Bilanzierende gem. § 5 I EStG. Außerdem § 272 Ia, Ib HGB normiert einen neuen GoB auch nur für die Ebene der Gesellschaft. Für die steuerliche Beurteilung der Veräußerung der Anteile an die Gesellschaft auf *Gesellschafterebene* bleibt es daher bei den bisherigen Regeln.[45]

2. Folgebewertung eines erworbenen Geschäfts- oder Firmenwerts

Zu den handelsrechtlichen Neuerungen durch das BilMoG zählen ferner neue Vorschriften betreffend die Bewertung eines derivativen Geschäfts- oder Firmenwerts (GoF) aus einer Unternehmensakquisition in der Form des Erwerbs der einzelnen Vermögensgegenstände (sog. Asset Deal). Nach § 253 V 2 HGB n. F. darf eine einmal vorgenommene außerplanmäßige Abschreibung auf einen GoF in Folgejahren nicht mehr rückgängig gemacht werden. Der Grund für dieses besondere Wertaufholungsverbot für den GoF liegt darin, dass das Gesetz eine „schleichende Nachaktivierung" des originären Goodwill verhindern will. Nach der Vorstellung des Gesetzgebers beruht eine eintretende Werterholung eines GoF nach einer außerplanmäßigen Abschreibung nämlich in der Regel auf der Geschäfts- oder Betriebstätigkeit des *erwerbenden* Unternehmens und damit auf dessen originärem Goodwill. Dieser soll nicht in Gestalt der Zuschreibung auf den erworbenen GoF gleichsam schleichend aktiviert werden.

Hinter dieser Regelung steht der Gedanke, dass der erworbene GoF und der originäre GoF des erwerbenden Unternehmens keine Einheit bilden, sondern getrennt zu beurteilen sind. Bereits bei der Prüfung, ob auf einen

---

43 *Mayer*, Ubg 2008, 779, 782; *Früchtl/Fischer*, DStZ 2009, 112, 115; als „einstweilen offen" eingeschätzt wird diese Schlussfolgerung von *Prinz*, GmbHR 2009, 1027, 1029.

44 Für eine Steuerfreiheit eines etwaigen Veräußerungsgewinns denn auch *Herzig*, DB 2008, 1339, 1342; *Blumenberg/Roßner*, GmbHR 2008, 1079, 1082; *Mayer*, Ubg 2008, 779, 783; *Ott*, StuB 2009, 469; a. A. wohl *Hohage*, DB 2009, 1033, 1035.

45 Ebenso *Früchtl/Fischer*, DStZ 2009, 112, 115 f.; *Hohage*, DB 2009, 1033; *Mayer*, Ubg 2008, 779, 782; a. A. wohl *Ott*, StuB 2009, 469.

erworbenen GoF eine außerplanmäßige Abschreibung wegen voraussichtlich dauernder Wertminderung vorzunehmen ist, ist handelsrechtlich mithin allein auf den *erworbenen* GoF abzustellen.[46] Steuerrechtlich wird demgegenüber vielfach noch die sog. Einheitstheorie vertreten, wonach erworbener und originärer GoF eine untrennbare Einheit bilden sollen und daher der Buchwert des derivativen GoF mit dem Teilwert des Gesamt-GoF zu vergleichen sein soll.[47]

Die Einheitstheorie ist steuersystematisch fragwürdig, denn sie vergleicht ungleiche Wertgrößen miteinander und führt im wirtschaftlichen Ergebnis zu einer schleichenden Nachaktivierung des originären GoF, obwohl für diesen gem. § 5 II EStG auch steuerlich ein Ansatzverbot gilt.[48] Vor dem Hintergrund der Neuregelung des § 253 V 2 HGB und des weiterhin geltenden Grundsatzes der materiellen Maßgeblichkeit gem. § 5 I 1, 1. Halbs. EStG sollte die Einheitstheorie auch steuerrechtlich aufgegeben werden.

3. Latente Steuern als neue Herausforderung auch für Steuerberater

Latente Steuern (§ 274 HGB) sind an sich nicht unmittelbar ein Thema des Steuerrechts, sondern besondere Posten in der Handelsbilanz. Sie bilden handelsbilanziell latente künftige Steuer*be*lastungen (passive latente Steuern) oder erwartete künftige Steuer*ent*lastungen (aktive latente Steuern) ab. Die Entstehung von latenten Steuern ist dadurch bedingt, dass die (Wert-) Ansätze in Handels- und Steuerbilanz voneinander abweichen. Aufgrund der zunehmenden Durchbrechungen des Maßgeblichkeitsgrundsatzes und der dadurch bedingten umfangreichen Abweichungen von Handels- und Steuerbilanz dürfte die Bedeutung der latenten Steuern nach dem BilMoG insgesamt zunehmen[49].

Bei der Berechnung der latenten Steuern sind künftig[50] stets auch steuerlich ungenutzte Verlustvorträge zu berücksichtigen, wenn innerhalb der nächsten fünf Jahre mit einer Verlustverrechnung zu rechnen ist (§ 274 I 4 HGB). Da es auf die zu erwartende steuerliche Verlustverrechnung ankommt, werden steuerliche Verlustabzugsbeschränkungen (z. B. § 8 c KStG) mittelbar auch für die Handelsbilanz relevant[51]. Überhaupt dürfte

46 *Hennrichs*, FS für Schaumburg, 2009, S. 367, 375 f.

47 Vgl. BMF, Schr. v. 20.11.1986, BStBl. I 1986, 532; *Glanegger* in L. Schmidt, EStG, 28. Aufl. 2009, § 6 Rz. 241 f. m. w. N.

48 *Hennrichs*, FS für Schaumburg, 2009, S. 367, 382 f.

49 *Prinz*, GmbHR 2009, 1027, 1032; *Prinz/Ruberg*, Der Konzern 2009, 343; *Hennrichs*, GmbHR 2010, 17, 22 f.

50 Zur alten Rechtslage s. *Adler/Düring/Schmaltz* (Fn. 29), § 274 HGB Rz. 28.

51 Vgl. auch Arbeitskreis Bilanzrecht der Hochschullehrer Rechtswissenschaft, BB 2008, 209, 215; *Gelhausen/Fey/Kämpfer*, Rechnungslegung und Prüfung nach dem BilMoG, 2009, M Rz. 36.

bei der Berechnung der latenten Steuern, vor allem bei der Berücksichtigung steuerlicher Verlustvorträge, eine (5-jährige) Steuerplanung (tax planning)[52] und eine intensive Abstimmung von Steuer- und Rechnungslegungsabteilung in den Unternehmen notwendig werden. Die steuerlichen Berater der Unternehmen sind auf der Schnittstelle der latenten Steuern mit gefordert. Außerdem wird die Steuerbilanz als eigenständiges Rechenwerk damit aufgewertet[53].

52 Vgl. IDW ERS HFA 27, Tz. 13; *Gelhausen/Fey/Kämpfer* (Fn. 48), M Rz. 11. Eingehend zur Steuerplanung *Risse*, Steuercontrolling und Reporting, 2010, S. 17 ff.
53 Vgl. *Prinz*, GmbHR 2009, 1027, 1032.

V. Tabelle: Gegenüberstellung der Auswirkungen des BilMoG auf Handels- und Steuerbilanz

#	Position	HGB	Steuerbilanz	Bemerkungen
Maßgeblichkeitsgrundsatz				
1	Materielle Maßgeblichkeit der handelsrechtlichen GoB für die steuerliche Gewinnermittlung:		§ 5 I 1, 1. Teilsatz EStG (sachlich) unverändert.	An der grundsätzlichen Maßgeblichkeit der handelsrechtlichen GoB für die steuerliche Gewinnermittlung hält das Gesetz fest. Aber: den ohnehin schon zahlreichen steuerlichen Sondervorschriften gem. §§ 5 ff. EStG werden weitere schwerwiegende Steuervorbehalte hinzugefügt, insbes. §§ 5 Ia 1, 6 I Nr. 3a lit. f EStG n. F.
2	Umgekehrte Maßgeblichkeit:	§§ 247 III, 274; 254, 279 II, 280 II, 281 HGB werden gestrichen.	§ 5 I 2 EStG a. F. wird gestrichen; § 5 I 2, 3 EStG neu gefasst: steuerliche Verzeichnisse statt bisherige Verknüpfung mit Handelsbilanz.	Künftig für Steuer*vergünstigungs*wahlrechte eigenständige Steuerbilanzpolitik möglich[54]. Keine Übergangsvorschrift zu § 5 I EStG n. F., d. h. Wegfall der umgekehrten Maßgeblichkeit gilt steuerlich ab Inkrafttreten des BilMoG. Dagegen gilt für die handelsrechtlichen Öffnungswahlrechte (§§ 247 III, 254, 273, 279 II, 280 II, 281 HGB) die Übergangsvorschrift des Art. 66 V EGHGB. Hiernach können Personenunternehmer die §§ 247 III, 254 HGB letztmals bis 31.12.2009

54 Vgl. *Hennrichs*, Ubg 2009, 533, 533 ff.; weitergehend (umfassend für alle steuerlichen Wahlrechte eigenständige Steuerbilanzpolitik möglich) BMF, Schr. z. Maßgeblichkeit v. 12.3.2010 (Fn. 15), Tz. 12 ff.; *Herzig/Briesemeister*, DB 2009, 926, 929; *Stobbe*, DStR 2008, 2432, 2433; je m. w. N.

#	Position	HGB	Steuerbilanz	Bemerkungen
				anwenden. In diesem Fall können die Handelsbilanzen als „Verzeichnisse" i. S. des § 5 I 2 EStG gelten. Kapitalgesellschaften können die §§ 273, 279 II, 280 II, 281 HGB dagegen nicht mehr anwenden, weil die dort normierte Voraussetzung, dass das Steuerrecht die Anerkennung des Wertansatzes bei der steuerlichen Gewinnermittlung von einem parallelen Ansatz in der Handelsbilanz abhängig macht, nicht mehr gegeben ist (str.)[55].
Grundlagen				
3	Abschlusszwecke:	Nach wie vor duale Konzeption, d. h. Information und Ausschüttungsbemessung (Kapitalschutz) in einem Abschluss.	Gleichheitsgerechte, möglichst willkürfreie Ermittlung des „vollen" Periodengewinns.	Grundsätzlich keine Änderungen[56].
4	Deduktionsbasis für GoB:	Im wesentlichen unverändert (str.; punktuelle Neujustierung nicht ausgeschlossen[57]).		
5	IFRS als Auslegungshilfe für modernisiertes HGB:	Drei Fallgruppen:[58] (1) Direkte Anlehnung des HGB an IFRS (z. B. § 285 Nr. 21 HGB zu IAS 24).	§ 5 I 1 EStG (mittelbare Einstrahlung gemäß HGB-Vorgaben?).	Einstrahlung der IFRS in Steuerbilanz verfassungsrechtlich problematisch.

55 Vgl. *Hennrichs*, Ubg 2009, 533, 534 f. m. w. N.
56 Vgl. *Hennrichs*, FS für K. Schmidt, 2009, S. 581 ff. m. w. N.
57 Vgl. *Herzig*, DB 2008, 1; *Hennrichs*, a. a. O. (Fn. 56), S. 593 ff.
58 *Hennrichs/Pöschke*, Der Konzern 2009, 532 ff.; *Hennrichs*, S:R 2009, 127 ff.

#	Position	HGB	Steuerbilanz	Bemerkungen
		(2) Gewollte Abweichungen (z. B. VG ≠ asset; kein impairment only; usw.). (3) Grauzone (z. B. Komponentenansatz; Fragen der Gewinnrealisation, z. B. bei Dividendenforderungen).		
Allgemeine Grundsätze				
6	Anschaffungswertprinzip:	Grundsatz: § 253 I 1 HGB (AHK als Obergrenze). Ausnahmen: Zeitwert für sog. Planvermögen (§§ 246 II, 253 I 4 HGB), bei Währungsumrechnung (§ 256 a HGB) und für Finanzinstrumente des Handelsbestands bei Kreditinstituten (§ 340 e III, IV HGB).	Grundsatz: § 6 I Nr. 1 S. 1, Nr. 2 S. 1 EStG (AHK als Obergrenze). Ausnahme: Zeitwertbesteuerung für Finanzinstrumente des Handelsbestands bei Kreditinstituten (§ 6 I Nr. 2b EStG).	Handelsrechtliche Zeitwertbewertung des Planvermögens wird steuerrechtlich nicht nachvollzogen, neue Durchbrechung der Maßgeblichkeit!
7	Vorsichts- und Realisationsprinzip:	§ 252 I Nr. 4 HGB unverändert.	§ 5 I 1 EStG.	Keine Änderungen gewollt.
8	Stichtagsprinzip:	§ 252 I Nr. 3 HGB unverändert. Ausnahme bei Bewertung der Rückstellungen gem. § 253 I 2 HGB (s. u.).	Steuervorbehalt (striktes Stichtagsprinzip) gem. § 6 I Nr. 3a lit. f EStG auch bei der Rückstellungsbewertung.	Neue Durchbrechung der Maßgeblichkeit bei Bewertung von Rückstellungen (s. u.)!
9	Verrechnungsverbot:	§ 246 II HGB grds. unverändert.	Steuervorbehalt (Verrechnungsverbot auch für Planvermögen) gem. § 5 Ia 1 EStG.	Neue Durchbrechung der Maßgeblichkeit bei Planvermögen!

#	Position	HGB	Steuerbilanz	Bemerkungen
		Ausnahme für sog. Planvermögen gem. § 246 II 2 HGB.		
10	Einzelbewertung:	§ 252 I Nr. 3 HGB. Zulässige Ausnahmen: – Gruppenbewertung (§§ 240 IV, 256 S. 2 HGB); – Festbewertung (§§ 240 III, 256 S. 2 HGB); – Durchschnittsbewertung (R 6.6 III 3 EStR) – Verbrauchsfolgeverfahren (§ 256 S. 1 HGB).	§ 6 EStG. Zulässige Ausnahmen: grds. wie HGB, s. R 6.6 III 3, R 6.8 IV EStR. Von Verbrauchsfolgeverfahren allerdings nur LIFO (§ 6 I Nr. 2a EStG).	Wg. § 5 I 1, 1. Halbs. EStG übereinstimmende Wahlrechtsausübung in HB und StB (str. für Verbrauchsfolgeverfahren; insoweit nach BMF, Schr. z. Maßgeblichkeit v. 12.3.2010 (Fn. 15), Tz. 17 LIFO in d. Steuerbilanz unabhängig v. Handelsbilanz zulässig).
11	Stetigkeit:	§ 252 I Nr. 6 HGB wird Muss-Vorschrift. Ausweitung auf Ansatz gem. § 246 III HGB.	§ 5 I 1 EStG.	§ 252 I Nr. 6 HGB a. F. „soll" wurde schon bisher überwiegend i. S. „muss" verstanden (materiell insoweit keine Änderung). Neuregelung der Ansatzstetigkeit (§ 246 III HGB) gilt gem. § 5 I 1 EStG auch für die Steuerbilanz.
Einzelne Posten				
12	Vermögensgegenstand (VG-)/Wirtschaftsgut (WG-) Begriff:	Keine gesetzliche Definition; nach RegBegr. zum BilMoG selbständige Verwertbarkeit entscheidendes Kriterium.	Keine gesetzliche Definition; nach BFH-Rspr. genügt Verwertbarkeit zusammen mit dem Betrieb als Ganzes; ansonsten „Greifbarkeit" (selbständige Bewertbarkeit) erforderlich.	Gilt noch VG = WG?

#	Position	HGB	Steuerbilanz	Bemerkungen
13	Zurechnung:	§ 246 I 2 („rechtlich abgesicherte wirtschaftliche Betrachtungsweise" bei VG), 3 (rechtliche Betrachtungsweise bei Schulden) HGB.	§ 39 AO.	Keine Änderung, § 246 I 2, 3 HGB soll § 39 AO entsprechen; weiterhin „Geltung" der BMF-Leasingerlasse; kein IAS 17.
14	Geschäfts- oder Firmenwert (Goodwill):	Fiktion als VG (§ 246 I 4 HGB); Ansatzpflicht. Planmäßige Abschreibung über betriebsindividuelle Nutzungsdauer (kein impairment only approach); keine typisierte Nutzungsdauer; Übernahme der steuerlichen Frist nur, wenn dies auch der betrieblichen Nutzungsdauer entspricht (§§ 253 III, 285 Nr. 13 HGB). Pflicht zur außerplanmäßigen Abschreibung bei voraussichtlich dauernder Wertminderung. Zuschreibungsverbot bei späterer Wertaufholung (§ 253 V 2 HGB).	Nach Rspr. des BFH WG; Ansatzpflicht. Typisierte planmäßige AfA gem. § 7 I 3 EStG über 15 Jahre. Wahlrecht zur Teilwertabschreibung gem. § 6 I Nr. 1 S. 2 EStG. Nach Wortlaut des § 6 I Nr. 1 S. 4 EStG Wertaufholungsgebot, es sei denn, der StPfl. weist niedrigeren TW nach; bei der Beurteilung der Wertminderung wg. § 253 V 2 HGB i. V. m. § 5 I 1 EStG aber Aufgabe der Einheitstheorie, also Teilwerttest bezogen allein auf den erworbenen Goodwill[59].	Gilt noch VG = WG? Durchbrechungen der Maßgeblichkeit bei der Bewertung. Wegen Wertabweichungen zwischen Handels- und Steuerbilanz latente Steuern im HGB-Abschluss. De lege ferenda auch steuerrechtlich Zuschreibungeverbot sachgerecht.
15		Ansatzwahlrecht (§ 248 II 1 HGB).	Ansatzverbot (§ 5 II EStG).	

59 Vgl. *Hennrichs*, FS für Schaumburg, 2009, S. 367 ff. m. w. N.

#	Position	HGB	Steuerbilanz	Bemerkungen
	Selbst geschaffene immaterielle VG des AV:	Bewertung bei Ansatz mit Entwicklungskosten (§ 255 IIa HGB); planmäßige Abschreibung über betriebliche Nutzungsdauer (§ 253 III HGB).		Durchbrechungen der Maßgeblichkeit. Bei Ansatz in Handelsbilanz passive latente Steuern.
16	Ingangsetzungs- und Erweiterungsaufwendungen:	Aktivierungsverbot (Aufhebung des § 269 HGB).	Aktivierungsverbot (auch vor BilMoG schon nur Bilanzierungshilfe, kein WG).	Neuer Gleichlauf Handels- und Steuerbilanz.
17	Rechnungsabgrenzungsposten:	§ 250 I 2 HGB aufgehoben, d. h. Ansatzverbot für aufwandswirksame Zölle/VerbrauchSt und USt auf Anzahlungen. § 250 III HGB (Disagio) nach wie vor als Ansatzwahlrecht formuliert.	§ 5 V EStG unverändert, d. h. Ansatzpflicht für aufwandswirksame Zölle/VerbrauchSt und USt auf Anzahlungen sowie für Disagio.	Neue Durchbrechungen der Maßgeblichkeit.
18	Latente Steuern:	§ 274 HGB. Zunehmende Bedeutung in der Handelsbilanz[60].	(–) (Latente Steuern gibt es nur in der Handelsbilanz)	Abstimmungsbedarf zwischen Rechnungslegungs- und Steuerabteilung; besonders für Nutzbarkeit von steuerlichen Verlustvorträgen ist „tax planning" erforderlich.
19	Rückstellungen: – Ansatz:	§ 249 I 1 HGB unverändert.[61]	§§ 5, 6a EStG unverändert. Wahlrechte zu Aufwandsrückstellungen waren	Weiterhin Durchbrechungen der Maßgeblichkeit, insbes. bei Drohverlustrückstellungen (§ 5 IVa EStG).

60 Vgl. *Prinz/Ruberg*, Der Konzern 2009, 343 ff.

61 Zu gewinnabhängigen Verbindlichkeiten s. § 5 IIa EStG; i.E. ebenso (d. h. Passivierung erst, wenn die Gewinne angefallen sind) handelsrechtlich, s. z. B. *Adler/Düring/Schmaltz*, Rechnungslegung und Prüfung der Unternehmen, 6. Aufl. 1998,

#	Position	HGB	Steuerbilanz	Bemerkungen
		Streichung des § 249 I 3, II HGB. Beachte: § 249 I 2 HGB unverändert; ebenso Art. 28 EGHGB.	schon bislang in Steuerbilanz nicht zulässig.	Latente Steuern wegen unterschiedlicher Wertansätze in Handels- und Steuerbilanz. Wg. § 5 I 1, 1. Halbs. EStG Pflicht zur Passivierung von Pensionsrückstellungen auch in Steuerbilanz, soweit handelsrechtlich Passivierungsgebot[62] (str., nach a. A. eigenständige Steuerbilanzpolitik zulässig).
20	– Bewertung:	Neuregelung in § 253 I 2, II HGB mit zwei wesentlichen Änderungen: (a) Maßgeblichkeit des sog. Erfüllungsbetrags, d. h. Berücksichtigung erwarteter Preis- und Kostensteigerungen; (b) Abzinsung mit einem laufzeitkongruenten, durchschnittlichen Marktzins. Erhöhung bei Pensionsrückstellungen kann über 15 Jahre angesammelt werden (Art. 67 I EGHGB).	§§ 6 I Nr. 3, 3a, 6a EStG unverändert; striktes Stichtagsprinzip gem. § 6 I Nr. 3a lit. f EStG n. F., d. h.: (a) steuerlich keine Berücksichtigung erwarteter Preis- und Kostensteigerungen; (b) Abzinsung mit typisiert 5,5 %; (c) Rückstellungen für Pensionslasten nach wie vor nicht realitätsgerecht nur nach Maßgabe des § 6 a EStG.	Neue Durchbrechungen der Maßgeblichkeit; Einheitsbilanz wird bei Rückstellungen unmöglich; „fiskalischer Beutezug". Latente Steuern wegen unterschiedlicher Wertansätze in Handels- und Steuerbilanz.

§ 246 HGB Rz. 150, 157; MünchKomm AktG/*Hennrichs*, 2. Aufl. 2003, § 246 HGB Rz. 85; je m.w.N; a. A. *Herzig*, DB 2009, 1 in Tab. 2.

62 Vgl. BMF, Schr. z. Maßgeblichkeit v. 12.3.2010 (Fn. 15) Tz. 4, 9; *Hennrichs*, Ubg 2009, 533, 535 ff., 541 f.; a. A. (eigenständig ausübbares steuerliches Wahlrecht) *Herzig/Briesemeister*, DB 2009, 976, 977; je m. w. N.

#	Position	HGB	Steuerbilanz	Bemerkungen
21	Verbindlichkeiten:	Keine Änderung, d. h. nach wie vor keine Abzinsung langfristiger Verbindlichkeiten.	§ 6 I Nr. 3 EStG unverändert, d. h. unverzinsliche längerfristige Verbindlichkeiten sind mit 5,5 % abzuzinsen.	Durchbrechung der Maßgeblichkeit wie bisher.
Bewertungsfragen (insbes. Abschreibungen)				
22	Herstellungskosten:	Angleichung der HK-Untergrenze gem. § 255 HGB an EStR.	Unverändert.	Partielle Angleichung von Handels- und Steuerbilanz. Nach BMF, Schr. z. Maßgeblichkeit v. 12.3.2010 (Fn. 15) Tz. 8 sollen die nach § 255 II 3 HGB wahlweise einziehbaren Kostenteile steuerlich zwingend einzubeziehen sein (unter Hinweis auf BFH v. 21.10.1993, BStBl. II 1994, 176; m. E. zweifelhaft).
23	Zeitwert bei Planvermögen:	§§ 246 II 2, 253 I 4 HGB.	§ 6 I Nr. 1 S. 1 EStG unverändert.	Neue Durchbrechung der Maßgeblichkeit; bei Ansatz eines Zeitwertüberhangs in Handelsbilanz passive latente Steuern.
24	Planmäßige Abschreibungen beim AV:	§ 253 III HGB, sachlich unverändert, d. h.: nach wie vor Methodenwahlrecht; Abschreibung nach betrieblicher Nutzungsdauer.	Unverändert	In Steuerbilanz abweichende Methodenwahl zulässig (str.; nach a. A. übereinstimmende Methodenwahl wg. § 5 I 1 EStG).

#	Position	HGB	Steuerbilanz	Bemerkungen
25	Komponentenansatz:	Nach IDW in den Fällen in HB zulässig, in denen physisch separierbare wesentliche Komponenten (z. B. Dach vs. Gebäude) ausgetauscht werden. Dann separate Abschreibung der Komponente je nach Komponentennutzungsdauer; Verbuchung der Ersatzinvestition als nachträgliche AHK (statt als Erhaltungsaufwand); vgl. IDW RH HFA 1.016[63].	Gem. § 5 I 1 EStG auch in StB zulässig?	Möglicherweise neue Durchbrechung der Maßgeblichkeit.
26	Sonderabschreibungen und erhöhte Absetzungen:	Streichung der §§ 247 III, 274; 254, 279 II, 280 II, 281 HGB, d. h. niedrigere steuerliche Werte dürfen nicht mehr in Handelsbilanz übernommen werden (s. oben Zeile 2). Alteffekte dürfen beibehalten werden (Art. 67 III, IV EGHGB).	Unverändert.	Wegen Wegfalls der umgekehrten Maßgeblichkeit insoweit eigenständige sog. Steuerbilanzpolitik zulässig.

63 Das IDW versteht diesen Komponentenansatz nicht als Aufspaltung des VG (keine Änderung der zu bilanzierenden Grundeinheit), sondern als Modifikation der Methode der planmäßigen Abschreibung des betreffenden VG und der bilanziellen Abbildung von Erhaltungsinvestitionen (IDW RH HFA 1.016 Tz. 9).

#	Position	HGB	Steuerbilanz	Bemerkungen
27	Außerplanmäßige Abschreibungen/Teilwertabschreibung beim Anlagevermögen (AV):	§ 253 III 3, 4 HGB, d. h.: Finanzanlagen: bei voraussichtlich nicht dauernder Wertminderung → Wahlrecht zur Abschreibung; bei voraussichtlich dauernder Wertminderung → Pflicht zur Abschreibung. Übriges AV: bei voraussichtlich nicht dauernder Wertminderung → Abschreibungsverbot bei voraussichtlich dauernder Wertminderung → Abschreibungspflicht.	§ 6 I Nr. 1 S. 2 unverändert, d. h.: bei voraussichtlich dauernder Wertminderung: Wahlrecht zur Teilwertabschreibung; bei voraussichtlich nicht dauernder Wertminderung: Verbot der TW-Abschreibung (und zwar auch bei Finanzanlagen).	Wg. § 5 I 1, 1. Halbs. auch steuerlich Pflicht zur TW-Abschr., wenn handelsrechtlich Abschreibungspflicht[64] (str., nach a. A. eigenständige Steuerbilanzpolitik zulässig).
28	Außerplanmäßige Abschreibungen/Teilwertabschreibung beim Umlaufvermögen (UV):	§ 253 IV HGB, d. h. Abschreibungspflicht bei jeder Wertminderung (auch wenn nur vorübergehend)	§ 6 I Nr. 2 S. 2 EStG unverändert, d. h. Wahlrecht zur TW-Abschreibung nur bei voraussichtlich dauernder Wertminderung	
29	Sofortabschreibung von GWG:	Handelsrechtlicher GoB (Vereinfachung).	§ 6 II EStG.	Übereinstimmung von HB und StB möglich.

64 Vgl. *Hennrichs*, Ubg 2009, 533, 535 ff., 540 f.; a. A. namentlich BMF, Schr. z. Maßgeblichkeit v. 12.3.2010 (Fn. 15), Tz. 15; *Herzig/Briesemeister*, Ubg 2009, 157, 163; je m. w. N.

#	Position	HGB	Steuerbilanz	Bemerkungen
30	Sammelabschreibung für WG zwischen 151 und 1000 EUR:	GoB-widrig[65] (str.).	§ 6 IIa EStG.	Durchbrechung der Maßgeblichkeit (str.).
31	Zusätzliche Abschreibungen zur Risikovorsorge:	Verbot (Aufhebung der §§ 253 III 3, IV HGB).	Verbot.	Neuer Gleichlauf von Handels- und Steuerbilanz.
32	Verbrauchsfolgeverfahren bei Vorräten:	Nur noch FiFo und Lifo zulässig, nicht mehr andere Folgen (§ 256 S. 1 HGB).	§ 6 I Nr. 2a EStG unverändert.	
Varia				
33	Eigene Anteile:	§ 272 Ia, Ib HGB: wirtschaftliche Betrachtungsweise, bilanzielle Abbildung wie Kapitaländerung, d. h. Erwerb eigener Anteile wird bilanziell wie Kapitalherabsetzung behandelt (Verbuchung durch offene Absetzung vom gez. Kapital und Verrechnung gegen Rück-	Auch steuerlich auf Ebene der Gesellschaft ergebnisneutral. Auf Ebene der Gesellschafter weiterhin steuerbarer Veräußerungsvorgang.[66]	

65 GoB-widrig, weil § 6 IIa EStG auch WG erfasst, deren Nutzungsdauer weniger als 5 Jahre beträgt (z. B. PC) oder die vor Ablauf der 5 Jahre aus dem Geschäftsvermögen ausscheiden. Auch als Vereinfachungswahlrecht dürfte der Sammelposten nicht zu rechtfertigen sein. A. A. (der Sammelposten soll zur Vermeidung eines Auseinanderfallens von Handels- und Steuerbilanz auch in der Handelsbilanz ausgeübt werden können) BT-Drucks. 16/5491, S. 14; zu Recht zweifelnd *Köplin*, StuB 2007, 526; krit. zum Ganzen *Hey* in Tipke/Lang (Fn. 17), 17 Rz. 165.

66 *Früchtl/Fischer*, DStZ 2009, 112, 115; *Herzig*, DB 2008, 1339, 1342.

#	Position	HGB	Steuerbilanz	Bemerkungen
		lagen); Veräußerung wie Kapitalerhöhung (Verbuchung gegen gez. Kapital, Gewinn- und Kapitalrücklage, d. h. an der GuV vorbei!).		
34	Anhangsangaben zu Transaktionen mit nahestehenden Unternehmen und Personen:	Neu § 285 Nr. 21 HGB.	(–)	Ggf. abzustimmen mit steuerlicher Deklaration von vGA.
35	Konsolidierungskreis:	Erweiterung des § 290 HGB in Anlehnung an IAS 27, SIC-12.	(–)	Mögliche Auswirkungen bei Zinsschranke.

Steuerliche Fallstricke bei Pensionszusagen

Dr. Claas Fuhrmann, LL. M.
Rechtsanwalt/Steuerberater, Köln

Inhaltsübersicht

I. Grundlegung: Voraussetzungen der Anerkennung einer Pensionszusage an Gesellschafter-Geschäftsführer

1. Begriff und Wirkung der steuerlich anzuerkennenden Pensionszusage

Anders als der Begriff „Pensionszusage" suggeriert, handelt es sich hierbei nicht um die einseitige Erklärung einer Versorgungszusage durch den Arbeitgeber, sondern um eine *vertragliche Versorgungsvereinbarung* zwischen dem Pensionsberechtigten auf der einen und dem Arbeitgeber als Verpflichteten auf der anderen Seite. Hierin verpflichtet sich der Arbeitgeber, dem Pensionsberechtigten beim Erreichen einer bestimmten Altersgrenze über das Tätigkeitsende hinaus ein Ruhegeld zu zahlen. Zusätzlich wird regelmäßig eine Invaliditätsversorgung und – sofern erforderlich – eine Hinterbliebenenversorgung zugesagt.

Hinsichtlich der *steuerlichen Folgen* der steuerlich anzuerkennenden Pensionszusage ist zwischen den Auswirkungen bei der GmbH als Pensionsverpflichtete und den Auswirkungen beim Pensionsberechtigten wie folgt zu differenzieren:

Auf *Ebene der GmbH* wird durch die jährliche Zuführung zur Pensionsrückstellung unbarer Aufwand generiert, der das Einkommen und damit die Steuerbelastung der GmbH in der Erdienensphase der Versorgungszusage mindert. Sofern sich hieraus tatsächlich eine Steuerersparnis ergibt, kann im Idealfall ein Teil des bei Eintritt des Versorgungsfalles benötigten Rückdeckungsgrundkapitals aufgebaut werden. Nach Eintritt des Versorgungsfalls ist die Rückstellung nach versicherungsmathematischen Grundsätzen ertragswirksam aufzulösen. Die laufenden Pensionszahlungen stellen Betriebsausgaben bei der GmbH dar.

Wurde zur Refinanzierung der latenten Pensionslast – wie nicht selten in der Beratungspraxis vorzufinden – eine *Rückdeckungsversicherung* abgeschlossen, stellen die geleisteten Versicherungsbeiträge Betriebsausgaben dar. Andererseits ist der Anspruch der GmbH gegen die Rückdeckungsversicherung in Höhe des Zeitwerts in der Bilanz der GmbH ergebniswirksam zu aktivieren, so dass ein Teil des Betriebsausgabenabzugs hierdurch neutralisiert wird. Der Zeitwert des Anspruchs gegen die Rückdeckungsversicherung entspricht den Anschaffungskosten, die nicht identisch mit dem Rückkaufswert der Rückdeckungsversicherung sind, sondern regelmäßig dem geschäftsplanmäßigen Deckungskapital der Versicherung entsprechen.[1] Wurden Aktien oder Aktienfonds zur Rückdeckung erworben, sind diese gem. § 6 Abs. 1 Nr. 1 EStG mit den Anschaffungskosten zu aktivieren, sofern der Teilwert der erworbenen Aktien oder Aktienfonds am jeweiligen Bilanzstichtag nicht dauerhaft im Wert gemindert sind.

Beim *Pensionsberechtigten* kommt es durch die bloße Erteilung der Pensionszusage resp. der jährlichen Zuführungen zur Pensionsrückstellung bei der GmbH zu keinem korrespondierenden steuerpflichtigen Arbeitslohn bei dem Pensionsberechtigten. Zu einem Zufluss kommt es grundsätzlich erst, wenn im Versorgungsfall von der GmbH die Zahlungen an den Pensionsberechtigten geleistet werden.

---

1 Vgl. BFH, Urt. v. 25.2.2004 – I R 54/02, BStBl. 2004 II, 654.

Im Zentrum der steuerlichen Beratungspraxis stehen insbesondere *Pensionszusagen an Gesellschafter-Geschäftsführer.* Pensionszusagen an Fremdgeschäftsführer sind in der Regel nicht – oder deutlich weniger – mit steuerlichen Problemen behaftet, weil beim Fremdgeschäftsführer die Frage der verdeckten Gewinnausschüttung grundsätzlich keine Bedeutung hat. Hingegen erfordert die steuerliche Anerkennung von Pensionszusagen an Gesellschafter-Geschäftsführer, dass neben den auch bei Fremdgeschäftsführern zu beachtenden Voraussetzungen des § 6 a EStG keine verdeckte Gewinnausschüttung gegeben ist. Pensionszusagen an Gesellschafter-Geschäftsführer einer GmbH unterliegen daher im Vergleich zu Versorgungszusagen an Fremdgeschäftsführer strengeren Anforderungen, um steuerlich anerkannt zu werden.

Die Überprüfung der steuerlichen Anerkennung einer Pensionszusage an einen Gesellschafter-Geschäftsführer einer GmbH erfolgt – als Folge des Systems der zweistufigen Prüfung des Vorliegens des Tatbestands einer vGA – in einem *zweistufigen Verfahren*:

Auf der ersten Prüfungsstufe – der *Bilanzebene* – wird überprüft, ob eine wirksame zivilrechtliche Versorgungsverpflichtung besteht und nach Maßgabe des § 6 a EStG die Voraussetzungen für die Bildung einer Pensionsrückstellung in der Steuerbilanz gegeben sind. Hierfür ist insbesondere bedeutsam, ob die Pensionszusage eine schädliche Widerrufsklausel enthält, keine Überversorgung gegeben ist oder gegen das gesetzliche Nachholverbot verstoßen wird.

Liegen die Voraussetzungen des § 6 a EStG vor, ist zwingend auch in der Steuerbilanz eine Pensionsrückstellung auszuweisen. Auf der zweiten Stufe – der *außerbilanziellen Korrekturebene* – erfolgt die Prüfung, ob die Pensionszusage (teilweise) durch das Gesellschaftsverhältnis veranlasst ist und somit tatbestandlich eine vGA darstellt. Bei der Überprüfung des Vorliegens des Tatbestands einer vGA ist für die Bejahung der Veranlassung durch das Gesellschaftsverhältnis insbesondere auf die Merkmale der Fremdvergleichbarkeit in seinen einzelnen Ausprägungen wie etwa die Finanzierbarkeit, die Erdienbarkeit etc. abzustellen. Soweit die Pensionszusage durch das Gesellschaftsverhältnis veranlasst ist, sind die aus den jeweiligen Zuführungen zur Pensionsrückstellung resultierenden Vermögensminderungen in der Bilanz zur Ermittlung des Einkommens der GmbH außerbilanziell hinzuzurechnen. Trotz der außerbilanziellen Hinzurechnung der vGA bei der GmbH kommt es – mangels Zufluss – zu keinem korrespondierenden Zufluss von verdeckten Gewinnausschüttungen auf der Ebene des Pensionsberechtigten.

Die *steuerlichen Folgen der Nichtanerkennung der Pensionszusage* richten sich danach, ob der Pensionszusage auf der ersten Prüfungsstufe – der

Bilanzebene – oder der zweiten Prüfungsstufe – der außerbilanziellen Korrekturebene – die Anerkennung versagt wird:

Wird der Pensionszusage bereits auf der ersten Prüfungsstufe die Anerkennung versagt, weil es an einer zivilrechtlich wirksamen Versorgungszusage fehlt oder die Voraussetzungen des § 6 a EStG nicht erfüllt sind, ist bereits die Bildung einer *Pensionsrückstellung in der Steuerbilanz unzulässig*. Sollte in der Steuerbilanz gleichwohl eine Pensionsrückstellung enthalten sein, ist die (Steuer-)Bilanz fehlerhaft. Es gelten die Grundsätze der Bilanzberichtigung i. S. d. § 4 Abs. 2 Satz 1 EStG. Danach ist eine Bilanz, die einen unzulässigen Bilanzposten enthält, zu berichtigen. Da die Steuerbilanz die Grundlage der KSt-Festsetzung ist, ist eine Bilanzberichtigung nur möglich, wenn ein entsprechender Steuerbescheid noch nicht erlassen wurde, oder aber die Veranlagung nach den Vorschriften der AO, insbesondere nach §§ 164 Abs. 1, 173 oder 175 Abs. 1 Satz 1 Nr. 2 AO noch geändert werden kann oder sich die Bilanzberichtigung auf die Höhe der veranlagten Steuer nicht auswirken würde.[2] Soweit eine Berichtigung der Bilanz im Fehlerjahr nicht möglich ist, ist der falsche Bilanzansatz in der Schlussbilanz des ersten Jahres, dessen Veranlagung geändert werden kann, erfolgswirksam richtig zu stellen. Im Ergebnis kann die fehlerhafte Steuerbilanz nach den Grundsätzen der Bilanzberichtigung zeitlich unbegrenzt erfolgen. Der Grundsatz der Abschnittsbesteuerung und der Bestandskraft eines Steuerbescheides ist im Interesse der „zutreffenden" Erfassung des Totalgewinns suspendiert.

Die *Korrektur einer zunächst nicht erkannten vGA* ist nur in dem Veranlagungszeitraum möglich, in dem der Tatbestand der vGA verwirklicht wurde. Kann der bestandskräftige KSt-Bescheid des Veranlagungszeitraums, in dem der Tatbestand der vGA verwirklicht wurde, nach den einschlägigen Korrekturnormen nicht (mehr) berichtigt werden, kann das Einkommen der GmbH nicht mehr außerbilanziell erhöht werden. Es kann daher von erheblicher praktischer Bedeutung sein, aus welchen Gründen die steuerliche Anerkennung der Pensionszusage versagt wird. Die Unterscheidung zwischen Bilanzebene und vGA ist nicht nur akademischer Natur. In der Beratungspraxis kann es sich anbieten, auf das Vorliegen einer vGA hinzuwirken, sofern das betreffende Jahr verfahrensrechtlich nicht mehränderbar ist.

2 Vgl. H 4.4 Stichwort „Berichtigung einer Bilanz, die einer bestandskräftigen Veranlagung zugrunde liegt" EStH 2008.

2. Voraussetzungen für die Bildung einer Pensionsrückstellung in der Steuerbilanz

Die Voraussetzungen für die Bildung einer Pensionsrückstellung sind im Einzelnen in *§ 6a Abs. 1 Nr. 1–3 EStG* geregelt. Eine Pensionsrückstellung darf danach insbesondere nur gebildet werden, wenn und soweit

- der Pensionsberechtigte einen rechtsverbindlichen Anspruch auf einmalige oder laufende Pensionsleistungen hat;
- die Pensionsleistungen nicht von künftigen gewinnabhängigen Bezügen abhängig sind;
- die Pensionszusage keinen schädlichen Leistungsvorbehalt enthält;[3]
- die Pensionszusage schriftlich erteilt ist; die Pensionszusage muss eindeutige Angaben zur Art, Form, Voraussetzung und Höhe der in Aussicht gestellten künftigen Leistung enthalten;
- zudem darf die Pensionszusage nicht zu einer Überversorgung des Pensionsberechtigten führen und muss betrieblich veranlasst sein.

3. Außerbilanzielle Korrektur bei vGA – aktuelle Entwicklungen

Ist die erteilte Pensionszusage ganz oder teilweise als vGA zu qualifizieren, hat diese Beurteilung auf die Passivierung der Pensionsrückstellung in der Steuerbilanz keinen Einfluss. Das Betriebsvermögen ist in der Steuerbilanz zutreffend ausgewiesen. Folglich ist der gebildete Passivposten im Hinblick auf die vGA nicht zu korrigieren.[4] Zum Zweck der zutreffenden steuerlichen Behandlung der vGA ist nach Auffassung der Finanzverwaltung eine *Nebenrechnung* durchzuführen.[5] Hierzu ist in Höhe der vGA ein sog. Teilbetrag I zu bilden. Zudem ist festzuhalten, in welchem Umfang der Teilbetrag I tatsächlich bei der Einkommensermittlung dem Steuerbilanzgewinn hinzugerechnet worden ist. Die tatsächlich dem Einkommen zugerechnete vGA ist im Teilbetrag II abgebildet. Im Regelfall decken sich der Ausweis des Teilbetrages I und des Teilbetrages II. Eine Deckungsgleichheit besteht jedoch nicht, wenn die vGA erst zu einem Zeitpunkt entdeckt wurde, in dem der KSt-Bescheid des Jahres der Verwirklichung des Tatbestands der vGA nicht mehr korrigiert werden kann. In diesem Fall ist die vGA zwar im Teilbetrag I enthalten, fehlt jedoch im Teilbetrag II.

Während der *Anwartschaftsphase* sind die beiden Teilbeträge in jedem Jahr entsprechend der Entwicklung der Pensionsrückstellung in der Steu-

3 Vgl. dazu Hessisches FG, Urt. v. 18.2.2009 – 4 K 1243/07, juris; Rev. anhängig unter I R 31/09.

4 Vgl. BMF, Schr. v. 28.5.2002 – IV A 2 – S 2742–32/02, BStBl. 2002 I, 603.

5 Vgl. BMF, Schr. v. 28.5.2002 – IV A 2 – S 2742–32/02, BStBl. 2002 I, 603.

erbilanz fortzuschreiben. Sie sind zu erhöhen, soweit die Zuführung zur Pensionsrückstellung als vGA zu qualifizieren ist. Umgekehrt sind sie zu mindern, soweit die Rückstellung in der Steuerbilanz gewinnerhöhend aufzulösen ist. Die Gewinnerhöhung, die sich aus der Auflösung der Pensionsrückstellung in der Steuerbilanz ergibt, ist, soweit sie anteilig auf den durch das Gesellschaftsverhältnis veranlassten Teil der Verpflichtung entfällt, bis zur Höhe des aufzulösenden Teilbetrages II außerhalb der Steuerbilanz vom Steuerbilanzgewinn abzuziehen, um eine unzutreffende Besteuerung zu vermeiden.[6]

In der *Leistungsphase* stellen die Pensionszahlungen auch hinsichtlich des als vGA zu qualifizierenden Teils bilanzielle Betriebsausgaben dar, die jedoch gem. § 8 Abs. 3 Satz 2 KStG (anteilig) außerbilanziell wieder hinzugerechnet werden. Soweit sich am jeweiligen Bilanzstichtag der Teilwert der Pensionsrückstellung gemindert hat, erfolgt die Teilauflösung der Rückstellung gewinnwirksam. Die aus der Auflösung der Pensionsrückstellung resultierende Gewinnerhöhung wird jedoch außerbilanziell durch Abzug des Teilbetrags II neutralisiert. Sofern der aus der Zuführung zur Pensionsrückstellung resultierende Aufwand während der Erdienensphase – z. B. nach einer Bp. – (teilweise) als vGA außerbilanziell hinzugerechnet wurde und folglich im Teilbetrag II abgebildet ist, kommt es bei einer (als Kontrollüberlegung anzustellenden) Gesamtbetrachtung nur in Höhe des Saldos der aus der Zahlung des Ruhegehalts resultierenden Betriebsausgaben und der Teilauflösung der Pensionsrückstellung zu einer Vermögensminderung, die Grundlage einer vGA sein kann.[7]

Die Pensionszusage einer Kapitalgesellschaft zugunsten ihres Gesellschafter-Geschäftsführers kann zu einer vGA führen, wenn (soweit) sie durch das *Gesellschaftsverhältnis (mit-)veranlasst* ist. Dies ist anzunehmen, wenn die Kapitalgesellschaft einem gesellschaftsfremden Geschäftsführer unter ansonsten vergleichbaren Umständen keine Versorgung (in diesem Umfang) zugesagt hätte. Maßgeblich ist danach ein Fremdvergleich, der sich am Handeln eines ordentlichen und gewissenhaften Geschäftsleiters zu orientieren hat, der gem. § 43 Abs. 1 GmbHG die Sorgfalt eines ordentlichen Geschäftsmannes anwendet. Misslingt der Fremdvergleich, so ist die Zusage (insoweit) nicht betrieblich, sondern durch das Gesellschaftsverhältnis veranlasst. In erster Linie stellt sich die Frage der Veranlassung durch das Gesellschaftsverhältnis bei der (erstmaligen) Erteilung der Zusage. Es sind aber auch Konstellationen denkbar, in denen das fremdübliche Verhalten erst später erfolgt. Die im

6 Vgl. BMF, Schr. v. 28.5.2002 – IV A 2 – S 2742–3202, BStBl. 2002 I, 603; bestätigt durch BFH, Urt. v. 21.8.2007 – I R 74/06, BFH/NV 2008, 158.

7 Vgl. hierzu mit ausführlicher Beispielsrechnung BMF, Schr. v. 28.5.2002 – IV A 2 – S 2742–3202, BStBl. 2002 I, 603.

Rahmen der Erteilung einer Pensionszusage zu beachtenden Anforderungen sind letztlich sämtlich Ausprägung des anzustellenden Fremdvergleichs. Hiernach ist insbesondere erforderlich, dass die Pensionszusage ernsthaft, erdienbar, finanzierbar und insgesamt angemessen ist und im Übrigen auf einer klaren und im Voraus getroffenen Vereinbarung beruht. Außerdem muss die Leistungsfähigkeit des Unternehmens (Wartezeit) und Qualifikation des Geschäftsführers, insbesondere auf Grund einer Probezeit feststehen. Im Einzelfall können andere betrieblichen Besonderheiten für eine Veranlassung durch das Gesellschaftsverhältnis sprechen, z. B. Wahrung des sozialen Friedens.[8]

In jüngerer Zeit sind insbesondere die nachfolgenden drei Problembereiche der vGA von der Rechtsprechung behandelt oder im Schrifttum diskutiert worden:

3.1 Weiterbeschäftigung trotz Erreichen des Pensionsalters

Die Pensionszusage muss ernsthaft gemeint sein. Ernsthaftigkeit setzt zum Einen voraus, dass die Zusage dem Grunde nach tatsächlich gewollt und entsprechend ausgestaltet ist. Die Prüfung der *Ernsthaftigkeit* stellt auf den Zeitpunkt der Zusage ab, so dass auch eine nachträgliche Streichung einer schädlichen Passage keine rückwirkende Beseitigung der mangelnden Ernstlichkeit herbeiführt.[9] Ob Ernsthaftigkeit gegeben ist, ist anhand der Umstände des Einzelfalls zu würdigen. Die Frage der Ernsthaftigkeit ist damit in erster Linie eine Bewertung von Indizien.

In der Praxis stellt sich häufig die Frage, ob eine *Weiterbeschäftigung* über den vorgesehenen Pensionszeitpunkt hinaus zu einer vGA führen kann. Die Weiterbeschäftigung als solche *spricht jedenfalls nicht gegen die Ernsthaftigkeit.* In der steuerlichen Beratungspraxis stellt sich allerdings häufig die Situation, dass Pensionszahlungen bei Erreichen des Pensionsalters geleistet wurden und daneben eine Fortsetzung der Tätigkeit erfolgen soll. Hier stellt sich die Frage, ob dies zu einer vGA führt. Insoweit ist zunächst zivilrechtlich die Vorfrage zu beantworten, ob überhaupt ein Anspruch auf Pensionszahlung besteht. Sieht beispielsweise die Pensionszusage vor, dass Rentenleistungen zu zahlen sind, wenn der Geschäftsführer das 65. Lebensjahr vollendet hat und aus dem Dienst der Gesellschaft ausscheidet, so besteht zivilrechtlich kein Anspruch auf Pensionszahlungen, wenn und solange er nicht ausscheidet. Auf Grund der Weiterbeschäftigung ist eine der beiden kumulativ erforderlichen Voraussetzungen für die Pensionszahlungen nicht erfüllt. In diesem Fall

8 Vgl. BFH, Urt. v. 29.10.1997 – I R 52/97, BStBl. 1999 II, 318.
9 Vgl. Centrale-Gutachtendienst, GmbHR 1999, 285.

würde eine vGA vorliegen, wenn trotz der Weiterbeschäftigung Pensionszahlungen geleistet werden.[10]

Ist hingegen die Pensionszahlung nur an das Erreichen eines bestimmten Alters geknüpft, wurde teilweise aus dem *BFH-Urt. I R 54/91 v. 2.12.1992*[11] gefolgert, dass bei Weiterbeschäftigung nach Erreichen dieses Alters und gleichzeitiger Pensionsauszahlung eine vGA vorliegt. Nach der genannten Entscheidung schließen sich Zahlung von Gehalt und Pension aus demselben Dienstverhältnis gegenseitig aus.[12]

Die vorstehende BFH-Entscheidung betraf einen Sonderfall, in dem neben der Pension eine Nur-Gewinn-Tantieme gezahlt wurde. Daher lässt sich aus der Entscheidung nicht folgern, dass die Weiterbeschäftigung neben der Ruhegeldzahlung generell eine vGA darstellt. Damit in Übereinstimmung wird in der *Literatur* die Weiterbeschäftigung gegen Gehalt neben gleichzeitiger Pensionszahlung für möglich gehalten.[13]

In diesem Sinne hatte auch das *FG Nürnberg* entschieden.[14] Im Streitfall sah die Pensionszusage ein Wahlrecht zwischen Altersrente und einmaliger Kapitalzahlung mit Vollendung des 65. Lebensjahres vor. Das Ausscheiden aus dem Dienstverhältnis war dagegen keine vertragliche Anspruchsvoraussetzung für den Bezug der Pension. Der Geschäftsführer entschied sich für die Einmalzahlung und setzte sein Dienstverhältnis unverändert fort. Das FG Nürnberg hat die Abfindung (der laufenden Pensionszahlungen) zu Recht nicht als vGA beurteilt. M. E. zutreffend hat das FG ausgeführt, dass sich die Zahlung von Gehalt und Versorgungsbezügen nicht gegenseitig ausschließen. Würde man dies anders sehen, wäre eine Weiterbeschäftigung nach Erreichen der Pensionsvoraussetzungen faktisch ausgeschlossen: Leistet die Gesellschaft die Pensionszahlungen, läge eine vGA auf Grund der Weiterbeschäftigung vor. Würde die Gesellschaft nicht leisten, wäre die Zusage nicht vereinbarungsgemäß durchgeführt und (möglicherweise) mangels Ernstlichkeit nicht anzuerkennen. Dies kann nicht richtig sein.

---

10 Vgl. ebenso *Kuhfuß*, EFG 2007, 1356; ebenso FG München, Urt. v. 16.12.2008 – 13 K 3118/05, juris.

11 BFH, Urt. v. 2.12.1992 – I R 54/91, BStBl. 1993 II, 311.

12 Vgl. *Neumann*, VGA, 425 (danach soll schon keine Ruhegeldzusage vorliegen und eine Rückstellungsbildung ausgeschlossen sein).

13 Vgl. *Gosch*, KStG, 2. Aufl. 2009, § 8 Rz. 1092; *Worringer* in Ernst & Young, Verdeckte Gewinnausschüttungen/verdeckte Einlagen, Pensionszusagen, Rz. 94; *Frotscher* in Frotscher/Maas, Anhang zu § 8 KStG Rz. 302/„Pensionszusagen"; *Fuhrmann*, KÖSDI 2002, 13545, 13550.

14 Vgl. FG Nürnberg, Urt. v. 21.11.2006 – I 149/2005, EFG 2007, 1352 (Vorinstanz zu BFH I R 12/07).

Teilweise Klarheit hat die Entscheidung des *BFH I R 12/07 v. 5.3.2008*[15] gebracht. Dort hat der BFH ausgeführt, dass es aus körperschaftsteuerrechtlicher Sicht grundsätzlich nicht zu beanstanden ist, wenn eine GmbH ihrem beherrschenden Gesellschafter-Geschäftsführer die Anwartschaft auf eine Altersversorgung zusagt und ihm dabei das Recht einräumt, anstelle der Altersrente eine bei Eintritt des Versorgungsfalls fällige, einmalige Kapitalabfindung in Höhe des Barwerts der Rentenverpflichtung zu fordern. Es ist – so der BFH – aus körperschaftsteuerrechtlicher Sicht grundsätzlich auch nicht zu beanstanden, wenn die Zusage der Altersversorgung nicht von dem Ausscheiden des Begünstigten aus dem Dienstverhältnis als Geschäftsführer mit Eintritt des Versorgungsfalls abhängig gemacht wird. Damit ist die Zahlung von Versorgungsbezügen auch bei Weiterbeschäftigung grundsätzlich zulässig. In diesem Fall würde – nach Auffassung des BFH – ein ordentlicher und gewissenhafter Geschäftsleiter allerdings verlangen, dass das Einkommen aus der fortbestehenden Tätigkeit als Geschäftsführer auf die Versorgungsleistung angerechnet wird. Im Fall des BFH hatte der Berechtigte sein Wahlrecht auf Kapitalisierung ausgeübt.

Das *FG München 13 K 3118/05 v. 16.12.2008*, juris, hat sich der Rechtsprechung des BFH angeschlossen. Danach schließen sich die Zahlung eines Gehalts für die aktive Tätigkeit und einer (laufenden) Pension für den Ruhestand grundsätzlich gegenseitig aus. Dies gilt selbst dann, wenn im Arbeitsvertrag von Anfang an vereinbart wurde, dass ab Erreichen der vereinbarten Altersgrenze beides nebeneinander gezahlt werden soll. Die neben dem Geschäftsführergehalt an den beherrschenden Gesellschafter gezahlten Ruhegehaltsleistungen sollen dann als vGA zu beurteilen sein.

Die Beurteilung der Rechtsprechung zur Anrechnung auf die Versorgungsbezüge ist *wenig überzeugend*: Der ordentliche und gewissenhafte Geschäftsführer wird in der Regel gerade keine Anrechnung auf die Versorgungsbezüge verlangen, weil die Möglichkeit der Weiterbeschäftigung des bisherigen Geschäftsführers für das Unternehmen regelmäßig günstiger ist, als die Einstellung eines neuen – unerprobten – Geschäftsführers. Auf der anderen Seite wird sich ein fremder Geschäftsführer nicht bereit erklären, für die Gesellschaft weiter zu arbeiten, wenn er sich sein Gehalt teilweise anrechnen lassen muss.

Zur Vermeidung einer vGA ist in der Beratungspraxis zu überlegen, mit dem Geschäftsführer nach Beendigung des Dienstverhältnisses und neben der Pensionszahlung einen *Beratervertrag* als freier Mitarbeiter abzuschließen. Voraussetzung für die Vermeidung einer vGA soll sein, dass sich die Tätigkeit insbesondere hinsichtlich des Umfangs von der früheren Geschäftsführertätigkeit unterscheidet. Aus Vorsichtsgründen

15 BFH, Urt. v. 5.3.2008 – I R 12/07, DStR 2008, 1037.

sollte die Organstellung als Geschäftsführer beendet werden. Alternativ ist zu überlegen, den Beginn der Pensionsleistungen hinauszuschieben, was jedoch Risiken im Hinblick auf die Ernsthaftigkeit der Zusage in sich birgt.

3.2 Erdienbarkeit der Zusage

Die Pensionsleistung muss sich als Entgelt für eine längerfristige Arbeitsleistung des Berechtigten darstellen und daher erdienbar sein. Die Erdienbarkeit wird anhand verschiedener Fristen geprüft. Hierbei werden die *(früheren) Fristen* zur Berechnung der *Unverfallbarkeit nach dem BetrAVG* typisierend zugrunde gelegt. Es wird weiter unterschieden zwischen beherrschendem und nicht beherrschendem Gesellschafter-Geschäftsführer.

Losgelöst von den Fristen des BetrAVG darf die Pensionszusage grundsätzlich nicht mehr erteilt werden, wenn der berechtigte Gesellschafter-Geschäftsführer – gleich ob beherrschend oder nicht beherrschend – im Zusagezeitpunkt bereits das 60. Lebensjahr vollendet hat. Auf Grund unterstellter nachlassender Schaffenskraft des Berechtigten im Alter kann die Pension dann nicht mehr erdient werden.[16] Spätere *Änderungen des zunächst vereinbarten Pensionsalters* sind hingegen zulässig und möglich, ohne dass darin eine vGA zu sehen wäre.[17] Der Teilwert der Rückstellungen nach § 6a Abs. 3 EStG ist dann entsprechend anzupassen.

Der beherrschende Gesellschafter-Geschäftsführer muss außerdem ab dem Zusagezeitpunkt bis zum vorgesehenen Zeitpunkt des Ruhestands in Anlehnung an § 1 Abs. 1 erster Gedankenstrich BetrAVG a. F. mindestens *noch zehn Jahre aktiv* für das Unternehmen tätig sein.[18] Auf Grund des für den beherrschenden Gesellschafter-Geschäftsführer maßgeblichen Rückwirkungsverbots kann im Zeitpunkt der Zusage hinsichtlich des Zehn-Jahres-Zeitraums nicht auf Zeiten vor Zusageerteilung zurückgegriffen werden. Der regelmäßige Erdienenszeitraum für Versorgungszusagen an beherrschende Gesellschafter-Geschäftsführer beträgt auch nach Verkürzung der Unverfallbarkeitsfristen durch das AVmG vom 26.6.2001[19] von zehn auf fünf Jahre zehn Jahre.[20] Der wird damit auch nicht vor dem Hintergrund verkürzter Unverfallbarkeitsfristen im BetrAVG von der bisherigen zehnjährigen Erdienbarkeitsfrist für beherr-

16 Vgl. BFH, Urt. v. 5.4.1995 – I R 138/93, BStBl. 1995 II, 478; Urt. v. 9.11.2005 – I R 94/04, BFH/NV 2006, 616.
17 Vgl. *Gosch*, KStG, 2. Aufl. 2009, § 8 Rz. 1092.
18 Vgl. BFH, Urt. v. 15.3.2000 – I R 40/99, BStBl. 2000 II, 504.
19 BGBl. 2001 I, 1310.
20 Vgl. BFH, Urt. v. 19.11.2008 – I B 108/08, BFH/NV 2009, 608.

schende Gesellschafter-Geschäftsführer abweichen. Die Rechtsprechung des BFH ist nach wie vor nicht nachvollziehbar[21] und diskriminiert beherrschende Gesellschafter-Geschäftsführer.

Der von der Rechtsprechung entwickelte Grundsatz, nach dem sich der beherrschende Gesellschafter-Geschäftsführer einer Kapitalgesellschaft einen Pensionsanspruch regelmäßig nur erdienen kann, wenn zwischen dem Zusagezeitpunkt und dem vorgesehenen Eintritt in den Ruhestand noch ein Zeitraum von mindestens zehn Jahren liegt, gilt sowohl für Erstzusagen einer Versorgungsanwartschaft als auch für nachträgliche Erhöhungen einer bereits erteilten Zusage.[22]

Ebenso wie bei beherrschenden Gesellschafter-Geschäftsführern ist auch bei *nicht beherrschenden Gesellschafter-Geschäftsführern* Erdienbarkeit jedenfalls gegeben, wenn die (regelmäßige) Zehn-Jahres-Frist in Anlehnung an § 1 Abs. 1 erster Gedankenstrich BetrAVG a. F. eingehalten ist. Darüber hinaus ist Erdienbarkeit bei einem nicht beherrschenden Gesellschafter-Geschäftsführer in Anlehnung an § 1 Abs. 1 zweiter Gedankenstrich BetrAVG a. F. auch dann gegeben, wenn im Zeitpunkt des vorgesehenen Ruhestandes der Beginn der *Betriebszugehörigkeit mindestens zwölf Jahre* zurückliegt und die Pensionszusage mindestens drei Jahre bestanden hat.[23]

3.3 Ergänzung oder Ersetzung der gesetzlichen Alterssicherung?

Im Rahmen der Angemessenheit kann sich die Frage stellen, ob die Pensionszusage die gesetzliche Versorgung ersetzt oder ergänzt. Tritt die betriebliche Altersversorgung nach der zugrunde liegenden Abrede ausschließlich an die Stelle des Eintritts in die gesetzliche Sozialversicherung und substituiert sie diese, hat die Pensionszusage Ersetzungsfunktion. In diesem Fall soll die Versorgungszusage steuerlich nur in jenem Umfang anzuerkennen sein, in welchem sie den Wert einer fehlenden Anwartschaft auf die gesetzlichen Rentenleistungen ersetzt und soweit sie aus den ersparten gesetzlichen Arbeitgeberbeiträgen gespeist wird.[24] Für den Fall, dass die betriebliche Versorgung an die Stelle der Sozialversicherung tritt, sollen die Aufwendungen für eine Altersversorgung damit allenfalls in Höhe der fiktiven Arbeitgeberbeiträge zur gesetzlichen Rentenversicherung betrieblich veranlasst sein. Diese *Diskussion ist jüngst wieder aufgenommen* worden.[25]

---

21 Vgl. *Langohr-Plato* in Festschrift Kemper, S. 283.
22 Vgl. BFH-Urt. I R 62/07 v. 23.9.2008, DStR 2009, 43.
23 Vgl. BFH, Urt. v. 15.3.2000 – I R 40/00, BStBl. 2000 II, 504.
24 Vgl. BFH, Urt. v. 15.7.1976 – I R 124/73, BStBl. 1977 II, 112, sowie insbesondere BFH, Urt. v. 28.1.2004 – I R 21/03, BStBl. 2005 II, 841.
25 Vgl. etwa *Uekermann/Pradl*, BB 2009, 1331.

Ergänzt die betriebliche Versorgung hingegen nach dem Willen der Beteiligten die gesetzliche Versorgung und übersteigt sie deren Niveau – was vor allem bei Gesellschafter-Geschäftsführern üblicherweise der Fall ist –, so ergeben sich unter dem Gesichtspunkt der vGA keine Restriktionen.[26]

Aus diesem Grund wird vor allem beim beherrschenden Gesellschafter-Geschäftsführer vorgeschlagen, in die Zusage eine klare und eindeutige Regelung dergestalt aufzunehmen, dass es sich um eine *Zusage auf eine Zusatzrente* handelt, die nicht ausschließlich die gesetzliche Sozialversicherung ersetzen soll.[27] Nach Auffassung von (Vors.Ri.BFH) *Gosch*[28] sollte hingegen die betriebliche Zusatzversorgung zur Vermeidung einer vGA gemeinhin und ohne besonderen betrieblichen Grund nicht über jenes Maß hinausgehen, das im – vorzugsweise betriebsinternen – Fremdvergleich üblich ist. Unterschiedliche Zusagen müssen auf „vernünftigen, einleuchtenden Erwägungen beruhen und nicht gegen übergeordnete Wertentscheidungen verstoßen. Das BAG hat als billigenswerte Differenzierungsgründe insoweit den unterschiedlichen Versorgungsbedarf des einzelnen Arbeitnehmers sowie das unterschiedliche Interesse an fortdauernder Betriebstreue anerkannt.[29] In der Praxis wird ein verlässlicher betriebsinterner Fremdvergleich häufig nicht möglich sein, weil es an einem in vergleichbarer Position beschäftigten fremden Dritten fehlen wird.

II. Gestaltungsaufgabe Entpflichtung: Wege aus der Pensionszusage

1. Motive für die Befreiung von einer Pensionsverpflichtung

Die Gründe, die es in der Beratungspraxis erforderlich machen, nach Wegen einer möglichen „Entpflichtung" der GmbH von den Lasten der an den Gesellschafter-Geschäftsführer erteilten Pensionszusage zu suchen, sind vielfältig. Nicht selten taucht im Vorfeld eines geplanten Unternehmensverkaufs oder eines bevorstehenden Generationenwechsels das Problem auf, dass der *Unternehmensnachfolger* oder Erwerber der GmbH-Anteile nicht bereit ist, die bestehende Pensionsverpflichtung – und damit das Risiko der Langlebigkeit des Pensionsberechtigten –

26 Vgl. *Ott*, StuB 2006, 329, 332.
27 Vgl. *Neumann*, VGA, 384; *Uekermann/Pradl*, BB 2009, 1331, 1334.
28 Gosch, KStG, 2. Aufl. § 8 Rz. 1120.
29 Vgl. ebenso für die steuerliche Beurteilung FG München, Außensenate Augsburg v. 19.3.2002 – 6 K 1001/99, EFG 2002, 941 (insoweit nicht von der Revisionsentscheidung v. 28.1.2004 – I R 21/03, BStBl. 2005 II, 841, beanstandet).

zu übernehmen. Ziel kann auch eine *Verbesserung des Bilanzbildes (Basel II)* oder schlicht die *Vermeidung einer Überschuldung* sein.

Zudem stellt sich bei einer mittels *Rückdeckungsversicherung* finanzierten Pensionszusage immer häufiger die Erkenntnis ein, dass die bei Abschluss der Rückdeckungsversicherung prognostizierte Ablaufleistung nicht ausreichen wird, um die Lasten der Pensionszusage zu tragen und somit eine *Finanzierungslücke* besteht, die negative Einflüsse auf das Rating des Unternehmens haben können. Für diese Finanzierungslücke sind im Wesentlichen folgende Faktoren ausschlaggebend:

- Auf Grund der *anhaltend niedrigen Kapitalmarktzinsen* und der unkonstanten Entwicklung des Aktienmarktes sind die Überschussanteile, die einen wesentlichen Bestandteil der Rendite der Rückdeckungsversicherung ausmachen, in den letzten Jahren stetig gesunken. Die Ablaufleistung eines vor zehn Jahren abgeschlossenen Versicherungsvertrages bringt nicht selten lediglich 60–70 % der bei Abschluss in Aussicht gestellten Ablaufleistung.[30]
- Die durchschnittliche Lebenserwartung ist in den letzten Jahrzehnten auf Grund des medizinischen Fortschritts deutlich gestiegen. Im Rahmen der Bewertung der Pensionsrückstellung nach § 6 a EStG werden diese biometrischen Rechnungsgrundlagen eingearbeitet. So gehen die aktuellen Heubeck-Richttafeln von einer entsprechend längeren statistischen *Lebenserwartung* aus, was zu einer Erhöhung des Teilwerts der Pensionsrückstellung (und des Teilwerts des Pensionsanspruchs) führt, die die Finanzierungslücke vergrößert.
- In der Vergangenheit wurde bei der Ausfinanzierung der Pensionsverpflichtung durch eine Rückdeckungsversicherung oft auf den nach § 6 a EStG ermittelten steuerlichen Teilwert bei Erreichen der vereinbarten Altergrenze (i. d. R. Vollendung des 65. Lebensjahres) abgestellt, obgleich die voraussichtlichen Pensionslasten des Unternehmens – und damit der *Kapitalbedarf* – diesen Wert erheblich übersteigt.
- Bei endgehaltsabhängigen Pensionszusagen wurde bei einer *Gehaltserhöhung* oder bei einer Erhöhung einer Festbetrags(versorgungs-)zusage die Rückdeckungsversicherung nicht entsprechend aufgestockt.

Zur Schließung der Finanzierungslücke kommt die *Aufstockung der vorhandenen Rückdeckungsversicherung* in Betracht. Dies setzt jedoch voraus, dass die wirtschaftliche Situation der Gesellschaft eine Aufstockung zulässt. Steuerrechtlich war unklar, ob die außerplanmäßige Aufstockung und die hieraus resultierenden höheren Versicherungsbeiträge bei einem entsprechend hohen Geschäftsführergehalt zu einer vGA führen können, weil die außerplanmäßigen Aufstockungsbeträge im Rah-

30 Vgl. *Buttler/Baier*, StB 2005, 370.

men der Angemessenheitsprüfung der Gesamtausstattung des Gesellschafter-Geschäftsführers in die Berechnung der „fiktiven Jahresnettoprämie" einzubeziehen sein könnte. Auf Anfrage des Deutschen Steuerberaterverbandes hat das BMF mit Schreiben vom 6.9.2007 (IV B7 – S 2742/0), mitgeteilt, dass die Aufstockung der Rückdeckungsversicherung für die Beurteilung der Angemessenheit der Gesamtausstattung des Gesellschafter-Geschäftsführers unbeachtlich sei. Mithin stellen die (erhöhten) Beiträge zur Rückdeckungsversicherung Betriebsausgaben der Gesellschaft dar.

2. Verzicht auf die Pensionszusage

Als naheliegende Möglichkeit zur „Entpflichtung" der GmbH kommt der Verzicht auf die Pensionszusage in Betracht. Ein Verzicht liegt nur insoweit vor, als für den Verzicht von Seiten der Gesellschaft *keine Gegenleistung* erbracht wird. Zivilrechtlich wird es sich bei dem Verzicht regelmäßig um einen Erlassvertrag i. S. d. § 397 BGB handeln.[31]

Ein Verzicht wird häufig dann in Erwägung gezogen, wenn die Gesellschaft für die Pensionsverpflichtung keine Rückdeckungsversicherung abgeschlossen hat, und nicht über die finanziellen Möglichkeiten verfügt, eine Abfindung zu leisten.[32] In diesen Fällen wird die Pensionszusage möglicherweise *nicht voll werthaltig sein*, weil die Überschuldung der Gesellschaft droht oder die Pensionszusage nicht mehr finanzierbar ist.

Hinsichtlich der *steuerlichen Folgen ist zu unterscheiden*, ob der Verzicht betrieblich oder durch das Gesellschaftsverhältnis veranlasst ist. Des Weiteren ist bei einer Veranlassung des Verzichts durch das Gesellschaftsverhältnis danach zu differenzieren, ob auf eine werthaltige oder eine nicht (voll) werthaltige Pensionszusage verzichtet werden soll.

2.1 Folgen des betrieblich veranlassten Verzichts

Ob ein betrieblich veranlasster Verzicht gegeben ist, ist stets eine Frage der *Gesamtumstände des Einzelfalls*. Indiziell für die Annahme eines betrieblich veranlassten Verzichts spricht, wenn die Gesellschaft (zivil-)rechtlich in der Lage wäre, die Pensionszusage zu reduzieren oder insgesamt zu widerrufen. Liegen die Voraussetzungen eines für die Rückstellungsbildung unschädlichen Widerrufsvorbehalts vor, dessen Ausübung als betrieblich veranlasst anzusehen wäre, so kann auch der im Vorgriff

31 Vgl. *Schwedhelm/Olgemöller*, GmbH-StB 2003, 204; *Förster*, DStR 2006, 2149; *ders.*, Stbg 2006, 520, 522; *Grögler/Urban*, DStR 2006, 1389, 1390; *Ott*, StuB 2006, 375, 376; *Beck*, DStR 2002, 473, 476; *Harle/Kulemann*, GmbHR 2005, 1275, 1286; *Horath/Kauter*, StuB 2006, 182, 185; *Haas*, GStB 2006, 88.

32 Vgl. *Grögler/Urban*, DStR 2006, 1389, 1390.

darauf erklärte Verzicht steuerrechtlich nicht anders zu beurteilen sein.[33] Denn in diesem Fall kann der Pensionsberechtigte die Verschlechterung seiner Rechtsposition nicht verhindern. Die Annahme einer Veranlassung durch das Gesellschaftsverhältnis scheidet daher aus.

In der Literatur wird teilweise die Auffassung vertreten, dass über das zivilrechtliche Institut des Wegfalls resp. der Störung der Geschäftsgrundlage (§ 313 BGB) in Fällen der *verschlechterten wirtschaftlichen Situation der Gesellschaft* eine betriebliche Veranlassung der Anpassung oder des Widerrufs der Pensionszusage hergeleitet werden kann.[34] Diese Auffassung ist jedoch nicht unproblematisch. Tatsächlich dürfte die Kürzung oder gar ein Widerruf einer unverfallbaren Pensionszusage zivilrechtlich nur in extremen Ausnahmefällen durchsetzbar sein. Ein Fremdgeschäftsführer müsste eine Kürzung der vertraglich zugesagten Versorgungsansprüche nur unter dem Gesichtspunkt der besonderen Treupflicht und in analoger Anwendung des § 87 Abs. 2 AktG hinnehmen. Hierfür war bisher erforderlich, dass der Bestand des Unternehmens substantiell gefährdet ist, die durch die Kürzung zu realisierende Einsparung zur Abwehr der Krise geeignet und dies für den Betroffenen persönlich zumutbar ist.[35] Die Anforderungen an die zivilrechtliche Durchsetzbarkeit eines Anpassungsbegehrens der Gesellschaft waren somit recht hoch. Wird der Verzicht erklärt, ohne dass diese strengen Voraussetzungen erfüllt sind, so deutet dies mangels Fremdvergleichbarkeit indiziell auf eine Veranlassung durch das Gesellschaftsverhältnis hin.[36]

Eine gewisse Abmilderung ergibt sich durch die Änderung des § 87 Abs. 2 AktG durch das am *5.8.2009* in Kraft getretene *Gesetz zur Angemessenheit der Vorstandsvergütungen*. Danach muss der Fremdgeschäftsführer eine Anpassung bereits bei Verschlechterung der Lage der Gesellschaft nach der Festsetzung der Bezüge akzeptieren, wenn die Weitergewährung der Bezüge unbillig für die Gesellschaft wäre. Ruhegehalt, Hinterbliebenenbezüge und Leistungen verwandter Art können nur in den ersten drei Jahren nach Ausscheiden aus der Gesellschaft nach Satz 1 herabgesetzt werden.

Nachdem die *Finanzverwaltung* zunächst eine betriebliche Veranlassung des Verzichts resp. der Kürzung einer Pensionszusage nach wesentlicher Verschlechterung der wirtschaftlichen Lage der Gesellschaft stets anerkannte,[37] gilt dies nicht mehr für einen nach dem 19.10.2005 erklärten

33 Vgl. *Grögler/Urban*, DStR 2006, 1389, 1390.
34 Vgl. *Grögler/Urban*, DStR 2006, 1389, 1390.
35 Vgl. *Gosch*, DStR 2001, 882, 884; *Beck*, DStR 2002, 473, 477.
36 Vgl. so *Beck*, DStR 2002, 473, 477.
37 Vgl. BMF, Schr. v. 14.5.1999 – IV C 6 – S 2742–9/99, BStBl. 1999 I, 512.

Verzicht.[38] Vielmehr soll nunmehr im Rahmen einer Würdigung der Gesamtumstände des Einzelfalls zu beurteilen sein, ob eine betriebliche Veranlassung gegeben ist. Insoweit sollen aber wieder die ursprünglichen Kriterien der Finanzierbarkeit gelten. Denn nach abgestimmter Verwaltungsauffassung soll der Verzicht (Widerruf oder Einschränkung im Wege eines Erlass-, Schuldaufhebungs- oder Änderungsvertrages) des Gesellschafter-Geschäftsführers dann betrieblich veranlasst sein, wenn „die Pensionszusage im Verzichtszeitpunkt nach der Rechtsprechung des BFH in den Urteilen vom 8.11.2000,[39] vom 20.12.2000,[40] vom 7.11.2001[41] und vom 4.9.2002[42] nicht finanzierbar ist.[43] Die fehlende Finanzierbarkeit im Zeitpunkt des Verzichts kann damit als Beleg für dessen betriebliche Veranlassung angeführt werden.

Dient der Verzicht dagegen (nur) der Vermeidung einer *drohenden Überschuldung* der Gesellschaft im insolvenzrechtlichen Sinne und steht er im Zusammenhang mit weiteren die Überschuldung vermeidenden Maßnahmen (wie insbesondere die Absenkung des Aktivgehalts), so soll nach restriktiver Auffassung der Finanzverwaltung eine betriebliche Veranlassung nur dann gegeben sein, wenn sich auch ein Fremdgeschäftsführer zu einem Verzicht bereit erklärt hätte.[44] Diese letzte Einschränkung (Verzichtsbereitschaft eines Fremdgeschäftsführers) ist praxisfern und daher abzulehnen: Ein Fremdgeschäftsführer wird sich niemals zu einem Verzicht bereit erklären, sondern allenfalls einen partiellen Widerruf dulden müssen. Der vom Gesellschafter erklärte Verzicht auf die Pensionszusage ist ein rein steuerliches Phänomen, so dass sich ein Fremdvergleich verbietet. Will man hier den Fremdvergleich anlegen, so wäre ein betrieblich veranlasster Verzicht nicht denkbar, weil ein Fremdgeschäftsführer nicht verzichten würde. Ein Fremdgeschäftsführer wird allenfalls eine (teilweise) Kürzung akzeptieren (müssen), wenn eine entsprechende Anpassungsregelung in der Pensionszusage enthalten ist. Im Regelfall wird aber auch hier nur eine teilweise Kürzung in Betracht kommen.

Die *Folgen* eines betrieblich veranlassten Verzichts betreffen ausschließlich die *Ebene der Gesellschaft*: Durch den Verzicht fällt die Versorgungsverpflichtung weg. Die Pensionsrückstellung ist gewinnwirksam aufzulösen. Es kommt zu einem außerordentlichen Ertrag in Höhe der

---

38 Vgl. BMF, Schr. v. 6.9.2005 – IV B 7 – S 2742–69/05, BStBl. 2005 I, 875.
39 BStBl. 2005 II, 653.
40 BStBl. 2005 II. 657.
41 BStBl. 2005 II, 659.
42 BStBl. 2005 II, 662.
43 Vgl. OFD Hannover, Vfg. v. 15.12.2006 – S 2742–117 – StO 241, DB 2007, 135; Bayer. Landesamt für Steuern v. 15.2.2007 – S 2742–26 St 31 N, DStR 2007, 993.
44 Vgl. Bayer. Landesamt für Steuern v. 15.2.2007 – S 2742–26 St 31 N, DStR 2007, 993 (auf Bundesebene abgestimmte Auffassung der KSt-Referatsleiter).

aufzulösenden Pensionsrückstellung.[45] Soweit Verlustvorträge vorhanden sind, können diese ausgeglichen werden. Im Regelfall wird die Bedeutung der grundsätzlich zu beachtenden Begrenzung des Verlustvortrags nach § 10 d Abs. 2 EStG lediglich eine geringe Rolle spielen.

Auf der *Ebene des Gesellschafters* zeitigt der betrieblich veranlasste Verzicht keine steuerlichen Auswirkungen. Weder kommt es zu – fiktiven – Einkünften aus nichtselbständiger Arbeit noch verändern sich die Anschaffungskosten der Beteiligung i. S. d. § 17 EStG.[46] Ohne Bedeutung ist, ob der Pensionsanspruch werthaltig ist oder nicht.

Zusammenfassend lassen sich die Folgen eines betrieblich veranlassten Verzichts auf eine Pensionszusage wie folgt darstellen:

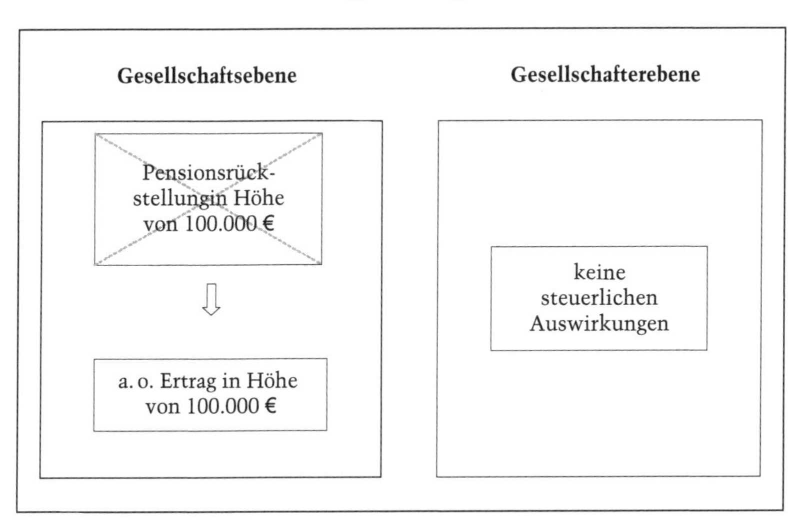

Kein Fall des Verzichts liegt vor, wenn eine Rückdeckungsversicherung oder sonstige Rückdeckungsmittel an den Pensionsberechtigten zur Abfindung des Pensionsanspruchs übertragen werden.

2.2 Veranlassung des Verzichts durch das Gesellschaftsverhältnis

Üblicherweise ist der Verzicht durch das Gesellschaftsverhältnis veranlasst. Dies ist regelmäßig auch dann der Fall, wenn bei einer Veräußerung der Erwerber der GmbH-Anteile nicht bereit ist, mit der GmbH die Versorgungsverpflichtung zu übernehmen. In diesem Fall resultiert der

45 Vgl. *Beck*, DStR 2002, 473, 476.
46 Vgl. *Grögler/Urban*, DStR 2006, 1389, 1391.

Verzicht aus der Veräußerung der Geschäftsanteile, weshalb eine betriebliche Veranlassung ausscheidet, wenn die Veräußerung der Geschäftsanteile nicht ausnahmsweise zur Sanierungszwecken erfolgt.[47]

Der gesellschaftsrechtlich veranlasste Verzicht wird bilanziell wie die *Einlage des Pensionsanspruchs* in das Vermögen der Kapitalgesellschaft behandelt, der eine juristische Sekunde später durch Konfusion erlischt. Handelsrechtlich führt der Wegfall einer Verbindlichkeit zu einer Gewinnerhöhung. Bei der Ermittlung des steuerlichen Gewinns ist dieser Gewinn gem. § 4 Abs. 1 Satz 1 EStG i. V. m. § 8 Abs. 1 KStG außerbilanziell um die durch Verzicht auf die Pensionszusage getätigte Einlage zu kürzen.

Dabei ist die Einlage mit dem *Teilwert des Pensionsanspruchs* – der regelmäßig vom Bilanzwert der Pensionsrückstellung gem. § 6 a EStG abweicht – anzusetzen.[48] Denn es geht nicht um die Bewertung der Verpflichtung der GmbH, sondern um die Bewertung des eingelegten Pensionsanspruchs des Gesellschafter-Geschäftsführers, weshalb die Bewertung aus Sicht des Gesellschafters zu erfolgen hat.[49] Dies gilt auch im Falle eines Verzichts vor Eintritt des vereinbarten Versorgungsfalles hinsichtlich des bis zum Verzichtspunkt bereits erdienten (Anteils des) Versorgungsanspruchs (sog. past-service).[50] Bei dem durch das Gesellschaftsverhältnis veranlassten Verzicht ist hinsichtlich der steuerlichen Folgen danach zu differenzieren, ob auf den einen werthaltigen Pensionsanspruch oder auf einen nicht werthaltigen Pensionsanspruch verzichtet wird.[51]

Verzicht auf den werthaltigen Teil eines Pensionsanspruchs: Der Teilwert des Pensionsanspruchs ist anhand der Wiederbeschaffungskosten zu ermitteln. Entscheidend für den Teilwert des Pensionsanspruchs ist somit, welche *fiktive Einmalprämie* ein Versicherungsunternehmen verlangen würde, um derartige Ansprüche zu gewähren. Ein Abschlag aus Bonitätsgründen wird von der Finanzverwaltung anerkannt.[52]

Ist der so ermittelte Pensionsanspruch werthaltig, kommt es auf der *Ebene des verzichtenden Gesellschafters* zu einem doppelten Effekt:

---

47 Vgl. *Beck*, DStR 2002, 473, 477; *Gosch*, DStR 2001, 882, 885.

48 Vgl. BFH, Beschl. d. GrS v. 9.6.1997 – 1/94, BStBl. 1998 II, 307; *Förster*, DStR 2006, 2149, 2150; *Ott*, StuB 2006, 375, 377; *Beck*, DStR 2002, 473, 476; *Harle/Kulemann*, GmbHR 2005, 1275, 1286; *Haas*, GStB 2006, 88, 89.

49 Vgl. *Beck*, DStR 2002, 473, 476.

50 Vgl. H 40 KStH 2008 – Verzicht auf Pensionsanwartschaftsrechte.

51 Zu den Folgen eines Verzichts gegen Besserungsschein vgl. *Grögler/Urban*, DStR 2006, 1389, 1391.

52 Vgl. H 40 KStH 2008.

- Es kommt zu einem *fiktiven Zufluss von Arbeitslohn* gem. § 19 EStG in Höhe des Teilwerts des Pensionsanspruchs – also regelmäßig in Höhe der fiktiven Einmalprämie an eine Lebensversicherung. Der fingierte Arbeitslohn ist in einer Summe zu versteuern, obgleich dem kein entsprechender Zufluss an Liquidität gegenübersteht. Dies kann insbesondere dann zu existenzbedrohenden ESt.-(Nach-)forderungen führen, wenn nicht durch die Veräußerung der Anteile entsprechende Liquidität vorhanden ist oder die Veräußerung der Anteile gegen wiederkehrende Leistungen erfolgt. Ob für den fiktiven Zufluss eine Tarifermäßigung nach der Fünftelregelung des § 34 Abs. 1 EStG in Betracht kommt, ist ungeklärt. In der Literatur wird dies jedoch befürwortet,[53] da es sich bei wirtschaftlicher Betrachtung um eine Vergütung für mehrjährige Tätigkeit i. S. d. § 34 Abs. 2 Nr. 4 EStG handelt. Zudem ist unklar, ob der fiktive Zufluss von Arbeitslohn der LSt. unterliegt, da der LSt.-Einbehalt gem. § 38 Abs. 1 Satz 1 EStG an sich eine Zahlung voraussetzt. Die Gefahr einer LSt.-Haftung kann die Kapitalgesellschaft durch eine Anzeige nach § 38 Abs. 4 Satz 2 EStG vermeiden.[54]
- Der fiktiv als Arbeitslohn – oder ggf. als vGA – zugeflossene Wert wird eine juristische Sekunde später als in die Gesellschaft eingelegt behandelt, was in Höhe der Einlage in die Gesellschaft zu nachträglichen Anschaffungskosten auf die GmbH-Anteile führt. Diese nachträglichen Anschaffungskosten wirken sich jedoch erst zum Zeitpunkt der Veräußerung der GmbH-Anteile – und dann auch nur im Rahmen des *„Teilabzugsverfahren"* gem. § 3 c Abs. 2 EStG zu 60 % (bis 2008: 50 %) – aus. Hierdurch kommt es i. H. v. 40 % des fiktiven Arbeitslohns zu einer echten – irreversiblen – Erhöhung der steuerlichen Bemessungsgrundlage, die in Höhe des jeweiligen Spitzensteuersatzes zu einer steuerlichen Mehrbelastung führt. Soweit die fiktiven Einkünfte als vGA zu qualifizieren sind, kommt es lediglich zu einem Zinsnachteil, wenn die GmbH-Anteile erst zu einem späteren Zeitpunkt veräußert werden.

Auf *Ebene der Gesellschaft* wird die Gewinnerhöhung durch Auflösung der Pensionsrückstellung durch den Abzug des Werts der Einlage in Höhe des Teilwerts des Pensionsanspruchs kompensiert. Übersteigt der Teilwert des Pensionsanspruchs – wie im Regelfall – den Buchwert der Pensionsrückstellung, so wird der aus der Auflösung der Pensionsrückstellung resultierende Gewinn der Kapitalgesellschaft nicht nur neutralisiert, sondern im Ergebnis in Höhe der Differenz des den Buchwert der Pensionsrückstellung übersteigenden Betrags als Ausdruck der in der Bewertung

53 Vgl. *Beck*, DStR 2002, 473, 477; *Förster*, DStR 2006, 2149, 2150; *Fuhrmann/Demuth*, KÖSDI 2006, 15082, 15094.
54 Vgl. *Förster*, Stbg 2006, 520, 522.

der Pensionsrückstellung gem. § 6a EStG enthaltenen – systemimmanenten – stillen Lasten gemindert.[55] Im Einzelfall kann die sich aus diesem Effekt ergebende Steuerersparnis auf Ebene der Gesellschaft für eine erhöhte Ausschüttung verwendet werden.

Beispiel (in Anlehnung an Förster)[56]: X ist Alleingesellschafter einer GmbH, die ihm eine steuerlich nicht zu beanstandende angemessene und werthaltige Pensionszusage erteilt hat. Die nach § 6a Abs. 3 EStG zutreffend ermittelte Pensionsrückstellung beträgt am 31.12.2009 300.000 Euro. Für eine vergleichbare Pensionszusage müsste der Gesellschafter bei einem Lebensversicherungsunternehmen eine Einmalprämie in Höhe von 500.000 Euro entrichten.

Lösung: Verzichtet der Berechtigte am 31.12.2009 auf seinen Pensionsanspruch, so ergibt sich bei ihm ein steuerpflichtiger Zufluss in Höhe des Teilwerts des Pensionsanspruchs, der mit den Wiederbeschaffungskosten von 500.000 Euro zu bewerten ist. Dieser Betrag gilt anschließend als in die GmbH eingelegt und erhöht die Anschaffungskosten der Beteiligung nach Maßgabe des Teileinkünfteverfahrens. Bei der GmbH steht der gewinnwirksamen Auflösung der Pensionsrückstellung i. H. v. 300.000 Euro eine verdeckte Einlage i. H. v. 500.000 Euro gegenüber. Im Ergebnis mindert sich der steuerliche Gewinn der GmbH um 200.000 Euro.

Verzicht auf den nicht werthaltigen Teil eines Pensionsanspruchs: Ist auf Grund der Vermögenssituation der GmbH der zu bewertende Pensionsanspruch als (teilweise) nicht werthaltig zu beurteilen, so ist dessen Teilwert entsprechend gemindert resp. beträgt im Extremfall 0 Euro. Beträgt der Teilwert des Pensionsanspruchs 0 Euro, so scheidet auf der *Ebene der Gesellschaft* die Annahme einer verdeckten Einlage, die den aus der Auflösung der Pensionsrückstellung entstandenen Gewinn gem. § 4 Abs. 1 Satz 1 EStG i. V. m. § 8 Abs. 1 KStG neutralisieren könnte, aus. Soweit die Pensionszusage durch das Gesellschaftsverhältnis veranlasst ist und die Zuführung zur Pensionsrückstellung in der Vergangenheit außerhalb der Bilanz dem Gewinn der Kapitalgesellschaft hinzugerechnet wurde (abgebildet durch den Teilbetrag II), ist der aus der Auflösung der Pensionsrückstellung resultierende Gewinn zur Vermeidung einer Doppelbesteuerung bis zur Höhe des Teilbetrags II außerbilanziell zu kürzen.

Beträgt der Teilwert des Pensionsanspruchs 0 Euro, so scheidet auf der *Ebene des Gesellschafters* als Kehrseite der fehlenden verdeckten Einlage in die Gesellschaft die Annahme eines fiktiven Arbeitslohns aus. Nachträgliche Anschaffungskosten auf die Beteiligung i. S. d. § 17 EStG entstehen nicht. Insofern sind die Rechtsfolgen eines durch das Gesellschaftsverhältnis veranlassten Verzichts auf einen nicht werthaltigen

55 Vgl. BFH, Urt. v. 15.10.1997 – I R 58/93, BStBl. 1998 II, 305; *Förster*, DStR 2006, 2149, 2150; *Ott*, StuB 2006, 375, 377.

56 Stbg 2006, 520, 522.

Pensionsanspruch identisch mit den Folgen, die bei dem betrieblich veranlassten Verzicht auf einen Pensionsanspruch eintreten.

Zusammenfassend ergibt sich bei dem durch das Gesellschaftsverhältnis veranlassten Verzicht auf einen teilweise werthaltigen Pensionsanspruch folgendes Bild:

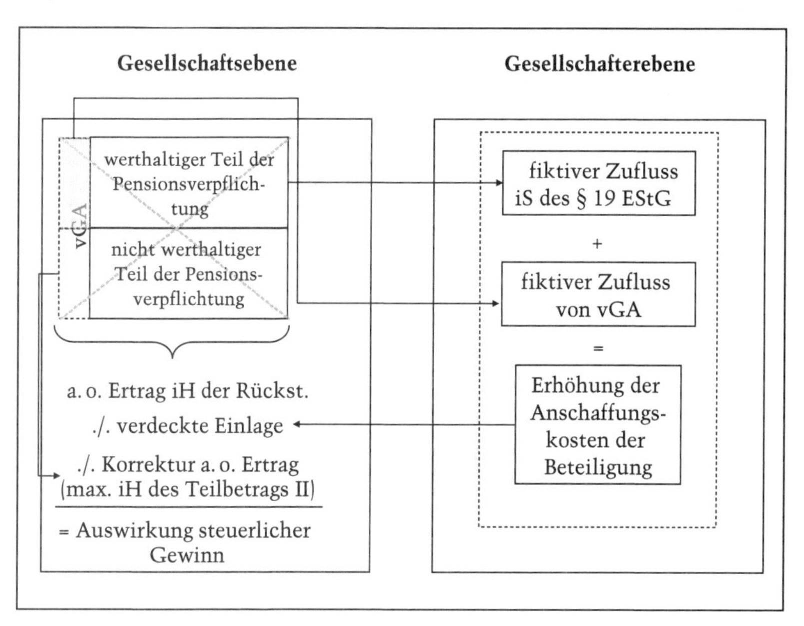

Beispiel (in Anlehnung an BMF-Schr. IV A 2 – S 2742–32/02):[57] Der Gesellschafter-Geschäftsführer verzichtet in der Anwartschaftsphase aus durch das Gesellschaftsverhältnis veranlassten Gründen auf seinen nicht werthaltigen Pensionsanspruch. Die Pensionsrückstellung ist mit dem zutreffend nach § 6 a Abs. 3 EStG ermittelten Wert i. H. v. 20.000 Euro passiviert. Der Teilwert des Pensionsanspruchs beträgt 0 Euro. Die Pensionszusage ist i. H. v. 50 % als vGA einzustufen, weshalb der Gewinn der Kapitalgesellschaft in der Vergangenheit außerbilanziell um 10.000 Euro erhöht wurde. Der Teilbetrag I und Teilbetrag II betragen demnach 10.000 Euro.

Lösung: Auf der *Ebene der Gesellschaft* kommt es durch die gewinnwirksame Auflösung der Pensionsrückstellung zu einem außerordentlichen Ertrag i. H. v. 20.000 Euro. Dieser Gewinn ist grundsätzlich in Höhe des Wertes der verdeckten Einlage zu kompensieren. Dies setzt die (teilweise) Werthaltigkeit des Pensions-

57 BMF, Schr. v. 28.5.2002 – IV A 2 – S 2742–32/02, BStBl. 2002 I, 603 Tz. 21.

anspruchs voraus, die im Beispielsfall nicht gegeben ist. Somit würde es an sich bei einer Erhöhung des steuerpflichtigen Gewinns von 20.000 Euro bleiben. Dies ließe jedoch außer Acht, dass in der Vergangenheit die Zuführungen zur Pensionsrückstellung lediglich i. H. v. 50 % (10.000 Euro) den steuerpflichtigen Gewinn der Kapitalgesellschaft gemindert haben, da außerbilanziell eine entsprechende Zurechnung der vGA erfolgte. Daher ist der aus der Auflösung der Rückstellung resultierende Gewinn außerbilanziell im Verhältnis des Teilbetrags I (10.000 Euro) zum Buchwert der aufgelösten Rückstellung (20.000 Euro) aufzuteilen und bis zur Höhe des Teilbetrags II (10.000 Euro) zu kürzen. Insgesamt resultiert damit aus der Auflösung der Rückstellung ein steuerpflichtiger Gewinn i. H. v. 10.000 Euro. Auf der Ebene des Gesellschafters kommt es im Beispielsfall zu keinen Auswirkungen, da der Teilwert des Pensionsanspruchs 0 Euro beträgt.

3. Verzicht als Gestaltungsmittel?

Unter bestimmten Voraussetzungen kann der Verzicht ein probates Mittel zur Entpflichtung der GmbH sein. Ein Verzicht kommt insbesondere in Betracht, wenn

- der Verzicht *ausnahmsweise betrieblich veranlasst* ist und der aus der Auflösung der Pensionsrückstellung resultierende Ertrag durch einen Verlustvortrag der GmbH neutralisiert wird, oder
- der Verzicht im zeitlichen Zusammenhang mit der *Veräußerung der GmbH-Anteile* erfolgt und im Kaufpreis die steuerlichen Mehrbelastungen an den Erwerber weitergegeben werden können.

Aber auch der durch das *Gesellschaftsverhältnis* veranlasste (teilweise) Verzicht auf einen werthaltigen Pensionsanspruch kann ein geeignetes Instrument zur teilweisen Entpflichtung der GmbH darstellen, um etwa auf diese Weise die Kongruenz mit einer bestehenden Rückdeckungsversicherung (wieder-)herzustellen:

- Nur der Verzicht auf den sog. *past-service* – also den bereits erdienten Teil der Pensionszusage – löst die auf der Gesellschafterebene regelmäßig unerwünschten Folgen des fiktiven Lohnzuflusses bei gleichzeitiger Erhöhung der Anschaffungskosten auf den GmbH-Anteil aus.
- Soweit der Verzicht den *future-service* – d. h. den noch nicht erdienten Teil der Pensionszusage – umfasst, zeitigt dies auf der Ebene des Gesellschafter-Geschäftsführers keine steuerlichen Konsequenzen; es kann insoweit zu *keinem fiktiven Lohnzufluss* kommen. Während die durch den Verzicht auf den past-service bewirkte Entpflichtung der GmbH, die mit der gewinnwirksamen Auflösung der Pensionsrückstellung einher geht, bei unterstellter Werthaltigkeit des Pensionsanspruchs durch die außerbilanzielle Behandlung der verdeckten Einlage (über-)kompensiert wird und hiermit im Ergebnis zu keiner steuerlichen Belastung der GmbH führt, bewirkt der aus dem Verzicht auf den future-service resultierende Wegfall der Pensionsrückstellung eine echte

Betriebsvermögensmehrung der GmbH, die – sofern keine ausreichenden Verlustvorträge vorhanden sind oder durch die verdeckte Einlage des past-service kompensiert werden – KSt. und GewSt. auslöst.

Gestaltungshinweis: Im Einzelfall kann es sich daher anbieten, nur auf den future-service – und nicht auch auf den past-service – zu verzichten resp. eine entsprechende *Änderungsvereinbarung* zu schließen. In der Änderungsvereinbarung muss eindeutig zum Ausdruck kommen, dass ausschließlich auf den noch nicht erdienten Teil der Versorgungszusage verzichtet wird. Es sollte klargestellt werden, dass die erdiente Anwartschaft „eingefroren" wird und kein weiteres Erdienen mehr voraussetzt.[58] Ferner ist es ratsam, die Ermittlung der erdienten Anwartschaften und deren Aufrechterhaltung in der Änderungsvereinbarung auszuweisen.[59] Die Beratungspraxis zeigt, dass ein derartiger Verzicht in der Betriebsprüfung je nach Bundesland durchaus zu Diskussionen führen kann. Nach jüngst verlautbarter Verwaltungsauffassung soll ein solcher Verzicht nicht möglich sein.[60] Es empfiehlt sich die Einholung einer verbindlichen Auskunft.

Ist es zudem erforderlich, dass auch der erdiente Teil der Pensionszusage (past-service) aus Gründen, die im Gesellschaftsverhältnis liegen, reduziert werden soll, kommt der Frage der *Werthaltigkeit des Pensionsanspruchs* eine entscheidende Bedeutung zu. Der Verzicht auf den nicht werthaltigen Teil der erdienten Pensionszusage zeitigt auf der Ebene des Gesellschafters – ebenso wie der betrieblich veranlasste Verzicht resp. der Verzicht auf den future-service – keine steuerlichen Folgen. In der Praxis bereitet die Bestimmung der Werthaltigkeitsquote nicht unbeträchtliche Schwierigkeiten und ist daher stets mit gewissen Bewertungsrisiken verbunden. Bestimmt man die Werthaltigkeit einer Pensionsanwartschaft nach den Grundsätzen, die für die Beurteilung der Finanzierbarkeit einer Pensionszusage herangezogen werden, führt nicht jede bilanzielle Überschuldung bereits zu einer Beeinträchtigung der Werthaltigkeit. Erst eine Überschuldung im insolvenzrechtlichen Sinne wäre danach geeignet, die Werthaltigkeit in Frage zu stellen. Für die Prüfung der insolvenzrechtlichen Überschuldung sind diejenigen Bilanzansätze maßgeblich, die in eine Überschuldungsbilanz aufzunehmen wären. Dabei ist die Pensionsverpflichtung grundsätzlich mit dem nach § 6 a Abs. 3 Satz 2 Nr. 2 EStG zu bestimmenden Barwert der Pensionsanwartschaft anzusetzen.[61]

---

58 Vgl. so auch *Bürstinghaus/Neumann/Stimpel* (jeweils OFD Rheinland), 42. Jahres-Arbeitstagung „Recht und Besteuerung der Familienunternehmen", 2009, S. 31; so wohl auch OFD Hannover, Vfg. v. 11.8.2009 – S 2742-202-StO 241, juris (Möglichkeit des Verzichts nur auf den future-service wird dort m. E. für möglich gehalten, aber auf die gleichwohl erfolgende Änderung der bereits gebildeten Pensionsrückstellung hingewiesen).

59 Vgl. *Pradl*, Pensionszusagen an GmbH-Geschäftsführer, 2007, 79.

60 Vgl. Fin.Min. NRW, Erl. v. 17.12.2009 – S 2743 – 10 VB 4.

61 Vgl. BFH, Urt. v. 4.9.2002 – I R 7/01, DB 2003, 242.

Bei der Beurteilung der Werthaltigkeit ist eine etwaig *verpfändete Rückdeckungsversicherung* einzubeziehen. In Höhe der durch die Rückdeckungsversicherung garantierten Leistungen ist der Pensionsanspruch regelmäßig werthaltig. Etwas anderes gilt nur dann, wenn durch den Widerruf der Pensionszusage die akzessorische Verpfändung gekippt werden kann. In der Abwehrberatung kann auf diese Weise versucht werden, trotz der zivilrechtlichen Hürden, die regelmäßig einem Widerruf des erdienten Pensionsanspruchs entgegenstehen, eine Gegenposition aufzubauen, um so die Werthaltigkeitsquote herab zu verhandeln.

4. Abfindung des Pensionsanspruchs

Nicht unproblematisch ist die steuerliche Behandlung der Abfindung des Pensionsanspruchs eines **beherrschenden Gesellschafter-Geschäftsführers.** Hier besteht die Gefahr, dass die Abfindung als vGA zu qualifizieren ist. Eine Vielzahl der mit einer „Ablösung" einer Pensionszusage zusammenhängenden Detailfragen sind höchstrichterlich bisher nicht geklärt. Eine Abfindung wird von dem Gesellschafter-Geschäftsführer in der Praxis häufig deshalb gewünscht, weil dies der einzige Weg ist, das Rückdeckungskapital in den Verfügungsbereich des Pensionsberechtigten zu überführen.

4.1 Geklärte und offene Fragen zur Vermeidung einer vGA in Abfindungsfällen

Aus der bisher ergangenen Rechtsprechung des BFH sowie den Äußerungen in der Literatur können folgende *Rechtsgrundsätze* für die Abfindung einer Pensionsverpflichtung eines (beherrschenden) Gesellschafter-Geschäftsführers abgeleitet werden:

Soweit die *Pensionszusage* durch das Gesellschaftsverhältnis veranlasst ist und somit eine *vGA* darstellt, färbt die Qualifikation als vGA auf die Abfindung ab.[62]

Die Abfindung einer *verfallbaren Pensionszusage* führt stets zu einer vGA, da sich ein ordentlicher und gewissenhafter Geschäftsleiter hierauf nicht einlassen würde. Dies soll auch dann gelten, wenn der Geschäftsführer weiterhin tätig bleibt und die Anwartschaft deswegen unverfallbar hätte werden können.[63]

Die Abfindung einer unverfallbaren Pensionszusage führt jedenfalls dann zu einer vGA, wenn in der Pensionszusage unmittelbar oder – durch

62 Vgl. *Gosch,* DStR 2006, 1175.
63 Vgl. BFH, Urt. v. 14.3.2006 – I R 38/05, BFH/NV 2006, 1515.

(pauschale) *Verweisung auf die Vorschriften des BetrAVG* – mittelbar ein Abfindungsverbot vereinbart wurde und das Abfindungsverbot zum Zeitpunkt der Abfindungsvereinbarung noch Gültigkeit hatte.[64]

Wird eine Abfindung gezahlt, die über dem zivilrechtlich *durchsetzbaren Betrag* liegt, so stellt der übersteigende Betrag nach allgemeinen Grundsätzen eine vGA dar. Die *Obergrenze* für eine fremdüblichc Abfindung stellt den Wiederbeschaffungswert (Einmalprämie für einen gleichwertigen Rentenversicherungsanspruch) dar.[65] Eine darüber hinausgehende Abfindung ist stets vGA. Regelmäßig unproblematisch ist eine Abfindung in Höhe des Barwerts nach § 6 a Abs. 3 Satz 2 Nr. 2 EStG.

Die dem Arbeitgeber in der Pensionszusage vorbehaltene Möglichkeit, Pensionsverpflichtungen jederzeit in Höhe des als Pensionsrückstellung passivierten Teilwerts nach § 6 a Abs. 3 EStG ablösen zu können, führt zwar nicht zu einer vGA, stellt jedoch einen *steuerschädlichen Vorbehalt* i. S. d. § 6 a Abs. 1 Nr. 2 EStG dar,[66] weshalb der Pensionsrückstellung insgesamt die Anerkennung versagt wird.

Rückwirkungsverbot als Abfindungssperre? Umstritten ist, ob bei beherrschenden Gesellschafter-Geschäftsführern die geleistete Abfindung nur dann keine vGA darstellt, wenn die Möglichkeit zur Abfindung bereits im Anstellungsvertrag resp. in der Pensionszusage enthalten ist.[67] Dogmatischer Anknüpfungspunkt dieses Erfordernisses ist das bei beherrschenden Gesellschafter-Geschäftsführern geltende Rückwirkungsverbot, wonach die Anerkennung eines Rechtsgeschäfts zwischen dem beherrschenden Gesellschafter und der GmbH eine *klare Vorabvereinbarung* voraussetzt. So gesehen wird dem Erfordernis einer klaren Vorabvereinbarung jedoch auch genüge getan, wenn die Abfindung unmittelbar vor deren Auszahlung – und damit vorab – vereinbart wird.[68] Im Übrigen wirkt die nach Zusageerteilung und vor Auszahlung vereinbarte Abfindungsregelung nicht zurück, sondern modifiziert lediglich die Auszahlungsmodalitäten der in der Vergangenheit zugesagten künftigen Leistungen.[69]

---

64 Vgl. BFH, Urt. v. 14.3.2006 – I R 38/05, BFH/NV 2006, 1515.
65 Vgl. *Förster*, DStR 2006, 2149, 2152.
66 Vgl. BFH, Urt. v. 10.11.1998 – I R 49/97, BStBl. 2005 II, 261.
67 So wohl *Gosch*, DStR 2006, 1175.
68 So FG Köln, Urt. v. 17.3.2005 – 13 K 1531/03 (aufgeh. durch BFH, Urt. v. 14.3.2006 – I R 38/05), DStR 2006, 1172; *Förster*, DStR 2006, 2149, 2152; *Beck*, DStR 2002, 473, 474.
69 Vgl. *Wellisch/Quast/Machill*, BB 2007, 987, 988.

Für die Annahme einer vGA spricht nicht etwa das zu einer „Spontanzusage" einer Provision ergangene BFH-Urt. I R 62/03 v. 15.9.2004.[70] Denn anders als bei der „Spontanzusage" einer Provision, bei der ein an sich nicht geschuldeter Arbeitslohn geleistet wird, erhält der Gesellschafter-Geschäftsführer bei der nachträglichen Vereinbarung einer Abfindung den auf Grund der Pensionszusage geschuldeten Betrag mit lediglich geänderten Zahlungsmodalitäten. Entscheidend ist ausschließlich der Grund für die Zahlung der Abfindung. Ist die Zahlung der Abfindung des Pensionsanspruchs betrieblich veranlasst, ist die in der Pensionszusage fehlende – und erst nachträglich schriftlich vereinbarte – Abfindungsmöglichkeit für die Qualifikation der Abfindung m. E. irrelevant. Diese Auffassung wird bestätigt durch den BFH-Beschl. I B 28/06 v. 6.10.2006.[71] Danach stellt bei beherrschenden Gesellschaftern die Barabfindung für nicht genommenen Urlaub – auf den die Gesellschafter einen vertraglichen Anspruch haben – keine vGA dar, wenn der Urlaub aus betrieblichen Gründen nicht genommen und damit die Abfindung aus betrieblichen Gründen geleistet wird. Dies soll auch dann gelten, wenn eine derartige Abfindung im Dienstvertrag nicht ausdrücklich vorgesehen ist. In diesem Fall wandelt sich der Urlaubsanspruch (kraft Gesetzes) nachträglich in einen Barabfindungsanspruch. Auch in diesem Fall ändert sich aus betrieblichen Gründen nachträglich die Modalität der Gewährung der geschuldeten Leistung. Ein Verstoß gegen das Gebot einer klaren und im Voraus getroffenen Vereinbarung liegt auch hier nicht vor.

Bis zu einer endgültigen Klärung durch den BFH ist bei neu erteilten Pensionszusagen zur Vermeidung von Konfliktpotential mit der Finanzverwaltung darauf zu achten, dass bereits bei der Erteilung der Pensionszusage eine Abfindungsklausel vereinbart wird. Die *Finanzverwaltung neigt dazu,* nicht zwingend eine Abfindungsklausel bereits in der ursprünglichen Zusage zu verlangen. Wird die Abfindungsklausel aber erst unmittelbar vor der Auszahlung vereinbart, soll hierfür das Vorliegen eines betrieblichen – wirtschaftlich nachvollziehbaren – Grundes erforderlich sein. Dies können etwa Kreditverhandlungen mit einer Bank, Sanierungsbemühungen oder die Veräußerung der Anteile sein und Ablösung der Pensionsverpflichtung auf Druck des Erwerbers sein.

Abfindungsverbot des § 3 Abs. 1 BetrAVG als vGA-Indiz? Nicht abschließend geklärt ist die Frage, ob eine an einen beherrschenden Gesellschafter-Geschäftsführer gezahlte Abfindung per se als vGA zu qualifizie-

70 BFH, Urt. v. 15.9.2004 – I R 62/03, BStBl. 2005 II, 63, so angedeutet von *Gosch*, DStR 2006, 1175.

71 BFH, Beschl. v. 6.10.2006 – I B 28/06, BFH/NV 2007, 275.

ren ist, weil sie wegen des in § 3 Abs. 1 BetrAVG kodifizierten *Abfindungsverbots* – das auf einen beherrschenden Gesellschafter-Geschäftsführer an sich nicht anwendbar ist – einem im Rahmen der vGA-Prüfung durchzuführenden Fremdvergleich nicht standhält.[72] Dem haben zahlreiche Stimmen in der Literatur bereits widersprochen.[73] Der BFH hat diese Rechtsfrage in seinem Urt. I R 38/05 v. 14.3.2006,[74] ausdrücklich offen gelassen. Die Finanzverwaltung hat sich – soweit ersichtlich – noch nicht eindeutig zu dieser Frage geäußert.

Das in § 3 Abs. 1 BetrAVG kodifizierte Abfindungsverbot stellt m. E. keinen sachgerechten Vergleichmaßstab dar, anhand dessen eine *Fremdvergleichsprüfung* durchgeführt werden könnte: Sinn und Zweck des in § 3 Abs. 1 BetrAVG kodifizierten Abfindungsverbots ist es, im Interesse des Pensionsberechtigten die eigentliche Versorgungsfunktion der unverfallbaren Versorgungsanwartschaft sicherzustellen. Diese Funktion soll zum Schutz der in den Anwendungsbereich des § 3 Abs. 1 BetrAVG fallenden Personen nicht durch eine Abfindungsmöglichkeit ausgehöhlt werden können. Nur in engen Ausnahmefällen sieht das Gesetz eine Abfindungsmöglichkeit für Bagatellanwartschaften vor.[75] Der vom Gesetz vermittelte Schutz geht sogar so weit, dass eine Abfindung selbst im Zusammenwirken mit dem Pensionsberechtigten zivilrechtlich nicht wirksam vereinbart werden kann. Der Pensionsberechtigte soll gleichsam vor sich selbst geschützt werden, um nicht des „schnellen Geldes" willen die betriebliche Altersversorgung zu versilbern.[76] Der beherrschende Gesellschafter-Geschäftsführer wurde wegen seiner besonderen Stellung in der Gesellschaft vom Gesetzgeber nicht für schutzbedürftig erachtet, so dass der Vergleichsmaßstab mit einem Fremdgeschäftsführer bereits im Ansatz fehl geht. Zumal ein Fremdgeschäftsführer, der als Angestellter der Gesellschaft gem. § 17 Abs. 1 Satz 1 BetrAVG in den Schutzbereich des § 3 Abs. 1 BetrAVG fällt, folglich besser steht, als der beherrschende Gesellschafter-Geschäftsführer. Die Schlechterstellung eines Gesellschafters vermag jedoch nach dem Sinn und Zweck des Instituts der vGA eine solche nicht zu begründen.[77]

---

72 So etwa *Neumann*, GmbHR 1997, 292; *Haßelberg*, DStR 2002, 1803.

73 Vgl. *Gosch*, FR 1997, 438; *Beck*, DStR 2002, 473; *Schwedhelm/Olgemöller*, GmbH-StB 2003, 163, 164; *Förster*, DStR 2006, 2149, 2151.

74 BFH, Urt. v. 14.3.2006 – I R 38/05, DStR 2006, 1172.

75 Vgl. § 3 Abs. 2 BetrAVG.

76 Vgl. *Rolfs* in Blomeyer/Rolfs/Otto, Betriebsrentengesetz, 4. Aufl. 2006, § 3 BetrAVG Rz. 1.

77 Vgl. *Beck*, DStR 2002, 473; *Förster*, DStR 2006, 2149, 2152; *Gosch*, FR 1997, 438, 443.

Anders als bei beherrschenden können sonstige – nicht beherrschende – Gesellschafter-Geschäftsführer ausnahmsweise in den *Anwendungsbereich des § 17 Abs. 1 Satz 2 BetrAVG* und damit in den Schutzbereich des § 3 Abs. 1 BetrAVG fallen.

Soweit ein Gesellschafter-Geschäftsführer, der nach steuerrechtlichem Verständnis nicht die Position eines beherrschenden Gesellschafters innehat,[78] nicht in den Schutzbereich des § 3 Abs. 1 BetrAVG fällt, weil er als *Minderheitsgesellschafter mit Leitungsmacht* ausgestattet ist, so gelten m. E. die Ausführungen zu beherrschenden Gesellschafter-Geschäftsführer grundsätzlich entsprechend. Da jedoch in diesem Fall das Rückwirkungsverbot nicht gilt, stellt die auf Grund einer nachträglich vereinbarten Abfindungsklausel geleistete Abfindung m. E. jedenfalls keine vGA dar. Diese müsste an sich nicht einmal schriftlich vereinbart werden. Zur Vermeidung von Konfliktpotential ist die schriftliche Abfassung einer Abfindungsklausel nebst schriftlicher Abfindungsvereinbarung jedoch ratsam.

Abfindungen an *Minderheitsgesellschafter ohne Leitungsmacht* spielen in der Beratungspraxis allenfalls eine untergeordnete Rolle. Hier besteht bei der Qualifikation der Abfindung das Problem, dass die Abfindungsvereinbarung zivilrechtlich gem. § 134 BGB i. V. m. § 3 Abs. 1 BetrAVG nichtig ist, weshalb der Pensionsanspruch resp. die Versorgungsverbindlichkeit fortbesteht. Die unterlassene Geltendmachung des Rückforderungsanspruchs deutet indiziell auf eine vGA hin. Andererseits würde in diesem Fall steuerrechtlich der beherrschende Gesellschafter-Geschäftsführer besser stehen, als ein Minderheitsgesellschafter, was freilich an der zivilrechtlichen Ausgangslage nichts ändert. Insgesamt bestehen in dieser Fallgruppe erhebliche Zweifel an der betrieblichen Veranlassung der Abfindung.

Nachträgliche Heilung eines schädlichen Verweises auf § 3 BetrAVG? Da ein Verstoß gegen ein ausdrücklich vertraglich vereinbartes oder durch Verweis auf § 3 BetrAVG bewirktes Abfindungsverbot stets zur Annahme einer vGA führt, drängt sich die bisher höchstrichterlich noch nicht entschiedene Frage auf, ob ein in der ursprünglichen Pensionszusage enthaltenes Abfindungsverbot nachträglich aufgehoben und durch eine den Anforderungen der Rspr. und der Finanzverwaltung genügenden Abfindungsvereinbarung ersetzt werden kann, ohne dass die spätere Abfindungszahlung als vGA zu qualifizieren ist. Die *nachträgliche Aufhebung des Abfindungsverbots* ist m. E. nicht per se durch das Gesellschaftsverhältnis veranlasst, sondern kann im betrieblichen Interesse liegen. Soll

78 Vgl. H 36 III KStH 2006 (Stichwort: Beherrschender Gesellschafter).

die Abfindung etwa im unmittelbaren Zusammenhang mit erheblichen gesellschaftsrechtlichen Veränderungen erfolgen, ist sie regelmäßig betrieblich veranlasst. Eine die betriebliche Veranlassung indizierende gesellschaftsrechtliche Veränderung wird z. B. bei Eintritt eines neuen Mehrheitsgesellschafters, bei Liquidation oder Umwandlung der Gesellschaft gegeben sein.[79] Solange der BFH die Rechtsfrage nicht entschieden hat, besteht jedoch eine entsprechende „vGA-Gefahr".

Gesellschaftsrechtliche Veranlassung als Umkehrschluss aus nicht erkennbarer betrieblicher Veranlassung? In der Literatur wird die Auffassung vertreten, dass eine betriebliche Veranlassung der Abfindung gegeben sei, wenn der Gesellschafter sich mit der Abfindungsvereinbarung in einer *Zwangslage* im Sinne der Rechtsprechung zu *§ 24 Nr. 1 Buchst. a i. V. m. § 34 Abs. 2 Nr. 2 EStG* befunden hat.[80] Eine solche Zwangslage kann danach insbesondere bei einer Liquidation oder bei einer Anteilsveräußerung gegeben sein. Dieser Auffassung will auch die Finanzverwaltung folgen. Fehlt es an einer solchen Zwangslage, so soll nach Auffassung der Finanzverwaltung die betriebliche Veranlassung fehlen und eine Veranlassung durch das Gesellschaftsverhältnis gegeben sein. Zur Begründung wird angeführt, dass die Abfindung ohne besonderen Grund nur dann für die Gesellschaft Sinn mache, wenn sie davon ausgehe, dass der Berechtigte das bei der Berechnung zugrunde gelegte Alter übersteigen wird.[81] An einer Zwangslage soll es fehlen, wenn der Gesellschafter-Geschäftsführer einer Abfindung „aus freien Stücken" zustimmt.

4.2 Steuerliche Folgen der Abfindung

Betrieblich veranlasste Abfindung (keine vGA): Ist die geleistete Abfindung nicht als vGA zu qualifizieren, so stellt auf der *Ebene der Gesellschaft* die Abfindung eine Betriebsausgabe dar; die gebildete Pensionsrückstellung ist indessen gewinnwirksam aufzulösen. Von der geleisteten Abfindung ist gem. § 38 Abs. 1 EStG LSt. einzubehalten.

Der *Gesellschafter-Geschäftsführer* hat die Abfindung als Arbeitslohn gem. § 19 EStG zu versteuern. Da es sich um die Vergütung für eine mehrjährige Tätigkeit i. S. d. § 34 Abs. 2 Nr. 4 EStG handelt, ist die Tarifermäßigung nach § 34 Abs. 1 EStG zu gewähren.[82]

Zusammenfassend ergibt sich für den Fall, dass die Abfindung *keine vGA* darstellt und der ggf. erfolgte Teilverzicht auf den werthaltigen Pensionsanspruch durch das Gesellschaftsverhältnis veranlasst ist, folgendes Bild:

79 Vgl. *Förster*, DStR 2006, 2149, 2151 m. w. N.
80 Vgl. *Rund*, GmbHR 2001, 417.
81 Vgl. dazu *Haßelberg*, DStR 2002, 1803.
82 Vgl. *Drenseck* in Schmidt, EStG, 28. Aufl. 2009, § 34 Rz. 45.

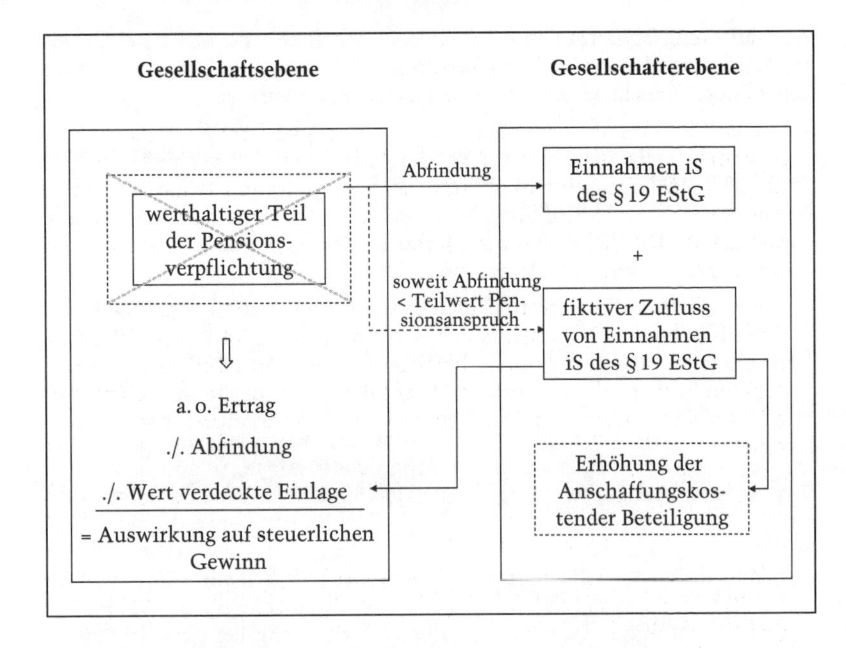

Durch das Gesellschaftsverhältnis veranlasste Abfindung (vGA): Deutlich komplexer sind die Rechtsfolgen, wenn die Abfindung als vGA zu qualifizieren ist. In diesem Fall sind nach der Rechtsprechung des BFH auf *Ebene der Gesellschaft* die Abfindung (Vermögensminderung) und der damit verbundene Verzicht (Vermögensmehrung) getrennt zu würdigen:

- Die Abfindung ist als vGA zur Ermittlung des steuerlichen Ergebnisses der Gesellschaft außerbilanziell hinzuzurechnen.[83] Im Ergebnis wirkt sich die Abfindung nicht auf den steuerlichen Gewinn der Gesellschaft aus.
- Der Verzicht auf den werthaltigen Pensionsanspruch wird als verdeckte Einlage in die Gesellschaft behandelt. Mithin wird bei der steuerlichen Gewinnermittlung der aus der Auflösung der Pensionsrückstellung resultierende Ertrag durch die verdeckte Einlage kompensiert. Soweit der Teilwert des Pensionsanspruchs (= Wert der verdeckten Einlage) den Buchwert der Pensionsrückstellung übersteigt, mindert sich der Gewinn der Gesellschaft.

83 Vgl. § 8 Abs. 3 Satz 2 KStG.

Auf der *Gesellschafterebene* führt die Qualifikation der Abfindung als vGA und die Beurteilung des Verzichts als verdeckte Einlage zu einer erheblichen Verschärfung der Besteuerungssituation:

- Die auf der Gesellschaftsebene als vGA zu qualifizierende Abfindung ist vom Gesellschafter gem. § 20 Abs. 1 Nr. 1 Satz 2 EStG bis Ende 2008 im Halbeinkünfteverfahren und ab 2009 vorbehaltlich des § 20 Abs. 8 EStG und § 32 d Abs. 2 Satz 1 Nr. 3 EStG mit dem besonderen Steuersatz des § 32 d EStG im Rahmen der Abgeltungssteuer zu versteuern.
- Der Verzicht auf die werthaltige Pensionsanwartschaft führt nach den Grundsätzen des Beschlusses des Großen Senats 1/94 v. 9.6.1997,[84] zu einem fiktiven Zufluss von Arbeitslohn in Höhe des Teilwerts der verdeckten Einlage, die in der Regel nicht dem Wert der in der Bilanz aufgelösten Pensionsrückstellung entspricht, sondern diesen häufig übersteigt.
- In Höhe des als fiktiven Arbeitslohn versteuerten Teilwerts der verdeckten Einlage hat der Gesellschafter nachträgliche Anschaffungskosten i. S. d. § 17 EStG, die sich jedoch erst bei der Anteilsveräußerung gewinnmindernd auswirken. Zudem kommt es zu keiner vollständigen Kompensation des versteuerten fiktiven Arbeitslohns, da sich die nachträglichen Anschaffungskosten im Rahmen des Halbabzugsverfahrens des § 3 c Abs. 2 EStG lediglich hälftig auswirken.

Entspricht die Abfindung dem Teilwert des Pensionsanspruchs, so kommt es beim Gesellschafter zu einer etwa *anderthalbfachen Besteuerung* des Abfindungsbetrags, die erst im Zeitpunkt der – ggf. erst Jahre später erfolgenden – Veräußerung des GmbH-Anteils kompensiert wird.

Beispiel: Der nach wie vor für die Gesellschaft tätige beherrschende Gesellschafter-Geschäftsführer erhält in Höhe des Teilwerts des werthaltigen Pensionsanspruchs eine Abfindung i. H. v. 100.000 Euro (Buchwert der Pensionsrückstellung 50.000 Euro). Die in der Vergangenheit gewinnwirksam gebuchten Zuführungen zur Pensionszusage stellen – anders als die Abfindung – keine vGA dar.

Lösung:

Gesellschaftsebene: Die im betrieblichen Aufwand enthaltene Zahlung der Abfindung i. H. v. 100.000 Euro ist außerbilanziell als vGA hinzuzurechnen. Insgesamt wirkt sich die Zahlung der Abfindung auf den steuerlichen Gewinn der Gesellschaft nicht aus. Die Pensionsrückstellung ist gewinnwirksam i. H. v. 50.000 Euro aufzulösen. Hingegen ist die verdeckte Einlage im Wert von 100.000 Euro vom durch Betriebsvermögensvergleich ermittelten Gewinn der Gesellschaft abzuziehen. Saldiert vermindert sich der Gewinn der Gesellschaft um 50.000 Euro.

84 BStBl. 1998 II, 307.

Gesellschafterebene: Bis 2008 ist die erhaltene Abfindung ist als vGA im Rahmen des Halbeinkünfteverfahrens zu versteuern und erhöht somit das zu versteuernde Einkommen des Gesellschafters um 50.000 Euro. Zugleich ist als fiktiver Arbeitslohn der Teilwert des Pensionsanspruchs i. H. v. 100.000 Euro zu versteuern. Insgesamt erhöht sich das zu versteuernde Einkommen um 150.000 Euro, obgleich dem Gesellschafter lediglich Liquidität i. H. v. 100.000 Euro zugeflossen ist. Dieses Bild korrigiert sich erst, wenn der GmbH-Anteil veräußert wird. In Höhe der fiktiven Einkünfte entstehen zugleich nachträgliche Anschaffungskosten auf die Beteiligung i. H. v. 100.000 Euro, die sich im Rahmen des Halbabzugsverfahrens (§ 3 c Abs. 2 EStG) i. H. v. 50.000 Euro gewinnmindernd auswirken, so dass per Saldo ein Betrag von 100.000 Euro versteuert wurde. Ab 2009 unterliegt die vom Gesellschafter als vGA zu versteuernde Abfindung dem Sonderregime der Abgeltungssteuer, sofern der GmbH-Anteil im Privatvermögen gehalten wird. Zudem wird das Halbeinkünfteverfahren durch das Teileinkünfteverfahren ersetzt, so dass sich die nachträglichen Anschaffungskosten künftig zu 60 % steuermindernd auswirken.[85]

Bei einer als *vGA* zu qualifizierenden Abfindung ergibt sich damit ab 2009 folgendes Bild:

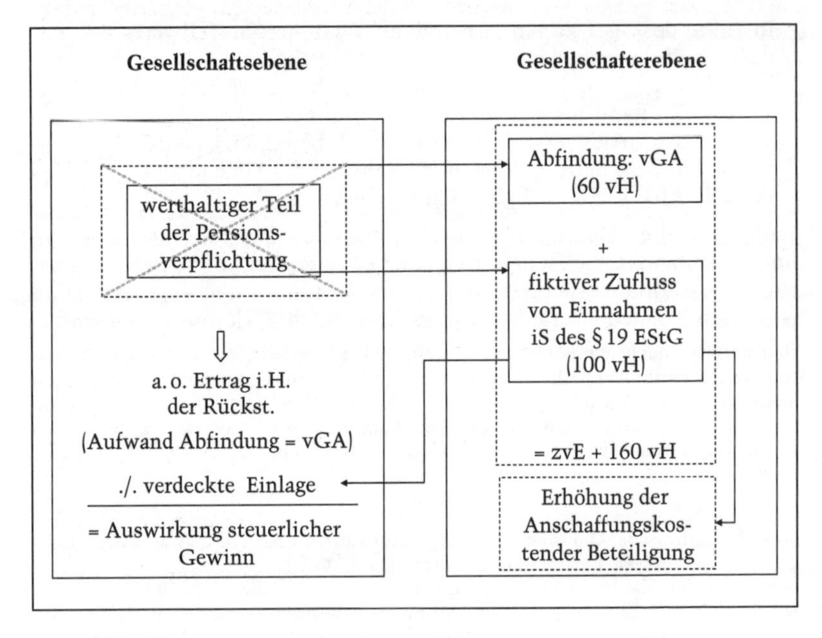

85 Vgl. § 3 c Abs. 2 EStG i. V. m. § 3 Nr. 40 EStG.

5. Übertragung der Pensionsverpflichtung auf eine Auffanggesellschaft

5.1 Einzelrechtsübertragung der Pensionsverpflichtung auf eine Auffanggesellschaft

Als Gestaltungsmöglichkeit kann die Übertragung der Pensionszusage im Wege der Schuldübernahme (§§ 414, 415 BGB) auf eine vom Pensionsberechtigten gegründete Auffanggesellschaft (*„Rentner-GmbH“*) z. B. in der Rechtsform einer GmbH erwogen werden, welche im Gegenzug die zur Deckung der Pensionszusage vorhandene Rückdeckungsversicherung bzw. sonstige vorgehaltene Vermögenswerte übernimmt. Eine solche Übertragung kann im Wege der *Einzelrechtsnachfolge* erfolgen.

In der Literatur wurde die Übertragung der Pensionsverpflichtung auf eine Auffanggesellschaft als gangbarer Weg dargestellt, der nicht zu einem *Zufluss von Arbeitslohn* beim Berechtigten führt.[86] Ebenso hat das FG Rheinland-Pfalz mit Urt. 2 K 2605/00 v. 25.9.2001[87] in der Übertragung einer Pensionsverpflichtung auf eine Auffanggesellschaft keinen Zufluss von Arbeitslohn beim Gesellschafter der GmbH gesehen.

Das Urteil des FG Rheinland-Pfalz wurde jedoch durch den BFH aufgehoben.[88] Nach Auffassung des BFH war durch die Zahlung des Ablösungsbetrags wirtschaftlich der Pensionsanspruch *im Streitfall* vorzeitig erfüllt und daher als Arbeitslohn zu versteuern. Es ist unklar, inwieweit die Aussagen des BFH verallgemeinerungsfähig sind. Der zu entscheidende Streitfall ist durch die Besonderheit geprägt, dass der Versorgungsberechtigte selbst über die Verwendung des Versorgungskapitals bestimmen konnte. Daher ist nicht völlig ausgeschlossen, dass die „Ausgliederung“ einer Pensionsverpflichtung nach wie vor – bei bestimmten Sachverhaltskonstellationen – ein gangbarer Weg zur Entpflichtung sein kann. Voraussetzung ist allerdings, dass der Versorgungsberechtigte nicht selbst über die Verwendung des Versorgungskapitals bestimmen kann. Dies entspricht auch der Auffassung der FinVerw., die – obgleich das vorgenannte BFH-Urteil vom 12.4.2007 im BStBl. veröffentlicht wurde – in Tz. 227 des BMF-Schreiben vom 20.1.2009 (IV C 3-S 2496/08/10011, IV C 5-S 2333/07/0003, 2009/0032144)[89] u. a. geregelt hat, dass die Ausgliederung einer Pensionsverpflichtungen – ohne inhaltliche Veränderung der Zusage – zu keinem Lohnzufluss beim Versorgungsberechtigten führt. Seitens der Finanzverwaltung wird insoweit teilweise vertreten, die Anwei-

86 Vgl. z. B. *Widmann* in Widmann/Mayer, Umwandlungsrecht, § 3 UmwStG Rz. 224 (Juni 1999).
87 FG Rheinland-Pfalz, Urt. v. 25.9.2001 – 2 K 2605/00, EFG 2002, 275.
88 Vgl. BFH, Urt. v. 12.4.2007 – VI R 6/02, BStBl. 2007 II, 581.
89 BMF, Schr. v. 20.1.2009 – IV C 3-S 2496/08/10011, IV C 5-S 2333/07/0003, 2009/0032144, BStBl. 2009 I, 273.

sung erfordere einen „echten Arbeitgeberwechsel", was die Übertragung einer betrieblichen Einheit voraussetze.

Fehlt es an einem „echten Arbeitsgeberwechsel", weil die aufnehmende Gesellschaft keinen aktiven Geschäftsbetrieb hat, wird sich die Steuerfreiheit auch nicht aus einer – grundsätzlich möglichen – *anlogen Anwendung von § 3 Nr. 55 EStG* ergeben.[90] Die „Übertragung" nach dieser Vorschrift wird nicht als Übernahme der bestehenden, sondern die Erteilung einer Neuzusage behandelt. Es müssen daher die allgemeinen Voraussetzungen der Zusage (insbesondere Erdienbarkeit und Wartezeit) bei der neuen GmbH erfüllt werden, was bei fehlendem aktiven Geschäftsbetrieb regelmäßig nicht möglich ist.

Nach wie vor besteht jedoch die Möglichkeit, den umgekehrten Weg zu gehen: Statt der Veräußerung der GmbH-Anteile können im Rahmen eines „asset deal" die Einzelwirtschaftsgüter mit Ausnahme der Pensionsverpflichtung auf den Erwerber übertragen werden, wobei der an die GmbH gezahlte Kaufpreis – soweit erforderlich – zur Finanzierung der Pensionsverpflichtung verwendet werden kann. Es bleibt dann eine *„Rentner-GmbH"* zurück.

5.2 Übertragung im Wege der Gesamtrechtsnachfolge

Zivilrechtlich ist es ohne weiteres möglich, die Pensionsverpflichtung mit zu deren Rückdeckung bestimmten Werten des Aktivvermögens (z.B. einer Rückdeckungsversicherung, Wertpapierdepot etc.) auf eine andere – ggf. neu gegründete – GmbH gem. *§ 123 Abs. 2 UmwG* im Wege der partiellen Gesamtrechtsnachfolge abzuspalten oder auszugliedern.

Bei der Abspaltung eines Teilbetriebs kann die Pensionsverpflichtung gegenüber einem beherrschenden Gesellschafter-Geschäftsführer aus zivilrechtlicher Sicht wahlweise der übertragenden oder der übernehmenden GmbH zugeordnet werden, wobei die Zuordnung zur übernehmenden GmbH zur Vorbereitung eines Unternehmensverkaufs die Regel sein dürfte. *Arbeitsrechtliche Restriktionen* sind hierbei nicht zu beachten. Das BetrAVG ist nicht einschlägig.[91]

Steuerrechtlich setzt die Übertragung zu Buchwerten gem. § 15 Abs. 1 Satz 2 UmwStG voraus, dass sowohl das abgespaltene Vermögen als auch das zurückbehaltene Vermögen steuerlich als Teilbetrieb anzusehen sind (sog. *doppelte Teilbetriebsbedingung)*.[92]

---

90 Vgl. Tz. 222 BMF, Schr. v. 20.1.2009 – IV C 3-S 2496/08/10011, IV C 5-S 2333/07/0003, 2009/0032144, BStBl. 2009 I, 273.

91 Vgl. dazu BAG, Urt. v. 11.3.2008 – 3 AZR 358/06, ZIP 2008, 1935.

92 Vgl. *Hörtnagl* in Schmitt/Hörtnagl/Stratz, UmwG/UmwStG, 5. Aufl. 2009, § 15 UmwStG Rz. 50 ff. zum Teilbetriebsbegriff.

Wird im konkreten Einzelfall die doppelte Teilbetriebsbedingung erfüllt, kann der abgespaltene Teilbetrieb unmittelbar zu Buchwerten auf den übernehmenden Rechtsträger übertragen werden. Ist dem abgespaltenen Teilbetrieb die Pensionszusage zuzurechnen, so könnte die Übertragung zu einem Zufluss von Arbeitslohn beim beherrschenden Gesellschafter-Geschäftsführer führen. Ob dies der Fall ist, ist durch die Rechtsprechung bisher nicht geklärt. Der wesentliche Unterschied zur Einzelrechtsnachfolge besteht ertragsteuerlich darin, dass es für die Übertragung der Versorgungsverpflichtung – anders als bei §§ 414, 415 BGB – *nicht der Zustimmung des beherrschenden Gesellschafter-Geschäftsführers* in seiner Eigenschaft als Inhaber der Pensionsanwartschaft (bzw. des Pensionsanspruchs) bedarf. Vielmehr geht bei einer Abspaltung die Versorgungsverpflichtung im Wege der (Teil-)Gesamtrechtsnachfolge auf die übernehmende Gesellschaft über. Daraus wird in der Literatur abgeleitet, dass ein Zufluss von Arbeitslohn ausscheide.[93] Die Praxis zeigt, dass die Finanzverwaltung dem folgen will. Es sollte aber gleichwohl zur Absicherung eine verbindliche Auskunft eingeholt werden.

Wird im konkreten Einzelfall die doppelte Teilbetriebsbedingung hingegen nicht erfüllt, sind die daraus resultierenden *steuerlichen Folgen* der Abspaltung einer Pensionsverpflichtung auf eine Auffanggesellschaft offen. Allgemein gilt im Rahmen einer Abspaltung, die die doppelte Teilbetriebsvoraussetzung nicht erfüllt, dass der zivilrechtlich abgespaltene Teil als Sachausschüttung an die Anteilseigner der übertragenden Körperschaft zum gemeinen Wert der Wirtschaftsgüter und als Einlage dieser Wirtschaftsgüter in die aufnehmende Körperschaft zu beurteilen ist.[94] Bei der Beurteilung der hieraus resultierenden Folgen der Abspaltung einer Pensionsverpflichtung ist m. E. wie folgt zu differenzieren:

- Soweit die zur Rückdeckung der Versorgungsverpflichtung übertragenen Aktivwerte – ausnahmsweise – den für die Versicherungswirtschaft maßgeblichen tatsächlichen Barwert (gemeiner Wert der Verbindlichkeit, nicht der Teilwert i. S. d. § 6 a EStG) übersteigt, kann es in Höhe des Differenzbetrags zu einer *Sachausschüttung* und zu einer entsprechenden Einlage in die aufnehmende Körperschaft kommen.[95] Die Sachausschüttung mindert nach § 8 Abs. 3 KStG nicht das Einkommen der übertragenden Körperschaft. Auf Ebene des beherrschenden Gesellschafter-Geschäftsführers führt die Sachausschüttung zu Einnahmen aus Kapitalvermögen i. S. d. § 20 Abs. 1 Nr. 1 EStG, die im Rahmen des Halbeinkünfteverfahrens (bzw. ab 2009 der Abgeltungssteuer) zu versteuern sind. Da die Gewinnausschüttung grundsätzlich quotal an

93 Vgl. *Förster*, DStR 2006, 2149, 2156.
94 Vgl. UmwStErl. Tz. 15.11.
95 Vgl. *Förster*, DStR 2006, 2149, 2156.

sämtliche Gesellschafter der GmbH und nicht nur an den Pensionsberechtigten erfolgt, scheidet eine Qualifikation der Sachausschüttung bei dem pensionsberechtigten Gesellschafter als Arbeitslohn mangels Anwendbarkeit des § 20 Abs. 3. EStG aus. Der einheitliche Vorgang der Sachausschüttung ist bei allen Gesellschaftern gleichermaßen als Einnahme aus Kapitalvermögen i. S. d. § 20 Abs. 1 Nr. 1 EStG zu qualifizieren. Gleiches gilt bei einer „Ein-Mann-GmbH".

- Übersteigt der für die Versicherungswirtschaft maßgebliche tatsächliche Barwert der Versorgungsverpflichtung den Wert des als Rückdeckung übertragenen Aktivvermögens, so werden in der Pensionsverpflichtung ruhende „offene" und stille Lasten zugunsten der übertragenden Gesellschaft ausgelagert. Dieser Vorgang kann jedoch *keine Sachausschüttung* darstellen, da ein „Verpflichtungsüberhang" übertragen wird. Bei der Beurteilung der sich daraus ergebenden Folgen ist m. E. der einheitliche Vorgang der Abspaltung von Aktiv- und Passivvermögen einheitlich zu betrachten und nicht in die Sachausschüttung von Aktivvermögen und die Übertragung der Verbindlichkeit künstlich aufzuspalten. Geht man hiervon aus, so ist in Höhe der Differenz des für die Versicherungswirtschaft maßgeblichen Barwerts und dem zur Rückdeckung des Pensionsanspruchs vorhandenen Aktivvermögens von einer *verdeckten Einlage* des oder der Gesellschafter auszugehen, die zu einer entsprechenden Erhöhung der Anschaffungskosten der Beteiligung an der übertragenden GmbH führt. Der beherrschende Gesellschafter-Geschäftsführer erklärt durch seine gesellschaftsrechtliche Mitwirkung bei der Abspaltung auf die Auffanggesellschaft und der damit einhergehenden teilweisen Entwertung seines Pensionsanspruchs keinen konkludenten Verzicht, der zu einem fiktiven Zufluss von Arbeitslohn führen kann, weil die weitere Entwicklung der Gesellschaft – einschließlich etwaiger künftiger Einlagen des Gesellschafters zur Steigerung deren Leistungsfähigkeit – im Regelfall nicht prognostizierbar ist. Die Übernahme einer verlustgeneigten Tätigkeit durch die „Rentner-GmbH" kann eine vGA sein.
- *Entspricht* der für die Versicherungswirtschaft maßgebliche tatsächliche Barwert der Versorgungsverpflichtung dem *Wert des als Rückdeckung übertragenen Aktivvermögens*, so ergeben sich nach obigen Grundsätzen m. E. keine steuerlichen Folgen auf Ebene des Gesellschafters.

Die Folgen lassen sich ferner vermeiden, wenn die Übertragung nicht im Wege der Abspaltung, sondern im *Wege der Ausgliederung* auf eine Tochtergesellschaft erfolgt.

6. Übertragung der Pensionsverpflichtung auf externe Versorgungsträger

6.1 Überblick

Fällt der pensionsberechtigte Gesellschafter-Geschäftsführer nicht in den Schutzbereich des BetrAVG und ist in der Folge § 4 BetrAVG nicht anwendbar, so ist es zivilrechtlich ohne weiteres möglich, mit Zustimmung des Pensionsberechtigten die bestehende Versorgungsverpflichtung im Wege der befreienden Schuldübernahme (§§ 414, 415 BGB) auf einen externen Versorgungsträger (z. B. Unterstützungskasse, Pensionsfonds etc.) zu übertragen. Als gestaltungshemmendes Element kann sich indessen das Steuerrecht erweisen. Bei der Übertragung auf eine *Unterstützungskasse* oder einen *Pensionsfonds* regeln die §§ 4 d und 4 e EStG, unter welchen Voraussetzungen die von der GmbH an den externen Versorgungsträger geleisteten Beiträge als Betriebsausgaben geltend gemacht werden können. Zudem stellt sich bei einem Wechsel des Durchführungsweges der betrieblichen Altersversorgung eines Gesellschafter-Geschäftsführers die Frage, ob eine hiermit etwaig einhergehende Verschlechterung der Rechtsposition durch das Gesellschaftsverhältnis veranlasst ist und welche steuerlichen Konsequenzen sich hieraus ergeben können.

6.2 Übertragung der Pensionsverpflichtung auf eine rückgedeckte Unterstützungskasse

Nach der Legaldefinition des § 1 b Abs. 4 Satz 1 BetrAVG ist eine Unterstützungskasse eine rechtsfähige, rechtlich selbständige Versorgungseinrichtung, die auf ihre Leistungen *keinen Rechtsanspruch* gewährt. Es gibt verschiedene Formen der Unterstützungskasse. In der mittelstandsbezogenen Beratung sind zu förderst (offene) *rückgedeckte Unterstützungskassen* von Interesse. Hierbei handelt es sich um Unterstützungskassen, die ihr Versorgungskapital ausschließlich in Rückdeckungsversicherungen anlegen. Nahezu jede deutsche Versicherungsgesellschaft verfügt über ein solches (Vertriebs-)Instrument. Zudem gibt es am Markt auch sog. unabhängige Unterstützungskassen, die Lebensversicherungsverträge verschiedener Gesellschaften zur Ausfinanzierung der Versorgungszusage zur Verfügung stellen.

Eine Übertragung ist aus steuerlicher Sicht sowohl hinsichtlich des past-service als auch des future-service möglich. Bei der Übertragung einer Pensionsverpflichtung auf eine Unterstützungskasse ist aus Beratersicht ein besonderes Augenmerk auf die oben beschriebene latente „Verzichtsproblematik" zu richten. Im Rahmen der Beurteilung, ob der Wechsel des Durchführungsweges der betrieblichen Altersversorgung von einer unmittelbaren zu einer mittelbaren Versorgung möglicherweise durch das Gesellschaftsverhältnis veranlasst ist, stellt sich das Problem, dass eine Unterstützungskasse per Definition einem Gesellschafter-Geschäftsführer keinen unmittelbaren Anspruch einräumt. Dies steht der *Fremdüblichkeit* der Übertragung jedoch nicht entgegen.

Durch die Übertragung einer Pensionsverpflichtung auf eine Unterstützungskasse wandelt sich die unmittelbare Verpflichtung aus der erteilten Direktzusage in eine *mittelbare Einstandsverpflichtung*, die allerdings nur dann zum Tragen kommt, sofern unter Berücksichtigung der von der GmbH an die Unterstützungskasse geleisteten Zuwendungen eine Unterfinanzierung besteht.

§ 4 d EStG regelt, ob und inwieweit der zu leistende Ausgleichsbetrag bei der GmbH als *Betriebsausgabe* anzuerkennen ist. Dies setzt nach § 4 d Abs. 1 Satz 1 EStG, § 8 Abs. 1 Satz 1 KStG voraus, dass die Zuwendungen zur Finanzierung von Leistungen dienen, die bei unmittelbarer Zahlung durch die GmbH betrieblich veranlasst wären. Hieraus folgt, dass Zuwendungen an die Unterstützungskasse den steuerlichen Gewinn der GmbH nur insoweit mindern, wie die ursprüngliche Erteilung der Pensionszusage nicht als vGA zu qualifizieren ist.

Die Ausfinanzierung der übertragenen Pensionsverpflichtung durch *Einmalbeträge* wird durch § 4 d Abs. 1 Satz 1 Nr. 1 Satz 1 Buchst. c Satz 2 EStG eingeschränkt. Die GmbH kann den für die Übernahme der Pensionsverpflichtung zugewendeten Betrag der Versicherungsprämie nur als Betriebsausgaben geltend machen, wenn die Unterstützungskasse laufende Prämien zu entrichten hat. Der aus der Auflösung der Pensionsrückstellung entstehende a.o. Ertrag wird somit bei der Übertragung einer Pensionsanwartschaft nicht durch die Zahlung eines Einmalbetrages neutralisiert. Somit hat die GmbH in einem solchen Fall einen *„doppelten" Liquiditätsnachteil* zu tragen: Die Einmalzahlung kann nicht als Betriebsausgaben abgesetzt werden und der sich aus der Auflösung der Pensionsrückstellung ergebende a.o. Ertrag löst KSt. und GewSt. aus.

Anders sieht die Situation im Falle der Übertragung einer (erdienten) Versorgungsrente aus. Werden die zugesagten Leistungen erst *nach Eintritt des Versorgungsfalles* rückgedeckt, können hierfür Einmalprämien mit steuerlicher Wirkung zugewendet werden. Die Beschränkung des Betriebsausgabenabzugs greift nicht.[96] In diesem Fall wird der durch den Wegfall der Pensionsrückstellung entstehende a.o. Ertrag durch die steuerlich wirksame Zuwendung des Einmalbetrags (über-)kompensiert und es entsteht auf Ebene der Gesellschaft ein entsprechender Verlust, da die in der Pensionsrückstellung enthaltenen stillen Lasten realisiert werden.

Da dem Pensionsberechtigten kein Anspruch gegen die Unterstützungskasse verschafft wird, kommt ein Lohnzufluss insoweit nicht in Betracht.

96 Vgl. R 4d Abs. 7 EStR 2008.

Steuerliche Konsequenzen auf der Gesellschaftsebene ergeben sich demnach nicht. Einkünfte i. S. d. § 19 EStG werden erst im Zeitpunkt der *Auszahlung* des Ruhegeldes durch die Unterstützungskasse erzielt.[97]

6.3 Übertragung der Pensionsverpflichtung auf einen Pensionsfonds

Wird die Pensionsverpflichtung auf einen Pensionsfonds mit der Folge übertragen, dass der Gesellschafter-Geschäftsführer einen Rechtsanspruch gegen den Pensionsfonds erlangt, so führt die Verschaffung dieses Anspruchs dem Grunde nach zum sofortigen Zufluss von Arbeitslohn. Der aus der Übertragung der Pensionsverpflichtung resultierende Arbeitslohn ist unter den Voraussetzungen des § 3 Nr. 66 EStG steuerfrei. Voraussetzung für die Steuerfreistellung bei dem Gesellschafter-Geschäftsführer ist jedoch, dass die Kapitalgesellschaft einen Antrag nach § 4 e Abs. 3 EStG stellt, also die von ihr an den Pensionsfonds zu zahlenden Beträge, die den in der Bilanz passivierten Wert der Pensionsrückstellung übersteigen, nach § 4 e Abs. 3 Satz 2 EStG *nicht als sofort abzugsfähige Betriebsausgabe* berücksichtigt werden. Nur bis zur Höhe der aufgelösten Pensionsrückstellung liegen sofort abzugsfähige Betriebsausgaben vor. Die den Buchwert der Pensionsrückstellung übersteigenden Beträge sind gleichmäßig verteilt in den folgenden zehn Jahren als Betriebsausgabe abzuziehen.

Nach Auffassung der Finanzverwaltung können lediglich bereits erdiente Ansprüche auf einen Pensionsfonds übertragen (sog. *past-service*) werden. Für aktive Anwärter hat dies zur Folge, dass Beiträge für künftig noch zu erdienende Ansprüche (sog. future-service) ausschließlich im begrenzten Rahmen des § 3 Nr. 63 EStG steuerfrei sind.[98]

Regelmäßig sind die Aufwendungen für die Übernahme einer Pensionsverpflichtung durch einen Pensionsfonds prohibitiv hoch. Dies hat seine Ursache in den von § 6 a EStG *abweichenden Berechnungsgrundlagen* der Versicherungswirtschaft (längere Lebenserwartung, geringerer Zinsfuß). Die Gestaltungsmöglichkeit verliert zusätzlich dadurch ihren Reiz, dass die Steuerfreiheit der Verschaffung des Anspruchs gegen den Pensionsfonds zugunsten des Gesellschafter-Geschäftsführers durch einen zeitlich gestreckten Betriebsausgabenabzug bei der Kapitalgesellschaft erkauft werden muss. Hierdurch ergibt sich ein erheblicher Liquiditätsnachteil bei der Gesellschaft.

Andererseits ist die Übertragung auf einen Pensionsfonds die einzige Möglichkeit, die Pensionsanwartschaft eines aktiven Gesellschafter-Ge-

---

97 Vgl. BMF, Schr. v. 17.11.2004 – IV C 4 – S 2222–177/07/IV C 5 – S 2333–269/04, BStBl. 2004 I, 1065, Rz. 160.

98 Vgl. BMF, Schr. v. 26.10.2006 – IV B 2 – S 2144–57/06, BStBl. 2006 I, 711.

schäftsführers auf einen externen Versorgungsträger zu verlagern und den dafür zu leistenden Einmalbetrag (über einen Zeitraum von zehn Jahren) vollständig als Betriebsausgaben geltend machen zu können. Dies ist kann *interessant bei Unternehmensverkäufen* sein.

Zahlt die Gesellschaft nur den *Buchwert der Pensionsrückstellung als Einmalbetrag* in den Pensionsfonds ein, so liegt das hierdurch erreichte Versorgungsvolumen regelmäßig deutlich unter dem zivilrechtlichen Pensionsanspruch des Gesellschafter-Geschäftsführers. Die Gesellschaft bleibt insoweit gegenüber dem Gesellschafter-Geschäftsführer in der Nachschusspflicht. Der hierauf entfallende Teil der Pensionsrückstellung muss in der Bilanz ausgewiesen werden. Die Pensionsrückstellung ist somit lediglich im Verhältnis der vom Pensionsfonds übernommenen Versorgungsleistung zur insgesamt geschuldeten Pensionsleistung aufzulösen. Hieraus folgt wiederum, dass die Steuerfreiheit der Verschaffung des Anspruchs gegen den Pensionsfonds durch einen zeitlich gestreckten Betriebsausgabenabzug bei der Gesellschaft erkauft werden muss. Soweit sich der Gesellschafter-Geschäftsführer entschließt, anteilig auf seine bereits erdienten Pensionsansprüche – die nicht auf den Pensionsfonds übertragen wurden – zu verzichten, treten regelmäßig die oben geschilderten Rechtsfolgen ein.

Ist ausreichend Liquidität vorhanden, um die bereits erdienten Pensionsansprüche vollumfänglich auf einen Pensionsfonds zu übertragen, so führt der *Verzicht auf die noch zu erdienenden Pensionsansprüche* nicht zu einem fiktiven Zufluss von Arbeitslohn und einer verdeckten Einlage in die Gesellschaft. Denn bei einem Verzicht vor Eintritt des Versorgungsfalls kommt es – wie oben dargestellt – nur hinsichtlich des sog. past-service zu einer verdeckten Einlage.[99] Die noch zu erdienende Anwartschaft stellt keinen einlagefähigen Vermögensvorteil dar.[100]

---

99 Vgl. H 40 KStH 2006 (Verzicht auf Pensionsanwartschaftsrechte).
100 Vgl. *Pradl*, GStB 2006, 315, 319.

Aktuelle Probleme aus dem Bilanzsteuerrecht

Dipl. Kfm. Manfred Günkel
Steuerberater und Wirtschaftsprüfer, Düsseldorf

Inhaltsübersicht

I. Aufhebung der umgekehrten Maßgeblichkeit durch das BilMoG

1. Sachverhalt:

Herr A, Geschäftsführer der Produktionsgesellschaft M-GmbH, bittet den Steuerberater um steuerbilanzielle Würdigung der nachstehenden Sachverhalte vor dem Hintergrund der Änderungen des Maßgeblichkeitsgrundsatzes durch das Gesetz zur Modernisierung des Bilanzrechts (Bilanzrechtsmodernisierungsgesetz, BilMoG).[1]

- Sachverhalt (a): Die M-GmbH hat im Januar 2009 eine Produktionsmaschine angeschafft, die im handelsrechtlichen Jahresabschluss linear über die betriebsgewöhnliche Nutzungsdauer von 10 Jahren abgeschrieben werden soll, um handelsrechtliches Ausschüttungspotenzial zu erhalten. Herr A fragt an, ob in der Steuerbilanz trotzdem das durch das sog. Konjunkturpaket I[2] eingeführte befristete Wahlrecht zur degressiven Absetzung für Abnutzung für bewegliche Wirtschaftsgüter des Anlagevermögens i. S. v. § 7 Abs. 2 EStG in Anspruch genommen werden kann, um entsprechende Steuerstundungseffekte zu erzielen.
- Sachverhalt (b): Die M-GmbH weist in den Finanzanlagen Anteile an verbundenen Unternehmen aus, deren Verkehrswert im Jahr 2009 nach

1 BGBl. I 2009, S. 1102 ff.
2 Gesetz zur Umsetzung steuerlicher Regelungen des Maßnahmenpakets „Beschäftigungssicherung durch Wachstumsstärkung“ v. 21.12.2008 (Konjunkturpaket I), BGBl. I 2008, S. 2896.

den Erkenntnissen zum Bilanzstichtag aufgrund der Finanzmarktkrise dauerhaft unter den Buchwert gesunken ist. Der Abschlussprüfer der M-GmbH fordert eine Abschreibung der Anteile auf den niedrigeren beilzulegenden Wert i. S. v. § 253 Abs. 2 Satz 3 HGB. Da eine Teilwertabschreibung i. S. v. § 6 Abs. 1 Nr. 2 Satz 2 EStG keine Auswirkungen auf das zu versteuernde Einkommen hat (§ 8 b Abs. 3 Satz 3 KStG) aber im Falle einer entsprechenden Wertaufholung diese in Höhe von 5 % der ursprünglichen Teilwertabschreibung steuerpflichtig sei (§ 6 Abs. 1 Nr. 2 Satz 2 EStG i. V. m. § 8 b Abs. 2 Satz 3, Abs. 3 Satz 3 KStG[3]) möchte der Geschäftsführer der M-GmbH in der Steuerbilanz den steuerlichen Buchwert beibehalten, in dem er das Wahlrecht in § 6 Abs. 1 Nr. 2 Satz 2 EStG ausübt.

Der Gesellschaftsvertrag der M-GmbH enthält keine Einheitsbilanzklausel, wonach die Steuerbilanz – soweit rechtlich zulässig – mit dem handelsrechtlichen Jahresabschluss übereinstimmen soll. Das Wirtschaftsjahr der A-GmbH entspricht dem Kalenderjahr.

2. Lösungshinweise:

Das Prinzip der (materiellen) Maßgeblichkeit des handelsrechtlichen Jahresabschlusses für die steuerliche Gewinnermittlung (§ 5 Abs. 1 Satz 1 EStG) bleibt auch nach den Änderungen durch das BilMoG im Grundsatz weiterhin erhalten. Demnach sind kodifizierte und nicht kodifizierte abstrakte handelsrechtliche Vorschriften über Buchführung und Bilanzierung auch für steuerliche Zwecke verbindlich, sofern ihnen keine vorrangigen steuerlichen Normen oder steuerlichen Wahlrechte entgegenstehen. Vorbehaltlich steuerlicher Sondervorschriften (§ 5 Abs. 6 EStG) erstreckt sich das Maßgeblichkeitsprinzip auch auf die Bewertung.

Der bisherige Grundsatz der umgekehrten Maßgeblichkeit der Steuerbilanz für die Handelsbilanz (§ 5 Abs. 1 Satz 2 EStG a. F.) wurde zur Verbesserung der Informationsfunktion des Jahresabschlusses abgeschafft.[4]

---

3 Vgl. dazu auch BFH, Urt. v. 19.8.2009 – I R 1/09, BB 2009, 2643 mit Anm. *Günkel.*

4 Die bislang grundlegende Bedeutung der umgekehrten Maßgeblichkeit hatte der BFH mit Urteil v. 4.6.2008 (I R 84/07, BStBl. II 2009, S. 187 siehe auch BB 2008, 2229 mit Anm. *Günkel*) eingeschränkt. Nach Auffassung des BFH ist die Notwendigkeit, steuerliche Sonderabschreibungen nach § 1 Abs. 1 Satz 1 i. V. m. § 4 FördG handelsrechtlich nachzuvollziehen, lediglich auf das Jahr der Vornahme der Sonderabschreibung beschränkt. In den Folgejahren kann – unbeachtlich einer handelsrechtlichen Zuschreibung – nicht auf die einmal in Anspruch genommene Sonderabschreibung nach § 1 Abs. 1 Satz 1 i. V. m. § 4 FördG verzichtet werden, sondern ist der verminderte Wertansatz mangels Zulässigkeit einer steuerlichen Zuschreibung über die Wertobergrenze des § 6 Abs. 1 Nr. 1

Danach waren sämtliche steuerlichen Ansatz- und Bewertungswahlrechte stets in Übereinstimmung mit der Handelsbilanz auszuüben. Die Übernahme GoB-widriger steuerlicher Wahlrechte in den handelsrechtlichen Jahresabschluss wurde durch sog. Öffnungsklauseln (§§ 247 Abs. 3, 254, 273, 279 Abs. 2, 280 Abs. 2, 281 HGB a. F.) ermöglicht.[5]

Im Zuge der Abschaffung der umgekehrten Maßgeblichkeit wurde § 5 Abs. 1 Satz 1 EStG um einen 2. Halbsatz ergänzt, der besagt, dass handelsrechtliche Wertansätze in der Steuerbilanz nunmehr nur noch in den Fällen relevant sind, in denen kein anderer Wertansatz *„im Rahmen der Ausübung eines steuerlichen Wahlrechts"* gewählt wurde. Voraussetzung für die steuerliche Wahlrechtsausübung ist, dass die Wirtschaftsgüter, die nicht mit dem handelsrechtlich maßgeblichen Wert in der steuerlichen Gewinnermittlung ausgewiesen werden, in besondere, laufend zu führende Verzeichnisse aufgenommen werden (§ 5 Abs. 1 Satz 2 EStG). Da der Wegfall der umgekehrten Maßgeblichkeit ohne Übergangsfrist in Kraft getreten ist, stellt sich die Frage der Auswirkungen auf die beiden Fallgestaltungen schon für 2009.

Der Wegfall der umgekehrten Maßgeblichkeit ermöglicht zukünftig grundsätzlich eine eigenständige Ausübung steuerlicher Wahlrechte in der Steuerbilanz ohne entsprechende Abbildung im handelsrechtlichen Jahresabschluss. Über den Umfang des steuerlichen Wahlrechtvorbehalts und die Reichweite der materiellen Maßgeblichkeit besteht derzeit in der Fachdiskussion allerdings keine einheitliche Meinung.[6] Fraglich ist insbesondere, ob nunmehr sämtliche steuerlichen Wahlrechte, d. h. unabhängig davon, ob sie zu GoB-widrigen Werten führen (z. B. Wahlrechte nach § 6 b EStG, Rücklage für Ersatzbeschaffung i. S. v. R 6.6 EStR 2008, Sonderabschreibungen etc.) oder GoB-konform sind (z. B. Abschreibungsmethoden bei beweglichen Wirtschaftsgütern des Anlagevermögens, Einbezug allgemeiner Verwaltungskosten und/oder sozialer Aufwendungen in die Herstellungskosten etc.), in der Steuerbilanz unabhängig vom handelsrechtlichen Jahresabschluss ausgeübt werden dürfen.

Satz 4 EStG fortzuführen. Siehe hierzu auch BMF, Schr. v. 11.2.2009 – IV C 6 – S 2170/0, BStBl. I 2009, S. 397, nach dem die Grundsätze des Urteils jedoch nicht auf die Bildung oder Beibehaltung von Rücklagen übertragbar ist, da die Bewertungsobergrenze i. S. v. § 6 Abs. 1 Satz 4 EStG nicht anzuwenden ist.

5 Die Öffnungsklauseln sind letztmals auf Jahresabschlüsse für das vor dem 1.1.2010 beginnende Geschäftsjahr anzuwenden (Art. 66 Abs. 5 EGHGB). Trotz des entgegenstehenden Wortlauts von §§ 254, 273 HGB sollen diese noch für das Berichtsjahr 2009 Anwendung finden (siehe ERS HFA 28, Tz. 3).

6 Zum aktuellen Stand der Diskussion siehe *Dörfler/Adrian*, DB 2009, Beilage 5, 58 ff; *Hennrichs*, Ubg 2009, 533 ff.; *Herzig/Briesemeister*, DB 2009, 926 ff.; *Ortmann-Babel/Bolik/Gageur*, DStR 2009, 934 ff.; *Schenke/Risse*, DB 2009, 1957 ff.; *Günkel* in Fischer/Günkel/Neubeck/Pannen, Die Bilanzrechtsreform 2009/10, Bonn 2009, S. 91 ff.; *Ley/Spingler*, Ubg 2009, 781 ff.

Unzweifelhaft scheint, dass GoB-widrige steuerliche Wahlrechte, die bislang in den Anwendungsbereich der umgekehrten Maßgeblichkeit (§ 5 Abs. 1 Satz 2 EStG a. F. i. V. m. §§ 247 Abs. 3, 254, 273, 279 Abs. 2, 280 Abs. 2, 281 HGB a. F.) fielen, auch weiterhin in der Steuerbilanz ausgeübt werden dürfen. Noch nicht abschließend geklärt ist, ob dies auch alle übrigen rein steuerlichen Wahlrechte, z. B. GoB-konforme steuerliche Wahlrechte, gilt. Die Begründung zum Regierungsentwurf des BilMoG stellt in diesem Zusammenhang lediglich auf steuerliche Wahlrechte ab, die von den handelsrechtlichen Bilanzierungsvorschriften abweichen.[7] Dies könnte auf eine beabsichtigte Beschränkung der steuerlichen Wahlrechtsausübung auf lediglich GoB-widrige Wahlrechte hindeuten. Aus dem Wortlaut des § 5 Abs. 1 Satz 1 EStG erschließt sich eine derartige Beschränkung jedoch nicht. Es erscheint daher fraglich, ob aufgrund des eindeutigen Wortlautes der Vorschrift diese teleologisch reduziert nur auf GoB-widrige Steuersubventionsnormen angewendet werden kann[8]. Die Auslegung findet ihre Grenze dort, wo der mögliche Wortsinn endet.

Zu Sachverhalt (a):

Die Wahl der Abschreibungsmethode für bewegliche Vermögensgegenstände des Anlagevermögens steht nach § 253 Abs. 2 Sätze 1, 2 HGB im Ermessen des Kaufmanns, denn sowohl die lineare als auch die degressive Abschreibungsmethode sind GoB-konform.[9]

Für steuerliche Zwecke ist die lineare Absetzung für Abnutzung ohne Einschränkung zulässig (§ 7 Abs. 1 Sätze 1, 2 EStG). Die degressive Absetzung für Abnutzung wurde für bewegliche Wirtschaftsgüter des Anlagevermögens, die nach dem 31.12.2007 angeschafft oder hergestellt wurden, im Rahmen der Unternehmenssteuerreform 2008[10] abgeschafft. Durch das sog. Konjunkturpaket I[11] wurde das Wahlrecht zur degressiven Absetzung für Abnutzung beweglicher Wirtschaftsgüter des Anlagevermögens allerdings für einen befristeten Zeitraum wieder eingeführt (Anschaffung oder Herstellung der betreffenden Wirtschaftsgüter nach dem 31.12.2008 und vor dem 1.1.2011). Die Abschreibung darf höchstens das Zweieinhalbfache der linearen Abschreibung und 25 % p. a. nicht übersteigen (§ 7 Abs. 2 Sätze 1, 2 EStG).

7 Vgl. BT-Drucks. 16/10067 v. 30.7.2008, S. 99.

8 So *Hennrichs*, Ubg 2009, 533 (536).

9 Vgl. *Hoyos/Schramm/M. Ring* in Beck'scher Bilanzkommentar, 6. Aufl. 2006, § 253 HGB, Rz. 238 ff.; WP-Handbuch 2006, Band I, 13. Aufl. 2006, E 294 ff.

10 BGBl. I 2007, S. 1912 ff.

11 Gesetz zur Umsetzung steuerlicher Regelungen des Maßnahmenpakets „Beschäftigungssicherung durch Wachstumsstärkung" v. 21.12.2008 (Konjunkturpaket I), BGBl. I 2008, S. 2896.

Nach bisheriger Rechtsauffassung setzte die Anwendung der degressiven Absetzung für Abnutzung in der Steuerbilanz aufgrund der umgekehrten Maßgeblichkeit grundsätzlich voraus, dass auch handelsrechtlich degressiv abgeschrieben wurde, d. h. das handelsrechtliche Wahlrecht musste korrespondierend zum steuerlichen Wahlrecht ausgeübt werden.[12] Konsequenz war eine übereinstimmende Wahl der Abschreibungsmethode in Handels- und Steuerbilanz.

Aus dem Wortlaut des neuen § 5 Abs. 1 Satz 1 2. Halbsatz EStG könnte demgegenüber geschlossen werden, dass der Steuerpflichtige das Wahlrecht zur degressiven Absetzung für Abnutzung in der Steuerbilanz nunmehr unabhängig von der Handelsbilanz ausüben kann. § 7 Abs. 2 EStG gewährt dem Steuerpflichtigen eindeutig ein Wahlrecht, das den Wortlaut des 2. Halbsatzes von § 5 Abs. 1 Satz 1 EStG erfüllen sollte.[13] Gegen diese Auffassung wird eingewendet, dass das Recht zur Auswahl GoB-konformer Wertansätze stets in Übereinstimmung mit dem handelsrechtlichen Jahresabschluss ausgeübt werden müsste, da für die Ausübung GoB-konformer Wahlrechte allein der Grundsatz der uneingeschränkten (materiellen) Maßgeblichkeit i. S. v. § 5 Abs. 1 Satz 1 1. Halbsatz EStG gelte. Ein „anderer Ansatz" (2. Halbsatz) sei nach dem systematischen Zusammenhang ein von den GoB abweichender Ansatz, so dass hinsichtlich der Ausübung GoB-konformer Wahlrechte der 1. Halbsatz des § 5 Abs. 1 Satz 1 EStG dem 2. Halbsatz vorgehe.[14] Diese Argumentation erscheint nicht einleuchtend, da § 7 Abs. 2 EStG dem Steuerpflichtigen ein eigenständiges Wahlrecht einräumt, das dieser nach dem Wortlaut des § 5 Abs. 1 Satz 1 2. Halbsatz EStG gerade unabhängig vom handelsrechtlichen Jahresabschluss ausüben darf.

Die M-GmbH kann nach dieser Auffassung die im Jahr 2009 angeschaffte Produktionsanlage daher in der Handelsbilanz linear über 10 Jahre und davon abweichend in der Steuerbilanz degressiv zu 25 % p. a. abschreiben.

Zu Sachverhalt (b):

§ 6 Abs. 1 Nr. 2 Satz 2 EStG erlaubt dem Steuerpflichtigen, auch bei dauerhafter Wertminderung von Beteiligungen auf den Ansatz des niedrige-

12 Die Ausübung des korrespondierenden handelsrechtlichen Wahlrechts ergab sich in diesem Fall aus den GoB selbst – eine Inanspruchnahme einer (GoB-widrigen) handelsrechtlichen Öffnungsklausel kam nicht in Betracht. Zur Inanspruchnahme GoB-konformer Wahlrechte bei umgekehrter Maßgeblichkeit siehe auch *Hennrichs*, Ubg 2009, 533 (536).

13 Vgl. z. B. *Dörfler/Adrian*, DB 2009, Beilage 5, 58 (58 f.); Fischer/Günkel/Neubeck/Pannen, Die Bilanzrechtsreform 2009/10, 2009, Rz. 220; *Herzig/Briesemeister*, DB 2009, 926 (930, 931); *Ortmann-Babel/Bolik/Gageuer*, DStR 2009, 934 (935).

14 Vgl. *Hennrichs*, Ubg 2009, 533 (537 f.).

ren Teilwerts zu verzichten, obwohl nach handelsrechtlichen GoB eine Abschreibung auf den niedrigeren beizulegenden Wert zwingend vorzunehmen ist (§ 253 Abs. 3 Satz 4 HGB). Macht der Steuerpflichtige von dem steuerlichen Wahlrecht Gebrauch, erhöht sich das steuerliche Betriebsvermögen im Vergleich zu dem Betriebsvermögen, das nach den handelsrechtlichen GoB auszuweisen wäre. Es käme mithin zu einem GoB-widrigen Wertansatz in der Steuerbilanz.

Bislang war eine Inanspruchnahme dieses allein steuerlichen Wahlrechts mangels korrespondierendem handelsrechtlichen Wahlrecht nicht möglich. §§ 247 Abs. 3, 254, 273, 279 Abs. 2, 280 Abs. 2, 281 HGB a. F., die als Öffnungsklausel die Übernahme GoB-widriger steuerlicher Wertansätze in den handelsrechtlichen Jahresabschluss ermöglichen, waren nicht anwendbar, weil das steuerliche Wahlrecht zum Verzicht auf die Teilwertabschreibung nicht zu niedrigeren, sondern – umgekehrt – zu höheren Wertansätzen als nach handelsrechtlichen GoB führen würde. Aus dem steuerlichen Wahlrecht zur Teilwertabschreibung bei dauerhafter Wertminderung wäre somit wegen der zwingenden Regelung des § 253 Abs. 2 Satz 3 HGB unter Geltung des Maßgeblichkeitsgrundsatzes vor BilMoG eine Pflicht geworden.

Demgegenüber ermöglicht der Wortlaut des neuen 2. Halbsatzes von § 5 Abs. 1 Satz 1 EStG nunmehr die Möglichkeit zu einer eigenständigen Ausübung sämtlicher GoB-widriger steuerlicher Wahlrechte in der Steuerbilanz unabhängig vom Handelsrecht und unabhängig davon, ob diese bislang vom Anwendungsbereich der umgekehrten Maßgeblichkeit erfasst wurden.[15] Unter Hinweis auf die Gesetzesmaterialien[16] wird dagegen eingewendet, dass der Gesetzgeber eine so weitgehende Möglichkeit zur Abkoppelung von der Handelsbilanz nicht gewollt habe.[17] Eine dahingehende Unterscheidung, ob die eigenständige Ausübung GoB-widriger steuerlicher Wahlrechte unter Geltung des Grundsatzes der umgekehrten Maßgeblichkeit bisher zulässig war, lässt sich entgegen dem insoweit klaren Wortlaut des § 5 Abs. 1 Satz 1 2. Halbsatz nicht treffen. Bei der Teilwertabschreibung gilt dies schon deshalb, da vom Gesetzgeber aus-

---

15 Vgl. z. B. *Dörfler/Adrian*, DB 2009, Beilage 5, 58 (58); *Herzig/Briesemeister*, DB 2009, 926 (930, 931); *Ortmann-Babel/Bolik/Gageuer*, DStR 2009, 934 (935).

16 Auf die Möglichkeit eines steuerlichen Wahlrechts bei der Teilwertabschreibung weist der Bundesrat in seiner Stellungnahme zum Entwurf des BilMoG ausdrücklich hin und bittet um Prüfung einer konkreteren Ausgestaltung des Maßgeblichkeitsgrundsatzes. Vgl. Bundesrat, Stellungnahme zum Bilanzrechtsmodernisierungsgesetz v. 4.7.2008, BR-Drucks. 344/08(B), S. 12. In der Antwort der Bundesregierung wird ausgeführt, dass der (materielle) Maßgeblichkeitsgrundsatz durch die Änderungen nicht berührt werde und es insoweit bei einer Pflicht zu Teilwertabschreibung bliebe.

17 Vgl. z. B. *Hennrichs*, Ubg 2009, 533 (538 f.); *Schenke/Risse*, DB 2009, 1957 (1958).

drücklich abweichende Bilanzansätze durch die unterschiedliche Formulierung steuerlicher und handelsrechtlicher Vorschriften in Kauf genommen werden.

Die M-GmbH kann daher nach dieser Auffassung trotz handelsrechtlicher Pflicht zur Abschreibung von Finanzanlagen auf den niedrigeren beizulegenden Wert bei dauerhafter Wertminderung (§ 253 Abs. 3 Satz 4 HGB) für steuerliche Zwecke das Wahlrecht zum Verzicht auf eine korrespondierende Teilwertabschreibung ausüben.

Fazit: Der handelsrechtliche Jahresabschluss verliert wegen der Abschaffung der umgekehrten Maßgeblichkeit der Steuerbilanz für die Handelsbilanz (§ 5 Abs. 1 Satz 2 EStG a. F.) und der Einschränkung der materiellen Maßgeblichkeit bei Ausübung steuerlicher Wahlrechte durch Ergänzung des § 5 Abs. 1 Satz 1 2. Halbsatz EStG insgesamt weiterhin an Relevanz für die steuerliche Gewinnermittlung. Die Änderungen des Maßgeblichkeitsgrundsatzes durch BilMoG ermöglichen den Steuerpflichtigen erstmals, eine eigenständige Steuerbilanzpolitik hinsichtlich der Ausübung GoB-konformer und GoB-widriger steuerlicher Wahlrechte zu betreiben, um beispielsweise in Zeiten der Mindestbesteuerung (§ 10 d EStG, § 10 a GewStG) und der partiellen Steuerpflicht von Wertaufholungen von Beteiligungen (§ 8 b Abs. 3 Satz 3 KStG) ungewünschte steuerliche Ergebnisse zu vermeiden.

II. Bilanzberichtigung: Bindung der Finanzverwaltung an subjektiv richtige Bilanzansätze des Steuerpflichtigen

1. Sachverhalt:

Die A-GmbH hat ein dem Kalenderjahr entsprechendes Wirtschaftsjahr. Bei der Aufstellung des Jahresabschlusses 01 im März 02 bildet sie eine Rückstellung. Zweifelhaft ist, ob die Bildung dieser Rückstellung steuerlich zulässig ist oder der Betriebsausgabenabzug erst im Abflusszeitpunkt erfasst werden kann. Höchstrichterliche Rechtsprechung lag diesbezüglich bis zur Bilanzerstellung nicht vor. Auf Basis eines Teils der im Schrifttum vertretenen Auffassungen entschließt sich die A-GmbH zur Bildung der Rückstellung. Das Finanzamt berücksichtigt den auf dieser Basis ermittelten Gewinn in den Steuerbescheiden, die gem. § 164 Abs. 1 AO unter dem Vorbehalt der Nachprüfung ergehen.

Im Rahmen der steuerlichen Außenprüfung des Veranlagungszeitraums 01 vertritt die Finanzverwaltung, gestützt auf die in der Zwischenzeit ergangene höchstrichterliche Rechtsprechung, dass die im Veranlagungszeitraum 01 erfolgte Rückstellungsbildung objektiv falsch war und der Betriebsausgabenabzug erst im Abflusszeitpunkt erfasst werden kann.

Die Finanzverwaltung beabsichtigt, eine entsprechende Berichtigung der Steuerbilanzen und Änderung der Steuerbescheide vorzunehmen. Die A-GmbH bittet ihren Steuerberater um Rat, ob die Finanzverwaltung die Rückstellungsbildung wirklich negieren kann.

2. Lösungshinweise:

Im Rahmen einer Bilanzberichtigung nach § 4 Abs. 2 Satz 1 EStG kann ein *unrichtiger* Bilanzansatz auch nach Einreichung der Bilanz beim Finanzamt durch einen *richtigen* Bilanzansatz ersetzt werden. In Abgrenzung hierzu muss die Bilanzänderung gem. § 4 Abs. 2 Satz 2 EStG gesehen werden, wonach ein richtiger Bilanzansatz durch einen ebenfalls *richtigen* Bilanzansatz ersetzt werden kann. Eine solche Änderung der Bilanz kann nur in einem sachlichen und zeitlichen Zusammenhang mit einer Bilanzberichtigung i. S. d. § 4 Abs. 2 Satz 1 EStG vorgenommen werden und wirkt nur so weit die Gewinnänderung auf Grund der Bilanzberichtigung reicht.

In diesem Zusammenhang ist daher zu bestimmen, wann ein Bilanzansatz *„falsch"* bzw. – genauso wie ein anderer Bilanzansatz – auch *„richtig"* ist. Nach der Rechtsprechung des BFH[18] zum sog. subjektiven Fehlerbegriff ist ein Bilanzansatz im Sinne des § 4 Abs. 2 Satz 1 EStG *„richtig"*, wenn er denjenigen Kenntnisstand widerspiegelt, den der Kaufmann im Zeitpunkt der Bilanzaufstellung bei pflichtgemäßer und gewissenhafter Prüfung haben konnte. Sofern zum Zeitpunkt der Bilanzerstellung noch keine Rechtsprechung zu der in Rede stehenden Bilanzierungsfrage ergangen ist, muss nach o. g. höchstrichterlicher Rechtsprechung des BFH jede der kaufmännischen Sorgfalt entsprechende Bilanzierung als *„richtig"* angesehen werden.

Dieser im Zeitpunkt der Bilanzerstellung subjektiv *„richtige"* Bilanzansatz ist auch dann der Besteuerung zu Grunde zu legen, wenn er sich bei Berücksichtigung später gewonnener Erkenntnisse als objektiv unrichtig herausstellt.[19]

Eine fehlerhafte Bilanz i. S. d. § 4 Abs. 2 Satz 1 EStG liegt nur dann vor, wenn eine bestimmte Bilanzierungsfrage durch höchstrichterliche Rechtsprechung bereits abschließend zum Zeitpunkt der Bilanzerstellung geklärt ist und die Bilanzierung des Steuerpflichtigen davon abweicht oder ein Verstoß gegen eine eindeutige bilanzsteuerrechtliche Vorgabe

18 Vgl. BFH, Urt. v. 5.4.2006 – I R 46/04, BStBl. II 2006, 688; bestätigt durch BFH, Urt. v. 5.6.2007 – I R 47/06, BStBl. II 2007, 818; BFH, Urt. v. 23.1.2008 – I R 40/07, BStBl. II, 2008, 669; BFH, Urt. v. 17.7.2008 – I R 85/07, BStBl. 2008, 924.

19 Vgl. BFH, Urt. v. 5.6.2007 – I R 47/06, BStBl. II 2007, 818.

vorliegt. In diesen Fällen kann eine Berichtigung der fehlerhaften Bilanz gem. § 4 Abs. 2 Satz 1 EStG vorgenommen werden.[20]

Vor dem Hintergrund, dass im Rahmen der vernünftigen kaufmännischen Beurteilung eine Bandbreite richtiger Entscheidungsmöglichkeiten besteht, hat der Steuerpflichtige das Vorrecht zur Einschätzung und Ausübung von Entscheidungsspielräumen im tatsächlichen Bereich.[21] Bei dieser Beurteilung ist der Steuerpflichtige nicht zwingend an eine gefestigte Übung in der Bilanzierungspraxis, an eine in der Literatur herrschende Meinung oder an gleichlautende erstinstanzlich finanzgerichtliche Urteile gebunden.[22]

Vor diesem Hintergrund werden in der Literatur folgende Handlungsempfehlungen gegeben:[23]

- Bei fehlender höchstrichterlicher Rechtsprechung bezüglich einer Bilanzierungsfrage sollte der Steuerpflichtige die Auffassung zu Grunde legen, die ein sorgfältiger und gewissenhafter Kaufmann gerade noch vertreten kann. Hierbei kommt insbesondere dem Vorsichtsprinzip eine besondere Bedeutung zu.
- Auf Grund der materiellen Maßgeblichkeit der Handels- für die Steuerbilanz ist ggf. auch in der Handelsbilanz der aus Sicht des Steuerpflichtigen günstigste Bilanzansatz zu vertreten.
- Sofern der Steuerpflichtige eine durch die Finanzverwaltung restriktiver vertretene Auffassung im Rahmen der Bilanzierung zugrundelegt, er aber einen davon abweichenden Ansatz für richtig hält, muss der Steuerpflichtige dies durch Zusätze oder Vermerke bei der Aufstellung der Bilanz vermerken, damit eine spätere Berichtigung der Steuerbilanz nach ergehen entsprechender höchstrichterlicher Rechtsprechung zulässig ist (R 4.4 Abs. 1 Satz 6 EStR).

Die bisherige Rechtsprechung des BFH betraf allerdings immer Fälle, in denen der Steuerpflichtige „rückwirkend" durch eine Bilanzberichtigung versuchte, eine inzwischen ergangene günstige BFH-Rechtsprechung anzuwenden, die er aber seiner ursprünglichen Bilanzierung nicht zugrundegelegt hatte. Der BFH hat in diesen Fällen eine Bilanzberichtigung

---

20 Vgl. BFH, Urt. v. 5.4.2006 – I R 46/04, BStBl. II 2006, 688; bestätigt durch BFH, Urt. v. 5.6.2007 – I R 47/06, BStBl. II 2007, 818; BFH, Urt. v. 23.1.2008 – I R 40/07, BStBl. II, 2008, 669; BFH, Urt. v. 17.7.2008 – I R 85/07, BStBl. 2008, 924.

21 Vgl. *Werra/Rieß*, DB 2007, 2502 (2505); *Rödder/Hageböke*, Ubg 2008, 401 (404).

22 Vgl. BFH, Urt. v. 23.1.2008 – I R 40/07, BStBl. II, 2008, 669 (noch deutlicher die Vorinstanz: FG Köln, Urt. v. 21.3.2007 – 13 K 4358/06, EFG 1472); zustimmend *Rödder/Hageböke*, Ubg 2008, 401 (404); a. A. *Herzig/Nitzschke*, DB 2007, 304 (306); *Prinz/Schulz*, DStR 2007, 776 (779); *Werra/Rieß*, DB 2007, 2502 (2505).

23 Vgl. *Rödder/Hageböke*, Ubg 2008, 401 (405); *Prinz* in S:R 2009, 373 (373).

durch den Steuerpflichtigen aufgrund der subjektiven Richtigkeit im Aufstellungszeitpunkt abgelehnt.

Fraglich ist, ob die Finanzverwaltung im Rahmen der Veranlagung nach einer steuerlichen Außenprüfung an einen durch den Steuerpflichtigen rechtlich vertretbaren Bilanzansatz gebunden ist. Hierzu ist zunächst zu klären, ob eine Bilanz nur für Zwecke des § 4 Abs. 2 Satz 1 EStG *„falsch"* sein kann oder ob diese Feststellung nicht mit einem Absolutheitsanspruch getroffen werden muss.

Nach der Rechtsprechung des BFH ist die Finanzverwaltung bis zur höchstrichterlichen Klärung einer Rechtsfrage an jede vertretbare Rechtsansicht des Steuerpflichtigen im Steuerverfahren gebunden. Der Finanzverwaltung ist es auch nicht nach § 85 Satz 1 AO möglich im Rahmen der Veranlagung von der Bilanzierung des Steuerpflichtigen abzuweichen.[24]

Daher darf ein „subjektiv" richtiger Bilanzansatz auch dann nicht durch die Finanzverwaltung korrigiert werden, wenn später seine Unrichtigkeit, z. B. durch eine höchstrichterliche Entscheidung, erkannt wird und der Bilanzansatz bis dahin in nachfolgenden Bilanzen fortgeführt wird. Die Finanzverwaltung muss auch nicht in Kenntnis des strittigen Rechtsproblems durch eine entsprechende Veranlagung zustimmen, um an die Bilanzansätze des Steuerpflichtigen gebunden zu sein, da es im Rahmen des subjektiven Rechtsbegriffs keinen Vorrang für die Rechtsauffassung der Finanzverwaltung gibt.[25]

Als Folge dieser Auslegung ergibt sich – im Schrifttum zutreffend als Revolution für das Verständnis der Finanzverwaltung im Rahmen der steuerlichen Außenprüfung und Veranlagung bezeichnet[26] – somit, dass „subjektiv" richtige Bilanzansätze nur begrenzt durch die Finanzverwaltung geändert werden könnten. Dies dürfte insbesondere auch dann gelten, wenn im Zeitpunkt der Bilanzierung eine die Auffassung des Steuerpflichtigen stützende Rechtsprechung eines Finanzgerichtes vorliegt, selbst wenn diese später vom BFH revidiert wird. Die Steuerbilanz ist damit deutlich änderungsresistenter als außerbilanzielle (Einkommens-) Korrekturen.

---

24 Vgl. BFH, Urt. v. 5.6.2007 – I R 47/06, BStBl. II 2007, 818; *Rödder/Hageböke*, Ubg 2008, 401 (406); *Werra/Rieß*, DB 2007, 2502 (2505 f.); a. A. *Herzig/Nitzschke*, DB 2007, 304 (308). Anmerkung: § 176 AO eröffnet ebenfalls keine Änderungsmöglichkeit, da hierzu ein nichtiges Gesetz, eine verfassungswidrige Regelung oder die Änderung einer Rechtsprechung erforderlich ist, die bei der Veranlagung unstrittig zu Grunde gelegt wurde.

25 Vgl. *Rödder/Hageböke*, Ubg 2008, 401 (406); *Werra/Rieß*, DB 2007, 2502 (2506).

26 Vgl. *Rödder/Hageböke*, Ubg 2008, 401 (407).

Die Rückstellungsbildung durch die A-GmbH im Veranlagungszeitraum 01 kann nach der Rechtsprechung des BFH nicht mehr im Rahmen einer steuerlichen Außenprüfung bzw. im anschließenden Veranlagungsverfahren durch die Finanzverwaltung geändert werden. Die Rückstellung wäre, so sie zu diesem Zeitpunkt noch bestehen sollte, im Rahmen der ersten Bilanzerstellung nach dem Ergehen der höchstrichterlichen Rechtsprechung entsprechend zu korrigieren. Diese Grundsätze gelten natürlich erst recht, wenn bereits im Zeitpunkt der Bilanzerstellung eine bestätigende Rechtsprechung des BFH vorliegt. Dies hat aber zur Folge, dass so genannte Nichtanwendungserlasse der Finanzverwaltung zu BFH-Rechtsprechung zum Bilanzsteuerrecht ins Leere gehen, weil die Finanzverwaltung vom subjektiv richtigen Bilanzsatz des Steuerpflichtigen bei der Veranlagung gar nicht abweichen kann.

III. Maßgeblichkeit einer nichtigen Handelsbilanz?

1. Sachverhalt:

Herr X, Geschäftsführer der X-Holding GmbH, bittet den Steuerberater um steuerliche Würdigung der nachstehenden Sachverhalte bei den Tochtergesellschaften A, B, C der X-GmbH.

- Sachverhalt (a): Konzerngesellschaft A-AG ist nach § 316 Abs. 1 Satz 1 HGB prüfungspflichtig. Der zunächst für das *Jahr 2006* festgestellte Jahresabschluss war mangels Abschlussprüfung nichtig i. S. v. § 256 Abs. 1 Nr. 2 AktG. Im Jahr 2008 hat die A-AG die Abschlussprüfung des Jahresabschlusses 2006 nachgeholt und den Jahresabschluss neu festgestellt. In der neuen Bilanz 2006 wurden Sonderabschreibungen nach dem FördG nicht mehr geltend gemacht, die in der ursprünglichen Bilanz berücksichtigt worden waren. In der Steuerbilanz der A-AG für das Jahr 2006 waren die Sonderabschreibungen gemäß § 8 Abs. 1 Satz 1 KStG i. V. m. § 5 Abs. 1 Satz 2 EStG a. F. in Übereinstimmung mit der handelsrechtlichen Ursprungsbilanz bereits vorgenommen worden.
- Sachverhalt (b): Der zunächst für das *Jahr 2008* festgestellte Jahresabschluss der Konzernproduktionsgesellschaft B-GmbH (nicht prüfungspflichtig i. S. v. § 316 Abs. 1 Satz 1 HGB) ist wegen Überbewertung von Aktiva nichtig i. S. v. § 256 Abs. 5 AktG. Die Kosten für Marktuntersuchungen, die dem Vertrieb dienen, waren in die Herstellungskosten von Fertigerzeugnissen i. S. v. § 255 HGB einbezogen worden, so dass der im Bilanzposten Fertigerzeugnisse ausgewiesene Gesamtbetrag signifikant zu hoch bemessen wurde. In den Steuererklärungen der B-GmbH für das Jahr 2008 wurden die Herstellungskosten

der Fertigerzeugnisse in Übereinstimmung mit der handelsrechtlichen Ursprungsbilanz angesetzt.

- Sachverhalt (c): Der zunächst für das *Jahr 2010* festgestellte Jahresabschluss der Konzerngesellschaft C-GmbH (Forschungsgesellschaft innerhalb des X-Konzerns, nicht prüfungspflichtig i. S. v. § 316 Abs. 1 Satz 1 HGB) ist ebenfalls nichtig i. S. v. § 256 Abs. 5 AktG. C-GmbH hatte im Jahr 2010 das Wahlrecht zur erstmaligen Aktivierung selbst geschaffener immaterieller Vermögensgegenstände des Anlagevermögens i. S. v. § 248 Abs. 1 Satz 1 HGB für selbst geschaffene gewerbliche Schutzrechte ausgeübt. Der im Bilanzposten ausgewiesene Gesamtbetrag ist jedoch signifikant zu hoch bemessen. In den Steuererklärungen der C-GmbH für das Jahr 2010 wurden die selbst geschaffenen gewerblichen Schutzrechte nicht angesetzt.

Herr X möchte wissen, ob eine Berichtigung der betreffenden Steuererklärungen der Konzerngesellschaften nach § 4 Abs. 2 Satz 1 EStG aufgrund der Nichtigkeit der handelsrechtlichen Jahresabschlüsse erforderlich sei. Die Wirtschaftsjahre der Konzerngesellschaften entsprechen jeweils dem Kalenderjahr.

2. Lösungshinweise:

Zu Sachverhalt (a):

Der handelsrechtliche Jahresabschluss ist nichtig, wenn trotz gesetzlicher Prüfungspflicht keine Abschlussprüfung nach § 316 Abs. 1 HGB stattgefunden hat (§ 256 Abs. 1 Nr. 2 AktG).[27] Zivilrechtlich hat ein nichtiger Jahresabschluss keine Rechtswirksamkeit und ist von Anfang an wirkungslos. Zur Beseitigung der Nichtigkeit des Jahresabschlusses wegen fehlender Abschlussprüfung muss die Prüfung durch geeignete Prüfer (§§ 319, 319a HGB) nachgeholt werden und die Feststellung neu erfolgen.[28]

Eine nichtige Handelsbilanz führt grundsätzlich nicht zur Nichtigkeit der daraus abgeleiteten Steuerbilanz. Nach dem Grundsatz der Maßgeblichkeit der Handels- für die Steuerbilanz (§ 5 Abs. 1 Satz 1 EStG) ist der Steuerpflichtige zwar verpflichtet, in der Steuerbilanz das Betriebsvermögen anzusetzen, das nach den handelsrechtlichen GoB auszuweisen ist, sofern dem nicht explizite steuerliche Vorschriften entgegenstehen. Daraus folgt nach aktueller Rechtsprechung des I. Senats des BFH jedoch nicht, dass die Wirksamkeit der Steuerbilanz die zivilrechtliche Wirksamkeit der Handelsbilanz voraussetzt. Formelle Anforderungen, wie z. B. die Abschlussprüfung i. S. v. § 316 HGB, werden an die Steuerbilanz

27 Vgl. WP-Handbuch 2006, Band I, 13. Aufl. 2006, U 186.
28 Vgl. ADS, § 256 AktG, 6. Aufl. 1997, Tz. 74, Tz. 90 f.

nicht gestellt.[29] Dies gilt selbst für den Fall, dass der Steuerpflichtige keine eigene Steuerbilanz aufstellt, sondern die Handelsbilanz für steuerliche Zwecke unverändert übernimmt.[30]

Im Rahmen der umgekehrten Maßgeblichkeit (§ 8 Abs. 1 KStG i. V. m. § 5 Abs. 1 Satz 2 EStG a. F.) muss der Steuerpflichtige steuerliche Wahlrechte stets in Übereinstimmung mit der Handelsbilanz ausüben. War die zunächst eingereichte Handelsbilanz nichtig und wird diese durch eine neue wirksame ersetzt, in der das betreffende Wahlrecht abweichend ausgeübt wird, ist die Steuerbilanz entsprechend zu berichtigen (§ 4 Abs. 2 Satz 1 EStG). Eine Bindung an die ursprünglich auf der Grundlage der nichtigen Handelsbilanz vorgenommene Ausübung des steuerlichen Wahlrechts besteht grundsätzlich nicht. Mit der Feststellung, dass es nicht ersichtlich sei, „... *dass die Klägerin die ursprünglichen Jahresabschlüsse ihren Steuererklärungen in Kenntnis der Nichtigkeit beigefügt hat, um sich die Möglichkeit offen zu halten, die Bewertungswahlrechte später gegebenenfalls noch abweichend ausüben zu können*“, weist der I. Senat implizit darauf hin, dass Nichtigkeitsgründe für die Handelsbilanz nicht als Gestaltungsinstrument genutzt werden könnten, um erneute Wahlfreiheit für die Ausübung steuerlicher Wahlrechte zu erreichen.[31]

Die Steuerbilanz der A-AG für das Jahr 2006 ist somit aufgrund der geänderten Wahlrechtsausübung in der neuen Handelsbilanz und der Bindung an die handelsrechtliche Wahlrechtsausübung im Rahmen der umgekehrten Maßgeblichkeit (§ 5 Abs. 1 Satz 2 EStG a. F.) nach § 4 Abs. 2 Satz 1 EStG zu berichtigen.

Zu Sachverhalt (b):

Der handelsrechtliche Jahresabschluss ist nichtig, wenn Aktivposten mit einem höheren Wert angesetzt werden, als dies nach §§ 253–256 i. V. m. §§ 279–283 HGB zulässig ist (§ 256 Abs. 5 Nr. 1, Satz 2 AktG). Angeknüpft wird an die Überbewertung des Gesamtbetrags, der unter einem Bilanzposten ausgewiesen wird. Maßgeblich ist der Wert, der nach handelsrechtlichen Vorschriften unter Beachtung der durch den Bilanzierenden angewandten Bewertungsmethoden maximal zulässig ist.[32]

---

29 Vgl. BFH, Urt. v. 8.10.2008 – I R 61/07, BFH/NV 2009, 504 unter Verweis auf BFH, Urt. v. 28.5.2008 – I R 98/06, BStBl. II 2008, S. 916 zur unterlassenen Genehmigung des Jahresabschlusses durch die Gesellschafterversammlung. Siehe hierzu auch *Engels*, BB 2009, 379; *Pezzer*, FR 2009, 587 f. A. A., aber Rechtsstand vor Verabschiedung der zitierten BFH-Rechtsprechung, *Wied* in Blümich, EStG, KStG, GewStG, § 4 EStG, Rz. 973.

30 Vgl. BFH, Urt. v. 28.5.2008 – I R 98/06, BStBl. II 2008, S. 916.

31 Vgl. BFH, Urt. v. 8.10.2008 – I R 61/07, BFH/NV 2009, S. 504.

32 Vgl. ADS, § 256 AktG, 6. Aufl. 1997, Tz. 38 ff. (38, 41); WP-Handbuch 2006, Band I, 13. Aufl. 2006, U 219 ff.

Eine nichtige Handelsbilanz führt zwar grundsätzlich nicht zur Nichtigkeit der daraus abgeleiteten Steuerbilanz.[33] Nach dem Grundsatz der Maßgeblichkeit der Handels- für die Steuerbilanz (§ 5 Abs. 1 Satz 1 EStG) ist der Steuerpflichtige jedoch verpflichtet, in der Steuerbilanz das Betriebsvermögen anzusetzen, das nach den handelsrechtlichen GoB auszuweisen ist, sofern dem nicht explizite steuerliche Vorschriften entgegenstehen.

Der handelsrechtlich zulässige Umfang der Herstellungskosten bestimmt sich nach § 255 Abs. 2 HGB. Vertriebskosten dürfen nicht in die Herstellungskosten einbezogen werden (§ 255 Abs. 2 Satz 6 HGB). Die Bewertungsvorschriften des HGB (§§ 252–256 HGB) gelten vorbehaltlich steuerlicher Sondervorschriften auch für die Steuerbilanz (§ 5 Abs. 6 EStG). In der Steuerbilanz sind neben den Pflichtbestandteilen i. S. v. § 255 Abs. 2 Sätze 1, 2 HGB auch sämtliche höheren Wertansätze, die handelsrechtlich möglich sind und auf den Zeitraum der Herstellung entfallen (§ 255 Abs. 1 Sätze 3–5 HGB), zwingend nach Auffassung der Finanzverwaltung in die Herstellungskosten mit einzubeziehen.[34] Vertriebskosten dürfen nach dem Maßgeblichkeitsgrundsatz (§ 5 Abs. 1 Satz 1 EStG) auch für steuerliche Zwecke nicht in die Herstellungskosten einbezogen werden.

Die Steuerbilanz der B-GmbH für das Jahr 2008 ist daher wegen Verstoßes gegen GoB im Zusammenhang mit der Überbewertung der Herstellungskosten von Fertigerzeugnissen nach § 4 Abs. 2 Satz 1 EStG zu berichtigen. Die Bilanzberichtigung kann mangels Bindung an eine handelsrechtliche Wahlrechtsausübung unabhängig von der Handelsbilanz erfolgen.

Zu Sachverhalt (c):

Die Überbewertung des Bilanzpostens „Selbst geschaffene gewerbliche Schutzrechte und ähnliche Rechte und Werte" ist ein Verstoß gegen handelsrechtliche GoB und führt zur Nichtigkeit der Jahresbilanz 2010 der C-GmbH (§ 256 Abs. 5 Nr. 1, Satz 2 AktG).

Die Nichtigkeit der handelsrechtlichen Jahresbilanz der C-GmbH für das Jahr 2010 bleibt jedoch ohne Relevanz für die Steuerbilanz. Der Grundsatz der Maßgeblichkeit der Handels- für die Steuerbilanz (§ 8 Abs. 1 KStG i. V. m. § 5 Abs. 1 Satz 1 EStG) wird aufgrund des ausdrücklichen Ansatzverbotes für selbst geschaffene immaterielle Wirtschaftsgüter i. S. v. § 5 Abs. 2 EStG durchbrochen. Mangels Ansatz in der Steuerbilanz liegt kein Verstoß gegen handelsrechtliche GoB vor.

---

33 Siehe hierzu bereits die Ausführungen zu (a).

34 Vgl. R 6.3 Abs. 4 EStR 2008. Siehe hierzu auch *Schmidt*, EStG, 28. Aufl. 2009, § 6 EStG, Rz. 170 ff.

Fraglich ist allerdings, ob durch die „Neuaufstellung der HBil" auch hinsichtlich anderer Positionen Wahlrechte durch einen entsprechenden anderen Ansatz in der maßgeblichen HBil anders als ursprünglich in der nichtigen HBil ausgeübt werden können und dies auf die Steuerbilanz „durchschlägt". Nach der im Sachverhalt (a) beschriebenen Auffassung des BFH sollte dies der Fall sein.

IV. Rückstellung für künftige Betreuungsleistungen nach Geschäftsabschluss

1. Fall:

Herr A betrieb als Einzelunternehmer eine Generalagentur für ein Versicherungsunternehmen, bei der er u. a. einen Bestand an verschiedenen Versicherungsverträgen pflegte. Nach dem Inhalt seines Vertretervertrages war er verpflichtet, *„sich (...) für die Erhaltung der bestehenden Versicherungen zu bemühen (Bemühungspflicht)"*. Für einen Teil dieser Bestandsverträge erhielt er von der Versicherungsgesellschaft Bestandspflegeprovisionen. Im Rahmen einer im betreffenden Streitjahr eingereichten Bilanz berücksichtigte der Kläger eine Rückstellung für Kosten der Bestandspflege für die Bestandsverträge, für die er von der Versicherung keine Bestandspflegeprovisionen erhielt. Das Finanzamt möchte diese Rückstellung mit der Begründung nicht anerkennen, es läge keine wesentliche Verpflichtung des Klägers zu den Bestandsbetreuungsleistungen vor. Herr A fragt seinen Steuerberater, ob diese Auffassung rechtmäßig sei.

2. Lösungshinweise:

Gemäß § 5 Abs. 1 EStG i. V. m. § 249 Abs. 1 Satz 1 HGB sind in der Steuerbilanz Rückstellungen für ungewisse Verbindlichkeiten zu bilden. Ansprüche und Verbindlichkeiten aus einem schwebenden Geschäft dürfen in der Bilanz grundsätzlich nicht ausgewiesen werden. Schwebende Geschäfte sind gegenseitige Verträge gemäß §§ 320 ff. BGB, die von den zur Sach- oder Dienstleistung verpflichteten Partei noch nicht voll erfüllt sind. Ein schwebendes Geschäft liegt nicht vor, wenn eine Partei lediglich eine unwesentliche Nebenpflicht nicht erfüllt hat. Nach der Rechtsprechung des BFH kann ein Bilanzausweis dann geboten sein, wenn ein Vertragspartner Vorleistungen erbracht hat oder sich mit der Erfüllung der ihm aus dem Vertragsverhältnis obliegenden Verpflichtungen im Rückstand befindet.[35]

35 Vgl. BFH, Urt. v. 23.6.1997 – GrS 2/93, BStBl. II 1997, 735.

Im vorliegenden Fall ist zu prüfen, ob Herr A zur Bildung einer Rückstellung wegen Erfüllungsrückstands berechtigt ist. Ein Erfüllungsrückstand liegt vor, wenn der Verpflichtete sich mit seinen Leistungen gegenüber seinem Vertragspartner im Rückstand befindet, also weniger geleistet hat, als er nach dem Vertrag für die bis dahin vom Vertragspartner erbrachte Leistung insgesamt zu leisten hatte. Der BFH knüpft den Begriff des Erfüllungsrückstandes eng an den schuldrechtlich gebotenen Zeitpunkt der Erfüllung. Wenn mit der nach Vertrag geschuldeten zukünftigen Leistung nicht nur an Vergangenes angeknüpft wird, sondern Vergangenes abgegolten wird, lässt er aber auch eine wirtschaftliche Betrachtungsweise genügen.[36] Bei Dauerschuldverhältnissen ist für die Frage, wann eine vertragliche Verpflichtung erfüllt ist, nicht mehr die zivilrechtliche Rechtslage entscheidend, sondern der wirtschaftliche Gehalt der geschuldeten (Sach-)Leistung zu prüfen. Für einen Erfüllungsrückstand kommt es jedoch nicht auf die Fälligkeit der vertraglich noch geschuldeten Leistung zum Bilanzstichtag an.[37]

Zur Frage, ob und in welchem Umfang ein Versicherungsvertreter für die ihm auch noch nach Abschluss der Versicherungsverträge zu erbringenden Kundenbetreuungs- und Bestandspflegeleistungen eine Rückstellung wegen Erfüllungsrückstand bilden kann bzw. zu bilden hat, sind zuletzt mehrere Urteile ergangen.

Das FG München hat im zugrundeliegenden Fall entschieden, dass der Versicherungsvertreter eine Rückstellung für Erfüllungsrückstand für künftige Betreuungsleistungen bilden kann.[38] Hierfür war allein ausschlaggebend, dass der Kläger in seinem Vertretervertrag ausdrücklich eine Bestandsbetreuungs- bzw. Pflegeverpflichtung übernommen hatte. Aus der Pflicht zur Betreuung des vorhandenen Bestandes leitete das FG nicht nur das Ziel der Gewinnung von Neugeschäft, sondern auch die Erhaltung des vorhandenen Bestandes ab. Entgegen der Auffassung der Finanzverwaltung handelte es sich bei dieser Verpflichtung auch nicht um eine unwesentliche Nebenleistung. Das FG differenzierte danach, ob der Kläger für seine Betreuungsverpflichtung gesonderte Pflegeprovisionen oder nur Abschlussprovisionen für die einzelnen Versicherungsverträge mit seinen Kunden erhielt. Soweit er nach dem zugrundeliegenden Vertrag i. V. m. den einheitlichen besonderen Provisionsbestimmungen der Versicherung Pflegeprovisionen erhielt, lehnte das FG die Bildung einer Rückstellung wegen Erfüllungsrückstands ab. Eine Rückstellungs-

---

36 Vgl. BFH, Urt. v. 5.4.2006 – I R 43/05, DStR 2006, 1123; BFH, Urt. v. 3.12.1991 – VIII R 88/87, BStBl. II 1993, 89; BFH, Urt. v. 5.2.1987 – IV R 81/84, BStBl. II 1987, 845.

37 Vgl. BFH, Urt. v. 5.2.1997 – IV R 81/84, BStBl. II 1987, 845; BFH, Urt. v. 15.7.1998 – I R 24/96, BStBl. II 1998, 1461.

38 Vgl. FG München, Urt. v. 16.12.2008–10 K 1954/07, BB 2009, 829.

bildung war nur zulässig, soweit die Betreuungsverpflichtung mit der Abschlussprovision bereits abgegolten war, da der Kläger im Zeitpunkt der Entstehung des Anspruchs auf die Abschlussprovision seine u. a. auch in der Betreuung von Bestandskunden bestehende Gegenleistung nicht in vollem Umfang erbracht hatte und sich daher im Erfüllungsrückstand befand.

Das dem Fall zugrundeliegende Urteil des FG München steht im Einklang mit einer weiteren Entscheidung des FG München vom 27.2.2008.[39] In dieser Entscheidung hatte das FG die Zulässigkeit der Bildung einer Rückstellung für Erfüllungsrückstand jedoch abgelehnt. In diesem Fall erhielt ein Vertreter gemäß seines Provisionsvertrages Abschluss- und Folgeprovisionen, deren Höhe vom vermittelten Versicherungszweig abhängig war. Der Vertreter bildete zu Lasten der erhaltenen Abschlussprovisionen eine Rückstellung für Erfüllungsrückstand, weil nach seiner Kostenschätzung die Folgeprovisionen nicht ausreichten, um den Aufwand aus der Nachbetreuung der Verträge abzugelten. Der Kläger versuchte in diesem Fall über seine Nachbetreuungspflicht eine Verbindlichkeitsrückstellung zu erreichen, obwohl die nicht kostendeckende Vergütung der Nachbetreuung eine steuerlich gemäß § 5 Abs. 4a EStG unzulässige Rückstellung für drohende Verluste nach sich gezogen hätte. Das FG lehnte die Rückstellung folgerichtig trotz der bestehenden vertraglichen Verpflichtung zur Nachbetreuung ab, da nicht erkennbar war, ob die Abschlussprovisionen tatsächlich bereits Nachbetreuungsleistungen abdecken sollten und somit die Folgeprovisionen bewußt nicht kostendeckend vereinbart waren. Nach Feststellung des FG sprach insbesondere die nach Versicherungssparten festgelegte Höhe der Folgeprovisionen für eine ausgeglichene Bestimmung der Abschlussprovisionen.

Beide Entscheidungen stehen im Einklang mit einem Urteil des BFH vom 28.7.2004.[40] In dem zugrundeliegenden Fall war ein Versicherungsvertreter vertraglich zur Nachbetreuung von Lebensversicherungsverträgen verpflichtet, für die er keine gesonderten Folgeprovisionen erhielt. Der BFH nimmt in diesem Urteil keine Stellung zu der strittigen Frage, ob bei Rückstellungen für ungewisse Verbindlichkeiten, wie hier für Erfüllungsrückstand, bei denen die zugrundeliegende Verbindlichkeit bereits rechtlich entstanden, jedoch der Höhe nach ungewiss ist, zusätzlich die wirtschaftliche Verursachung der Verbindlichkeit vor dem Bilanzstichtag gegeben sein muss. Diese Frage war im letzten Jahr Gegenstand der Dis-

39 Vgl. FG München, Urt. v. 27.2.2008–10 K 1237/07, EFG 2008, 931.

40 Vgl. BFH, Urt. v. 28.7.2004 – XI R 63/03, BStBl. II 2006, 866; Vorinstanz FG Münster, Urt. v. 17.12.2002–12 K 1985/99 E, DStRE 2004, 738.

kussion beim Fachkongress.[41] So hatte der I. Senat des BFH in seinem Urteil vom 5.6.2002[42] für vertraglich vereinbarte und regelmäßige Nachbetreuungsleistungen eines Hörgeräteakustikers entschieden, dass die wirtschaftliche Verursachung vor dem Bilanzstichtag nicht bei rechtlich bereits entstandenen Verbindlichkeiten erforderlich ist. Entgegen der Argumentation der Finanzverwaltung entstehe die Verpflichtung zur Nachbetreuung nicht erst mit der Erforderlichkeit der jeweiligen Nachbetreuungsleistung. Hingegen hatte der XI. Senat des BFH mit Urteil vom 10.12.1992 die Bildung einer Rückstellung für künftige Nachbetreuungsleistungen eines Hörgeräteakustikers mit der Begründung abgelehnt, die rechtliche Entstehung der Nachbetreuungsverbindlichkeit reiche nicht aus und es fehle an einer wirtschaftlichen Verursachung im abgelaufenen Streitjahr.[43] Der I. Senat sah gleichwohl keine Divergenz zum Urteil des XI. Senats, da sich die vertraglichen Nachbetreuungsleistungen unterschieden. Während in dem dem Urteil des I. Senats zugrundeliegenden Fall der Kläger durch einen Rahmenvertrag mit Krankenkassen zur turnusmäßigen Prüfung der Hörgeräte und zur Erbringung von Beratungs-, Anpassungs- und Nachbesserungsarbeiten im Bedarfsfalle verpflichtet war, traf den Kläger im Fall des XI. Senats nur im Bedarfsfall (z. B. bei Verschleiß oder Verschmutzung) eine Nachbetreuungspflicht.

Auch in dem Fall des Urteils des BFH vom 28.7.2004 hatte die Finanzverwaltung entsprechend ihrer eigenen Auffassung argumentiert, dass der künftig für die Lebensversicherungen entstehende Aufwand erst in dem Augenblick verursacht sei, in dem der Beratungsbedarf anfalle.[44] Zur Relevanz dieses Arguments nimmt der XI. Senat jedoch keine Stellung, sodass diese Entscheidung und auch die auf ihr beruhenden oben genannten Folgeurteile des FG München keine Gelegenheit boten, die Frage des Erfordernisses der wirtschaftlichen Verursachung einer rechtlich bereits entstandenen Verbindlichkeit vor dem Bilanzstichtag durch Anrufung des Großen Senats des BFH zu klären.

Die Finanzverwaltung belegte das BFH-Urteil vom 28.7.2004 mit einem Nichtanwendungserlass.[45] Nach Auffassung der Finanzverwaltung stellt die Nachbetreuung von laufenden Lebensversicherungsverträgen für den Versicherungsvertreter keine wesentliche wirtschaftliche Belastung dar.

---

41 Vgl. *Günkel*, StBJb 2008/2009, S. 263.

42 Vgl. BFH, Urt. v. 5.6.2002 – I R 23/01, DStRE 2002, 1180; BFH, Urt. v. 5.6.2002 – I R 96/00, BFH/NV 2002, 168; a. A. *Weber-Grellet*, BB 2003, 37.

43 Vgl. BFH, Urt. v. 10.12.1992 – XI R 34/91, BStBl. II 1994, 158.

44 Vgl. insoweit auch die Argumentation der Finanzverwaltung in dem Urteil des BFH v. 27.6.2001 – I R 45/97, BStBl. II 2003, 121 (Spänetrocknungsanlage) und den nachfolgenden Nichtanwendungserlass des BMF v. 21.1.2003 – IV A 6 – S 2137-2/03, BStBl. I 2003, 125.

45 Vgl. BMF, Schr. v. 28.11.2006 – IV B 2-S-2137-73/06, BStBl. I 2006, 765.

Nach Abschluss der Versicherungsverträge würden die fälligen Beiträge regelmäßig per Lastschrift bis zur Auszahlung des Vertrages eingezogen, sodass weitere Betreuungsleistungen nur in Ausnahmefällen zu erwarten seien. Hintergrund des Nichtanwendungserlasses ist der Umstand, dass die Finanzverwaltung bei Nachbetreuungsleistungen generell anzweifelt, dass der Versicherungsvertreter mit seinen Nachbetreuungsleistungen bereits Vergangenes in Gestalt bereits vereinnahmter Abschlussprovisionen abgilt. Sie argumentiert in den beschriebenen Fällen stets, dass die (Nach-) Betreuung bereits vorhandener Bestände in erster Linie der Gewinnung neuer Vertragsabschlüsse diene. Vor dem Hintergrund ihres Nichtanwendungserlasses hatte die Finanzverwaltung selbst kein Interesse an einer möglichen Bestätigung des Urteils des FG München vom 16.12.2008 durch den BFH, sodass dieses in Rechtskraft erwuchs. Nach der im Fall II. besprochenen Auffassung des BFH[46], wonach die Finanzverwaltung an subjektiv richtige Bilanzansätze des Steuerpflichtigen (hier wegen vorliegender BFH-Rechtsprechung) bei der Veranlagung gebunden ist, dürfte der Nichtanwendungserlass aber ins Leere gehen.

3. Fazit:

Im vorliegenden Fall war eine Rückstellungsbildung nur zulässig, soweit die Betreuungsverpflichtung mit der Abschlussprovision bereits abgegolten war.

Die genannten Entscheidungen und die zugrundeliegende Fragestellung haben grundsätzliche Bedeutung für sämtliche Vertragsverhältnisse, die indirekt über Vermittler abgeschlossen und während der Vertragslaufzeit von diesen betreut werden. In geeigneten Fällen sollte in praktischer Hinsicht im Hinblick auf die Zulässigkeit der Rückstellungsbildung darauf geachtet werden, dass die Vertragsbedingungen der Vermittler neben der Verpflichtung zur Gewinnung von Neugeschäft auch eine Verpflichtung zur Nachbetreuung der Versicherungs- oder anderer Verträge beinhalten. Nach den genannten Urteilen entfällt die Möglichkeit zur Bildung einer Rückstellung jedoch, wenn eine gesonderte Bestandsprovision gezahlt wird und die Nachbetreuung nicht bereits durch die Abschlussprovision abgegolten wird. Bei vorhandenen Fällen müssen daher die bestehenden Provisionsregelungen und -absprachen genau geprüft werden.

Problematisch war in den zugrundeliegenden Fällen die Berechnung der Rückstellung, weshalb das FG München in seinem Urteil vom 16.12.2008 von seiner Schätzbefugnis nach § 96 Abs. 1 Satz 1 FGO i. V. m.

46 BFH, Urt. v. 5.6.2007 – I R 47/06, BStBl. II 2007, 818.

§ 162 AO Gebrauch machte. Unter Umständen sind in vergleichbaren Fällen intensivere betriebswirtschaftliche und kalkulatorische Überlegungen anzustellen. Darüber hinaus ist zu beachten, dass zulässige Rückstellungen nach § 6 Abs. 1 Nr. 3a Buchst. e EStG mit einem Vervielfältiger entsprechend der Laufzeit der zugrundeliegenden Versicherungsverträge abzuzinsen sind.[47]

V. Bilanzierung von übernommenen nicht abzugsfähigen Rückstellungen durch den Unternehmenskäufer

1. Fall:

Die X-GmbH hat durch Kauf- und Übertragungsvertrag sämtliche Vermögensgegenstände und Schulden der Y-GmbH im Rahmen eines Asset Deals zu einem Kaufpreis von 3 Mio. Euro erworben. Im Rahmen des Asset Deals wurden durch die X-GmbH auch zwei Mietverträge von der Y-GmbH übernommen. Der Kaufvertrag sieht ausdrücklich eine Freistellung der Y-GmbH von der Verpflichtung aus den Mietverträgen vor.

Da beide Mietverträge bereits für die Y-GmbH keinen wirtschaftlichen Nutzen mehr versprachen, hatte diese handelsrechtlich eine entsprechende Rückstellung für drohende Verluste i. S. v. § 249 Abs. 1 Satz 1 HGB i. H. v. 800.000 Euro gebildet, die aufgrund des Passivierungsverbots in § 5 Abs. 4a Satz 1 EStG in der Steuerbilanz nicht angesetzt wurde. Die Rückstellung für drohende Verluste wurde bei der Ermittlung des Kaufpreises kaufpreismindernd mit ihrem handelsrechtlichen Buchwert berücksichtigt.

Fraglich ist, welche Auswirkungen sich in der Steuerbilanz der erwerbenden X-GmbH hinsichtlich der Rückstellung für drohende Verluste für die Mietverträge ergeben.

2. Lösungshinweise:

Bei diesem – auf dem Fachkongress in ähnlicher Form schon mehrfach behandelten – Fall[48] geht es um die Problematik, wie beim Erwerb von Vermögensgegenständen unter gleichzeitiger Übernahme von Schulden (sog. Asset Deal) die in der Steuerbilanz des Verkäufers aufgrund des Passivierungsverbots in § 5 Abs. 4a S. 1 EStG nicht passivierten Rückstellung für drohende Verluste beim Erwerber steuerbilanziell zu behandeln ist.

---

47 Vgl. BMF, Schr. v. 26.5.2005 – IV B-2-S-2175–7/05, BStBl. I 2005, 699.

48 Vgl. *Günkel*, StBJb 2002/2003; S. 291 ff.; *ders.* StBJb 2005/2006, S. 262 ff.

2.1 Rechtsprechung:

Der BFH hatte mit Urteil vom 17.10.2007[49] entgegen der Meinung der Finanzverwaltung und dem FG Baden-Württemberg[50] entschieden, dass bei der Berechnung des Gewinns aus einer Betriebsveräußerung die vom Erwerber übernommenen betrieblichen Schulden, die aufgrund von Rückstellungsverboten (hier: für drohende Verluste aus schwebenden Geschäften) in der Steuerbilanz nicht passiviert worden sind, nicht gewinnerhöhend zum Veräußerungspreis hinzuzurechnen sind bzw. Vermögensminderungen, die steuerlich bislang nicht erfasst worden sind, zumindest im Rahmen der Bemessung des Veräußerungsgewinns zu berücksichtigen sind. Diese Entscheidung des BFH steht in Einklang mit den bereits auf den vorhergehenden Fachkongressen vorgestellten Lösungsvorschlägen.[51] Der BFH begründet seine Entscheidung damit, dass ansonsten Rückstellungsverbote in der Steuerbilanz dazu führen würden, dass Verluste auch im Fall ihrer tatsächlichen Realisierung sich steuerlich nicht auswirken würden. In der Übertragung von Schulden gegen Reduzierung des Kaufpreises sieht der BFH eine endgültige Verlustrealisierung, die, sofern sie sich bisher noch nicht steuerlich ausgewirkt hat, im Rahmen der Bemessung des Veräußerungsgewinns zu berücksichtigt ist.

Vom BFH wurde die im Zusammenhang mit Asset Deals häufig aufkommende Frage, welchen Charakter die beim Veräußerer steuerlich nicht bilanzierungsfähigen Verpflichtungen (bspw. Drohverlust- und Jubiläumsrückstellungen) in der Steuerbilanz des Erwerbers haben, nicht entschieden. In dieser Frage hat nun das FG Düsseldorf mit Urteil vom 9.9.2008[52] entschieden, dass der beim Erwerber handelsrechtlich zurückgestellte Betrag *nicht* gewinnerhöhend in der Steuerbilanz aufzulösen sei. Durch das Passivierungsverbot des § 5 Abs. 4a Satz 1 EStG wolle der Gesetzgeber vermeiden, dass Verluste, die zwar wahrscheinlich sind, sich aber erst in den folgenden Veranlagungszeiträumen realisieren, bereits in früheren Veranlagungszeiträumen steuermindernd gebildet werden dürfen. Diese Voraussetzung sei im vorliegenden Fall nicht gegeben. Die Auflösung der zuvor steuerneutral gebildeten Rückstellung verhindert nicht das „Vorziehen" eines sich später realisierenden Verlusts, sondern führt zu einem entsprechenden – sich in den folgenden Veranlagungszeiträumen ausgleichenden – Gewinn. Da diesem Gewinn zudem keine reale Vermögensmehrung gegenübersteht, würden Scheingewinne ausgewiesen, was dem Realisationsprinzip widerspricht.[53]

49 Vgl. BFH, Urt. v. 17.10.2007 – I R 61/06, BStBl. II 2008, S. 555.
50 Vgl. FG Baden-Württemberg, Urt. v. 2.6.2005–6 K 247/03, EFG 2005, S. 1715.
51 Vgl. *Günkel*, StBJb 2002/2003; S. 291 ff.; *ders.* StBJb 2005/2006, S. 262 ff.
52 Vgl. FG Düsseldorf, Urt. v. 9.9.2008–6 K 1161/04 K, F; EFG 2009, S. 167.
53 In diesem Sinne auch *Ley*, DStR 2007, 591; *Bogenschütz*, Ubg 2008, 138.

Das Finanzamt vertrat hingegen die Auffassung, dass der Erwerber zwar verpflichtet gewesen sei, die entsprechende Rückstellung für drohende Verluste im Zeitpunkt des Erwerbs zu bilden und entsprechend höhere Anschaffungskosten für die erworbenen aktiven Wirtschaftsprüfer auszuweisen, der Ansatz einer Rückstellung für drohende Verluste in der Schlussbilanz nach § 5 Abs. 4a S. 1 EStG nicht zulässig sei. Die Rückstellung wäre daher zum ersten Bilanzstichtag nach dem Erwerb aufzulösen.

Das FG Düsseldorf lässt (wiederum) die Frage offen, ob das Ansatzverbot des § 5 Abs. 4a Satz 1 EStG bereits bei Erwerb zu beachten gewesen wäre und ob aufgrund des Anschaffungsgeschäfts nicht eine Verbindlichkeit vorlag, auf die § 5 Abs. 4a EStG keine Anwendung findet. Aufgrund der grundsätzlichen Bedeutung der Rechtssache ist indes die Revision vor dem BFH zugelassen.[54] Der BFH hat somit Gelegenheit, zu entscheiden, ob das Ansatzverbot des § 5 Abs. 4a EStG auch auf den Erwerb einer Rückstellung für drohende Verluste im Rahmen eines Anschaffungsvorgangs anwendbar ist. In diesem Kontext sind nachstehende Punkte von besonderem Interesse.

2.2 Stellungnahme

Zustimmung verdienen die Aussagen des FG Düsseldorf, dass der Ausweis von Scheingewinnen nicht mit dem Realisationsprinzip zu vereinbaren ist und folglich keine den steuerpflichtigen Gewinn erhöhende Auflösung einer erfolgsneutral „angeschafften" Rückstellung vorzunehmen ist. Offen geblieben ist indes die Abgrenzung einer (vergangenheitsorientierten) Verbindlichkeitsrückstellung gegenüber einer (zukunftsbezogenen) Rückstellung für drohende Verluste.[55]

Der Ansatz einer Rückstellung für drohende Verluste setzt zwingend voraus, dass ein schwebendes Geschäft vorliegt aus dem ein Verlust droht. Diese beiden Tatbestandsmerkmale liegen zwar beim Veräußerer vor, nicht jedoch beim Erwerber, der die Rückstellung für drohende Verluste übernimmt. Aus Sicht des Erwerbers liegt kein schwebendes Geschäft vor, da der Erwerb der zugrunde liegenden Vermögensgegenstände bereits das Erfüllungsgeschäft darstellt.[56] Die Verpflichtung des Erwerbers besteht ausweislich der vertraglichen Vereinbarung gerade darin, den Veräußerer von einer Verpflichtung freizustellen. Da dieses Rechtsgeschäft durch den Erwerbsvorgang bereits erfüllt wurde, kann somit kein schwebendes Geschäft zugrunde liegen. Nachdem die Frei-

54 Az. des BFH: I R 102/08 inzwischen mit Urt. d. BFH v. 16.12.2009, DStR 2010, 496 i. S. d. hier vertretenen Auffassung entschieden.

55 Nach zutreffender Ansicht schließen sich diese zwei Rückstellungsarten aus (vgl. etwa *Weber-Grellet* in L. Schmidt, EStG, 29. Aufl. 2009, § 5, Rz. 452, m. w. N.).

56 Vgl. *Ley*, DStR 2007, 591; *Bogenschütz*, Ubg 2008, 138.

stellungsverpflichtung regelmäßig ungewiss sein dürfte, ist die übernommene Rückstellung für drohende Verluste anschließend grundsätzlich als Rückstellung für ungewisse Verbindlichkeiten zu passivieren. Das Passivierungsverbot des § 5 Abs. 4a Satz 1 EStG kann daher beim Erwerber nicht greifen.

Liegt vor diesem Hintergrund ein von beiden Seiten erfülltes Rechtsgeschäft vor, so ist hierfür grundsätzlich eine Rückstellung für ungewisse Verbindlichkeiten zu bilden. Dieser Posten wird dann auch steuerbilanziell wirksam. Wird nach dem unterjährigen Erwerb sämtlicher Vermögensgegenstände und Schulden eines Geschäftsbereichs auch eine Rückstellung für drohende Verluste erfolgsneutral übernommen, so kann zum nächsten Bilanzstichtag auch keine gewinnerhöhende Auflösung der Rückstellung für drohende Verluste erfolgen, da eine solche nicht besteht.

2.3 Fazit

Festzuhalten bleibt, dass die Ansicht der Finanzverwaltung, beim Erwerber einer Rückstellung für drohende Verluste im Rahmen eines Asset Deals eine erfolgswirksame Auflösung des Rückstellungsbetrags anzunehmen, abzulehnen ist. Vielmehr dürfte beim Erwerber eine Rückstellung für ungewisse Verbindlichkeiten vorliegen, die steuerlich nicht dem Passivierungsverbot des § 5 Abs. 4a Satz 1 EStG unterliegt und damit in der Steuerbilanz anzusetzen ist.

VI. Bilanzierung von Ansprüchen auf Rückübertragung

1. Sachverhalt:

Der Automobilhersteller X hat verschiedene Fahrzeuge „auf Halde", die er am 18.12.01 an den Autovermieter Y unter Gewinnrealisierung verkauft. Dieser setzt die Fahrzeuge im Weihnachts- und Neujahrsgeschäft an Urlaubsorten ein. Der Autovermieter Y trägt Gefahren, Nutzen und Lasten der Fahrzeuge. Der Autovermieter Y ist berechtigt, die Fahrzeuge an den Automobilhersteller X bis zum 31.1.02 zu einem fest vereinbarten Preis zurückzuverkaufen, der 10 % unter dem ursprünglichen Verkaufspreis liegt. Von dieser Option macht der Autovermieter Y am 10.1.02 (mit Ausnahme von zwei mit Totalschaden verunfallten Fahrzeugen) Gebrauch. Beide Gesellschaften haben ein kalenderjahrgleiches Wirtschaftsjahr.

Der Automobilhersteller stellt sich die Frage, wie er den Verkauf und die mögliche Rückkaufverpflichtung steuerbilanziell abzubilden hat.

2. Lösungshinweise:

Aufgrund der zeitlichen Nähe zwischen Verkauf und Rückkauf aufgrund der Option ist zunächst zu prüfen, ob im vorliegenden Fall die Grundsätze von Pensionsgeschäften i. S. v. § 340 b HGB angewendet werden können. Unter Pensionsgeschäften versteht man Rechtsgeschäfte, bei denen das rechtliche Eigentum an einem Vermögensgegenstand für begrenzte Zeit auf einen anderen, den Pensionsnehmer, übertragen wird.

Die Vorschrift des § 340 b HGB zu Pensionsgeschäften wurde für Kreditinstitute und Finanzdienstleistungsinstitute geschaffen. Die Regelungen gelten nach herrschender Meinung aber nach den Grundsätzen ordnungsmäßiger Buchführung oder analog § 340 b HGB auch für andere Kaufleute.[57] Diese Auffassung vertritt auch der Hauptfachausschuss des IDW in seinem Entwurf einer Stellungnahme zu Einzelfragen zur wirtschaftlichen Zurechnung von Vermögensgegenständen und zur Gewinnrealisierung nach HGB (IDW Entwurf ERS HFA 13).[58]

Ein unechtes Pensionsgeschäft i. S. v. § 340 b Abs. 3 HGB liegt dann vor, wenn der Pensionsnehmer (hier: Autovermieter) nicht verpflichtet sondern lediglich berechtigt ist, den Vermögensgegenstand zu einem vorher bestimmten oder von ihm zu bestimmenden Zeitpunkt zurück zu übertragen. Die Vermögensgegenstände sind handelsbilanziell in diesem Fall gem. § 340 b Abs. 5 HGB in der Bilanz des Pensionsnehmers (hier: Autovermieter) auszuweisen, da der Pensionsgeber (hier: Automobilhersteller) nicht sicher mit der Wiedererlangung der Verfügungsgewalt rechnen kann. Der Pensionsgeber (hier: Automobilhersteller) hat unter der Bilanz den für den Fall der Rückübertragung vereinbarten Betrag anzugeben (§ 340 b Abs. 5 Satz 2 HGB).

Im handelsrechtlichen Schrifttum wird darauf hingewiesen, dass es in der Praxis Gestaltungen gibt, bei denen zwar rechtlich nur eine Put-Option für den Käufer vereinbart wird, aber aus sonstigen rechtlichen oder tatsächlichen Gegebenheiten abzuleiten ist, dass der Erwerber unter Würdigung aller Umstände gezwungen ist, das Rückveräußerungsrecht auch wahrzunehmen. In einem solchen Fall ist der Vermögensgegenstand weiterhin bei dem Veräußerer (bzw. Pensionsgeber (hier: Automobilhersteller)) und nicht beim dem Pensionsnehmer zu bilanzieren. Solche (Missbrauchs-)Umstände sind dann anzunehmen, wenn (i) der Erwerber kein eigenes wirtschaftliches Interesse an dem Vermögensgegenstand hat oder

---

57 Vgl. *Adler/Düring/Schmaltz*, Rechnungslegung und Prüfung der Unternehmen, 6. Aufl. 1998 – A/D/S – § 246 HGB Tz. 336; wohl zustimmend *Förschle/Kroner* in Beck'scher Bilanzkommentar, 6. Aufl. 2006, § 246 Rz. 25; *Schulze-Osterloh* in Baumbach/Hueck, GmbHG, 18. Aufl. 2006, § 42 Rz. 91; *Lutz/Schlag* in Handbuch des Jahresabschlusses, Abt. I/4 Rz. 91 mit Fn. 222.

58 Vgl. IDW ERS HFA 13, Stand: 29.5.2009, Tz. 19, 23.

(ii) den Vermögensgegenstand auf keine andere Weise verwerten kann oder (iii) wenn der Erwerber aufgrund anderer Gestaltungen rechtlich oder faktisch zu einer Rückveräußerung angehalten wird.[59] In dem vorliegenden Sachverhalt ist dies jedoch nicht einschlägig, da der Autovermieter ein originäres wirtschaftliches Interesse an den Fahrzeugen hat, die er im Rahmen seiner Geschäftstätigkeit vermietet. Im Rahmen dieses Geschäftes ist es auch durchaus möglich die Fahrzeuge anderweitig zu verwerten als ausschließlich durch den Rückverkauf an den Automobilhersteller. Es liegen darüber hinaus keine rechtlichen oder faktischen Gestaltungen, z. B. durch Beherrschungsverhältnisse, vor, die darauf hinweisen könnten, dass der Autovermieter zur Rückveräußerung angehalten werden kann.

Die Fahrzeuge sind aufgrund des wirtschaftlichen Interesses des Autovermieters an den Vermögensgegenständen auch unter Beachtung der Grundsätze der Bilanzierung für Pensionsgeschäfte i. S. v. § 340b HGB beim Autovermieter zu bilanzieren.

Auf Grund des Maßgeblichkeitsprinzips des § 5 Abs. 1 Satz 1 EStG gilt die handelsrechtliche Bilanzierung grundsätzlich auch für Zwecke der Steuerbilanz. Der Gesetzgeber hat im Rahmen der gesetzlichen Kodifizierung der Bilanzierungsregeln zum wirtschaftlichen Eigentum für die handelsrechtliche Rechnungslegung klar zum Ausdruck gebracht, dass diese inhaltlich dem § 39 AO entsprechend auszulegen sind.[60]

Abweichend vom rechtlichen Eigentum ist ein Wirtschaftsgut nach § 39 Abs. 2 AO dem wirtschaftlichen Eigentümer zuzuordnen, wenn diesem die tatsächliche Sachherrschaft zusteht. Tatsächliche Sachherrschaft bedeutet bei Sachen den unmittelbaren oder mittelbaren Besitz (oder die Beherrschung über Weisungsrechte, wie im Falle der Treuhand).[61] Eine solche Sachherrschaft kann am Bilanzstichtag nur für den Autovermieter als Erwerber der Fahrzeuge angenommen werden.

Von einem Übergang des wirtschaftlichen Eigentums ist stets auszugehen, wenn der Käufer die Sachen auf eigene Rechnung z. B. veräußern oder verarbeiten darf. Mit dem Zurückbehalten bedeutsamer Risiken (hier: die Verpflichtung zum Rückkauf durch den Automobilhersteller) erfüllt zwar der Veräußerer ein Merkmal wirtschaftlichen Eigentums (ggf. auch nur teilweise), sämtliche anderen Merkmale,[62] insbesondere die

59 Vgl. *Förschle/Kroner* in Beck'scher Bilanzkommentar, 6. Aufl. 2006, § 246 Rz. 26; IDW ERS HFA 13, Stand: 29.5.2009, Tz. 25 f.

60 Vgl. Gesetzesbegründung, BT-Drucks. 16/10067 S. 47.

61 Vgl. BFH, Urt. v. 15.5.2006 – III R 25/05, BFH/NV 2006, 1747 m. w. N.

62 Vgl. BFH, Urt. v. 10.3.1988 – IV R 226/85, BStBl. II 1988, 832; BFH, Urt. v. 18.12.2001 – VIII R 5/00, BFH/NV 2002, 640; BFH, Urt. v. 17.2.2004 – VIII R 26/01, BStBl. II 2004, 651; BFH, Urt. v. 11.7.2006 – VIII R 32/04, BStBl. II 2007, 296; BFH, Urt. v. 4.7.2007 – VIII R 68/05, BStBl. II 2007, 937; BFH, Urt. v.

Chance der Wertsteigerung und die Nutzungen sowie das rechtliche Eigentum, liegen aber beim Erwerber. Damit sind die Voraussetzungen für einen Verbleib des wirtschaftlichen Eigentums beim Automobilhersteller als Veräußerer nicht erfüllt.

Kein Kriterium für die Zuordnung von Vermögensgegenständen ist die kurzfristige Rückveräußerung. Hierfür ist vielmehr auf die Absicht bzw. die allgemeinen Grundsätze zum Übergang wirtschaftlichen Eigentums abzustellen. Veräußerung und Rückerwerb sind nicht generell bei bloßer zeitlicher Nähe als einheitliches Geschäft zu behandeln.[63] Dies hat der BFH in seinen Entscheidungen zum Dividendenstripping ausdrücklich ausgesprochen.[64] Diese zu § 39 AO ergangenen Entscheidungen sind zwingend auch im Rahmen der handelsrechtlichen Rechnungslegung zu beachten.

Die Frage, ob ein Vermögensgegenstand unter dem Gesichtspunkt des wirtschaftlichen Eigentums einer Person zuzurechnen ist oder ob er unter eben diesem Gesichtspunkt auf eine andere Person übergegangen ist, muss von der Frage getrennt werden, ob dieser Übergang zu einer Gewinnrealisierung führt und ob einem etwa eintretenden gewinnrealisierenden Effekt ein gegenläufiger Effekt, z. B. durch notwendige Erfassung einer Verbindlichkeit oder einer Rückstellung, gegenübersteht. Beide Fragen mögen in Bezug auf die Ergebniswirkung möglicherweise dieselbe Wirkung haben, sie dürfen jedoch sachlich nicht miteinander vermengt werden.

Nach der Rechtsprechung des IV. Senats des BFH[65] ist ein solcher Kaufvertrag als ein „Mehrkomponentengeschäft" zu betrachten, dass sich in dem Verkaufserlös für das Fahrzeug und in einer (gesonderten) Vergütung für die Einräumung der Rückverkaufsoption niederschlägt. Am Markt werden zwischen Fremden für die Übernahme von Risiken Risikoprämien bezahlt. Ein fremder Dritter würde das für den Zeitraum der Nutzung beim Autovermieter bestehende wirtschaftliche Verwertungsrisiko d. h., das Risiko, später im Falle von Veränderungen des Marktes nicht den kalkulierten Weiterverkaufspreis für das zurückgekaufte Fahrzeug erzielen zu können und deshalb bei dem Weiterverkauf einen Verlust zu

---

12.12.2007 – X R 17/05, BStBl. II 2008, 579; BFH, Urt. v. 22.7.2008 – IX R 74/06, BStBl. II 2009, 124; BFH, Urt. v. 9.10.2008 – IX R 73/06, BStBl. II 2009, 140; ebenso IDW ERS HFA 13, Stand: 29.5.2009, Tz. 7.

63 A. A. IDW ERS HFA 13, Stand: 29.5.2009, Tz. 13 ff.

64 Vgl. BFH, Urt. v. 15.12.1999 – I R 29/97, BStBl. II 2000, S. 527; BFH, Beschl. v. 20.11.2007 – I R 85/05, BFH/NV 2008, S. 551; BFH, Beschl. v. 30.7.2002 – III B 50/01, BFH/NV 2003, S. 55; BFH, Beschl. v. 27.8.2003 – I B 186/02, BFH/NV 2003, S. 1581.

65 Vgl. BFH, Urt. v. 11.10.2007 (NV) – IV R 52/04, BFH/NV 2008, 437; (insoweit Bestätigung des BFH, Urt. v. 25.7.2000 – VIII R 35/97, BStBl. II 2001, 566).

erzielen, nicht unentgeltlich für einen anderen Unternehmer übernehmen. Diese Verpflichtung hat der Automobilhersteller zu passivieren. Insoweit ist die Abbildung der Verpflichtung in Form einer Verbindlichkeit bzw. Rückstellungen für ungewisse Verbindlichkeiten geboten. Rückstellungen für ungewisse Verbindlichkeiten werden für zukünftige Aufwendungen, denen keine zukünftigen Erträge gegenüberstehen, gebildet, d. h. zum einen Aufwendungen, die in der Vergangenheit realisierten Erträgen zuordenbar sind (Erfüllungsrückstand) und zum anderen Aufwendungen, denen weder in der Vergangenheit noch in der Zukunft Erträge gegenüberstehen.

Ein auf Leistungsaustausch gerichteter Vertrag, der noch von keiner der Vertragsparteien erfüllt ist, ist hingegen ein schwebendes Geschäft, das nicht bilanziert wird. Übersteigt der Wert der eigenen Leistungsverpflichtung den Wert des Gegenleistungsanspruchs (Verpflichtungsüberschuss), ist eine Rückstellung für drohende Verluste nach § 249 Abs. 1 Satz 1 HGB zu bilden.

Es ist seit der Einführung des steuerlichen Rückstellungsverbots für drohende Verluste (§ 5 Abs. 4a EStG) daher von entscheidender Bedeutung zwischen Rückstellungen für drohende Verluste aus schwebenden Geschäften und Rückstellungen für ungewisse Verbindlichkeiten zu unterscheiden.

Der IV. Senat des BFH[66] hat mit oben zitierter Rechtsprechung die Grundsätze des BFH-Urteils des I. Senats vom 18.12.2002[67] zur bilanziellen Behandlung vereinnahmter Optionsprämien auf den vorliegenden Fall einer sog. buy-back-Vereinbarung angewandt.

Mit seiner damaligen Entscheidung hatte der I. Senat des BFH bilanzsteuerrechtliches Neuland betreten und das Ende des Schwebezustandes des Optionsgeschäftes in der Erfüllung der Geldleistungsverpflichtung des Optionsnehmers gesehen. Die Einräumung der Rückverkaufsoption (Optionsgeschäft) selbst ist somit, wie auch der Verkauf des Fahrzeuges durch den Automobilhersteller, nicht mehr „schwebend".

Für die eingeräumte Rückgabeoption ist nach Auffassung des BFH eine Verbindlichkeit in der Bilanz des Veräußerers auszuweisen. Der Kaufpreis ist hierzu, sofern keine vertragliche Aufteilung vorgenommen wurde, nach dem Verhältnis der Teilwerte (der Fahrzeuge und der Rückverkaufsoption) aufzuteilen. Diese Verpflichtung ist erst mit Ausübung oder Verfall der eingeräumten Rückverkaufsoption erfolgswirksam auszubuchen.

Hiervon abzugrenzen ist die unter Umständen eintretende wirtschaftliche Belastung für den Automobilhersteller aus der Ausübung des

66 Vgl. BFH, Urt. v. 11.10.2007 (NV) – IV R 52/04, BFH/NV 2008, 437.
67 Vgl. BFH, Urt. v. 18.12.2002 – I R 17/02, BStBl. II 2004, 126.

Optionsrechts des Autovermieters, wenn der Marktpreis des zurückzukaufenden Fahrzeuges unter dem vereinbarten Rückverkaufspreis liegt. Daher ist nicht auszuschließen, dass aus den Rückkaufgeschäften noch Risiken bestehen, die ggfs. zusätzlich in Form von Rückstellungen für drohende Verluste (hier: aus dem Weiterverkauf unter Rückverkaufspreis) handelsbilanziell zu berücksichtigen sein könnten.

Damit weicht das Urteil des IV. Senats des BFH vom 11.10.2007[68] nicht von den BFH-Urteilen[69] vom 15.10.1997 und vom 25.7.2000 ab. Diese BFH-Urteile betrafen nicht die hier zu beurteilende Frage der Bilanzierung von Verbindlichkeiten für die Einräumung der Rückverkaufsoptionen selbst.

Dennoch reagierte die Finanzverwaltung mit Schreiben vom 12.8.2009[70] mit einem Nichtanwendungserlass auf die Entscheidung des IV. Senats des BFH unter Hinweis auf eine fehlende detaillierte Auseinandersetzung mit der bisherigen Beurteilung durch die Rechtsprechung[71], wonach in diesen Fällen eine Drohverlustrückstellung auszuweisen wäre.

Dem ist entgegenzuhalten, dass die Finanzverwaltung in diesem Nichtanwendungserlass selbst vernachlässigt, dass der IV. Senat des BFH die Bildung von Drohverlustrückstellungen aus den eigenständig zu beurteilenden Rückkaufsgeschäften nicht ausgeschlossen hat, aber mangels Tatsachenfeststellung hierüber nicht zu entscheiden hatte. Die Finanzverwaltung verkennt vielmehr die Erweiterung der Rechtsprechung zur bilanziellen Behandlung vereinnahmter Optionsprämien[72] auf sog. buy-back-Vereinbarungen durch den IV. Senat des BFH. Im Übrigen dürfte nach den Ausführungen zu Fall II. auch hier wiederum der Nichtanwendungserlass ins Leere laufen, da der Ansatz einer entsprechenden Rückstellung für ungewisse Verbindlichkeiten aus der Sicht des Steuerpflichtigen subjektiv richtig ist und von der Finanzverwaltung im Rahmen der Veranlagung zu übernehmen ist.

Abschließend bleibt festzuhalten, dass die Fahrzeuge somit in der Bilanz des Autovermieters als wirtschaftlichem Eigentümer auszuweisen sind. Der Automobilhersteller realisiert mit der Veräußerung der Fahrzeuge am 18.12.01 einen Ertrag. Für die im Kaufpreis enthaltene Risikoprämie, die für die Einräumung der Rückverkaufsoption gezahlt wird, hat der

68 Vgl. BFH, Urt. v. 11.10.2007 – IV R 52/04, BFH/NV 2008, 437.
69 Vgl. BFH, Urt. v. 15.10.1997 – I R 16/9, BStBl. II 1998, 249; BFH, Urt. v. 25.7.2000 – VIII R 35/97, BStBl. II 2001, 566.
70 Vgl. BMF, Schr. v. 12.8.2009 – IV C 6 – S 2137/09/10003, DB 2009, 1846.
71 Gemeint sind wohl: BFH, Urt. v. 15.10.1997 – I R 16/9, BStBl. II 1998, 249; BFH, Urt. v. 25.7.2000 – VIII R 35/97, BStBl. II 2001, 566.
72 Vgl. BFH, Urt. v. 18.12.2002 – I R 17/02, BStBl. II 2004, 126.

Automobilhersteller nach den Grundsätzen der BFH-Rechtsprechung[73] in seiner Bilanz eine Verbindlichkeit zu passivieren, die erst aufzulösen ist, wenn die Option ausgeübt wird oder verfällt. Handelsrechtlich ist nach § 249 Abs. 1 Satz 1 HGB zusätzlich eine Drohverlustrückstellung für Verluste zu bilden, sofern diese aus dem Weiterverkauf der zurückzukaufenden Fahrzeuge zu erwarten sind. Auch nach der Rechtsprechung des BFH[74] fällt die Abbildung derartiger Risiken in den Bereich der Drohverlustrückstellungen. Drohverlustrückstellungen können nach § 5 Abs. 4a EStG jedoch nicht in der Steuerbilanz gebildet werden.

73 Vgl. BFH, Urt. v. 11.10.2007 – IV R 52/04, BFH/NV 2008, 437; BFH, Urt. v. 18.12.2002 – I R 17/02, BStBl. II 2004, 126.

74 Vgl. BFH, Urt. v. 15.10.1997 – I R 16/9, BStBl. II 1998, 249; BFH, Urt. v. 25.7.2000 – VIII R 35/97, BStBl. II 2001, 566.

6. Leitthema: Beratungspraxis

Praktisches Sanierungssteuerrecht Wunsch und Wirklichkeit

Dipl.-Kfm. StB Dr. Thomas Töben
Berlin*

Inhaltsübersicht

* Bei diesem Beitrag handelt es sich um die erweiterte schriftliche Fassung eines Vortrages, den der Verfasser anlässlich des 61. Fachkongresses der Steuerberater am 7.10.2009 gehalten hat.

Viele dieses Thema betreffende Fragen wurden in mehreren Vorträgen der diesjährigen Veranstaltung behandelt oder zumindest gestreift. Ich verweise u. a. auf die Beiträge von *Rödder/Neumann*[1], *Fuest*[2] *und F. Schultz*[3].

Das Thema „Praktisches Sanierungssteuerrecht" soll deshalb von einer „anderen Seite" beleuchtet werden. Dennoch lassen sich Wiederholungen und Überschneidungen nicht vermeiden.

Dieser Beitrag behandelt sechs Fragen. Die ersten fünf Fragen betreffen die Realität, die „Wirklichkeit". Die sechste Frage betrifft „Wünsche".

- Praktisches Sanierungssteuerrecht: Was ist das aktuell?
- Um welche Sanierungsmaßnahmen/Restrukturierungsbeiträge geht es?
- Welche Vorschriften im aktuell geltenden Steuerrecht erschweren notwendige Sanierungsmaßnahmen/Restrukturierungsbeiträge?
- Welche Sanierungssachverhalte bereiten steuerrechtliche Probleme?
- Wo liegen die Ursachen für Fehlentwicklungen im Steuerrecht und Reformstau?
- Praktikables, krisentaugliches Sanierungssteuerrecht: Wie könnte es aussehen?

Auf alle diese Fragen gibt es Antworten. Je nach Blickwinkel fallen sie unterschiedlich aus.

---

1 Anlässlich der 28. Kölner Steuerfachtagung 2009, Steuern und Steuerrechtsänderungen in der Finanz- und Wirtschaftskrise.

2 Anlässlich dieser Tagung zum Leitthema „ Steuerpolitik in der neuen Legislaturperiode".

3 Anlässlich dieser Tagung zum Leitthema „Internationales Steuerrecht", Immobilieninvestitionen durch Steuerausländer.

I. Praktisches Sanierungssteuerrecht: Was ist das aktuell?

Anders als es das Thema „Praktisches Sanierungssteuerrecht" ggf. suggeriert, gibt es kein eigenständiges „***Sanierungssteuerrecht***", so wie es z. B. ein eigenständiges „***Umwandlungssteuerrecht***" gibt. Schon dieser Hinweis auf das Umwandlungssteuerrecht zeigt, dass es geboten ist, in „schlechten Zeiten" erforderliche Sanierungsmaßnahmen zur Rettung von Unternehmen und Arbeitsplätzen durch ein praktikables, kompaktes „Sanierungssteuerrecht" zu unterstützen. Wenn schon in „guten Zeiten" betriebswirtschaftlich sinnvolle Umstrukturierungen durch das Umwandlungssteuerrecht gefördert werden, sollte dies erst recht in „schlechten Zeiten" für betriebs- und gesamtwirtschaftlich erforderliche, oft erzwungene und unvermeidbare Umstrukturierungen zur Vermeidung von Insolvenzen gelten.

Was heißt also „praktisches Sanierungssteuerrecht" aktuell? In Zeiten der Finanzmarkt- und Wirtschaftskrise wird die praktische Gestaltungsberatung gewissermaßen „auf den Kopf gestellt": Ging es in guten Zeiten um die Optimierung der Steuerbelastung auf künftige, regelmäßig nur erhoffte Gewinne, geht es heute im Zusammenhang mit wirtschaftlich dringend erforderlichen Umstrukturierungen und Sanierungen darum, prohibitive Steuerbelastungen auf aktuell reale Verluste zu vermeiden. Das zeigt: Wir brauchen dringend ein praktikables Sanierungssteuerrecht. Ein solches gibt es bisher nicht. Die maßgeblichen steuerlichen Vorschriften sind über unterschiedliche Gesetze verteilt. Sie sind weder aufeinander abgestimmt noch passen sie in die heutige Lage.

II. Restrukturierungsbeiträge und Sanierungsmaßnahmen

Restrukturierungsbeiträge bzw. Sanierungsmaßnahmen, wie sie die Welt seit Mitte 2008 kennzeichnen,

- erfordern i. d. R. die Mitwirkung sowohl von Investoren und Gesellschaftern als auch von Drittgläubigern und Finanzbehörden,
- umfassen Maßnahmen, die das Eigenkapital erhöhen und/oder die Belastungen durch Verbindlichkeiten verringern und
- sind nur selten unmittelbar liquiditätswirksam.

Beispielhaft werden nachfolgend die wichtigsten Restrukturierungsbeiträge bzw. Sanierungsmaßnahmen genannt:

- Rangrücktritt,
- Gewährung von Sicherheiten,
- zusätzliche bzw. neue Eigenkapitalzuführung,

- Gesellschafterdarlehen,
- Verbesserung von Darlehenskonditionen,
- Umwandlung von Schuldinstrumenten in Eigenkapital oder eigenkapitalähnliche Instrumente (direkt oder indirekt),
- Verkauf/(Rück-)Kauf notleidender Forderungen und
- Verzicht auf Darlehensforderungen durch Dritt-Gläubiger und/oder Gesellschafter, mit oder ohne Besserungsabrede.

III. Aktuell geltendes Steuerrecht erschwert Sanierungen

1. Überblick

Restrukturierungsbeiträge und Sanierungsmaßnahmen können zu unerwarteten, manchmal prohibitiven Steuerbelastungen führen und/oder zu schlechteren Steuerpositionen, insbesondere im Bereich der Einkommen-, der Körperschaft-, der Gewerbe-, der Umsatz- und der Grunderwerbsteuer. Solche Belastungen treffen sowohl unbeschränkt als auch beschränkt Steuerpflichtige, oft ohne tatsächlichen Liquiditätszufluss und gelegentlich auch ohne Kenntnis der betroffenen Unternehmen bzw. deren Geschäftsleitung.

Maßgeblich liegt das an folgenden Regelungen/Beschränkungen:

- begrenzter, sehr limitierter Verlustrücktrag bei der Körperschaftsteuer (§ 8 Abs. 1 S. 1 KStG i. V. m. § 10 d Abs. 1 EStG) und gar kein Verlustrücktrag bei der Gewerbesteuer,
- eingeschränkter Verlustvortrag wegen der Mindestbesteuerung (§ 8 Abs. 1 S. 1 KStG i. V. m. § 10 d Abs. 2 EStG bzw. § 10 a GewStG),
- Untergang von Verlustvorträgen im Rahmen oder im Vorfeld von Sanierungsmaßnahmen (§ 8 c KStG),
- Zweifel bzgl. Anwendung des Sanierungserlasses[4] angesichts divergierender FG-Rechtsprechung,
- negative Zinsschrankenfolgen, oft unerwartet, ggf. auch erst als Folge von Sanierungsmaßnahmen (§ 4 h EStG, § 8 a KStG),
- Besteuerung der Substanz von Unternehmen, insbesondere wegen Aufwandshinzurechnung bei der Gewerbesteuer (§ 8 Nr. 1 GewStG),
- kein Aufwands-/Verlustabzug, sondern im Ergebnis Besteuerung von Verlusten bei heute nicht steuerwirksamem Gesellschafterdarlehens-

4 BMF, Schr. v. 27.3.2003, BStBl. I 2003, 240.

verzicht (§ 8 b Abs. 3 S. 4 KStG) und korrespondierenden steuerpflichtigen Verzichtsgewinnen bei der Schuldnergesellschaft,

- drohende Umsatzsteuerbelastungen bei Verkauf/Kauf von Forderungen unter Nominalwert,
- drohende Grunderwerbsteuerbelastungen bei wirtschaftlich notwendigen und vom Inland aus oft unkontrollierbaren (ausländischen) Umstrukturierungen in einer Gruppe (§§ 1 Abs. 2a GrEStG, 1 Abs. 3 GrEStG);
- u. U. drohende Hinzurechnungsbesteuerung bei Sanierungsmaßnahmen nur im Ausland bei inländischen mittelbar Beteiligten (§§ 7 ff. AStG).

2. Fehlende Harmonisierung aufeinander nicht mehr abgestimmter Vorschriften als Ursache problematischer Steuerfolgen bei Sanierungen

Woran liegt es, dass steuerliche Vorschriften erwünschte Sanierungen erschweren oder sogar verhindern?

Allgemein gilt: Die in Krisenzeiten problematischen Regelungen wurden in besseren Zeiten eingeführt, in aller Regel nicht mit Blick auf förderungswürdige Sanierungen, sondern aus völlig anderen, teils sehr unterschiedlichen Gründen und Interessen. In Krisenzeiten erweisen sie sich als kontraproduktiv.

Häufig war es das Ziel des Gesetzgebers, das deutsche Steueraufkommen zu sichern[5] bzw. mutmaßliche missbräuchliche Steuerspargestaltungen zu beschränken[6] bzw. vermeintliche Systemgerechtigkeit wieder herzustellen[7]. Diese Vorschriften wurden ohne Rücksicht auf Querverbindungen zu anderen Vorschriften eingeführt. Daraus folgen Verwerfungen bis hin zur Besteuerung von tatsächlich erlittenen Verlusten.

Auch wurden Vorschriften mit dem zum maßgeblichen Zeitpunkt ggf. auch berechtigten Argument, eine andernfalls sich ergebende Doppelbegünstigung zu beseitigen, eingeschränkt oder gar abgeschafft[8].

Viele Vorschriften sind rein fiskalpolitisch motiviert. Sie sollen der Befürchtung Rechnung tragen, dass trotz erheblicher Gewinne in einem bestimmten Jahr der Fiskus keine Steuerzahlungen erhält, weil wegen

5 Z. B. Zinsschranke, § 4 h EStG, § 8 a KStG.
6 Z. B. Zinsschranke, § 4 h EStG, § 8 a KStG; Wegfall von Verlusten bzw. Verlustvorträgen, § 8 c KStG.
7 Z. B. Versagung von Teilwertabschreibungen auf Gesellschafterforderungen, § 8 b Abs. 3 S. 4 KStG.
8 Z. B. Abschaffung des Sanierungsprivilegs in § 3 Nr. 66 EStG a. F.

hoher Verlustvorträge keine positive Bemessungsgrundlage verbleiben könnte[9].

§ 6 Abs. 1 Nr. 3 EStG, wonach unverzinsliche Darlehensgewährungen zu steuerpflichtigen sog. Abzinsungsgewinnen führen, denen erst in Folgejahren korrespondierende Aufzinsungsverluste gegenüberstehen, wird allein begründet mit der Übernahme der Grundsätze für die Abzinsung von Rückstellungen auf die Bewertung von langlaufenden unverzinslichen Verbindlichkeiten und Verbindlichkeiten, die nicht auf einer Anzahlung oder Vorausleistung beruhen[10]. Die Behandlung erlös- bzw. gewinnabhängiger Darlehen gemäß § 5 Abs. 2a EStG als steuerpflichtiger Gewinn bei Darlehensgewährung und steuerwirksamer Aufwand erst bei späterer Tilgung diente u. a. auch der Verhinderung unerwünschter Steuerspargestaltungen, u. a. in der geförderten Filmwirtschaft.[11]

Die Gewerbesteuer, die heute aufkommensmäßig der Körperschaftssteuer mehr als gleichwertig ist[12], besteuert – trotz Kritik seit über 30 Jahren – unter Hinweis auf den Objektsteuercharakter die Unternehmenssubstanz durch Versagung bzw. zunehmende Einschränkung des Aufwandsabzuges.

Bei der Grunderwerbsteuer werden komplizierte Regeln mit dem Hinweis auf den Verkehrssteuercharakter und vermeintliche Gerechtigkeitserwägungen begründet, obwohl seit Jahrzehnten Einigkeit darüber besteht, dass die Besteuerung rein konzerninterner Umstrukturierungen weder zeitgemäß noch wirtschaftlich gerechtfertigt ist.

Überdies können wegen der unüberschaubaren Reichweite einzelner Regelungen im Inland steuerbare Tatbestände durch Maßnahmen im Ausland ausgelöst werden, von denen die inländische Geschäftsführung keinerlei Kenntnis bzw. über die sie keine Kontrolle hat[13]. Letztlich geht es auch insoweit ausschließlich um Fiskalinteressen der Länder, die sich bisher – aus deren Sicht erfolgreich – notwendigen Reformbestrebungen widersetzen konnten[14].

---

9 Z. B. Einführung der Mindestbesteuerung, § 10 d EStG, § 10 a GewStG (laut der Gesetzesbegründung dient die Regelung des § 10 d EStG der „Haushaltssicherung"); Wegfall von Verlusten bzw. Verlustvorträgen, § 8 c KStG.

10 BT-Drucks. 14/443, S. 23.

11 Siehe Gesetzesbegründung zu § 5 Abs. 2a EStG: BT-Drucks. 14/2070, S. 17 f.

12 KSt-Aufkommen 2008 lt. BMF: Euro 15,868 Mrd.; GewSt-Aufkommen 2008 lt. BMF: Euro 41,036 Mrd.

13 Z. B. staatlich erzwungene Maßnahmen im Ausland zur Rettung global agierender Finanzinstitute mit Aktivitäten im Inland; dazu auch *Gröger/Gocksch/Schuck*, DB 2008, 2668 ff.

14 Siehe aber jetzt: Einführung einer Konzernklausel in § 6 a GrEStG i. d. F. des Wachstumsbeschleunigungsgesetzes v. 22.12.2009, BGBl. I 2009, 3950 ff.; dazu auch Abschnitt VI. 2.7 m. w. N.

Über einen Zeitraum von mehreren Jahrzehnten haben sich so an verschiedenen Stellen „Regeln" in das Steuerrecht eingeschlichen bzw. eingenistet, die mit anderen und zu anderen Zeitpunkten und aus völlig anderen Erwägungen eingeführten Vorschriften nicht (mehr) im Einklang stehen. Teilweise ist dies auch eine Folge von Rechtsprechungsänderungen[15]. Ernsthafte Bemühungen, solches Konfliktpotential schon bei Einführung neuer Vorschriften zu identifizieren, sind nur sehr begrenzt wahrnehmbar.

- Was spricht dagegen, dass „systembedingte" Verluste in den Anfangsjahren mit korrespondierenden Gewinnen in Folgejahren bereits aus systemimmanenten Gründen vollkommen verrechenbar sind? Eine solche Verrechnung wird seit einigen Jahren durch die zwischenzeitlich eingeführte Mindestbesteuerung verhindert[16].
- Was spricht dagegen, dass ein nur buchmäßig in Erscheinung tretender Gewinn bei Verzicht auf Forderungen durch einen oder mehrere Gläubiger mit dem Ziel, ein Unternehmen zu retten, vollkommen mit den Verlusten und Verlustvorträgen verrechnet wird, die letztlich Anlass für die Rettungsmaßnahme waren und mit den Verzichtsgewinnen korrespondieren? Auch diese gebotene, sogar zwingend erscheinende Verrechnung wird oft durch die Mindestbesteuerung vereitelt.
- Korrekturbedarf besteht auch bei den miteinander nicht harmonierenden Vorschriften in § 8 b Abs. 3 Satz 4 KStG und § 6 UmwStG. So kann es bei gerade in Krisenzeiten wirtschaftlich gebotenen und erforderlichen Umwandlungen von Kapital- in Personengesellschaften zur Besteuerung von nur rechnerisch ausgewiesenen sog. Übernahmefolgegewinnen kommen (in Höhe der Differenz zwischen Buchwert und Nominalwert einer gruppeninternen Forderung), obwohl die vorausgegangene Forderungsabschreibung als Ursache für einen solchen (internen) Übernahmefolgegewinn wegen § 8 b Abs. 3 Satz 4 KStG steuerlich ebenfalls keine Wirkung entfaltete[17].

Solche Regeln führen heute zu einer Steuerbelastung, obwohl es Gewinne nicht gibt. Wie das letzte Beispiel zeigt, führen aufeinander nicht mehr abgestimmte Regeln sogar dazu, dass nach geltender Rechtslage ein wirtschaftlich tatsächlich erlittener Vermögensverfall besteuert werden kann.

---

15 Z. B. durch GrS 1/94, BStBl. II 1998, 307 zu Verzichtsgewinnen.

16 Z. B. bei befristeten mehrjährigen Projektgesellschaften mit regelmäßiger Gewinnrealisierung erst am Laufzeitende.

17 Vgl. aber *Widmann* in Widmann/Mayer, UmwStG § 6 Rz. 205.1 (Nov. 2008): Entsprechende Anwendung von § 8 b Abs. 2 S. 8 KStG. In diesem Sinne nun auch *Behrendt/Klages*, GmbHR 2010, 190 (195).

IV. Sanierungsmaßnahmen in der Praxis mit problematischen Steuerfolgen

Ausgehend von den typischen Restrukturierungs- und Sanierungsmaßnahmen, wie sie oben unter Ziffer II stichpunktartig dargestellt wurden, lassen sich die kontraproduktiven bis hin zu prohibitiven Folgen vieler Steuervorschriften (siehe Ziffer III) im Zusammenhang mit Sanierungsmaßnahmen an einfachen Beispielen gut veranschaulichen.

1. Gewährung von Sicherheiten

Ein Gesellschafter, der zur Abwendung einer drohenden Insolvenz seiner notleidenden Tochtergesellschaft zugunsten deren Gläubiger Sicherheiten stellt (oft stellen muss), z. B. in Form von Bürgschaften, Garantien u. Ä., kann dadurch bei der ohnehin schon strauchelnden Tochtergesellschaft Steuerbelastungen und damit eine Insolvenz erst auslösen. Denn als Folge der Sicherheitenstellung könnte bei der Tochtergesellschaft die Zinsschranke erstmals greifen[18]. Als Folge kann die Tochtergesellschaft Bankzinsen – anders als bis zur Rettungsmaßnahme durch den Gesellschafter – nur noch sehr begrenzt oder ggf. gar nicht mehr steuerlich absetzen. Das Ergebnis kann sein, dass die Tochtergesellschaft Steuern auf ihre Zinsausgaben zahlen muss. Ihre Substanz würde besteuert. Der Gesellschafter hat die Wahl zwischen Pest und Cholera: Ohne und auch mit der Stellung von Sicherheiten bleibt die Tochtergesellschaft von der Insolvenz bedroht: Im einen Fall (keine Sicherheiten), weil die Banken vollstrecken müssen. Im anderen Fall (Sicherheiten), weil Steuerzahlungen auf Zinsausgaben die Zahlungsunfähigkeit herbeiführen können.

2. Verzicht auf bzw. Aussetzung von Zinszahlungsverpflichtungen

Nicht immer wird das Stellen von (zusätzlichen) Sicherheiten ausreichend sein, z. B. dann nicht, wenn aus der zur Verfügung stehenden Liquidität nicht mehr alle Kreditverpflichtungen wie insbesondere laufende Zinszahlungen und/oder die vereinbarten Tilgungen bestritten werden können. Aktuell ist dies ein häufiger Praxisfall. Schuldner müssen mit den Gläubigerbanken verhandeln. Letztere müssen feststellen, dass bei Eintritt bestimmter Ereignisses (Event of Default/Covenant Breach) die für einen solchen Fall vorgesehene vorzeitige Fälligstellung der Darlehen bis hin zur Verwertung der Sicherheiten mit Zwangsvollstreckungsfolge gegenwärtig nicht so viel „wert" ist, wie einst gedacht. Deshalb sind Banken u. U. bereit, für einige Jahre auf Zinszahlungen zu verzichten, endgül-

18 BMF, Schr. v. 4.7.2008, BStBl. I 2008, 718, Tz. 80 ff.

tig für diesen Zeitraum oder mit nur aufschiebender Wirkung: geschuldet wird jetzt, gezahlt später erst dann, wenn der Schuldner wieder über ausreichend Liquidität verfügt.

Selbst dieser einfache Sachverhalt führt zu vielen Fragen: Wann und unter welchen Voraussetzungen liegt in solchen Fällen ein (ggf. nur befristetes) Zinslosstellen einer Forderung vor? Kann das zur Folge haben, beim Schuldner die Verbindlichkeit wegen partieller Zinslosigkeit „besser", sprich niedriger zu bewerten (Abzinsung), um sie anschließend in den Folgejahren wieder ihrem höheren, realen Wert anzupassen (sukzessive Höherbewertung = Aufzinsung)? Kann der Abzinsungsbetrag im Jahr der Abzinsung als „Gewinn" (ohne Liquiditätszufluss) steuerbar und steuerpflichtig sein[19], z. B. weil die Verrechnung mit den Verlustvorträgen begrenzt ist? Die Aufzinsungsbeträge wären dann in den Folgejahren abzugsfähiger Aufwand, der aber wegen des sehr begrenzten Verlustrücktrages i. d. R. mit dem Abzinsungsgewinn nicht verrechenbar und wegen der Mindestbesteuerung nur eingeschränkt vortragbar ist. Gelten diese Regeln auch bei ausländischen Schuldnergesellschaften mit nur oder auch (Aufteilung?) inländischen beschränkt steuerpflichtigen Einkünften und/oder (auch) inländischen Gesellschaftern (passive Einkünfte nach dem AStG)?[20].

3. Gewinnabhängige Darlehen

Gelegentlich akzeptieren Drittgläubiger, dass künftig Tilgungszahlungen auf bereits bestehende und/oder neue Darlehen nur aus künftigen Einnahmen/Gewinnen erfolgen müssen. Das geschieht nicht aus Altruismus. Vielmehr wird befürchtet, dass andernfalls der Schaden für alle Beteiligten größer sein könnte (Totalausfall).

Auch eine solche Vereinbarung kann zu unerwarteten Steuerbelastungen führen. Dafür ist jedoch keine Liquidität vorhanden. In voller Höhe kann der Darlehensbetrag als steuerpflichtiger Gewinn zu behandeln sein, dem erst viel später, ggf. zu spät, abzugsfähiger Aufwand in Höhe der tatsächlichen Tilgung gegenübersteht (§ 5 Abs. 2a EStG).

4. Darlehensverzichtsgewinne

Die Bereitschaft der Banken zu Hilfsmaßnahmen zugunsten inländischer und/oder ausländischer Schuldnergesellschaften (letztere mit entweder beschränkt steuerpflichtigen Einkünften und/oder unbeschränkt steuer-

---

19 BMF, Schr. v. 4.7.2008, BStBl. I 2008, 718, Tz. 27.
20 *Töben/Lohbeck/Specker*, NWB 2009, 1484 (1496 f.).

pflichtigen Gesellschaftern) kann weitergehen, insbesondere wenn die Gläubiger ihre Forderungen schon in Vorjahren abschreiben mussten und der Zusammenbruch des Schuldners und damit der Forderungstotalausfall droht.

Die Rettung des Schuldnerunternehmens mag nur noch möglich sein, wenn (auch) Drittgläubiger auf (Darlehens-)Forderungen teilweise oder sogar vollständig[21] verzichten. Auch in diesen Fällen droht den Beteiligten oft überraschend Ungemach an der Steuerfront. Beim steuerpflichtigen Schuldnerunternehmen kann der zunächst nur bilanziell in Erscheinung tretende „Verzichtsgewinn" bis zur vollen Höhe steuerpflichtig sein. Und dies sogar dann, wenn mit dem Verzicht nur erreicht wurde, eine Überschuldung zu beseitigen und das negative Eigenkapital auszugleichen. Es sollen Steuern gezahlt werden auf „Gewinne ohne Vermögensmehrung", auf nur rechnerische Buchgewinne ohne jegliche Leistungsfähigkeit. Denn Verluste und/oder Verlustvorträge können zuvor entweder weggefallen sein, ggf. sogar allein wegen dieser Schuldenumstrukturierung (§ 8 c KStG). Oder Verlustvorträge stehen wegen der Mindestbesteuerung (§ 10 d EStG, § 10 a GewStG) zur Verrechnung nur begrenzt zur Verfügung.

Wird ein solcher Forderungsverzicht gegenüber einer ausländischen Gesellschaft erklärt, die in Deutschland weder unbeschränkt noch beschränkt steuerpflichtig ist, wird – zu Unrecht[22] – befürchtet, dass bei der ausländischen Gesellschaft in Höhe des Verzichtsgewinns nach deutschen Maßstäben zu ermittelnde passive niedrig (bzw. nicht) besteuerte Einkünfte i. S. d. AStG vorliegen könnten. Diese könnten bei den deutschen Gesellschaftern im Rahmen der Hinzurechnungsbesteuerung voll steuerpflichtig sein. Zugleich wird auch in diesen Konstellationen die Frage gestellt, ob bzw. unter welchen Voraussetzungen ein solcher Gewinn als Sanierungsgewinn steuerbegünstigt ist. Die Antwort darauf ist nicht nur wegen möglicherweise[23] divergierender Finanzgerichts-Rechtsprechung streitig; jedenfalls ist sie gegenwärtig beim BFH anhängig, also letztlich noch ungeklärt[24]. M. E. handelt es sich auch hierbei

---

21 Dann i. d. R. aus eigenen wirtschaftlichen Gründen, z. B. zur Aufrechterhaltung der Geschäftsbeziehungen und/oder verbunden mit anderen Maßnahmen.

22 *Töben/Lohbeck/Specker*, NWB 2009, 1484 (1488).

23 Der veröffentlichte Sachverhalt zum Urteil des FG-München v. 12.12.2007, 1 K 4487/06, DStR 2008, 1687 (nrk., Az. des BFH: VIII R 2/08), gibt jedenfalls nicht genügend her, um zweifelsfrei von einer Divergenz zum Urteil des FG Köln v. 24.4.2008, 6 K 2488/06, DStRE 2008, 1445, sprechen zu können.

24 FG Köln, Urt. v. 24.4.2008–6 K 2488/06, DStRE 2008, 1445 (nrk., Az. des BFH: X R 34/08); FG München, Urt. v. 12.12.2007–1 K 4487/06, DStR 2008, 1687. Das FG München vertritt die Auffassung, der Sanierungserlass sei mangels Rechts-

regelmäßig um Fälle, in denen etwaige Steuern auf „Gewinne ohne Vermögensmehrung" im Billigkeitswege zu erlassen sind, wobei der Ermessensspielraum insoweit auf null reduziert ist[25].

5. Rückkauf/Verkauf notleidender Darlehensforderungen in verschiedenen Konstellationen

Der Rück- und Verkauf notleidender Darlehensforderungen in verschiedenen Konstellationen kann in verschiedenen Konstellationen ebenfalls unerwartete Steuerbelastungen nach sich ziehen. Dies gilt auch für ausländische Schuldnergesellschaften mit entweder beschränkt steuerpflichtigen Einkünften bzw. im Inland ansässigen Gesellschaftern. In der aktuellen Beratungspraxis sind u. a. folgende Konstellationen zu beurteilen:

- Rückkauf einer Darlehensforderung unter Nominalwert durch die Schuldner-Gesellschaft selbst (Konfusion)
- Verkauf einer Darlehensforderung unter Nominalwert an eine konzernzugehörige oder an eine nicht konzerngebundene ausländische Gesellschaft, die ggf. eigens zu diesem Zweck errichtet wurde (SPV 1 und SPV 2)
- Tausch einer Darlehensforderung gegen eine (ausländische) Schuldnergesellschaft (OpCo) mit einer Eigenkapitalbeteiligung als Gegenleistung (*„Debt-Equity-Swap"*)
- Verkauf oder Einlage (Tausch) der Darlehensforderung gegen die Schuldnergesellschaft (OpCo) an bzw. in deren direkte oder indirekte (ausländische) Muttergesellschaft(en)

Steuerliche Fragen betreffen in diesen Fällen insbesondere:

- die steuerliche Behandlung eines eventuellen **Darlehensverzichtsgewinns** im In-/Ausland
- die Anwendbarkeit des sog. **Sanierungserlasses** bei beschränkt bzw. unbeschränkt steuerpflichtigen Schuldnern
- die mögliche Begrenzung des Zinsabzuges durch erstmaliges Eingreifen der **Zinsschranke**

---

grundlage nicht anwendbar. Das FG Köln orientierte sich hingegen an den Voraussetzungen des Sanierungserlasses. Dazu *Bauschatz*, GmbHR 2008, 1204, 1207 f.; *Eilers/Bühring*, DStR 2009, 137; *Geist*, BB 2008, 2658; *Gondert/Büttner*, DStR 2008, 1676 ff.; *Knebel*, DB 2009, 1094; *Kroniger/Korb*, BB 2008, 2656; *Schäfer-Elmayer/Müller*, StB 2009, 190 (192); *Wagner*, BB 2008, 2671 f.

25 Dazu ausführlicher unten im Text unter 5.; sowie FG Köln v. 24.4.2008, a. a. O.; s. auch *Bauschatz*, GmbHR 2008, 1204.

- den **Wegfall laufender Verluste** bis zur Sanierungsmaßnahme bzw. **den Wegfall von Verlustvorträgen**
- bei Forderungsverkauf unter Nominalwert die eventuelle **Umsatzsteuerpflicht** einer dem **Factoring** vergleichbaren Leistung des Forderungskäufers an den Forderungsverkäufer (i. d. R. Banken)
- das eventuelle Eingreifen der **Hinzurechnungsbesteuerung** auf angenommene passive, niedrig oder nicht besteuerte Einkünfte bei unbeschränkt oder erweitert beschränkt steuerpflichtigen Gesellschaftern und
- die Besteuerung möglicher **verdeckter Gewinnausschüttungen** bei der Schuldnergesellschaft, wenn die notleidende Forderung nicht von der Schuldnergesellschaft selbst, sondern von deren Muttergesellschaft oder einer Gesellschaft erworben wird, die gesellschaftsrechtlich mit der Schuldnergesellschaft verbunden ist, entweder als konzernzugehörige oder nicht konzerngebundene Gesellschaft. Fraglich ist, ob schon in dem vermeintlich verbilligten Erwerb der Forderung gegen die verbundene Schuldnergesellschaft eine verdeckte Gewinnausschüttung (im Erwerbszeitpunkt oder erst bei späterer Tilgung, soweit die Tilgungszahlungen die Anschaffungskosten überschreiten) zu sehen ist.[26] Es könnten auch erst die Zinszahlungen der Schuldner-Gesellschaft an die verbundene (neue) Gläubiger-Gesellschaft verdeckte Gewinnausschüttungen sein. Zudem könnten die steuerlichen Folgen problematisch sein, wenn die Käufergesellschaft im Ausland ansässig ist, sie DBA-Schutz genießt und/oder die Forderung im Inland grundpfandrechtlich besichert ist.

In der folgenden Übersicht, die einem Strickmuster ähnelt, sind diese Varianten für den Fall einer nur beschränkt steuerpflichtigen Schuldnergesellschaft zusammengefasst.

26 *Töben/Lohbeck/Specker*, NWB 2009, 1484 (1490).

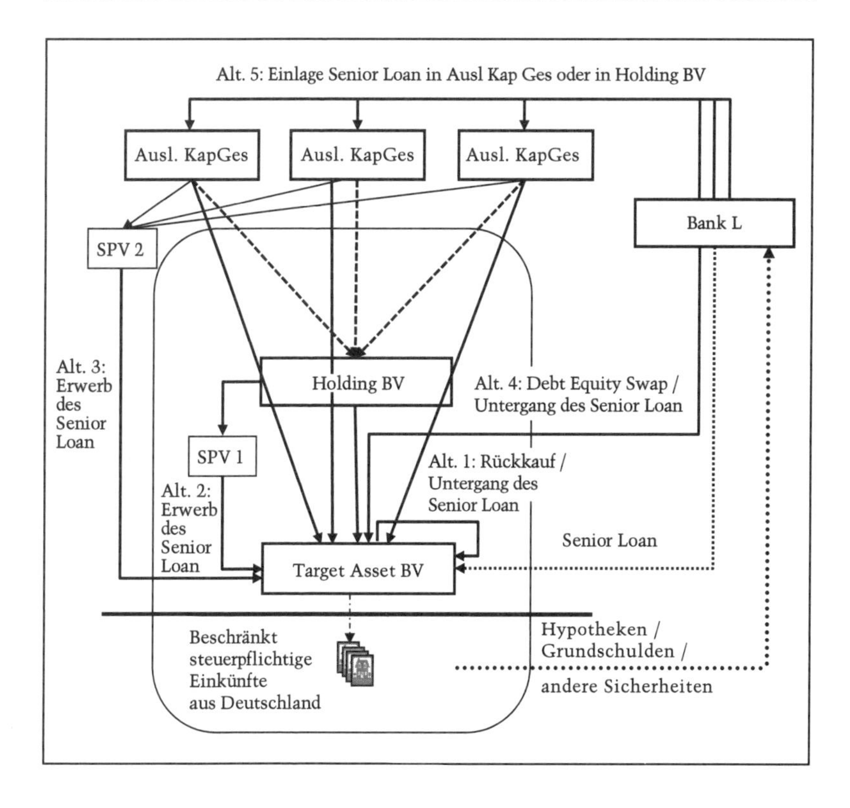

6. Darlehensverzicht gegenüber ausländischer Kapitalgesellschaft mit beschränkt steuerpflichtigen Einkünften

Aufgrund des sehr hohen Volumens der fremdfinanzierten Immobilieninvestitionen insbesondere ausländischer Investoren[27] in den vergangenen vier bis fünf Jahren handelt es sich bei diesem Fall um einen Klassiker der aktuellen Beratungspraxis[28].

Bis einschließlich des Veranlagungszeitraumes 2008 hatten ausländische Kapitalgesellschaften mit inländischem Grundbesitz in der Regel nichtgewerbliche Einkünfte aus Vermietung und Verpachtung (§§ 49 Abs. 1

27 *Töben/Fischer*, Ubg 2008, 149.
28 S. dazu *Töben* in Praxis des Internationalen Steuerrechts, Hrsg.: Pohl/Raupach/Töben/Sieker, 1 ff.

Nr. 6 i. V. m. § 21 EStG).[29] Eventuelle Verbesserungen der Vermögenssituation der ausländischen Kapitalgesellschaft, die durch den Verzicht von Gläubigern auf Darlehensforderungen gegen die beschränkt steuerpflichtige Kapitalgesellschaft entstanden, waren daher in Deutschland nicht steuerbar.

Seit dem Veranlagungszeitraum 2009 haben ausländische Objektkapitalgesellschaften grundsätzlich auch aus der laufenden Vermietung inländischen Grundbesitzes gemäß § 49 Abs. 1 Nr. 2 f) EStG in der Fassung des Jahressteuergesetzes 2009 ausschließlich Einkünfte aus Gewerbebetrieb. An der Steuerbarkeit der inländischen Vermietungseinkünfte hat sich dadurch jedoch nichts geändert.

Geändert hat sich indessen die Art und Weise der Einkünfteermittlung. Die Vermietungseinkünfte sind nunmehr im Wege der Gewinnermittlung festzustellen. Der Gesetzgeber wollte damit Einheitlichkeit bei der Ermittlung von laufenden Vermietungseinkünften und von Einkünften aus der Veräußerung der Immobilien erreichen[30].

Fraglich ist, ob die neue Art der Einkünfteermittlung auch zur Folge hat, dass Sanierungsgewinne nunmehr in Deutschland steuerpflichtig sind. Dagegen spricht der Wortlaut des § 49 Abs. 1 Nr. 2 f) EStG. Danach sind nur Einkünfte aus der Vermietung des inländischen Grundbesitzes erfasst. Der Sanierungsgewinn lässt sich aber sprachlich nur schwer als Vermietungsgewinn begreifen, auch wenn das betroffene Darlehen der Finanzierung der inländischen Immobilie diente. Der Sinn und Zweck des § 49 Abs. 1 Nr. 2 f) EStG erschließt sich unmittelbar: Deutschland besteuert solche Einkünfte, die aus einer unmittelbaren Quelle in Deutschland, nämlich aus in Deutschland belegenem Vermögen fließen. Fraglich ist, ob es sich bei dem Darlehen, bei der Darlehensgewährung und dem anschließenden Verzicht auf das Darlehen um eine solche deutsche Einkunftsquelle handelt. Gibt es – wie regelmäßig in solchen Fällen – keine Betriebstätte in Deutschland[31], der das Darlehen als Betriebsvermögen zugeordnet werden kann, müsste das Darlehen ohne deutsche Betriebstätte deutsches Betriebsvermögen sein. Das ist bereits denklogisch ausgeschlossen. Allenfalls kann die deutsche Immobilie deutsches Betriebsvermögen sein. Ansonsten kann ihr aber nichts zugeordnet werden. Mit anderen Worten: Die Vermietungseinkünfte fließen aus dem Wirtschaftsgut Immobilie, welches in Deutschland belegen ist. Der

29 Vgl. dazu *Töben* in Praxis des Internationalen Steuerrechts, Hrsg.: Pohl/Raupach/Töben/Sieker, 1 (6).

30 BT-Drucks. 16/10189, S. 58 f.

31 Vgl. dazu *Töben/Lohbeck* in Transaktionen, Vermögen, Pro Bono, Festschrift zum zehnjährigen Bestehen von P+P Pöllath + Partners, S. 211 ff.; sowie OFD Münster, Vfg. v. 24.7.2008, GmbHR 2008, 1007.

Sanierungsgewinn resultiert hingegen aus dem Wirtschaftsgut Darlehen, welches kein deutsches Betriebsvermögen darstellt, allenfalls ausländisches Betriebsvermögen der ausländischen Kapitalgesellschaft.

Im umgekehrten Fall, in dem eine deutsche GmbH ausschließlich über ausländischen Grundbesitz verfügt und keine anderen Einkünfte hat, besteuert Deutschland die Einkünfte aus den Immobilien als Einkünfte aus Gewerbebetrieb, soweit die Einkünfte nicht durch ein DBA von der deutschen Besteuerung freigestellt sind. Daher besteuert Deutschland grundsätzlich auch solche Vermögensmehrungen, die durch einen Darlehensverzicht gegenüber der GmbH entstehen. Greift ein DBA ein, welches Deutschland an der Besteuerung der Vermietungseinkünfte hindert, so stellt sich die Frage, ob Deutschland auch einen eventuellen Sanierungsgewinn besteuern könnte oder einen solchen Gewinn freistellen würde. Das Darlehen und die Immobilien sind als Wirtschaftsgüter grundsätzlich der deutschen Betriebstätte der GmbH zuzuordnen. Damit die aus diesen Wirtschaftsgütern resultierenden Gewinne von der deutschen Besteuerung freigestellt sind, müsste es sich bei den Gewinnen um solche handeln, die aus im anderen Vertragsstaat belegenem „unbeweglichem Vermögen" bezogen werden (vgl. Art. 6 OECD-MA). Dass es sich bei dem Darlehen, welches der deutschen Betriebstätte der GmbH zugehörig ist, um solche Einkünfte aus dem ausländischen unbeweglichen Vermögen handeln soll, ist nur schwer vermittelbar. Es ist jedenfalls anzunehmen, dass der deutsche Fiskus dieser Auffassung nicht folgen würde. Gleiches wird in der umgekehrten, zuvor geschilderten Konstellation gelten.

Gleichwohl könnte es ggf. steuersystematisch sinnvoll sein, den Gewinn aus dem Darlehensverzicht den ausländischen Einkünften aus dem unbeweglichen Vermögen zuzuordnen, denn so würde erreicht werden, dass eventuelle Verluste aus der wesentlichen wirtschaftlichen Tätigkeit Vermietung dem Sanierungsgewinn zugeordnet werden können. Allerdings setzt die „Sinnhaftigkeit" in solchen Fällen voraus, dass eine uneingeschränkte Verlustverrechnung hier wie dort zugelassen wird, unabhängig von sonst geltenden, eventuellen Beschränkungen (siehe dazu bereits oben im Text und die Vorschläge unter VI.)

V. Ursachen für Fehlentwicklungen und Reformstau

Die Beispiele oben unter Ziffer IV. zeigen, dass im System des deutschen Steuerrechts etwas nicht stimmt. Der Überblick über das „große Ganze" scheint verloren gegangen zu sein. Nicht selten ist dies die Folge davon, dass der Gesetzgeber allzu oft von einer geradezu panischen Angst getrieben scheint, es könnte zu viele Steuerschlupflöcher geben, und dass die meisten Steuerpflichtigen nur noch von der Vorstellung beseelt seien, so viel Steuersubstrat wie nur möglich am Fiskus vorbei ins niedrig besteuerte Ausland zu verlagern. Jedes Jahr aufs Neue wird auch aus diesen Gründen an seit Jahrzehnten bewährten Vorschriften „herumgedoktert", um befürchteten, oft nur vermeintlichen Missbräuchen zu begegnen. Eine bislang allgemein gültige Regel passt dann nur noch für Ausnahmesachverhalte. Dem Regelfall wird nicht mehr in angemessener Weise Rechnung getragen[32].

Viele Vorschriften „passen" ihrem Regelungsgehalt nach allenfalls noch in „guten Zeiten", nicht aber – wie aktuell – in schlechten Zeiten. Regeln zur Missbrauchsabwehr eignen sich eben nicht zur Besteuerung von Sachverhalten, in denen ersichtlich kein Missbrauch vorliegt, es vielmehr um die Rettung der deutschen Wirtschaft und hiesiger Arbeitsplätze geht. Das alles erinnert an den Zauberlehrling: „Herr, die Not ist groß. Die Geister, die ich rief, die werde ich nicht mehr los".

Unklar ist, wie es zu solchen Fehlentwicklungen im deutschen Steuerrecht kommen konnte und warum dies auch heute noch möglich ist. Dies gilt insbesondere vor dem Hintergrund regelmäßiger Beteuerungen zur Steuervereinfachung und zur Steuergerechtigkeit als maßgebliche Leitlinien für politisches und gesetzgeberisches Handeln.

Hier der Versuch einer Anamnese. Die Liste erhebt keinen Anspruch auf Vollständigkeit bzw. zutreffende Gewichtung, wird aber in dieser Reihenfolge abgearbeitet:

- irreführende Zahlen sowie Unkenntnis über finanzielle Auswirkungen steuerlicher Regelungen (dazu unten V.1.),
- komplexe Vorschriften mit unklarer Reichweite und einem Regelungsgehalt, der mit den verfolgten Zielen teils nichts mehr gemein hat und den selbst Fachleute nicht mehr verstehen (dazu unten V. 2.),
- sprachlich verunglückte Vorschriften, die bei wortgetreuer Auslegung das Gegenteil von dem regeln, was sie eigentlich regeln sollten (dazu unten V.3.),
- Wertungswidersprüche und Inkonsistenzen vieler Regeln (dazu unten V.4.),
- falsch verstandener Lobbyismus, fehlende Transparenz und fehlendes Vertrauen sowie personelle Unterbesetzung der für die Gesetzesentwurfsfassungen mitverantwortlichen Ministerien (dazu unten V.5.).

---

32 Diesen Eindruck gewinnt man mit Blick auf den seit 2009 geltenden § 49 Abs. 1 Nr. 2 f) EStG i. d. F. des Jahressteuergesetzes 2009. Ohne Not wurden über Jahre entwickelte und bewährte Prinzipien zu § 49 Abs. 1 Nr. 6 i. V. m. § 21 EStG „über Bord geworfen" mit der Folge einer Fülle ungelöster Probleme und Fragen und damit großer Rechtsunsicherheit.

1. Falsche Zahlenbasis als Entscheidungsgrundlage/Unkenntnis über finanzielle Auswirkungen

Trügerische, u. U. auch irreführende Zahlen sowie Unkenntnis

- über finanzielle Auswirkungen steuerlicher Regelungen auf
  - die Steuereinnahmen des Staates
  - die Steuerbelastung der Unternehmen und
  - die Kosten der Gesetzesanwendung für Staat und Steuerpflichtige
- sowie über einzel- und gesamtwirtschaftliche Auswirkungen bei Abschaffung bestimmter Regeln

haben zu komplizierten, unsystematischen und unverständlichen Regelungen geführt, die notwendige Gesetzesanpassungen blockieren.

Dazu einige Beispiele aus dem Bereich „Verlustvorträge" und „Zinsschranke".

1.1. Verluste/Verlustvorträge

Laut zugänglicher Statistik bis 2004 sollen sich die körperschaftsteuerlichen Verlustvorträge aller körperschaftsteuerpflichtigen Unternehmen seit 1992 wie folgt entwickelt haben:

- 1992: Euro 128 Mrd.
- 1995: Euro 239 Mrd.
- 1998: Euro 285 Mrd.
- 2001: Euro 380 Mrd.
- 2004: Euro 473 Mrd.

Per Ende 2009 wird man wohl von einem noch deutlich höheren kumulierten (nicht verbrauchten) Gesamtverlustvortragsvolumen ausgehen müssen. Denn allein die Verluste 2008 und 2009 aus Abschreibungen als Folge der Finanzmarkt- und Wirtschaftkrise nur in der Finanzbranche dürften bereits ein bislang nicht gekanntes Volumen erreicht haben; dies ungeachtet der weltweit erforderlichen Klimmzüge zur Begrenzung derartiger das Eigenkapital aufzehrender Verluste durch Einführung großzügigerer handelsrechtlicher Bewertungsvorschriften[33]. Ein bis

33 Im Oktober 2008 lockerte das IASB die Fair Value-Vorschriften und erlaubten damit eine andere Bewertung von Finanzinstrumenten bei Kreditinstituten. Sie konnten Wertpapiere, die sie am Bilanzstichtag zum niedrigeren Fair Value hätten ansetzen müssen, in eine andere Bewertungsklasse umbuchen und diese zu fortgeführten Anschaffungskosten bewerten. Dies verhinderte allein bei den deutschen Banken Abschreibungen in Milliardenhöhe.
Vgl. http://www.handelsblatt.com/politik/oekonomie/_b=2497041,_p=30,_t=ftprint,doc_page=0;printpage.

Ende 2009 in der Summe aufgelaufener Verlustvortrag von bis zu Euro 1.000 Mrd. erscheint vor diesem Hintergrund nicht unrealistisch.

Die Frage ist jedoch: Warum soll diese Zahl dafür herhalten, Unternehmen, die per Saldo keinen Gewinn erwirtschaften, mit dem Mittel der Versagung oder Einschränkung des Verlustabzuges/-vortrages Steuerlasten aufzubürden (z. B. wenn zuvor erlittene und finanzierte Verluste durch spätere Gewinne lediglich kompensiert werden)?

Dabei ist zu berücksichtigen, dass den Verlusten bei der einen Gruppe i. d. R. ja auch Gewinne bei einer anderen Gruppe („Gewinner") gegenüberstehen. Oft waren und sind dies sogar direkt die öffentlichen Gebietskörperschaften (Bund, Länder und Gemeinden) und indirekt wiederum dieselben als „Mitbegünstigte" an den mit den Verlusten korrespondierenden Gewinnen und den darauf entfallenden Gewinnsteuern. Das gilt übrigens auch für die weltweit als Folge der Finanzmarktkrise befürchteten Gesamtverluste in Höhe von mehr als $ 50 Billionen[34].

Dazu ein Beispiel aus vergangenen Jahren: Mit der Versteigerung der UMTS-Lizenzen im Jahr 2000 hat der Staat umsatzsteuerfrei[35] Euro 50,8 Mrd. erlöst[36]. Dagegen muss man nichts haben, vorausgesetzt der Staat hat mit den erhaltenen Mitteln vernünftig gewirtschaftet. Für viele UMTS-Lizenzkäufer hat sich indes die damals extrem teure Investition nicht gelohnt. Die Anschaffungskosten mussten abgeschrieben werden. Das hat zu sehr hohen, auch wirtschaftlichen Verlusten in Milliardenhöhe bei nur wenigen Unternehmen geführt. Aus welchem Grund sollen nun diese Verluste nicht mit künftigen Gewinnen ver-

---

34 Vgl. *Czycholl/Heck/Scherff*, „Wo ist unser ganzes Geld geblieben?" in: Frankfurter Allgemeine Sonntagszeitung vom 6.9.2009, S. 45: „Die Milliarden, die jetzt abgeschrieben werden, haben damals die Verkäufer der Wertpapiere erhalten, die Erlöse haben sich längst all jene aufgeteilt, die von der Verbriefungsindustrie profitiert haben: die Banken (deren Angestellte und die Aktionäre), Ratingagenturen, Anwälte, auch der Staat über die Steuern auf die Gewinne sowie im nächsten Schritt all jene, bei den die Banker Gehalt und Boni ausgegeben haben: Sportwagenhersteller, Restaurants, Supermärkte, Immobilienhändler und viele mehr. Allesamt Unbeteiligte, die sich kaum als Krisengewinner fühlen".

35 Mit Urteil vom 26.6.2007 hat der EuGH in den Rechtssachen T-Mobile Austria GmbH u. a. (C-284/04) und Hutchison 3G UK Ltd. u. a. (C-369/04) entschieden, dass die Vergabe von UMTS-Lizenzen im Wege der Versteigerung keine wirtschaftliche Tätigkeit darstellt. Die Vergabe fällt somit nicht unter den Anwendungsbereich der Sechsten Mehrwertsteuerrichtlinie.

36 Vgl. http://de.wikipedia.org/wiki/Versteigerung_der_UMTS-Lizenzen_in_Deutschland. In einigen Staaten wurden die UMTS-Lizenzen hingegen im Rahmen einen „Schönheitswettbewerbs" vergeben, vgl. die Übersicht unter http://www.pts.se/upload/Documents/SE/UMTS%20Roll%20out%20030423.pdf.

rechenbar sein? Das Unternehmen kommt aus dem ganzen Abenteuer mit wirtschaftlichen Verlusten nur bei einer solchen Verlustverrechnung ohne Steuerlasten heraus. Der Staat darf in jedem Fall das Geld, „seinen steuerfreien Gewinn", behalten.

Ähnlich ist es in den Jahren 2002 bis 2007 im sicher oft überhitzten Immobilienmarkt gelaufen. So hat z. B. im Jahr 2006 die Stadt Dresden durch den Verkauf ihrer städtischen Wohnungsbaugesellschaft *Woba* ihre gesamten Schulden in Höhe von Euro 748 Mio. auf einen Schlag getilgt[37]. Der Verkäufer mag zu teuer investiert haben; vermutlich waren verlustwirksame Abschreibungen erforderlich. Es gab viele andere solche Fälle. Hier gilt hinsichtlich der nur eingeschränkten Verlustvortragsverrechnung das Gleiche wie zuvor. Aber auch in allen „Normal"-Fällen gilt nichts anderes: Verluste werden durch Verausgabung von finanziellen Mitteln erlitten, denen keine ausreichenden Einnahmen aus der Investition gegenüberstehen. Das sind regelmäßig reale Verluste zu Lasten der Substanz. Das Verlustunternehmen hat die mit den Verlusten korrespondierenden finanziellen Mittel regelmäßig einem anderen Unternehmen gezahlt. Bei diesem werden eben diese finanziellen Mittel zu steuerpflichtigen Einnahmen geführt und damit mittelbar auch Steuereinnahmen in die Kassen des Staates gespült haben. Wie erwähnt, flossen diese Zahlungen teilweise auch direkt steuerfrei dem Staat als Verkäufer zu.

Die hohe Zahl der aufgelaufenen Verlustvorträge als solche muss also nicht erschrecken. Allein auf diese Zahl kann und darf auch eine Verlustverrechnungsbeschränkung nicht gestützt werden. Denn wollte man die kumulierten Gesamtverlustvorträge aller körperschaftsteuerpflichtigen Unternehmen von aktuell möglicherweise bis zu Euro 1 Billion durch solche Verrechnungsbeschränkungen quasi wieder „reinholen", bräuchte man bei einem KSt-Aufkommen von bisher rd. Euro 25 Mrd. in guten Jahren und nur rd. der Hälfte davon in schlechten Jahren mindestens 40 bis 80 Jahre – vorausgesetzt,

- Verlustverrechnungsbeschränkungen würden vollständig abgeschafft und
- es gäbe in den nächsten 40 bis 80 Jahren tatsächlich körperschaftsteuerpflichtiges Gesamteinkommen aller steuerpflichtigen Körperschaften von bis zu Euro 1 Billion.

Die hohe Zahl der kumulierten Verluste in Deutschland allein ist also allenfalls ein „Totschlagargument". Jedenfalls rechtfertigt diese Zahl nicht, dass der Staat einerseits Unternehmen mit Steuern belastet, die

37 Vgl. Spiegel Online vom 16.11.2006, http://www.spiegel.de/wirtschaft/0,1518,448992,00.html.

per Saldo gar keinen Gewinn erwirtschaften, dieser Staat aber andererseits die mit den Verlusten korrespondierenden Einnahmen direkt in voller Höhe einstreicht oder sich daran zumindest mittelbar über Steuereinnahmen beteiligt.

1.2. Zinsschranke

Ausweislich der Gesetzesbegründung verfolgt die Zinsschranke folgende Ziele:

- Sicherung des deutschen Steueraufkommens,
- Verminderung der Gestaltungsanfälligkeit, die dem bisherigen § 8 a KStG a. F. nachgesagt wird, also Verhinderung missbräuchlicher Gestaltungen,
- gerechtere Verteilung der Finanzierungslasten in einem internationalen Konzern.

In Fernsehinterviews und bei Talkrunden mag das losgelöst von den Details und den tatsächlich erfassten Lebenssachverhalten noch vernünftig klingen. Richtig wird es dadurch nicht.

Denn alle diese Ziele werden durch die Zinsschranke nachweislich nicht erreicht. Gemessen an den Zielen ist die Zinsschranke ein Rückschritt gegenüber zuvor
geltendem Recht.

Die angekündigte Evaluierung der neuen Vorschrift ist dringend geboten. Misst man die Ergebnisse einer solchen Evaluierung an den mit der Zinsschranke verfolgten Zielen, deren Komplexität und den Ungereimtheiten, die der Vorschrift unbestritten anhaften, sowie den erst dadurch verursachten Unsicherheiten für Investoren, Unternehmen und deren Investitions- und Finanzierungsplanung und vor allem auch an dem offiziell noch erwarteten Steuermehraufkommen, muss man zu folgendem Schluss kommen:

- die Zinsschranke muss ersatzlos aufgehoben werden und
- der alte § 8 a KStG wird wiederbelebt[38].

Betroffene Unternehmen: Ausweislich zahlreicher Verlautbarungen von Politikern in der Presse sollten mit der Zinsschranke vornehmlich multinational tätige Unternehmen getroffen werden. Bei ihnen wird Gewinnverlagerungspotential vermutet. Es war die Rede von 150 bis rd. 300 glo-

38 Vgl. *Schön*, IStR 2009, 882 (888); auch *Müller-Gatermann*, Stbg 2007, 145 (158); jetzt aber zurückhaltender, Ubg 2010, 153 (155); siehe auch unten unter Abschnitt VI. 2.5.

bal operierenden Konzernen mit steuerpflichtigen Einkünften auch in Deutschland[39].

Die Realität sah von Anfang an anders aus. Heute werden überwiegend unbeschränkt und beschränkt steuerpflichtige Unternehmen von der Zinsschranke getroffen, die niemals im Fokus der Neuregelung standen. Ein riesiger Kollateralschaden[40].

Denn ausweislich der Gesetzesbegründung sind von der Zinsschranke nun 50.000 Steuerpflichtige betroffen[41], also bis zu 500-mal so viele Unternehmen wie zunächst behauptet, vor allem auch Unternehmen ohne jeglichen Auslandsbezug bzw. ohne Gewinnverlagerungspotential.

Die eigentliche Zielgruppe mag wegen entweder (noch) hohem EBITDA und/oder wegen nicht akzeptabler „Ungereimtheiten" der einschlägigen Vorschriften (dazu unten) größeren „Spielraum" haben als je zuvor. Einige mögen heute, soweit es um den Abzug von Zinsen auf reine Gesellschafterdarlehen geht, gar keinen Begrenzungen mehr unterliegen, während zuvor Gesellschafterdarlehen jedenfalls auf maximal das 1,5-fache des Eigenkapitals begrenzt waren. Dies mag erklären, warum sich die Entrüstung über die äußerst komplizierten und fragwürdigen Zinsschrankenregeln mit einem geradezu lächerlich geringen Steuermehraufkommen i. H. v. nur noch rd. Euro 240 Mio.[42] in Grenzen hält. Die „Gewinner" schweigen. Den eigentlich Betroffenen fehlt Gehör und die richtige Lobby.

Schon während des Gesetzgebungsverfahrens bei Einführung der Zinsschranke Ende 2007 musste zurückgerudert werden. Ansonsten, so stand zu befürchten, würden ausgerechnet deutsche Unternehmen, an denen auch der Staat selbst beteiligt ist (Deutsche Telekom) bzw. die durch Anstalten öffentlichen Rechts kontrolliert werden (Deutsche Leasing), einen großen Teil der insgesamt budgetierten Steuermehreinnahmen aus der Zinsschranke bezahlen müssen. Allein die Deutsche Telekom hätte ca. 20 % zu diesen Mehreinnahmen beigetragen[43]. Oder sie wären gezwungen gewesen, wie die Deutsche Leasing, samt Arbeitsplätzen auszuwandern, weil unzumutbar ist, mehr Steuern zu zahlen als Gewinn überhaupt erwirtschaftet wird[44].

---

39 Vgl. *Töben*, FR 2007, 739 (740) m. w. N. Als Beispiel für ein stark fremdfinanziertes Unternehmen, auf das die Zinsschranke trotz ihrer Intention nicht anwendbar ist, wurde von *L. Jarass* im Wortprotokoll zur öffentlichen Anhörung des Finanzausschusses im Bundestag am 25.04.2007, 16/56, S. 49 f., das Unternehmen IKEA angeführt.

40 Vgl. dazu den Commerzbank-Fall unten unter V. 3.2.

41 BT-Drucks. 16/5491, S. 31 lfd. Nr. 33.

42 Dazu weiter unten im Text in diesem Abschnitt.

43 Vgl. dazu *Töben*, FR 2007, 739 (741) m.w.N.

44 Nachweise bei *Töben*, FR 2007, 739 (740, Fn. 6).

Schon damals hätten allein diese beiden Fälle Anlass genug sein müssen, innezuhalten und zu hinterfragen, ob die unbestritten komplizierte und für die meisten auch heute noch unverständliche Vorschrift in Bezug auf ihren Anwendungsbereich und ihre Auswirkungen das richtige Instrument zu Erreichung der gesteckten Ziele war und ist. Noch heute drückt man sich vor der angekündigten Evaluierung, u. a. auch deshalb, weil zwischenzeitlich andere Länder ähnliche Regeln adaptiert haben und keiner mehr wirklich weiß, wann die Zinsschranke eigentlich für wen gilt, was sie bringt und was sie kostet (in absoluten Zahlen und auch relativ) im Verhältnis zu den Administrationskosten für Verwaltung, Gerichte und vor allem Unternehmen absolut und im Verhältnis zum Steueraufkommen allgemein.

Stattdessen werden weiterhin Worthülsen verbreitet nach dem Motto „steter Tropfen höhlt den Stein". So sei die Zinsschranke notwendig, weil sie deutsches Steueraufkommen sichere[45].

Sicherung des Steueraufkommens? Die budgetierten Steuermehreinnahmen aus der Zinsschranke vermögen das deutsche Steueraufkommen nicht zu sichern, wie Politiker es uns aber dennoch ständig weismachen wollen.

Folgende Zahlen zur Realität wurden offiziell den Gesetzesbegründungen beigefügt und dienten den Parlamentariern schon 2007 als Entscheidungsgrundlage. Offenbar hat keiner diese Zahlen zur Kenntnis genommen und in seine Entscheidungen einbezogen. Oder schon damals hat keiner die Zinsschranke und damit auch nicht die mitgelieferten Zahlen verstanden, was sehr wahrscheinlich ist. Jedenfalls hat kein Politiker und Entscheidungsträger Anlass gesehen, die Zahlen zu überprüfen und zu hinterfragen, obwohl ausreichend Grund dazu bestanden hätte und noch besteht:

In der Gesetzesbegründung wurde das budgetierte jährliche Steueraufkommen (Körperschaftsteuer **und** Gewerbesteuer!) aus der Zinsschranke zunächst auf Euro 1.475 Mrd. geschätzt[46], nach Umschwenken von EBIT auf EBITDA im Rahmen des Gesetzgebungsverfahrens auf nur noch Euro 1.075 Mrd.[47]. Dieser Betrag vermindert sich als Folge der im Wachstumsbeschleunigungsgesetz vorgesehenen Änderungen zur Zinsschranke um weitere Euro 360 Mio. p. a.[48] auf Euro 715 Mio. jährlich. Das entspricht in etwa dem Aufkommen aus der Biersteuer.[49]

---

45 BR-Drucks. 220/07, S. 61.
46 BR-Drucks. 220/07, S. 68 lfd. Nr. 12.
47 BT-Drucks. 16/5491, S. 27, Ziffer 3.
48 BT-Drucks. 17/15, S. 12, lfd. Nr. 2–4 (60 + 100 + 200).
49 Vgl. dazu die Übersicht auf der Homepage des BMF: http://www.bundesfinanzministerium.de/nn_4158/DE/BMF__Startseite/Service/Downloads/Abt__I/0901221a6003,templateId=raw,property=publicationFile.pdf.

Ausweislich der Gesetzesbegründung sollen die jährlichen **Minder**einnahmen als Folge der Streichung des früheren § 8 a KStG a. F., der insbesondere zur Sicherung des deutschen Steueraufkommens als unzureichend empfunden wurde, Euro 475 Mio. p. a. betragen[50]. Aktuell geht also der Gesetzgeber davon aus, dass die Zinsschranke ein jährliches Steuer**mehr**aufkommen im Vergleich zum früheren § 8 a KStG a. F. von nur Euro 240 Mio. in die öffentlichen Kassen spült (Euro 715 Mio. abzüglich Euro 475 Mio.). Das entspricht weniger als 0,05 % des Gesamtsteueraufkommens 2008, ca. 1,5 % bis 1,8 % des Körperschaftsteuer- bzw. Tabaksteueraufkommens 2008 und lediglich rd. 1/3 des Biersteueraufkommens[51].

Wie Politiker bei solchen Zahlen von einer Sicherung des deutschen Steueraufkommens sprechen können, ist unverständlich. Statt über das Ungetüm „Zinsschranke", das schon seit zwei Jahren immense Personal- und finanzielle Ressourcen in Unternehmen, der Beratungspraxis, der Kommentarliteratur und auf Seminaren bindet und künftig auch in der Verwaltung und bei den Gerichten binden wird, ließe sich ein Steuermehraufkommen von Euro 240 Mio. p. a. sehr viel einfacher z. B. dadurch generieren, dass der frühere § 8 a KStG wieder eingeführt wird[52], verbunden mit einer kaum spürbaren Körperschaftsteuersatzerhöhung von aktuell 15 % um nur 0,15 % bis 0,25 %[53] auf 15,15 % bzw. 15,25 %. Man könnte alternativ natürlich auch an eine ebenfalls kaum wahrnehmbare Erhöhung der Tabaksteuer als Alternative zur Zinsschranke nachdenken.

Administrationskosten: Vermutlich ist die zuvor angesprochene Erhöhung des Körperschaftsteuersatzes aus Steueraufkommensgesichtspunkten gar nicht notwendig. Denn es ist nicht unrealistisch, dass die Zinsschranke bundesweit allein an Beratungs-, Seminar- und sonstigen Administrationskosten mehr als Euro 240 Mio. verursacht. Diese Kosten können ohne Einschränkungen vollständig steuerlich abgesetzt werden. Adam Smith würde sich im Grabe umdrehen[54].

Jedoch werden auch insoweit die politischen Entscheidungsträger und auch die Öffentlichkeit mit geradezu unglaublichen Zahlen fehlinformiert. Die Angaben in den ersten drei Spalten der folgenden Übersicht sind der BT-Drs. 16/5491 entnommen. Sie dienten den Parlamentariern 2007 als Basis für deren Entscheidung über das Gesetzesvorhaben „Zins-

50 BR-Drucks. 220/07, S. 69, lfd. Nr. 13.

51 Vgl. dazu die Übersicht auf der Homepage des BMF, oben Fn. 50.

52 Vgl. *Müller-Gatermann*, Stbg 2007, 145 (158). Vgl. schon oben unter Abschnitt V. 1.2.

53 Euro 240 Mio. = 0,0015 bzw. 0,0025 multipliziert mit Euro 160 Mrd. bzw. Euro 96 Mrd. Bemessungsgrundlage für die KSt.

54 S. *A. Smith*, An Inquiry into the Nature and Causes of the Wealth of Nations, Kessinger Publ. 2004, S. 499 f.; s. hierzu bereits *Töben*, FR 2007, 739 (741).

schranke". Die Übersicht nennt für drei maßgebliche Vorschriften (Spalte 1) aus dem Bereich „Zinsschranke" die voraussichtlichen Bürokratiekosten (Spalte 2) und die Anzahl der von den Regelungen erfassten Unternehmen (Spalte 3).

Diese Angaben lassen zwei Lesarten zu: Entweder beziehen sich die jeweiligen Beträge der Spalte 2 auf jeweils ein Unternehmen (Lesart 1; Spalte 4) oder auf alle betroffenen Unternehmen (Lesart 2; Spalte 5). Es ist egal. Wie man es auch dreht und wendet: Die Zahlen ergeben keinen Sinn.

Es ist kaum anzunehmen, dass die Bürokratiekosten für den Nachweis bei allen nicht konzernzugehörigen Unternehmen („Stand-Alone-Unternehmen") dafür, dass keine schädliche Gesellschafterfremdfinanzierung i. S. des § 8 a Abs. 2 KStG n. F. vorliegt, Euro 44 Mrd. (!) pro Jahr betragen (obwohl dafür in diesem Fall schon ein Blick in die Bilanz genügen dürfte) und damit 60-mal so viel wie das gesamte budgetierte Steueraufkommen (Euro 715 Mio.) bzw. 180-mal so viel wie das gesamte Steuer**mehr**aufkommen (Euro 240 Mio.) aus der Zinsschranke.

Ebenso unrealistisch ist es anzunehmen, dass die Bürokratiekosten pro konzernzugehörigem Unternehmen (Betrieb) für den ungleich schwierigeren Nachweis, dass keine schädliche konzernfremde Gesellschafterfremdfinanzierung i. S. des § 8 a Abs. 3 KStG n. F. vorliegt, nur Euro 17,57 betragen und diese Kosten auf den Cent genau ebenso hoch sind wie die Kosten bei einem Stand-Alone-Unternehmen für den entsprechenden Nachweis dort.

BT-Drucks. 16/5491 (S. 28 ff) Zahlen zur Zinsschranke	**Geschätzte Bürokratiekosten**	**Betroffene Unternehmen**	**Kosten gemäß Spalte 2 = Kosten pro betroffenes Unternehmen (Lesart 1)**	**Kosten gemäß Spalte 2 = Kosten für alle betroffenen Unternehmen (Lesart 2)**
Kosten Testat EK-Quote (§ 4 h Abs. 3 Buchst. h EStG)	**Euro 14.250**	**1000**	**Kosten pro Unternehmen = Euro 14.250 Gesamtkosten = Euro 14.250.000**	**Kosten pro Unternehmen = Euro 14,25 Gesamtkosten = Euro 14.250**
Kosten Nachweis: keine schädliche Gester-FK Finanzierung bei Nicht-Konzernen (Unternehmen) (§ 8 a Abs. 2 KStG)	**Euro 878.750**	**50.000**	**Kosten pro Unternehmen = Euro 878.750 Gesamtkosten = Euro 44.000.000.000**	**Kosten pro Unternehmen = Euro 17,57 Gesamtkosten = Euro 878.750**

BT-Drucks. 16/5491 (S. 28 ff) Zahlen zur Zinsschranke	Geschätzte Bürokratiekosten	Betroffene Unternehmen	Kosten gemäß Spalte 2 = Kosten pro betroffenes Unternehmen (Lesart 1)	Kosten gemäß Spalte 2 = Kosten für alle betroffenen Unternehmen (Lesart 2)
Kosten Nachweis: keine schädliche Gester-FK bei Konzern-Betrieben (Unternehmen) (§ 8 a Abs. 3 KStG)	Euro 17.575	1.000	Kosten pro Unternehmen = Euro 17.575 Gesamtkosten = Euro 17.575.000 Nur 1/50 des Betrages oben, obwohl jede konzernangehörige Gesellschaft weltweit auf schädliche Gesellschafter-FK-durchforstet werden muss	Kosten pro Unternehmen = Euro 17,57 Gesamtkosten = Euro 17.575

Wäre es nicht so ernst, könnte man annehmen, dass sich jemand mit den Abgeordneten des Parlaments einen Spaß erlaubt hat. Erstaunlich ist natürlich auch, dass diese Ungereimtheiten niemandem aufgefallen sind und – noch schlimmer – auch niemanden zu interessieren scheinen. Das lässt für die ggf. doch noch einmal stattfindende Evaluierung der Zinsschranke nichts Gutes ahnen. Der politische Umgang mit der Zinsschranke erfolgt nach dem Motto: *„Augen zu und durch. Koste es, was es wolle"*.

2. Komplizierte Vorschriften mit unklarem Regelungsgehalt

2.1. Unklarer Konzernbegriff als Maßstab für Zinsabzug

Wirtschaftlich erforderliche Umstrukturierungen mit dem Ziel der Sanierung werden durch steuerliche Vorschriften konterkariert, deren Anwendungsbereich heute weder deren Urheber noch Experten einigermaßen exakt eingrenzen können.

Ein gutes Beispiel hierfür ist der Begriff „Konzern" im Sinne des § 4 h EStG. Nach § 4 h Abs. 3 Satz 6 EStG soll *„ein Betrieb (...) für Zwecke des Absatzes 2 auch zu einem Konzern (gehören), wenn seine Finanz- und Geschäftspolitik mit einem oder mehreren anderen Betrieben einheitlich bestimmt werden kann"*. Nach Auffassung der Finanzverwaltung handelt es sich insoweit gewissermaßen um eine Art Auffangtatbestand, der dann eingreifen soll, wenn eine Konsolidierung eines Betriebs nach den im Gesetz genannten Rechnungslegungsstandards nicht in Betracht kommt[55].

Davon geht die Finanzverwaltung in Anlehnung an eine Passage in der Gesetzesbegründung[56] u. a. dann aus, wenn z. B. eine natürliche Person alle Anteile an zwei GmbHs hält und damit in der Lage ist, beide Gesellschaften zu beherrschen[57]. Dem Vernehmen nach möchte die Finanzverwaltung hiervon auch bei typischen Private-Equity-Strukturen ausgehen, obwohl gerade in diesen Fällen i. d. R. keine einheitliche Bestimmung der Finanz- und Geschäftspolitik der eventuell verschiedenen Betriebe möglich ist[58].

Eine derart ausufernde Auslegung in Richtung auf einen allein steuerlich maßgeblichen Konzernbegriff führt zwangsläufig auch zu der Frage, warum der Gesetzgeber es für erforderlich hielt, den Begriff „Konzern" im gleichen Paragraphen aus den in Bezug genommenen handelsrechtlichen Rechnungslegungsstandards abzuleiten, um dann an späterer Stelle im gleichen Paragraphen (§ 4 h Abs. 3 S. 6 EStG) einen eigenständigen, nur steuerlich maßgeblichen weiterreichenden Konzernbegriff als Auffangtatbestand[59] einzuführen (wobei die fehlende tatsächliche Konsolidierung bzw. selbst die fehlende Konsolidierungsmöglichkeit nach Satz 5 des § 4 h Abs. 3 EStG irrelevant sein soll).

Zu einer sinnvollen und praktikablen Auslegung gelangt man deshalb nur, wenn § 4 Abs. 3 S. 6 EStG als klarstellend angesehen wird. Denn in Einzelfällen kann eine handelsrechtliche Konsolidierungspflicht auch aus IAS 27 folgen, auf den der Wortlaut des § 4 h Abs. 3 S. 6 EStG Bezug nimmt.[60]

55 BMF, Schr. v. 4.7.2008, BStBl. I 2008, 718, Tz. 67.

56 BT-Drucks. 16/4841, S. 50.

57 BMF, Schr. v. 4.7.2008, BStBl. I 2008, 718, Tz. 60.

58 Üblicherweise handelt es sich um voneinander unabhängige, weltweit getätigte, jeweils *non-recourse*-finanzierte Investitionen mit unterschiedlichen Verantwortlichkeiten, z. B. nach Regionen. Vgl. dazu *Blumenberg/Lechner*, in: Blumenberg/Benz, Die Unternehmenssteuerreform 2008, S. 157; sowie *Töben/Fischer*, Ubg 2008,149 (154).

59 So BMF, Schr. v. 4.7.2008, BStBl. I 2008, 718, Tz. 60, vgl. auch *Schulz*, DB 2008, 2043 (2045) m. w. N.

60 Momentan wird ein neuer Standard diskutiert („ED 10 Consolidated Financial Statements"), der ggf. IAS 27 ersetzen soll. Der Wortlaut des § 4 h Abs. 3 S. 6 EStG ginge hiernach ins Leere (neues Konzept: Beherrschung als Möglichkeit, Aktivitäten eines anderen Unternehmens zu bestimmen, um hieraus Rückflüsse zu erzielen).

2.2. *Rechtsauffassungen zum Konzernbegriff, dargestellt an einem Beispiel*

Die folgende Übersicht zeigt – bereits vereinfacht – ein Beispiel für eine mögliche Private-Equity-Struktur bezüglich einer fremdfinanzierten Immobilieninvestition.

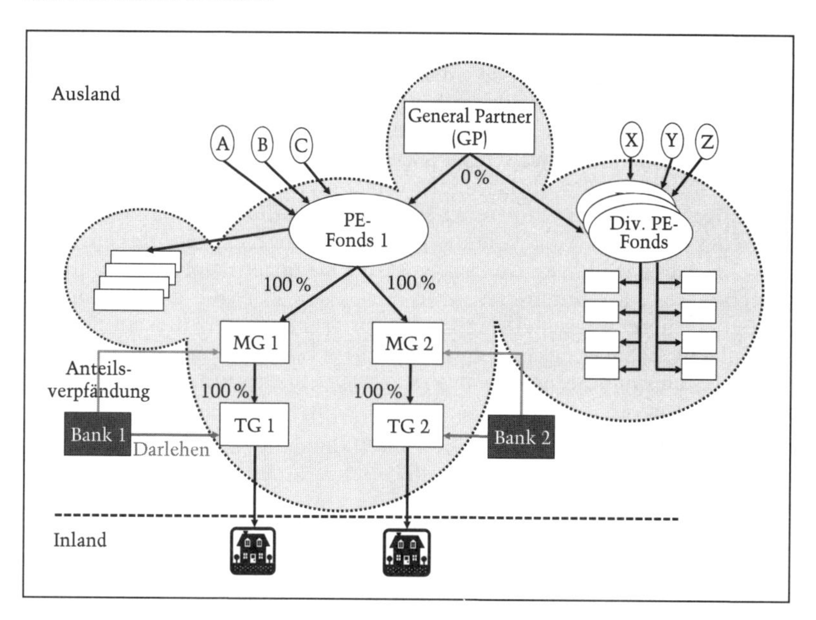

Das Fremdkapital wird nur von unabhängigen Dritt-Banken als Darlehen bereitgestellt. Es handelt sich um eine *non-recourse*-Fremdfinanzierung. Die Banken sind nur durch die Grundschulden besichert. Das ihnen von MG1 und MG2 jeweils gewährte Pfandrecht an den Anteilen an TG1 und TG2 dient im Wesentlichen dem Zweck, bei drohender Insolvenz die Kontrolle zu übernehmen und Notverkäufe unter Wert durch Zwangsversteigerungsmaßnahmen zu verhindern. Weitere werthaltige Sicherheiten erhalten die Banken dadurch nicht. Die laufenden Vermietungseinkünfte der TGs unterliegen der beschränkten Steuerpflicht in Deutschland[61].

Sowohl TG1 als auch TG2 erzielen bis 2008 Überschusseinkünfte i. S. v. § 2 Abs. 2 Nr. 2 EStG (im Gegensatz zu Gewinneinkünften nach § 2 Abs. 2 Nr. 1 EStG). Damit sind TG1 und TG2 mangels Gewinneinkünf-

61 § 49 Abs. 1 Nr. 6 oder – ab 2009 – § 49 Abs. 1 Nr. 2 f) EStG. Siehe dazu oben im Text, Ziffer IV.6.

ten bis 2008 grundsätzlich keine Betriebe.[62] Im Grundsatz würde damit auch die Zinsschranke keine Anwendung finden. Allerdings wird die Anwendbarkeit der Zinsschranke insofern durch § 8 a Abs. 1 S. 4 KStG herbeigeführt. Nach dieser Vorschrift erfolgt eine sinngemäße Anwendung der Zinsschranke auf Kapitalgesellschaften, die ihre Einkünfte als Überschusseinkünfte nach § 2 Abs. 2 Nr. 2 EStG ermitteln.

Ab 2009 sind entsprechende Vermietungseinkünfte als gewerbliche Einkünfte zu qualifizieren (§ 49 Abs. 1 Nr. 2 f) S. 2 EStG), und die Zinsschranke findet wohl unmittelbar Anwendung (sofern man für die Betriebseigenschaft keine Betriebstätte verlangt). Die TGs als in Deutschland beschränkt steuerpflichtige Kapitalgesellschaften unterliegen folglich im Grundsatz der Zinsschranke. Fraglich ist aber, ob die Ausnahmeregelungen jenseits der Freigrenze i. H. v. Euro 1 Mio.[63] greifen, mithin ob entweder die Stand-Alone-Klausel (fehlende Konzernzugehörigkeit, § 4 h Abs. 2 S. 1 b) EStG) oder die Escape-Klausel (Konzernzugehörigkeit, aber Bestehen des EK-Quotentests, § 4 h Abs. 2 S. 1 c) EStG) anwendbar ist. Bezüglich dieser Fragestellung im Zusammenhang mit diesem (bereits vereinfachten) Sachverhalt werden in der Fachliteratur mit jeweils guten Argumenten mindestens sieben verschiedene Rechtsauffassungen vertreten, und zwar:

- **TG1 und TG2** gehören zumindest bis 2008 nicht zu einem Konzern, da sie selbst **keine Betriebe** sind[64] (Betriebserfordernis für die Konzerntauglichkeit nach § 4 h Abs. 3 S. 5 und 6 EStG). Die Anteilsverpfändung könnte sich dann als schädlicher Rückgriff auf einen Gesellschafter erweisen und somit zur Anwendung der Zinsschranke führen.
- TG1 und TG2 gehören nicht zu einem Konzern, da deren Muttergesellschaften, **MG1 und MG2, keine Betriebe** sind[65]. Die Anteilsverpfän-

62 Vgl. dazu *Winkler/Käshammer*, Ubg 2008, 478 (479); *Köster-Böckenförde/Clauss*, DB 2008, 2213 (2215 f.).

63 Die Freigrenze wird durch das Wachstumsbeschleunigungsgesetz dauerhaft auf Euro 3 Mio. angehoben; vgl. § 52 Abs. 12d Satz 3 EStG n. F., BT-Drucks. 17/15, S. 18.

64 So u. a. *Winkler/Käshammer*, Ubg 2008, 478 (480); *Köster-Bockenförde/Clauss*, DB 2008, 2213 (2216).

65 Vgl. *Töben/Fischer*, Ubg 2008, 149 (151); *Dötsch/Pung* in Dötsch/Jost/Pung/Witt, KStG, § 8 a, Rn. 24; *Blumenberg/Lechner* in Blumenberg/Benz, Die Unternehmensteuerreform 2008, S. 115 Fn. 32. Selbst aus § 8 a Abs. 1 S. 4 kann keine Fiktion eines Betriebs entstehen, weil diese Vorschrift auf die MGs nicht anwendbar ist. Vgl. auch *Winkler/Käshammer*, Ubg 2008, 478 (480); *Fischer/Wagner*, BB 2008, 1872 (1876). A. A. *van Lishaut/Schumacher/Heinemann*, DStR 2008, 2341 (2342). Die Annahme eines bloßen Rechtsfolgenverweises in § 8 a Abs. 1 S. 4 KStG (vgl. u. a. *Köster-Böckenförde/Clauss*, DB 2008, 2113 (2216)) kann unter Einschränkungen nicht die Anwendung der § 4 h Abs. 3 S. 5 und 6 EStG und damit die Abgrenzung zwischen § 4 h Abs. 2 S. 1 b) EStG

dung könnte sich dann ebenfalls als schädlicher Rückgriff auf einen Gesellschafter erweisen.

- Ungeachtet der jeweiligen Betriebseigenschaft der verschiedenen Gesellschaften liegen **zwei nebeneinander stehende Konzerne** vor, mit der jeweiligen Konzernmutter MG1 bzw. MG2 und den beiden TGs als jeweilige Konzerntöchter[66]. Wenn zum Vermögen der jeweiligen MG1 und MG2 jeweils nur die Beteiligung an deren Tochtergesellschaft TG1 und TG2 gehört, werden beide Tochtergesellschaften den Eigenkapitalquotentest erfolgreich führen können[67].
- TG1 und TG2 gehören zu einem **Gleichordnungskonzern** unterhalb des PE-Fonds (bestehend aus beiden MGs und ihren TGs; gewissermaßen „horizontale" Konsolidierung), so wie nach Auffassung der Finanzverwaltung zwei GmbHs einen Gleichordnungskonzern für Zinsschrankenzwecke bilden sollen, wenn alle GmbH-Anteile einer natürlichen Person gehören[68], ohne dass diese dadurch zu einer konsolidierungspflichtigen Konzernspitzeneinheit wird. Die Escape-Klausel kann zur Anwendung kommen, da hinsichtlich der Anteilsverpfändung ein unschädlicher Rückgriff innerhalb des Konzerns vorliegt (anders bei Rückgriff gegenüber dem PE-Fonds selbst[69]). Allerdings muss der EK-Quotentest bestanden werden. In dieser Variante müssten also TG1 bzw. TG2 ihre eigenen Eigenkapitalquoten mit derjenigen des Gleichordnungskonzerns vergleichen und möglichst in Einklang bringen. Außerhalb der Toleranzschwelle von einem Prozentpunkt bzw. zwei Prozentpunkten[70] wird grundsätzlich immer eine der beiden Tochtergesellschaften unter die Zinsschranke fallen.
- Eine andere Auffassung geht von einem **hierarchischen Konzern unter Einschluss des PE-Fonds als Konzernspitze** aus[71]. Auch in diesem Fall wäre die Anteilsverpfändung als konzerninterner Rückgriff unschäd-

---

(Stand-Alone-Klausel)/§ 8 a Abs. 2 KStG und § 4 h Abs. 2 S. 1 c) EStG (Escape-Klausel)/§ 8 a Abs. 3 KStG erklären.

66 *Töben* in Raupach/Pohl/Töben/Sieber, Praxis des Internationalen Steuerrechts, S. 79 ff.

67 Eine eventuelle Überkreuzhaftung der jeweils einen Tochtergesellschaft für die jeweils andere dürfte indes wiederum problematisch sein.

68 BMF, Schr. v. 4.7.2008, BStBl. I 2008, 718, Tz. 60. Siehe dazu bereits oben unter V.2.1.). Vgl. auch *Möhlenbrock*, Ubg 2008, 1 (7); *Förster* in Breithecker/Förster/Förster/Klapdor, Unternehmensteuerreformgesetz 2008, § 8 a KStG, Rn. 26; *Töben/Fischer*, Ubg 2008, 149 (154).

69 BMF, Schr. v. 4.7.2008, BStBl. I 2008, 718, Tz. 80.

70 Mit dem Wachstumsbeschleunigungsgesetz wurde die Toleranzschwelle mit Wirkung zum Veranlagungszeitraum 2010 auf zwei Prozentpunkte angehoben, BT-Drucks. 17/15, S. 5.

71 Vgl. *Süß* in Arbeitsbuch DAI, Praxis des Internationalen Steuerrechts 2007, S. 167.

lich, allerdings ist der Eigenkapitalquotentest mit wirtschaftlich vertretbarem Aufwand nicht mehr zu führen. Denn jetzt müssten alle weltweiten Investitionen einbezogen werden. Das ist nicht nur zeitaufwändig, sondern auch extrem kostenintensiv (mit allen Beratungskosten insoweit allein zu Lasten des deutschen Fiskus). Sinnvoll könnte ein solcher Vergleich ohnehin nur bei einem weltweiten Geschäftsstillstand in den letzten Monaten des Geschäftsjahres geführt werden. Denn jedes Geschäft, jede Investition und jede Desinvestition weltweit hat Einfluss auf die maßgeblichen EK-Quoten[72].

- Noch weiter geht die Auffassung, dass ein **hierarchischer Konzern den Komplementär**, in der Regel eine Kapitalgesellschaft im Ausland, **als Konzernspitze** umfasse[73]. In dieser Variante kann der Kreis der in den – nur steuerrechtlichen – „Konzern" einzubeziehenden Unternehmen weltweit noch größer sein als in der vorangegangenen Variante. Es wird aber i. d. R. den für Deutschland verantwortlichen Personen schlicht nicht möglich sein, ausreichend Informationen in der verfügbaren Zeit auch zu erhalten. Denn die Investitionen weltweit werden von unterschiedlichen Personen an verschiedenen Orten in der Welt verantwortet; i. d. R. ohne Kenntnis der relevanten wirtschaftlichen Daten in einer anderen Region, eben weil es sich in aller Regel um voneinander unabhängige Investitionen und Investitionsentscheidungen von verschiedenen Personen ohne jegliche Überkreuz- und/oder Querhaftungen der Investitionen untereinander handelt. Insoweit ist die Situation nicht vergleichbar mit einem global operierenden Konzern. Dort mag jedenfalls faktisch eine zentrale Einstandspflicht der Konzernspitze bestehen, schon aus Reputationsgründen; i. d. R. aber ohnehin auch eine zentrale, nach allgemein geltenden Rechnungslegungsstandards konsolidierungspflichtige Konzernspitze.
- Nach *Winkler/Käshammer*[74] kommt eine weitere Variante in Betracht. Diese Variante stellt wie die zuerst vorgestellten Lösungsmöglichkeiten stark auf den Betriebsbegriff und damit letztlich auf die Erzielung von Gewinneinkünften bei unterstellter Inlandsansässigkeit ab. Vor diesem Hintergrund könnte bei mehrheitlicher Beteiligung eines Gesellschafters am PE-Fonds und bei Erzielung eines *carried interest* auch ein Konzern mit diesem Gesellschafter begründet werden. Der *carried interest* vermittelt die erforderlichen Einkünfte i. S. v. § 18 Abs. 1 Nr. 4 EStG und damit Gewinneinkünfte. Der „Gesellschafter"

72 Vgl. *Birk*, DStR 2009, 877 (879).

73 *Süß* in Arbeitsbuch DAI, Praxis des Internationalen Steuerrechts 2007, S. 167 f.; vgl. dazu auch IDW Stellungnahme zur Rechnungslegung bei Personenhandelsgesellschaft, IDW RS HFA 7, WPg 2002, 1259 ff. und WPg 2005, 669 f., Tz. 54 ff. sowie den Verweis darauf bei *Töben/Fischer*, Ubg 2008, 149 (153).

74 *Winkler/Käshammer*, Ubg 2008, 478 (483).

würde sich damit als „Betrieb" i. S. der Zinsschranke darstellen und könnte Konzernspitze sein.Der für die Zinsschranke maßgebliche Konzernbegriff ist mit extremen Unsicherheiten behaftet. Auf dieser Basis ist schon eine verlässliche Investitionsplanung und -entscheidung nur mit Risiken möglich. Schlimmer jedoch ist, dass aktuell im Rahmen von Schuldenumstrukturierungen[75] Banken verlässliche Aussagen darüber haben wollen, ja haben müssen, ob die geplanten Stützungsmaßnahmen die Anwendung der Zinsschranke und damit Steuerbelastungen erst auslösen können, die die beabsichtigten Hilfsmaßnahmen zur Stützung des Eigenkapitals wieder zunichtemachen. Speziell im Hinblick auf die Frage nach der Abgrenzung des Konzerns bzw. im Hinblick auf die Frage, ob ein Betrieb überhaupt konzernzugehörig ist, besteht wegen der Vielzahl vertretbarer Lösungen eine hohe Rechtsunsicherheit, die dem Steuerpflichtigen gerade in Krisenzeiten nicht zumutbar ist und auch Gläubiger von Rettungsmaßnahmen abhalten kann.

3. Sprachlich verunglückte Vorschriften

Einige Vorschriften sind gelegentlich derart kompliziert formuliert, dass sich deren Zielrichtung und Regelungsgehalt auch nach sorgfältigem Lesen selbst Fachleuten nicht mehr erschließt. Bestimmte Vorschriften sind bis zur Unkenntlichkeit verunstaltet (siehe unten 3.1.). Der dadurch angerichtete „Kollateralschaden" könnte erheblich sein und das budgetierte Steueraufkommen aus der Zinsschranke deutlich überschreiten (siehe unten 3.2.).

3.1. § 8 a Abs. 3 Satz 1 KStG: „1 Satz mit 100 Worten"

Ein gutes Beispiel ist § 8 a Abs. 3 KStG n. F. Diese Vorschrift ist sprachlich gleich in mehrfacher Weise verunglückt. Sie hat überschießenden Charakter. Das vermutlich angestrebte Ziel wird bei wortgetreuer Auslegung nicht erreicht. Die Vorschrift leistet unerwünschten Gestaltungen Vorschub.

Die Tabelle unten vergleicht den Wortlaut des § 8 a Abs. 3 KStG i. d. F. des Unternehmenssteuerreformgesetzes 2008 (rechts) mit der Fassung des Referentenentwurfs eines Unternehmenssteuerreformgesetzes 2008 vom 5.2.2007.

75 Vgl. dazu die Beispiele oben unter Abschnitt IV.

Referentenentwurf eines Unternehmenssteuerreformgesetzes 2008 vom 2.2.2007	**Unternehmenssteuerreformgesetz 2008**
§ 4 h Abs. 2 Satz 1 (c) EStG ist nur anzuwenden, wenn die Körperschaft nachweist, dass die Vergütungen für Fremdkapital .... an einen zu mehr als einem Viertel unmittelbar oder mittelbar .... beteiligten Anteilseigner ...., eine diesem nahe stehende Person (§ 1 Abs. 2 AStG) oder einen Dritten, der auf den zu mehr als einem Viertel beteiligten Anteilseigner .... oder eine diesem nahe stehende Person zurückgreifen kann, nicht mehr als 10 % der die Zinserträge übersteigenden Zinsaufwendungen des Rechtsträgers im Sinne des § 4 h Abs. 3 EStG betragen	§ 4 h Abs. 2 Satz 1 (c) EStG ist nur anzuwenden, wenn ~~die Körperschaft nachweist, dass~~ die Vergütungen für Fremdkapital der Körperschaft **oder** eines anderen demselben Konzern zugehörenden Rechtsträgers an einen zu mehr als einem Viertel unmittelbar oder mittelbar am Kapital beteiligten ~~Anteilseigner~~ Gesellschafter einer konzernzugehörigen Gesellschaft, eine diesem nahe stehende Person (§ 1 Abs. 2 des AStG) oder einen Dritten, der auf den zu mehr als einem Viertel am Kapital beteiligten ~~Anteilseigner~~ Gesellschafter oder eine diesem nahe stehende Person zurückgreifen kann, **nicht** mehr als 10 % der die Zinserträge übersteigenden Zinsaufwendungen des Rechtsträgers im Sinne des § 4 h Abs. 3 EStG betragen *und die Körperschaft dies nachweist*.

Folgende Änderungen gegenüber der Entwurfsfassung wurden in die Endfassung übernommen:

- Der Satzteil *„wenn die Körperschaft (dies) nachweist“* wurde vom Beginn des Satzes an das Ende gestellt.
- Der Begriff *„Anteilseigner“* wurde durch den Begriff *„Gesellschafter“* ausgetauscht.
- Ergänzt wurde, dass die maßgebliche Beteiligung *„am Kapital“* bestehen muss, während insoweit zuvor eine Präzisierung fehlte.
- Neu geregelt wurde, dass die Vergütungen für Fremdkapital nicht nur Fremdkapitalvergütungen der jeweiligen beschränkt oder unbeschränkt steuerpflichtigen Körperschaft betreffen, sondern auch (*„oder“*) Fremdkapitalvergütungen *„eines anderen demselben Konzern zugehörenden Rechtsträgers“*, wenn solche Vergütungen einer zu mehr als einem Viertel unmittelbar oder mittelbar am Kapital beteiligten Gesellschafter *„einer konzernzugehörigen Gesellschaft“* geschuldet werden.

Die zuletzt genannte Änderung hat entscheidende materielle Bedeutung. Im BMF-Schreiben vom 4.7.2008[76] heißt es dazu in Tz. 80: *„Ein zu einem*

76 BMF, Schr. betr. Zinsschranke v. 4.7.2008 (§ 4 h EStG; § 8 a KStG), BStBl. I S. 718.

Konzern gehörender Rechtsträger kann die Escape-Klausel des § 4h Abs. 2 Satz 1 Buchstabe c EStG nur in Anspruch nehmen, wenn ihm der Nachweis im Sinne des § 8a Abs. 3 Satz 1 KStG für sämtliche zum Konzern gehörende Rechtsträger gelingt. § 8a Abs. 3 KStG setzt eine schädliche Fremdfinanzierung irgendeiner inländischen oder ausländischen Konzerngesellschaft durch einen unmittelbar oder mittelbar wesentlich beteiligten nicht konzernangehörigen Anteilseigner dieser oder einer anderen Konzerngesellschaft, eine diesem nahe stehende Person oder einen Dritten, der auf diesen wesentlich beteiligten Anteilseigner oder die nahe stehende Person zurückgreifen kann, voraus. Es muss sich dabei nicht um eine Fremdfinanzierung des Rechtsträgers handeln, auf den § 4h Abs. 1 EStG Anwendung findet."

Die Ergänzungen und Umstellungen wurden im Rahmen des Gesetzgebungsverfahrens für erforderlich gehalten, um befürchteten Umgehungsgestaltungen vorzubeugen. Das Gegenteil wurde erreicht. Bei wortlautgetreuer Auslegung des § 8a Abs. 3 KStG scheint es auf einfachste Weise möglich, den Beschränkungen des § 8a Abs. 3 KStG zu entgehen. Dies folgt aus der Verknüpfung des Wortes *„oder"* (*„§ 4h...ist nur anzuwenden, wenn die Vergütungen für Fremdkapital der Körperschaft* **oder** *eines anderen demselben Konzern zugehörenden Rechtsträgers an..."*) mit dem Wort *„nicht"* im hinteren Teil des ersten Satzes von § 8a Abs. 3 KStG (*„...***nicht** *mehr als 10 % betragen..."*). Damit wird der Escape über den EK-Quotenvergleich schon dann eröffnet, wenn nur irgendeine konzernzugehörige Gesellschaft irgendwo in der Welt in nicht schädlicher Weise fremdfinanziert wird.[77] Das sollte nicht schwer fallen. Der Gesetzgeber ist gefordert. Eine Korrektur im Erlasswege ist nicht möglich. Denn es müsste ja genau das Gegenteil von dem geregelt werden, was heute im Wortlaut bestimmt ist. Das ist nicht nur eine Klarstellung.[78]

Schließich ermöglicht § 8a Abs. 3 KStG in der jetzt geltenden Fassung die Gewährung höherer Gesellschafterdarlehen als bisher. Die Bezugnahme auf einen Zinssaldo (*„mehr als 10 % der die Zinserträge übersteigenden Zinsaufwendungen des Rechtsträgers"*) müsste wohl korrigiert werden in *„mehr als 10 % der Zinsaufwendungen des Rechtsträgers"*. Fehlerhaft ist die Bezugnahme auf den Zinssaldo m. E. deshalb, weil hier eine unbedachte Übernahme (Kopie) des gleichen Wortlauts aus dem Referentenentwurf vorliegt, der bei § 8a Abs. 3 KStG nur auf die Gesellschafterfremdfinanzierung der in Deutschland steuerpflichtigen Kapitalgesellschaft (mithin auf den *„Betrieb"*) abstellte. Bei dieser stellt sich

---

77 *Staats/Renger*, DStR 2007, S. 1801 ff.

78 Vgl. *Larenz*, Methodenlehre, 6. Aufl., Berlin 1991, S. 320 ff.

denknotwendig die Frage nach der Anwendung der Zinsschranke nur dann, wenn sie überhaupt höhere Zinsaufwendungen als Zinserträge hat. Bei Anwendung des § 8 a Abs. 3 S. 1 KStG auf andere in- und ausländische Rechtsträger führt die Bezugnahme auf die *„die Zinserträge übersteigenden Zinsaufwendungen"* nun dazu, dass gegebenenfalls trotz Gesellschafterfremdfinanzierung dieses Rechtsträgers der Wortlaut des § 8 a Abs. 3 S. 1 KStG nicht einschlägig ist, wenn der Rechtsträger eine positive Zinsmarge verdient.

Ohne diese Korrektur kann sich die Zinsschranke am Ende gewissermaßen als Trojanisches Pferd entpuppen, weil sie eine höhere Gesellschafterfremdfinanzierung als bisher zu erlauben scheint. Für einen geradezu simplen Fall ein erstaunliches Ergebnis: War bisher eine Gesellschafterfremdfinanzierung einer deutschen Tochtergesellschaft nur in Höhe von 1:1,5, also bis zu max. zwei Dritteln möglich, scheint nunmehr eine Gesellschafterfremdfinanzierung durch deine ausländische Muttergesellschaft bis zu fast 100 % zulässig[79].

Mit Blick auf die Zielgruppe, die im Fokus stand, läuft damit die Vorschrift ins Leere. Bei all denjenigen Unternehmen, die sich von der Zinsschranke gar nicht getroffen wähnen, verursacht die Vorschrift Kollateralschäden in gigantischer Höhe. Diese dürften das erwartete Steueraufkommen aus der gesamten Zinsschranke übersteigen.

Obwohl das alles schon seit etwa zwei Jahren bekannt ist, wurde nicht einmal der Versuch unternommen, diese offenkundigen Mängel zu beheben, obwohl dazu mehrere Gesetzesvorhaben Gelegenheit boten. Eine Richtigstellung traut man sich u. a. deshalb nicht, weil der Überblick über das, was ursprünglich geregelt werden sollte, bzw. das, was aktuell geregelt ist und das, was geregelt werden müsste, verloren gegangen ist. Es wird wohl auch befürchtet, dass weitere Änderungen an einer ohnehin schon „kranken" Regel zu noch mehr (Regel-) Verletzungen und damit Unstimmigkeiten führen könnten.

3.2. Unbeabsichtigte Kollateralschäden

Kollateralschäden werden auch im Zusammenhang mit den Rettungsmaßnahmen des Bundes (SoFFin) zur Stützung sog. „systemischer"[80] Banken in Kauf genommen.

---

79 Vgl. hierzu und zu weiteren Kuriositäten: *Töben*, FR 2007, 739 ff.; *Töben/Fischer*, Ubg 2008, 149 ff.

80 Vgl. zum Begriff manager-magazin.de vom 26.9.2009, http://www.manager-magazin.de/unternehmen/artikel/0,2828,druck-651508,00.html.

Der Bund rettete u. a. die Commerzbank mit 9 % verzinslichen stillen Einlagen[81] i. H. v. insgesamt Euro 18 Mrd., mit Verlustbeteiligung, aber auch mit weitreichendem Einfluss auf das Geschäft der Commerzbank. Des Weiteren beteiligte sich der Bund am Eigenkapital mit 25 % zuzüglich einer Aktie, um eine Sperrminorität sicherzustellen[82].

Der Bund ist über die Finanzmarktstabilisierungsanstalt indirekt wesentlich i. S. d. maßgeblichen steuerrechtlichen Vorschriften (§ 8 a KStG, § 2 AStG) an der Commerzbank und zugleich auch an weiteren rd. 400 Unternehmen beteiligt. Das sind u. a. sehr große, wirtschaftlich bedeutende Konzerne, darunter die Deutsche Bahn, TLG Immobilien, Duisburger Hafen AG u. v. m.

Man wird nicht ausschließen können, dass viele dieser Beteiligungsunternehmen auch Kredite bei der Commerzbank und/oder auch anderen in ähnlicher Weise vom Bund gestützten Banken aufgenommen haben und die Gesamtzinsen jeweils die Freigrenze des § 4 h Abs. 2 S. 1 a) EStG überschreiten.

Der Bund ist wesentlich Beteiligter der Commerzbank. Damit ist die Commerzbank den weiteren Unternehmen, an denen der Bund 25 % hält, „nahe stehend" (§ 8 a KStG, § 2 AStG).

Sollten diese Beteiligungsunternehmen auch der Commerzbank Zinsen schulden, die mehr als 10 % der Gesamtnettozinsen der jeweiligen Beteiligungsgesellschaft (bzw. des Organkreises, zu dem sie gehören) ausmachen, ist die Anwendung der Escape-Klausel, also des Eigenkapitalquotentests, wegen § 8 a Abs. 3 KStG ausgeschlossen.

Ist die Escape-Klausel hingegen anwendbar, dürfte es ein schier unmögliches Unterfangen sein, den Eigenkapitalquotentest zu bestehen. Denn zunächst müsste der Umfang des maßgeblichen Konzerns bestimmt werden[83], ggf. sogar mit dem Bund als Konzernspitze. Auf jeden Fall wird es Unternehmen geben, denen der Test schon mathematisch nicht gelingen kann. Denn nicht alle konzernzugehörigen Unternehmen können eine Eigenkapitalquote haben, die jeweils oberhalb derjenigen des maßgeblichen Konzerns liegt.

Zu Lasten der Commerzbank besteht darüber hinaus das sicher ungewollte Risiko, dass die stille Beteiligung steuerlich als atypisch stille Beteiligung qualifiziert werden muss. In diesem Fall unterliegen die

81 9 % entspricht der von der EU vorgegebenen Mindestverzinsung, vgl. http://europa.eu/rapid/pressReleasesAction.do?reference=IP/08/1966&format=HTML&aged=0&language=DE&guiLanguage=en.

82 Vgl. rp-online vom 8.1.2009, www.rp-online.de/wirtschaft/news/Bund-kauft-25-prozent-der-Commerzbank_aid_658531.html.

83 Dazu oben Abschnitt V. 2.

geschuldeten Zinsen i. H. v. Euro 1,6 Mrd. jährlich der Gewerbesteuer, vermutlich in Frankfurt. Allein die Gewerbesteuer würde rd. Euro 250 Mio. p. a. betragen. Das entspricht dem offiziell budgetierten jährlichen Steuermehraufkommen aus der Zinsschranke (rd. Euro 240 Mio.[84]).

4. Wertungswidersprüche und Inkonsistenzen

Wertungswidersprüche und Inkonsistenzen vieler Regeln beflügeln artifizielle Gestaltungen und bewirken häufig das Gegenteil dessen, was angestrebt wird, und damit Fehlallokationen von Ressourcen. Sie führen jedenfalls nicht zur Vereinfachung, sondern lösen oft prohibitive Steuerbelastungen aus und blockieren oder verhindern wirtschaftlich erwünschte Restrukturierungen.

Das soll an einem zugegebenermaßen sehr vereinfachten Beispiel erläutert werden. Solche simplifizierten Sachverhalte mögen zwar nicht typisch sein. Sie sind aber geeignet, das Grundproblem der Zinsschranke zu verdeutlichen.

Beispiel: Alle Anteile an zwei GmbHs (GmbH1 und GmbH2) werden von einem vermögenden Business Angel „A" gehalten. Beide GmbHs starteten am 31.12.08 mit einer traumhaften Eigenkapitalquote von 50 %, die der des angeblichen Konzerns „A" entspricht. Die weiteren 50 % des Kapitals haben Banken als verzinsliche Darlehen zur Verfügung gestellt. GmbH1 investiert in Forschung und Entwicklung; GmbH2 investiert in die notleidende Automobilzulieferindustrie.

Variante 1: Verlustfall: GmbH1 gerät ins Trudeln und macht Verluste, die das Eigenkapital schon im ersten Jahr angreifen. GmbH2 kann „sich halten" und bleibt bei ihrer 50 %igen Eigenkapitalquote.

Folge: GmbH1 hat nicht nur Verluste gemacht, sondern kann im Folgejahr auch ihre Bankzinsen nicht oder nur begrenzt abziehen; ggf. mit Steuerbelastungen zu Lasten der ohnehin reduzierten Substanz.

Variante 2: Gewinnfall: GmbH1 kann sich und die 50 %-Eigenkapitalquote halten. GmbH2 macht Gewinne, die ihr Eigenkapital und ihre Eigenkapitalquote erhöhen.

Folge: GmbH1 macht zwar keine Verluste und hat auch sonst wenig „Verdächtiges" gemacht. Dennoch kann GmbH1 auch in diesem Fall Bankzinsen nicht oder nur begrenzt abziehen, weil sie wegen der Gewinne bei GmbH2 unter die „Konzern-"Eigenkapitalquote rutscht.

Dieses Beispiel stellt sicherlich keinen Fall dar, den der Gesetzgeber treffen wollte. Gleichwohl lässt sich die Anwendung der Zinsschranke dem Grunde nach nicht vermeiden, trotz extrem positiver Eigenkapitalausstattung beider GmbHs in der Ausgangssituation und selbst bei weiterer Verbesserung der Eigenkapitalquote im Inland bei der GmbH in der

84 Dazu oben Abschnitt V. 1.2.

Variante 2, im nur inländischen „Konzern" und selbst ohne Verschlechterung der Eigenkapitalquote bei der GmbH1 in der gleichen Variante.

Hätten die Banken verlangt, dass ihnen die GmbH-Anteile als Sicherheit verpfändet werden, fielen sogar beide GmbHs unter die Zinsschranke, selbst wenn ihnen der Eigenkapitalquotentest gelingen könnte (was aber jedenfalls bei einer der beiden GmbHs im Falle unterschiedlicher Eigenkapitalquoten schon mathematisch nicht möglich ist).

Das Beispiel verdeutlicht die überschießenden Rechtsfolgen auch in Sachverhalten, die niemals im Fokus des Gesetzgebers standen (und vermutlich auch heute nicht stehen). Das gelegentlich angeführte Exkulpationsargument, es gäbe doch die Euro 3 Mio.-Freigrenze, ist ein Scheinargument. Es ist untauglich, derartige Regeln zu rechtfertigen. Denn selbstverständlich lässt sich die Zinsschranke nur an solchen Sachverhalten messen, die tatsächlich auch in den Anwendungsbereich fallen. Und das setzt nun einmal Zinsen von mehr als Euro 3 Mio. voraus.

5. Falsch verstandener Lobbyismus, fehlende Transparenz und Vertrauen

Abkürzungs- und Buchstabenwirrwarr, Anglizismen, komplexe, undurchschaubare und nicht verständliche Vorschriften, auch falsch verstandener Lobbyismus verhindern Transparenz und Vertrauen und damit die Bereitschaft zum Konsens über erforderliche Gesetzesanpassungen, deren Notwendigkeit zwar erkannt ist, die aber verweigert werden.

Denn es wird immer wieder befürchtet, zugegebenermaßen gelegentlich auch zu Recht, dass das Drehen an einer schon kaputten Schraube noch mehr Schaden anrichten könnte und/oder die an die Verwaltung und den Gesetzgeber herangetragenen Anliegen von anderen als den offen gelegten Gründen getragen werden. Mit solchem Verhalten ist am Ende keinem gedient. Ein gutes Beispiel ist wiederum die Zinsschranke. Dem Vernehmen nach hielten sich die Entrüstungsschreie während des Gesetzgebungsverfahrens in Grenzen. Wichtiger schien damals, in besseren Zeiten mit Gewinnen, zunächst einmal die geplante Senkung der Steuersätze für unternehmerische Gewinne unter 30 %[85]. Der „Rest", so auch die Zinsschranke, treffe die EBITDA-starken Unternehmen ohnehin nicht oder kaum; das werde man dann schon regeln können. Heute, in schlechten Zeiten, ist das Geschrei groß.

Die Neigung in Deutschland und auch sonst in der Welt, die regelmäßig aus dem angloamerikanischen Raum übernommenen Finanz- und sonstigen Produkte mit ihren englischsprachigen Abkürzungen[86] teils blind

85 Vgl. *Hey*, FR 2008, 1033 (1035).

86 Waren es in Zeiten vor der Finanzmarktkrise Abkürzungen wie CDO, CLO oder LBO, sind es heute im Zusammenhang mit Schulden-Umstrukturierungs-

zu übernehmen, führt oft auch zur Verunsicherung und birgt dann für alle Beteiligten wirtschaftliche, rechtliche und auch steuerrechtliche Risiken. Teils, weil nicht immer und/oder nicht genau genug hinterfragt wird, was sich hinter den Namen und Produkten wirklich versteckt. Teils, weil der übermäßige Gebrauch von Anglizismen Misstrauen schüren kann. Auch das wird sich am Ende nicht bezahlt machen.

Auch gewinnt man zunehmend den Eindruck, dass für die notwendigen „Vor- und Nacharbeiten" im Rahmen von Gesetzgebungsverfahren in der Finanzverwaltung bis hin zum Bundesfinanzministerium kein ausreichend erfahrenes Fachpersonal mehr zur Verfügung steht. Hier wird an der falschen Stelle gespart. Darüber hinaus fällt kritisches Fachpersonal gelegentlich auch noch parteipolitischem Opportunismus zum Opfer. Ranghöchste Vertreter der Finanzverwaltung äußern öffentlich Meinungen[87], die die über Jahrzehnte bewährten Grundprinzipen des Rechts schlicht ignorieren und jedem Verfassungsjuristen die Haare zu Berge stehenlassen. Dies kann gar nicht genug kritisiert werden[88].

VI. Praktikables/krisentaugliches Sanierungssteuerecht: Wie könnte/sollte es aussehen?

1. Vorbemerkungen zur Ausgangslage

Wie aufgezeigt: Viele Steuervorschriften wirken in Krisenzeiten krisenverschärfend[89]. Sie bremsen, werfen zurück, anstatt Impulse zu geben für wirtschaftliche Erholung. Wachstum beschleunigen sie jedenfalls nicht.

Betroffen von solchen krisenverschärfenden Steuervorschriften sind zuallererst Unternehmen, die Arbeitsplätze anbieten und hoffentlich erhalten können, die aber aktuell in wirtschaftliche Notlagen geraten sind, oft unverschuldet.

Es sind nicht Familien mit Kindern, denen zu allererst geholfen werden müsste. Mit Euro 20 zusätzlichem Kindergeld pro Monat und Kind kann wirtschaftliches Wachstum nicht entscheidend beschleunigt werden. Die Steuerzahler aber kostet das allein Euro 4,5 Mrd. pro Jahr. Kindern und Familien nützt es jedoch wenig, wenn Mütter und Väter ihren

---

maßnahmen Begriffe wie „Debt Buy Back", „Loan-to-Own"; „Buy and Flip" usw.; dazu z. B. *Rödding/Bühring*, DStR 2009, 1933 ff.

87 So z. B. *Nawrath* im Frühjahr 2008 anlässlich der Jahresarbeitstagung der Fachanwälte für Steuerrecht in Wiesbaden; *ders.*, DStR 2009, 2 ff.

88 Zu Recht sehr kritisch dazu: *Rödder* am 14. und 15.09.2009 anlässlich der Jahrestagung der Deutschen Steuerjuristischen Gesellschaft 2009 in Nürnberg (Veröffentlichung demnächst).

89 Dazu oben Abschnitt III.

Arbeitsplatz verlieren. Nur weil die Regierung (wieder einmal) keinen Mut hatte, dort anzusetzen, wo es am dringendsten notwendig gewesen wäre. Nämlich bei den Unternehmen, die straucheln, u. a. deshalb, weil sie Verluste nicht oder nur begrenzt verrechnen können oder weil sie im Verlustfall auf buchmäßige Verzichtsgewinne u. Ä. Steuern zahlen sollen, im Extremfall sogar auf Verluste, dafür aber kein Geld haben. Im Ergebnis müssen sie Steuern aus der Substanz zahlen[90]. Offenbar fehlt die richtige Lobby.

Eine solche Lobby stand allerdings Pate bei einem *„völlig unsinnigen Weihnachtsgeschenk"*[91]. Mit Unterstützung der FDP, so wird berichtet[92], hatte der Gastro-Verband Dehoga im Rahmen der Diskussion um das Wachstumsbeschleunigungsgesetz eine Reduzierung des Umsatzsteuersatzes von 19 % auf 7 % für Übernachtungen in Hotels durchgesetzt – für alle überraschend, jedenfalls für die Wirtschaftsweisen *„völlig unverständlich"*. Das hätte wachrütteln müssen. So ganz *en passant* wurden dafür Steuerausfälle von fast Euro 1 Mrd. budgetiert. Das entspricht dem vierfachen budgetierten Mehraufkommen aus der Zinsschranke i. H. v. nur Euro 240 Mio.[93] und mehr als 10 % der gesamten Entlastung durch das Wachstumsbeschleunigungsgesetz. Finanzpolitiker und auch die Finanzminister von Bund und Ländern lehnen diese Begünstigung ab. Denn allzu groß ist die Sorge, Hoteliers könnten versuchen, durch Gesamtpakete inklusive Wellness-Programm den Anwendungsbereich des verminderten Umsatzsteuersatzes zu erweitern. Befürchtet wird, dass die Steuerausfälle nicht nur knapp Euro 1 Mrd., sondern bis zu Euro 4 Mrd. betragen. Diese Summe entspricht rd. 30 % des Körperschaftsteueraufkommens 2008 (rd. Euro 13 Mrd.) und immerhin noch 15 % des Körperschaftsteueraufkommens in guten Zeiten (z. B. in 2007 rd. Euro 25 Mrd.).

Die Regierung wäre besser beraten, keine unsinnigen Steuergeschenke in Milliardenhöhe zu verteilen. Vor allem nicht solche, die selbst Kabinettsmitglieder mit dem Etikett *„ein bisschen gaga"* versehen[94]. Auch sollte die Regierung nicht mit unterschiedlichem Maß messen. Die Verhältnismäßigkeit zwischen den Steuermehreinnahmen bzw. dem Steuerminderaufkommen der neuen Vorschriften einerseits und deren Effizienz, Zielgenauigkeit, Komplexität, Praktikabilität etc. andererseits sollte gewahrt bleiben.

---

90 Dazu oben Abschnitt III. 1.

91 So die Gewerkschaft Nahrung Genuss Gasstätten, Der Spiegel vom 16.11.2009, Heft 47, S. 82: „Ein bisschen gaga".

92 Ebenda.

93 Dazu schon Abschnitt V. 1.2.

94 So angeblich *Thomas de Maizière*. Vgl. Der Spiegel vom 16.11.2009, Heft 47, Seite 82: „Ein bisschen gaga".

Es gab und gibt viele Vorschläge, die – anders als Kindergelderhöhungen[95] und *„Schlafsubventionen"* – tatsächlich Wachstum insbesondere in der produktiven Wirtschaft beschleunigen und deshalb gerade dort Arbeitsplätze sichern könnten.

Nach *Homburg* würden

> *„weniger komplizierte Steuervorschriften für Unternehmen [...] sich wohl zu 100 Prozent selbst finanzieren, denn die Entlastung der Firmen verhindert in der jetzigen Situation Insolvenzen und hilft Arbeitsplätze zu erhalten. Durch den Erhalt von Arbeitsplätzen bekäme der Staat ein Vielfaches der Steuern, die er bei den Unternehmen verliert."*[96]

Fuest, Vorsitzender des Wissenschaftlichen Beirates des Bundesfinanzministeriums, hätte das Geld deshalb für eine Entlastung der Unternehmen ausgegeben:

> *„Für Verluste, die ab 2010 entstehen, sollte man deutlich erweiterte Verrechnungsmöglichkeiten schaffen."*[97]

2. Maßnahmen zur Schaffung eines praktikablen und krisentauglichen Steuerrechts

Welche Maßnahmen sind dringend notwendig und sollten auch gesetzlich geregelt werden? Nach den praktischen Erfahrungen seit Mitte 2008 besteht Anpassungs-, Klarstellungs-, Korrektur- und Regelungsbedarf im Bereich verschiedener Steuerarten, querbeet durch das gesamte Steuerrecht (siehe bereits eingangs Abschnitt III.1.).

Ob es möglich und zwingend ist, solche wachstumsfördernden Maßnahmen als Sonderregeln in einem kompakten *„Sanierungssteuergesetz"* zu konzentrieren, deren Anwendbarkeit ggf. vom Vorliegen bestimmter Voraussetzungen abhängig gemacht wird, bedarf einer gesonderten Überprüfung, auch mit Blick auf das EU-Beihilferecht und andere etwaige Querverbindungen zu ggf. ebenfalls betroffenen Rechtsgebieten.

---

95 Welt am Sonntag, Nr. 46 vom 15.11.2009, S. 27 „Fünf, setzen!": *„Vor allem die rund 4,6 Milliarden Euro teuren Erhöhungen für Kinderfreibetrag und Kindergeld stehen bei Experten unter Beschuss: „Die Kindergelderhöhung ist weder wachstums- noch familienpolitisch sinnvoll", sagt der Vorsitzende des Wissenschaftlichen Beirates des Bundesfinanzministeriums, Clemens Fuest. „Zwar werde die Erhöhung die Konsumnachfrage leicht stabilisieren. Dieser Wirkung stehe jedoch in keinem Verhältnis zu den Kosten für den Fiskus'". Auch Sinn kritisiert: „Die Beschäftigungseffekte einer Kindergelderhöhung konzentrieren sich bei den Herstellern von Kinderbekleidung"." Sinn* plädiert im selben Artikel für eine echte Einkommensteuerreform schon 2010. Sie würde auf jeden Fall besser wirken als die Wohltaten, die das neue Gesetzespaket für die einzelnen gesellschaftlichen Gruppen vorsehe.

96 So *Stefan Homburg*, ebenda.

97 Welt am Sonntag, Nr. 46 vom 15.11.2009, S. 27: „Fünf, setzen!".

Anlässlich der 28. Kölner Steuerkonferenz im Oktober 2009 umschrieb *Rödder* die krisenverschärfenden Regelungen des Unternehmenssteuerrechts allgemein wie folgt:

- alle Regelungen, die Aufwendungen/erlittene Verluste steuerlich unverwertbar oder nur zeitlich verzögert verwertbar machen, da dadurch ergebnisunabhängige Steuerbelastungen anfallen können;
- alle Regelungen, die Mittelzuführungen (EK und FK) in Unternehmen, Sanierungsmaßnahmen und Umstrukturierungen steuerlich belasten;
- sowie alle Regelungen, die Steuerrückflüsse zeitlich hinauszögern.

Konkret sind vor allem folgende Maßnahmen dringend geboten, um weiteren Schaden von Wirtschaft und Arbeitsmarkt abzuwenden.

2.1. Klarheit bei Forderungsverzicht und Sanierungsgewinnen

a) Zusammenhang zwischen Verlusten und Sanierungsgewinnen

Nur bilanziell, also nicht auch zahlungswirksam in Erscheinung tretende Vermögensmehrungen als Folge des Wegfalls von Verbindlichkeiten (i. d. R. sog. Sanierungs-*Gewinne* „nur" wegen Wegfall einer Verbindlichkeit) müssen zunächst mit Verlusten und Verlustvorträgen ohne jegliche Beschränkungen (z. B. Mindestbesteuerung und § 8 c KStG) verrechnet werden können[98], denn diese Verluste sind in aller Regel die Ursache für die wirtschaftliche Schieflage des Schuldnerunternehmens. Erst diese Verluste erzwingen i. d. R. den Forderungsverzicht mit einhergehendem Wegfall der Verbindlichkeit zur Anwendung einer Insolvenz. Das heißt zugleich: Verluste und deren steuerliche Verrechnung einerseits und Verzichtsgewinne und deren etwaige Steuerpflicht andererseits stehen meistens in einem wechselseitigen Verhältnis zueinander.

Jedoch war und ist angesichts einer *„kunterbunten Entwicklung"*[99] der Verlustbehandlung im Steuerrecht[100] der Blick für den historischen Zusammenhang zwischen Sanierungsgewinn und Verlustvortrag verlorengegangen. Selbst der Große Senat des BFH, so *Groh*, ist dem unzutreffenden Eindruck erlegen, beim früheren, von der Rechtsprechung entwickelten „Sanierungsprivileg" handele es sich um eine sachliche Steuerbefreiung.

---

98 Insoweit zutreffend BMF-Schr. v. 27.3.2003, BStBl. I 2003, 240; dort jedoch nur unter den Voraussetzungen des § 3 Nr. 66 EStG a. F.

99 So schon *Groh*, DB 1996, 1890, also noch vor Einführung und Wiederabschaffung des § 2b Abs. 3 EStG, der Mindestbesteuerung im Einkommen- und Gewerbesteuerrecht und des § 8 c KStG.

100 Zur historischen Entwicklung der Verlustbehandlung im Steuerrecht seit 1891 *Hallerbach* in Herrmann/Heuer/Raupach, EStG/KStG, § 10 d Anm. 2 ff.; sowie *Groh*, DB 1996, 1890; *Ritzer/Stangl*, INF 2003, 547.

b) Steuererlass bei existenzgefährdenden Steuerbelastungen zwingend

Wenn mit dem Wegfall der Verbindlichkeit als Folge eines Forderungsverzichts durch einen, mehrere oder auch alle Gläubiger „nur" erreicht wird, negatives Eigenkapital auszugleichen und die Überschuldung zu beseitigen, muss eine etwaige Steuer auf einen solchen „Sanierungsgewinn" schon aus verfassungsrechtlichen Gründen zwingend erlassen werden (§§ 163, 227 AO), ungeachtet der Abschaffung des § 3 Nr. 66 EStG a. F. und des Vorliegens der im Sanierungserlass genannten Sanierungsvoraussetzungen[101]. Denn es gibt auch nach Erlass der Verbindlichkeit kein Vermögen, keine Leistungsfähigkeit, das bzw. die zur Steuerzahlung herangezogen werden kann. Die Situation ist eher „andersherum": Sanierungsbeiträge der Darlehensgläubiger, wie z. B. der Forderungsverzicht, mit dem Ziel, eine Insolvenz abzuwenden, würden gewissermaßen ein weiteres Insolvenzverfahren erzwingen, das sich dann ausschließlich mit der Besteuerung des Sanierungsgewinns und notwendigen Sanierungsbeiträgen des Fiskus befasst[102]. Wenn – wie das Bundesverfassungsgericht mehrfach entschieden hat[103] – das Existenzminimum von der Steuer verschont bleiben muss, so muss das erst recht gelten, wenn gar keine Leistungsfähigkeit erwirtschaftet, sondern nur buchungstechnisch ausgewiesen wird. Dazu kommt, dass jede Steuerbelastung „angemessen und zumutbar" sein muss und die Steuerquelle nicht erdrosseln darf[104].

Dementsprechend hat auch das FG Köln mit Urteil vom 24.4.2008[105] entschieden: *„Die Besteuerung des Gewinns aus dem Erlass von Schulden ist sachlich unbillig i. S. d. § 227 AO, wenn der Abzug des Verlustes aus der Entstehung der Schuld nicht möglich ist, etwa weil ein Verlustvortrag ausgeschlossen ist"*.

Nach Auffassung des BFH[106] zur Rechtslage noch vor Inkrafttreten des § 15 a EStG[107] (dazu nachfolgend c)) verstößt *„die Erhebung einer Ein-*

101 Siehe FG Köln v. 24.4.2008–6 K 2488/06, DStRE 2008, 1445.

102 Vgl. *Bauschatz*, GmbHR 2008, 1204 (1208).

103 BVerfGE 99, 246; 112, 268; 120, 125.

104 BVerfGE 115, 97 (115).

105 FG Köln v. 24.4.2008–6 K 2488/06, DStRE 2008, 1445.

106 BFH v. 26.10.1994 – X R 104/92, BStBl. II 1995, 297 = FR 1995, 277 m. Anm. *Weber-Grellet* m. w. N.

107 § 15 a ist durch das Gesetz vom 20.8.1980 (BGBl. I 1980, 1525; BStBl. I 1980, 589) in das EStG eingefügt worden. Die Regelung war das Ergebnis einer langen Überlegungsphase, die auf das Gutachten der StRef-Kommission 1971 (Schriftenreihe des BdF, Heft 17, Tz. V/333 ff.) zurückgeht. Die Kommission hatte die Auffassung vertreten, dass das negative Kapitalkonto des Kommanditisten „bilanziell gesehen den Charakter eines Luftposten hat, der steuerrechtlich nicht geeignet ist, einen ausgleichsfähigen Verlust in der Person des Kommanditisten zu begründen".

kommensteuerschuld [...], der in Wirklichkeit keinerlei Zuwachs an Leistungskraft zugrunde liegt, [...] gegen das für das gesamte Steuerrecht geltende Übermaßverbot [...] und gegen das besonders das Einkommensteuerrecht beherrschende Prinzip der Besteuerung nach der Leistungsfähigkeit [...]. Dem kann nur durch Billigkeitserlass begegnet werden."

Nach Auffassung des BVerfG[108] war zwar die (zeitliche) Beschränkung des Verlustvortrags auf 5 Jahre, jedenfalls im Zusammenwirken mit dem einjährigen Verlustrücktrag, verfassungsrechtlich nicht zu beanstanden. Jedoch kann eine von Art. 14 GG[109] geschützte erhebliche Beeinträchtigung angenommen werden, *„wenn das wirtschaftliche Bestehen, also die Fortsetzung der Erwerbstätigkeit, durch die Festsetzung der steuerlichen Zahlungspflicht ernsthaft gefährdet ist."* Wenn sich in besonderen Fällen das Verbot des Verlustvortrages[110] existenzgefährdend auswirken sollte, kommt auch nach Auffassung des BVerfG *„ohnehin ein Steuererlaß nach § 227 AO in Betracht"*[111].

c) Gesetzliche Kodifizierung als verrechenbare Verluste i. S. v. § 15 a EStG

Jedenfalls muss diese „kleine Lösung" auch mit Wirkung für die Gewerbesteuer gesetzlich kodifiziert werden. Denn bei dem Ausgleich einer Überschuldung durch Forderungsverzicht handelt es sich um einen solchen Fall. Einschränkender Voraussetzungen bedarf es nicht. Nur eine solche Regel entspricht dem Gebot der Besteuerung nach der wirtschaftlichen Leistungsfähigkeit. Die Einführung einer eindeutigen und klaren Regelung für solche Fälle steht auch nicht im Widerspruch zur Abschaffung des § 3 Nr. 66 EStG a. F. Denn das Problem der heutigen (Voll-)Besteuerung von Sanierungsgewinnen selbst bei das Vermögen übersteigenden Schulden ist insbesondere eine Folge der gesetzlich erst später eingeführten Einschränkung der Verlustverrechnung mit Hilfe der sog. Mindestbesteuerung (§ 10 d EStG, § 10 a GewStG) bzw. des ebenfalls erst später gesetzlich angeordneten Wegfalls von Verlustvorträgen in zahlrei-

108 BVerfG v. 22.7.1991–1 BvR 313/88, NJW 1992, 169 unter 2. b) der Gründe.

109 Diese Vorschrift schützt grundsätzlich nicht gegen die Auferlegung von Geldleistungspflichten. Nur wenn eine solche Pflicht den Betroffenen übermäßig belasten und seine Vermögensverhältnisse grundlegend beeinträchtigen würde, kommt eine Grundrechtsverletzung in Betracht; so das BVerfG im Urteil v. 22.7.1991, a. a. O., unter Hinweis auf BVerfG v. 29.11.1989–1 BvR 1402/87, 1 BvR 1528/87, BVerfGE 81, 108 = FR 1990, 143 m. w. N.

110 Damals über 5 Jahre auf Grund der Regelung des § 10 d EStG 1976.

111 BVerfG v. 22.7.1991–1 BvR 313/88, NJW 1992, 169, unter Hinweis auch auf BFH v. 25.3.1988 – III R 186/84 BFH/NV 1989, 426 (428) m. w. N.

chen, teils unüberschaubaren Konstellationen (§ 8 c KStG, § 10 a S. 10 GewStG).[112]

Fälle mit Sanierungsgewinnen bei Kapitalgesellschaften, deren noch vorhandenes Vermögen zu Verkehrswerten die Schulden nicht mehr deckt, deren Eigenkapital also negativ ist, sind den Sachverhalten bei Personengesellschaften mit bisher nur verrechenbaren Verlusten i. S. v. § 15 a EStG vergleichbar. Solche bisher nur *„verrechenbaren"*, tatsächlich aber noch nicht verrechneten Verluste i. S. v. § 15 a EStG können und müssen mit späteren Gewinnen, auch Sanierungsgewinnen als Folge eines das Schuldnerunternehmen begünstigenden Forderungsverzichts vollständig verrechnet werden – ohne Einschränkungen durch die Mindestbesteuerung und auch bei vollständigem Gesellschafterwechsel[113].

Trotz der schon bisher oft begrüßenswerten Haltung der Finanzverwaltung in solchen Fällen, sind die aktuelle Rechtsunsicherheit angesichts (vermeintlich) divergierender FG-Rechtsprechung und die oft damit verbundene Hängepartie bis zur Erteilung einer verbindlichen Auskunft nicht hinnehmbar. Auch die gut gemeinten Appelle eines Bundesfinanzministers an die nachgeordneten Länderfinanzministerien bzw. zuständigen Finanzämter, Verwaltungsanweisungen großzügig auszulegen[114], ersetzen die Notwendigkeit einer gesetzlich eindeutigen Regelung nicht.

---

112 Vgl. auch BFH v. 26.10.1994 – X R 104/92, FR 1995, 277 m. Anm. *Weber-Grellet*: *„als ungereimt erkannte Rechtslage"*.

113 Vgl. u. a. Blümich/*Heuermann*, EStG, § 15 a Rz. 110 ff.; Schmidt/*Wacker*, EStG, § 15 a Rz. 30 ff., 214 ff.; *Brandenberg*, DB 2004, 1632. M. E. gilt das ungeachtet § 8 c KStG erst recht für den mittelbaren Gesellschafterwechsel oberhalb einer Kapitalgesellschaft, die ihrerseits an einer mit § 15 a EStG-Verlusten behafteten Personengesellschaft beteiligt ist. So zutreffend *Zerwas/Fröhlich*, DStR 2007, 1933 (1936 f.); *Olbing*, in: Streck, KStG, § 8 c Rn. 72; zweifelnd *Rödder*, DStR, Beihefter zu Heft 40/2007 (13); a. A. *Suchanek/Herbst*, FR 2007, 863 (869 f.); BMF-Schreiben v. 4.7.2008 Rn. 2, BStBl. I S. 736.

114 In diesem Zusammenhang ist auf ein Schreiben des damaligen Bundesfinanzministers *Peer Steinbrück* an die Finanzminister der Länder hinzuweisen, in dem die Finanzämter darum gebeten werden, in Zeiten der Krise Kulanz gegenüber Unternehmern und Selbstständigen zu zeigen. Die Finanzämter sollen vor allem bei Anträgen auf Stundung, Erlass, Vollstreckungsaufschub oder Anpassung der Vorauszahlungen ihren Ermessenspielraum möglichst weitgehend ausschöpfen. Das Finanzministerium Baden-Württemberg hat sich dem in einer Pressemitteilung angeschlossen. Landesfinanzminister *Stächele* erklärt darin u. a., dass die Finanzämter in Baden-Württemberg bei ihren Ermessensentscheidungen die gesamten Umstände des Einzelfalls berücksichtigen, in Notlagen entsprechend reagieren und im Rahmen der gesetzlichen Vorgaben praxisgerechte Lösungen finden werden. Vgl. http://www.finanzministerium.baden-wuerttemberg.de/de/Aktuelle%20Pressemitteilungen/209925.html?referer=110369&template=min_meldung_html&_min=_fm.

d) Sanierungsgewinne und sonstige nicht zahlungswirksame Vermögensmehrungen

Es mag in der Praxis auch Forderungsverzichte geben, bei denen der damit verbundene Verzichtsgewinn über den Ausgleich eines negativen Eigenkapitals hinausgeht. Soweit Drittgläubiger, jedenfalls solche, die nur mit Vermögen der Schuldnergesellschaft besichert sind (und ggf. auch ein Pfandrecht an deren Anteilen haben), auf ihre Forderungen verzichten, wird man in aller Regel von einem Sanierungsfall ausgehen können. Die Sanierungsvoraussetzungen des § 3 Nr. 66 EStG a. F. bzw. des Sanierungserlasses werden erfüllt sein. Auch in solchen Fällen sollten Verzichtsgewinne insoweit steuerbefreit sein; wobei zuvor etwaige noch unverbrauchte Verluste und Verlustvorträge ohne Begrenzungen zu verrechnen sind, entsprechend den Regeln im sog. Sanierungserlass (anders und weitreichender § 3 Nr. 66 EStG a. F.).

Auch diese Regel sollte mit Wirkung für die Gewerbesteuer gesetzlich kodifiziert werden.

Über Sanierungsgewinne hinaus mag es geboten sein, nicht zahlungswirksame Teile von Verzichtsgewinnen steuerlich jedenfalls nicht sofort zu belasten. Bei fiskalisch motivierten Befürchtungen insoweit könnte erwogen werden, diese Begünstigung mit einer temporären Ausschüttungssperre[115] zu verbinden. Ggf. käme auch eine Ausgestaltung der Befreiung als zinslose Stundung bis zum Anfall ausreichender Liquidität nach wirtschaftlicher Wiederbelebung in Betracht in Fällen, in denen das Vorliegen der bekannten Sanierungsvoraussetzungen zweifelhaft ist.

Im Vorgriff auf solche gesetzlichen Regelungen sollte die Verwaltung bis zu deren Inkrafttreten diese Handhabung in einem koordinierten Verwaltungserlass festschreiben und dabei diese Begünstigung auch auf die Festsetzung der Realsteuermessbeträge und so auf die Gewerbesteuer ausdehnen. Das sollte nach § 184 Abs. 2 AO grundsätzlich möglich sein.

2.2. Keine Besteuerung von Verlusten

Man mag trefflich darüber streiten, ob es dogmatisch oder aus anderen Gründen gerechtfertigt sei, bestimmte Einnahmen nicht oder begünstigt zu besteuern. Ebenso kann man diskutieren, ob in diesem Zusammenhang anfallende Aufwendungen steuerlich voll, teilweise oder gar nicht zum Abzug zugelassen werden.

---

115 Ähnlich, wenn auch für andere Sachverhalte, schon DMBilG 1990; DMBilG 1948; Viertes DMBilG 1963.

Einigkeit sollte indessen darüber bestehen, dass wirtschaftlich endgültig erlittene Verluste nicht auch noch besteuert werden, also durch weiteren Liquiditätsentzug auch noch vergrößert werden.

Das geltende Steuerecht straft diese Prämisse Lügen. Es gibt Konstellationen, in denen im steuerverstrickten bzw. betrieblichen Bereich erlittene Verluste im Ergebnis besteuert werden. Auch und insbesondere hinsichtlich dieser überschießenden Regeln besteht dringender Handlungsbedarf.

So geht es in den Krisenjahren 2008, 2009 und wohl auch noch 2010 oft „nur" um Wertverluste als Folge gesetzlich erzwungener Teilwertabschreibungen insbesondere auf Wirtschaftsgüter des Umlaufvermögens. Die weltweit unternommenen Anstrengungen als nicht dauerhaft erachtete Verluste durch Erleichterungen bei der handelsrechtlichen Bilanzierung erst gar nicht entstehen zu lassen, d. h. nicht auszuweisen[116], belegen, dass es sich hier um ein „periodenübergreifendes" Thema handelt. Wenn solche Verluste in Anschlussjahren wieder „aufgeholt" werden, z. B. allein durch erzwungene Wertzuschreibungen, darf es nicht zu einer Besteuerung kommen, nur weil die jeweiligen Regeln (Teilwert-AfA, Wertzuschreibung i. V. m. Mindestbesteuerung) aufeinander nicht abgestimmt sind und obwohl wirtschaftlich keine Gewinne erzielt wurden. Auch insoweit mag ein Blick auf den Mechanismus des § 15 a EStG weiterhelfen.

Auch die Nichtberücksichtigung des Wertverlustes einer Gesellschafterdarlehensforderung (§ 8 b Abs. 3 Satz 4 KStG), die als solche schon fraglich erscheint, verbunden mit einem steuerpflichtigen Sanierungsgewinn bei der notleidenden Schuldner-Tochterkapitalgesellschaft im Falle eines anschließenden Forderungsverzichts[117] bedarf dringend der gesetzlichen Flankierung bzw. Korrektur, so z. B. die Ausweitung des § 8 b Abs. 3 Satz 8 KStG auf solche Fälle.

2.3. Ausweitung der Verlustverrechnungsmöglichkeiten

Vorgeschlagen wird auch die (Wieder-)Einführung einer uneingeschränkten Nutzung von Verlusten und Verlustvorträgen sowie die Erweiterung der aktuell sehr begrenzten Verlustrücktragsmöglichkeiten.

Kompromissweise durchsetzbar und auch geboten wäre zumindest der Vorschlag, über die im vorangegangen Abschnitt genannten Maßnahmen hinaus, ab 2010 eine uneingeschränkte Verrechnung aller „Neu-" Ver-

116 Siehe dazu schon oben Fn. 34.

117 Das gleiche Problem kann sich nach einem Formwechsel einer Tochterkapitalgesellschaft in eine Personengesellschaft in Gestalt des sog. „Übernahmefolgegewinns", § 6 UmwStG, stellen; sh. dazu schon unter III. 2. und Nachweise in Fn. 17.

luste[118], soweit möglich seit Beginn der Finanzmarktkrise ab 2008, mit künftigen Gewinnen ohne die Einschränkungen der Mindestbesteuerung zuzulassen. Ansonsten wird die Wiedergenesung von Unternehmen, die per Saldo noch keine Gewinne erwirtschaftet haben, schon im Keim durch Liquiditätsentzug erstickt.

2.4. Einschränkung der Regeln zum Verlustwegfall

Im sog. Wachstumsbeschleunigungsgesetz[119] wurde der Gedanke aufgegriffen, wonach ein etwaiger Wegfall von Verlusten bzw. Verlustvorträgen nach § 8 c KStG nur insoweit in Betracht kommen soll, als die Verluste die stillen Reserven im steuerpflichtigen inländischen Betriebsvermögen übersteigen[120]. Diese Regel sollte auf Überschusseinkünfte und auf fiktive gewerbliche Einkünfte ohne inländisches Betriebsvermögen ausgedehnt werden.

Handlungsbedarf besteht seit jeher auch bei Umstrukturierungen im Konzern. Vorschläge gehen dahin, dass Verluste bzw. Verlustvorträge nicht wegfallen bei erfolgsneutralen Umstrukturierungen im Konzern mit dem Ziel der Verkürzung und/oder der Verlängerung einer Beteiligungskette zwischen nahestehenden Personen i. S. d. § 1 Abs. 2 AStG sowie bei allen Beteiligungserwerben im Konzern, soweit dadurch die (mittelbare) Beteiligungsquote bei der Konzernobergesellschaft bestehen bleibt[121].

Solche Bereichsausnahmen sind nicht nur deshalb berechtigt, weil für solche Umstrukturierungen regelmäßig andere Gründe als die Optimierung der Verlustnutzung maßgeblich sind. Das zeigen vor allem solche Sachverhalte, bei denen gruppeninterne Umstrukturierungen im Ausland, u. U. sogar solche, die im Rahmen von staatlichen Rettungsmaßnahmen erzwungen werden, von inländischen Konzernunternehmen und deren Geschäftsleitung nicht „kontrolliert", gelegentlich nicht einmal wahrgenommen werden können.

Mit dem Wachstumsbeschleunigungsgesetz wurde zwar eine begünstigende Konzernklausel eingeführt. Schon vor ihrem Inkrafttreten wurden indes erhebliche Unzulänglichkeiten sichtbar. Ausgerechnet jene Fälle, die begünstigt werden müssten, scheinen nicht erfasst. Allein mit

118 So *Fuest*, in Welt am Sonntag, Nr. 46 vom 15.11.2009, S. 27: „Fünf, setzen!".
119 Vgl. Gesetz zur Beschleunigung des Wirtschaftswachstums vom 22.12.2009, BGBl. I, 3950 ff.
120 Vgl. § 8 c Abs. 1 Satz 6 ff. KStG. Vgl. hierzu u. a. *Bien/Wagner*, BB 2009, 2627 (2630 f.) und *Viskorf*, DStR 2010, Beihefter zu Heft 7, 1.
121 So *Rödder* in den Tagungsunterlagen anlässlich der 28. Kölner Steuerfachtagung 2009.

Auslegung wird man hier nicht weiterkommen. Es besteht schon jetzt Nachbesserungsbedarf[122].

2.5 Beseitigung, zumindest Erleichterungen bei der Zinsschranke

Die Einschränkung des wirtschaftlich notwendigen, steuerwirksamen Abzuges von Drittbankzinsen in Fällen ohne jeglichen Auslandsbezug und/oder zumindest ohne jegliches Gewinnverlagerungspotential geht unstreitig weit über den Gesetzeszweck hinaus, man kann auch sagen: am Gesetzeszweck vorbei. Global operierende Unternehmen mit hohem EBITDA, die eigentliche Zielgruppe, unterliegen demgegenüber heute u. U. gar keinen Zinsabzugsbeschränkungen mehr, auch nicht hinsichtlich solcher Zinsen, die an verbundene Konzernunternehmen im niedrig besteuernden Ausland gezahlt werden.

Während bis 2007 unter dem damals noch geltenden alten § 8 a KStG für Gesellschafterdarlehen grundsätzlich (außer der Drittvergleich konnte ausnahmsweise erfolgreich geführt werden) stets ein Verhältnis von Eigenkapital zu Gesellschafterdarlehen von 1 : 1,5 (40/60) zu beachten war, gelten heute bei im Inland hoch profitablen Unternehmen keinerlei solche Beschränkungen mehr. Das deutsche Konzernunternehmen kann zu 100 % mit (Gesellschafter-) Fremdkapital ausgestattet werden, auch allein mit Gesellschafterdarlehen. Einzig müssen die Zinsen, wie ebenfalls auch schon bis 2007, der Höhe nach marktgerecht sein. Fazit: Die Zinsschranke ist eine Regel nur für „Siegertypen"[123], im wahrsten Sinne des Wortes.

Aus diesen Gründen, aber auch wegen vieler anderer zwischenzeitlich sichtbar gewordener Unzulänglichkeiten gibt es zahlreiche Änderungsvorschläge von Verbänden und von Parteien. Einige davon wurden mit dem Wachstumsbeschleunigungsgesetz umgesetzt, darunter:

- Zeitlich unbegrenzte Anhebung (zuvor nur bis Ende 2008 befristet) des Freibetrages gem. § 4 h Abs. 2 Satz 1 Nr. a) EStG von Euro 1 Mio. auf Euro 3 Mio.,
- EBITDA-Vortrag,
- Anhebung der Toleranzgrenze beim Eigenkapitalquotentest gemäß § 4 h Abs. 2 Satz 2 EStG von 1 % auf 2 %. (Vorschläge, die Toleranzgrenze auf 5 % anzuheben, setzte das Wachstumsbeschleunigungsgesetz somit nur zu 25 % um).

122 Vgl. hierzu u. a. *Bien/Wagner*, BB 2009, 2627 (2628 f.); *Sistermann/Brinkmann*, DStR 2009, 2633.

123 Vgl. *Schön*, Frankfurter Allgemeine Zeitung vom 15.3.2007, S. 12.

Diese wenigen Änderungen bedeuten ein, verglichen mit dem früheren § 8 a KStG, steuerliches Mehraufkommen von nur noch Euro 240 Mio. p. a. dazu oben Abschnitt V.1. 2.). Das ist angesichts der Komplexität und Zielungenauigkeit der Zinsschranke, dem enormen Beratungs- und Verwaltungsbedarf sowie damit verbundenen Kosten ein geradezu lächerlich geringer Betrag. Dennoch gibt es weitere, gebotene Verbesserungsvorschläge, um einerseits die Zielgenauigkeit zu erhöhen, aber auch, um Fehlwirkungen der Zinsschranke zu vermeiden. Dazu zählen u. a.:

- Einführung einer Holdingregel anstelle der Beteiligungsbuchwertklausel,
- Anhebung der 30 %-EBITDA Grenze auf 50 %, ja oder sogar 70 %,
- Einführung einer Bagatellgrenze bei der Gesellschafterfremdfinanzierung
  insbesondere ausländischer Konzernunternehmen[124].

Nimmt man die offiziellen Angaben zum budgetierten Steuermehraufkommen aus der Zinsschranke i. H. v. Euro 240 Mio. ernst und unterstellt auch die weitergehenden Vorschläge als berechtigt (was nur belegt, dass die eigentliche Zielgruppe der Zinsschranke nicht getroffen wird), wird sich bei Einführung auch dieser berechtigten Änderungsvorschläge aus der Zinsschranke verglichen mit dem früheren § 8 a KStG a. F. kein Steuermehraufkommen, sondern eher ein Steuerminderaufkommen ergeben. Ein befristetes Aussetzen der Zinsschranke für ein, zwei oder drei Jahre bis zum Ende der Krise, wie vorgeschlagen, dürfte daher ein Pyrrhussieg für alle Beteiligten sein. Viele werden sich nur vorübergehend in Sicherheit wähnen können, später sind sie dann in der Zinsschranke „gefangen". Denn Strukturen und Drittbankfinanzierungen können in der Praxis nicht kurzfristig geändert und angepasst werden.

Aber auch weitere Änderungen, wie berechtigt sie im Einzelnen auch sein mögen, sind nicht zielführend. Die ohnehin schon unüberschaubare Komplexität der Regelung würde nur noch weiter erhöht. Die Befürchtungen von *Rennings* in seinem Koreferat zu *Rödder* anlässlich der 28. Kölner Steuerfachtagung 2009scheinen die offiziell veröffentlichten Zahlen zur Zinsschranke nicht zu berücksichtigen[125]. Angesichts zu erwartender Mindereinahmen geht es gerade nicht um die Rettung des deutschen Steueraufkommens, sondern um das Dilemma, wie man aus der verfahrenen Situation ohne Gesichtsverlust wieder herauskommt. Alles spricht für eine Wiederbelebung der Altregelung, ggf. mit einigen Verschärfungen[126].

---

124 BT-Drucks. 16/12525, S. 2.

125 Siehe hierzu auch oben Abschnitt V. 1.

126 Siehe dazu jüngst *Schön*, IStR 2009, 882 ff.

2.6. *Beseitigung der Steuerfallen bei Kauf/Rückkauf notleidender Darlehensforderungen*

Wie schon in den Jahren 2008 und 2009 werden Schuldnerunternehmen insbesondere auch im Jahr 2010 und auch noch danach gezwungen sein, mit ihren Gläubigern die Darlehenskonditionen neu zu verhandeln, um ein vorzeitiges Fälligstellen und eine drohende Zwangsvollstreckung in das Unternehmensvermögen zu verhindern. Zu einer solchen Situation kann es selbst dann kommen, wenn bisher alle laufenden zahlungswirksamen Darlehensverpflichtungen, insbesondere laufende Zinszahlungen, ordnungsgemäß erfüllt wurden. Das war in bestimmten Fällen oft nur deshalb möglich, weil die gesunkenen Zinskosten wegen der Kopplung der Darlehenszinsen an den (deutlich gesunkenen) Euribor seit Ende 2008 die Einbrüche auf der operativen Einnahmeseite (über-)kompensierten. Gleichwohl gibt es auch in diesen Fällen oft Darlehens-Vertragsbrüche i. S. d. der Nichterfüllung vereinbarter Verpflichtungen, z. B. der Einhaltung bestimmter Mindestrelationen von Gesamtschulden einerseits und Wert des (fremdfinanzierten) Vermögens andererseits (*LTV-Ratio* für *„Loan-to-Value"-Ratio*).

Das kann bei den ebenfalls notleidenden Darlehensgläubigern (u. a. Banken) zu Überreaktionen führen (z. B. vorzeitiges Fälligstellen bis hin zur Zwangsvollstreckung), insbesondere wenn diese Gläubiger ihre Forderungen schon in Vorjahren abgeschrieben haben und/oder die wirtschaftliche und strategische Ausrichtung geändert haben oder verändern mussten.

In solchen Fällen kommt es regelmäßig vor, dass die Gläubiger bereit sind, ihre Forderungen entweder zu einem bestimmten Preis an die Schuldnergesellschaft selbst, oder, zur Vermeidung von nur buchhalterisch in Erscheinung tretenden Verzichtsgewinnen, an mit der Schuldnergesellschaft verbundene Unternehmen zu veräußern, oft zu einem Preis unter dem Nominalwert; gelegentlich mit Rückbeteiligung am Eigenkapital (*Debt-Equity-Swap*)[127].

Hier bedarf es dringend einer Klarstellung, zumindest einer eindeutigen Verwaltungsverlautbarung, dass insoweit keine umsatzsteuerbaren und umsatzsteuerpflichtigen Leistungen des Schuldnerunternehmens an die Gläubiger i. S. d. EuGH-Rechtsprechung zum sog. Factoring[128] erbracht werden. Hier geht es darum, die Schuldnerunternehmen wirtschaftlich in ihrem Kerngeschäft zu stärken, damit sie mit ihrem bisherigen, ver-

---

127 Dazu oben im Text in Abschnitt IV. 5.

128 EuGH v. 26.6.2003 – Rs. C305/01 – MKG-Kraftfahrzeuge-Factoring GmbH, BStBl. II 2004, 688 = UR 2003, 399 m. Anm. *Wäger* und im Anschluss daran BFH v. 4.9.2003 – V R 34/99, BStBl. II 2004, 667 = UR 2004, 32.

mutlich ohnehin schon reduzierten Leistungsangebot überleben können, nicht um eine Ausweitung der Leistungspalette bis hin zum Factoring.

Bei Übertragung der Grundsätze der EuGH-Rechtsprechung wäre die steuerliche Bemessungsgrundlage nach Abschn. 18 Abs. 12 S. 7 UStR die Differenz zwischen dem im Abtretungszeitpunkt nach Ansicht der Parteien voraussichtlich realisierbaren Teil der dem Erwerber abzutretenden Forderungen (wirtschaftlicher Nennwert) und dem Kaufpreis, abzgl. der in dem Differenzbetrag enthaltenen Umsatzsteuer. Angesichts insoweit jedoch bestehender Unsicherheiten, ist das Risiko einer Umsatzsteuerbelastung von bis zu 19 % × der Differenz zwischen wirtschaftlichem Nennwert und Kaufpreis in solchen Fällen schlicht nicht akzeptabel und muss beseitigt werden.

2.7. Grunderwerbsteuer

Oft erfordern Sanierungsmaßnahmen auch die Umstrukturierung von Gesellschaften innerhalb einer Gruppe. Auch außerhalb von Sanierungsmaßnahmen sind Umstrukturierungen in einer Gruppe oft erforderlich, um einer geänderten wirtschaftlichen Situation angemessen Rechnung zu tragen. Schon seit langem wird daher gefordert, solche gruppeninternen Umstrukturierungen nicht durch Grunderwerbsteuerbelastungen zu behindern. Das Anknüpfen einer solchen Nichtbesteuerung trotz Rechtsträgerwechsel an die im Umwandlungsrecht (und Umwandlungssteuerrecht) schon ertragsteuerlich für förderungswürdig gehaltenen Vorgänge lag nahe. Zumal schon bisher Grundstücksübertragungen zwischen Personengesellschaftern und Gesellschaftern ebenfalls trotz Rechtsträgerwechsel befreit sind. Insbesondere Maßnahmen zum Zwecke der Sanierung dürfen nicht durch Steuerlasten behindert werden.

Mit dem Wachstumsbeschleunigungsgesetz ist durch Einfügung eines neuen § 6 a GrEStG[129] ein begrüßenswerter Schritt in die richtige Richtung unternommen worden. Jedoch besteht angesichts eines gegebenenfalls nur verunglückten Wortlautes bereits jetzt weiterer Regelungsbedarf und sei es auch nur klarstellend im Wege einer Verwaltungsanweisung. Ansonsten hätte man eine Situation geschaffen, in der ausgerechnet die reglungsbedürftigen und an sich unstreitigen Sachverhalte „durchs Raster gefallen" sind[130].

---

129 Einführung einer Konzernklausel in § 6 a GrEStG i. d. F. des Wachstumsbeschleunigungsgesetzes v. 22.12.2009, BGBl. I 2009, 3950 ff.

130 Zu den Schwächen der Vorschrift: *Rödder/Schönfeld*, DStR 2010, 415; *Mensching/Tyarks*, BB 2010, 87; *Neitz/Lange*, Ubg 2010, 17; *Schaflitzl/Stadler*, DB 2010, 185; *Wischott/Schönweiß*, DStR 2009, 2638; *Dettmeier/Geibel*, NWB 2010, 582.

VII. Fazit

Wünschenswert für Krisenzeiten ist ein in sich geschlossenes Sanierungssteuerecht, ähnlich dem Umwandlungssteuerrecht für Sachverhalte in „guten" Zeiten. Ein solches Gesetzesvorhaben wird viel Zeit beanspruchen. Zeit, die viele Unternehmen heute nicht haben.

Deshalb erfolgt der Appell an den Gesetzgeber und die Verwaltung, dringende Sofortmaßnahmen zu treffen. Akuter Handlungsbedarf besteht insbesondere bei sogenannten Verzichtsgewinnen, die Folge von Maßnahmen sind, die vom Gesellschafts-/Insolvenzrecht erzwungen werden. Hier mag u. U. schon eine Klarstellung helfen, vorab durch die Verwaltung. Mit der Einheit der Rechtsordnung ist nicht vereinbar, „Gewinne" ohne wirtschaftliche Vermögensmehrung zu besteuern. In diesem Sinne äußerten sich kürzlich auch die DAV-Ausschüsse Insolvenzrecht und Steuerrecht: *„Ohne einige kurzfristige Änderungen im Steuerrecht drohen die konstruktiven Sanierungselemente der InsO zu verpuffen...* (und) *... eine Vielzahl von an sich gesunden Unternehmen – und damit viele Arbeitsplätze – wegzufallen"*[131].

131 Vorschläge zur steuerrechtlichen Verbesserung der Sanierungschancen von Unternehmen in der Krise, NZG 2010, S. 178.

Steuercontrolling, Tax Compliance und Haftungsvorsorge

Dr. Michael Streck
Rechtsanwalt, Fachanwalt für Steuerrecht, Köln

Inhaltsübersicht

I. Begriff Tax Compliance

1. Compliance

Compliance wird in den gängigen Wörterbüchern[1] mit Einverständnis, Einvernehmen, aber auch Willfährigkeit, Fügsamkeit übersetzt. Das Fachwörterbuch von *Dietl/Lorenz*[2] bringt auch keine weitere Konkreti-

---

1 Vgl. z. B. Duden Oxford Standardwörterbuch Englisch; Langenscheidts „Großes Schulwörterbuch".
2 Wörterbuch für Recht, Wirtschaft und Politik, 5. Aufl., Bd. I 1990.

sierung; hier heißt es einfach „Einhaltung, Befolgung, Erfüllung; Einwilligung". *Hauschka*[3] erläutert in dem von ihm herausgegebenen Buch Corporate Compliance den Begriff wie folgt: „Einhaltung, Befolgung, Übereinstimmung, Einhaltung bestimmter Gebote". Eine eindeutige deutsche Übersetzung gibt es offenbar nicht.[4] Dies erklärt, warum auch im deutschen allgemeinen Sprachgebrauch Compliance stets mit dem englischen Begriff verwandt wird. Gleichwohl muss man verstehen und formulieren können, was der Begriff meint. Wenn man unter Compliance einfach begreift, dass dem Gesetz gefolgt werden muss, ist dies eine Trivialität, eine „Binsenweisheit".[5] Der Begriff drückt mehr aus. Wir möchten uns auf folgenden Inhalt verständigen. Compliance ist einerseits die Gesetzestreue, andererseits aber die im Unternehmen strategisch gewollte und durchgeführte Gesetzesbefolgung mit einem Sicherungssystem, das vor Gesetzesverstößen und ihren Folgen schützen soll. Aus der Selbstverständlichkeit des Gesetzesbefehls wird etwas im Unternehmen nicht nur passiv Akzeptiertes, sondern aktiv und strategisch Abgesichertes. Die Betonung von Compliance als Regelüberwachung[6] stellt uns hingegen das Überwachen und Kontrollieren zu sehr in den Mittelpunkt.

Compliance bringt daher nur partiell etwas Neues. In den Veröffentlichungen zur Compliance liest man Darstellungen verschiedener Rechtsgebiete, über die man sich auch an anderer Stelle unterrichten kann. Dies gilt insbesondere für das gesamte Haftungs- und Schadensersatzrecht. Das angestrebte Ziel ist jedoch ein anderes: Es geht nicht nur um die Information über einen Rechtszustand, sondern um die Folgen von Gesetzesverstößen, dh. um Schadensersatz- und Haftungsansprüche sowie um strafrechtliche Sanktionen. Compliance stülpt das Haftungsrecht um. Bezweckt wird, den Haftungsgrund, den Schadensersatzgrund zu vermeiden.[7] Die Frage ist nicht die klassische Seminaraufgabe, welche Rechtsfolgen hat dieser oder jener Rechtsverstoß; man sieht vielmehr den Rechtsverstoß und seine Folgen als Menetekel am Horizont und trifft strategische und strukturelle Vorkehrungen, diese Folgen zu vermeiden. Compliance ist Haftungsvorsorge.

---

3 *Hauschka* in Hauschka, Corporate Compliance, 2007, § 2 Rz. 2.

4 Der Duden „Das Fremdwörterbuch", 8. Aufl., 2005, kennt den Begriff Compliance im unternehmerischen Bereich nur als Sicherstellung ordnungsgemäßer Bankgeschäfte.

5 *Schneider*, ZIP 2003, 645, 646.

6 Z. B. bei *Kammerer-Galahn*, AnwBl. 2009, 77.

7 Deshalb auch der erläuternde Untertitel des Buchs von *Heuschka*, Corporate Compliance: „Handbuch der Haftungsvermeidung im Unternehmen".

2. Corporate Compliance

So, wie wir den Begriff Compliance erläutert haben, kann er für jedes Rechtssubjekt, für alle natürlichen und juristischen Personen verwandt werden. Auch ein Hochschullehrer oder ein Handwerksmeister kann sich zum Ziel setzen, ein gesetzeskonformes Leben zu führen. Dies kennen wir zwar eher als „gottgefälliges Leben"; es ist aber auch in Bezug auf das Gesetz denkbar. Der Stolz, seit Jahrzehnten Auto zu fahren und weder eine Verwarnung noch ein Bußgeld erhalten zu haben, geht in diese Richtung. Corporate Compliance schränkt den Begriff auf Unternehmen ein. Gemeint sind im unternehmerischen Sprachgebrauch sodann in erster Linie Kapitalgesellschaften. Man kann jedoch auch Personengesellschaften, gewerbliche Einzelunternehmen, freiberufliche Unternehmen[8], die Land- und Forstwirtschaft, Betriebe gewerblicher Art der öffentlichen Hand, Vereine und Stiftungen hierunter begreifen. Es handelt sich um unternehmerische Organisationen, die materielle oder ideelle Zwecke verfolgen und sich bei dieser Zweckverfolgung den Regeln der Compliance stellen. Corporate Compliance heißt sodann nicht, sich dem gesamten Recht im Rahmen der Befolgungsstrategie zu unterwerfen, sondern den Gesetzen und dem Recht, die für das Unternehmen relevant sind. Dass Compliance-Strukturen heute in erster Linie bei großen Aktiengesellschaften zu finden sind, besagt folglich nicht, dass sich Compliance notwendigerweise nur auf große Gesellschaften bezieht. Corporate Compliance wendet sich an alle Unternehmen. Markt-soziologisch hat die Compliance-Philosophie bei den großen Aktiengesellschaften begonnen. Sie wird jedoch Schritt für Schritt von dort in alle Unternehmensbereiche eindringen.

3. Tax Compliance

Tax Compliance fügt sich zunächst begrifflich problemlos in die gegebene Umschreibung von Corporate Compliance ein.[9] Tax Compliance ist ein Unterbegriff zur Corporate Compliance. Tax Compliance bezieht sich auf die Steuerunterworfenheit des Unternehmens, auf alle steuerrechtlichen Gesetze und Verordnungen, die sich an das Unternehmen wenden. Sie sollen – strategisch gesichert – befolgt werden. Haftungs- und Strafrisiken sollen vermieden werden. Tax Compliance meint in erster Linie Steuern. Ich umschließe mit Tax Compliance jedoch auch den Zoll (vgl. § 3 Abs. 3 AO). Ein Unternehmen kann nicht sinnvollerweise die Besteuerung der Tax Compliance unterwerfen, die Einfuhr- und Ausfuhrabgaben, dh. die Grenzabgaben aber außen vor lassen. Tatsächlich war zu beobach-

---

8 Zur Compliance in der Anwaltskanzlei s. *Gottschalk/Klugmann*, AnwBl. 2009, 129.

9 Vgl. hierzu *Streck/Binnewies*, DStR 2009, 229; *Schwedhelm*, AnwBl. 2009, 90.

ten, dass Tax Compliance zunächst geradezu stiefmütterlich behandelt wurde. Die erste Auflage des führenden Werks zur Corporate Compliance von *Hauschka*[10] kennt das Thema Tax Compliance nicht, erst die zweite Auflage wird auch dieses Thema darstellen.[11] Dies hat einmal seinen Grund darin, dass die gesamte Compliance-Behandlung zunächst sehr stark auf die Vermeidung strafrechtlicher Verstöße, insbesondere auf die Abwehr der Korruption, konzentriert war. Erst langsam dehnt sich die Compliance-Philosophie auf alle Gebiete des Rechts aus und erfasst jetzt zunehmend auch das Steuerrecht. Auf der anderen Seite hat das Steuerrecht schon gesetzliche Compliance-Strukturen durch die Pflichten des Abgabenrechts geschaffen, die im Unternehmen zu implementieren sind. Hierzu zählen zB alle Buchführungs- und Aufzeichnungspflichten der Abgabenordnung. Insofern kann man sogar sagen, dass das Steuerrecht substantiell Vorreiter der Compliance-Strukturen ist und dass diese jetzt nur in das allgemeine System Compliance eingefangen und eingebunden werden müssen. Das mag auch der Hintergrund dafür sein, dass Steuerabteilungen relativ resistent im Hinblick auf Compliance-Systeme sind.[12] Hierauf gehe ich weiter unten noch ein.

II. Abgrenzungen

1. Tax Risk Management

Von zentraler Bedeutung ist es, den Begriff Tax Risk Management von dem Begriff Tax Compliance zu trennen. Diese begriffliche Unterscheidung wird häufig nicht durchgeführt. Wir haben den Eindruck, dass man hin und wieder die positive Konnotation des Begriffs Tax Compliance nimmt, um sie auf Tax Risk Management einwirken zu lassen.[13] Tax Risk Management enthält zunächst keinesfalls die Wertentscheidung für Gesetzestreue.[14] Es geht schlicht darum, Steuerrisiken zu vermeiden. „Steuerrisiken (sind) .... solche Unsicherheiten, die bei den verschiedenen Steuerarten zu negativen Auswirkungen für das Unternehmen füh-

10 S. zu I. 1. Auch *Umnuß*, Corporate Compliance Checklisten, 2008, kennt das Thema Tax Compliance nicht.

11 Die Druckfahnen zur Tax Compliance von *Besch/Starck* liegen mir bei Abfassung dieses Beitrags vor.

12 *Montag* schreibt in der FS Schaumburg, 2009, 65, zu den „Entwicklungstendenzen zu der Steuerberatung im Konzern". Tax Compliance wird nur am Rande erwähnt.

13 Z.B. den Internetauftritt von Wp.-Gesellschaften wie PWC oder Ernst & Young.

14 *Schwedhelm*, AnwBl. 2009, 90; *Streck/Binnewies*, DStR 2009, 229.

ren können".[15] Dies ist ein neutrales Ziel. Gesetzesmäßige Steuererhebung kann dem Tax Risk Management widersprechen.[16] Um dies auf die Spitze und auf den Punkt zu bringen: Wer eine (missbräuchliche) Stiftung in Liechtenstein gründet, um sein Vermögen dort verwalten zu lassen, kann, ohne in Übereinstimmung mit Tax Compliance zu stehen, gleichwohl an ein Tax Risk Management den Anspruch erheben, dass die Missbräuchlichkeit nicht entdeckt wird. Jeder Steuerhinterzieher bedient sich des Tax Risk Managements, wenn er alles unternimmt, dass seine Hinterziehung nicht entdeckt wird. Dass dies nichts mit Compliance zu tun hat, versteht sich.

2. Steuercontrolling

Steuercontrolling ist Teil von Controlling. Controlling umfasst die Regeln eines Unternehmens zur Zielsetzung, Koordinierung des Führungssystems, Informationsbeschaffung, Rationalitätssicherung und Evaluierung. Diese Umschreibung[17] – eine eindeutige Definition ist nicht möglich – macht deutlich, dass Controlling und Steuercontrolling im Hinblick auf rechtliche Kategorien wertneutrale Begriffe sind. Sie sind dem Tax Risk Management (2. a.) vergleichbar. Auch mafiose Unternehmen kennen ein oft sehr strenges und ausgefeiltes Controlling-System.

3. Unternehmenskultur

Compliance ist nicht identisch mit Unternehmenskultur. Unternehmenskultur ist ein nicht fest konturierter Begriff. „Die Unternehmenskultur ....kann umschrieben werden als die Gesamtheit der in der Unternehmung bewusst oder unbewusst kultivierten, symbolisch oder sprachlich tradierten Wertüberzeugungen, Denkmuster und Verhaltensnormen, die sich im Laufe des erfahrungsreichen Umgangs mit den Anforderungen der unternehmerischen Existenz- und Erfolgssicherung nach außen sowie der Sozialintegration nach innen entwickelt und bewährt haben und die deshalb den Unternehmensangehörigen als gültige Formen des Wahrnehmens, Denkens, Urteilens, Sprechens und Ver-

---

15 *Röthlisberger/Zitter*, Tax Risk Management, Der Schweizer Treuhänder, 2005, 295, 296 ff.

16 Allerdings klare Abgrenzung zur Steuerrechtswidrigkeit bei *Röthlisberger/Zitter*, Tax Risk Management, Der Schweizer Treuhänder, 2005, 295.

17 Vgl. *Weber* in Handwörterbuch Unternehmensführung und Organisation, 4. Aufl., 2004, zum Stichwort Controlling. Zum Steuercontrolling s. auch *Schiffers*, Steuerliches Informationssystem und Steuercontrolling als notwendige Voraussetzung für die Erfüllung der Aufgaben in der Steuerkanzlei, FS Klaus Korn, 2005, 19.

haltens vermittelt werden....“[18] oder kürzer: „Unternehmenskultur, die von den Mitgliedern einer Organisation hinsichtlich deren Zweck gemeinsam getragenen Grundüberzeugung, Werte und Einstellung“.[19] Corporate Compliance ist, wenn man die Unternehmenskultur so versteht, ein Unterbegriff zu Unternehmenskultur. Denn eine Grundentscheidung der Unternehmenskultur ist in diesem Fall, Gesetzestreue zu zeigen und diese abzusichern.

4. Unternehmensentscheidung

Compliance ist nicht identisch mit Unternehmensentscheidungen. Unternehmensentscheidungen sind die Maßnahmen und Entscheidungen der Geschäftsleitung, den Unternehmenszweck zu verfolgen. Es handelt sich nicht um eine rechtliche Kategorie, sondern um eine Kategorie der Führung des Unternehmens, insoweit dem Controlling entsprechend (siehe unter II. 2.). Unternehmensentscheidungen führen zur Corporate Compliance, sie wirken darauf hin. Hat man sich zur Compliance entschieden, wirken ihre Regeln wieder zurück auf die Unternehmensentscheidungen, die nun dem selbstgesetzten Gebot der Gesetzestreue folgen müssen.

5. Corporate Governance Kodex

Corporate Compliance ist abzugrenzen zum Corporate Governance Kodex. Dieser enthält Regeln in Form von Empfehlungen, denen Vorstand und Aufsichtsrat, insbesondere börsennotierter Aktiengesellschaften, folgen sollen. § 161 AktG lautet: „Vorstand und Aufsichtsrat der börsennotierten Gesellschaft erklären jährlich, dass den vom Bundesministerium der Justiz im amtlichen Teil des elektronischen Bundesanzeigers bekanntgemachten Empfehlungen der „Regierungskommission Deutscher Governance Kodex“ entsprochen wurde oder wird und welche Empfehlungen nicht angewendet wurden oder werden...“ Corporate Governance ist ein Regelwerk für die Unternehmensleitung. Über die Erklärungs-

---

18 *Ulrich,* Unternehmenskultur, Handwörterbuch der Betriebswirtschaft, 5. Aufl., 1993. Etwas anders die Definition in der 6. Aufl. des zitierten Handwörterbuchs, 2007, von *Scholz,* „Unternehmenskultur“,...als unternehmensbezogener Ausdruck für das allgemeine Konstrukt „Organisationskultur“ ist das implizite Bewusstsein eines Unternehmens, das sich aus dem Verhalten der Organisationsmitglieder ergibt und das über akzeptierte Normen sowie internalisierte Werte dieses Verhalten beeinflusst...“. Diese Definition ist mir zu abstrakt. Zur historischen Entwicklung weist *Scholz* darauf hin, dass sich die Betriebswirtschaft erst ab den 1980er Jahren mit dem Begriff und der Wirksamkeit der Unternehmenskultur befasst.

19 Vgl. Brockhaus, 21. Aufl., 2006, zum Stichwort: „Organisationskultur, Unternehmenskultur“.

pflicht gem. § 161 AktG entfaltet es für börsennotierte Gesellschaften Außenwirkung. Selbstverständlich kann sich auch jede Leitung einer GmbH, eines Vereins, eines Verbands ähnlichen Regeln unterwerfen.

Der Anwendungsbereich von Corporate Governance ist enger als der der Compliance. Letztere betrifft das Bewusstsein und den Geist das Wertesystem des gesamten Unternehmens, aller Führungsorgane und aller Mitarbeiter. Corporate Governance ist für die „Regulierer", Compliance ist für die „Regulierten". Diese vereinfachte Unterscheidung ist einprägsam, aber nicht ganz zutreffend. Denn hat sich das Unternehmen für Compliance entschieden, gilt dies auch für die Regulierer. Umgekehrt kann der Kodex der Corporate Governance die Anweisung für die Compliance enthalten. In Tz. 4.1.3. des Deutschen Corporate Governance Kodex aus 2007[20] ist formuliert: „Der Vorstand hat für die Einhaltung der gesetzlichen Bestimmungen und der unternehmensinternen Richtlinien zu sorgen und wirkt auf deren Beachtung durch die Konzernunternehmen hin (Compliance)". Eine ähnliche Pflicht trifft in Tz. 5.3.2. den Aufsichtsrat. Richtig ist wohl auch, wenn *Hauschka*[21] darauf hinweist, dass die Einhaltung der Corporate Governance auch den Anteilseigner, den Aktionär, den Kapitalinvestor im Auge hat. Ihm gegenüber soll dokumentiert werden, dass bestimmte Regeln eingehalten wurden.[22] Folglich erzeugt die Erklärung zum Kodex einen starken Vertrauensschutz der Aktionäre.[23] Compliance schafft ein internes Wertesystem im Unternehmen, dessen Sinn auch dann erfüllt ist, wenn es weder interessierte Gesellschafter noch interessierte Investoren gibt.

6. Corporate Responsibility

Corporate Responsibility ist kein Ausdruck der Gesetzestreue, sondern ein positives Bekenntnis, Teil einer Gesellschaft und Gesellschaftsordnung zu sein. „Das gesellschaftliche Engagement von Unternehmen hat als Mäzenatentum eine lange Tradition. Eine neuere Erscheinung ist Corporate Responsibility, also die soziale Verantwortung als zentraler Baustein der Unternehmenspolitik. Sie wird im Zeitalter der Globalisierung

20 Veröffentlicht z. B. in *Hüffer*, AktG, 8. Aufl., 2008, § 161 Rz. 9.

21 *Hauschka* in Hauschka, Corporate Compliance, 2007, Rz. 2.

22 Vgl. den Beginn der Präambel des Deutschen Corporate Governance Kodex: „Der vorliegende Deutsche Corporate Governance Kodex stellt (...) wesentliche gesetzliche Vorschriften zur Leitung und Überwachung deutscher börsennotierter Gesellschaften (Unternehmensführung) dar und enthält international und national anerkannte Standards guter und verantwortungsvoller Unternehmensführung. ...Er will das Vertrauen der internationalen und nationalen Anleger, der Kunden, der Mitarbeiter und der Öffentlichkeit in die Leitung und Überwachung deutscher börsennotierter Gesellschaften fördern."

23 Vgl. hierzu OLG München, Urt. v. 6.8.2009 – 7 U 5628/07, AG 2008, 294.

immer wichtiger. Weil der Staat auf den weltweiten Märkten an Regelungskraft verliert, wächst den Unternehmen mehr Verantwortung für ihr Handeln zu. Nur wenn sie diese Verantwortung engagiert wahrnehmen, kann unsere Wirtschaftsordnung die hohe Zustimmung, die sie in der Bevölkerung genießt, auf Dauer wahren." So die Einleitung aus einem Grußwort der Bundesministerin der Justiz *Brigitte Zypries* in dem jüngst erschienenen Buch „Corporate Responsibility 2008".[24] Corporate Responsibility wird auch durch die „Triple Bottom Line" gekennzeichnet, dh. die Verantwortung für people, planet und profit, wobei der letzte Begriff die Antikorruptionsanstrengungen und die Spendenfreudigkeit meint.[25] Diese Umschreibungen machen zugleich deutlich, dass Corporate Compliance und Corporate Responsibility Schnittmengen haben mögen, im Übrigen aber deutlich zu trennen sind.

III. Tax Compliance aus der Sicht der Finanzverwaltung

Der Begriff Tax Compliance, wie ich ihn verstehe und wie er Teil des allgemeinen Begriffs Compliance ist, muss abgegrenzt werden von dem Begriff Tax Compliance, wie ihn die Finanzverwaltung heute versteht (wobei wir uns insoweit nur auf die vorliegenden Veröffentlichung stützen können) und wohl aus dem Ausland übernommen hat.[26] Tax Compliance steht schlicht für die Einhaltung und Erfüllung steuerlicher Pflichten.[27] Ziel von Tax Compliance-Strategien soll es sein, den Steuerpflichtigen zu einer verbesserten Einhaltung der Steuergesetze zu motivieren.[28] „Der englische Begriff „Tax Compliance" bezeichnet die Bereitschaft von Bürgern, geltende Steuergesetze freiwillig zu achten und steuerlichen Pflichten korrekt nachzukommen".[29] Folgt man dem, will Tax Compliance nichts anderes sagen, als dass sich jeder Steuerpflichtige das Ziel steuerlicher Gesetzestreue geben soll. Die Finanzverwaltung geht nicht davon aus, dass Steuerbürger freiwillig aufgrund eines Aktes

24 Hrsg. ACC Verlag & Servos GmbH und FAZ-Institut für Management-, Markt- und Medieninformations-GmbH, 2008.

25 Vgl. *Spießhofer*, AnwBl. 2009, 94.

26 Nach Wikipedia – Stichwort Tax Compliance, Stand 18.11.2008 – wird die „finanzrechtliche" Tax Compliance erfolgreich in den Niederlanden, in Großbritannien, Kanada und Australien angewandt.

27 Vgl. hierzu auch *Schwedhelm*, AnwBl. 2009, 90; *Streck/Binnewies*, DStR 2009, 229.

28 *Seer*, StuW 2003, 40, 52; *ders.*, FR 2004, 1037, 104; *ders.*, DStJG, Bd. 31 (2008), 7, 29.

29 „Tax Compliance – Ein ganzheitlicher Ansatz für die Modernisierung des Steuervollzugs", Gastbeitrag von *Schmarbeck*, Kienbaum Management Consultants, S. 57 – in dem Monatsbericht 12./2002 des Bundesministerium der Finanzen.

der Reflexion zu dem Ergebnis kommen, Steuerehrlichkeit und Erfüllung steuerlicher Pflichten zum Teil des bürgerlichen Lebens zu machen. Folglich diene Tax Compliance dazu, „....den Steuerpflichtigen zu einer verbesserten Einhaltung der Steuergesetze zu motivieren, den Kontrollbedarf im Einzelfall dadurch nachhaltig zu senken und zur Steigerung der Effektivität des Gesetzesvollzugs beizutragen".[30] Die Ziele dieser finanzamtlichen Tax Compliance werden wie folgt auf den Punkt gebracht:[31]

- „Gewährleistung der vollständigen, richtigen und zeitnahen Erhebung der Steuern.
- Optimierung des Dienstleistungsangebots für die Bürgerinnen und Bürger,
- Erhöhung der Mitarbeiterzufriedenheit und Stärkung der Führungskompetenz sowie
- Erhöhung der Effektivität und Wirtschaftlichkeit der Aufgabenerfüllung".

Damit bekommt Tax Compliance eine Schlagseite, die ich ihr keinesfalls geben will. Der Gesetzesvollzug soll so sein, dass die Finanzverwaltung effektiver arbeiten kann, dass sie weniger prüfen muss. Tax Compliance ist nicht mehr Unterbegriff zu Compliance, sondern ein Begriff mit eigenständigem Inhalt, der neben den Begriff Compliance tritt.

Tax Compliance greift damit nur auf einen Ausschnitt des Steuerrechts zurück, nämlich das Recht, das dem Fiskalzweck nutzt. Dies ist aber nicht alleiniger Inhalt der Steuergesetze. Steuergesetze sind zu befolgen, und zwar so, wie der Gesetzgeber sie geschaffen hat, also mit all ihren Spielräumen und Auslegungsschwierigkeiten. Tax Compliance kann sich folglich auch in der Ausnutzung von Gesetzeslücken widerspiegeln. Die Abgabenordnung hat den Zweck, sicherzustellen, dass Steuern erhoben werden. Der Steuerpflichtige hat Mitwirkungspflichten zu erfüllen, aber nur insoweit, als diese gesetzlich normiert sind. Es gibt keine allgemeine Steuerpflicht, alles zu unternehmen, um der Finanzverwaltung die Arbeit leicht zu machen. Im Gegenteil: Es kann ein probates und mit Tax Compliance vereinbares Mittel sein, dem Handeln der Finanzverwaltung „arbeitsintensive Steine" in den Weg zu legen, um die eigene Auffassung durchzusetzen. Einspruchsverfahren, finanzgerichtliche Klagen, die Anwendung sonstiger Rechtsbehelfe werden durch Tax Compliance keinesfalls gehindert. Sie können in vielen Fällen durch Tax Compliance geradezu geboten sein.

---

30 *Nagel/Walza*, DStZ 2008, 321, 323; ähnlich *Schmidt*, DStJG, Bd. 31 (2008), 37, 41; *Seer* in Gestaltung und Abwehr im Steuerrecht, FS Klaus Korn, 2005, 707, 719.

31 *Schmarbeck*, Kienbaum Management Consultants, 63.

IV. Implementierung der Tax Compliance in die Corporate Compliance Organisation

Da Tax Compliance ein Unterbegriff von Corporate Compliance ist, hat dies unmittelbare Auswirkung auf die Implementierung von Tax Compliance im Unternehmen. Die allgemeine Compliance Organisation muss der Tax Compliance Raum geben und den ihr notwendigen Stellenwert. Tax Compliance muss in das Regelwerk der Corporate Compliance eingearbeitet werden. Verhaltenskodizes, Mission Statements, Darstellungen der Gesetzeslage, Anweisungen, Hilfestellungen für Mitarbeiter müssen sich auch auf Tax Compliance beziehen. Das gleiche gilt für Schulungen, Beratungsangebote und Regeln zur Überwachung der Compliance-Vorgaben.Sind Compliance-Beauftragte, Compliance Officer installiert, muss sich deren Zuständigkeit auch auf die Tax Compliance beziehen. Es kann nicht angehen, dass es in der Steuerabteilung einen Tax Compliance Officer gibt, der neben dem allgemeinen Compliance Officer agiert. Hier muss es ein festgeschriebenes System der Informationen und der Hierarchie geben. Dass dies bei der bekanntermaßen selbständigen Stellung der Steuerabteilungen[32] nicht schmerzfrei durchgeführt werden kann, kann erwartet werden. Verfügt das Unternehmen über die Einrichtung eines Ombudsmanns, sei dieser intern oder als selbständiger Dritter (z.B. Anwalt) eingerichtet, so müssen sich Mitarbeiter an ihn auch in Steuerfragen wenden können. Telefonische Hotlines, E-Mail-Systeme, die den Mitarbeitern zur Verfügung stehen, Whistleblowing-Systeme, um auf Fehlentwicklungen und Rechtswidrigkeiten hinzuweisen, müssen auch für Steuermissstände zur Verfügung stehen. Auf diese Möglichkeit müssen alle Mitarbeiter hingewiesen werden. Dass dies ein besonders brisanter Bereich sein kann, wird jedem einleuchten. Soweit Dritte, Kunden, Lieferanten, andere Subunternehmer auf Compliance-Strukturen und Compliance-Anforderungen ausdrücklich hingewiesen werden, müssen sich diese Hinweise auch auf die Vorgaben im Bereich Tax Compliance beziehen.

V. Pflicht zur Einrichtung eines Compliance- und Tax Compliance-Systems

In der Literatur wird diskutiert, ob die Unternehmen verpflichtet seien, Compliance-Systeme zu errichten.[33] Dass die Unternehmen gesetzlichen Vorgaben und gesetzlichen Pflichten nachkommen müssen, versteht

---

32 S. unten.

33 Für eine Pflicht *Schneider*, ZIP 2003, 645, 648; *Schneider/Schneider*, ZIP 2007, 2061. Dagegen *Hauschka*, ZIP 2004, 877; *ders.* in Hauschka, Corporate Compliance, 2007, § 1 Rz. 23.

sich. Gefragt wird, ob darüber hinaus die Unternehmen gehalten sind, besondere organisatorische Vorkehrungen für die Rechtsbefolgung zu treffen. Dies ist abzulehnen. Es ist schon merkwürdig, anzunehmen, dass es in einer Metaebene oberhalb des Rechts noch einmal ein Pflichtensystem gibt, das verpflichtet, Recht anzuwenden und dafür zu sorgen, dass Recht angewandt wird. Die Einrichtung eines solchen Systems ist „freiwillig". Sie folgt, wie oben dargelegt, aus Entscheidungen der Unternehmenskultur.Was für die allgemeine Compliance gilt, gilt erst recht für die Tax Compliance. Es gibt keine Pflicht oberhalb der Abgabenordnung, die gewissermaßen ungeschrieben (und nach der Phantasie der Finanzverwaltung) den Unternehmen vorschreibt, Organisationen und Strukturen zu schaffen, um bestmöglich Steuerpflichten zu erfüllen. Unsere Überlegungen zur Compliance gelten hier geradezu „erst recht". Denn der Gesetzgeber der Abgabenordnung ist bis heute unermüdlich, Gebote und Pflichten zu erfinden, um die Unternehmen anzuhalten, Steuergesetze zu erfüllen. Hierzu zählen u. a. die Haftungsvorschriften der §§ 69 ff. AO, § 87 a AO zur Elektronischen Kommunikation, § 90 AO zu den Mitwirkungspflichten, §§ 134–136 AO zur Personenstands- und Betriebsaufnahme, §§ 139 a – 139 d AO zu Identifikationsmerkmalen, §§ 140–148 AO zur Führung von Büchern und Aufzeichnungen, §§ 193–203 AO zur Betriebsprüfung und § 208 AO über die Steuerfahndung. Der Steuerpflichtige ist nicht gehalten, Lücken, die er in Steuergesetzen entdeckt, selbständig zugunsten des Fiskus normativ auszufüllen.

VI. Zur Organisation der Tax Compliance

1. Compliance-Funktion und Organisation

Compliance ist die Implementierung eines Systems der Rechtsbefolgung, außerdem die Pflege dieses Systems. Daneben – und in der Organisation zu trennen – gibt es die Ermittlung und Aufspürung von Rechtsverstößen und deren Sanktionierung.

Die Implementierung und Pflege eines Compliance-Systems wird in der Regel nicht ausgelagert. In der Unternehmenswirklichkeit gibt es Compliance-Abteilungen, die direkt unterhalb der Leitungsebene (Vorstand, Geschäftsführung) angesiedelt sind. Es gibt Compliance-Abteilungen, die Teil der Rechtsabteilung sind. Möglich ist auch, die „Abteilung Compliance" als Teil der Revision oder des Controlling zu begreifen. Die Aufstellung und Einordnung der Compliance-Abteilung ist stets zugleich ein Signal für den Wert von Compliance, den das Unternehmen dieser Funktion beimisst. Der Wert wird durch eine eigene Compliance-Abteilung in besonderer Weise unterstrichen. Ist sie Unterabteilung der Rechtsabteilung oder der internen Revision, bedeutet dies eine hierarchische Abstufung. Die interne Revision ist regelmäßig (auch) für interne Rechtsverstöße zuständig, damit auch für Verletzungstatbestände des Compliance-Systems.[34] Die Compliance-Implementierung und -Pflege der internen Revision zuzuordnen, bedeutet nichts anderes, als die tatsächliche Rangordnung auf den Kopf zu stellen. Denn zunächst geht es um Compliance, erst anschließend um die Verfolgung der Verstöße. Wer die Verfolgung der Verstöße in den Mittelpunkt stellt, ohne der vorrangigen Compliance ihren richtigen Stellenwert zu geben, signalisiert, dass ihm die Grundidee von Compliance kein Anliegen ist.

Wenn wir schreiben, dass Compliance-Abteilungen regelmäßig nicht ausgelagert werden, so könnte dem das Ombudsmann-System entgegengehalten werden, das durchaus Formen kennt, in denen der Ombudsmann nicht Mitarbeiter des Unternehmens, sondern z.B. ein außenstehender Rechtsanwalt ist. Das Ombudsmann-System ist jedoch eigentlich nicht notwendiger Bestandteil einer Compliance-Implementierung. Das Ombudsmann-System dient der Aufspürung von Mängeln im System. Dies kann auch sinnvoll sein, wenn niemand im Unternehmen etwas von Compliance weiß oder versteht. Es geht einfach darum, den Mitarbeitern ein System anzubieten, in dem sie anonymisiert Fehler und Mängel der Geschäftsleitung mitteilen können. Dies kann über interne E-Mail-Systeme, dies kann über einen internen Ombudsmann, aber auch über externe Ombudsmänner geschehen.

2. Die Steuerabteilung

Regelmäßig ist die Steuerabteilung in den Unternehmen unmittelbar unterhalb des Vorstands oder der Geschäftsführung angesiedelt.[35] In dem Rangverhältnis der einzelnen organisatorischen Zuständigkeiten untereinander hat die Steuerabteilung regelmäßig eine starke Stellung.[36] Oft, wenn nicht in der Regel, ist sie bestimmender als die Rechtsabteilung. Sie gilt oft als die dynamische, aktive Abteilung, während die Rechtsabteilung eher eine „warnend", mit Vorsicht arbeitende Abteilung ist. (Hier soll allerdings dahingestellt bleiben, ob dies Urteil oder Vorurteile sind). Die mehr oder weniger abstrakte Überlegung, die Funktion der Steuerabteilung aufzusplitten und in den einzelnen Abteilungen nach

34 Vgl. *Dann*, AnwBl. 2009, 84, der sich im Übrigen mit dem Unternehmenssyndikus im Rahmen interner Untersuchungen befasst.
35 Zur Steuerabteilung s. *Montag*, Entwicklungstendenzen der Steuerberatung im Konzern, FS Schaumburg, 2009, 65.
36 Dies wird deutlich durch den Beitrag von *Montag* bestätigt.

Sachzuständigkeiten zu verlagern, ist weder vernünftig noch lässt sie sich wahrscheinlich faktisch durchsetzen.[37]

Tax Compliance ist ein Unterbegriff und Untersachverhalt von Compliance.[38] Daher gehört Tax Compliance der Compliance-Abteilung zugeordnet. Ich habe darauf hingewiesen, dass die Finanzverwaltung einen eigenständigen „Tax Compliance"-Begriff kennt (s. oben III.), so dass auch im Unternehmen daran gedacht werden kann, Tax Compliance aus der Compliance-Abteilung zu lösen und als etwas Eigenständiges zu betrachten. In diesem Fall gehörte sie in die Steuerabteilung inkorporiert.[39] Wahrscheinlich würde dies dem Selbstverständnis der Steuerabteilung entsprechen, die sich in der Regel nur widerwillig rechtlichen Vorgaben die Steuern betreffend von außen vorgeben lässt. Ist hingegen das Thema Tax Compliance Teil der Zuständigkeit der allgemeinen Compliance-Implementierung und -Pflege, wird es notwendig zu einem Spannungsverhältnis zwischen Compliance und Steuerabteilung kommen. Derartige Spannungen müssen nicht schädlich, sie können auch förderlich sein, weil Compliance an der Stärke der Steuerabteilung wachsen und weil die Steuerabteilung in dem Wettbewerb mit Compliance befruchtet werden kann. So wird steuerrechtliches Denken sehr von wertneutraler Steueroptimierung bestimmt; die Sensibilität dafür, dass auch Steuerrecht Recht ist und rechtlicher Wertung zugänglich, kann durch Compliance gefördert werden.

3. Steuerabteilung und Ombudsmann-System

Ist im Unternehmen ein System für Hinweise von Mitarbeitern über Fehlverhalten eingerichtet, muss entschieden werden, ob dieses System auch für steuerliches Fehlverhalten gilt. Dies gilt sowohl für die rein internen Systeme „whistleblowing" als auch für einen ausgelagerten Ombudsmann. Da der einzelne Mitarbeiter bei einem festgestellten Rechtsverstoß kaum beurteilen kann, ob dies steuerrechtlich relevant ist oder nicht, kann hier die Antwort nur lauten, dass das Hinweis- und Ombudsmann-System auch für Steuerverstöße gilt.

Wird ein solcher Hinweis steuerrechtlich als erheblich angesehen, muss entschieden werden, wie mit diesem Hinweis umzugehen ist. Ist er Teil der allgemeinen Überprüfung relevanter Verstöße und Teil der allgemei-

---

37 *Montag*, Entwicklungstendenzen der Steuerberatung im Konzern, FS Schaumburg, 2009, 74 ff.

38 S. oben I. 3.

39 Was nicht hindert, dass *Montag* (Fn. 35) die Bedeutung der Compliance und Tax Compliance für die Steuerabteilung stiefmütterlich behandelt, beide Begriffe kommen nur am Rande vor.

nen Sanktionsmöglichkeiten oder soll es bei steuerlich erheblichen Hinweisen einen besonderen „Kanal" geben, in dem den Hinweisen nachgegangen wird? Letzteres kann dem „Wert", wonach Steuerdaten eine höhere Vertraulichkeitsstufe haben, durchaus entsprechen.

4. Outsourcing der Steuerberatung und Tax Compliance

Compliance und Tax Compliance werden, wie ausgeführt, selten ausgelagert (sieht man von dem Ombudsmann-System ab). Compliance ist die ureigene Sache des Unternehmens. Aber mit Compliance und Tax Compliance kann die Auslagerung der Rechts- und Steuerberatung auf Dritte in Übereinstimmung stehen.

Extern kann die laufende Steuerberatung in der Hand von Steuerberatern, Wirtschaftsprüfern, Anwälten und den insoweit zulässigen Freiberufler-Gesellschaften liegen. In einem Compliance-System muss entschieden werden, ob und wann externe Berater insoweit beauftragt und überprüft werden. Die Vertragsbeziehungen unterliegen der Compliance-Kontrolle, insbesondere auch möglichen Haftungsbeschränkungen und -ausschlüssen. Es ist sicherlich ein Compliance-Verstoß, wenn sich Unternehmen der eigenen Verantwortung in der Erfüllung steuerlicher Pflichten durch Einschaltung anderer Unternehmen entziehen und mit diesen dann unangemessene Haftungsbeschränkungen und -freistellungen vereinbaren.

Die Beauftragung außenstehender Berater umfasst nach den Regeln der Compliance den Transfer des im Unternehmen implantierten Wertesystems auf die externen Berater. Diese müssen wissen, welchen Rang die Rechtsbefolgung im Unternehmen hat.

Werden derartige Steuerberatungsaufgaben ausgelagert, muss im Unternehmen geklärt werden, in welcher Hand die Verantwortung für die externen Berater liegt. Wer ist zuständig? Wer gibt die Weisungen des Mandanten? Auf der anderen Seite: Wem gegenüber ist der externe Berater berichtspflichtig?

Soweit die Beratung in der Hand von Wirtschaftsprüfern und Wirtschaftsprüfungsgesellschaften liegt, ist nicht die wirtschaftsprüfende Pflichtprüfung gemeint. Diese begreife ich nicht notwendig als Teil von Tax Compliance, sondern sie ist Teil der Erfüllung gesellschaftsrechtlicher Verpflichtungen (und damit der Compliance im Übrigen).

Dem Compliance-System muss auch die Beauftragung von Rechtsanwälten unterworfen sein. Unter dem Thema „Tax Compliance" geht es in erster Linie um die Beauftragung von Anwälten in Steuerstreitigkeiten, Steuerstrafverfahren und Steuerfahndungsverfahren, d.h. regelmäßig in Einzelfällen. Insbesondere Untersuchungen über Pflichtverletzungen und Regelverstöße können mit guten Gründen externen Beratern – Anwälte – in die Hand gelegt werden.[40] Sollen auch steuerliche Ermittlungsbehörden auf solche Ermittlungen zurückgreifen können, so bedarf es Geduld, Vertrauen und flankierender Maßnahmen, um wechselseitige Barrieren abzubauen.[41]

Es muss Regeln geben, nach welchen Kriterien Anwaltspraxen mandatiert werden. Die Kompetenz der Anwaltskanzlei, sei sie klein (Boutique), sei sie groß (internationale Sozietät), muss eigentlich alleine ausschlaggebend sein. Die Erfahrung, dass namhafte und große Anwaltskanzleien auch aus dem Grund mandatiert werden, um dem Leiter der Steuerabteilung (oder Rechtsabteilung) die Sicherheit zu geben, dass man ihm keinen Vorwurf macht, widerspricht dem Compliance-Gedanken. Denn hier bestimmt die Enthaftung des Auftraggebenden das Mandat, nicht die Qualität des Anwaltsprodukts.

Geregelt werden muss die Definition des Mandats und die (anwaltliche) Akzeptanz der Compliance-Werte. Notwendig ist die genaue Festlegung des Honorars, die Frage, wer dem Anwalt Anweisungen zu geben hat und wem gegenüber der Anwalt berichtspflichtig ist. Geht es um Tochtergesellschaften oder um Mitarbeiter, deren Interesse der Anwalt vertreten muss, so muss im Mandat definiert werden, wer Mandant ist, wem gegenüber das anwaltliche Mandat besteht. Denn nur so können die Fragen beantwortet werden, wem gegenüber der Anwalt auskunftspflichtig ist und in welchen Situationen ihm ein Auskunftsverweigerungsrecht und das Beschlagnahmeprivileg zusteht.

5. Das Verhältnis von Wirtschaftsprüfern, Steuerberatern und Rechtsanwälten untereinander

Die Mandatsbeziehungen zwischen dem Unternehmen, dem Auftraggeber einerseits und dem Wirtschaftsprüfer, Steuerberater und Rechtsanwalt andererseits sind grundsätzlich einzeln, d. h. jede für sich zu beurteilen. Herkommend aus den USA sind inzwischen Wirtschaftsprüfungsgesellschaften dazu übergegangen, Mitberater zu veranlassen, ihnen gegenüber Enthaftungs- oder Haftungsübernahmeerklärungen abzugeben sowie eigenständige Verschwiegenheitspflichten einzugehen. Es sind merkwürdige Konstellationen. Die Wirtschaftsprüfungsgesellschaft soll nur noch unter ausführlich formulierten Bedingungen berechtigt sein, dem Anwalt bestimmte Informationen zu geben. Eigentlich sollte man glauben, dass der Mandant den Wirtschaftsprüfer anweisen kann, dem

40 *Dann*, AnwBl. 2009, 84, 86.

41 Vgl. hierzu den Bericht über eine Tagung in Frankfurt über die Ermittlung amerikanischer Anwälte bei Siemens und ihre Kooperation mit der Staatsanwaltschaft; FAZ v. 1.7.2009, S. 21.

Anwalt selbstermittelte Informationen zu geben. So aber sehen das die Wirtschaftsprüfungsgesellschaften nicht. Der Mandant begibt sich eines Teils seines Weisungsrechts und legt es in die Hand von vertraglichen Verpflichtungen zwischen der Wirtschaftsprüfungsgesellschaft und den Mitberatern. Der Mitberater, z. B. der Anwalt, kann kaum noch übersehen, wem gegenüber er verpflichtet ist. Ich kenne derartige Verpflichtungserklärungen, in denen – absurderweise – der Anwalt nicht einmal seinen Sozien Auskunft geben darf. Im Grunde wird in solchen Fällen dem Mandant das Mandat aus der Hand genommen und der Mitberater durch die Wirtschaftsprüfungsgesellschaft geleitet, gelenkt und gegängelt. Gerade in Verfahren, in denen das anwaltliche Know-how und die anwaltliche Strategie im Mittelpunkt stehen, z. B. bei Steuerfahndungsverfahren, warne ich davor, derartige „Querverpflichtungen" einzugehen.

6. Outsourcing an Sonstige

In vielfältiger Weise können im steuerlichen Bereich auch andere Personen beauftragt werden. Zu denken ist an Professoren, Unternehmensberater, Gutachter für Mobilien- und Immobilienwerte, Gutachter zur Ermittlung von Firmenwerten, IT-Berater.

Dass es für diese Personen keine primären Berufspflichten gibt, kommt der vertraglichen Beziehung – und dem Transfer von Compliance-Werten – besondere Bedeutung zu. Auch hier ist die Frage zu beantworten, wer von Seiten des Auftraggebers anweisungsberechtigt, wem gegenüber Auskunft zu erteilen ist. Zu bedenken ist, dass diese Personen keine gesetzliche Verschwiegenheitspflicht haben. Diese ist als vertragliche Pflicht in den Auftragsverträgen genau zu umschreiben. Professoren sind zu verpflichten, etwaige Veröffentlichungen nur mit Genehmigung des Auftraggebers durchzuführen. Dies gilt nicht nur für die unmittelbare Veröffentlichung, sondern auch für die anonymisierte.

VII. Grundsätze der Tax Compliance

1. Wertentscheidung zur Anwendung von Steuergesetzen

Jede Compliance-Philosophie beginnt mit der Grundsatzentscheidung, Recht und Gesetz zu befolgen. Das Gleiche gilt für Tax Compliance. Das Unternehmen fällt die grundsätzliche Wertentscheidung, wenn es auch schwer fällt, Steuerpflichten zu erfüllen, und zwar ohne Ausnahme. Hier darf es keine Halbherzigkeiten etwa nach dem Motto geben, regelmäßig erfüllen wir Steuerpflichten, aber Ausnahmen bestätigen die Regel.

Dies heißt nicht, dass Steuergesetze im rechtlich möglichen Rahmen zu eigenen Gunsten ausgelegt werden können. Dies heißt auch nicht, dass man gehalten sei, auf Rechtsbehelfe zu verzichten. Dies heißt auch nicht, dass ein besonderer Frieden mit der Finanzverwaltung, ein besonders gutes Klima zu suchen und aufrechtzuerhalten ist. An dem guten Klima kann ein Unternehmen nur dann interessiert sein, wenn es zum eigenen Steuervorteil sinnvoll ist.

2. Steueroptimierung

Mit der Steueroptimierung habe ich mich im Zusammenhang mit dem Tax Risk Management befasst.[42] Dort wurde der Begriff insofern zu Tax Compliance abgegrenzt, als er ohne Wertinhalt verstanden werden könnte. Inkorporiert man ihn jedoch in den Begriff der Tax Compliance, so gehört er in der Tat an eine zentrale Stelle.

Die Interessenverteilung bei der Steuererhebung ist bemerkenswert eindeutig. Der Fiskus will so viel Geld wie möglich, der Steuerpflichtige möchte so wenig wie möglich zahlen. Dieser Interessenwiderspruch ist Teil der Steuererhebung. Folglich ist er bei der Anwendung der Steuergesetze zu berücksichtigen. Und es ist das „gute Recht" des Steuerunterworfenen, alles zu unternehmen, um in „Gehorsam" gegenüber den Steuergesetzen gleichwohl so wenig wie möglich Steuern zu zahlen. Es wäre falsch, dieses Interesse innerhalb der Tax Compliance nachrangig zu behandeln. Die Steueroptimierung ist Teil der „Qualitätssicherungs- und Innovationsfunktion"[43] von Compliance. Denn Qualitätssicherung kann im Bereich der Tax Compliance nicht meinen, zugunsten des Fiskus so „qualitätsvoll" wie möglich Steuern zu zahlen. Die Qualität bezieht sich auf den Steuerpflichtigen, d. h. seine Steuerlast. Und die Innovationskraft eines Unternehmens wird dahin gehen, innerhalb der Steuergesetze Wege zu finden, die Unternehmenssteuern so niedrig wie möglich zu halten. Bei der rechtlichen Gestaltung wirtschaftlicher Vorgänge ist der Steuerpflichtige im Rahmen der Gesetze frei. Das Motiv, Steuern zu sparen, macht eine Gestaltung nicht unangemessen.[44]

3. Funktions- und Informationssysteme

Innerhalb der Tax Compliance muss entschieden werden, in wessen Hand die Anwendung der Steuergesetze liegt. Anzuwenden sind sie durch das zu besteuernde Unternehmen. Zur Anwendung der Steuergesetze gehört auch die Beratung, in welcher Weise Steuerrecht anzuwenden ist und folglich auch die Auswahl der Berater. Unmittelbar angegliedert ist

42 Siehe oben unter II.1.
43 Vgl. *Lösler*, NZG 2005, 104.
44 Ständige Rechtsprechung des BFH zu § 42 AO, vgl. nur BFH, Urt. v. 16.2.1992 – V R 1/91, BStBl. 1992 II, 541, 542.

die Frage, woher man die Kenntnis über die maßgebenden Steuergesetze, ihre Auslegung, über Rechtsprechung und sonstige Literatur nimmt. Folglich muss innerhalb der Tax Compliance nicht nur über die Anwendung der Steuergesetze, Steuerpflichtige und die Steuerberatung entschieden werden, sondern auch über die einzusetzenden Informationssysteme. Die Zuständigkeiten verknüpfen sich mit Verantwortung, Hoffnung und Kontrolle.

4. Vermeidung von Haftungsrisiken

Wir haben darauf hingewiesen, dass Compliance nichts anderes ist als die Umstülpung des Haftungsrechts.[45] Folglich müssen Compliance-Strategien und -Überlegungen dahin gehen, steuerliche Haftungsrisiken vom Unternehmen fernzuhalten. Dies ist nicht zu verwechseln mit Steueroptimierung. Bei ihr geht es um die Steuer des Steuerpflichtigen, um die Steuer des Unternehmens. Bei den Haftungsrisiken geht es um die Haftung für die Steuern Dritter. Zu denken ist an die Steuern für Arbeitnehmer, für Subunternehmer, für Kunden. Haftungsrisiken sind in den Steuergesetzen vielfach normiert. Ich erwähne hier § 69 AO, die Haftung der Organe. Ein klassischer Haftungstatbestand ist auch § 160 AO. Nach dieser Vorschrift können Betriebsausgaben nicht abgezogen werden, wenn man auf Verlangen nicht den Empfänger benennt. Tax Compliance heißt: Die Abwehr von Haftungsrisiken beginnt nicht erst dann, wenn der Betriebsprüfer nach dem Empfänger fragt, wenn der negative Steuerbescheid des Finanzamts vorliegt, sondern im Vorfeld. Das Haftungsrisiko des § 160 AO ist durch eine zeitnahe Dokumentation zu minimieren.

5. Vermeidung von steuerstrafrechtlichen Risiken[46]

Die Corporate Compliance-Diskussion konzentriert sich zurzeit noch stark auf die Vermeidung strafrechtlicher Risiken jeder Art, insbesondere die Vermeidung von Korruptionstatbeständen. Dies muss auch für Tax Compliance-Strategien gelten. Den Gefahren einer vorsätzlichen Steuerhinterziehung (§ 370 AO), einer leichtfertigen Steuerhinterziehung (§ 378 AO) und der sonstigen Steuer- und Zolldelikte ist strategisch, organisatorisch zu begegnen. Tax Compliance gerät hier zur Gratwanderung, der allerdings nicht auszuweichen ist. Die Vermeidung strafrechtlicher Risiken liegt unmittelbar Seite an Seite zur Steueroptimierung. Steueroptimierung versagt, wenn sie im Hinblick strafrechtlicher Risiken zu vorsichtig ist. Steueroptimierung versagt aber auch, wenn sie die Grenze zur Steuerhinterziehung überschreitet. Eine erfolgreiche Tax Compliance

45 S. oben I. 1.

46 S. hierzu *Wessing*, Compliance – Ein Thema auch im Steuerstrafrecht, Steueranwaltsmagazin 2007, 175.

zeigt den Weg auf, der nach Maßgabe der Steueroptimierung in der Tat die Grenze minimaler Steuerlast erreicht, ohne steuerstrafrechtliche Tatbestände zu berühren.

Darüber hinaus ist auch der Umgang mit den Strafverfolgungsbehörden Teil von Tax Compliance. Ziel ist es, einerseits auf Ermittlungsmaßnahmen vorbereitet zu sein und andererseits das Unternehmen vor übermäßigen Ermittlungsmaßnahmen mit entsprechender Öffentlichkeitswirkung (zB strafrechtliche Durchsuchungen) zu schützen. Auch dies ist wiederum eine Gratwanderung. Aus eilfertigem Gehorsam dürfen zur Vermeidung von Ermittlungsmaßnahmen Verteidigungspositionen nicht voreilig aufgegeben werden. Teil des Rechtssystems ist die Unschuldsvermutung bzgl. des Verfolgten und die Beweislast des Staats in der Strafverfolgung.

6. Abgestufte Geheimhaltungssysteme

Steuerdaten und -informationen sind notorisch vertrauliche Informationen im Unternehmen. Der Umgang mit diesen Informationen muss kontrolliert und kontrollierbar sein. Tax Compliance befasst sich damit, wer Kenntnisträger der Steuerdaten ist, wem sie mitgeteilt werden dürfen und für wen sie tabu sind. Dies ist das Spiegelbild zum Steuergeheimnis des Finanzamts. Dort manifestiert sich, dass die Geheimhaltung von Steuerdaten ein Wert an sich ist. Zwar ist ein großes Unternehmen insgesamt „der Steuerpflichtige". Gleichwohl ist es selbstverständlich, dass nicht jeder Mitarbeiter Zugang zu allen Steuerdaten hat. Zu diesen Compliance-Überlegungen gehört sodann auch, wann und unter welchen Bedingungen offensiv Steuerdaten preisgegeben werden sollen und können. Dass die gesetzlichen Mitteilungs- und Offenbarungspflichten einzuhalten sind, versteht sich. Vorgedacht werden muss aber auch, wie man mit Medien umgeht, wenn über eine Betriebsprüfung im Unternehmen berichtet wird, wenn die Steuerfahndung das Unternehmen aufsucht oder wenn in anderer Weise steuerrechtlich erhebliche Daten in der Öffentlichkeit bekannt werden.

Die Sensibilität von Steuerdaten muss von allen Beteiligten bei eingerichteten Systemen (Ombudsmann, E-Mail-System) respektiert werden, mit denen Mitarbeiter auf Rechtswidrigkeiten und Fehler hinweisen können. Denn bei steuerlichen Verfehlungen sind derartige Hinweise stets verbunden mit einer „Offenbarung" von Steuerdaten. Hier muss gesichert sein, dass der Empfänger dieser Mitteilungen und Anzeigen berechtigt ist, solche Daten zur Kenntnis zu nehmen, und dass er selbst in ein System der Geheimhaltung eingebunden ist.

7. Steuerstreit

Auf den ersten Blick ist die Vermeidung der streitigen Auseinandersetzung mit der Finanzverwaltung Ziel von Tax Compliance. Kommt es aber zum Streit, so könnte man meinen, dass das System versagt hat. Sind Dauersachverhalte betroffen, kann dies zutreffen; denn das Unternehmen braucht Planungssicherheit. Steueroptimierung als zentrales Ziel von Tax Compliance ist im Grenzbereich oftmals aber nicht ohne streitige Auseinandersetzung mit der Finanzverwaltung zu erzielen. Vorauseilender Gehorsam darf nicht dazu führen, den professionellen Streit mit der Finanzverwaltung zu fürchten. Der Steuerstreit ist damit legitimer Bestandteil von Tax Compliance. Inhaltlich hat Tax Compliance Regularien für den Fall der streitigen Auseinandersetzung aufzustellen (z. B. Fristenüberwachung, von laufender Beratung losgelöste Beratung in Streitverfahren etc.).

Um deutlich zu machen, dass auch die Abwehr von Steuerlasten, dass der Steuerstreit Teil einer gesuchten und gewollten Steuergerechtigkeit und nichts Krankes ist, zitiere ich an dieser Stelle aus dem „Steuerstreit" von Streck.[47]

„Der Steuerstreit dient dem Recht; er bezweckt Steuergerechtigkeit.[48] Steuergerechtigkeit kann man als ein rationales, einsichtiges Normen- und Wertesystem, hergeleitet aus Grundsätzen, dargestellt in Gesetzen, Urteilen und Literatur, begreifen. Steuergerechtigkeit ist jedoch auch das Ergebnis einer dynamischen Auseinandersetzung zwischen den Belastenden und den Belasteten.[49] Da von einer allgemeinen und gesicherten Anerkennung rationaler, einsichtiger Grundsätze und hieraus abgeleiteter Normen im Steuerrecht keine Rede sein kann, ist es nur folgerichtig,

---

47 Rz. 1–7, 2. Aufl. 1994, 3. Aufl. in Vorbereitung.

48 Vgl. *Rudolf von Ihering* (1818–1882), Der Kampf ums Recht, hier zitiert nach *Ihering*, Der Geist des Rechts, Eine Auswahl aus seinen Schriften, 1965, 188: „Alles Recht in der Welt ist erstritten worden, jeder wichtige Rechtssatz hat erst denen, die sich ihm widersetzten, abgerungen werden müssen, und jedes Recht, sowohl das Recht eines Volkes wie das eines einzelnen, setzt die stetige Bereitschaft zu seiner Behauptung voraus... Darum führt die Gerechtigkeit, die in der einen Hand die Waagschale hält, mit welcher sie das Recht abwägt, in der andern das Schwert, mit dem sie es behauptet. Das Schwert ohne die Waage ist die nackte Gewalt, die Waage ohne das Schwert ist die Ohnmacht des Rechts. Beide gehören zusammen, und ein vollkommener Rechtszustand herrscht nur da, wo die Kraft, mit welcher die Gerechtigkeit das Schwert führt, der Geschicklichkeit gleichkommt, mit der sie die Waage handhabt."

49 „Mit der Verletzung der Rechte tritt an jeden Berechtigten die Frage heran: ob er es behaupten, dem Gegner Widerstand leisten, also kämpfen, oder ob er, um dem Kampfe zu entgehen, es im Stich lassen soll; diesen Entschluss nimmt ihm niemand ab." (*von Ihering*, Der Geist des Rechts, Eine Auswahl aus seinen Schriften, 1965, 200).

dass das Streben nach Steuergerechtigkeit durch die Auseinandersetzung, den Steuerstreit, einen breiten Raum einnimmt.[50] Die Finanzverwaltung ist zur Steuererhebung verpflichtet. Jede Bürokratie entwickelt Eigendynamik mit Drang zur Ausdehnung. Dies führt bei der Finanzverwaltung in der Tendenz zur sich ständig steigernden Fiskalität. Soweit der Gesetzgeber hier keine Grenzen zieht, müssen Steuerbürger und ihre Berater sich der Verwaltung durch die Steuerstreitmittel erwehren, um die eigene Steuergerechtigkeit zu finden und zu sichern.[51] Im Steuerstreit wird auf den ersten Blick über die materielle Gerechtigkeit nach materiellen Rechtsnormen entschieden. Verfahrensregeln haben dienende Funktion. Wo die materielle Gerechtigkeit – wie im Steuerrecht – unvollkommen ausgebildet ist, gilt diese Erkenntnis bei näherem Hinsehen nur eingeschränkt. Die Fiskalität der Finanzbehörden wird häufig in der Ausnutzung verfahrensrechtlicher Positionen sichtbar, und zwar auch bei „günstiger" Auslegung der materiellen Norm (Mitwirkungspflichtigen, Sanktionen, Hoheitsakte, Beweislast). Umgekehrt: Der Steuerbürger erstreitet sein Recht oft nicht durch die Vermittlung der Erkenntnis seiner Berechtigung, sondern durch den Einsatz der ihm (oft nur spärlich) zur Verfügung stehenden verfahrensrechtlichen Mittel."

---

50 Dies gilt nicht nur für die individuelle Steuergerechtigkeit, sondern auch für die historische Entwicklung des Steuerrechtsschutzes, der mühsam dem modernen Staat abgerungen werden musste (vgl. *Strutz*, Die Entwicklung des Steuerrechtschutzes in: Festgabe für *v. Schanz*, 1928, Bd. II, 223 ff., insbesondere 233 f.).

51 Auch auf die Gefahr hin, dass die Finanzverwaltung für diesen Streitaufwand kein Verständnis hat und jeden Rechtsstreit eher als unnütz und lästig empfindet. Vgl. hierzu die treffende Glosse „Ceterum censeo", FR 1985, 519: „Ein Regierungsdirektor schließt seinen ....Beitrag.... (BB 1985, 1957 f.) ..."Es bleibt nur zu hoffen, dass sich die Finanzgerichte dieser Meinung anschließen und nicht unter Berufung auf die Meinung von Tipke/Kruse die Verwaltung in die nächste Instanz zwingen"... Von diesen Ausführungen inspiriert wird vorgeschlagen: 1. Grundlagen allen Übels ist eine von der Verwaltungsauffassung abweichende Rechtsauslegung: Wer sich mit einem entsprechenden Vorhaben befasst, fällt dem Vorwurf „schändlichen Verhaltens" anheim...Die zukünftige Kommentierungsarbeit soll nur noch von erfahrenen Verwaltungspraktikern versucht werden dürfen. 2. Fortführung des (o. a.) Übels in höherer Art liegt vor, wenn und soweit sich Richter gerade den o. a. Rechtsauslegungen anschließen. Diesen „Richtern" muss deutlich vor Augen gehalten werden, dass sich durch ihr Verhalten zur weiteren Belastung der Finanzgerichtsbarkeit beitragen und solcherdings ihren eigenen Berufsstand empfindlich schädigen...".

VIII. Kritik an der Compliance-Philosophie

Wir können nicht darüber hinwegsehen, dass es gewichtige Kritik an den Anforderungen von Compliance-Systemen gibt. Dies gilt im Grundsätzlichen. So wird darauf hingewiesen, dass das Vorantreiben von Compliance und Corporate Compliance letztlich dazu führt, dass die ureigenst dem Staat obliegende Kontrolle der Rechtswahrung „outgesourct", d. h. auf Privatunternehmer verlagert wird.[52] Der Staat entledigt sich der Pflicht, für die Einhaltung der von ihm geschaffenen Gesetze zu sorgen und verlangt von den Adressaten der Gesetze nicht nur, die rechtlichen Gebote einzuhalten, sondern auch ein eigenes Kontrollsystem zu schaffen, dass dies so geschieht. Zum anderen mehren sich die Bedenken aus den Folgen der Compliance-Systeme. Eingerichtete Compliance-Systeme umfassen in der Regel ein institutionelles System für Mitarbeiter, auf Rechtswidrigkeiten hinzuweisen. Dies ist eine vornehme und feine Umschreibung. Man kann auch sagen: Dem Denunziantentum wird nicht nur Vorschub geleistet; das Denunziantentum wird geradezu dem Mitarbeiter als Pflicht auferlegt.[53] Ein Meister dieses Compliance-Systems war die katholische Kirche und die von ihr erfundene Inquisition. Eigentlich empfinden wir es heute als Fortschritt, dieses Denunziantentum mit Erfolg bekämpft zu haben und begrüßen, dass die Kirche der Inquisition ein Ende bereitet hat. In den Compliance-Strukturen erlebt es eine Wiedergeburt.

52 Vgl. *Wessing*, Compliance – oder wie sich der Staat aus der Kriminalprävention stiehlt, FS Volk, 2009, 867.

53 Die FAZ berichtet am 19.9.2009, S. 16, unter der Überschrift „Wenn Verpfeifen reich macht", wie in den USA Mitarbeiter und Anwälte das Denunzieren zu Geld machen.

Sachregister

Notizen

Notizen

Notizen

Notizen